U0336843

TECHNOLOGY
VENTURES
From Idea to Enterprise

技术创业
从创意到企业
（原书第5版）

[美] 托马斯·H. 拜尔斯　理查德·C. 多尔夫　安德鲁·J. 尼尔森　　　著
　　　（Thomas H. Byers）　（Richard C. Dorf）　（Andrew J. Nelson）

汪涛 译

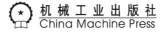

机械工业出版社
China Machine Press

图书在版编目（CIP）数据

技术创业：从创意到企业：原书第5版 /（美）托马斯·H. 拜尔斯（Thomas H. Byers），（美）理查德·C. 多尔夫（Richard C. Dorf），（美）安德鲁·J. 尼尔森（Andrew J. Nelson）著；汪涛译 . -- 北京：机械工业出版社，2022.5

书名原文：Technology Ventures: From Idea to Enterprise

ISBN 978-7-111-70654-0

Ⅰ. ①技… Ⅱ. ①托… ②理… ③安… ④汪… Ⅲ. ①企业管理 Ⅳ. ① F272

中国版本图书馆 CIP 数据核字（2022）第 068895 号

北京市版权局著作权合同登记　图字：01-2021-1989 号。

技术创业：从创意到企业（原书第 5 版）

出版发行：机械工业出版社（北京市西城区百万庄大街 22 号　邮政编码：100037）

责任编辑：刘　静　李万方　　　　　　　　　责任校对：殷　虹

印　　刷：北京铭成印刷有限公司　　　　　　版　　次：2022 年 6 月第 1 版第 1 次印刷

开　　本：170mm×230mm　1/16　　　　　　印　　张：38.25

书　　号：ISBN 978-7-111-70654-0　　　　　定　　价：128.00 元

客服电话：（010）88361066　88379833　68326294　　　投稿热线：（010）88379007

华章网站：www.hzbook.com　　　　　　　　　读者信箱：hzjg@hzbook.com

谨以此书献给我们美好的家庭。

衷心感谢他们对本书倾注的爱和支持。

希望本书能为那些愿意为造福他人而创建重要企业的人提供帮助。

作者简介

托马斯·H. 拜尔斯（Thomas H. Byers）：斯坦福大学管理科学与工程系教授，斯坦福技术创业项目（Stanford Technology Ventures Program，STVP）的发起人（该项目致力于加速全球技术创业教育发展）。他是斯坦福大学工程学院首位创业教授，也是英国巴斯大学的本科教育研究员。同时，拜尔斯教授还是美国国家科学基金会工程创新中心（Epicenter）的首席研究员和主任，该中心旨在将创业和创新教育向全美所有本科学校推广。在加利福尼亚大学伯克利分校获得学士、工商管理硕士（MBA）和博士学位后，拜尔斯博士曾在赛门铁克公司（Symantec Corporation）等科技企业担任领导职务。在教学方面，他曾获得包括斯坦福大学最高荣誉奖——戈尔奖（Gores Award）和美国国家工程院戈登奖在内的多个奖项。

理查德·C. 多尔夫（Richard C. Dorf）：加利福尼亚大学戴维斯分校电子和计算机工程系名誉教授和管理学教授。为了表彰他对社会做出的杰出贡献，美国工程教育协会（ASEE）与电气和电子工程师学会（IEEE）授予他会士（Fellow）称号。多尔夫博士著有多本畅销书，如《电路概论》（第9版）、《现代控制系统》（第13版）、《电气工程手册》（第4版）、《工程手册》（第2版）和《技术管理手册》等。此外，他还是7家科技企业的联合创始人。

安德鲁·J. 尼尔森（Andrew J. Nelson）：俄勒冈大学管理学副教授，主管创新与创业事务的副校长，伦德奎斯特创业中心的学术主任。尼尔森博士拥有斯坦福大学的学士和博士学位，以及牛津大学的理学硕士学位。尼尔森博士以新兴技术研究而闻名，在几家顶级期刊的编辑部任职，曾获得包括来自考夫曼基金会、国际管理学会、运筹学与管理学研究协会（INFORMS）等的多个学术奖项。在俄勒冈大学，他是唯一一位获得本科生商科课程、MBA 和 EMBA 杰出教学奖的终身教职员工。

推荐序

　　我很高兴能够为拜尔斯、多尔夫和尼尔森三位教授合著的这本关于技术创业的书作序。新技术和高成长性企业在全球经济发展中发挥着重要作用，为许多年轻创业者提供了实现梦想的机会。

　　可惜的是，目前很少有相关著作对技术创业进行全面分析。拜尔斯、多尔夫和尼尔森三位教授将多年的教学经验与创业经历融入本书，填补了这一空白。三位教授对初创企业，无论是脸书（Facebook）、基因泰克（Genentech）等老牌企业，还是正在推出第一代产品的新创企业，都有深入的了解，曾与此类企业有过深入的接触，他们的背景无疑强化了本书将理论与实践有机融合的特色。

　　本书最大的特色之一是内容涵盖了技术创业可能面临的各项挑战。书中第一部分围绕创业机会、企业愿景以及创业成功的关键因素等核心问题展开讨论，其核心议题包括建立与保持竞争优势以及把握市场机会。历史经验表明，这些创业原则在实践中很容易被人们忽视。尽管技术的市场趋势在不断变化，但如果创业者们能够始终专注于建立可持续的竞争优势，提升行业准入门槛，在市场份额和技术发展两方面都处于领先地位，他们就会获得成功。这几章的内容可以帮助创业者和投资者以深思熟虑的方式应对动荡市场带来的挑战。

　　本书的第二部分探讨了每位创业者都十分关心的有关新创企业战略决策的问

题，包括如何平衡风险和收益，应采用怎样的组织结构，以及如何为目标客户开发新的产品和服务。在由技术专家领导的新创企业中，轻视销售和营销作用的现象十分常见。你可能会听到这样的话："只要我们拥有出色的技术，客户自然就会被吸引来，技术之外的事物都不重要！"但是，没有销量就没有收益，而没有营销，销量就会减少。任何成功的企业都离不开战略谋划以及销售和营销等活动，对于创业者而言，掌握相关技能十分重要。每个企业都会面临上述挑战，企业领导者需要定期审视企业的发展动态并妥善应对市场中出现的新变化。

本书的第三部分主要探讨了企业运营管理和组织设计问题，以及技术密集型企业的知识产权管理这一重要议题。创建组织，考虑并购问题以及开展日常运营管理，这些事项对企业而言至关重要。如果创业者无法应对这些管理事项，那么，无论他的技术水平有多高，创业都无法取得成功。

最后，本书在第四部分探讨了如何为企业制订稳固可靠的财务计划，包括退出与融资策略。这些同样是创业活动的重要议题，在创业者的"入门指南"类图书中，它们通常会占据大量篇幅。值得注意的是，虽然融资和投资者选择十分重要，但如果本书前几部分探讨的问题没有得到良好解决，那么即使新创企业获得了充足的资金，也不一定能够取得成功。

在翻阅这本书时，我的第一反应是，要是我在创办第一家公司（1984 年成立的 MIPS 技术公司）之前就读过这样的书该有多好啊！然而，我没有那么幸运，在第一次尝试创业时屡遭挫败，我不得不在实践中学习。根据我的亲身经历，本书中前几章提及的各项挑战都是创业过程中会真实遭遇的"雷区"。掌握谈判技巧以达成一笔好交易，合理设计融资结构等方面的知识和技能，不仅对创业者而言大有助益，也能为员工保留尽可能多的股权。但是，如果创业者无法创造可持续优势，又或者缺乏可靠的营销计划，那么员工所拥有的公司股权分文不值。

我们这些工作在斯坦福大学，居住在硅谷附近的人，身处技术创业的中心地带。在这里，我们正在目睹世界上最具创新精神的创业者们展示他们的坚韧和智慧。有了这本书，将有更多的人有机会借鉴成功的经验。在拜尔斯、多尔夫和尼尔森三位教授广泛而深刻的见解的帮助下，未来将有更多的企业和商业领袖获得成功。

约翰·L. 汉尼斯（John L. Hennessy）

斯坦福大学荣誉校长

前　言

　　创业活动（和企业家精神）是推动社会各方面变革的重要力量，那些被大多数人视作无法克服的问题，成为一小部分人寻求转机的动力。在过去的一个世纪里，创业者们缔造了许多伟大的企业，这些企业创造了就业机会，提高了生产力，促进了经济繁荣，提高了人们的生活质量。当前，人类社会面临许多重大挑战，这些挑战涉及健康、通信、安全、基础设施建设、教育、能源和环境等诸多领域，创业活动对于其中重大问题的解决具有至关重要的作用。

　　市面上已经有很多传授创业之道的作品，而本书是第一本全面介绍"技术创业"这一全球化现象的著作。技术创业可以被看作一种企业领导风格，其要求创业者能够识别高潜力、技术密集型的商业机会，聚集人才和资本等资源，以及运用原则性的决策技巧管理企业的高速增长并控制重大风险。新创技术企业利用科学和工程领域的突破性进展为客户开发更好的产品和服务，这些企业的领导者往往专注、热情，并且在追求成功时，具有不屈不挠的意志。

　　技术为什么如此重要？因为对于每一个工业化国家而言，技术都是经济的重要组成部分。在美国，超过 1/3 的国民生产总值（GNP）和近半数的私营部门投资与技术有关。很显然，无论是国家还是全球范围的经济增长都取决于技术企业的发展和贡献。

在现代社会，技术变得无处不在。在过去 25 年中，智能手机、个人计算机、平板电脑和互联网繁荣发展，它们融入日常商业和个人生活的方方面面。本书所提及的"高新技术"新创企业包括：信息技术企业、生物技术和医疗企业、能源和可持续发展企业，以及那些技术对其使命实现至关重要的服务型企业。进入 21 世纪，许多技术显现出巨大的发展前景，涉及计算机系统、互联网进步、移动通信平台、网络和传感器、医疗设备和生物技术、人工智能、机器人技术、3D 制造、纳米技术与清洁能源等。这些技术的交叉融合有可能带来新的机遇。

很多人认为技术创业的动力与经济社会的繁荣发展相伴相生。诚然，经济周期剧烈波动难免影响人们的创业情绪，既有可能使人对创业极度乐观，也有可能使人对其充满畏惧。然而，一些最成功的技术企业往往是在经济衰退时期成立的，例如英特尔、思科和安进公司。无论经济环境如何，本书提出的创业原则都是经得起考验的。

方法与工具

正如创业者们通过重组现有创意和概念进行创新一样，本书整合了世界顶尖学者最有价值的创业和技术管理理论，开创了一个全新的视角来看待创业。结合案例和练习，本书为读者提供了一套行动指南。本书理论和实践并重，希望读者可以从两个方面有所获益。

本书全面介绍了与创业相关的原理和实践案例，为读者成功创立和经营一家技术企业提供了必需的工具指导。在本书中，企业、新创企业和公司等术语交替使用。本书为读者展示了科技创意与企业所面临的真实商机之间的重要差异，读者将受益于本书整合的一系列案例、示例、商业计划和音像资料资源。

本书通过案例来阐述相关概念，案例涉及技术企业，如苹果、谷歌和基因泰克公司的早期发展阶段，以及采用技术密集型战略的传统企业，如联邦快递和沃尔玛公司，书中对这些企业如何保持良好的可持续发展进行了深入探讨。事实上，本书提出的技术创业原则适用于任何增长型、高潜力的新创企业，包括国际保护组织和盖茨基金会这样具有巨大影响力的非营利机构。

本书受众

本书针对的是在校大学生、企业界和公共部门中希望掌握高增长型技术创业要点的人群。阅读本书没有必需的知识储备，但是如果读者了解一些基本的会计原理，将有助于对本书的理解。

过去，创业课程只为商科学生开设。现在，创业教育正在大学校园中普及开来。本书可为具有不同专业背景、处于不同学习阶段（本科生、研究生和高级管理教育等）的学生，提供了解创业的机会和工具。本书最初的定位是为理工学科的学生普及创业和创新知识的参考书，但是，本书对于商科的学生，以及对具有高影响力的新创企业特别感兴趣的人文和社会科学学科的学生也同样很有价值。

在斯坦福大学、俄勒冈大学和加利福尼亚大学戴维斯分校，以本书为教材开设的创业课程吸引了来自计算机科学、产品设计、政治学、经济学、医学预科、电气工程、历史、生物和商业等不同专业的学生。尽管本书重点讲述的是与技术创业相关的话题，但学生们发现书中的内容同样适用于其他情境下的机会把握。创业教育是传授通用领导技能的绝佳途径，包括培养学生适应不断变化的环境，为创新团队做出贡献，尽可能地展现创业激情等。任何人都可以学习创业思维和领导力。我们特别鼓励教师们基于本书设计课程，让学生们在开始学习之前成立学习小组，并且能够通过有效合作来完成小组作业。

版本更新

基于读者的反馈和高增长型技术创业领域的最新发展，本书做出了许多改进。来自顶级学术期刊、商业杂志、流行博客和新闻媒体报道等的最新见解及观点被纳入本书。特别是本书的第 18 章，做了较多内容上的改进，补充了新创企业融资方面的最新研究进展。本书对每个案例都进行了回顾审核，并对许多案例进行了更新，以反映世界各地不同行业中新兴的技术密集型企业的发展进程。书中每章最后的特色小节"焦点案例"重点介绍了 20 家新兴企业，这些案例进一步阐述了每章的主要见解。我们对本书网站上的视频资源进行了更新调整，加入了斯坦福大学技术创业角（eCorner）中一系列精彩的创业研讨会的视频资源。此外，附录 B 中的案例也做了更新、简化，并增加了 Gusto 公司的新案例。

本书特色

本书以模块化的形式组织内容，以方便读者系统学习并便捷获取学习资料，从而满足读者希望学习如何创建一家成功的技术企业的需要。关注商业计划和商业模式开发的读者可以优先阅读第 3、6、9、11、12 章和第 17 ～ 19 章。如果没有特定的学习目的，本书也可作为方便未来参考和使用的配套工具。我们通过以下多种方法和特色来实现这一目标，欢迎读者提供反馈和建议。

原则和章节预览。本书定义并阐释了 20 个创业基本原则，并将其汇总放入书后的"技术创业走向成功的 20 条原则"清单中，方便读者查阅。书中每章开头会提出本章所聚焦的一个关键问题，作为该章内容的概述和引领。

范例和练习。学生大多对信息技术类产品和服务有所了解，因此信息技术的相关范例会反复出现。在每章的结尾都有练习题，用来测试读者对本章概念的理解。

循序练习和案例聚焦。本书采用"创业实战"这一特殊形式的练习，引导读者根据各章内容，循序渐进地了解和掌握如何组建新企业。在每章结尾处，用"焦点案例"介绍一个成功企业案例，以此凸显若干重要的创业经验。

商业计划。本书专门用一章内容集中介绍商业计划开发的方法和工具，并给出完整的商业计划书内容条目注释。本书附录 A 提供了一个商业模式的示例。另外，本书提及的网站上提供了其他商业计划书、商业模式模板和幻灯片的范例。

案例。附录 B 包含 5 个完整的案例，这些案例的梗概如表 0-1 所示。哈佛商业出版社和案例中心的其他案例可以从本书所属的麦格劳 - 希尔出版社网站上查询，但之前版本中的案例将不再于本书的相关网站上公开。

表 0-1　附录 B 中的案例概览

附录 B 中的案例	梗概	相关章节
Method 公司	新创企业正在考虑增设新的产品线	第一、二部分：机会、愿景和商业模式、市场营销与销售
Method 公司的产品	产品研发工作遇到难题	第一、二部分：创新战略、创造力与产品研发
Biodiesel 公司	3 位创始人认为这是能源行业的一个机遇	第一部分：机会识别与评估、商业模式
芭芭拉的选择	毕业生面临两份工作的选择	第三、四部分：股票期权与融资
Gusto 公司	创始团队努力扩展他们的企业文化	第三、四部分：企业文化、发展规模

参考文献和术语表。参考文献在括号中标明，如（Smith，2001），并且所有参考文献被整合列于书的末尾。术语表位于参考文献之后。

章节顺序。我们尽力有序组织全书内容，以满足各类创业课程的需要。如图 0-1 所示，所有章节分为 4 个部分。关注创建商业计划和商业模式的课程可以重新安排章节顺序，重点学习第 3、6、9、11、12、17、18、19 章。

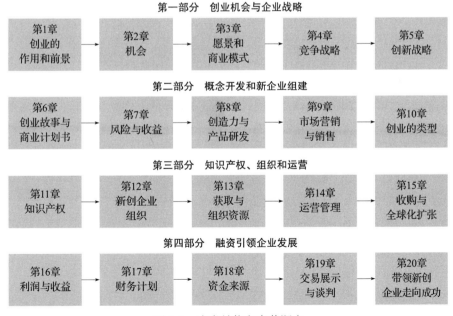

图 0-1　本书结构和章节顺序

视频素材。每章结尾汇集了来自世界一流企业家、投资者和教师推荐的视频，这些视频可以在本书提供的网站上查阅。更多的免费视频片段和播客可以登录斯坦福大学的创业角网站（http://ecorner.stanford.edu）观看。

网站和社交网络。请访问麦格劳－希尔高等教育（http//www.mhhe.com/byersdorf）和斯坦福大学（http://techventures.stanford.edu）的网站查阅并获取适用于教育工作者、学生和其他专业人士的补充信息。例如，网站为教师提供了创业入门课程的完整教学大纲。

致谢

许多人的共同努力促成了本书的出版，包括我们出色的研究助理和隶属于斯坦福大学的特别顾问金昌（Kim Chang）、斯蒂芬妮·格拉斯（Stephanie Glass）、利亚姆·金尼（Liam Kinney）、特雷弗·洛伊（Trevor Loy）、埃米莉·马（Emily Ma）和拉胡尔·辛吉雷迪（Rahul Singireddy），还有麦格劳－希尔出版社优秀的编辑蒂娜·鲍尔（Tina Bower）和汤姆·斯凯夫（Tomm Scaife）。我们感谢他们对本书提出的见解和做出的贡献，同时感谢麦格劳－希尔出版社产品和营销团队的辛勤努力。此外，斯坦福大学和俄勒冈大学的其他同事在许多方面给予了帮助，还有斯坦福大学的学生们，他们为附录 A 友情提供了自己的商业模式示例，我们感谢他们杰出的创意和支持。最后，我们还要感谢全球教育工作者、学生和其他读者的持续支持。

作者简介

推荐序

前言

第一部分
创业机会与企业战略

第二部分
概念开发和新企业组建

第三部分
知识产权、组织和运营

第四部分
融资引领企业发展

第一部分

创业机会
与
企业战略

TECHNOLOGY
VENTURES

FROM IDEA TO ENTERPRISE,
5TH EDITION

企业家们为了应对竞争挑战，开发出许多新颖的解决方案。他们通过开展创新活动，引入新技术，从各个方面改善着我们的生活，给社会带来积极的影响，他们在全球范围内成为社会进步的推动者。他们识别和开发创业机会，将各种可能孕育成功企业的诱人机会变为现实；他们描述创业所创造的巨大价值，设计出可以适应环境变化的商业模式；他们制定行动路线图或企业战略，引领企业捕捉机会，为具有可持续竞争优势的新产品或新服务，有效地开展商业化活动。

创业的作用和前景

努力成为一个有价值的人，而非单纯的成功者。

阿尔伯特·爱因斯坦（Albert Einstein）

是什么驱动了全球创业热潮

企业家们致力于改变世界，让世界变得更加美好。他们发现机会、调动资源，为实现目标坚持不懈。本章我们描述企业家如何采取行动创建新企业。我们认为，企业是经济体系最重要的组成部分，创业活动更是经济增长的发动机。新技术是许多卓越企业的创业基础，通过技术创业，科学家和工程师得以将其专业知识与有效的商业实践紧密结合，从而实现创新。企业家是所有这些活动的核心人物。

本章概要

1.1　我们身边的创业活动

从环境可持续性到生态安全，从信息管理到医疗保健，从交通运输到通信，人们有很多机会通过身体力行对世界做出积极影响。**企业家**（Entrepreneur）就是那些能够发现问题、寻求解决方案、挖掘潜在需求并从挑战中发现机会的人。

创业（Entrepreneurship）不仅意味着创办企业并从中获得财富，更意味着捕捉机会创造价值，并愿意为此承受风险（Hagel，2016）。企业家可以创建业绩优异、领导力非凡、声誉卓著的长寿企业。表 1-1 列出了一些成功的企业家和他们创办的企业。那么，这些企业家和他们所创办的企业为社会做出了怎样的贡献？你会为这份列表添加哪家企业？你希望表中的哪家企业是你曾参与创建或者为之供职的？你觉得你将来会创建一家什么样的企业？

表 1-1　成功的企业家及其创办的企业

企业家	企业	企业家创业时的年龄（岁）	企业创立的时间（年）
马克·贝尼奥夫（Mark Benioff）	赛富时（Salesforce.com，美国）⊖	35	1999
杰夫·贝佐斯（Jeff Bezos）	亚马逊（Amazon.com，美国）	31	1995
谢尔盖·布林（Sergey Brin）	谷歌（美国）	27	1998
杰克·多西（Jack Dorsey）	推特（Twitter）和 Square（美国）	30	2006
罗萨莉娅·梅拉（Rosalia Mera）	ZARA（西班牙）	31	1975
黛安娜·格林（Diane Greene）	VMWare（美国）	42	1998
马化腾	腾讯（中国）	27	1998
莫·易卜拉欣（Mo Ibrahim）	Celtel（非洲）	42	1998
史蒂夫·乔布斯（Steve Jobs）	苹果（美国）	21	1976
桑德拉·勒纳（Sandra Lerner）	思科（美国）	29	1984
李彦宏	百度（中国）	32	2000
马云	阿里巴巴（中国）	35	1999
埃隆·马斯克（Elon Musk）	X.com、太空探索技术公司（SpaceX）、特斯拉（Tesla）、SolarCity（美国）	27	1999
哈索·普拉特纳（Hasso Plattner）	思爱普（SAP，德国）	28	1972
琳达·罗滕伯格（Linda Rottenberg）	Endeavor（阿根廷）	28	1997
吉尔·舍伍德（Gil Shwed）	捷邦（Check Point，以色列）	25	1993
图尔西·坦蒂（Tulsi Tanti）	Suzlon Energy（印度）	37	1995

⊖　赛富时公司创建于 1999 年，是一家客户关系管理软件服务提供商，总部设于美国旧金山。——译者注

（续）

企业家	企业	企业家创业时的年龄（岁）	企业创立的时间（年）
穆罕默德·尤努斯（Muhammad Yunus）	格莱珉银行（Grameen Bank，孟加拉国⊖）	36	1976
尼古拉斯·曾斯特姆（Nikalas Zennstrom）	Skype, Kazaa（瑞典）	37	2003
马克·扎克伯格（Mark Zucker-berg）	脸书（美国）	20	2004

　　企业家试图通过建立一个能够满足社会和市场需求的组织，去实现某个特定目标，为此，他们做好了创办企业、应对挑战、克服障碍的准备。

　　对企业家而言，**挑战**（Challenge）意味着要去承担一个艰难的任务，要为此建立一个企业，并承担起运营这个企业的责任。英国维珍集团（Virgin Group）的创始人理查德·布兰森（Richard Branson）在接受采访时说（Garrett，1992）："在我还是一个十几岁的少年时，我就喜欢面对挑战，喜欢在克服困难的过程中学习和提升自己。我这一辈子都乐在其中——我让自己面对挑战，并通过努力证明自己有能力解决问题。"

　　企业家是一群富有韧性的人，他们对充满挑战的问题紧抓不放，并有刨根问底找出解决方案的决心。他们不仅对挑战充满兴趣和热情，还具备所需的某些重要的能力和技巧，更愿意为解决问题而承担责任。2004年，埃隆·马斯克意识到，虽然环境的可持续性是关乎所有人利益的紧迫课题，但它并没有成为汽车行业发展的主要课题，传统汽车制造商不愿意为研发电动汽车投资。于是，马斯克创立了以开发高性能电动汽车为愿景的特斯拉公司，并利用自己在硅谷的人脉，为公司的第一款车"特斯拉跑车"（Tesla Roadster）筹集资金，有意愿买车的人需先行付费购车，然后等待汽车交付。2007年，由于未能履行按期交付的承诺，Roadster这款车被硅谷博客Valleywag命名为"科技公司年度最大败绩"。媒体的负面报道，加上经济衰退给汽车行业带来的严重影响，导致特斯拉公司的许多资金来源枯竭，公司一度陷入困境。2008年，马斯克自己为公司注资，恳请投资者跟投并继续支持他，同年，Roadster上市，特斯拉公司获得新一轮融资，此

　　⊖　原文为印度，实际应为孟加拉国。——译者注

后该公司的电动汽车业务逐渐步入正轨。2012 年，特斯拉公司推出 Model S 系列轿车，该系列轿车成为 2015 年市场最畅销的插电式电动汽车。随后，在 2018 年，特斯拉公司推出 Model 3 系列电动轿车，其价格与非电动轿车相差无几。马斯克凭借其在挑战中发现机遇的能力以及在逆境中不放弃的韧性，带领特斯拉公司同时达成改善环境可持续性和财务盈利的双重目标，取得了非凡业绩。

马斯克和其他企业家，不断感知社会需求变化的方向，并利用现有的知识和资源制订计划来适应变化——他们将人力资源、观念和技术等重新组合，形成原创的解决方案。例如，在开发 Roadster 汽车的过程中，特斯拉公司与莲花公司（Lotus）等开展了广泛合作，利用这些合作伙伴在汽车设计和动力开发等方面的成果，自行研发所需技术，最终研发出卓越产品，为硅谷的投资者带来回报。马斯克整合其事业激情与可调动的资源，抓住了一个造福社会的机会。

所谓**机会**（Opportunity），就是环境中出现的有可能孕育成功、创造成就的有利时机。有吸引力的机会，意味着外部环境有利，可以响应重大需求，进入时机恰当且具备现实可行的解决方案。企业家应该能够感知到有吸引力的机会并产生创业设想，有能力判断该创业设想是否切实可行，并在获得肯定答案后采取一系列的行动，逐步将创业设想变成现实。于是，创业可以被视作企业家个体特质与有吸引力的机会的有机结合（Shane & Venkataraman，2000）。如图 1-1 所示，"最佳创业时机"是企业家个人特质、能力与有吸引力的机会的交集。

创业过程充满艰辛。只有约 1/3 的新创企业能够存活超过 3 年。作为变革的推动者，企业家必须做好随时迎接失败的准备。为了最大程度地降低创业带来的风险损失，企业家可以采取低成本创业的方式。

企业家应该了解，所谓发现一个待解决的问题并提出一个解决方案，建立在两个相关假设的基础之上：①这个有待解决的问题确实具有现实意义；②所提出的解决方案切实可行。创业者要去接触掌握相关知识的人（如潜在客户、员工和合作伙伴），以验证这两个假设是否成立。通过这种接触，创业者不仅可以发展有助于推进和实现这个创业设想的重要人脉并结识导师（Baer，2012），还可以获得确保设想得以实现的相关信息。在此意义上，企业家与科学家的工作内容十分相似，都是需要通过搜集和整理相关数据来验证所提出的假设，并结合实际发现来不断完善自己的想法（Sarasvathy & Venkataraman，2011）。简言之，正如美国著名创业孵化器 Y Combinator 的创始人保罗·格雷厄姆（Paul Graham）所说，创建一家成功的企业有 3 个关键点：①由优秀的人才发起；②开发出人们真正想要并愿意为之付款的东西；③以尽可能低的代价让产品经受住市场检验并获得消费者的认可（Graham，2005）。

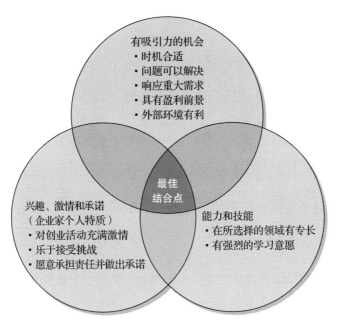

图 1-1　在最佳结合点寻找最佳创业时机

　　一旦创业团队发现了具有吸引力且与团队成员所掌握的技能相匹配的机会，他们接下来要做的就是获得实现解决方案所需的资源。他们将成立一家企业，推动其持续发展并产生巨大的社会影响，就像表 1-1 中列出的那些优秀企业一样。表 1-2 列出了创业的 4 个步骤，大多数创业者要多次重复这 4 个步骤，对机会反复验证，并依据所掌握的越来越充分的信息，不断对创业设想做出调整。

表 1-2　创业的 4 个步骤

1. 创业团队或个人掌握或者可以获得所需的技能
2. 发现有吸引力且与自身所掌握的技能相匹配的机会，并提出与机会相匹配的行动方案
3. 寻找投资者和合作伙伴，以获取推动业务发展所需的资金和有形资产
4. 创业团队与合作伙伴、投资者以及创始人团队成员等签署协议，就创业活动所涉及的各项权责和利益分配事项做出相应安排

总之，在发现和利用未曾被开发的机会的早期创业活动中，企业家精神得到了充分体现。好消息是，成功的创业者并非具备罕见的"创业基因"——创业是一门系统的、严谨的、有规律的学问，读者可以通过学习加以掌握（Drucker，2014）。本书将引领读者学习如何识别真正的商业机会，如何创办和培育一家具有重要影响力的企业。

1.2 经济体系、资本与企业

经济学（Economics）是一门关于商品和服务的生产、分配与消费的学科。企业家活跃在经济和商业领域，通过有效整合物质资源、环境资源和人力资源，让社会实现普遍繁荣并达到最佳均衡。大多数社会制度以实现物质财富和社会产品的公平分配为目标。企业家是为解决上述社会和经济问题，建立新企业或寻找新的解决方案的人，是让我们的经济体蓬勃运转的人（Baumol et al.，2007）。

根据"全球创业观察"[⊖]发布的数据，1999 ~ 2015 年，美国的创业活动指数约为 12%[⊜]，即在此期间，约 1/10 的美国成年人投身于创办新企业或者管理新创企业（Kelley et al.，2016）。

创业者对美国的经济增长产生了巨大影响。例如，为新创企业提供资金支持的风险投资基金，为全美市值排名前 5 的上市公司中的 3 家（苹果公司、谷歌公司和微软公司）提供了创业早期所需的大部分资金。在 1974 年以后成立的 1339 家美国上市公司中，有 556 家获得过风险投资的支持，这 556 家公司获得的风险投资金额占 1974 年后上市公司总市值的 63%、研发总额的 85%（National Venture Capital Association[⊜]，2016）。另一项 2010 年的研究发现，1977 ~ 2005 年，现有公司平均每年削减 100 万个工作岗位，只有 7 年例外。与之形成鲜明对比的是，新创企业在第一年平均创造出 300 万个工作岗位（Kane，2010）。在过去 20 年间，亚马逊、奈飞、苹果、谷歌、脸书和赛富时等诸多获得过风险投资支持的新创科技企业，为社会就业增长做出了巨大贡献。

经济体系（Economic System）是生产并分配商品和服务的系统。由于自然资源稀缺而人类的欲望无限，经济体系必须能够管理稀缺的资源，并要持续提

⊖ 是由英国伦敦商学院和美国百森学院共同发起成立的国际创业研究项目。——译者注
⊜ 即每 100 位年龄在 18 ~ 64 岁的成年人中，有 12 人参与创业活动。——译者注
⊜ 即美国国家风险投资协会。——译者注

高效率，以便在有限资源的基础上提供更丰富的商品和服务，促进财富增长。从国家的角度看，财富包括住房、交通、医疗保健以及其他种类繁多的商品和服务。世界各国均致力于建立更加高效的经济体系以保障经济繁荣，推动经济体制朝向日益高效目标变革的正是企业家群体。

大体上，可以用**生产率**（Productivity）来解释不同国家的生活水平的差异。生产率是指总投入（例如劳动者的工作时长和消耗的能源）所带来的商品和服务的产出数量。在图 1-2 所示的经济体系模型中，经济投入包括自然资本、金融资本和智力资本，经济产出既包括越多越好的财富，也包括越少越好的浪费。

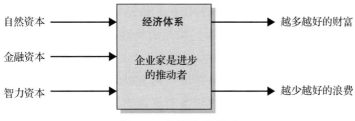

图 1-2　经济体系模型

自然资本（Natural Capital）是指在人类社会和经济系统中，可被直接、间接或潜在利用的自然资源，如矿物、燃料、能源、生物产出或污染吸收能力等。由于生态的自然属性，当对自然资本的使用或影响达到特定阈值时，可能会使其发生不可逆转的变化。例如，全球气候变化已经对自然资本构成严重威胁。

金融资本（Financial Capital）是指交易中用来支付的金融资产，如货币、债券、证券和土地等，企业家可以使用金融资本购买生产产品或提供服务所需的各种资源。

智力资本（Intellectual Capital，IC）是企业拥有的知识性资产的总和，它包括 3 个方面的内容，即人力资本、组织资本和社会资本。其中，**人力资本**（Human Capital，HC）是指组织中员工所拥有的技能、所掌握的知识和所具备的创造力。例如，谷歌公司为提升公司的人力资本规模而大举吸引各领域的顶尖人才。**组织资本**（Organizational Capital，OC）是组织中支持人力资本发挥作用的硬件、软件、数据库、专利、组织学习能力、文化特质和管理方法等，是组织有效运作的基础。例如，亚马逊公司采用同行反馈系统，以确保不会忽视每一位员工的出色工作，并鼓励营造更加开放的工作氛围。**社会资本**（Social Capital，

SC）是人与组织之间的关系质量及其影响。例如，阿莎娜公司⊖（Asana）通过为员工结伴郊游和举办烹饪会等提供赞助，在公司内部建立起合作友爱的工作氛围。表 1-3 列出了智力资本的 3 个要素。

表 1-3　智力资本的 3 个要素

- 人力资本：人员的技能、所掌握的知识和所具备的创造力
- 组织资本：技术、流程、组织特质、方法
- 社会资本：与他人，例如客户、供应商、合作伙伴的关系的质量

智力资本 = 人力资本 + 组织资本 + 社会资本

经济体系凝聚营利组织、非营利组织和政府组织等各类组织的力量，它们共同为社会进步提供有益产出。我们关注的是其中那些被称作企业⊖或公司的组织。企业家为了响应社会和经济发展需要，不断创建此类组织。

企业存在的目的和承载的使命是持续运营以满足消费者的需求。例如，默克制药公司的使命是为保护和促进消费者健康而研发新药。为了实现愿景和使命，每一家企业都要致力于将投入转化为能够满足消费者需求的理想产出。

图 1-3 展示了企业作为实体承载经济转化活动的过程。实现转化的首要前提是拥有创业资本和智力资本。**创业资本**（Entrepreneurial Capital）是创业能力与创业承诺的结合（Erikson，2002）。**创业能力**（Entrepreneurial Competence）包括：①识别机会的能力；②获取和管理所需资源以抓住机会的能力。随着创业过程的展开，创业者不断积累知识和经验，逐渐变得成熟，创业能力会不断提高。

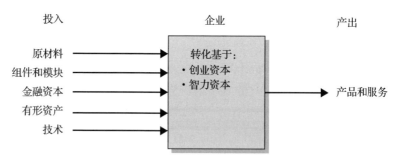

图 1-3　企业将可用的投入转化为满足消费者需求的产出的过程

⊖　加拿大女性护理用品领导公司。——译者注
⊖　我们会统一使用"企业"（Enterprise 或者 Firm），来指代商业企业（Businesses）、新创企业（Startups）、风险事业（Ventures）等多个组织类型。

所谓**创业承诺**（Entrepreneurial Commitment）是指，为将企业带入发展轨道并取得经营成果，创业者愿意付出时间和精力。坚守初心，持续投入时间和精力，对创业者而言可能是一个挑战，因为随着创业过程的展开，创业者的兴趣可能逐渐消减，创业目标可能变得日益渺茫。同时具备创业能力和创业承诺两项创业资本，是创业者必备的个人特质，也是创业成功的首要前提。只有能力而缺乏时间和精力的投入，意味着能力没有机会展现；只有承诺而缺乏必备能力，则承诺仅仅意味着时间和资源的浪费。

企业的智力资本是企业所拥有或掌握的知识资产的总和。企业的知识资产体现为企业成员所拥有的才能、技术秘诀和技能。企业要像重视获取技术和有形资产一样重视人才的吸引和挽留。知识资产是为数不多的一种可以通过共享实现增值的资产。新创企业可以通过鼓励员工开展相互协作、共同学习和成长等，促进知识资产的增值。

智力资本对企业完成使命和实现愿景至关重要。图 1-4 揭示了一家企业应有的几个关键认知。首先，要确定自己的使命和愿景；其次，要了解自己的客户、供应商和竞争者；再次，应该了解自己所拥有的智力资本，并努力使自己的智力资本增值；最后，必须了解自己所处的环境，这是由社会、市场以及技

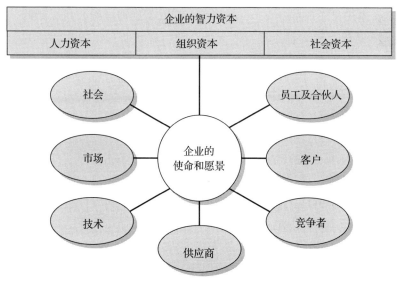

图 1-4　描述企业如何理解和利用全部资源、活动、关系的商业理论

术所决定的。在一个世纪前，企业采用阶层制组织结构和终身雇用制，大规模地生产标准化产品（每一款产品都可以销售很长时间），在此期间会定期引进新的产品系列和升级产品。一个世纪后的今天，企业采用扁平化的组织结构，面向全球市场提供高附加值的定制产品，企业间开展激烈的竞争，力图借助智力资本和品牌效应在竞争中脱颖而出。未来，人力资本在企业中的重要性会更高。

在有效利用创业资本和智力资本方面，脸书公司提供了一个范例。从公司创立直到 2004 年，脸书公司持续处于亏损状态，直到 2009 年，脸书公司的用户数量达到 3 亿时，公司才开始盈利。马克·扎克伯格充分考虑用户体验，听取多方反馈，一直拒绝采用常见的广告和赞助盈利模式，后来他们开发出一种能让广告不会损害用户体验的算法。

1.3 创造性破坏

有一种观点认为，经济体系按照一个模式固定的静态模型运行，几乎不发生什么变化。根据该模型，所有的决策已被做出，所有的备选方案已被探明。显然，任何经济体系都不是静止的，经济运行过程必然伴随各种变化。

动态资本主义（Dynamic Capitalism）的财富创造过程，是以新的、有创造力的企业不断创立和成长，已有的大型企业日渐衰落和退出为特征的，是在一种由新进入者对现有市场的破坏而引发的不平衡状态下展开的（Thurick et al., 2013）。企业家通过建立新企业，开发新产品，提供新服务，并使其商业化，引发新需求，创造新财富。伴随着产业的兴衰演进，企业也将经历创建、成长和衰落的生命周期。

唱片业是体现产业变革浪潮的良好案例。在 1980 年前后，盒式磁带开始流行，音乐爱好者开始使用盒式录音机播放自己喜欢的音乐。体积小巧、可以重复录制的盒式磁带取代了传统的黑胶唱片，让唱片业经历了一场巨大变革。可惜好景不长，在 20 世纪 80 年代末问世的 CD 机凭借更佳音质和即时定位曲目的便捷功能，让盒式磁带产业黯然失色，CD 产业于 1995 年达到发展的鼎盛期。与此同时，互联网产业开始展现出迅猛的发展势头。几年后，点对点文件传输方式被引入，2001 年，苹果公司推出了 iPod 和 iTunes，并凭此在音乐发行和销售业务领域占据主导地位。今天，音乐产业已经形成多家企业提供音乐流媒体服务并展开竞争的局面。可见，在动态的经济体系中，企业要么适应变化，主动开展业务变革，要么丧失地位，最终被市场淘汰。

约瑟夫·熊彼特（Joseph Schumpeter，1883—1950）将这种新创企业不断诞生，并推动经济周期性发展的过程称作**创造性破坏**（Creative Destruction）。熊彼特出生于奥地利，他在维也纳大学学习法律和经济学，并获得法学博士学位。1932 年，他迁居美国并开始在哈佛大学任教（直到 1950 年去世）。1942 年，他的著作《资本主义、社会主义与民主》问世，他在书中指出，经济体系处于永恒的**动态不均衡**（Dynamic Disequilibrium）状态之中（Schumpeter，1984）。企业家通过创业活动不断破坏现存秩序，释放出大量的创造性破坏，迫使现存企业要么做出调整以适应变化，要么面临倒闭和死亡。熊彼特认为，传统经济理论使用的完全竞争概念将全部注意力放在了价格竞争上，但是实际上，决定经济发展进程的应该是技术竞争——技术创新活动持续地在经济体系内部革新着经济结构，不断破坏旧结构并创造新结构。在标准普尔 500 指数创立的 1957 年，企业的平均寿命是 61 年，现在，企业的平均寿命只有 18 年（Foster & Kaplan，2012）。30 年前，在全球排名前 25 名的科技公司中，如今仍处于领先地位的只有不到 4 家——或许只有 IBM 公司和惠普公司还算得上。

在变化的世界里，创业者逐浪而行、拥抱变化，他们将自己的创意与机会相匹配，采用更新的、更好的（或者更便宜的）资源，开辟新市场并引入更具盈利性的组织形式。

新创企业的利润是经济增长和进步的关键。企业家热衷于率先推出更具价值的新产品，并借此获得一段时期的市场垄断权，然后，竞争对手会逐渐理解先行者的创新原理并开始模仿。为了保持竞争地位，先行者可以通过降价来打击竞争对手，由于其具有低成本优势，即使降价也可以获得高于竞争对手的利润，而后来者则必须保持高价才能覆盖其较高的成本，因而后来者在竞争中易陷入被动。当然，先行者也可以凭借高品质的产品，维持高于其他公司产品的价格从而保持高利润。这就是创业者通过创新驱动变革的基本机制，该机制将淘汰低效率企业，并推动参与竞争的企业不断优化业务流程。

衡量经济发展水平的常用指标是劳动生产率，劳动生产率的提高可以提升人们的生活水平。在过去半个世纪中，美国（包括移民在内）的劳动力数量以年均 1.7% 的速度增长，这些劳动力的人均劳动生产率则以年均 2.2% 的速度增长，从而创造出年均 3.9% 的实际经济增长率（扣除通货膨胀率）。经济发展取得如此可观的成就，在很大程度上应该归功于技术创业的积极影响。

劳动力人均产出的增长有两个来源：①新技术应用；②采用更高效的工作方式。这两种进步贯穿了人类的整个发展进程，并在工业革命之后为人类的经济发展开辟了快行道。20 世纪初，现代管理技术和大量新发明集中涌现，经历了 20 世纪七八十年代的缓慢调整后，在 20 世纪即将结束时，人类又迎来了智能化管理和微电子技术的飞速发展，新技术发展带动生产率开始了新一轮的增长。

企业家的自由精神为推动资本主义制度提供了重要动力。在过去 30 年中，企业家作用的发挥、竞争的力量与全球化进程，共同推动了高效率、高效能的新技术和新商业模式的诞生。在竞争机制的作用下，高生产率所创造的财富正通过低价格为广大消费者带来红利。总之，创新、企业家精神和竞争是经济增长的重要来源。

1.4   创新和技术

毋庸置疑，顺应变化、采用新技术、应对挑战的企业，是驱动当今世界经济发展的重要力量。本书旨在帮助读者通过创办新企业，有意识地成为"创造性破坏"的实践者。北卡罗来纳大学教堂山分校（University of North Carolina，Chapel Hill）的教授乔·德西蒙尼（Joe DeSimone）就是实践创造性破坏的一个典范。德西蒙尼基于自己的一项专利技术创立了一家 3D 打印公司，该专利可以大幅缩短打印时间，且能满足大规模制造系统的质量要求。

此类新技术往往是不平衡或非连续的根源，或者按照熊彼特的理论，是一种颠覆性（Disruptive）技术或者根本性（Radical）技术。所谓**技术**（Technology），包括可以应用于工业和商业目的的设备、人工制品、工艺、工具、方法和材料。科技公司往往借助创造性破坏成为行业领袖，例如，英特尔公司将半导体技术应用于半导体电路设计和制造，微软公司开发并销售计算机软件以满足工业和家庭需要，苹果公司围绕移动通信和移动终端技术实现业务重塑。

在我们所处的时代，新创企业不断培育出具有高影响力的产品，通过将新方法、新技术和新想法引入全球市场，来创造价值并刺激经济增长（Schramm，2004）。图 1-5 描绘了人类历史上的 6 次技术变革浪潮，而新创技术企业就站在第 6 次技术变革浪潮的前沿。引发第 6 次技术变革浪潮的技术主要包括机器人技术、人工智能技术、自动驾驶技术、无人机技术、纳米技术、基因组学相关技术和面向可持续性发展的技术等（Dixon，2016）。

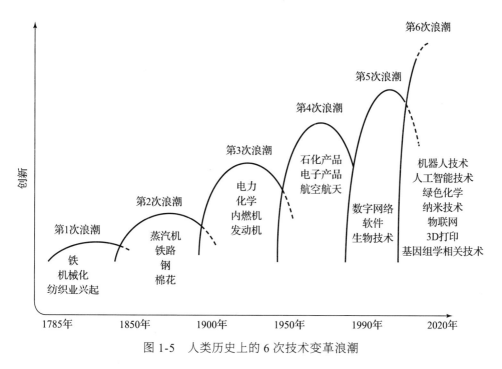

图 1-5　人类历史上的 6 次技术变革浪潮

资源与环境的可持续性已经成为大多数新创企业和现有企业进行战略谋划的重要考察因素。人口增长、全球中产阶级崛起、能源紧缺和全球气候变化等要求企业履行社会责任，为实现资源与环境的可持续性做出努力，以更少的能源消耗和更低的二氧化碳及污染排放来满足人们的住房、交通、医疗保健和能源需求成为企业的首要任务。因此，企业需要通过科学研究和创新来构建可持续的能源系统，并提高资源利用效率（Friedman，2008）。对企业家而言，开发出满足可持续发展要求的解决方案，例如改进电网的智能控制，构建高效的生物能源体系，采用最低浪费和最低能耗的"绿色化学"方法提供健康食品等，将为创业提供大好机会。

正如绿色技术运动所强调的，技术创业以智力资本为首要基础。一个世纪前，像美国钢铁公司这样的成功企业，主要靠有形资产支持业务运营。相比之下，现代的成功企业，如微软公司和帕兰提尔公司[⊖]（Palantir）等，都在管理知识资产和智力资本。事实上，许多企业都将智力资本视作最重要的、比其他有形资产和金融资产更具价值的资产。

在不断变化的经济体系中，创新和智力资本固然十分重要，但其作用的发挥取决于企业家的活动，取决于他们为获得收益而甘冒风险做出的资源配置和创业活动决策。企业家是现代经济生活的核心人物，他们是变革的领导者、资源的组织者和创新的推动者。

创业活动包括3个要素：①担负企业生存发展责任的个人或团队；②承载明确的使命和意图的企业；③推动这家企业开始运转并不断发展。我们将在1.5节讨论第1个要素。创业活动的第2个要素是承载明确的使命和意图的企业，它可以是为了追逐某个有吸引力的目标而新创立的企业，也可以是现存企业中的一个部门，或者从现存企业中分离出来的一家企业。根据技术来源和特点，可以将企业划分为4类。第1类是基于根本性创新创办的企业，这类企业所开展的创新活动将带来新方法、新流程和新产品。第2类是基于渐进式创新创办的企业，这类企业着力于改进现有产品或服务，并以此为基础建立和管理企业。第3类是基于对现有技术或企业行为的模仿而创办的企业，这类企业往往始于其创业者或创业团队发现了一个新创意并力图将其应用到其他国家、地区等不同的市场环境中（此类创业活动的结果之一是促进创新成果的扩散）。第4类是基于寻租行为而创办的企业，此类企业主要利用法规、标准或法律来达成某种垄断并从中获利。

本书重点描述上述第1类企业的创业活动，希望帮助更多人投身于利用新技术开展根本性创新活动，并创建对地区、国家乃至世界产生重大影响的企业。虽然创业者可以利用政策空间或通过巧妙的资本运营来获得盈利机会，但致力

⊖ 硅谷大数据公司帕兰提尔成立于2003年，于2004年启动运营。它曾以202亿美元的估值，位列优步（Uber）和爱彼迎（Airbnb）之后，它的主要客户是CIA及FBI等美国政府机构。——译者注

于根本性的或者颠覆性的创新活动，则让创业者有机会为世界做出富有成效的重大贡献。

1.5　技术创业者

创业活动的核心人物是创业者。创业者是这样一类人：他们大胆、富有想象力，不按照惯常的商业准则或惯例行事；他们执着于寻找能将新产品、新技术、新流程和新设计推向商业化的机会；他们在应对挑战和寻找非常规的解决方案的过程中不断成长；他们运用创造力、提出愿景并编撰创业故事来宣扬自己的理想或目标，然后采取行动，为方案实施开辟新道路；他们甘冒失败风险，坚持为取得成功而不懈努力。他们凭借知识积累和驾驭知识资产的能力，凭借调动资源以实现特定商业或社会目标的能力，让自己脱颖而出（Kuemmerle，2002）。

创业者主要从事表 1-4 所示的 8 项关键活动。他们识别并选择与自身的技能和兴趣相匹配的机会；他们获取并调配资金、有形资产和人力资源；他们创办企业并推动其不断发展；他们对企业生长所处的环境中的各种因素有着充分的理解。

表 1-4　创业者从事的 8 项关键活动

• 创办并经营一家具有特定愿景和使命的企业	• 评估并有效减轻与创业相伴的不确定性及风险
• 了解所处行业及监管环境，制定与之相适应的战略	• 提供具有开创性的，或至少包含一定新颖性和某种独创性的产品或服务
• 及时发现并筛选出最适合的机会	• 将掌握成功所需的能力和知识的人们聚合起来组成协作工作团队，并激励他们开展工作
• 积累并管理智力资本	
• 调动人力、物力和财力资源	

为了顺利开展上述活动，创业者应该具备表 1-5 所示的重要能力（此表亦适用于创业团队）。创业者被机会所吸引，通过战略谋划引导企业努力获取收益并取得巨大成功。创业者要在较短时间内对机会做出响应并制定战略规划。创业者探索新方法、新途径，希望借此解决社会问题和满足市场需求。创业者想方设法地表达并验证自己的想法，他们富有创造力和内在动力，总是会被新的、伟大的想法或机会所吸引。他们富有成就意识，力图成就一家能够解决重要问题并因此产生巨大影响力的企业。

表 1-5　创业者（团队）应具备的重要能力

• 拥有把握特定机会所需的相关行业知识、经验和才能 • 能够捕捉到虽有挑战但预期收益可观的重要机会 • 能够敏锐地把握时机 • 能够进行创造性探索，为解决问题或满足需求找到有价值的解决方案 • 能够抓住机会建立一个适合商业化运作的企业 • 拥有强烈的成就意识 • 拥有足够的耐心	• 能够接受不确定性和模糊性 • 能灵活应对变化与竞争 • 能够评估并控制创业带来的风险 • 能够用愿景说服员工和合作者与自己一道追逐机会 • 能够吸引、培育和留住有才能的、受过良好教育的、具有跨行业视野的人才 • 擅长推销自己的创意，且拥有广泛的人脉

　　创业者总是表现出强烈的自信（Hmieleski & Baron，2009）。他们也能够自我克制，以避免因过度自信而妨碍接收来自外界的反馈（Navis & Ozbeck，2016）。新创企业家会表现出高度的自我效能感[⊖]——他们自信能够有效地组织资源和采取行动，以取得期望的成就（Markman et al.，2002），他们相信自己具备创业实践所需的能力和洞察力。经验表明，有创业经验的创业者比没有创业经验的创业者表现更好，即便这些经验来自失败的创业经历（Paik，2014）。之所以有经验的创业者表现更好，不仅因为他们拥有与新创企业所处行业相关的知识和技能，还因为他们了解该行业的市场环境和监管环境（Chatterji，2009）。优秀的创业者是能力和经验的结合体（Eesley & Roberts，2012）。

　　优秀的创业者喜欢保持灵活性，以适应不断变化的环境和降低创业风险。在面对挫折时，他们富有韧性，能够同时处理多项任务，能够运用娴熟的问题解决技巧克服挑战。表 1-6 列出了创业者克服挑战应具备的能力要素。

表 1-6　创业者克服挑战应具备的能力要素

• 能够处理一系列棘手问题 • 能够提出解决方案并不断完善它们 • 能够同时处理多项任务 • 面对挫折不屈不挠	• 喜欢有挑战性的工作，愿意为之努力工作 • 拥有娴熟的解决问题的技巧 • 能够快速学习以获得解决棘手问题所需的能力

　　除此之外，创业者还需通过构建企业的总体愿景来激励员工、合作伙伴和投资者。激励他人与自己一道为实现目标、完成任务而付出努力，是创业者最

⊖　美国著名心理学家班杜拉于 20 世纪 70 年代在其著作《思想和行动的社会基础》中提出自我效能感这一概念，并将其定义为"人们对自身能否利用所拥有的技能去完成某项工作行为的自信程度"。——译者注

重要的能力。成功的创业团队，总是能够吸引、培育并留住那些接受过良好教育，具有多学科视野的才华横溢的人才（van Praag，2006）。

因此，创业的核心团队必须具备**领导力**（Leadership），即具备创建组织并推动组织变革的能力。创业团队发挥领导力，推动组织适应环境变化进行调整和改变，是创业成功的重要保障。可以用创业团队根据环境变化获取所需新技能的能力水平，作为衡量其领导力的指标。

创业者的背景千差万别。表 1-1 所列的那些伟大企业的创始人，创业时年龄最小的只有 20 岁，最大的已经 42 岁。2014 年的一项调查显示，硅谷顶级企业的创始人年龄的中位数是 30 岁，这些创始人中有许多在开始创业时已经不年轻了（Lee-Woolfe，2014）。可见，创业是任何年龄的人都可以从事的，对于个体而言，创业是一项可以终身追寻的事业。

技术创业者往往是受过良好教育的人。考夫曼基金会针对技术创业者的调查显示，92% 的技术创业者拥有学士学位，31% 的技术创业者拥有硕士学位，10% 的技术创业者拥有博士学位。不过，有一些机构专门为低收入、低学历群体的创业活动提供资助，例如，孟加拉国的格莱珉银行⊖专门为第三世界国家的女性创业者提供贷款。

一般来说，创业者应该具备表 1-5 列出的大部分能力，但是由于每个人的能力存在差异，为了保证组织具有充实的、多样化的技能、洞察力、资源和关系等，多数创业活动需要组建一个能力互补的创业团队。

同时，创业者精神作为一种态度和能力，不仅为创业的核心团队成员所拥有，还会扩散到组织中的所有成员。大多数成长中的公司会努力在整个公司的文化中注入创业者精神。例如，托马斯·爱迪生（Thomas Edison）创办的公司后来发展成为通用电气公司（GE），史蒂夫·乔布斯（Steve Jobs）和史蒂夫·沃兹尼亚克（Steve Wozniak）共同创立了苹果公司，杰夫·贝佐斯（Jeff Bezos）按照自己的价值观创立了亚马逊公司，他们都将有价值的新知识、新技术与切实可行的商业实践相结合，建立了多年后依旧保持创业者精神的公司。

创业团队成员可以参照表 1-7 列出的 7 个因素判定自己能否接受创业的收

⊖　总部位于孟加拉国达卡市的孟加拉乡村银行，也被称作格莱珉银行，创立于 1976 年，是一家小额贷款金融机构，该银行及其创始人穆罕默德·尤努斯一起获得 2006 年的诺贝尔和平奖。——译者注益与代价（Gatewood，2001）。优秀的创业者，往往是领导力卓越、创新能力突出、成就意识强烈的人，他们追求财富和自我价值的实现，喜欢特立独行；他们会对机会以及相伴的风险加以评估，会估计所需投入的时间和精力，并将其与预期收益加以比较。成功的创业者会对表 1-8 列出的 5 个问题做出肯定的回答（Kuemmerle，2002）。

表 1-7　创业的收益与代价

创业的收益	
● 自主性：创业意味着可以自由决定工作方式和工作时间 ● 财务独立：创业可能获得较高收入，从而实现财务自由 ● 自我实现：创业过程可以帮助人们了解自己，获得成就和地位	● 创新：创业意味着可以创造新事物 ● 社会角色：创业可以让人们有机会履行家族传统，成为领导者
创业的代价	
● 风险：创业可能导致收入减少或财产损失	● 工作强度和压力：创业意味着长时间、高强度、高压力的工作

表 1-8　判定自己是否适合创业的 5 个问题

● 你是否敢于挑战权威 ● 你是否敢于迎接强大的对手 ● 你是否有耐心陪伴一家小企业慢慢成长	● 你是否愿意且有能力及时地调整战略 ● 你是否善于做决策

环境对于一个人是否会参与创业活动有着重要的影响（Sørenson，2007）。身边有同事参与创业活动的人，更有可能成为创业者（Stuart & Ding，2006）；新创立的小企业更可能孕育出创业者（Dobrev & Barnett，2005）；那些创新氛围差、对优秀技术人员缺乏激励的企业，会让掌握娴熟技术、有进取心的员工对工作感到不如意，并产生强烈的创业意愿（Lee et al.，2011）。环境的变化，如当获得风险投资的机会增加时，也会影响人们的创业意愿（Hsu et al.，2007）。

在个人层面，那些认为亲自创业比给现有企业打工更能给自己带来好的职业前景的人，更可能成为创业者。根据式（1-1），创业满意度 U 是预期收入、工作自主性、工作强度、风险等因素的效用函数（Douglas & Shepherd，1999）。

$$U = f(Y, I, W, R, O) \qquad (1-1)$$

式中，Y 代表预期收入，I 代表工作自主性，W 代表工作强度，R 代表风险，O 代表其他工作条件，且假设预期收入是个人能力的函数。根据式（1-1），人们从创业活动中获得的满足感（效用）越大，其成为创业者的动机就越强。或者说，在适度的风险水平和工作强度下，较高的预期收入和工作自主性，会带来更高的创业意愿。

创业活动充满不确定性，创业者只能大致估计其预期收入、工作自主性、工作强度和风险等，因此，创业者必须诚实、谨慎地对自己的创业动机、技能等做出评判（Wasserman，2012）。遗憾的是，很多创业者会高估创业带来的工作自主性和预期收入，而低估所需投入的时间和精力。

基于式（1-1），可以构造一个效用指数——创业吸引力指数（EA）（Lévesque et al.，2002），见式（1-2）。

$$EA = (Y + I) - (W + R) \tag{1-2}$$

式中，对自变量 Y、I、W 和 R 进行 1 ～ 5 分赋值（1 = 低，3 = 中，5 = 高）。

下面我们举例说明如何利用式（1-2）计算创业吸引力。假设一位在电子行业中很成功的客户经理，要在继续从事现在的工作和自主创业之间做出选择。她十分在意工作自主性（I），而创业可以带来更高的工作自主性。创办新企业的工作强度与她目前的工作强度（W）相同，但创业意味着更高的风险。在收入方面，继续从事当前的工作，她每年的收入（Y）为 60 000 美元，而创办新企业，她估计，虽然两年后能获得与从事当前工作相同的收入，但刚开始创业的前 4 个月只能获得较低的收入。根据式（1-2）计算两个选择的各个自变量的得分（见表 1-9）：未来两年，创业的机会好处为 8（= $Y + I$），创业的机会成本为 7（= $W + R$）；继续从事当前工作的机会好处为 5（= $Y + I$），机会成本为 6（= $W + R$），由此可得，创业的吸引力指数 EA = 1，而继续从事当前工作的吸引力指数 EA = −1。考虑到她对高工作自主性有强烈的偏好，似乎创业是更有利的选择，值得她对其做出进一步的考察。

表 1-9　未来两年选择创业或继续从事当前工作的机会好处和机会成本分析

影响因素	创业	继续从事当前工作
未来两年的预期总收入（Y）	120 000（美元）	120 000（美元）
	$Y = 3$	$Y = 3$
工作自主性（I）	$I = 5$	$I = 2$
工作强度（W）	$W = 4$	$W = 4$
风险（R）	$R = 3$	$R = 2$

为了降低风险，许多创业者会采取渐进式的创业方式，即在创建自己的事业的同时，保留当前的工作及收入（Foltaet al.，2010）。但是，考虑到创业必须投入足够的精力，技术创业往往无法在创业者不全力以赴的情况下获得成功（Ogle，2012），所以这种渐进式创业的做法可能意味着更大的风险。如果某个创业设想不足以让创业者全心全意地投入，对创业者而言，那就不是一个好的创业设想。

总之，创业者是一些综合能力突出的人，他们将个人兴趣与自己各方面的能力相匹配，去追逐特定的机会，且往往通过组建团队的方式来获得抓住特定机会所需的综合能力。做出是否追逐特定机会进入创业这一职业发展路径的决策，需要在创业所带来的工作自主性、预期收入等方面的好处，与创业所带来的较高的工作强度和较高的风险之间做出权衡。第 2 章我们将介绍创业者如何评判一个创业设想是否意味着切实可行的创业机会。

1.6 焦点案例：脸书公司

脸书公司是一家成立于 2004 年的社交网络服务公司，其前身是哈佛大学的在校生马克·扎克伯格与几位同学一起建立的一个在线学生名录网站，该网站为哈佛大学在校生提供照片和基本信息展示。扎克伯格是该网站的主要创始人和脸书公司的创立者，他在创建网站时，吸引了其他几位哈佛大学的学生共同参与开发。2004 年年初，网站包含的学生名录扩展到常春藤盟校、斯坦福大学和许多其他大学，同年晚些时候，创始人团队决定将网站的运营总部迁移到加利福尼亚州。脸书公司于 2012 年 5 月进行了首次公开募股（以下简称 IPO），其发行价为每股 38 美元，当时公司估值为 1040 亿美元。2017 年年初，脸书公司的市值已接近 4000 亿美元。

早在脸书公司成立前，Friendster 和 MySpace 等社交网络平台就已经开始运营，但脸书公司在 2008 年超越了竞争对手并从此一直保持领先地位。现在，脸书公司是世界上最有价值的公司之一。扎克伯格作为创业者，其个人成长与脸书公司的发展息息相关。从 20 岁的计算机科学奇才到经验丰富的首席执行官，扎克伯格所做的一些关键决定，奠定了脸书公司的市场领导者地位。2006 年夏天，他拒绝了雅虎公司 10 亿美元的收购要约，2008 年，他成功聘请超级明星高管谢丽尔·桑德伯格（Sheryl Sandberg）担任脸书公司的首席运营官。

1.7 本章小结

创业是创业者（个人或团队）聚合必要的资源以充分利用所发现的机会，并借此为个人和公众创造财富、增加社会福利、促进社会繁荣的过程。本章的主要观点如下。

- 创业者发现有待解决的问题或未被满足的需求，为此开发和推行某种解决方案。
- 创业活动是经济增长的引擎。
- 创业者利用知识开展创新活动并创办新企业。
- 积极的创业活动源自创业资本和智力资本的有机结合，其可以提高生产率并促进社会繁荣。
- 创业者善于发现机会，并善于利用机会获取所需资源和创办新企业。
- 个人可以通过学习成为创业者。

📖 技术创业原则 1

创业者应该以为所有参与者（投资者、客户、供应商、员工和他们自己）创造财富和促进经济繁荣为目的，运用智力资本与创业资本的有机结合，来创办新企业。

音像资料
读者可以访问 http://techventures.stanford.edu，浏览与本章内容有关的学术讨论

创业技能的学习 （Entrepreneurial Skills Learned）	马克·扎克伯格	脸书公司
不做企业家的理由 （Reasons Not to Be an Entrepreneur）	菲尔·利宾	印象笔记公司（Evernote）和 General Catalyst⊖风险投资公司
在大企业中创业 （Being Entrepreneurial in a Big Company）	莎阿·塞尔伯	国家地理杂志

1.8 练习

（1）创业设想和创业机会有何区别？为什么对创业者来说，认清二者的差

⊖ 美国著名风险投资公司，通常选择处于创业初期的公司为投资对象。菲尔·利宾于 2015 年 7 月从印象笔记公司的 CEO 职位离职，入职该公司。——译者注

异十分重要？

（2）制作一张表格，在第1列写下过去1个月中你遇到的机会，在第2列写下你感兴趣或者有激情去做的事，在第3列写下你所具备的能力。审视你遇到的机会、你的兴趣点和你的能力是否匹配。如果是匹配的，进一步判断这个（些）机会是否可以成为创业的好机会，你要做些什么才能使其成为创办一家新公司的有吸引力的机会。

（3）选出一位你钦佩的创业者，说明你认为他是一位创业者的理由。你认为他与其他商业领袖有何不同？他选择了哪一种创业路径？他为创业活动投入和付出了什么？他在取得成功的过程中获得了哪些人的帮助？

（4）选出一个你钦佩的成功的创业团队，参照表1-5所列出的创业者（团队）应具备的能力，你将如何从能力视角评价这个创业团队？能否用这些能力来解释该团队的成功？

（5）调查过去5年中进行IPO或被收购的公司的数量，总结这些公司分布在哪些行业。比较进行IPO的公司数量与被收购的公司数量，二者的变化趋势如何？这两个数据对新创企业的数量有何影响？

（6）结合图1-5所示的历史上的6次技术变革浪潮，思考当一轮技术变革浪潮达到峰值时，会带来哪些创业机会，以及创业者应如何利用成熟或衰退的市场所带来的机遇。

创业实战

选择一个对你有吸引力且具有较高回报潜力的创业机会，完成每章结尾的创业实战练习。

1. 描述一个对你产生吸引力的创业机会，说明你为什么认为这是一个创业机会。

2. 描述你和你的团队成员所拥有的能力和所掌握的技能。

3. 要想取得创业成功，你们需要获得哪些利益相关者的帮助？

4. 说明你对这个机会寄予多大的热情，以及你愿意为这个机会做出哪些承诺。

5. 你认为这个机会对你来说是一个好的创业机会吗？

机　　会

人们很少能够创造机会，所以应
该让自己时刻准备着，等待机会的
到来。

西奥多·罗斯福（Theodore Roosevelt）

创业者应如何识别和选择有价值的创业机会

创业机会识别和评估对创业者而言是最
重要的任务。好的创业机会来自对意义重大
的市场需求的响应。创业者可以通过研究技
术、经济和社会发展的大趋势来把握新的需
求。当新需求所带来的商业机会与创业者所
拥有的能力和兴趣相匹配，并显示出可持续
的长期增长潜力，且环境条件有利，使得企
业可以比较容易地获得所需资源时，创业者

就可以着手创办新企业来把握创业机会了。对创业者而言，选择哪一个商业机会开始其创业活动，是至关重要且十分艰难的抉择。表 2-8 概述了评估创业机会的 5 个步骤。

2.1 两种类型的机会

创业者（不论是个人还是团队）所扮演的第一个角色，就是发现或创造，再选择合适的创业机会。创业机会是指，刚好具备恰当的时机和各种有利的条件，让创业者可以通过开发一种新产品或新服务，开展一个新业务或提供一种新体验来满足某种潜在需求（Sarasvathy et al.，2003）。高效的创业者会发现，机会识别是一个创造性的过程，要将有待满足的需求与特定时期中特定的解决方案、方法和手段等加以联结。

按照来源的不同，可以将创业机会分为两类，即源自市场需求的"需求拉动型"机会，以及源自新技术发展的"技术推动型"机会（Di Stefano et al.，2012）。

1."需求拉动型"机会

需求拉动型机会也被称作问题驱动型机会，是指创业者从识别和评估一个亟须解决的需求或问题开始其创业活动。例如，创业者以发现有效的癌症治疗技术为动力，通过开展颠覆性创新活动来研发满足需求的新产品，并因此开创一个新行业，则其创业活动所捕捉的就是需求拉动型机会。

太阳微系统公司（Sun Microsystems）的联合创始人，著名风险投资家维诺德·科斯拉（Vinod Khosla）常说："每个有待解决的问题背后都潜藏着创业机会。"也可以说，巨大的商业机遇往往被伪装成充满挑战的难题。

识别此类孕育巨大机遇的难题的有效策略是，关注潜在客户正在承受的巨大"痛苦"，客户越痛苦，意味着其期待问题解决的心情越迫切。那些对当前状况或者解决方案最为不满的客户，正是高价值解决方案的需求者。2008 年，杰西卡·阿尔芭（Jessica Alba）生下了她的第一个孩子，在哺育孩子的过程中，她被自己的童年病史以及有关市面上常见的婴儿产品中包含石化产品和合成香料的新闻吓坏了。她使用她母亲推荐的婴儿产品，致使孩子长了疤痕，这件事成为她创业的动力，后来，她创办了致力于提供无毒家居产品以践行商业伦理的诚实公司（Honest Company）。

D.light 公司[○]的创始人萨姆·戈德曼（Sam Goldman）的创业动力也来自一次令人痛苦的个人经历。戈德曼曾先后在毛里塔尼亚、巴基斯坦、秘鲁、印度和卢旺达等国度过自己的早年岁月，后来他迁居贝宁共和国并成为一家和平组织的志愿者。他先后在加拿大获得生物与环境学学位，在美国的斯坦福大学获得 MBA 学位。戈德曼在贝宁时曾目睹邻居的儿子被煤油灯严重烧伤。这次令人痛苦的经历激励他开发出一种可以确保儿童使用安全的新型照明产品，其价格与煤油灯相当。现在，他的公司已经研制出非常高效的 LED 灯，其亮度是煤油灯的 8 ～ 10 倍，照明效率则比荧光灯高 50%。

创业者可以采用一个被称作"痛苦风暴"的，包含 5 个步骤的流程来识别需求拉动型机会。第 1 步，创业者选择某个特定的客户群体或某类人群；第 2 步，创业者需要描述出客户正在做的事情（或要做的事情）以及客户希望达到的目的；第 3 步，明确客户在做这些事的过程中经历了哪些痛苦，带有哪些不满情绪；第 4 步，明确其中最大的痛点，并找出导致不满的根本原因；第 5 步，确定所找到的根本原因背后的假设（Furr & Dyer，2014）。例如，优步公司的创始人首先了解到出租车用户的需求——快速、可靠、廉价地从一个地点到达另一个地点。其次，他们列出人们在打车时遇到的所有问题或所经历的痛苦，从不能及时叫到车，到付款时面临的不确定性等。最后，他们提出一种新的解决方案来减少出租车用户的痛苦。

📖 需求拉动瑞思迈公司实现高速增长

在 20 世纪 80 年代和 90 年代初，阻塞性睡眠呼吸暂停低通气综合征（OSA）是一个普遍存在却被忽视的病征。当咽喉后部的组织在睡眠期间塌陷，阻塞气道和阻止呼吸时，就会发生 OSA。发生 OSA 时，血液中的氧含量会下降，并导致心率和血压急剧波动。OSA 与许多严重疾病密切相关——近一半的心力衰竭患者和 60% 的 2 型糖尿病患者患有 OSA。据估

○　一家专注于太阳能产品研发的企业，产品包括太阳能板、充电电池组、太阳能灯、开关、FM 收音机和手电筒等，其目标客户为未被供电网络覆盖的社区。——译者注

计，有 2% 的美国人患有不同形式的 OSA。这显然是一个亟待解决的严重问题。

创立于澳大利亚的瑞思迈公司（ResMed）致力于解决这个问题。该公司发明了一种新型设备，可以在人们睡眠期间对气道加压以防止气道阻塞。该设备一经推出便大获成功，20 世纪 90 年代初，随着人们对 OSA 认知度的不断提升，瑞思迈公司进入高速发展期。

瑞思迈公司准确地识别出一个影响范围广泛的、悬而未决的难题，并提出一个既能改善患者生命健康状况，也符合人寿保险公司利益的解决方案，借此取得举世瞩目的成功。该公司目前已经在纽约证券交易所上市，其 2016 年的营业收入超过 18 亿美元。

正如优步公司的例子所揭示的，创业者不仅要能够发现亟待解决的问题，还必须提出针对所发现的问题的解决方案。例如，财捷集团（Intuit）的创始人斯科特·库克（Scott Cook）识别出的亟待解决的问题是：市场上缺乏帮助人们轻松可靠地保存家庭预算记录、完成缴税和账单支付的工具。库克认为可以开发一款财务软件来解决这个问题，该软件必须简便到让大多数人无须查阅操作手册就能使用——这正是他给自己创办的公司命名为"财捷"所蕴含的深意。像库克这样的创业者首先会发问："如果不加任何约束，人们会如何解决这个问题？"不考虑价格、物理条件等方面的限制，可以为提出多种可能的解决方案创造空间。然后，将这个在不考虑任何限制条件时看起来很有吸引力的解决方案作为原型，对其加以调整，以适应现实世界的各种限制条件。库克最后用一个简单易用的方案解决了一个大问题。

2."技术推动型"机会

技术推动型机会是指创业行动始于一个解决方案，而不是某个待解决的问题。生物领域中的干细胞技术、纳米领域中的碳纳米管技术等新技术的涌现，会吸引创业者去寻找应用新技术的方法。例如，当桑德拉·勒纳（Sandra Lerner）和莱昂纳德·博萨克（Leonard Bosack）于 1984 年创立思科系统公司（Cisco Systems）时，他们希望开发一种可以利用路由器实现计算机之间数据传输和转换的设备。截至 2017 年，思科系统公司的营业收入接近 500 亿美元。

有一些大好的商业机会源自机缘巧合下的偶然发现。在微波实验室工作的珀西·斯宾塞，偶然观察到巧克力棒在微波的作用下融化——这一偶然发现启发他发明了微波炉。加拿大的毛皮贸易商克拉伦斯·伯宰（Clarence Birdseye）在冰上钓鱼时注意到，在零下 50 摄氏度的低温中，鱼儿几乎立即被冻结得像岩石般坚硬，可一旦解冻，它们又可以恢复新鲜和柔嫩。经过反复实验，他发现食品保鲜的关键在于食品冷冻的速度。他的观察最终导致了速冻技术的发明，并创造出一个价值数十亿美元的产业，伯宰则从中大获成功。

需要提醒创业者的是，一项新技术本身并非一个解决方案。归根结底，客户所要求的是满足其需求或解决其问题，他们通常并不关心达成目标所需采用的技术。因此，创业的目的并非提出伟大的技术构想，而是提供能够解决重大问题的产品或服务。

图 2-1 简要说明了需求拉动型和技术推动型这两种创业机会的作用机理。由需求拉动的创业，创业者以某个市场需求为起点，该需求可能会被几种潜在的产品所满足，这些产品可能包含（也可能不包含）特殊的技术能力。由技术

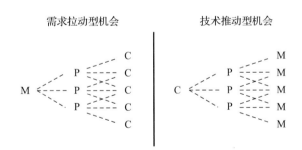

M=市场需求；P=产品（或服务）；C=技术能力

图 2-1　需求拉动型机会和技术推动型机会

资料来源：Barr, S. H., T. Baker, S. K. Markham, and A. L. Kingon. "Bridging the valley of death: lessons learned from 14 years of commercialization of technology education." IEEE Engineering Management Review, March 2014, 13-24.

推动的创业，创业者以掌握某种技术为起点，且通常基于一项新技术或现有技术的新应用来实现。创业所采用的新技术往往需要与其他技术相结合，才能形成一个功能完备的产品（一项新技术通常可以应用于开发多个产品）。同时，一个新产品可以应用于不同的市场，满足不同的客户需求。有些时候，待解决的问题和解决问题的新技术方案会同时出现（von Hippel & von Krogh，2016）。无论是由需求拉动的创业还是由技术推动的创业，创业者都必须做到使某个重要的需求与相应的好的解决方案相匹配。

表 2-1 将上述两种创业机会细分为 9 个具体的机会来源，我们结合该表描述识别创业机会的其他方法。

创业机会的第 1 个来源是最常见的，即提升现有产品或服务的价值，包括性能改进、质量提升、体验改善、可获得性提升等。例如，金融技术公司 CreditKarma 的创办者希望为客户提供包括其税收和信用卡信息在内的金融账户的仪表盘视图。该公司自己并不提供信用评级服务或者银行

表 2-1 9 个具体的机会来源

1. 提升现有产品或服务的价值
2. 为已有的方法或技术开发新的应用方式
3. 创造大众市场
4. 提供定制服务
5. 扩大业务的覆盖范围
6. 优化供应链管理
7. 促进产业融合
8. 开展流程创新
9. 通过并购和产业整合来壮大公司规模

业务，而是整合其他金融机构所提供的产品和服务，帮助客户更加直观地观察自己的财务数据，已有金融服务可获得性的提高可以增加价值。

创业机会的第 2 个来源是为已有的方法或技术开发新的应用方式。磁条信用卡早在 20 世纪 60 年代就已问世，当一位有思想的创新者意识到这项技术可以用于制作酒店门禁卡时，一个全新的行业由此开启。

创业机会的第 3 个来源是为现有产品创造大众市场。威睿公司（VMWare）在这方面的做法具有代表性。起初，威睿公司致力于为软件测试人员开发在虚拟环境下检查代码质量的技术，该技术可以让单台计算机像多台计算机一样运行。随后威睿公司意识到，只要做一些适度改进，这项技术就可以应用于为操作系统内核提供虚拟化的运行环境。操作系统内核运行环境的市场规模要比软件质量测试环境的市场规模大一个数量级，由此，威睿公司便将其产品的市场空间从最初的数亿美元扩大到 100 亿美元。

创业机会的第 4 个来源是通过提供定制服务来提升现有产品或技术的价值创造能力。例如，在流媒体音乐领域，声田公司（Spotify）的用户可以在平板电脑或智能手机上通过应用程序访问其音乐网站，他们不仅可以在网站所提供的数百万首曲目中选择歌曲，还可以定制自己的歌曲列表。声田公司的网站整合了包括脸书在内的社交媒体网站[⊖]。

创业机会的第 5 个来源是通过扩大业务的地理和网络覆盖范围来扩大用户规模。例如，成立于苏格兰的欧堡（Optos）开发了一种新颖的眼科检查技术，并采用按使用次数付费的新型商业模式，靠着天使投资人的多年呵护，这家公司最终将其业务扩展到美国和德国市场。目前该公司已在伦敦证券交易所上市。

创业机会的第 6 个来源是通过优化供应链管理来大力促进业务发展。例如，沃尔玛公司整合旗下各家门店的库存信息系统和分销系统，通过改进库存管理提升了公司的经济效益。

创业机会的第 7 个来源是促进产业融合，通过将新颖技术与市场组合，为业务扩展创造机会。例如，基因工程是电镜学、微操作系统和超级计算与医学融合的产物。

创业机会的第 8 个来源是开展流程创新。例如，联邦快递公司依托其构建的航空运输体系，变革了人类运输货物的方式——并借此为自己创造了巨大的发展空间。曾供职于脸书公司的贾斯汀·罗森斯坦和达斯汀·莫斯科维茨创办了 Asana 公司，该公司致力于通过改变团队间的协作方式来提升组织运行效率，创立 8 年后，该公司成为项目管理软件领域的领导者之一。

创业机会的第 9 个来源是通过并购和产业整合来壮大公司规模。美国铁路业提供了产业整合的早期案例。19 世纪 90 年代末的美国有数千家铁路公司，在世纪之交，美国铁路业开始整合，最终，美国的铁路公司数量缩减为现在的 5 家。近期发生的产业整合案例包括汽车制造公司整合、有线和卫星电视广播公司整合、电信运营商整合等。并购和产业整合可以大幅度降低行业成本并增加客户价值。

⊖　声田公司总裁丹尼尔·埃克（Daniel E.K.）在提到付费用户的增长时说，"声田的真正价值不在于资料库里的 1800 万首歌，而是声田拥有的 7 亿份歌曲列表"。——译者注

图 2-2 的三维立方体描绘了上述各类商业机会。创业者总是锚定特定的客户群体，针对该群体的需求考虑需采用何种技术以及如何应用特定技术，以形成满足客户需求的解决方案。因此，商业机会是特定技术、具体的技术应用方式和客户群三个维度的组合。

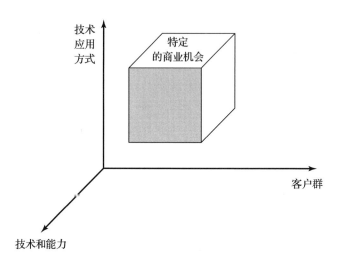

图 2-2 从客户群、技术和能力，以及技术应用方式三个维度发现商业机会

在机会识别过程中，创业者的个人经历发挥着重要的作用。不同的创业者所拥有的知识、经验和所持有的动机存在差异，因此，在同样的条件下他们可能会识别或感知到不同的机会（Gregoire & Shepherd，2012）。创业者所认识的人、所从事的活动、所拥有的技术信息、所接触到的需求，都会对其开展机会评估和相伴的创业行动产生影响（Autio et al.，2013）。令人惋惜的是，业内人士往往无法发现新商机，他们对所处行业的深厚经验，会导致他们看不到替代的解决方案（Nelson & Irwin，2014）。

不同的创业者从同一个机会中收获的收益也存在差异，这是因为，机会所蕴含的价值是由创业者回应机会的行为赋予的。无论机会自身还是响应机会的方式，都不存在排他性——一个机会可以被许多人发现，但他们中只有极少数人拥有解决问题的激情和所需的能力。例如，曾有很多人提出应用纳米新科技解决各种问题的设想，但真正付诸行动的人很少。真正的创业者能够发现与自身兴趣、技能和知识相匹配的最佳商机，并采取行动使其

兑现。可以说，激情和能力的差异是不同的创业者或创业团队间的最重要
差异。

弗兰克·斯劳特曼（Frank Slootman）是发现与自己的兴趣、能力和激情
相匹配的机会并开展创业方面的典范。他加盟了一家公司——Data Domain，
当时这家公司只有 20 名员工，没有客户，没有销售收入。他说这家公司当
时正在解决的问题——使备份和恢复磁盘的存储经济化——"在召唤他"。
他认为，这家公司所处的市场空间巨大，他可以带领公司中的优秀工程师
实施组织变革——一旦成功，这家公司将成长为一家极具价值的公司。经
过 6 年的努力，他真的带领这家公司成为所处领域中无可争议的领导者，并
成功上市。2009 年，这家公司被易安信公司（EMC）以 24 亿美元的价格
收购。

2.2　市场参与和设计思维

创业者必须让自己置身于市场之中，在实践中发现并验证商机。市场调查
是收集信息、萃取商机、开展战略谋划和执行战略方案的过程。掌握充分的信
息对新创企业的创业团队而言至关重要。如果缺少相关信息，新创企业很可能
推出一款客户并不看重的产品。

例如，迪恩·卡门（Dean Kamen）开发的两轮自平衡运输车——摄位车
（Segway），尽管被高度宣传，所得到的反馈却很不理想，潜在客户认为这款产
品不实用，因此不打算购买（Grant，2016）。

ETC 工作流程最早被设计师们采用：他们事先提出初步的设计方案，然后
将其展示给客户以对方案进行测试，通过观察客户的反应来改进设计方案，然
后再测试、获得反馈、修改完善，该过程将循环迭代直到形成令客户满意的设
计方案（McKim，1973）。该工作流程所采用的方法后来成为指导客户开发工
作的一种方法，并演化为时下流行的 3 种精益创业方法之一。如图 2-3（Blank，
2012）所示，所谓客户开发，是指以创办公司为目标而开展的客户发现、客户
验证和客户创造过程。按照 ETC 客户开发工作流程，创业者首先要辨识出自己
的目标客户，然后对照目标客户，确认自己正在尝试解决的问题对目标客户是
否重要，判断自己提出的解决方案能否获得目标客户的认可。其次，创业者应

该根据客户的实际需求，设计一个可重复的销售路线图。在此过程中，创业者往往会进行多轮迭代——重新考察问题、确认解决方案和客户需求假设等，做出调整优化，直到创业设想得到充分完善。再次，创业者需要为自己创造出最终客户需求，以达成最初的销售业绩。最后，新创企业以初始销售成功为基础，从一个非正式的学习型、探索型组织，转变为一个拥有销售、营销和业务开发部门的正式组织（Blank，2013）。

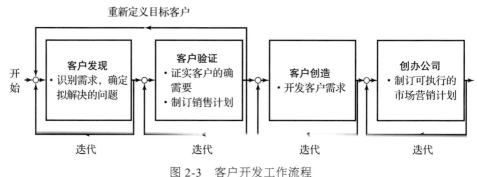

图 2-3　客户开发工作流程

资料来源：Blank, Steve. The lean LaunchPad Educators Teaching Handbook. Pescadero, CA: K & S Ranch, 2013.

　　获得一手数据对于客户开发十分重要：什么也不能代替与真实客户的直接接触。正如麻省理工学院创业马丁信托中心（Martin Trust Center for MIT Entreprisurship）常务董事比尔·奥莱特（Bill Aulet）所说，"如果有一份市场研究报告能够提供你想了解的全部信息，那意味着你的创业活动开始得太迟，你已经错过了机会窗口"（Aulet，2013）。也就是说，那些适时的机会需要创业者们亲自去收集所需数据。

　　最常见的一手研究工作方法是组织焦点小组，即从目标市场中召集一些客户代表，让他们聚集在一个房间里，围绕创业活动所要解决的问题、提出的解决方案或者拟投放的产品展开讨论。可以由某个创业团队成员来引导焦点小组的讨论，也可以聘请专业主持人来引导焦点小组的讨论。专业主持人一般对创业活动持有客观的态度，有助于让讨论获得更真实的反馈。表 2-2 概述了组织焦点小组讨论的一般工作步骤。组织焦点小组的最终目标是获得目标客户的真实反馈。

表 2-2 组织焦点小组讨论的工作步骤

1. 确定组织焦点小组讨论的宗旨和目标
2. 根据创业活动所需解决的问题、所瞄准的目标市场,确定并召集合适的人组成焦点小组
3. 主持人准备好发动小组成员开展讨论的引导词,并准备一些关键的引导问题,以确保会议始终聚焦于设定主题
4. 使用简洁的开放式问题来引导讨论
5. 鼓励小组成员提出批判性的见解和意见
6. 在整理讨论结果时,不仅应捕捉共识,还应关注异见

资料来源:Krueger, Richard and Mary Anne Casey. Focus Groups: A Practical Guide for Applied Research. Thousand Oaks, CA: SAGE Publications, Inc. 2008.

创业者还可以借助问卷调查和客户访谈来收集数据。参加焦点小组讨论的受访者可能会因陷入"群体思维"而给出雷同观点。相比而言,客户访谈采取分别单独约谈受访者的方式,可以避免焦点小组方法的上述不足,因此,创业者往往在组织焦点小组讨论后,再征集一些未参加焦点小组的目标客户,对其开展一对一的采访。

表 2-3 给出了几条有效开展客户访谈的建议。与组织焦点小组讨论一样,客户访谈时也应该使用开放式问题,并鼓励受访者做出诚实的反馈。创业者应该谨记,发动客户参与不仅仅是为了证实自己的创业假设,更重要的目标应该是获得新见解和挑战自己的预设性想法,避免先入为主(Sanchez et al., 2011)。

表 2-3 开展客户访谈的建议

1. 事先确定访谈所需达成的目标和所需解决的问题
2. 根据创业活动拟解决的问题和所瞄准的目标市场,确定并约见合适的人进行访谈
3. 在访谈中要使用开放式问题
4. 鼓励客户诚实地表达他们自己的见解,自己做好接受批判性反馈的准备
5. 在访谈过程中,应该少说多听
6. 不要去引导或影响受访者
7. 通过恰当的提问,让谈话过程保持连续和流畅
8. 复述受访者的表述,以避免理解偏差
9. 访谈结束前,请受访者引荐其他访谈对象
10. 在访谈结束后,马上整理笔录

资料来源:Constable, Giff. "12 tips for customer development interviews." July 29, 2011. http://giffconstable.com.

在开展客户访谈或组织焦点小组讨论以听取客户对所提出的解决方案的反

馈时，有两种有效的工作方法。第一种方法是让受访者或焦点小组成员以"我生活中的一天"为题，设想在新产品发布之前和之后，他们的日常生活会有哪些差异，从而揭示新产品将为客户创造何种价值。第二种方法是直接让客户比较两种可以相互替代的产品，说明其各自的优势和价值。研究人员可以请受访者对两种可以相互替代的产品的相关属性进行组合分析，以获得量化的比较结果。所谓组合分析，即给出一个属性相对于另一个属性的重要性的定量度量值。开展产品比较可能需要投入时间和金钱，但为了避免误解客户的偏好，这种投入也许是值得的（Aaker et al.，2001）。

组织焦点小组讨论、开展问卷调查和客户访谈这3种方法存在共同的局限性，即对于识别新问题和提出新解决方案的作用不大。正如汽车业的先驱亨利·福特（Henry Ford）所言："如果去问我的客户他们想要什么，他们会说是一匹跑得更快的马。"客户未曾提出过对自动取款机、个人计算机、互联网或便携式音乐播放器的需求，是索尼公司（Sony）的创始人盛田昭夫（Akio Marita）意识到：客户可能需要一款便携式音乐播放器。于是，他指导他的工程师们开发出一款小型的便携式收音机和磁带播放机，他提出该产品应该可以头戴，且能够提供良好的音频质量。尽管从没有客户提出过需要这款产品，但索尼的随身听是20世纪最成功的小型电子产品之一，它开启了一个崭新的市场，该市场后来由苹果公司的iPod和智能手机来主导。伴随着智能手机的普及，今天的人们已经将随时随地都可以借助小巧的电子产品聆听音乐视作理所当然!

客户并不总能用语言表达其面临的问题和潜在的需求，因此直接观察法也是收集客户信息的一种重要方法。人因工程学专家里昂·西格尔（Leon Segal）指出："创新始于观察。"（Kelley，2001）通过观察和分析潜在客户的日常活动，创业者可以了解客户遭遇的问题、经受的挫折、面临的瓶颈等，获得揭示客户潜在需求、预示潜在创业机会的直接信息。例如，美国的医疗保健服务供应商凯撒健康计划和医疗集团（Kaiser Permanente）曾以改善医患体验为目的，派出一个项目团队到4家医院进行实地调查，通过观察患者和医护人员的互动方式，研究小组很快发现：由于缺乏便捷的、标准化的信息分享手段，无论医护人员怎样努力，在交接班时仍然会存在信息传输漏洞。由于许多重要信息未能向接班人员传达，交接班和接班人员总是抱怨沟通不畅。基于该研究小组提供的观察报告，凯撒健康计划和医疗集团开发出一个可以显著提升患者对医护人员工作满意度的新系统（Brown，2008）。

　　再举一个通过观察客户行为而发现商机的例子。洛根·格林（Logan Green）在津巴布韦旅行时发现当地人经常搭便车——美国人可没有这个习惯，他们驾驶着多数座位空闲的汽车行驶在严重拥堵的路上。于是，格林萌生出创办一家提供拼车服务的公司的想法。就这样，来福车（Lyft）公司诞生了，借用津巴布韦共和国国名 Zimbabwe 的前 3 个字母，该公司最初被命名为 Zimride。

　　以下方法可以帮助创业者成为有效的观察者。首先，创业者不一定非要掌握专业知识，缺少专业知识很可能赋予观察者某种直觉。例如，在黑猩猩研究领域取得突破性进展的简·古德尔（Jane Goodall）认为，自己的成功源于所掌握的有关黑猩猩行为的先验知识很少，从而避免了因持有先入为主的观念而对新发现视而不见的情况（Sutton，2002）。其次，在选择观察对象时，应该尽可能选择那些"极端"客户（例如儿童），以及那些面临非常规约束或以新方式应用产品的"不合常规者"。最后，当创业者与创业团队成员具备各自不同的背景和视角时，观察最有效。多样性能够让创业团队从多角度看待世界，更有机会发现有意义的问题和新颖的解决方案（Kelley，2001）。

　　客户开发过程应该与产品开发过程并行。创业者应该一边收集市场信息，一边努力创建产品原型或者改进产品模型。作为精益创业理念的两位主要支持者，埃里克·里斯（Eric Ries）创造了"**精益创业**"（Lean Startup）这个概念，史蒂夫·布兰克（Steve Blank）则创建了一门名为"精益启动"的课程，用来传播里斯提出的精益创业概念（Ries，2011）。根据精益创业理念，与其等到产品"完美"才开始销售，不如尽早开始销售（Onyemah et al.，2013）。创业者应该从挖掘客户可能的兴趣点起步，据此着手构建"**最小化可行产品**"（Minimum Viable Product，MVP），并通过向市场推出极简的原型产品来验证产品是否符合客户需求，再根据客户反馈陆续在产品中添加其他功能。苹果公司最初推出的 iPod 就是一款体现其核心设计理念"便携式数字音乐播放器"的极简产品，在推出后的 3 年中，苹果公司听取客户反馈，持续进行了大量的设计优化，最终将一款极简产品发展为功能健全的复杂产品（Brown & Martin，2015）。

　　通常，MVP 是可以实际应用的产品。例如，Embrace Innovations 这款产品的原型，是 4 名斯坦福大学研究生为"超级经济实惠的设计"课程提交的期末作业。这 4 名学生通过在婴儿睡袋上加装一个可加热的垫子，开发出一款价格低廉、操作简单的早产儿和低体重婴儿保温器。他们以这款 MVP 吸引投资并开始了创业历程。

借助 MVP，创业者可以观察其目标客户或用户如何使用产品，并从中获得启发。如果创业者无法做出低成本的可行产品或服务，也可以采用替代做法，即编写一个高水准的产品规格说明书或者概述产品功能的小册子，详细描述拟开发的产品将在哪些方面、如何为客户带来好处。该文档应该具有高度的可扩展性，无须投入过多资源即可进行快速修订（Aulet，2013）。

秉持精益创业理念的新创企业，会以 MVP 这一开发周期短、研制成本低的极简产品作为创业活动的起点。这样做的好处是，既可以缓解新创企业的资金压力，还可以证明确实存在一个目标市场，且自己有能力为该市场提供一个适合的产品，并据此去说服投资者为新创企业提供增量投资。开展精益创业的新创企业，还常常采用众包、外包、云计算和软件即服务（Software-as-a-Service，SaaS）等，控制现金支出（McQuivey，2013）。

萨尔曼·可汗（Salman Khan）秉承精益创业理念创办了可汗学院（Khan Academy）。可汗学院是一所在线虚拟学院，其主要产品为数学、科学和其他学科的视频教程和教辅软件。公司刚创立时，可汗租用硬件提供在线视频服务，并亲自制作几乎所有视频。他一般只用一两天时间就可完成一段教学视频的制作，然后将其发布到网络上，去观察观看者的反应，测试产品是否具有吸引力，再根据所获得的反馈改进产品。就这样，可汗凭借非常有限的初始资本，完成了商业模式可行性的测试和验证。到 2016 年，可汗学院已获得近 1000 万美元的投资，能够提供 36 种语言的视频课程，可以为全球各地的数百万学生提供服务，推动了知识传授和教育消费方式的革命性变革。

2.3　创新的类型和来源

商业机会往往源自特定市场需求与技术能力的结合。因此，创业者应兼顾市场创造和技术创新。**创新**（Innovation）是指推出可以在市场中产生经济或社会价值的新组合，这种新组合的具体形式包括新产品、新服务、新流程和新业务模式等。

2.3.1　创新的类型

创新意味着新组合。例如，新产品由多个不同零件以特定方式组合在一起。风扇是由叶片、驱动叶片的马达、开关马达的控制器、包含其他组件的外壳等组合而成的。图 2-4 描述了 4 种类型的创新及其原理，其中，有些创新体现为更改组件，有些创新体现为改变组件的组合方式，有些创新则既更改组件也改变组件的组合方式（Henderson & Clark，1990）。

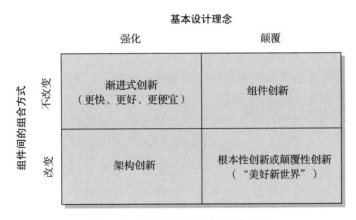

图 2-4　4 种类型的创新及其原理

渐进式创新（Incremental Innovation）是指对现有做法进行创造性扩展，从而制造出比现有产品更快、更好或更便宜的新产品。例如，保持与上一代产品一致的用户界面和屏幕设计，但采用更快的中央处理器和更大存储量的内存，就能推出一款新型平板电脑。开展渐进式创新的前提是了解当前产品无法满足的特定客户需求。

架构创新（Architectural Innovation）是在保持核心设计理念不变的前提下，改变产品各个组件的组合方式，即模块集成的结构——该结构规定了组件之间的协同运作方式。仍以风扇为例，电机隐藏在天花板上的大型风扇与小型的便携式风扇，其组成基本相同，但组件间的组合方式发生了改变（Henderson & Clark，1990），因此从大型风扇到便携式风扇是一种架构创新。

与架构创新相对应，**组件创新**（Modular Innovation）是在不改变组件组合方式的情况下，改变产品组件的创新。例如，美国的智能家居公司 Nest Labs 针对传统的自动恒温器难以实现编程控制且外观陈旧的状况，在自动恒温器中添加学习算法和 Wi-Fi 功能组件，使其能够自行编程，并易于通过手机和平板电脑等设备加以控制（这些改进也让自动恒温器的产品形象更具吸引力）。Nest Labs 自动恒温器的创新路径是在保持原有结构和基本功能不变的情况下，在产品中添加新组件。

根本性创新（Radical Innovation）或**颠覆性创新**（Disruptive Innovation）是指在引入新组件的同时采用新架构来创造全新产品。互联网是根本性创新的典型例子。根本性创新将改变客户和供应商之间的关系，重塑市场结构；根本性创新往往引入新的价值主张并推出颠覆性产品，以替代现有产品和创造出新的产品类别（Christensen et al.，2015）。

赛富时公司推出了一款用于跟踪销售团队活动的、具有颠覆性的客户关系管理软件，并将其放在 SaaS 平台上售卖。用户无须购买、设置或管理任何基础架构，只需支付月租以获取使用许可，即可开始开展销售、营销、客户服务等工作，赛富时公司负责软件的运行和维护工作。同为客户关系管理服务商，赛富时公司与行业领军企业甲骨文公司和思爱普公司等在经营模式方面形成鲜明对比。甲骨文公司和思爱普公司采用一次性收取高达数十万美元的许可费外加年度维护费的收费方式，采用让用户自己负责运行和更新软件的服务方式。对客户关系管理软件的用户而言，以较低的前期固定成本来获得解决方案，应该更具吸引力。

另一项新兴的颠覆性创新是引入无人机（Unmanned Aerial Vehicle，UAV）技术进行航空测量、向偏远地区运送货物、进行基础设施检测，以及从事难以计数的以前难以做到或不可能完成的任务。在此过程中，无人机技术重塑着市场、取代现有产品和创造新的产品类别。该技术每年都在以可见的速度变得更强大和更便宜，其应用领域也得以快速扩大（Diamandis，2016）。

其他的颠覆性创新事例包括复印机、3D 打印和无人驾驶汽车。这些颠覆性技术的应用显著增加了产品价值，促成相关行业的指数级增长。颠覆性创新与高创业成功率显著相关。引入颠覆性创新的新创企业的成功率高达 33%，而采用渐进式创新的新创企业的成功率只有 6%，因为它们不得不与现有企业争夺客户资源（Christensen，2002）。

2.3.2　创新的来源

创新的来源（Sources of Innovation）包括现有企业、研究型实验室和大学、独立发明人、"领先用户"以及开放技术社区。

很多新企业是由现有企业的员工离职创办的，他们往往先形成了一种新产品的设想，并且认为开发这种设想的商业价值的最佳方式是创办一家独立企业。他们通常会将自己供职于原企业时所获得的市场知识、技术知识应用于新创企业（Yeganegi et al.，2016）。在这种情况下，创业者要注意规避与竞业限制和授权有关的法律约束。

大学是创新的另一个重要源泉。教授、研究生和其他大学研究人员开展了大量的前沿研究，形成了许多可能具有潜在商业价值的研究成果。但是，大学的学术研究通常并非以满足市场需求为目的，其商业化需要应对一个重要的挑战，即将研究成果从实验室原型和概念转变为能以合理成本可靠制造的、功能完备的实用产品（Nelson，2014）。要想从与大学的合作中获得最大利益，新创企业必须具有长远眼光，在技术和战略定位上尽量与大学达成一致。如果只是将这种合作视作一次性交易，即挑选一项研究成果，签订合同购得权利，迅速使其商业化，则很有可能会导致合作失败（Wright，2008）。相对而言，"发明家"的全程参与，从大学的实验室研发到新创企业的产品开发，会大大增加学术研究成果商业化成功的机会（Thursby & Thursby，2004）。源自大学的创新还会涉及一些特殊的法律问题，我们将在第 11 章加以讨论。

有许多创新源于最终用户（Franke et al.，2016）。例如，滑雪板、滑板和帆板的发明都来自用户对设备的组合改装实验（Shah，2003）。同样，也是用户推动了从图书馆信息管理系统到婴儿推车，再到化学处理技术的创新（Shah & Tripsas，2007）。由于用户最容易感知自己的需求和现有产品的局限性，因此他们在某些创新领域独具优势。研究表明，在新兴技术领域以及颠覆性创新中与领先用户合作，企业将格外受益（Chatterji & Fabrizio，2014）。

许多用户创新者活跃在开放技术社区之中（Baldwin & von Hippel，2011）。这些社区可能是自发形成的，也可能是获得赞助支持的；其成员既有个人也有组织。开放技术社区为创新者提供了透明的开发环境和便利的知识共享空间，在帮助新创企业开发和推广创新成果方面，发挥着至关重要的作用（West & O'Mahony，2008）。新创企业参与开放技术社区可以从多方面获益，包括收集潜在合作者的相关信息、捕捉新机会、分包开发任务以及分散风险等。

开源创新（Open Source Innovation）社区中聚合了众多企业和个人，他们基于共同的目标，遵从共同的社区治理规则，进而开展合作创新。社区中的个体成员虽未必受雇于同一家企业，却持有共同的目标。以 Mozilla[⊖]和 Hadoop[⊜]为代表的社区是开源创新社区的重要事例。

高效的开源创新社区让新创企业可以借鉴已有的想法开展创新（Murray & O'Mahony，2007）。开源创新社区通常采用模块化架构，让所有成员能够便捷地访问和使用开源技术（知识），并通过组织分享活动、对持续分享知识的行为给予激励等来营造知识共享氛围。社区的开源技术（知识）共享过程（氛围），使得知识得以重用、重组和积累，而创新也得以实现。

创办于俄勒冈州波特兰市的协作软件倡议公司[⊜]（Collaborative Software Initiative，CSI）是利用开源创新社区创新的典范。这家公司联合全球多家志趣相投的 IT 组织，以低成本联合开发企业软件解决方案，展现出比个人或机构独立开发更高的效率优势。此类创新案例还包括，让任何人都能参与到编辑免费在线百科全书事业中来的维基百科（Wikipedia），以及集成用户力量，创建了一个规模不断扩大的视频库的 YouTube（Tapscott & Williams，2008）。

⊖ 全称 Mozilla 基金会（缩写为 MF 或 MoFo），是为支持和领导开源的 Mozilla 项目而设立的一个非营利组织。该组织制定管理开发政策，经营关键基础组织并管理商标及其他知识产权。它拥有一个称作 Mozilla 公司的子公司，雇用了一些开发人员并协调 Mozilla Firefox 网页浏览器及 Mozilla Thunderbird 电子邮件客户端的发行版。Mozilla 基金会把自己描述为"一个致力于在互联网领域提供多样化选择和创新的公益组织"。——译者注

⊜ Hadoop 是由 Apache 基金会开发的分布式系统基础架构，用户可在不了解分布式底层细节的情况下开发分布式程序，充分利用集群的威力进行高速运算和存储。Hadoop 依赖于社区服务，其成本较低，任何人均可使用。——译者注

⊜ 这是一家把志趣相投的组织联合在一起，用低成本联合开发软件的公司。该公司致力于将 IT 商业和技术领袖们联合起来，运用开源方法促进软件发展和商业运作。——译者注

2.4 趋势和融合

在市场需求演变和技术发展背后，是一些影响更为深远的大趋势。市场需求与技术融合将激发新机遇。例如，30 年前，网络购物和线上社交都还是遥不可及的梦想，今天，数以亿计的人却可以在网上购物，手机则在全世界日益普及。

一个最为重要的大趋势是商业全球化。具体来说，互联网和隔夜运输技术打破了时间和空间的束缚，让创业者能够将更加多样化的资源聚合起来，从而进入更广阔的市场开展业务。同时，创业者也将迎来全球范围内的新竞争对手的挑战。

日益增强的环保意识及应对气候变化和环境污染的挑战，是塑造商业机会的大趋势。随着越来越多的消费者呼吁最大程度地降低产品对环境的负面影响，符合可持续发展理念的产品的再设计孕育着巨大的商业机会（Russo，2010）。

社会和文化领域的大趋势也为创业者提供了诸多机会。表 2-4 列出了几种社会和文化领域的大趋势。在美国，出生于 1946 ～ 1964 年的"婴儿潮"一代的老龄化，是正在产生巨大影响的一个大趋势。1961 年是"婴儿潮"的高峰年，该年出生的人将在 2021 年年满 60 岁，他们将成为新房、旅行、医疗保健和退休计划等商品和服务的消费人群。其他同样具有重大影响的大趋势包括妇女社会角色的转变、人们受教育机会的扩大等。

表 2-4 孕育机会的社会和文化大趋势

● "婴儿潮"一代的老龄化	● 宗教组织的角色转变
● 国家内部的种族日益多样化	● 妇女社会角色的转变
● 双职工家庭的崛起	● 媒体和社交网络无处不在的影响
● 发展中国家的中产阶级崛起	● 人们受教育机会的扩大

创业者可以通过探寻某个大趋势如何应用于其他情境来发现商机。点对点服务模式是一个例子，爱彼迎公司应用该模式，通过让一个人租住另一个人的房间而不是价格高昂的酒店而举世闻名。点对点服务模式还可以应用于很多领域，例如租车服务和转账服务（de Boer，2012）。借贷俱乐部公司（Lending Club）和 Prosper 公司应用该模式，绕过银行这一中介机构，直接为个人提供贷款业务（Landes，2012）。

机会往往出现在社会变革和技术革命的交汇点上。例如，新兴的在线教育同时迎合了人们日益增长的教育和终身学习兴趣这一社会文化趋势，以及高速互联网和移动设备日益普及这一技术发展趋势。再如，无人机技术的快速发展，适逢美国放松监管——允许无人机进入美国领空，从而催生了一个新兴行业。

科学和工程领域的多项突破性进展，使得人们能够在分子水平上对物质进行操纵，这将孕育极富前景的商业机会。应用分子调节技术开展规模化生产，将为人类带来无限可能。纳米技术让材料变得更轻、更耐用、更耐脏，且极有可能带来具有全新功能的产品。

随着人们对个人信息安全和保密性需求的日益提升，个人身份卡或智能卡的普及可能成为美国的下一个大趋势。智能卡是内嵌集成电路芯片和存储器的塑料卡片，可以存储和传输个人数据与身份信息——如指纹、掌纹或面部扫描信息等。日前，此类卡片已经在几个欧洲及亚洲国家和地区推广，未来可能在全球范围内得到推广。例如在中国香港，智能卡片八达通卡可以用来支付地铁票和食品杂货等一应费用。表 2-5 列出了其他一些与技术有关的大趋势所在领域及其孕育的机会。

表 2-5　与技术有关的大趋势所在领域及其孕育的机会

● 生命科学：基因工程、基因组学、计量生物学	● 设计酶：用于加速食品和保健品中活细胞化学反应的蛋白质催化剂
● 信息技术：互联网、无线设备、云计算	● 手机：通信与计算
● 食品生产：更高效的生产过程	● 杀毒软件：拦截垃圾邮件和钓鱼软件，防止黑客攻击
● 视频游戏：学习、娱乐	● 机器人：监控和安防机器人
● 语音识别：计算机与人的互动	● 自动驾驶汽车：可以相互通信的自动驾驶车辆
● 安全设备及系统：识别设备、扫描仪、防护设备	● 虚拟与增强现实：计算机增强信息系统和娱乐设施
● 纳米技术：100 纳米或更小的药物输送设备、生物传感器	● 人工智能：机器学习算法
● 清洁能源：太阳能电池、风力涡轮机	● 无人机：居家用品递送，农业和安全测绘
● 在线教育：大量公开课和定制课程	● 外层空间：空间探索、旅游和资源开采
● 燃料电池：氢或碳氢燃料的电化学转换	
● 超导材料：减少公用输电线的损耗	

随着许多曾经泾渭分明的领域（从农业、化工到能源、计算机等）间的边界逐渐模糊，机会也随之出现。技术或产业**融合**（Convergence）是曾经被相互分

隔或区分看待的技术抑或产业的结合或合并的过程。通常可以通过互补性技术的创造性组合来开启领域融合的机会。

产业融合的一个案例，是计算技术和通信技术在互联网领域的融合发展。另一个案例是掌上电脑和手机融合而成的移动智能终端，以苹果的 iPhone 和三星的 Galaxy 为代表。

卫星成像技术、数据处理技术和掌上电脑技术的融合发展，催生了全球定位系统（GPS）设备，价格低廉的 GPS 设备现已被广泛应用，它满足了人们的精准定位需求。消费者自助结账系统是扫描仪、计算机和安防系统几个领域技术融合的产物，基因芯片应用半导体技术加速生化实验分析，医疗和机器人技术的融合促进了高精度、微创机器人手术技术的发展。美国直觉外科公司（Intuitive Surgical）开发的达·芬奇医疗机器人拥有 4 只手臂，在它灵活的手腕上装有手术工具和摄像头，外科医生操控机器人即可施行前列腺手术、子宫切除手术，甚至更为复杂的心脏瓣膜修复手术。这些案例表明：成功的创业者总是高度关注社会、文化和技术领域的发展趋势，并会努力开发出新颖的组合来捕捉这些趋势所孕育的重大机遇。

2.5　机会评估

创业者应该在辨识机会的同时开展机会评估。实际上，创业者的一项关键任务就是区分一个想法和一个真正的机会。如表 2-6 所示，有吸引力的商业机会意味着所处监管环境和行业情境十分有利，且创业者有可能恰逢其时地解决某个重要而紧迫的问题，并可能借此获得商业回报。

表 2-6　有吸引力的机会的 5 个特征

● 恰逢其时：满足当前需求或解决现存问题	● 盈利性：客户愿意为此买单，并为企业留出盈利空间
● 可解性：能够在不久的将来解决该问题，可以获得所需的资源	● 环境友好：处于有利的监管环境和行业情境中
● 重要性：客户认为这个问题或者需求十分重要	

选出最适合的机会并不容易，而这又恰恰至关重要。机会选择类似于选择一家公司购买其股票或进行股权投资，要为所选择的风险投资项目投入时间、精力和金钱。表 2-7 列出了创业机会选择的几条指导性原则。

表 2-7　选择创业机会的指导性原则

• 应谨记：在整个创业职业生涯中，只需抓住一两个非常好的机会	• 应审视：选择了这个机会而它变得不再具有吸引力时，能否以最小的损失退出
• 应谨记：机会所需的时间、金钱和精力投入应低于其短期回报，应估计长期内获得大规模回报的可能性	• 应审视：这个机会好到足以支持企业的长期发展吗？应选择那些拥有巨大的潜在未来收益的机会
• 应谨记：不要指望将企业高价出售给公众或另一家企业	• 应审视：管理团队能否有效执行针对该机会制定的战略
• 应谨记：要对机会所在行业的现状和预期的未来状况做出可靠的分析	• 应审视：客户是否会支持新创企业获利

对许多人而言，在整个创业职业生涯中，只需抓住一两个好机会就可以成功创业，因此，创业者应该集中精力去发现并透彻分析最好的机会。好机会的判定标准之一是：机会所需的投入低于其回报，从而使创业者可以为应对不可预见的挑战预留资源。创业者要尽量在自己比较熟悉的行业中找寻具有长期发展潜力的机会，要组建一支优秀的管理队伍来执行为该机会制定的战略，要确保客户的支付意愿可以为新创企业提供盈利空间。因此，除非创业者有把握开发出一个新颖的业务流程来让自己成为低成本供应商，否则就要避免进入那些要靠价格战开展竞争的行业。

2008 年，苹果公司的 iTunes 商店是最大的数字音乐供应商。创办于瑞典的声田公司认为，iTunes 商店所采用的按歌曲付费的模式存在缺陷。于是，该公司创建了一种"免费"的音乐流媒体服务模型，该公司提供两个版本的服务：带广告的免费版本和不带广告的付费订阅版本。到 2016 年，声田公司已经拥有4000 万订阅用户和 5500 万的免费用户。

机会审视意味着创业者要对多个备选方案加以评估比较。选择任何一个方案均意味着放弃其他备选方案，被放弃的备选方案可能带来的收益，就是选择某个特定方案这一决策的**机会成本**（Opportunity Cost）。第 1 章我们讨论了人们在决定是否通过捕捉特定机会开始创业时应考虑的一些因素，并指出决策时的关键一环是对机会的质量做出评估，包括市场评估、实施的可行性评估以及产品的差异性评估。机会评估十分重要，但是，创业者会发现：评估所需的信息总是不够充分，导致那些综合考虑各方面因素的分析方法并不适合大多数新创企业；而且，创业者也总是没有足够的时间和资金去充分接触所有潜在客户，分析各种替代产品，重现全部竞争对手的成本结构，并据此提出各种备选方案。

　　因此，大多数创业团队会采用一个包含 5 个基本步骤的评估工作流程，如表 2-8 所示。根据该流程，创业者将对备选方案 5 个方面的表现（能力、新颖性、资源、回报和承诺）做出评估，快速淘汰掉前景不佳的项目，以便集中精力和时间去详细考察前景看好的项目。具体应在分析环节花费多少时间和投入多少努力，需要创业者结合实际情况加以把握。例如，对那些产品和服务的新颖性较差而潜在风险较大的机会，不应该在分析环节花费太多时间（Choi et al.，2008）。通常来说，创业者要针对每个机会，逐一做出 5 个方面的分析，然后排除那些不合格的机会，进而对合格的机会展开更深入的分析。

表 2-8　创业机会评估 5 步工作流程

1. **能力**：创业机会是否与团队成员的能力、知识和经验相匹配
2. **新颖性**：产品或服务是否具有显著的新颖性、专有性或独特性？是否可以为客户创造显著的价值——足以激发客户的购买以及溢价支付的意愿
3. **资源**：创业团队能否吸引到机会所需的必要的财力、物力和人力资源
4. **回报**：产品的成本结构能否支持公司盈利？创业的预期回报与所冒风险是否相当
5. **承诺**：创业团队成员是否愿意为创业活动全力投入？他们对这项事业是否充满热情

📖 推特公司抓住商机

　　2006 年，Odeo 播客公司举行了为期一天的头脑风暴会议，在会中，董事会成员讨论了公司的未来发展。当时还是纽约大学本科生的杰克·多尔西（Jack Dorsey）提出，可以开发一项业务，让小圈子成员借助短信息向彼此传递消息，其内容将会被自动发布到网络上与好友分享——相当于为小圈子成员建立一个聊天室。Odeo 公司后来根据该设想开发出名为"Twttr"的服务，这项服务一开始只用作公司内部的通信工具。2007 年，推特公司的创始人从投资者手中回购了 Odeo 公司的股票。其创始人之一伊万·威廉姆斯（Evan Williams）后来承认："当时大家并不知道推特到底是什么，他们称其为社交网络、微博，但很难对它做出定义，因为它并没有代替任何东西。"凭借对机会的承诺和信念，威廉姆斯和他的合作伙伴利用新技术抓住了一个商机。

创业者不得不与高度的不确定性相伴而行，例如竞争对手的数量、相对竞争实力等，都是很难分析的因素。试想，当 IBM 邀请微软公司帮助其开发个人计算机操作系统，并允许后者保留该操作系统的版权时，谁能预测到后来的微软公司将占据操作系统市场的垄断地位？只要加入比赛，就要相信自己有能力领先其他参赛者完成比赛。

评估机会时，创业者要考虑该机会是否与企业的背景、团队成员的能力和特点，以及团队获得必要资源的能力相匹配。图 2-5 列示了评估机会与企业能力的匹配度的方法。图中的菱形面积越大，意味着机会与企业能力的匹配度越高。

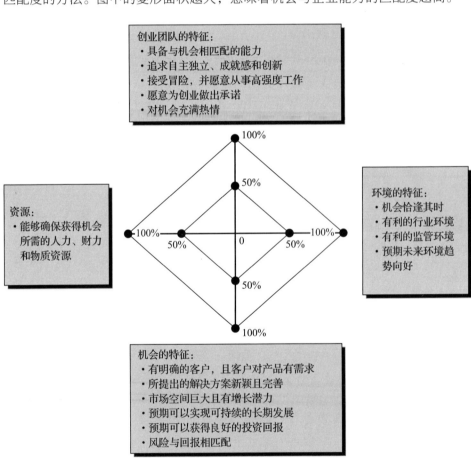

图 2-5　机会、环境、创业团队和资源的匹配图（在 0 ～ 100% 范围内对每个因素打分）

试想一下，一个业已存在了 100 多年的商业机会——电动汽车。我们假设，一个创业团队具备抓住该机会所需的态度和能力，且拥有一批具备相应能力的工程师。然而，考虑到过去一个世纪中的无数个失败案例，此次创业所潜藏的风险仍然令创业团队感到不安，因此，我们给匹配图中的创业团队特质一项的打分为75%。鉴于电动汽车产业的发展环境十分复杂，潜在客户和政府组织对电动汽车的支持态度以及监管环境不断发生变化，于是，我们给匹配图中的环境特征一项的打分为60%。再来审视机会本身，电动汽车拥有巨大的应用发展空间，但目前依旧面临高成本及较短的电池寿命、较低的续航能力等技术瓶颈，于是，我们给匹配图中的机会特征一项的打分为75%。上述3个方面的打分情况，表明多数创业团队无法获得项目启动所需的数千万美元资金的能力，于是，我们给匹配图中的资源一项的打分为60%。综合4个方面的打分，可以判断该机会是具有挑战性的。同时，特斯拉公司和其他电动汽车公司的实践已经证明，能够获得大量资源的支持、拥有适合的团队，会让电动汽车这个商业机会变得更具吸引力。

另一种预测机会匹配度的方法如图2-6所示。应用该方法，创业团队需要分别从宏观和微观两个层面进行市场和行业状况评价，并从3个维度对嵌入其中的创业团队加以评估。按照该模型，理想的机会意味着市场和行业具有吸引力，客户能够从中获得较大收益，新创企业具有可持续的竞争优势，创业团队能够实现预期目标（Mullins，2006）。

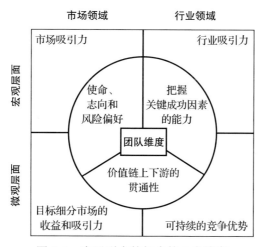

图 2-6　有吸引力的机会的 7 个维度

资料来源：Mullins, John. The New Business Road Test. Harlow, England: Prentice Hall, 2006.

⬛ 电视行业的下一个重大机遇

电视行业的下一个重大机遇是什么？随着在线媒体逐步取代传统的有线电视和卫星电视，电视屏幕不再是获取信息的唯一渠道。这种转变带来了许多机会。谷歌公司的 Chromecast 设备是一种允许用户在任何支持 USB 的显示器上显示自己计算机屏幕的设备。初创的 Magic Leap 公司推出了一款带有微型计算机的眼镜，戴着这副眼镜，用户可以彻底脱离屏幕，在任何地方都可以看电视，其模拟屏幕想要多大就有多大。奈飞公司收集最受欢迎的节目的数据，据此将每种类型的电视节目最优化。想一想，这些机会中有哪些能够通过表 2-8 的评估流程呢？

应用表 2-8 对机会进行 5 个步骤的评估后，创业者就要做出是否采取行动的决定。依据 5 个步骤评估所获得的知识，创业者可以估算机会的潜在收益（记作 B）和预计总成本（记作 C）。在估算总成本时，创业者要了解自身的安全诉求和损失规避心理。当 B/C > 1 时，意味着机会具有较高的收益和较低的成本，是有利可图的，创业者可以采取下一步创业行动（McMullen & Shepherd，2002）。为了减少因错误的选择及相应行动所导致的成本，创业者最好以较低的初始投资和时间投入试探性地开展创业行动，从而获得更多的凭借较少初始投资获得丰厚回报的机会。

图 2-7 展示了是否采取下一步创业行动的决策矩阵。在做出决策和采取行动后，机会的实际结果才会展现。生活意味着面对一个又一个选择，最好的情况就是我们决定采取行动，而事实证明我们做对了！

创业者在做出理性决策时，需要考虑：①自己当前拥有的心理资本和金融资产；②决策的潜在后果。决策的最大挑战在于：要在没有掌握有关机会的所有知识的前提下，做出是否采取行动的判断。竞争优势来自做到别人无法做到的事，分析报告不能代替行动，修改计划也不能代替真实行动。归根结底，机会评估能够发挥的作用有限（Pfeffer & Sutton，2000）。评估后，创业者对机会依旧会存在模棱两可的认知，创业者必须在这种情况下决定是否采取行动。对失败的恐惧很可能击溃所有的机会，除非那是最好的机会。

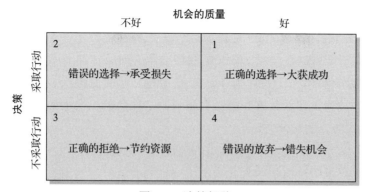

图 2-7　决策矩阵

总之，机会识别过程与其说是在做出初步选择，不如说是在收集数据并淬炼创业想法。因此，尽管采用图 2-5 所示模型进行机会与资源、环境、创业团队等的匹配度评估十分重要，但采取行动、在创业构想和投资者市场中大胆尝试才是至关重要的。在探索和尝试过程中收集到的数据、学习到的经验和教训，可以帮助创业者更好地把握机会。因此，为提高创业效率，创业者应该遵循计划—执行—学习—修正（Plan，Run，Review and Revise，PRRR）流程（Rose，2016），或图 2-8 所示的"采取行动—总结和学习—修正和调整"循环，即：首先掌握采取行动、修正方案、从结果中学习的关键能力，然后在探索和尝试过程中根据需要对商业计划加以修正和调整。

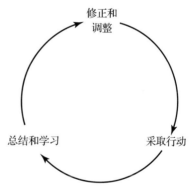

图 2-8　创办新企业的采取行动—总结和学习—修正和调整循环

2.6　焦点案例：爱彼迎公司

2007 年，布莱恩·切斯基（Brian Chesky）和乔·杰比亚（Joe Gebbia）创办了爱彼迎公司，次年，联合创始人内森·布莱查奇克（Nathan Blecharczyk）加入公司。公司的首单业务是切斯基和杰比亚将他们合租公寓中的一个房间，租给了前来参加工业设计峰会却找不到住宿酒店的参会者，公司也因此被命名为空中食宿公司（Airbed & Breakfast）。在公司的起步阶段，业务拓展受到有限自有资源的制约，直到 2009 年爱彼迎公司进驻创业孵化器 Y Combinator 后，经营状况才出现转机。2010 年，爱彼迎公司完成了 720 万美元的首轮融资。2016 年，切斯基和杰比亚凭借 300 亿美元的公司估值再次成功融资 8.5 亿美元，公司也被列入"独角兽"公司名单——"独角兽"这个词，被用作指代估值超过 10 亿美元的私营公司。

爱彼迎公司将房主未被充分利用的闲置房屋出租给有需求者并赚取佣金，这充分显示出以重塑价值创造方式为突出特征的共享经济的增长趋势。随着客户数据的可获得性提升和规模的扩大，许多公司也像爱彼迎公司一样，正在从共享经济中掘金。与此同时，爱彼迎公司正在执行激进的扩张战略，在其业务的合法性尚未获得充分理解前，它就已经在尽力做大业务规模。目前，爱彼迎公司已经成长为一家大公司，有能力处理扩张过程中遇到的各种复杂的法律问题。

除了充分利用技术进步带来的红利，爱彼迎公司的成功，还得益于其创始人对客户需求的深度关注和全力满足。两位创始人发现，发布在自家公司网站上的纽约市出租屋信息所使用的图片质量很差，无法吸引潜在客户。于是，他们听取了 Y Combinator 孵化器创始人之一保罗·格雷厄姆（Paul Graham）的建议，亲自飞去纽约为客户拍摄高分辨率的出租屋照片。靠着这种非技术性的、不具扩展性的解决方案，爱彼迎公司的周收入翻了一番，达到 400 美元——感知客户需求成为爱彼迎公司价值主张中的重要元素。

2.7　本章小结

创业者会发现大量未被解决的问题、未被满足的需求，他们要从中筛选出能够造就伟大企业的最佳创业机会，即那些与创业团队的能力契合、处于有利的经济和监管环境之中、团队拥有获得必要资源的能力且具有持续发展和获利空间的机会。然后，创业者要通过机会评估，做出是否利用这个最适合的机会并采取进一步创业行动的重要决策。

本章的重要观点如下。

- 造就伟大事业的机会，通常隐藏在难以描述的问题背后。
- 机会与市场需求及新技术发展有着紧密的联系。

- 创新的来源包括现有企业、大学、"领先用户"和开放技术社区等。
- 社会和技术发展的大趋势会塑造机会。
- 创业者必须始终保持与市场的接触，这有助于识别和验证机会。
- 有吸引力的机会，应该是恰逢其时的、有可行解决方案的、面向重大问题的、具有盈利空间的和处于有利环境中的。
- 创业团队要在实践中逐步积累和掌握各种所需能力。
- 如有可能，创业者应该抓住有利机会，及时采取行动。

📖 技术创业原则 2

　　有能力的创业者，应该懂得如何识别、选择、描述和展示那些有可能造就伟大企业的机会。

音像资料：
读者可以访问 http://techventures.stanford.edu，浏览与本章内容有关的学术讨论。

颠覆性技术 （Distruptive Technologies）	约翰·多尔	凯鹏华盈公司
与机会相伴的压力 （Pressure Points Around Opportunity）	布拉德·费尔德⊖	Foundry Group 公司
万物互联 （Internet of Everything）	帕德马锡·沃里奥⊖	NextEV 蔚来汽车公司

2.8　练习

（1）有 3 种市场进入策略：①创建一个新市场；②夺取现有市场；③重新分割现有市场。结合表 2-1，说明不同类型的机会分别适合采用哪种市场进入策略。

⊖ 美国著名前期投资人和创业家，曾与人合伙创办摩比斯风险投资公司（Mobius），还曾创办 Intensity 风险投资公司。Foundry Group 公司是他与人合伙创办的，总部位于美国科罗拉多州博尔特的早期风险投资基金公司，主要投资美国的信息技术企业。——译者注

⊖ 曾任思科全球首席技术与战略官、摩托罗拉首席技术官。2015 年 12 月，她出任蔚来汽车公司董事、首席发展官兼北美公司首席执行官，负责蔚来汽车公司的全球软件开发及北美公司的全面管理。——译者注

（2）过去 10 年间，在关键客户需求、技术发展和市场演变等方面，有哪些激发创业的大趋势？你认为未来 10 年还有哪些因素会成为驱动创业的挑战？

（3）下一波创新浪潮可能来自生物、信息和纳米技术的融合。这 3 个领域都很有前景，3 个领域技术的融合可能产生许多重要的产品。请描述一个由这 3 个新技术领域融合所激发的创业机会，并编写一个有关该机会的创业故事。

（4）有些人设想，几年后人类将有能力利用干细胞培育新细胞，并最终培育出新的器官来替换衰竭的器官。请总结干细胞科技企业的潜在发展机遇。你将如何评估这个机会的市场规模？请为这个机会编写创业故事。

（5）随着能源开采利用的成本逐步提高，及其对环境带来的负面影响越来越大，清洁技术已成为一个重要的新兴投资领域。请你对推动该新兴领域发展的诸因素加以量化描述并做出综合评价。你认为该商业机会的市场规模有多大？

（6）选择一个你经常使用的软件，描述其具备的功能，并为该软件提出 3 条改进建议。在这些建议中，是否蕴含着创建新企业的机会？

（7）过去 10 年间，人们曾多次预测全球无线射频识别标签（RFID）及相关设备的销量会出现爆炸式增长。请描述 RFID 技术可以解决哪些问题，提供何种商机。将该项技术推向商业化的主要障碍是什么？一旦 RFID 技术产品获得广泛应用，会创造出哪些类型的机会？

（8）图 2-9 描绘了两项电子技术的技术发展趋势。请选择一项你熟悉或感兴趣的技术，描绘其在一段时间中的技术发展趋势。

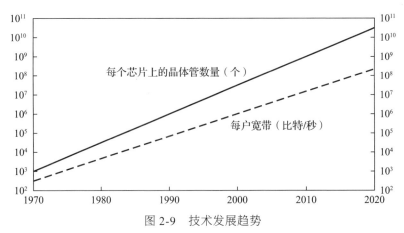

图 2-9 技术发展趋势

资料来源：Dorf, R. C. (Ed.). The Engineering Handbook, 2nd ed. Boca Raton, FL: CRC Press, 2004.

⬤ 创业实战

　　基于你在第 1 章末的创业实战中所选定的创业机会，做以下几项工作。

　　1. 参照表 2-1，对你选择的机会进行分类。

　　2. 参照图 2-3 所示的客户开发工作流程，描述你将如何在开发产品或服务的同时开发客户。

　　3. 采用表 2-7 给出的选择创业机会的指导性原则，以及表 2-8 给出的创业机会评估 5 步工作流程，评估你所选择的创业机会，并以图 2-5 为模板，绘制图表说明你的评估结果。

第 3 章

愿景和商业模式

愿景是对尚未发生的事件的艺术性讲述。

乔纳森·斯威夫特（Jonathan Swift）

创业者应如何为新创企业设计令人信服的商业模式

创业者必须有明确的创业目标，并对如何实现这些目标有着清楚的认知；创业者必须对企业的发展愿景有着清晰的了解，并将之提炼为描述创业意图和目标的使命宣言。为达成愿景、使命和实现发展目标，创业者要为新创企业设计一个商业模式，以明晰谁是目标客户，他们有何需求，以及新创企业应该如何满足这些需求。商业模式清楚地刻画了新创企业的价值主张、目标客户、所提供的产品或服务的差异化特征、细分市场、组织设计以及利润来源，并揭示了上述诸方面的相互联系。图 3-1 描述了新创企业商业模式的形成过程。

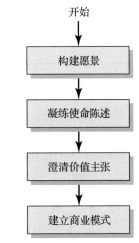

图 3-1 新创企业的商业模式形成过程

3.1 企业愿景

当创业者发现某个真实存在的未被满足的客户需求，并将满足该需求作为获得商业回报的机会时，就会产生关于如何有效响应该需求开展创业活动的前景设想。因此，一旦创业者发现了一个好的商业机会并决定去开发和利用这个机会，接下来他就要构建企业愿景。**企业愿景**（Vision）是对企业发展前景的一个明确的、前瞻的目的性声明，是关于机会洞察、创业意图、事业抱负和发展目标的描述，应体现创业者所提出的解决方案的新颖性和所做出的价值承诺的独特性。成功的创业者总是能将自己的创业愿景和追求愿景的热忱传达给别人。例如，维基百科的创业愿景是让世界上的每个人都可以自由分享所有的知识（Barney & Hesterly，2014）。

企业愿景应以诸如个人尊重等组织的核心价值观为基础，并为所有利益相关者勾勒出一幅关于未来的清晰图景。如表 3-1 所示，好的企业愿景应该具备清晰性、一致性、独特性和目的性等基本特征（Hoover，2001）。清晰性是指愿景应该容易理解且重点突出；一致性是指愿景不应在遇到常规挑战，或当环境中出现风吹草动时就做出改变；独特性是指每家企业的愿景都应该独一无二；目的性是指愿景应该彰显企业特质，体现企业历经长期发展而持久保持的，且被外界所理解的特质（Collins & Porras，1996）。例如，圣杯公司（Grail）的愿景是开发"泛癌症"筛查测试技术，帮助人们尽早发现癌症，从而显著提高癌症治愈率。爱彼迎公司的愿景是让员工和客户都能获得宾至如归、"家在四方"的美好体验。

表 3-1   企业愿景的 4 项基本特征

- 清晰性：容易理解，重点突出
- 一致性：应在较长时期内保持不变，但在条件具备时也可以调整
- 独特性：每个企业的愿景都是独一无二的
- 目的性：揭示企业存在的意义和获得他人关注的原因

愿景不仅应刻画出企业预期要实现的目标，还应该能够激励人们为实现预期目标而采取积极行动。如表 3-2 所示，愿景描绘了企业的未来发展蓝图，是企业战略的基石；愿景就像波涛汹涌的大海中指引航向的船舵，它将指引企业踏上充满挑战和无法避免的内外部变化的战略历程；愿景对内可以鼓舞员工士气，对外则可以向世界清楚阐明企业的价值观、企业的发展目标、企业将走向何方以及将如何到达那里。

表 3-2   一家创新型企业的愿景

我们致力于研发新型生物医学设备，以此保障和改善人们的生活；我们为员工提供保障和培训，以激励员工发挥个人创造力并释放个人潜力。我们的目标是到 2023 年成为行业领导者，并因研制拯救和延长生命的设备而闻名于世

愿景是创业者赋予创业活动的意义，是新创企业吸引人才、赢得投资者支持的手段。为了构建愿景，创业团队会围绕创业活动有何意义、将创造何种价值等问题展开讨论，该过程可以帮助创业团队体会到创业活动的紧迫感和重要性。

3.2   使命陈述

愿景是对设想的未来图景的描述，使命陈述则基于愿景所确立的基本原则，完整刻画企业的组织目标与目标客户等，是对实现愿景的行动过程的完整描述。使命陈述应该体现崇高的追求，表达锐意进取的决心，并为组织变革提供依据。

表 3-3 列示了使命陈述中应包含的要素。实践中，大多数企业的使命陈述只包含这些要素中的一部分，并且是简短的——少于 100 个字。

表 3-3   使命陈述中应包含的要素

• 企业的核心价值取向	• 企业的主要竞争优势
• 谁是企业的客户和利益相关者	• 企业为客户提供哪些价值
• 企业提供什么产品	• 企业服务于哪个或哪些市场，处于哪个或哪些行业

使命陈述应简明、清晰地描述企业的发展目标、价值主张、所提供的产品或服务以及目标客户等。例如，一家电子公司可以做出如下使命陈述："我们的使命是设计和制造电子设备，并以合理的价格实时地满足航空航天工业的需要。"表 3-4 展示了 eBay 公司的使命陈述。

表 3-4　eBay 公司的使命陈述

eBay 公司的使命是：创造一个让世界各地的任何人，都可以毫无阻碍地交易任何东西的在线市场，以此为世界各国创造经济发展机会

好的使命陈述应该阐明企业的资源配置导向，以协调企业与利益相关者的关系。因此，投资于具有清晰使命的企业意味着更好的投资回报（Fox，2014）。表 3-5 展示了基因泰克公司的使命陈述，该陈述完整地表达了这家公司对所有利益相关者（如客户、员工和社区）做出的承诺。

表 3-5　基因泰克公司的使命陈述

我们的使命是成为全球领先的生物技术公司。我们利用人类基因信息开发、生产和销售生物药剂，解决药物治疗难题，以满足那些未被满足的医疗需求。我们以高度的诚信做出承诺：公司将确保患者、医护人员及公司员工的利益得以最大化，并以科技创新为导向，通过持续投入基础研发，不断追求卓越科技，来帮助股东们获得可观的投资回报

创业团队应尽量发动所有员工一起确定企业的使命陈述。企业还应该不时重新审视自己的使命陈述。例如，谷歌公司曾以"整合全球信息，使人人皆可访问并从中受益"为使命，后来，随着公司进入自动驾驶汽车技术研发等业务领域，谷歌公司发布了新的使命宣言（Fox，2014）。

3.3　价值主张

对客户而言，价值意味着产品或服务不仅重要而且有用。用商业术语描述，**价值**（Value）是客户从所购买的产品或服务中获得的社会及经济效用的货币体现。成功的企业必须能够提供有价值的产品或服务以满足客户需求，作为回报，客户会以合理的价格支付企业提供的产品或服务。

价值主张（Value Proposition）明确阐述了企业为谁服务，为客户带去什么价值。下面举几个例子。

亚马逊公司的价值主张为：以合理的价格为客户提供快捷的网上购物服务；客户只需点击一下鼠标，就能买到从衣服、书到食物的所有东西，并在第 2 天拿到它。

星巴克（Starbucks）公司的价值主张为：我们在气氛友好、环境舒适、位置便利的咖啡店里，为您提供多种原料新鲜且味道可口的咖啡、茶和其他饮料，让您在品尝饮品的同时获得非同寻常的体验。

独特销售主张（Unique Selling Proposition，USP）是价值主张的精简版，经常作为口号使用，用以显示本企业为客户提供的与竞争对手不同的价值。例如，惠普公司的独特销售主张是：以合理的价格、可靠的服务，为您提供品质卓越的技术产品。联邦快递公司的独特销售主张既简洁又明确：绝对保证隔天到货。

独特销售主张可以帮助潜在投资者、潜在客户或团队成员快速了解一家企业。

一般来说，价值主张和独特销售主张是产品、价格、访问便捷性、服务和体验这 5 个关键价值元素的组合，表 3-6 展示了上述 5 个元素及其具体内容。例如，对客户而言，性能齐全、质量完好、易于使用的产品才具有价值，而公平、透明和无歧视的价格则意味着高价值。

表 3-6　客户价值的 5 个关键价值元素

1. 产品	性能、质量、特色、品牌、多样性、易选性、易于使用、安全
2. 价格	公平、透明、无歧视
3. 访问便捷性	便捷、位置、附近可以买到、易得性、容易找到、花费时间少
4. 服务	订购、送货、退货、结账
5. 体验	情感、尊重、格调、娱乐性、亲和力、关系、社区感

提升客户价值的另一个方式是提升产品的易选性。为了吸引不同的客户群体，一家企业通常会提供不同版本的产品，但是，太多的选择会让客户感到无所适从。因此，企业要在为客户提供多样化选择的同时，确保客户可以迅速找到适合自己的产品。亚马逊公司和 TiVo 公司在这方面做出了典范。

对优步公司而言，客户价值主要体现在价格和访问便捷性方面。优步公司提供的服务，让客户能以低廉的成本方便快捷地搭车，颠覆了传统的出租车甚至公共交通等出行方式，从而帮助公司构筑起竞争优势。

访问便捷性反映出客户找到、连接和获得某项业务所需的实体或虚拟设备的便捷程度。例如，亚马逊公司十分关注那些时间观念强的客户的需求，它让客户可以非常容易地访问到 Amazon.com 网站，并且简单便捷地浏览和找到他们所需的商品，以此彰显公司为客户创造价值的能力。

服务对于提升客户价值也很重要。从事鞋子、服装和配饰业务等在线销售业务的美捷步公司（Zappos.com）以其优质的客户服务闻名。这家公司认为，"为客户提供服务的不仅仅是一个部门，而是整个公司"。凭借优质服务，这家公司实现了高达 75% 的客户回访率，并借助口碑推荐获得了非常好的声誉。

体验是客户价值的第 5 个关键价值元素。苹果公司敏锐地察觉到，客户可以在购物活动中获得休闲体验。于是，苹果公司在全球各地开设"体验店"，让（潜在）客户在体验店里学习如何用苹果的产品做有趣的事情，如何下单购买苹果计算机或手机，如何使用苹果的硬件产品来录制自己的音乐，如何与其他"果粉"开展互动等。苹果体验店向所有客户免费提供这些额外服务。

上述 5 个关键价值元素中，起主导作用的那个元素被称作首要价值元素，而让产品或服务具有差异性的那个元素被称作次要价值元素或差异化价值元素，其余 3 个元素被称作基本价值元素或行业标准价值元素。如果将价值表现的得分设置为 1 ~ 5 分，5 分表示世界一流水平，1 分表示不被接受，3 分表示行业平均水平，则对企业而言，好产品就意味着 5 个关键价值元素（首要价值元素、差异化价值元素、基本价值元素 1、基本价值元素 2、基本价值元素 3）的打分依次为 5 分、4 分、3 分、3 分、3 分。新创企业在确定价值主张时，应该首先确定首要价值元素，然后确定差异化价值元素，最后确定 3 个基本价值元素（Crawford & Matthews，2001）。大多数科技产品将产品性能优良作为首要价值元素（Markides & Geroski，2005）。一些全球领先企业的首要价值元素和差异化价值元素见表 3-7。

表 3-7 一些全球领先企业的首要价值元素和差异化价值元素

		首要价值元素				
		产品	价格	访问便捷性	服务	体验
差异化价值元素	产品	—	沃尔玛	亚马逊	本田	脸书
	价格	eBay	—	Boost Mobile	Overstock	乐活（Fitbit）
	访问便捷性	谷歌	普利斯林（Priceline）	—	戴尔（Dell）	星巴克
	服务	丰田	美国西南航空	GitHub⊖	—	嘉年华邮轮公司（Carnival Cruise Line）
	体验	奔驰（Mercedes）	维珍航空（Virgin Atlantic）	美国电话电报公司（AT & T）	诺德斯特龙（Nordstrom）	—

确定企业的首要价值元素和差异化价值元素，有助于企业尽快确定自己的竞争地位。其方法为：确定目标客户最关心的两个价值元素，分别将其作为 X 轴和 Y 轴绘制坐标系，然后确定企业最可能的竞争对手。根据竞争对手在 X 轴和 Y 轴所代表的价值元素上的表现，确定其在坐标系中的位置，进而，确定本企业的产品发行策略（Aulet，2013）。

在确保首要价值元素和差异化价值元素表现突出的同时，企业必须确保 3 个基本价值元素达到行业标准。传统的百货公司在这方面提供了反例：它们在提供多样化的产品这一首要价值元素方面表现较好，但在访问便捷性方面差强人意，服务、价格和体验方面也仅仅达标而已，最终陷入了困境。

一般来说，获得越高的客户价值（V）评价的产品，其价格（P）越高。假设产品的生产成本为 C，则销售该产品的边际利润为 $P - C$，当 $P > C$ 时，企业获利；企业创造的总价值为 $V - C$，其中属于客户的净价值是 $V - P$。上述变量之间的关系如图 3-2 所示。能以合理价格创造巨大价值的企业，可为客户带来高性价比，并因此具备强大的竞争力。

⊖ GitHub 是一个面向开源及私有软件项目的托管网站，为 git 版本库格式的软件提供托管服务。该平台于 2008 年 4 月 10 日正式上线，2018 年 6 月 4 日微软公司发布通告，宣称将以 75 亿美元的股票交易收购该网站。——译者注

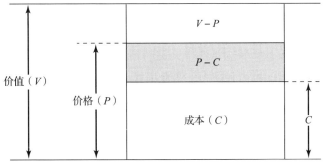

图 3-2　价值、价格、成本间的关系

美国运通公司（American Express）于 1891 年率先推出帮助出国旅行者兑取现款的旅行支票服务。客户签发旅行支票的成本极低，获得的净价值（$V - P$）很高，这让旅行支票在推出后的 100 多年间持续保持竞争力（Magretta，2002）。

> **谷歌公司的价值主张**
>
> 谷歌公司的首要价值元素是产品，我们的网站可以让访问者快速从浩瀚的数据海洋中找到所需的有用信息；谷歌公司的差异化价值元素是访问便捷性，我们可以让客户迅速找到其要搜索的页面，无须忍受盖住搜索框的页面广告的烦扰。

总之，借助价值主张和独特销售主张，新创企业可以阐明其为客户提供的商业价值，并帮助利益相关者了解其经营理念。

3.4　商业模式

为向客户传递价值并从中获得回报，新创企业要进行**商业设计**（Business Design），包括确定企业的目标客户和细分市场，明确所提供的产品或服务，确定哪些业务活动由企业自营，哪些业务活动需要外包，以及企业的收入来源和获利方式等。成功的商业设计是对现行做法的优化和改进，它与企业愿景一样，是新创企业用来吸引投资者、客户和团队成员的工具。

商业设计必须阐明企业要做什么和不做什么，以及如何实现一个合理的价值主张，因此，商业设计需要回答 3 个关键问题：①谁是客户？②如何满足客户的需求？③如何获利和保持盈利能力？**商业模式**（Business Model）是商业设计的结果，是新创企业对自身的独特价值主张、资源配置方式、业务活动、价值传递以及持续获利等构想的整合描述（Eisenmann，2012），是一个将基于技术的解决方案与经济获利有机结合起来的分析框架。附录 A 提供了一个商业模式范例，读者也可以到本章末给出的网站上浏览更多的商业计划书、商业模式和相关幻灯片。

表 3-8 列示了商业模式所包含的要素。表 3-9 描述了苹果公司的商业模式。

表 3-8 商业模式所包含的要素

目标客户	企业为谁创造价值 企业的产品是目标客户需要的吗
价值主张	企业创造出哪些独特的价值
差异化及竞争优势保持	企业如何保护现金流和维护客户关系 企业具备持续的竞争优势吗
产品和业务范围	企业提供哪些产品 企业需要开展哪些业务活动，要将哪些业务活动外包
组织设计	企业的组织架构如何设计
价值实现及获利	企业应该如何通过创造价值实现获利 企业如何实现持续盈利
人才观	企业如何吸引人才 企业如何充分利用员工的才能

表 3-9 苹果公司的商业模式

● 目标客户：高度相关性	喜欢突破性技术和对用户界面开放性有极高要求的人
● 价值主张：独一无二	产品和服务无缝衔接、界面简洁、设计优雅
● 差异化及竞争优势保持	软硬件的双重差异化、在应用商店中聚合众多优质应用程序、持续创新、极强的知识产权保护
● 产品和业务范围	台式机、笔记本、智能手机、平板电脑、云服务、可穿戴设备，以及搭载众多第三方应用程序的应用商店
● 组织设计	以工程和设计部门为核心机构，市场营销部负责营造"果粉"文化
● 价值实现及获利	严格把控生产过程，确保产品质量；高价售卖优质、差异化的产品；持续创新，保持高利润率
● 人才观	这是全球最具创新性的公司，在这里，你将与最出色、最睿智的工程师们一起工作

　　开展商业模式设计，首先要确定企业的目标客户和细分市场，即找到那些未被满足或有待开发的需求，并将其所在市场作为企业的目标市场。苹果公司取得伟大业绩的一个重要原因是，它将那些不太在意成本、愿意花高价购买技术领先产品的人作为自己的目标客户。其次，企业要针对选定的细分市场，清晰表述自己的独特价值主张，并确定如何与竞争对手加以区分和开展差异化竞争。例如，苹果公司凭借技术领先、使用便捷有趣、品位高端的产品，在市场竞争中做到独树一帜。再次，要确定企业的业务范围，明确企业为实现价值主张需要提供何种产品和服务，并开展相应的组织设计。最后，要清楚勾勒企业应如何获取利润，实现价值回报，以及如何吸引和激励人才的图景。既然具备持续盈利能力对新创企业至关重要，那么创业者必须清楚了解企业的实际收入、预期收入及费用，识别影响收入和总成本的关键因素，并据此编制现金流量表以确定企业的融资需求，这方面的相关内容将在第 17 章中详细介绍。

　　对新创企业而言，只有保持较高的利润率，才能拥有为未来投资的能力。为了实现高回报率，苹果公司控制着产品的核心元件和操作系统软件，具备卓越的集成研发和推出系列产品的能力，并拥有强大的针对供应商的议价能力，这与那些将低价作为价值主张中的首要价值元素、靠打价格战参与竞争的企业形成鲜明对比。实际上，即便是那些将低价作为首要价值元素的企业，如沃尔玛、开市客（Costco）和家庭美元连锁超市[⊖]（Family Dollar），也一直兢兢业业地试图在差异化价值元素和基本价值元素上让自己与众不同。家庭美元连锁超市选择在位置良好的商场里开店，将访问便捷性作为体现其差异性的次要价值主张；沃尔玛与开市客则将产品质量和多样化选择作为次要价值主张。此外，沃尔玛取得成功还有另一个重要原因，即它利用技术手段实现了强大的供应链管理和库存控制。

　　美国西南航空公司也将低价作为首要价值主张，为此公司实行了严格的成本控制，比如只采购同一型号的飞机，以确保维护和训练成本低于其竞争对手；将提供良好服务作为次要价值主张，通过推行网上售票服务、保证准时出发和到达、友好服务等，提升客户价值。凭借这些做法，该公司自 1973 年以来实现持续盈利（Schlanger，2012）。表 3-10 对美国西南航空公司和美国航空公司（American Airlines）的商业模式进行了比较。

　　⊖　该超市成立于 1959 年，是美国发展最快的廉价连锁超市之一。——译者注

表 3-10 美国西南航空公司和美国航空公司的商业模式比较

	美国西南航空公司	美国航空公司
目标客户	美国境内直飞航线客户	全球航线客户
价值主张 首要价值主张 次要价值主张	 价格低廉 服务良好	 产品多样 访问便捷性
差异化	有限的直飞航班：易维护，培训成本低	产品多样化：航班遍布全球
产品和业务范围	狭窄：只覆盖特定城市	宽广：连接世界各地
组织设计与执行	点对点：低可变成本、严格的成本控制	中心辐射式：高固定成本
价值实现及盈利	需要实现高上座率	进驻各大枢纽城市，需要实现高上座率
人才吸引	飞行员获得股票期权，享有手足亲情般的人文关怀	给予飞行员高薪酬和良好的职业生涯设计

图 3-3 展示了亚历山大·奥斯特瓦德（Alex Osterwalder）开发的一款被称作"商业模式画布"的可视化工具（Osterwalder & Pigneur，2010），它对精益创业者大有帮助。商业模式画布包含 9 个模块，分别为：①价值主张；②细分市场；③渠

团队名称　　　　　　　　　　　　　　　　　　　　　　　按照从 1~9 的顺序填充信息

重要合作伙伴 **6**	关键业务 **7**	价值主张 **1**	客户关系 **4**	细分市场 **2**
谁是我们最重要的合作伙伴 谁是我们最重要的供应商 他们为我们提供什么 我们为他们提供什么	我们需开展什么业务活动？制造？开发软件？构建供应链 核心资源 **8** 我们需要掌握什么关键资源？财务资源？固定资产？知识产权？人力资源	我们将为客户解决什么问题 我们将满足哪些客户需求 为满足客户需求并解决其问题，我们的产品和服务应具备什么特征	我们如何赢得客户，留住客户并不断壮大客户群体 渠道通路 **3** 我们通过什么渠道接触目标客户	谁是我们最重要的客户 他们有何特点 他们希望我们为他们做什么

成本结构 **9**	收入来源 **5**
什么是我们的商业模式中最重要的成本？这些成本是固定成本还是可变成本	我们靠什么获利 我们的盈利模式是什么 我们的定价策略是什么

图 3-3 商业模式画布

道通路；④客户关系；⑤收入来源；⑥重要合作伙伴；⑦关键业务；⑧核心资源；⑨成本结构。商业模式画布的一个重要特征是，并非割裂地设计每个模块，而是强调通过模块间的相互支持和加强，构建形成内部协调一致的稳健的商业模式。

　　成功的创业者认为，商业模式本身就是一个创新机会（Keeley et al.，2013）。爱彼迎等许多公司都持有这样的理念，他们认为，即使面对老问题，也可以通过引入新型商业模式来实现创新。谷歌公司通过将页面的横幅广告改成与搜索中使用的关键字相关联的简单文本广告，改变了互联网搜索的传统模式，从而更好地满足了广告商和客户的需求（Aulet，2013）。爱彼迎公司虽然与传统酒店一样为旅行者提供住宿，却采取了截然不同的商业模式，它不再像传统酒店那样以自持房产提供住宿服务，而是将自己定位为拥有空置房的房主和需要住宿的旅行者之间的中介（Pfeffer，2014）。

　　几乎所有志向远大的创业者都曾经觉得自己最初设计的商业模式（A 计划）必将大获成功。实际上，绝大多数的 A 计划最终以失败告终（Mullins & Komisar，2009）。以 PayPal 公司为例，该公司最初的业务定位是采用红外线通信技术，帮助掌上电脑客户提供转账服务，现在其商业模式则变为与电子商务网站 eBay 捆绑的在线支付手段。因此，明智的做法是在实践中检验最初的商业模式，并根据所获得的相关反馈信息，对其做出优化、调整甚至变革。这正是精益创业[⊖]方法论的精髓，它体现在图 3-3 所示的商业模式画布的每个模块的构建过程中（Ries，2011）。因此，正如图 3-4 所示，商业模式的设计过程是适应持续变化的条

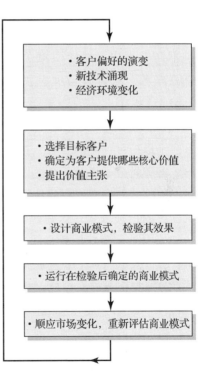

图 3-4　商业模式的设计过程

　　㊀　精益创业是硅谷流行的创业方法论，其核心思想是：先在市场中投入一个极简的原型产品，然后通过不断学习和获得有价值的客户反馈，对产品进行快速迭代优化，以适应市场需求。——译者注

件和不断更新的数据，而做出调整的迭代过程（George & Bock，2012）。

3.5   动荡市场中的商业模式创新

对新创企业而言，应对市场挑战、开展商业模式创新意味着发展契机。例如，利用新技术去改善那些因现有解决方案过于昂贵或复杂而心存不满的客户的体验，或者利用现有技术去开发新市场，抑或从低端市场发起挑战，去颠覆当前的竞争格局。所有类似的情况，都要求企业变革其商业模式（Johnson et al.，2008）。

所谓商业模式创新，是指企业重新整合现有业务，以新的方式为客户创造新的价值（Hamel，2000）。例如，优步公司和爱彼迎公司推出了解决交通出行和旅行住宿难题的新方案。优步公司并不拥有出租车，爱彼迎公司也不拥有酒店，然而两家公司通过商业模式创新，让自己成为出行者与拥有汽车者、旅行者与拥有住房者之间的中介，同时为中介联系的双方创造价值。

赛富时公司率先推出"软件即服务"商业模式，让用户在其 Salesforce.com 平台上以按月订阅的方式，按需付费地使用其提供的客户关系管理软件。2017年，赛富时公司市值已达到 560 亿美元。其后，许多公司仿效赛富时公司的做法，提供其他类型软件的按需付费、在线使用服务，SaaS 逐渐成为许多企业购买软件的首选方式。这些效仿者中就包括创立于 2005 年的 Workday 公司，该公司以人力资源管理软件和财务软件的在线付费服务为主业，到 2012 年上市时，其市值已达到 170 亿美元。

对现有企业而言，应对市场变化、进行商业模式创新意味着持续发展或者"新生"。例如，成立于 1939 年的惠普公司通过变革其商业模式，成为美国计算机打印机的第一品牌。亚马逊公司最初是一家书商，现在**转型**（Pivot）成为网上"沃尔玛"。连加油站也已经演变为售卖饮料、食品、报纸和燃料的便利店了。

奈飞公司采用一种新颖的商业模式，为客户提供视频 DVD 邮寄到家服务，让客户不仅能够更加便捷地获得观看体验，还拥有成千上万的节目选择。奈飞公司所采用的商业模式在便利性、多样化选择等方面的优势是如此突出，以至于像百视达（Blockbuster）这样的老牌视频租赁零售商店也无法与之抗衡，最终倒闭。之后，随着带宽速度不断提升，客户自行从互联网上下载电影观看逐渐成为可能，到 2012 年，奈飞公司发现自己遇到了亚马逊公司和苹果公司等新创科技企业的竞争和挑战，这些新创企业帮助客户将电影下载到平板电脑和电子阅读器上观看，竞争的压力迫使奈飞公司于 2016 年也推出类似服务。没过多久，这个行业中包括奈飞公司在内的所有参与者又开始思考如何将电影传送到智能电视上观看了。可以说，在动荡的视频租赁市场上，巨大的机遇和风险持续并存。

> 📖 Kiva Systems 公司引入机器人技术，彻底改变仓储管理方式
>
> 　　Kiva Systems 公司使用机器人完成仓库中货物分拣、包装和运输等业务，改变了长期以来大型仓库依赖人工实现货物存储、移动和分类的局面，让大规模、多品类的库存变得更经济。除了使用机器人作业来节省劳动力投入外，Kiva Systems 公司还利用数学模型优化货物布局，让同样数量的劳动力在标准工时内可以完成以往 4 倍的包裹移动量，大幅度降低了资金成本。Kiva Systems 公司的创新，使得欧迪办公（Office Depot）、箱桶之家（Crate & Barrel）和添柏岚（Timberland）等公司可以以更低的成本更高效地开展运营。

3.6　焦点案例：声田公司

　　丹尼尔·埃克和马丁·勒伦特松（Martin Loerentzon）经过两年的准备，于 2008 年推出了 Spotify 这一数字音乐流媒体服务平台，用户可以在该平台上免费或付费聆听大量的在线音乐作品，还可以创建自己的播放列表以实现便捷搜索。Spotify 平台上最受欢迎的是 2015 年推出的"每周发现"（Discover Weekly）功能，该功能采用复杂算法，根据用户的收听习惯为其

推荐歌曲，在推出一年后的 2016 年，该功能就拥有了接近 50 亿首歌曲的流量。

Spotify 平台是免费增值商业模式的一个实例：基础服务免费，付费用户则可以获得更多功能和特色服务——免费版本会插播广告且可以收听的曲目受限，每月收费 10 美元的付费版本则没有广告插播，且可以收听全部曲目。2015 年，声田公司 90% 的收入来自歌曲订阅，10% 的收入来自广告。公司有大量的经常性收入，使其财务收支稳定和可预测。总之，声田公司基于所构建的海量歌曲库，为用户提供个性化的音乐收听体验，以创新的商业模式很好地满足了用户的需求。

3.7 本章小结

创业者必须确定所创立的企业的愿景、使命、价值主张和商业模式，并采取行动加以实现和实施。

- 令人信服的愿景是针对特定机会对企业希望达成的目标的陈述。
- 使命描述了企业的经营目的、打算提供的产品或服务，以及目标客户和细分市场等，它为各利益相关方采取变革行动提供了依据。
- 价值主张描绘了企业将要满足目标客户何种需求。
- 商业模式描述了新创企业将要开展的业务活动和收支计划。

技术创业原则 3

创业者应借助愿景、使命、价值主张和商业模式，引导新创企业走向成功。

音像资料：

读者可以访问 http://techventures.stanford.edu 网站，浏览与本章内容有关的学术讨论。

| 精益创业原理
（The Principles of Lean） | 史蒂夫·布兰克 | 斯坦福大学 |

（续）

谷歌公司的技术创新和商业模式创新（Innovate in Technology and Business: The Founding of Google）	拉里·佩奇	Alphabet 公司[⊖]
形式与功能的平衡（Balancing Form and Functionality）	埃隆·马斯克	特斯拉公司和美国太空探索技术公司

3.8　练习

（1）你将如何描绘特斯拉公司的企业愿景？又将如何描绘特斯拉公司的使命陈述？完成这两项任务后，请前往特斯拉公司网站浏览相关内容，比较其发布的使命陈述与这家公司在你心目中的形象的异同。

（2）使用表 3-8 提供的分析框架，比较必应公司和谷歌公司的商业模式，说明两家公司的商业模式有何不同。你认为这两家公司的商业模式在未来 5 年内会发生怎样的变化？

（3）大多数人购买二手车的经历都很糟糕。eBay 公司为二手车交易提供欺诈保护、汽车保修和车辆的权属历史记录等服务（详见 www.ebaymotors.com）。你认为 eBay 公司的价值主张是什么？你会在 eBay 公司的平台上买车吗？

（4）虽然跨平台移动通信聊天应用程序 Kik 的用户规模实现了爆炸式增长，该公司却仍未实现盈利，请设计 3 种可以帮助 Kik 公司实现盈利的商业模式。

（5）苹果公司成功地将其硬件产品和软件服务组合的商业模式，从计算机端扩展到 MP3 播放器和手机。你会如何刻画苹果公司的商业模式？请说明支持苹果公司不断实现业务范围扩张的核心竞争力是什么。

（6）Woot 团购网（Woot.com）是一家经营价格低廉的清仓商品的网上卖家。该网站上的所有商品均以低价售卖，网站还设置了在线社区，让购买者围绕当天的产品交易情况发表感想和做出评价。请访问 Woot.com 网站，进一步

⊖　Alphabet 公司是谷歌重组后的"伞形公司"（Umbrella Company）名称，拉里·佩奇为其 CEO。该公司采取控股公司结构，将拥有的搜索引擎公司、YouTube、其他网络子公司与研发投资部门分离开来，并取代 Google Inc. 成为上市实体公司。——译者注

了解该公司的商业模式。你认为 Woot 公司的利润来源是什么？

📖 **创业实战**

1. 为你创办的企业构建一个言简意赅的企业愿景。

2. 描述你所创办的企业的价值主张。

3. 运用图 3-3 所示的商业模式画布分析框架，刻画你创办的企业的商业模式。

第 4 章

竞争战略

生活不应被他人控制。真正的勇士，即使面对失败，也会继续前行。

拉尔夫·埃利森（Ralph Ellison）

创业者应如何为把握新商机而开展战略行动

为实现目标，每一家新创企业都要开展战略谋划。战略是企业在面对重大问题或发展机遇时做出的反应。如表 4-1 所示，企业的战略制定过程包含如下步骤：第一，新创企业应初步确立企业愿景、使命以及商业模式（详细介绍请见第 3 章）。第二，创业者要围绕所确定的良好愿景、使命和初始商业模式，识别什么是企业的核心竞争力。第三，创业者要认清企业所处的政治、经济、文化和社会环境，明确这些外部环境给企业带来哪些机会与威胁，企业在应对竞争时具有什么优势和劣势，据此做出有关机会、威胁、优势、劣势（简称SWOT）的综合研判。第四，考察所处行业的当前竞争态势和企业的主要竞争对手，并结合SWOT分析结果，确定有哪些影响企业创业成功的关键因素。第五，根据上述分析结果，对所确定的企业愿景、使命和商业模式等加以提炼，制订出有助于企业保持持续竞争优势的战略行动方案。例如，通过与其他企业结盟、开展合作来谋求行业中的有利地位；将履行社会责任、满足各相关利益者的需求，作为企业长期发展的基础等。

4.1 创业战略

战略（Strategy）是企业对机会的回应。"机会"一词源自拉丁语"向港口前进"（Toward The Port）。为了获得利润，商船的船长要考虑如何找寻优质客户，并以有限运力装载合适的货物去满足客户需求，以求获得最佳回报；要管理船员队伍，要动态调整向现有港口和具有高潜力的新港口的资源投放比例（McGrath et al.，2001）。

创业者与商船船长一样，以价值创造为目标，战略正是企业为实现其使命和目标而采取的行动计划或路线图，其预期目标是帮助企业获得可持续的竞争优势。因此，一方面，战略必须以行动为导向，应尽量把握机会，发挥自身优势与竞争力，尽量深入了解行业的相关状况，以确保制定的战略有效。另一方面，战略应当简单明了，要让企业中的每个人都能够理解并达成共识。创业者将自己对商业机会的追求描述为一种愿景，以此激发创业活力，引导创业团队和投资者达成一致目标，遵循统一战略并采取协作行动。

在某种意义上，可以认为战略的本质就是明确哪些事情企业不应该做（Porter，1996），以引导企业进入正确轨道，有的放矢地合理安排资源和能力。

激烈的竞争让商业环境充满动荡，导致任何长期计划都难以执行；行业总是处于非均衡状态，导致行业分析十分困难。例如，很难确定一个行业何时兴起，也很难严格区分合作伙伴、供应商和竞争对手。因此，战略必须保持动态性，要及时响应外部环境、合作伙伴和竞争态势的变化并做出相应调整。实际上，战略往往是在采取行动、根据结果加以验证的过程中逐渐涌现并最终成形的（Mintzberg et al.，1998）。

　　表 4-1 概括了战略的制定过程。如图 4-1 所示，新创企业从构建和调整企业的能力、资源、产品起步，并按照初始战略或商业计划采取行动。一旦置身于竞争激烈的市场环境之中，创业者不得不重新评估所处市场和行业，重新分析竞争对手，并据此重新部署和调整企业的战略方案（包括能力、资源、产品以及行动方案等），以求在竞争激烈的市场中保持竞争优势。新创企业应适时进行内部调整来应对不断变化的市场需求、产业进程和竞争态势，这是战略计划重构中的一项重要议题。创业者应始终执着于探寻如何通过为客户创造价值来获得回报，当市场需求发生变化时，创业者就要调整企业的战略定位，并相应地做出资源和能力等的调整。

表 4-1　战略的制定过程

1. 确立企业愿景、使命和商业模式
2. 识别企业的核心竞争力
3. 深入了解企业与竞争对手所处的行业
4. 根据企业所处行业和宏观环境，明确企业所具备的优势和劣势
5. 分析企业当前所面临的机遇与挑战
6. 明确竞争获胜的关键因素
7. 确定战略备选方案的范围，并做出最适合的选择
8. 采取恰当的方法，将战略构想转化为行动方案

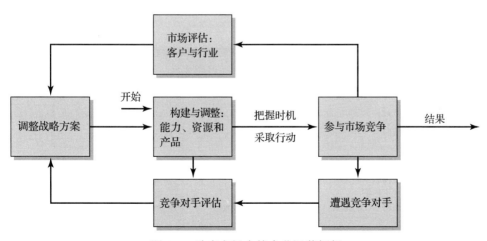

图 4-1　动态市场中的企业运营框架

通用飞机发动机公司（GEAE）是响应市场变化进行战略调整的成功典范。GEAE 公司最初的战略定位是大功率、高效、具有高可靠性的飞机发动机制造商。随着行业内竞争日趋白热化和产品生命周期的大幅缩短，凭借发动机持续获利变得越来越困难。于是，GEAE 公司实施战略转型，将公司业务定位调整为发动机生产和服务的供应商，并凭借售后服务获得了可观利润（Demos et al.，2002）。面对多变的动态市场，战略领导者必须适应性地在战略上做出回应。

在图 4-1 所描绘的企业运营框架中，新创企业首先需要识别驱动其所处行业发展的主要因素，包括经济因素、人口因素、技术因素以及竞争因素等，这些因素既可能对企业成长构成威胁，也可能为企业发展创造机会。只有基于对这些关键因素的分析，企业才有可能制定出与之相适应的战略及实施计划，并通过构建和调整企业的能力、资源和产品，推动企业战略落地。

新创企业应基于所感知到的机会来确定企业战略，并为实现战略目标去寻找所需的资源和能力，而不必受限于已有的资源和能力。根据资源依赖理论，客户和投资者为企业提供了赖以生存的资源，企业的重大决策应以满足客户和投资者的需求为前提（Hillman et al.，2009），那些不满足客户和投资者需求的企业将无法获得生存所需的资源，于是，客户和投资者就决定了企业的资源流向。

图 4-2 中列示的 6 个问题可以帮助企业判断所制定的战略是否可以帮助企业构建盈利能力，以实现持续获利。

盈利能力		
我们为什么设定如下目标 ·企业愿景 ·企业使命	我们应在哪里开展经营活动 ·目标客户 ·细分市场	我们应如何实现目标 ·创新 ·学习
我们应在何时行动?应以怎样的速度采取行动 ·进入时机把握 ·战略执行	我们的产品有何独特之处 ·产品定位 ·竞争对手的反应	谁是我们的竞争对手?谁是我们的合作伙伴 ·竞争 ·合作

图 4-2 有关企业动态战略制定和盈利能力的 6 个问题

企业在制定战略时常常采用类推法（Bingham & Kahl，2013）。例如，对"怎样才能在美食烹饪领域独树一帜"这一问题的思考，是全美最大食材配送公司——蓝围裙公司（Blue Apron）事业的开端。类推是对已掌握信息的有效利用，但是，基于似是而非的不准确信息所做的类推，则可能产生误导。因此，掌握类推的基础信息来源，并检验其相似性十分重要。

综上，战略是充分利用企业的资源和能力，有效整合企业的目标和行动的一系列计划；战略的核心任务是确定什么可以做，什么不可以做，以及要做的事情的优先级。战略优先级决定了企业各项业务的相对重要性。置身于动荡的竞争环境，新创企业应当适时调整战略以适应环境的变化。

4.2　核心竞争力

核心竞争力是企业独有的资源和能力的组合，该组合是企业依据所设计的商业模式，在向客户提供有价值的产品或服务的同时实现盈利的基础。所谓资源，是指企业的人力、物力、财力和组织资源，包括专利、品牌、专有技术和资本等；所谓能力，是指企业或企业内部团队执行某些任务或活动的能力，包括组织学习能力、员工技能，以及整合专有技术和专有知识的能力等。能力与资源的有机组合，构成了企业所特有的核心竞争力——它应该是独特的、难以模仿和很难被替代的。凭借核心竞争力，企业得以超越其竞争对手。

拥有核心竞争力的企业具有如下特点：①拥有某些独特而有价值的资源，并且具备开发这些资源的能力；②拥有运营公共资源（Common Resources）的独特能力。例如，英特尔公司同时拥有独特而有价值的专利资产和技术资源，以及利用这些知识和知识产权盈利的能力。同为廉价航空公司的瑞安航空公司（Ryanair）和美国西南航空公司都拥有飞机和航空器材等资源，但两家公司所拥有的运营资源的能力存在差异。

核心竞争力对新创技术企业至关重要。与有形资产不同，核心竞争力不会因多次使用而有所削减。例如，英特尔公司的核心竞争力是为计算机和通信系统设计制造集成电路的能力，3M 公司的核心竞争力是设计制造材料、涂料和黏合剂，并将其巧妙组合为有价值的新产品的能力。实际上，这些企业的核心竞争力伴随着组织学习如何建立核心竞争力的过程而不断提升。

核心竞争力帮助新创企业不断开拓新市场和拓展收入来源。例如，丰田公司凭借其在发动机和动力传动系统领域的卓越能力，在优质割草机、摩托车、汽车和发电机等市场中均取得了良好收益。

核心竞争力应该与企业的业务发展需要相匹配，拥有有效实施其商业模式所需核心竞争力的企业更有可能取得成功。例如，谷歌公司的核心竞争力是设计和运营大规模网络服务。该公司占全球市场主导地位的互联网搜索引擎，在公司创立早期用作支持其提供宽泛主题的信息搜索工具，现在则帮助谷歌公司成为互联网广告行业的领导企业，未来，谷歌公司打算利用其所掌握的网络服务专业知识进入自动驾驶汽车和移动设备制造领域。

总之，核心竞争力是企业竞争优势的重要基石（本章 4.6 节将对竞争优势做进一步阐释），竞争优势也取决于企业所处的行业和外部环境，下一节我们就此展开讨论。

4.3 行业分析

为了制订出有效的战略计划，创业者应尽可能充分地了解目标客户和企业所处的行业环境。表 4-2 概述了行业分析的 5 个方面。

行业分析的第一步，是对企业所处或即将进入的行业及目标市场加以精确的、重点突出的、有针对性的定义和描述。所谓**行业**（Industry），是由一群生产同类可以相互替代的产品，并为相同客户提供服务的企业

表 4-2 行业分析的 5 个方面
1. 行业定义与目标市场描述
2. 行业监管环境、政治环境和法律环境分析
3. 行业演进与增长情况分析
4. 行业的盈利潜力与资本收益率分析
5. 行业中主要竞争对手及行业竞争态势分析

组成的。因此，举个例子，如果将行业定义成"运输业"就流于宽泛，更精确的定义应该是"迪拜的共享单车行业"——这正是优步公司在阿拉伯联合酋长国（The United Arab Emirates，UAE，以下简称阿联酋）的最大竞争对手阿拉伯乘务共享公司（Careem）⊖对所处行业的定义。如果目标市场的相关数据不可得，

⊖ 该公司于 2020 年 1 月 3 日被优步公司以 31 亿美元收购。——译者注

那么企业可以找到最相近的替代品市场的数据来代替。例如，如果阿拉伯乘务共享公司无法获得迪拜的共享单车市场数据，则可以考虑采用阿布扎比或阿联酋的其他城市市场的数据代替。一旦获得适当的数据，企业就可以着手进行行业定义和目标市场描述了。

创业者有时会将行业定义得过于宽泛或过于狭窄。过于宽泛的定义可能掩盖了产品、客户或地理区域等方面的重要差异，过于狭窄的定义则可能弱化了产品或地理区域等方面的共性和联系（Porter，2008）。

确定行业边界需要考察两个基本维度。其一是产品或服务的范围，例如，家用智能窗与商用智能窗在不同定义下，可能对应同一行业的两个细分市场，也可能对应不同的行业。其二是地理范围，例如，按照所处地区和州市场、国别市场以及全球市场，可以对行业做出界定。确定行业边界需要结合实际情况，一个有效的经验法则是：不同行业的业务，所面对的竞争对手、替代品、客户或供应商会存在显著差异（Porter，2008）。

行业分析的第二步，是对特定行业受到的监管，以及所处的政治和法律环境进行分析。在这一步中，创业者需要同时考察国家、州和地方等不同层级政府所颁布的法律法规。法律环境的变化将影响行业内的资金流向，并对行业内某些特定类型的企业产生较大影响（Sine et al.，2005）。

行业分析的第三步，是对行业的演进和增长情况进行分析。如表 4-3 所示，行业生命周期会先后经历 4 个阶段：起步期、成长期、成熟期和衰退期。知道你所处的行业正在经历哪个阶段很重要。

大多数行业在起步期增长缓慢，竞争对手少。在此阶段，**主导设计**（Dominant Design）尚未形成，产品和市场存在高度的不确定性，生产者无法确定所生产的产品应该具备哪些功能，客户也不清楚他们需要产品具备哪些功能。许多科技企业在行业的起步期进入市场，它们利用所掌握的丰富知识，加入新兴市场的技术纷争，

表 4-3　行业生命周期的 4 个阶段举例

发展阶段	行业举例
起步期	● 无人机行业 ● 纳米技术应用行业 ● 自动驾驶汽车行业
成长期	● 医药科技行业 ● 企业应用软件行业 ● 游戏软件行业
成熟期	● 智能手机行业 ● 汽车行业 ● 个人计算机行业
衰退期	● 钢铁行业 ● 采矿业 ● 大规模制造业

并尝试让自己的技术方案成为主导设计，从而抢占强有力的市场地位（Shane，2005）。

行业进入成长期的标志是产品所应具备的必要功能逐渐明晰，主导设计得以确立，此后，行业内不同企业推出的产品的主要构成和核心概念不再有实质性的差异和变化。伴随主导设计的出现，产品的销量持续增长，吸引越来越多的企业参与竞争。

竞争的不断加剧将使行业增速变缓并趋于稳定，行业进入成熟期。在此阶段，行业内的竞争对手数量趋于稳定，行业的利润率下降，价格成为主要的竞争手段。

最终，随着行业利润率不断下降，行业进入衰退期，企业纷纷退出，导致行业内的企业数量减少（Klepper，1997）。

让我们回顾一下全球个人计算机行业的发展历程。1978年，以苹果公司为代表的一批小型新创科技企业问世，并开启了全球个人计算机市场。1982年，IBM公司进入个人计算机市场，并很快使其产品成为主导设计。IBM公司采用的设计开放策略吸引了大量企业加入竞争，推动全球个人计算机市场从1984年起进入快速成长期。1998年，该行业进入成熟期，少数几家拥有标准化或略有差异的产品的大企业分割了市场，此后，它们的销售额和市场份额保持相对稳定。

行业分析的第四步，是对行业的盈利潜力与资本收益率做出分析。**资本收益率**（Return on Capital）是企业的利润与总投资资本的比率。计算机软件行业的平均资本收益率约为16%，而钢铁行业的平均资本收益率约为6%。因此，相对于钢铁行业，计算机软件行业对投资更具吸引力。新创企业确定某个行业盈利潜力的最有效方法之一，是到美国证券交易委员会的网站（www.sec.gov）上查找行业中代表性的新上市企业的相关资料，了解其盈利情况。

行业分析的第五步，是对行业中的主要竞争对手及行业竞争态势做出分析。创业者可以通过与潜在客户访谈，关注竞争对手的广告和营销活动，参加贸易展、研讨会，以及加入行业协会等方式，了解自己的竞争对手。

科技企业通常要面对众多竞争对手。例如，早在YouTube公司入市前，有50多家公司尝试通过开展病毒式的视频分享业务获利（Dixon，2011）。对新创企业而言，存在大量竞争对手不一定是坏事，那可能预示着一个充满希望的市场。不过，这也确实表明，行业竞争态势分析对创业者而言十分重要。

　　五力模型（Five Forces Model）是行业竞争态势分析的常用工具（见图 4-3）。影响行业竞争态势的五种力量分别是：①新进入者的威胁；②替代品的威胁；③客户的议价能力；④供应商的议价能力；⑤现有竞争对手的威胁（Porter，2008）。利用五力模型可以详细刻画行业中的关键竞争力量，从而帮助新创企业充分考虑即将面对的竞争格局，如同业竞争是否激烈，客户的议价能力是否强大等。

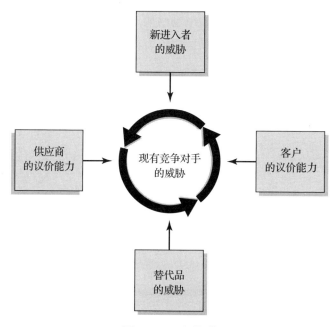

图 4-3　五力模型

　　所谓**互补企业**（Complementor），是指销售一家企业产品的互补产品的企业。而**互补产品**（Complement）为彼此提供功能方面或客户体验方面的改善。例如，对微软公司销售的 Xbox One S 游戏机和任天堂公司销售的 Switch 游戏机而言，那些生产和销售可以在这两款游戏机上运行的视频游戏的企业是其互补企业。如果视频游戏软件供应不足，则游戏机产品的需求将大打折扣。汽车的互补产品包括州际公路和加油站，前者可以供汽车安全、快速地长途行驶，而散布各地的加油站则可以让驾驶者便捷地给汽车加油。由于缺乏配套的充电基础设施，电动汽车行业发展举步维艰。（因此，特斯拉公司不得不投入巨资构建充电站网络系统。）

供应商的议价能力取决于供应商和客户的相对数量。当供应商数量众多且单个供应商的规模较小，而客户的数量较多且规模庞大时，客户就拥有更强的议价能力。在汽车行业，零部件供应商的数量多且规模小，整车厂则数量少且规模大，于是整车厂作为客户，占据交易的主导地位。

新创企业可能以新进入者身份进入一个行业。作为新进入者，应该首先了解该行业的进入壁垒、替代品的威胁，以及供应商、客户和互补企业的议价能力。进入壁垒的高低取决于行业的市场结构。分析市场结构的传统做法，是根据某行业中具有竞争力的企业所需达到的、相对于整体市场规模的企业规模大小而决定的。当行业中的竞争对手数量较少时，新进入者进入该行业并取得一定市场份额的难度就比较小。根据五力模型，那些进入壁垒较高、替代品威胁较小、客户与供应商议价能力较低、同业竞争程度较低的行业，对新创企业更加有利。

为了开展竞争分析，新创企业需要了解竞争对手和行业的盈利能力。通常，创业者可以参照标准普尔公司或市场调查公司 IBISWorld 所发布的研究数据做出判断。例如，如果打算进入医疗器械行业，已知该行业的领先者是美敦力公司（Medtronic，Inc.）和通用电气公司，这两家公司掌握了差不多 60% 的市场份额；根据 IBISWorld 的相关研究，该行业的利润率约为 7%，增长率低于 3%。综合这些数据可以得出结论：进入该行业存在较大挑战。

以下我们举例说明如何使用五力模型进行行业竞争态势分析。

先来看看美国的汽车行业，这是一个拥有大约 15 家企业的竞争十分激烈的行业。由于客户能够获得充分的信息来了解一款产品的性能、价格及其制造商和经销商等各方面情况，所以客户的议价能力非常高。同时，汽车行业供应商的议价能力相对较低。由于开发汽车新产品和建立经销商网络的成本非常高，所以，来自新进入者的威胁很小。总体而言，汽车行业竞争激烈，是一个标准的买方市场。

再以美国的在线图书销售行业为例：亚马逊公司和巴诺公司（Barnes &

Noble）是全美两家最大的在线图书销售公司，它们有许多像鲍威尔公司（Powells）这样的地区性竞争对手。该行业的同业竞争十分激烈，行业的进入门槛适中，供应商的议价能力很低；由于客户的议价能力高而导致产品价格低廉，公司的盈利能力受限；目前来看，来自替代品的威胁很小，但是随着亚马逊公司的 Kindle、巴诺公司的 NOOK 等电子书阅读器不断普及，电子书可能会颠覆纸质图书行业。

最后来看看计算机软件行业。每年，都有许多新创企业进入该行业，导致同业竞争十分激烈。但是，由于客户的议价能力适中，来自替代品的威胁比较小，所以该行业依然保持着较高的盈利能力。

总之，行业竞争态势分析可以解释为何一家企业会比它的竞争对手做得更好。所谓做得更好，是指其与众不同。那些经营方式独一无二的企业可以创造卓越的绩效。在军事对抗中，"战略"一词是指将军为打一场大战而制订的作战计划，"战术"一词则指一次小规模战斗的作战计划。通常，在与竞争对手发生接触后，作战双方都要根据情况变化调整战略计划，几乎不会有无须做出调整的计划。

4.4　SWOT 分析

从表 4-1 中的第 4 个步骤和第 5 个步骤可以看出，企业在制定战略时应力求发挥自己的优势去把握机会，并尽可能修补或改善劣势，以减轻外部威胁的伤害。正如第 2 章和第 3 章所讨论的，新创企业应致力于获取有助于其在选定的行业中取得成功的能力和资源。表 2-6 描述了新创企业应努力获取的有吸引力的机会的特征。SWOT 分析框架采用引导式问题，启发创业者综合分析企业自身的优势与劣势、所面临的机会与威胁，帮助创业者扬长避短、趋利避害，将自身的优势、劣势与所面临的机会和威胁相匹配，从而确定最适合自己的战略目标。

企业的优势源于其掌握的资源和能力，劣势则源于组织上的局限性，或能力、资源的匮乏；机会意味着企业有可能进入一个新行业或推出一种新产品，威胁则来自环境中企业自己无法掌控的行动或事件。

表 4-4 是针对美国安进公司这家技术领先的生物制药公司的 SWOT 分析结果。一些常见的威胁包括市场变化、监管变化和新产品开发的延迟，潜在机会包括需求增加、客户重复使用和支付意愿提高。

表 4-4　美国安进公司的 SWOT 分析

组织内部分析	外部环境分析
1. 优势 ● 拥有生物药研发和制造的专业知识（例如蛋白质和抗体知识） ● 拥有高利润率产品，处于有限竞争的市场中	3. 机会 ● 已有产品有机会进入新的区域市场、新的应用场景，并可以通过改良获得新配方 ● 可以集中资源开发更具疗效的新药物来维系利润增长
2. 劣势 ● 未能开发出新的、能够避免收入下降的疗法	4. 威胁 ● 传统制药公司进入生物制剂领域 ● 预期生物制剂公司间的竞争日趋激烈，有可能展开价格战

如图 4-4 所示，创业者可以从产品、客户和促销方法三个维度考察机会（Black & Gregersen，2002）。促销方法是指将产品带给客户的手段。也许，最安全的做法是以现有的促销方法将新产品带给现有的客户，最冒险的做法是通过一种新方法将新产品带给新客户。亚马逊公司采用在线销售这一新的促销方法向图书买家（现有客户）销售图书（现有产品）。

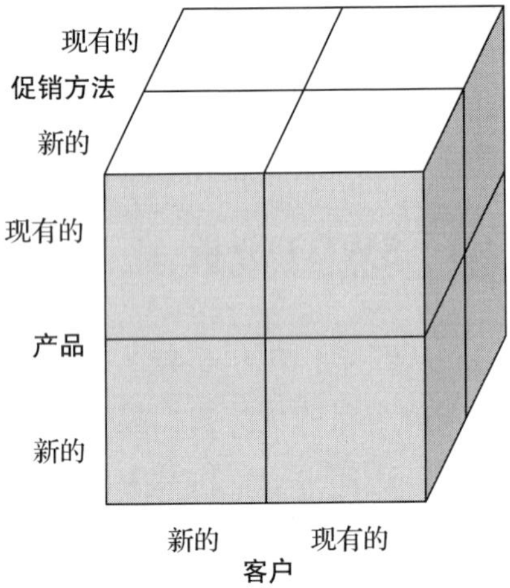

图 4-4　考察机会的三个维度

4.5　进入壁垒

进入壁垒（Barriers to Entry）是指企业在进入某一行业或市场时将会遭遇的阻碍。进入壁垒越高，企业进入某一新行业时需要付出的代价越大。新进入者进入某个行业要付出的代价大，意味着该行业的进入壁垒越高。表 4-5 列举了 6 类潜在的行业进入壁垒，具体如下。

（1）规模经济性。对于那些只有达到大规模产能，才能实现较低生产成本的行业，规模经济性是一种进入壁垒。例如在飞机设计和生产行业中，小规模生产意味着不经济，这令新进入者望而却步（Barney & Hesterly, 2014）。

（2）与规模无关的成本优势。现有企业往往拥有专利技术、技术秘密、有利的地理位置和学习曲线优势等，这些帮助现有企业

表 4-5 潜在的行业进入壁垒
● 规模经济性
● 与规模无关的成本优势
● 借助产品差异化获得的品牌、商誉和客户忠诚度
● 现有企业的威慑
● 政府监管
● 转换成本

建立了与规模无关的成本优势，成为新进入者难以逾越的障碍。

（3）借助产品差异化获得的品牌、商誉和客户**忠诚度**（Loyalty）。现有企业凭借产品差异化而拥有的品牌识别度和客户忠诚度，也给新进入者设置了障碍。例如，戴尔公司、惠普公司和苹果公司各自拥有自己的品牌和客户忠诚度，使得一家新的个人计算机企业很难大规模进入这个行业。当然，对于那些以细分市场为目标的专业制造商而言，这个障碍可能不太重要。长期经营帮助现有企业建立起商誉或品牌资产，成为新进入者难以突破的障碍。例如，虽然债券评级业务因其无须大量资本投入，利润率又非常高而颇具吸引力，但大多数尝试进入该市场的企业会被穆迪和标准普尔这两家企业的良好声誉而击退。

（4）现有企业的威慑。现有企业可以利用降价、推出新产品、强化品牌建设等方式，向新进入者发出"入侵者将会遭到强烈回击"的信号。

（5）政府监管。政府监管也可能成为新进入者的壁垒。例如，电视广播行业受到政府管控，进入该行业必须获得政府许可。新进入者无法获得这种许可，只好转入有线电视等其他传播渠道，这正是福克斯广播公司采取的迂回做法。

（6）**转换成本**（Switching Costs）。有些产品可以被替代，有些产品难以被替代，前者如食品杂货、饮料和汽油等日用品，后者如半导体装备等。对于后者，客户一旦选定就不会轻易更换供应商。转换成本是客户从现有企业的产品转换到新进入者的产品所需支付的成本。当转换成本较高时，即使新进入者提供了更好的产品，客户也可能被锁定在现有企业的产品上。例如，当企业客户想从微软公司的 Windows 操作系统转到苹果公司的 Mac OS 操作系统时，不但需要投入资金购买整套应用于 iOS 的新软件，还需要花费时间培训员工使用新软件。

> ■ 互联网 2.0 时代市场的低进入壁垒
>
> 对一些创业者来说，在基于 2.0 时代的互联网上建立社交网站是极具吸引力的创业方式。这是一个相对容易进入的市场，所对应的是一个进入壁垒低且具有成长性的行业。创建和管理网站需要具备一定的技术能力和编程知识，但无须大量的资本投入，这对缺乏资金的创业者而言可是一个大好机会。创业者无须建立实体分销渠道，可以凭借社交网站为全球客户提供访问便捷的网络服务，从而快速进入庞大的市场。

4.6　获得可持续的竞争优势

战略谋划的最终目标是，凭借某些独特性占据比竞争对手更有利的地位，或者表现得比竞争对手更具优势，即保持竞争优势。所谓竞争优势，是企业的核心竞争力及其在行业中建立的战略地位的综合体现。

新创技术企业总是致力于通过推出低成本、高质量、有特色的产品来展现自己的竞争优势。如图 4-5 所示，它要凭借其稀缺、独特、难以模仿的核心竞争力，开展创新活动，不断提升效率，改善产品质量，并维持同客户和供应商的关系等，努力在成本可控的前提下，让自己的产品与众不同。

图 4-5　独特的能力带来竞争优势

为获得和保持竞争优势，企业要选择某种适合的一般竞争战略。如表 4-6

所示，有 4 种常见的一般竞争战略，即利基战略、低成本战略、差异化战略和差异化 – 低成本组合战略。

表 4-6　4 种常见的一般竞争战略及其特点

	一般竞争战略的类型			
	利基战略	低成本战略	差异化战略	差异化 – 低成本组合战略
核心竞争力	良好的客户与供应商关系	高效流程与供应链体系	创新能力和关系管理能力	创新能力和高效流程
产品	中度差异化产品	低度差异化产品	高度差异化产品	中度差异化产品
目标市场	1 ~ 2 个细分市场	大众市场	多个细分市场	多个细分市场
典型案例	盖蒂图片社⊖（Getty Images） 因塞特公司⊜（Incyte）	亚马逊公司 Priceline 公司⊜	微软公司 英特尔公司	戴尔公司 美国西南航空公司

利基战略是指聚焦于某个大市场中的 1 ~ 2 个较小的细分市场，例如，专注于在某个地理空间上开展业务，专门生产某种产品，专门提供某个价格区间的服务等。利基市场只占整个大市场的很小份额，一般不会受到大企业的关注，因此从事利基业务意味着竞争压力很小。从事利基业务要求企业拥有某种独特能力，且能够与客户和供应商建立良好关系。利基战略的优势在于，无须大量资金投入，且可以很快获利。

低成本战略是指，基于高效流程与供应链体系的核心竞争力，为大众市场提供低度差异化的产品。例如，Snap 公司开发的风靡美国的图片社交应用网站 Snapchat⊕，就是实施低成本战略的典型案例。Snapchat 应用程序的产品差异化程度很低，其不同于其他社交媒体平台的地方，是提供"阅后即焚"的用户分享服务，可以在短时间内删除用户数据（尤其是照片），从而无须像其他社交媒体平台那样为存储用户信息（大部分是不活跃用户的信息）而支付大量维护成

⊖　世界最大的图片和电影素材提供商。——译者注
⊜　美国生物制药公司。——译者注
⊜　世界最大的在线旅游公司。——译者注
⊕　Snapchat 是斯坦福大学的两个学生开发的一款"阅后即焚"图片分享应用。该应用帮助用户拍照、录制视频、添加文字和图画，并将它们发送到自己的好友列表中。——译者注

本——Snapchat 平台的成本只会随用户活跃度而增加。

> **英特尔公司的竞争优势**
>
> 　　自创立以来，英特尔公司一直将技术领先、先发优势和控制重要市场作为其战略基点。迄今，英特尔公司在闪存、嵌入式控制芯片和通信芯片等领域处于遥遥领先的地位，在半导体设施的开发、生产和管理等方面更是具有无可匹敌的能力，是占全球主导地位的微处理器供应商，全世界 90% 的个人计算机采用的都是英特尔公司的产品。秉承其技术领先的战略部署，该公司于 2009 年宣布，将致力于开发用于 CPU 制造的首款非硅新材料，新材料将减少发热和电流泄漏，还可以增加单位面积上的晶体管数量。英特尔公司在几十年的发展历程中成功实施了差异化战略。

　　美国西南航空公司也是一家凭借低成本战略和利基战略取胜的公司。该公司刚成立时，只是一家在得克萨斯州内运营的地方性小公司，用标准版的波音 737 飞机在达拉斯、休斯敦和厄尔巴索 3 个城市间提供客运服务。后来，该公司确定了低成本战略，通过雇用高效员工，提供低票价、高频度、准时安全、短途、点对点的航运服务，逐步拓宽区域市场范围，将业务延伸至美国西部各州以及美国国内其他区域。其后，公司战略也逐步演化为差异化 – 低成本组合战略。

　　差异化战略通过为客户提供独一无二的产品实现盈利。差异化可以体现在产品、服务、销售、运输和产品安装等各个环节。当产品无差别时，企业还可以通过为客户提供独特的互动服务来实现差异化。

　　通过产品差异化在市场上遥遥领先的案例，如总部设在美国新墨西哥州的水净化设备公司迈奥克斯（Miox），研发出以盐和水为介质的水质净化技术，彻底改变了采用挥发性有害气体氯气进行水质净化的传统做法。

　　苹果公司长期实施差异化"产品 + 服务"战略，以确保其产品在众多竞品中始终保持卓尔不群。苹果公司先是于 2001 年推出便携式多功能数字多媒体播放器 iPod，并在 2003 年推出在线音乐商店 iTunes，强力支持了 iPod 的市场销售。2002 年 iPod 总销量仅 60 万部，在 iTunes 推出后的一年时间里，iPod 的销售量超过 140 万部。到 2015 年年底，苹果公司已经售出近 4 亿部 iPod。采取类似做法，苹果公司于 2007 年推出 iPhone 手机，并于 2008 年推出苹果设备专属应用商店 App Store，随着应用商店中的应用程序数量快速增长，苹果手机在市场上脱颖而出。继 iPod 和 iPhone 成功推出后，苹果公司又在 2010 年推出了 iPad 平板电脑。苹果公司先后推出的系列产品的共有特点是，不仅操作简单、携带方便，还可以与其他苹果设备，以及 iTunes 和 iCloud 等自动同步。

通过服务差异化让自己脱颖而出的案例，如全美最大在线售鞋公司美捷步，该平台以训练有素的员工、专业化的理念，持续为顾客提供快速免费的送货、退货等相关服务（Edwards，2012）。

差异化 – 低成本组合战略也是竞争取胜的一种途径。例如，宜家公司（IKEA）将那些经济上不太富裕、要抚养小孩、为生活奔波的年轻人视为目标客户，这是一群愿意为了节约资金而放弃某些服务的客户。于是，宜家商场专门展售本公司研发设计的低价位、模块化、便于安装的各式家具。考虑到目标客户群体的特点，宜家商场还提供一些一般的家居商场不会提供的差异化服务，如延长营业时间和托管服务。

既然所有企业都试图通过模仿竞争对手的产品或服务属性，或者通过创新来侵蚀竞争对手的优势，保持竞争优势就成了一项重要战略议题。可持续的竞争优势是指，能够在一段时间内得以保持的竞争优势，一般以年为持续时间的计量单位。如果用 CA 表示竞争优势，用 D 表示竞争优势的持续时间，则企业的市场价值 MV 的计算公式为：

$$MV = CA \times D \tag{4-1}$$

也就是说，企业的市场价值与其竞争优势的大小，以及竞争优势持续时间的长短成正比。例如，一家拥有 20 年专利保护期和强大竞争优势的制药公司的市场价值就会很高。

一家企业竞争优势的持续时间 D，由竞争对手模仿或自行开发出类似产品或服务属性的难度决定。当一家企业的业务必须以某些独特的、难以复制或难以取得的技能和资产为基础时，模仿就会变得十分困难。众所周知，通用电气公司在电力工业领域保持了长期的竞争优势，使其实现了高于业内任何竞争对手的利润率。

在图 4-6 所示的价值创造金字塔中，企业的核心竞争力建构在坚实的资产基础之上。企业凭借核心竞争力和相关能力，开发新产品、新工艺，并开展相关经营活动以获得竞争优势。竞争优势的可持续性源自企业持续开展创新活动的能力。那些擅长创新而非仅仅追求现状改善的企业，将有望在长期竞争中获胜（Reeves & Deimler，2011）。

1876 年，长期致力于改善卫生条件的约瑟夫·李斯特爵士（Joseph Lister），被邀请在费城的一个医学会议上发言。一同参会的罗伯特·伍德·约翰逊（Robert Wood Johnson）深受他发言的启发，于 1886 年与自己的两个兄弟创办了强生公司（Johnson & Johnson）。该公司在起步阶段只生产无菌的外科敷料，在取得初

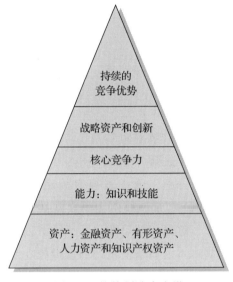

图 4-6   价值创造金字塔

步成功后，进入医疗行业的更广泛领域。目前，强生公司已经发展成为可信赖的药品和医疗器械供应商，曾推出众多广受好评的产品，如泰诺（Tylenol）、创可贴（Band-Aids）和李施德林（Listerine）漱口水等。强生公司凭借其在制售安全、易用的医用产品领域的核心竞争力，在整个 20 世纪持续保持了竞争优势。

表 4-7 举例说明了 10 种可持续的竞争优势，它们发挥作用的空间因公司所处的行业不同而有所不同。

表 4-7   10 种可持续的竞争优势

竞争优势类型	实例
高品质	英特尔公司
网络规模	爱彼迎公司（全球民宿短租公寓预订平台）
低成本	ZARA 公司（服装设计和连锁零售商）
产品设计和功能实现	办公协同软件公司 Slack（"语言风趣的机器人伴侣"）

（续）

竞争优势类型	实例
市场细分	脸书（社交网络服务网站）
产品线宽度	亚马逊公司（全球商品品种最多的网络零售商）
产品创新	美敦力公司（世界领先的医疗产品供应商）
有效的销售方法	辉瑞公司（全球最大的生物药研制公司）
产品组合	甲骨文公司（全球最大数据库软件公司）
品牌	苹果公司
知识产权	基因泰克公司（全球著名的生物科技企业，被称为生物产业的起点）

4.7　战略联盟

许多企业在制定战略时只重视竞争性战略，却忽视了合作战略也可以发挥重要的作用。商业活动是竞争与合作的复合体，因此也被描述为"竞合"。一家拥有兼具新颖性、创新性和获利潜力的技术的新创企业，会吸引供应商、消费者、竞争对手和互补企业的关注，并与之结成一个价值网络（见图4-7）。图4-8展示了一所大学所处的价值网络。一所好大学，得益于与供应商、消费者、竞争对手和互补企业的广泛合作，从幼儿园到中小学校、本地房屋供应体系、当地社区和计算机公司等，均为大学提供了互补品。那些通常被看作"敌人"的同业竞争对手，也可以成为合作伙伴。

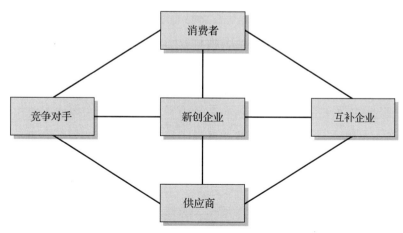

图 4-7　新创企业所处的价值网络

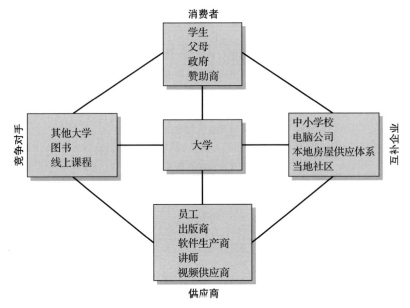

图 4-8 一所大学所处的价值网络

新创企业所提供的产品往往只是其他企业产品的补充，因此，新创技术企业在制定战略时，要格外关注所处价值网络中互补企业的情况。[⊖]

构建价值网络对新创企业之所以重要，是因为新创企业往往缺乏必要的资源和能力，要去企业外部挖掘和利用互补性资源（Hitt et al.，2001）。与拥有互补性资源或能力的企业结成合作伙伴关系，可以让双方获益。例如，一家拥有新技术和创新产品的小型生物技术新创企业与一家大型传统制药企业结盟后，后者可以分享前者的创新成果，前者则可以利用后者所拥有的分销网络和营销能力，来确保其开发的创新产品获得商业化成功。

战略联盟可以帮助新创企业获得必需且自身并不具备的战略资源，因此，积极开展战略联盟行动是创业活动的重要内容之一。建立战略联盟可以帮助新创技术企业实现快速发展。所谓**战略联盟**（Alliance），是指两个或两个以上的企业，为实现相互兼容但独自均无法实现的目标而结成合作伙伴关系。战略联

⊖ 价值网络中与互补企业开展广泛合作的平台领袖的出现，标志着创新生态系统的形成（Gawer & Cusumano，2008）。所谓平台，其核心功能就是让互补企业彼此建立联结。实施平台战略，需要借助令人信服的愿景及强大的领导力。谷歌公司和微软公司是平台领导者的典范。

盟必须是参与各方有意愿的主动行为，各方应该做到积极参与而不是被动反应。由于战略联盟总是伴随着知识、产品、资本或技术等的流动，因此，只有当联盟可以实现互惠互利时，参与各方之间才能建立起信任和尊重关系，联盟才能发挥最大作用（Lavie et al.，2012）。

战略联盟的好处是显而易见的，双方都能从联盟中学习新知识，获得新技能，可以从对方那里获得难以复制的互补性资源。在实践中，获得互补性资源以更好地利用现有能力或技术，或者抓住新机会，获得新技术，都可以成为企业加入战略联盟的动机（Rothaermel & Deces，2004）。

新创企业在选择联盟伙伴时，先要了解自己的资源或能力短板，然后去了解和确定哪些企业拥有这些资源，进而争取与之结盟来弥补自己的资源或能力不足。例如，2015 年优步公司和脸书公司结盟，脸书的用户无须安装优步公司的应用程序，就能直接通过 Facebook Messenger 小程序打车，还能获得附近优步司机的实况更新等服务，两家公司通过业务的跨界融合双双获益。新创企业可能需要依靠其创始人的人脉建立联盟（Hallen & Eisenhardt，2012）。

新创企业不应该将联盟视作一系列单纯的伙伴关系，而应该将联盟想象为一个特定行业背景中的投资组合。创业者可以通过与多元合作伙伴同时缔结联盟，来达成高绩效的投资组合（Ozcan & Eisenhardt，2009）。在选择合作伙伴时，适当保留冗余是明智的做法。例如，一家新创企业可以同时与两家不同的网络托管企业建立伙伴关系，将企业的服务器分别托管在两个不同的数据中心和数据网络中，借此提高安全可靠性和灵活性（Dixon，2011）。

▣ 手机和游戏

随着移动终端的日益流行和普及，应用软件程序开发行业迎来了前所未有的机会，手机游戏的巨大市场潜力日益显现。Jamdat 公司以手机游戏开发和发行为主业，先后推出了包括"宝石迷阵"在内的一系列手机游戏。该公司与美国的主要移动运营商威瑞森电信公司[⊖]（Verizon）和 Cingular（目前已和美国电话电报公司合并）结成联盟，希望借助两家移动运营商所掌握

⊖ 威瑞森电信公司是一家全球领先的通信解决方案服务商，是美国最大的无线通信公司和本地电话公司，也是最大的 4G LTE 无线网络提供商，在全球 150 多个国家和地区为客户提供综合通信解决方案。——译者注

的分销渠道来推广其游戏产品。后来，Jamdat 公司还作为纽带，帮助其他游戏开发商与移动运营商建立联系。2006 年，Jamdat 公司被美国艺电公司（Electronic Arts）收购，现更名为 EA Mobile。

　　战略联盟也有不利的方面。首先，联盟要求企业具备较高的管理能力，超出企业掌控能力的、过多的联盟可能损害企业的绩效，降低企业的市场价值（Moghaddam et al.，2016）。其次，联盟可能导致信息泄露（Cox Pahnke et al.，2015）。因此，创业者在开展战略联盟行动时，要对联盟的潜在收益和可能付出的时间、资源、精力等代价做出权衡（Rothaermel & Deeds，2006）。

　　创业者应谨记，互补企业可能转变为竞争对手。许多精心设计的联盟，由于难以化解合作与竞争两种关系的冲突而最终解散。导致联盟不协调的因素，包括文化冲突、冲突管理不佳以及缺乏有效协调机制等。许多新创企业为了获得发展所需资源而加入联盟，却可能因联盟而面临内部知识流失的风险。例如，苹果公司曾与微软公司合作，为苹果公司的 Macintosh 计算机开发电子表格、数据库和图形应用等程序。在此过程中，微软公司掌握了苹果公司所拥有的有关用户图形界面的关键知识，并在此基础上开发出了 Windows 操作系统（Norman，2001）。为了规避此类风险，小企业往往选择在制造、营销和分销环节，而非产品研发环节与大企业开展合作（Yang et al.，2014）。

　　知识共享是让合作各方收益最大化的重要途径。例如，为了推荐在线打车这种公共交通出行方式，谷歌地图使用了打车应用程序来福车的到达时间预测功能。

　　图 4-9 展示了联盟的多种类型，根据各方资源的共享可控程

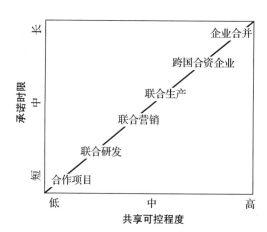

图 4-9　基于承诺时限和共享可控程度的联盟类型

度从低到高，以及关系缔结的承诺时限从短到长，联盟既可以是短期的合作项目，也可以是长期的企业合并。

让联盟成员轮流担任合作项目的领导有助于联盟取得成功。如果联盟一直由参与方中的某一方主导，或者相反，联盟的任何决策都需要取得所有成员的同意，这两种极端情况都对联盟开展创新活动不利（Davis & Eisenhardt，2011）。表 4-8 列示了确保战略联盟有效的 5 条原则（Hughes & Weiss，2007）。

表 4-8　确保战略联盟有效的 5 条原则

1. 明确规定双方的权责和工作范围，以确保工作关系和谐
2. 除了明确总体目标，还要引入具体指标来监控联盟的进展情况
3. 不要试图消除差异，应想方设法利用彼此的差异
4. 鼓励合作，甚至不惜为此打破正式的组织结构
5. 协调利益关系，激励所有参与方全力以赴地推动联盟发展

资料来源：Hughes and Weiss, 2007.

4.8　市场匹配策略

关于什么是好的企业战略，有两种标准。一种观点认为，如果企业的绩效超过了其竞争对手，就表明其战略是成功的；另一种观点则认为，最佳战略应该使企业战略与其市场步伐相匹配。表 4-9 总结了 3 种不同的制定竞争战略的方法（Eisenhardt & Sull，2001）。

表 4-9　3 种制定竞争战略的方法

	基于定位	基于资源	基于应变能力
战略制定的出发点	确定一个定位并捍卫它	发挥自身品牌、专利和资产等资源的作用	寻找新的机会
企业要回答的基本问题	我们的定位是什么	我们应成为什么样的企业	我们下一步应该做什么
战略制定的基本步骤	寻找一个有吸引力的市场，找到要守护的市场地位，并决定如何守卫它	想方设法去获取独特的、有价值的资源	确定一两个战略底线，作为准则指导下一步工作
适用的环境	变化缓慢的已知市场	变化适度的已知市场	变化迅速的未知市场
竞争优势的持续时间	较长（3～6 年）	较长（3～6 年）	短（1～3 年）
危机或挑战	很难改变定位	很难创建所需的新资源	很难判断什么是最佳机会
绩效目标	盈利能力	长期占据主导地位	增长和盈利

按照第一种战略制定方法，企业应该首先明确自己要进入什么行业，打算在该行业中处于何种定位，其次谋划如何达成该定位。选择定位的目的是，确保企业有能力防御所选行业中的 5 种力量的竞争（Porter，1998）。可以应用图 4-3 所示的五力模型来分析、预测 5 种力量的变化情况，据此做出回应，来捍卫企业的定位。

按照第二种战略制定方法，企业应该结合所拥有的资源基础，如专利、商标等，谋划如何与竞争对手展开对抗。例如，2016 年，在谷歌公司发布其第一款智能手机 Pixel 后，威瑞森电信公司马上争得独家分销权，凭借谷歌公司的强大品牌优势，威瑞森电信公司在 3 个月内就卖断了货。

按照第三种战略制定方法，企业应该遵循简单且灵活的原则，让战略在行动过程中逐渐涌现（Eisenhardt & Sull，2015）。企业只需确定几个重要的战略底线，制定几条简单的规则，就可以进入瞬息万变的市场，通过实践让战略逐渐成形。结合企业的实际情况，战略底线可以与创新活动、战略联盟有关，也可以与客户关系有关。例如，苹果公司所确定的战略底线是：充分发挥公司在用户界面设计、客户关系管理以及围绕专有知识开发定制化产品的能力，开展战略实践，具体做法可以根据需要进行适应性调整。

全球领先的互联网解决方案供应商思科公司在刚创立时所确定的战略底线，是通过积极开展创新活动去捕捉随时可能出现的机会。其后，为了应对市场的快速变化，思科公司将战略重心调整到了并购上。由于新创技术企业进入的往往是新兴市场，此类市场的突出特点是变化快速，遵循表 4-10 总结的新兴市场行动原则（Eisenhardt & Sull，2015），可以帮助新创技术企业在此类市场中培育竞争力。

表 4-10　新兴市场行动原则

规则	目标	示例
确定战略底线	明确企业要捕捉哪些机会	思科公司的并购原则：目标企业的员工数不得超过 75 人
设定优先权	对潜在机会进行排序	依据预期投资回报率对潜在机会进行排序
确定关键时点	兼顾企业现状及希望捕捉的机会	明确面向新市场开发的产品的交付截止日期
确定退出规则	明确何时应放弃进入新市场	当团队核心成员退出时选择放弃

要理解表 4-10 中列示的企业在新兴市场中的行动原则，你可以设想如下情

形：一支美式橄榄球队在比赛结束前 2 分钟触地得分并拿到球，由于球队对如何应对这种情形早有预案，所以队员们此时并不惊慌，他们会根据预案快速切换到"分散"进攻模式，并在争球线内进行四分卫的混战。

战略形成过程必然伴随着不确定性。在战略实施前无法对战略执行的效果做出全面评估。战略制定是一种组织能力，在整个过程中，新创企业要对各种可行的决策方法做出选择，即便是那些以往被成功实践过的决策方法，现在也只是一个备选项。

表 4-11 重点刻画了战略成功的几个关键影响因素（Shepherd et al.，2000）。最好的战略可以带领企业进入一个竞争尚不激烈，而企业自身又具有竞争所需的独特能力的市场。

表 4-11　战略成功的关键影响因素（按其重要性排序）

1. 能力需求：企业具备行业所需的独特能力
2. 竞争强度：行业内竞争强度较低
3. 进入时间：在适当的时候及时进入行业
4. 学习能力：能够获得克服市场空白所需的技能、知识和资源
5. 领先程度：作为先行者，可以比第一个追随者领先充分长的时间

创业者应该谨记，每一个战略都是独一无二的，是特定的资源、环境、目标、能力和组织的价值主张的独特组合。在图 4-10 所示的消费过程的每个环节，企业战略的差异性都会有所体现，这是因为，每家企业在消费过程各环节上所采用的方法、工具和管理手段都不尽相同（McGrath et al.，2001）。新创技术企业应该密切关注消费过程，并决定自己的企业应该在哪些环节上实现产品或服务的差异化。

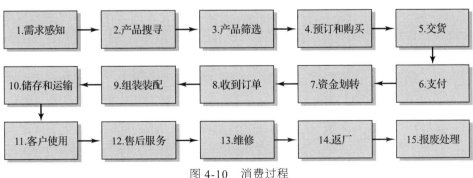

图 4-10　消费过程

例如，在计算机产品和服务领域，制造商戴尔公司的竞争优势在于面向三类细分市场所采用的直销模式，其独特理念和做法贯穿消费过程的 15 个环节。与戴尔公司形成鲜明对比的是，为惠普公司提供技术产品和服务的 CDW 公司。CDW 公司以庞大的销售团队和优异的客户服务著称，它为每个客户提供一名专属客服人员，帮助客户做出最适宜的计算机配置选择，其差异化服务理念体现在消费过程的第 3 ～ 10 个环节。

4.9   企业的社会责任

企业的战略行动会影响到客户、供应商、股东和社区等各相关方的利益，可能会在增加某些群体利益的同时，损害另一些群体的利益。对新创企业的领导者而言，最具挑战性的任务是要让企业战略同时满足股东的经济和社会需求，以及所在社区的社会和环境需要，要在商业计划书中明确阐述企业有关履行社会责任和遵循伦理道德的考虑（McCoy，2007）。

图 4-11 展示了三个决定人类在地球家园上生活质量的因素：经济资本、社会资本和自然资本。其中，经济增长以及相应的生活标准是人类生存之必需，

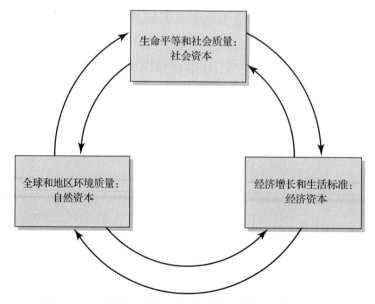

图 4-11   三个决定人类在地球家园上的生活质量的因素

称为**经济资本**（Economic Capital）；全球和地区的环境质量，称为**自然资本**（Natural Capital）；拥有自由平等的权利、发展的机会，以及有保障的健康、社区和家庭生活，称为**社会资本**（Social Capital）。三个因素相互联系，共同决定了人类的生活质量。因此，生活质量不仅关乎衣食住行和安全饮用水等生活必需品，也关乎机会、自由以及精神文明。

商界、政界和环保组织的领袖，应该具备衡量和整合三类资本，综合三方面考虑做出决策的能力。我们将这三类资本定义为决策的**三重底线**（Triple Bottom Line）。

企业应该在努力提高人们生活质量的同时，做到尊重自然与社会发展，应该有节制地利用自然资源，并主动采取回收和补偿等保证自然平衡的行动。

企业领导应该谨记地球上的所有物种之间是相互联系和相互依存的，要按照三重底线原则谋求三方面的均衡发展。应将经济增长、生态健康和社会进步，视作建立在个人、企业、文化价值观和社会的共同努力之上的整体。无论是企业还是社会，做决策时都应同时考虑三重底线。

关于企业存在的目的有两种观点，一种观点认为企业应该谋求整个社会的福利提升，另一种观点则认为企业应以利润最大化为目标。我们认为公共福利应被视作企业利益的一部分（Wang & Bansal，2012）。除了获得利润这一显性目标，企业发展目标中还应包含为社会提供服务这一隐含的公众期望。企业采取的对社会负责的行为（在为股东谋取利润的同时，对员工、社会和环境负责），往往也会对企业自身发展有益，因此越来越多的企业将社会责任作为其价值观的一部分，履行社会责任状况已经成为企业差异化的一个重要方面（Russo，2010）。例如，福特汽车公司的创始人亨利·福特曾提出：应该付给工人们更多的工资，让他们能够买得起自己生产的汽车。福特汽车公司后来的行动践行了这一价值观，最终帮助福特汽车公司成为有吸引力的雇主，并通过刺激消费需求而从中获益。

历史上有许多卓越的企业同时追求多元化的发展目标，获利只是其中的一个目标，甚至都不是最重要的一个目标。例如，默克公司⊖将帮助患者摆脱疾苦作为首要目标，波音公司⊖将推动航空技术进步作为首要目标。盈利能力确

⊖　全球领先制药企业。——译者注
⊜　全球航空航天业界领袖。——译者注

实是企业生存的必要条件，但对那些有远见的企业而言，它不是最终目标。

强生公司在应对 1982 年"泰诺危机"时的表现，体现了该公司对它所秉持的价值观的坚守。在这场危机中，7 名芝加哥地区的居民因服用被人故意投毒的泰诺胶囊而中毒死亡，尽管事件发生在芝加哥，但强生公司迅速投入 1 亿美元，从整个美国市场上撤掉了所有的泰诺胶囊。

图 4-12 的社会道德矩阵展示了企业在应对社会责任挑战时的 4 种可能反应。左下方的第 3 象限表示企业根据社会规范和习俗采取行动，右下方的第 4 象限表示企业根据法律和法规采取行动（Martin，2002），这两个象限代表企业仅对社会价值观和法律做出基本承诺，仅仅顺应了公众的要求，对法律规定的强制要求做出了反应，因此无益于提升企业声誉。提高企业社会责任感的最大障碍是，在采取战略行动时仅仅满足于对社会规范的遵从。

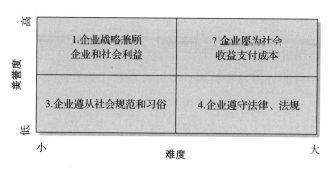

图 4-12　企业的社会道德矩阵

图中第 1、2 象限的行为方式可以帮助企业获得较高的社会声誉。左上方的第 1 象限表示企业会积极采取有助于提升客户、员工、执法部门价值的行动，从而增加股东价值，并通过持续提升声誉和获得社区支持，最终确保企业受益（Russo，2010）。右上方的第 2 象限表示，企业采取显著改善社会或环境收益的活动，并愿意为此付出一定代价。

淋浴器新创企业 Nebia 公司：在节水的同时提供豪华淋浴

Nebia 公司是一家兼顾企业盈利和社会责任履行的新创企业。其联合创始人卡洛斯·安东纳古（Carlos Gomez Andonaegu）曾经是墨西哥一家健康水疗中心的老板，水疗业务高昂的水费开支给他留下了深刻的印象。墨西哥的平均海拔为 7000 英尺[○]，附近几乎没有天然水源，加之人口超过 2000 万，水资源十分匮乏。于是卡洛斯·安东纳古开发了一款既能减少用水量，又能改善淋浴体验的淋浴喷头。最终，Nebia 公司推出的淋浴喷头产品不仅可以喷洒数百万个模拟 SPA 体验的微小水滴，还将用水量减少了 70%。

　　全球户外服饰业界领袖巴塔哥尼亚公司（Patagonia）是一家采取第 1 象限行动模型的典范公司，该公司由伊冯·乔伊纳德（Yvon Chouinard）于 1979 年创立，致力于高性能户外服装的设计、营销和分销。这家公司十分注重对自然环境的保护，在产品设计和开发中兼顾三个标准：质量、对环境的影响以及美学价值。为了履行其对环境可持续性的承诺，该公司一直尽量选用对环境伤害较少的纤维材料，并从 2000 年开始使用有机棉作为服装制作材料。公司还邀请了一系列杰出的环保主义者广泛宣传环保理念，并经常与其他服装公司分享关于环保面料的信息。

　　全球生活在"金字塔底层"（Bottom of the Pyramid，BOP）的贫困人口超过 40 亿，他们的日收入不足 2 美元。虽然他们的个人收入低，但总购买力却相当可观，构成了一个庞大的市场。刺激并满足 BOP 人群的消费需求，有助于企业进入第 1 象限的行动空间。创业者可以与世界各地的穷人合作，为他们创造有价值，同时让企业有利可图的新产品和服务（Prahalad，2005）。适应 BOP 人群的特点，创业者需要改变价值取向，从单纯追求高毛利率，转为以创造社会和环境效益为目标，并同时获得良好的投资回报率（Prahalad & Hammond，2002）。

　　应对全球环境挑战为企业进入第 1 象限的行动空间提供了另一个机会。致力于改善环境恶化的局面，可以做到既有利可图，又对社会有益（Dean & McMullen，2007）。新技术和新型商业模式的采用，可以帮助人类建设一个利用清洁能源、种植抗旱作物、适度渔牧、保持生物多样性的可持续发展社会

　　○　1 英尺 ≈ 0.3048 米。

（York & Venkataraman，2010）。随着人类加大清洁能源的开发投入，风能、太阳能、水能、地热和生物燃料等非化石燃料能源有望在未来 10 年中取得较大发展。每当企业家们发现了一种利用此类商业机会的新方法，就会有一大波新创科技企业涌现（Sachs，2008）。

虽然采取图 4-12 中第 2 象限的行动方式最终将为股东带来回报，但是，做出牺牲企业短期利益来为社会提供福利的决策，仍然难以让股东接受。例如，如果只有一家汽车制造商决定增加安全气囊个数，那就只意味着这家企业的利润受损；但如果增加安全气囊个数成为一项强制性法规，则会以所有汽车制造商无差别付出代价的方式让社会公众获利。加入以企业承担代价而让公众获益的联盟组织，也可以推动一家企业采取第 2 象限的行为方式。

向公众披露本企业在承担社会责任和环境义务等方面所付出的努力，有助于人们做出评判：是否该购买这家企业的商品，是否该为这家企业投资，是否愿意成为这家企业的员工等。例如，星巴克在官网（http://www.starbucks.com/responsibility）上发布的信息显示，这家企业所采取的履行社会责任的行动，提高了员工忠诚度，降低了员工离职率，帮助企业节省了 4000 多万美元的相关成本。西麦斯集团（Cemex）[⊖]通过帮助低收入家庭建造混凝土房屋来改善其居住状况，引领企业进入了一个有待开发的大市场（Austin et al.，2007）。总体上，做慈善可以提高企业声誉，但是，也有一些未能树立起"好邻居"形象，反而取得适得其反的效果的案例。表 4-12 列出了 12 家具有高度社会责任感的企业典范。

表 4-12　具有高度社会责任感的企业典范

● 苹果公司	● 谷歌公司	● 微软公司
● 宝马公司	● 宜家公司	● 罗尔斯·罗伊斯公司
● 戴姆勒股份公司	● 英特尔公司	● 索尼公司
● 迪士尼公司	● 乐高公司	● 联合利华公司

4.10　焦点案例：优步公司

优步公司是一家总部位于旧金山的共享出行服务商，该公司由加勒特·坎

⊖ 墨西哥第一大水泥公司。——译者注

普（Garrett Camp）和特拉维斯·卡兰尼克（Travis Kalanick）于 2009 年创立。坎普曾经连续多次创业，创业经验丰富，他创办的网页推荐引擎 Stumble-Upon 被全球最大的网络交易平台 eBay 公司以 7500 万美元的价格收购，他创办的以"擅长创造公司的公司"著称的风险投资基金 Expa 工作室，为其带来了 1.5 亿美元的资金收益。优步公司先在旧金山地区开展运营，其后将业务逐步向全球化扩张。这家公司以显著优势重创了传统的出租车汽车行业，并引发许多法律纠纷；其开创的业务也吸引了众多共享出行公司加入竞争，如总部设在美国旧金山的来福车公司，总部位于印度班加罗尔的 Ola 公司，以及总部设在中国北京的滴滴出行公司，行业竞争日趋激烈。

　　在中国市场上，优步公司和滴滴公司展开了激烈的竞争，最后两家公司达成停战协议，优步公司持有滴滴公司的 18% 的股份，滴滴公司则用 10 亿美元现金并购了优步公司的中国业务。优步公司之所以同意出售中国业务，主要是因为优步在进入中国市场时遭遇了强大的进入壁垒。在优步公司进入中国之前，滴滴公司为了阻击竞争对手，已经先后向来福车公司投资 1 亿美元，向 Ola 公司投资 2000 万美元，等到滴滴公司与优步公司达成新联盟，滴滴公司整合中国市场的一系列行动才算告一段落。

　　优步公司目前的竞争优势在于其聚集了愿意使用其打车平台服务的庞大的司机群体。不过，种种迹象表明，优步公司似乎已决定放弃目前的竞争优势，它很可能在十年内转向采用自动驾驶汽车，并最终淘汰大部分司机，以利用技术变革带来的红利。

4.11　本章小结

　　战略是新创企业为实现其发展目标而制订的行动计划，为应对重大挑战、把握重要机会、实现商业盈利等提供了解决方案。战略旨在通过开展一系列独特且可持续的行动来解决问题，为企业提供行动指南，指导其在为客户创造价值的同时帮助企业获利。好的企业战略有以下几个特点：

- 基于企业的核心竞争力策划行动。
- 基于对行业和创业环境的充分把握。
- 基于对企业的优劣势，以及所面对的机会和威胁的深刻理解。

- 基于对竞争对手的详尽分析，以及对行业中 5 种竞争力量的深刻理解。
- 可以为企业带来可持续的竞争优势。
- 能够通过差异化战略、低成本战略、差异化 – 低成本战略或者利基战略等一般竞争战略，为客户创造独特的价值。
- 积极寻求战略联盟，主动履行社会责任。

📖 技术创业原则 4

　　新创企业应通过战略谋划，清晰刻画企业的发展路线，明确企业将以何种方式在履行社会责任的同时实现发展目标，并获得可持续的竞争优势。

音像资料：

读者可以访问 http://techventures.stanford.edu 网站，浏览与本章内容有关的学术讨论。

中和竞争是一种速度博弈 （Neutralizing Competition is a Speed Game）	杰弗里·摩尔	Wildcat Venture Partners⊖
可持续竞争优势 （Sustainable Advantage）	朱莉娅·哈茨	Eventbrite⊜
让记账变得简单 （Make Bookkeeping Less Taxing）	斯科特·库克	财捷集团

4.12　练习

　　（1）2000 年年末在波士顿成立的 Zipcar 公司⊜（www.zipcar.com），推出了一种设计复杂的汽车共享方式。请采用图 4-2 所示的 6 个问题来描述该公司的发展战略，并回答：该公司的战略是可持续的吗？能否为其带来盈利？

　　（2）播客、博客、在线照片分享、在线视频和推特是 5 种流行的大范围内容发布和分享技术。请描述这 5 种流行技术所处行业的特点，并应用图 4-3 展示的五力模型分析这些行业的竞争态势。

　　⊖　硅谷的一家风险投资公司。——译者注
　　⊜　美国的一家在线活动策划服务平台，可以帮助个人和企业举办各种活动（免费或付费），
　　　　用户可以免费注册，并使用该平台提供的与活动组织和推广有关的在线工具。——译者注
　　⊜　目前美国最大的在线汽车租赁公司。——译者注

（3）Nektar 公司是一家创新型制药公司，主要从事药物释放技术和产品的研发工作，并通过向市场推出多种可吸入药物实现产品差异化。请浏览 Nektar 公司的网站并查阅有关该公司的公开报道，应用表 4-6 和表 4-9 给出的竞争战略分类方法，描述 Nektar 公司所采用的一般竞争战略。

（4）20 世纪 90 年代，DVD 播放机逐步普及，DVD 光盘租赁业务也随之兴起。1997 年，总部设在加利福尼亚州洛斯盖图的奈飞公司创立，其后开始提供 DVD 影像在线租赁服务，由此开辟了一个新兴市场。请访问该公司的官网并查阅相关信息，并回答以下问题：该公司采用了何种竞争战略？该公司在推出 DVD 影像在线租赁业务时面临哪些挑战？该公司创立的时机是过早还是刚刚好？面对同样提供在线订阅服务的亚马逊公司和苹果公司，其业务如何做到了差异化？

（5）Google.org 是谷歌公司的慈善业务平台，致力于为具有社会责任感的科技创业者提供资金和技术指导。浏览其网站，说明谷歌公司秉承哪些社会使命，及其社会使命如何与谷歌公司的其他企业使命相契合。

（6）找一家拥有百年以上历史的科技公司。描述该公司目前所处的行业和外部环境，以及这家公司所经历的重大行业和环境变化，并回答：该公司是否持续保持了竞争优势？如果回答为"是"，则请说明它是如何做到的。

（7）众多在线搜索企业正在转向移动终端的本地搜索服务市场。为移动电话提供定位信息服务，预计将为无线运营商和本地广告商带来巨大机遇。以一家为移动终端提供本地搜索服务的企业为例，参照图 4-7 所示的新创企业所处的价值网络，为这家企业构建一个价值网络。

📖 创业实战

1. 借鉴表 4-4，分析你创办的企业的优势、劣势、机会和威胁。
2. 参照表 4-6，为你创办的企业选择一个一般竞争战略。
3. 参照第 4.7 节的内容，为你创办的企业设计联盟战略。
4. 请用一两句话概述你创办的企业的战略，以便在员工和盟友之间传播。
5. 说明你创办的企业应该履行社会责任的理由，以及你打算如何采取行动。

第 5 章

创新战略

总有更好的解决办法，找到它！

托马斯·爱迪生

如何以有效的创新战略支持成功的技术创业

在创业过程中，创新战略的作用极其重要。创业者要把握"机会窗口"，做出进入市场的时机选择，最好既不超前也不落后；创业者还要利用新技术、新思想、新发明，并通过推动其商业化来实现获利。而最具回报潜力的创业活动，往往需要借助新产品或新服务来重塑整个行业——有效的创新战略将为这些工作提供依据和指导。

5.1　先行战略与跟随战略

关于创业，有一种看法是"快者生，慢者死"，即存在所谓的**"先发优势"**（First-Mover Advantage）。凭借先发优势，那些率先销售新产品或进入新市场的企业，可以获得更大收益并处于领先地位，甚至可以通过锁定"先发优势"来持续获得高额利润。本节我们集中讨论在什么条件下先行者可以获利。

我们在第 4 章的 4.3 节中将行业划分为 4 个阶段，分别是起步期、成长期、成熟期和衰退期，在此可将其归为 3 类（其特征见表 5-1）。其中，**成熟行业**（Mature Industries）高度稳定但竞争激烈，收入增长速度放缓；**成长行业**（Growing Industries）具有中等程度的稳定性、竞争激烈程度以及不确定性，且收入处于适度增长阶段；**新兴行业**（Emergent Industries）往往是因为新产品或新服务的推出而形成的，一般伴有需求或环境的激烈震荡，具有高度的不确定性（Barney & Hesterly，2014），新创技术企业往往就来自此类行业。

表 5-1　3 种类型的行业及其特征

特征	行业类型		
	成熟行业	成长行业	新兴行业
收入增长速度	慢	适度	可能快
稳定性	高	适中	低
不确定性	低	适中	高
行业规则	明确	正在形成	尚未确立
竞争	竞争激烈	竞争适度	低竞争或者无竞争

新创技术企业一般是新兴行业中的先行者，往往希望通过领先一步来获得品牌、成本和转换成本等方面的优势。驱使新创技术企业成为先行者的先发优势主要包括：①先行者率先进入市场，可以给客户留下深刻而持久的印象，从而建立强大的品牌认知度；而客户一旦养成使用习惯，更换供应商就意味着高昂的转换成本，客户因而会保持较高忠诚度。②先行者可以在跟随者尚未做好准备时，抢占重要的战略性资源。对星巴克而言，优越的地理位置是其竞争获胜的重要前提，所以，当星巴克想要进驻某个城市时，总是率先抢占该城市最繁华街道的有利位置。凭借时机上的领先占据有利的地点，加上

与行动相匹配的核心能力和组织运作经验，可以让先行者满载而归。③"经验曲线"表明：企业生产得越多，经验就越丰富，从而生产效率越高，这可以帮助先行者建立起低成本优势，并在竞争中超越跟随者（Shepherd & Shanley，1998）。同时，先行者有充裕的时间与供应商建立关系，从而建立起跟随者无法轻易复制的信任。④先行者能比跟随者更早捕捉相关技术和产业的未来趋势。例如，早在2011年，彼得·史密斯（Peter Smith）、尼克·凯里（Nick Carey）和本·里夫斯（Ben Reeves）就意识到，随着电子商务的日益普及，数字货币必将强势发展；当前，制约数字货币获得广泛使用的重要原因是，尚未找到解决资本数字化带来的安全问题和解决技术匮乏问题的方案。于是，他们引入简单的用户界面和最新的隐私保护措施，推出了世界第一款数字货币，并将其推向大众视野。2013年，他们创建的Blockchain.info成为全球访问量最大的数字货币网站，到2016年，该网站的累计交易额已经超过1亿美元。

先发优势在给先行者带来很多好处的同时，也带来了多重挑战。挑战首先来自，先行者身处新兴市场，其用户、组织能力需求与产业环境等充满不确定性，创业者不得不为开发新产品、市场推广、培育供应商等支付高昂成本，可能在产品开发、战略制定和执行等方面犯错。

其次，为了在竞争中获胜并建立起竞争优势，先行者必须建立与自身能力相匹配的有效战略，为此，它需要应用五力模型对"5种竞争力量"（见图4-3）做出评价。但是，先行者面对不确定的环境，很难对5种竞争力量做出准确的评估。跟随者则有机会从先行者的错误中汲取经验，从先行者开创的市场中挖掘获利潜力。

进入新兴行业时采取**跟随战略**（Follower Strategy），意味着新创企业有更充裕的时间进行新产品开发、生产和推广活动，可以在时机成熟时再投入有限的资源（Agarwal et al.，2002）。实际上，很多过早进入市场的新创企业，最终都因资源耗尽而无法继续生存。例如，Pets.com，Helio和Amp'd Mobile等公司，都在吸引到足够多的客户以维持业务运营之前，就耗尽了投资资金。对大多数的新创企业而言，创业过程更像一场马拉松，能以多快的速度起跑并不是很重要。

历史上先行进入市场但未获成功的企业为数众多。在个人计算机操作系统

市场，CPM 操作系统先于 Mac OS 操作系统推出，Mac OS 操作系统则先于
DOS 操作系统问世，最终，DOS 操作系统成为个人计算机市场中早期的主导
操作系统。在安全剃须刀市场，先行者比吉列公司（Gillette）早十年推出安全
剃须刀（Safety Razors）。新产品要想取得成功，必须具备合适的功能和特性组
合，这些组合必须取得客户的理解和接受，而先行者推出的产品或服务并不总
是具备合适的功能和特性组合。Prodigy 公司开发了首款商用电子邮件系统，却
因其产品的采用率过低而未获成功，紧跟其后推出的 CompuServe 邮件系统步
其后尘。最终，很晚才进入市场的跟随者 AOL 和 MSN 凭借正确的功能和特性
组合取得成功。

许多证据表明：具备快速响应市场需求的能力和方向调整能力的跟随者，
往往比先行者拥有更多的获胜机会。即使这些跟随者一开始选择了错误的技术
轨道，也还有机会在实践中学习，并延迟做出资源投放的承诺，最后它们常常
取得优于先行者的业绩（Eggers，2014）。

先行者面临的机会和挑战如表 5-2 所示。研究表明：总体上，先行者有机
会获得更大的市场份额，但持续生存和获利的机会更小（Grant，2016）。可见，
进入市场的时机选择是创业者一个最重要的战略决策——时机是创业成功的关
键决定因素之一。

表 5-2　先行者面临的机会和挑战

机会	挑战
制定标准和规则	随着竞争加剧，优势难以为继
低成本优势	高额的开发成本
创造和保护知识产权	需要防范被其他企业侵犯专利和知识产权
攫取战略资源	需要支付资源获取成本
增加供应商的转换成本	产品设计中面临需求的不确定性，一旦方向错误会付出巨大代价
增加客户的转换成本	由于存在高转换成本，客户可能直接拒绝购买其产品

如果将要进入的是不确定性因素较少的行业和市场环境，且企业自身的条
件也比较完备，那么创业者应加紧行动，通过先行进入市场来获得先发优势。
反之，如果将要进入的行业的市场秩序尚未建立，环境中充满动荡因素，那么
过早进入市场意味着格外大的风险。随着产业不断发展，企业在竞争中获胜所
需的资源或条件会发生变化。Kozmo 公司是一家依靠风险投资创办的新创企

业，该公司创业之初所确定的发展目标，是通过在城市中开展一小时送达的书籍、咖啡、DVD 和其他物品的快递业务来获利发展，很快，这家公司由于缺乏配套基础设施和有效的商业模式而走向失败。亚马逊公司作为跟随者，也推出了同城快递业务 Prime Now，该业务提供覆盖 25 000 种商品的两小时内同城送货服务和一小时内同城送餐服务。由于亚马逊公司拥有庞大的供应链体系和合作伙伴网络，并且拥有先进的订单跟踪、交付和物流技术，它最终获得了成功。新创企业在应对充满不确定性的市场时，可以通过产品测试、焦点小组和其他市场调查手段进行市场测试，从而尽量把握市场需求及其变化。吸引潜在客户和供应商参与企业的创新过程，也可以帮助新创企业在不断变化的市场中建立竞争优势（Fur & Dyer，2014）。

新市场开启、进入时机到来的那段时期被称作"机会窗口"。如图 5-1 所示，机会窗口一旦开启，则率先进入将为新创企业带来丰厚的现金流。同时，机会窗口的评估和确认，对创业者而言是一项挑战，如果因错判机会窗口而过早进入市场，则所谓的先发优势会大打折扣。

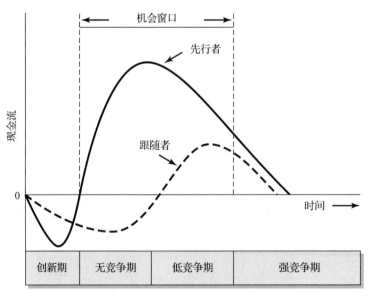

图 5-1 预期的机会窗口和先发优势理论

为了评估机会窗口何时到来，创业者需要搜集和掌握相关信息。如果在信息不完备的情况下贸然进入市场，就可能因过早进入而承受巨大损失；如果在收集信息上花费时间过多，又可能导致企业失去先发优势。创业者做出何时停止信息搜索并进入新市场决策的原则为：一旦额外信息所带来的边际收益低于进入市场的预期收益，就应该停止信息搜索并快速进入市场（Lévesque et al., 2009）。

图 5-2 展示了新创企业进入市场的紧迫感周期。新创企业会因为竞争对手进入市场而承受客户争夺、市场竞争的紧迫感，于是新创企业会加快进入市场的步伐，并努力提升产品设计、市场开发和销售能力。不过，能力提升目标总是会因为某些原因而延迟（D）实现，让创业者陷入焦虑。等到终于克服了能力提升的障碍，创业者又要为吸引客户购买其产品而努力，他们会发现客户在做出购买决策时总是太过谨慎、行动迟缓，销量增长太过缓慢甚至下降，销售目标的达成也被延迟，紧迫感再次袭来（Perlow et al., 2002）。要想减少这个循环中的紧迫感，必须减少能力提升和促成客户购买的时间延迟。

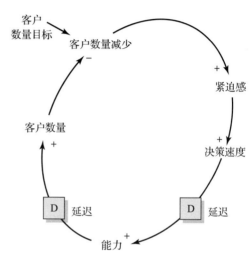

图 5-2　新创企业进入市场的紧迫感周期

1998 年，在其他公司已经牢牢占据互联网搜索引擎市场的有利地位时，谷歌公司后来者居上，成为一个商业典范。1995 年，同在斯坦福大学攻读研究生的拉里·佩奇和谢尔盖·布林结识。在接下来的 18 个月里，他们合作开发了谷歌浏览器——这是一款根据关键字及受欢迎程度，对网页进行综合排名的搜索引擎。然后，他们成立了以"整合全世界的信息"为愿景的公司，除了提供网络搜索服务，他们允许在其网站上发布少量低干扰性的广告并借此盈利。在 1998 年下半年，佩奇和布林完成了商业计划书的撰写，并从家人、朋友和天使投资者那里融到 100 万美元资金。当年，谷歌浏览器的日搜索量就达到了 1 万次，到 1999 年年末，谷歌浏览器的日搜索量已高达 300 万次，并获得了 2500 万美元的风险投资。2004 年 8 月，谷歌公司上市，以每股 85 美元的价格发行了 2000 万股股票。到 2017 年，谷歌公司的市值已高达 5500 亿美元。谷歌公司凭借先进的搜索技术和技术能力，构建起强大的竞争优势。

类似的跟随者获胜的成功典范是李彦宏和徐志刚创立的百度公司，这家公司利用区域市场差异和网络搜索技术确定了机会窗口。在互联网搜索行业从业多年后，李彦宏意识到：虽然中国拥有十几亿人口，却没有一款满足中国市场独特需求的中文界面的互联网搜索引擎。中国市场的独特需求意味着巨大商机。于是，李彦宏联合徐志刚于 2000 年创立了百度公司，并用 4 年时间潜心研发技术。到 2004 年，李彦宏觉得他们已经具备了为中国市场提供最好的搜索引擎的能力，进入市场的时机已经到来，于是他们将公司的战略重心调整为提高中国市场对百度的品牌认知度。到 2005 年，百度公司已经实现收入的迅速增长。百度公司依托中国市场，凭借中文搜索技术，成为世界第二大独立搜索引擎。

可以提出如下结论：新创企业在做出市场进入时机的决策时，需要在两个方面加以权衡，既要有足够的耐心等待进入时机的到来，又要能够随机应变、伺机而动。当机会窗口遥不可及时，最明智的做法是改换方向，找寻更现实可行的机会；当机会窗口即将开启时，创业者就应该谨慎地采取行动。

🖥 抓住最佳时机的硅谷银行

20 世纪 80 年代初，美国政府放松了对银行业的管制，从而推动市场对金融服务创新提出新需求。此时，总部设在旧金山的美国银行（Bank of America）停止向高科技公司提供贷款。硅谷银行（Silicon Valley Bank）的一位创始人发现了商机，开始密切会晤一些有共同兴趣的银行家，然后他迅速汇集了各方面条件并采取行动，于 1983 年创立硅谷银行。硅谷银行自成立以来，持续为新创高科技公司提供资金支持，在思科公司、美国艺电公司、财捷集团和捷迪讯光电公司（JDS Uniphase）等诸多高科技公司的创立中扮演了重要角色（读者可访问网站 www.svb.com 获取有关信息）。硅谷银行无疑成为抓住最佳时机进入市场的商业典范。

5.2　模仿战略

模仿被看作向卓越者看齐的最佳方式。有很多杰出的新创企业通过对现有企业进行复制或模仿而取得成功（Bhidé，2000）。技术创业者总是处于你追我赶的竞争氛围之中。Square 公司刚刚发布与 iPhone 兼容的信用卡读卡器，加拿大的 NetSecure 公司等好几家模仿者就推出了类似的产品（Thiel，2014）。创业者之所以选择从模仿起步，是因为他们确信自己可以与所模仿的对象做得同样好，甚至比对方做得更好。山姆·沃尔顿（Sam Walton）是在考察了美国其他地区的折扣零售商店后，才在阿肯色州罗杰斯开设第一家沃尔玛超市的。他曾经说过："我做过的多数业务都来自对别人的复制。"技术人员在参加贸易展览会和行业论坛时，常常会对其他企业发布的、自己很容易就仿造出来的新产品表示出浓厚的兴趣。

可惜的是，绝大多数的模仿都以失败告终（Szulanski & Winter，2002）。模仿者很难看透成功企业的成功秘诀，往往只是看到并模仿了成功企业的表象。可以说，将成功的商业模式从一种环境移植到另一种环境的过程充满风险。一旦新创企业投入运营，倾听客户声音并做出实时反馈，就会成为企业本地化发展的重要依据。所以，新创企业正确的做法应该是保持与客户和供应商等的互动，采取步步紧跟的精细化模仿战略。

1986 年，霍华德·舒尔茨（Howard Schultz）在西雅图创办了第一家咖啡馆——Il Giornale。这是一家意式咖啡馆，刚开业时，这家店与其他意式咖啡馆一样，顾客要站着喝咖啡，店里不提供脱脂牛奶，服务生统一佩戴蝴蝶式领结，为顾客表演意大利歌剧佐餐。后来，舒尔茨听取顾客的反馈，对咖啡馆的经营模式做出改进，融入西雅图的当地特色，并取得巨大成功。现在，这家咖啡馆不仅为顾客提供座椅和脱脂牛奶，服务生也不再佩戴领结（Schultz，1997）。

实施步步紧跟的精细化模仿战略的关键是：认识到管理和领导力不仅对创业成功至关重要，而且难以复制。成功企业的优秀企业家都拥有一些难以模仿的技巧和能力。在舒尔茨的案例中，虽然他本人更喜欢意大利风格的咖啡馆消费体验，但他还是根据西雅图本地人的偏好做出一系列调整，最终建立起一套成功的商业运作系统。首家门店开业仅仅 6 个月后，他就在西雅图开设了第 2 家分店，1987 年他在温哥华开设了第 3 家分店。1987 年 8 月，舒尔茨收购了全部的星巴克门店和咖啡烘焙设施，他将自己的咖啡馆与星巴克咖啡店合并，并沿用了星巴克这个名称。截至 2016 年，星巴克咖啡在全球已拥有超过 24 000 家门店，营业收入超过 190 亿美元。

采用精细化模仿战略的另一个经典案例，是捷蓝航空公司（JetBlue）对美国西南航空公司的成功模仿。捷蓝航空公司学习美国西南航空公司，同样采用了低成本、低价格、短航程、高频率、点对点的商业模式。2000 年 2 月，捷蓝航空公司刚开始运营，当时它只拥有两架飞机，只能提供纽约到佛罗里达州劳德代尔堡的航线服务，到 2002 年，这家公司在 IPO 中获得接近 1.5 亿美元的融资。

5.3　技术与创新战略

正如第 2 章所讨论的，创新的形式种类繁多，如渐进式创新、架构创新、组件创新、颠覆性创新等；发明的来源也五花八门，现有企业、实验室、大学、开放技术社区等，都可以为技术创业提供创新来源。

大部分发明未能跨越从技术发明到创新的那道鸿沟并实现商业化。发明只是一种新产品或新工艺的首次开发，创新则是新产品或新工艺的应用和被市场采纳（Hall & Rosenberg，2010）。研究表明：来自独立发明人的发明的商业化成功率只有约 6%（Astebro，1998），同时，尽管来自企业的发明的商业化成功率，是来自独立发明人的 4 倍，但是来自企业的未能实现商业化的发明占比仍然高达 75%。如何应对如此低的商业化成功率，也是新创技术企业的一项极其重要的战略议题。

从发明到商业化往往要经历漫长的过程。切斯特·卡尔森（Chester Carlson）在厨房里制造出世界上第一台静电复印机——通过将图像转化为能够吸引墨粉的静电电荷来进行复印，并于 1942 年为该技术申请了专利。其后很多年里，他都未能让现有企业对其发明产生兴趣，只好转向巴泰尔研究中心（Battelle Institute）求助。直到 1946 年，施乐（Xerox）公司的前身——哈洛伊德公司（Haloid）购买了他的专利，并于 1949 年成功研制出样机。1960 年，哈洛伊德公司终于向市场成功投放了第一台办公室复印机 Xerox 914。此时，距离最初的发明问世，已经过去了近 20 年。

1968 年，斯坦福大学的约翰·卓宁（John Chowning）博士发明了用于电子合成音乐制作的频率调制（Frequency Modulation，FM）技术。直到 1982 年，采用该技术的第一款产品"音乐键盘"才得以问世。直到 20 世纪 90 年代——此项发明问世 30 年后，该技术才被应用于手机铃声制作（Nelson，2015）。

熊彼特认为，要理解商业活动、技术变革和经济增长，应从考察企业家的活动入手。企业家基于发明创造，通过开发新产品、提供新服务、获得新材料、创建新的组织形式等谋求商业回报。为此，企业家需要依据企业的能力基础和无形资产储备等制定创新战略，来指导产品和工艺创新活动，并借此建立和持续保持竞争优势。图 5-3 描绘了企业之间的创新与竞争周期。为在竞争中获胜，企业积极地投入创新活动，通过向市场投放包含新价值的产品或服务来激发消费需求；随着新产品的销量增加，新创企业的市场份额提高。贯穿整个过程的竞争，迫使每个企业都要竭尽所能地持续创新，只有这样，才可能在竞争中保持不落后于人。

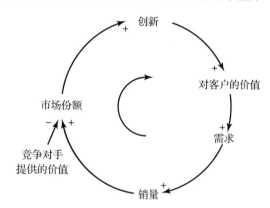

图 5-3　企业之间的创新与竞争周期

发明人可以将自己的技术专利出售，将专利所蕴含的商业机会让渡给他人；也可以自己创办企业，通过开发新产品、引入新工艺、创新组织模式等，亲自将技术成果商业化。发明人在决定是否通过创办企业来实现技术发明的商业化时，要考虑三个方面的影响因素：创业团队的兴趣、相关行业特征以及技术发明自身的特征。我们已经在第 1 ~ 4 章对前两个因素做过专门讨论。毫无疑问，打算亲自将技术成果推向商业化的创业团队，必然对新发明所蕴含的商业机会有所期待，并且确信应用新发明开发出的新产品将得到某些细分市场的认可和支持。

接下来我们重点讨论技术发明自身的特征对技术创业决策的影响。

一项技术发明有三个方面的特征，这三个特征决定了该项技术发明是否适合通过创办新企业来实现商业化。这三个方面的特征分别为：重要度、新颖性和专利保护范围（Shane，2001）（见表 5-3）。

技术发明的重要度反映了某项发明的经济价值的高低。重要度越高的技术发明，越有机会给创业者带来高回报，越有可能吸引发明人通过创办新企业来使该项发明商业化。很多技术发明的预期商业价值十分有限，无法激发发明人的创业

表 5-3 影响技术发明商业化方式选择的因素

1. 创业团队的兴趣、能力和经验
2. 技术发明所属行业的特征
3. 技术发明自身的特征
（1）重要度：经济价值和潜在回报
（2）新颖性：技术发明与现有技术的差异程度
（3）专利保护范围：技术发明受知识产权法律法规保护的范围

兴趣。那么，又是什么因素决定了技术发明的重要度呢？答案是技术成果满足需求的能力。如果一项技术发明声称可以让客户使用更加便捷，而客户却连试试都不肯，那么，几乎可以断定这项成果一旦进入市场，必然会遭遇失败（Christensen，2002）。也就是说，"闭门造车""孤芳自赏"的技术发明极有可能导致失败。

技术发明的新颖性反映了在不考虑经济价值的情况下，某项发明相比于现有技术的新颖程度或差异程度。新颖性指标可以预测某项技术发明被商业化后，可能产生的市场效应。具有突破性特征的技术发明可能会引发颠覆性创新，而颠覆性创新一般以新的能力和资源为基础，从而可以帮助新创企业绕过现有企业营造的能力和资源壁垒。

专利保护范围则反映了一项技术发明受知识产权法律法规保护的范围。

迪恩·卡门是过去 30 年里最著名的发明家之一，他个人拥有 440 多项专利，曾发明婴儿护理设备、供糖尿病患者使用的胰岛素注射器，以及轮椅替代设备等（Brown，2002）。2001 年，卡门发明了摄位车——这是一款外观酷似滑板车、靠锂电池驱动的电子产品，它通过内置的精密固态陀螺仪（Solid-State Gyroscopes）来实现稳定和平衡。这款产品不配备刹车手柄、发动机、油门以及换挡杆，驾驶者只需调节身体的前后倾斜角度，就可以操纵摄位车前进或后退，行驶速度与驾驶者的身体倾斜程度成正比。卡门宣称摄位车可以在冰雪甚至岩石路面行驶自如。摄位车作为一项颠覆性创新获得了发明专利权，但迄今为止，它并未获得预期中的广泛应用，其经济价值尚属未知。

图 5-4 描绘了将一项新发明转化为新业务的过程。借助该图，我们可以重新审视摄位车的市场潜力，从不同的客户群体（邮递员、仓库搬运工、城市居民等）的视角进行审视，可能会得出截然不同的结论，也有很大可能，这些客

户群体都不是摄位车的最佳销售对象。

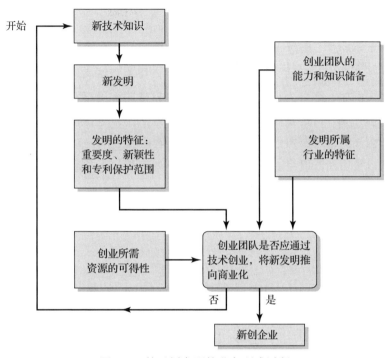

图 5-4 基于新发明的业务形成过程

之所以难以做出是否应尝试将一项技术发明推向商业化的抉择，是因为判断技术发明的新颖性十分困难。颠覆性创新很可能让创业者进退两难：好不容易开发出足以颠覆现有企业的新技术，却不得不与现有企业谋求合作！例如，开发数字视频录像技术的 TiVo 公司，虽然掌握了颠覆传统电视行业的力量，却不得不与美国电视行业开展合作（Ansari et al.，2016）。

将颠覆性创新引入市场往往意味着巨大的不确定性。音乐合成器产品刚刚问世时，无论是开发该技术的企业还是普通用户，都不清楚该如何定义这项创新：它仅仅是用来模仿传统乐器的声音呢，还是通过新的声音形成机理，最终将取代传统的原声乐器？它的哪些功能应该被重点开发？它会对哪些用户产生更大的吸引力？谁才是音乐合成器制造商的竞争对手？是传统的乐器制造商，还是新兴的电子设备公司？（Anthony et al.，2016）

最后，也是最值得关注的方面，颠覆性创新会挑战主流市场。颠覆性创新产品会提供一些历来不被主流用户看重的产品属性，却在主流用户极为看重的若干方面表现不佳，让主流用户无法按照惯常方式加以使用，因此会遭到主流用户的拒绝，这就迫使颠覆性创新必须到某些新的、充满不确定性的应用场景中找寻机会。

如图 5-5 所示，颠覆性创新产品在开始时通常无法满足主流市场的需求，只能服务于利基市场。其后，其性能不断提升，最终将具备满足主流市场中低端需求的能力。例如，迄今为止，计算机语音识别软件的准确率不足 95%，仍然难以满足高精度口语（口述）文件输出的需求。但是，因为存在着一些对识别准确率要求不那么高的市场，如语音电子邮件、电话客服或 iPhone 上的 Siri 语音控制软件等，所以该项创新已经进入低端市场，并正在逐步向更广阔的应用领域拓展。

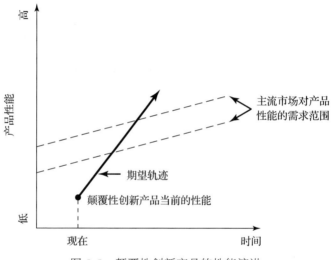

图 5-5　颠覆性创新产品的性能演进

美国 20 世纪 60 年代兴起的折扣商店也是一项颠覆性创新。消费者流动性的提升，使得凯马特（Kmart）等开在城市边缘的折扣商店，比开在城市中心黄金地段的百货公司更具竞争优势。折扣商店创建了崭新的商业模式：将店铺选址放在郊区，通过低成本、高存量、高周转率为消费者提供节约和便利。一开始，折扣商店只销售低成本的耐用品，后来，它们经销的商品品类日益丰富，可以同时销售低成本的耐用品和非耐用品，最终在 20 世纪 70 ～ 80 年代进入大众消费市场。现在，折扣商店起家的塔吉特（Target）和沃尔玛已经发展为零售业的龙头企业。与此同时，零售业也迎来了新一轮颠覆性创新的挑战，这一次，挑战来自亚马逊——一家从线上书店起家快速成长起来的线上百货公司。

很多人认为无人机技术也是一项颠覆性创新，并预测终有一天，无人机将不再是高度专业化的设备，会变成普通民众都能使用的消费品。这种趋势的端倪已经显现：2016 年亚马逊公司推出了无人机送货业务（Amazon Air Prime），试图利用无人机技术降低短距离货运的运输成本和交付时间。

总之，颠覆性创新总是首先瞄准利基市场，那是与新创企业的资源和能力相匹配的市场。在那里，通过满足低端市场需求，新创企业逐步形成竞争优势，并最终借助这种优势撬动和占据主流市场。

5.4 新技术创业

很多新创企业好不容易找到新技术，却在为新技术找到适用场景这一点上遭遇挑战。新技术可能为某些问题提供解决方案，但是，无论是率先采用新技术的企业还是拥有最优技术的企业，都不一定取得商业成功。为新技术找到正确的应用方向，才是新创企业获得成功的前提（Balachandra et al.，2004）。

表 5-4 展现了一个有吸引力的创新战略应包含的关键要素，即新创企业必须拥有明确的目标客户，有一两个可带来收益的关键客户，投资回收期短，可为客户提供高性价比的产品或服务，拥有可持续的独特优势，同时，创业团队掌握新技术开发所需的核心竞争力和必要资源。

表 5-4　有吸引力的创新战略的关键要素

● 目标客户明确	● 拥有可持续的独特优势
● 有一两个可带来收益的关键客户	● 具备新技术开发所需的核心竞争力
● 投资回收期短	● 掌握必要资源
● 可为客户提供高性价比的产品或服务	

表 5-5 对比了两家新创技术企业的创新战略要素。螺旋式发动机公司（Rotary Engine Inc.）是一家发展势头良好的新创技术企业，从事汽车发动机、船用发动机、家用电器和休闲车制造。它处于一个竞争激烈的行业，为了能够在竞争中立于不败之地，这家企业正在思考应如何发挥自己的核心技术优势，以谋求更好的发展。燃料电池公司（Fuel Cell Inc.）是一家燃料电池设计和制造企业，虽然近十年来燃料电池技术备受关注，但是利用该项技术获得经济回报的方式尚

不明确。在汽车行业，配套基础设施的匮乏限制了燃料电池技术的应用。不过，布鲁姆能源公司（Bloom Energy）等的发展似乎预示着，燃料电池将很快成为替代传统电池的储能设备。目前两家新创技术企业都在进行创新战略的决策思考。

表 5-5　两家新创技术企业的创新战略要素比较

潜在风险	螺旋式发动机公司	燃料电池公司
技术	先进的螺旋式汽油发动机技术	氢燃料电池技术
关键假设和优势	提高发动机效率，减少污染	接近零污染
核心竞争力	发动机的设计和生产	燃料电池的设计和生产
潜在市场	1. 汽车 2. 船舶 3. 除草机等小型家用设备 4. 雪地摩托和越野车	1. 汽车 2. 本地化小型发电机 3. 替代作为储能装置的原电池 4. 船舶
来自市场的挑战	1. 客户对螺旋式发动机的接受能力有限 2. 配套服务匮乏 3. 客户获益尚不明确	1. 配套基础设施匮乏 2. 客户获益尚不明确 3. 燃料电池的可靠性尚待验证

　　图 5-6 描绘了那些最终获得巨大经济回报的新技术（如半导体、基因组学、心脏支架、激光和无线电话等）在将技术发明转化为有利可图的技术创新的过程中所经历的四步转化。

　　需要依据新技术的可行性、可制造性、新价值创造能力来判断其是否具有商业化前景，需要通过可靠的商业模式和战略导引，让新技术在较短时间内帮助新创企业实现预期经济效益。

　　研发出替代化石燃料的新能源（Carr，2008）是一项最具挑战性的世界性难题。其挑战性在于，这种能源得像风能、地热、波浪能、生物能和太阳能等一样，具有可再生性和可持续性，还要能够以低成本高效能地实现稳定供给。类似的挑战还有解决全球变暖问题、开发绿色技术等，创新者不仅要在

图 5-6　从技术发明到有利可图的技术创新的四步转化

技术上做出突破，还要在经济上通过大规模应用获得商业价值（Krupp & Horn，2008）。

图 5-7 以电冰箱这种新产品的推出为例，勾勒了一项新技术的产生和应用过程。19 世纪末，电力、电动机和制冷技术先后问世；到 1915 年，借助电冰箱的推出和应用普及，几项分散的技术创新得到整合，并塑造了一个全新行业。

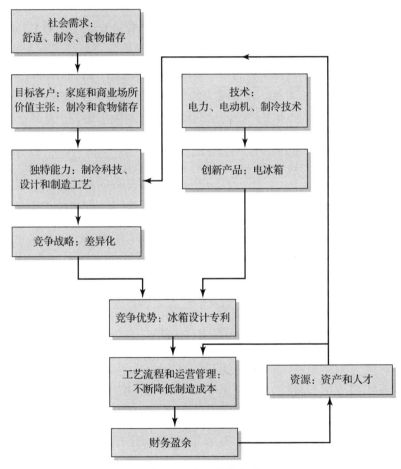

图 5-7　电冰箱的问世

创业是技术创新的根本驱动力，技术创业者在技术世界和商业世界之间搭建了一座桥梁，并通过两个世界的融合获取商业回报（Burgelman et al.，

2008）。总之，技术创业就是创立一个新的商业企业，该企业采用全新和独特的方式进行资源和技术配置，以满足客户和社会的需求，为相关利益者创造价值，包括财富增长、就业机会增多、价值提升以及社会进步等。

5.5　焦点案例：Alphabet 公司

1998 年，斯坦福大学的在读研究生拉里·佩奇和谢尔盖·布林创办了谷歌公司。一开始，公司将业务定位于发展互联网搜索业务，与雅虎（Yahoo！）、Excite 等互联网搜索服务公司开展竞争。后来，谷歌公司通过创新迅速提升竞争优势，使得谷歌浏览器以其卓越性能超越了所有竞品，在互联网搜索市场中占据近乎垄断的地位。其后，凭借强势的市场地位以及一系列的创新，谷歌公司陆续开拓多个新市场，进入广告技术、软件、移动应用和云计算等业务领域。为了支持业务发展，谷歌公司积极探索商业模式创新，借助"免费的力量"，依托所拥有的完善的宽带、服务器、存储设备等软硬件基础设施，为用户提供多项低价或免费服务。迄今为止，借助商业模式、基础设施和持续创新三种能力，谷歌公司的发展可谓所向披靡，几乎无可匹敌。

2015 年，谷歌公司通过重组谋求更大发展，成立了 Alphabet 公司。Alphabet 公司作为控股公司，旗下有包括谷歌公司在内的若干子公司。Alphabet 公司推出"射月"（Moonshot）计划，用一部分来自搜索服务和广告业务的巨额利润孵化那些发展潜力巨大、高风险、高回报的技术项目。这些项目不追求短期盈利，而是致力于解决重大问题，以此承载公司依靠持续创新换取长期收益的价值主张。

5.6　本章小结

要想通过技术创业获利，创业者需要有效把握进入市场的时机，既要承受不能错失机会窗口的紧迫感，还要保证行动的谨慎从容。通过与其他企业和个人的合作，新创企业可以提升自身开展创意、发明和创新活动的能力与绩效。而确保管理有序、创新战略有效，则是提高技术商业化成功率的前提。创业者需谨记：

- 先行战略可能帮助创业者在新兴市场建立起领先优势，但并不能确保成功。
- 创新战略为持续地推进技术商业化提供了行动蓝图。
- 抱负远大的创业者可以谋划开展颠覆性创新并以此重塑行业。

📖 技术创业原则 5

创新战略应以创造力、发明和技术为基础，并依托价值网开展有效运营，从而面向客户实现新产品和新服务的商业化。

音像资料：

读者可以访问 http://techventures.stanford.edu 网站，浏览与本章内容有关的学术讨论。

系统化创新 （Systematize Innovation）	阿斯特罗·泰勒	Google X 实验室 ⊖
以创新应对竞争 （Facing Competition through Innovation）	里德·霍夫曼	领英公司和 Greylock 公司 ⊖
超越更强大的对手 （Out-Innovate Bigger Competitors）	亚伦·利维	Box 网站

5.7　练习

（1）找一家采取先行战略并取得成功的新创企业及其跟随者，描述和对比两家企业的战略。

（2）选择一个你感兴趣的行业，试着找到该行业中一家企业，说明跟随或模仿这家企业的潜在商业机会，以及你将如何从模仿中获益。

⊖ 这是谷歌旗下的一个秘密实验室，位于美国旧金山某处，仅有少数几位谷歌高层掌握该实验室的情况。该实验室的员工均为谷歌公司从其他高科技企业、高校和科研院所挖过来的顶级专家。该实验室追踪 100 个震撼世界的创意，希望借此为谷歌公司捕捉下一个巨大商机。——译者注

⊖ Greylock 是美国顶尖的风险投资公司。自 2000 年以来，在所有上市的科技公司里，只有 5 家公司的市值超过 100 亿美元，而 Greylock 公司投资了其中 4 家。它曾领投脸书公司的 B 轮、领英公司的 B 轮，并参与爱彼迎公司的 A 轮融资。里德·霍夫曼是其合伙人，同时也是领英公司的联合创始人。——译者注

（3）访问一所大学的官方网站（例如，斯坦福大学 http://otl.stanford.edu），了解这所大学是否已建立技术授权机构。如果是，请在其网站中找出这所大学的特色技术专长。你能从中发现新的创业机会吗？这所大学的技术授权机构是否鼓励技术商业化？它们鼓励技术商业化的具体做法是什么？

（4）假设某位发明人给你展示了他的一项新设计——刷头可以摆动、手柄能够倾斜的电动牙刷，该设计已经取得美国牙科协会的认可，发明人也已提交专利授权申请。你亲自试用后发现，这款电动牙刷使用起来十分便利。请根据表 5-3 所列的影响技术发明商业化的因素，分析这款电动牙刷是否适合商业化。

（5）请浏览 www.take2games.com 网站，阅读网站上有关互动游戏软件开发企业 Take-Two Interactive 公司所采用的使能技术的介绍，并采用本书 4.7 节介绍的方法描述该公司的价值网络。

（6）斑马科技公司（www.zebra.com）为用户提供条码标签解决方案，这种技术支持自动识别和数据采集系统。请你从发明的三个维度（重要度、新颖性和专利保护范围），描述斑马科技公司所拥有的技术的特征。

◐📖 创业实战

1. 应用图 5-1 的分析框架，描述你的创业项目是如何把握进入市场的时机的。

2. 总结你的创业项目采用的创新战略。

3. 你提供的产品或服务是否属于颠覆性创新？请说明你的理由或依据。

第二部分

概念开发
和
新企业组建

TECHNOLOGY
VENTURES

FROM IDEA TO ENTERPRISE,
5TH EDITION

新企业的创始人应该拟订一份商业计划书，以此指导创业团队成员围绕商业机会识别、市场规模预估、潜在竞争威胁、产品战略、销售和分销策略、所需资源和可能的财务效果等一系列创业话题展开思考。一份好的商业计划书，是吸引投资者和说服他人加入新创企业的极有价值的工具。一旦制订好商业计划书，创业团队就应该通过有限的实验来测试它所包含的各项基本假定，以降低相关风险和不断强化创新以增加成功的机会。商业计划应该尽可能充分利用规模经济和范围经济。

创业团队应重点关注产品的设计和开发。研发出原型产品并开展迭代式创新，可以帮助企业推出最契合客户需求的优秀产品。创业团队要在产品开发和设计的同时，制定和检测企业的营销策略，包括：鉴别谁是目标客户，明确何为产品的最佳定位，确定如何让产品独树一帜，采取何种方法分销等。市场营销计划需要澄清采取何种营销手段，如传统营销手段和新型社交媒体营销，以及采用何种营销分析方法等；销售计划则需要明确如何均衡采用各种销售方法，如直接和间接销售、电话销售和面对面销售等。

本书描述的创业技巧，既适用于指导创办新企业，也适用于指导在现有企业中培育、裂变出新企业——这是大企业用来应对"创新者窘境"的出路。

创业故事与商业计划书

使其简单而难忘。

李奥・贝纳（Leo Burnett）

如何创办新企业，创业故事与商业计划书有何作用

创业者通过创办新企业捕捉有吸引力的机会。本章我们介绍创办新企业的 5 个步骤。其中最重要的一步是讲述创业故事和拟订包含商业模式的商业计划书。创业者先用一个创业故事概要讲述为何要在此时创办这个企业，以及这个企业将如何获得成功，然后写一份详细的商业计划书，作为更好地测试创业的各项基础假设的基础。附录 A 提供了一个精心设计的商业模式示例。读者可以在 www.mhhe.com/byersdorfnelson 网站上

查阅更多的商业计划书、商业模式和演讲幻灯片模板的示例。

6.1 创办新企业

表 6-1 展示了创办新企业需经历的 5 个步骤。完成这 5 个步骤后，将形成一份对创业团队本身、投资人和商业伙伴都具有重要意义的商业计划书。这个包含 5 个步骤的新企业创办流程，适用于所有类型的企业：独立型企业或者企业法人、小规模或者大规模企业、面向小众市场或者面向大众市场的企业、家族企业或者特许经营企业、营利性或者非营利性企业，以及开展颠覆性创新或者实施渐进式创新策略的企业。

表 6-1　创办新企业的 5 个步骤

1. 识别和筛选机会，提出愿景并做出概念陈述，创建初始的核心创业团队，描述初始的价值主张和商业模式构想
2. 凝练创业设想，评估其可行性，提出使命宣言。围绕创业设想，开展系列调查并形成整体方案，凝练创业故事，撰写商业计划书大纲并附上执行要略
3. 撰写完整的商业计划书，包括资金筹措计划和组织机构设计方案
4. 确定所需的财务资源、有形资产和人力资源的数量。为新创企业拟订财务收支计划，确定所需的必要资源，制订资源获取计划
5. 从投资者、吸引到的人才和盟友处，获得必要的资源和能力

创办新企业的商业计划书也应该适合供母公司审查，以便从母公司那里获得必要的资源和支持。表 6-1 中的第 5 步是筹集资源，而为新创企业提供风险投资的很可能是母公司。我们将在第 10 章讨论基于风险投资创办的企业及其最适合采用的法律形式。

睿智的创业领导者的心目中有一个明确的创业目标，以及关于如何实现创业愿景的设想，他们会通过激励员工、管理好各种信息与资源来确保企业盈利。如图 6-1 所示，创办新企业需要经历一系列因素流程。创业者所追逐的商业机会的优劣，以及该机会与创业愿景的契合度，共同孕育了企业的独特能力，这种独特能力是通过资源获取和团队能力提升而逐渐积累形成的。企业战略是在特定的行业背景下，基于企业的能力以及创新性或新颖性而制定的。与商业机会相关的行业吸引力，影响着企业的获利潜力和预期收益。行业发展态势决定了企业可获得的资源数量，因为资源通常会流向那些充满机会、富有吸引力的行业。此外，创业团队所拥有的相关行业能力（如掌握的行业经验与行业知识），将会提升创业成功的可能性。

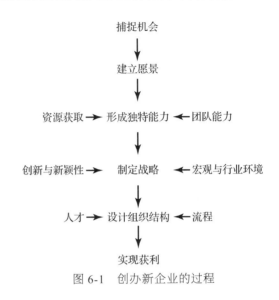

确定和获得所需资源与能力对创业成功至关重要。对通过持续创新实现高增长的科技企业而言，智力资源是创业成功的重要基础。资源和能力需求会随企业发展阶段的不同而发生变化。

商业计划书是历经图 6-1 所示的创办新企业的各个阶段后才形成的。组织结构设计应以战略为

图 6-1　创办新企业的过程

依据，而实现盈利则需要以保持竞争力和创新力，以及建立有效组织结构的能力为基础。

创办新企业的最大风险是跳过表 6-1 和图 6-1 所示的某些必要步骤。例如，我们很遗憾地看到，一些拥有强大的技术能力的创业者，在还没完成 5 种行业竞争力量分析以及企业能力分析时，就进入战略制定环节，殊不知，行业竞争力量分析和企业能力分析是制定确保企业实现获利的战略的前提。另一个风险源自所制订的商业计划书与企业的组织结构、流程和人力资源不匹配。创办新企业的过程充满反复和变化。当外部环境改变时，创业者的应对方式也要做出相应调整。因此，商业计划书应随时间推移，根据捕捉到的新信息而做出修改，以适应市场的变化。

6.2　提出商业构想和讲述创业故事

创业历程始于提出商业构想和讲述创业故事。一旦创业者决定抓住某个商业机会开始创业行动，就要提出自己的商业构想。商业构想是对创业行动接下来可能遇到的问题、打算如何应对问题的简要陈述。表 6-2 给出了商业构想所包含

的要素。例如，推特公司的商业构想可以凝练为："很多互联网用户希望向外界展现自己，但是传统博客的冗长风格让用户遇到了高进入壁垒。推特是一款微型博客，只允许发布 140 个字符以内的信息，以让更多人参与交流沟通。"

表 6-2　商业构想所包含的要素

1. 说明创办新企业要解决什么问题或者满足何种需求，明确新创企业的目标客户
2. 说明新创企业将提供的解决方案以及该方案的独特性
3. 说明客户会为该方案买单的理由

创业故事是创业者创办新企业、获取所需资源和创造新财富的过程中不可或缺的部分。创业故事是对事实或想象会发生的事件的叙述。它以类似于商业计划书的方式描述了企业将遭遇的挑战，所制订的计划、要采取的行动和设想会达成的效果。用一个好的创业故事与商业计划书配合，可以更加明晰地描述商业机会，商业构想，一系列的因素、事件和行动之间的因果关系，以及所采取行动的预期结果，可以更加鲜活地描述创业目标、创业带来的观念挑战，以及实现目标的方法。总之，创业故事是以引人入胜的方式，对企业愿景进行的叙事性讲述（George & Bock，2012）。

对创业者而言，一个引人入胜的、叙事流畅的创业故事，可以用作吸引公众关注和获得公众支持的有效沟通工具（Garud & Schildt，2014），可以说服公众相信创业者的动机和个性，相信创业活动可以带来社会效益，相信新创企业有可能创造财富，有能力实现所设定的目标（Ibarra & Lineback，2005），从而帮助新创企业获得公众的认可和接受（Lounsbury & Glynn，2001）。简单说，一个好的创业故事可以帮助创业者吸引资金和人才，并获得同行认同和公众支持。

吉姆·克拉克（Jim Clark）[⊖]曾先后创办了 3 家企业：硅图公司（Silicon Graphics）、网景公司（Netscape）和永健公司（Healtheon）（即现在的 WebMD 公司）。正如作者刘易斯（Lewis）在 *The New New Thing* 这本传记中所描述的（Lewis，2000），克拉克逐渐意识到创业故事对于推动他所创办的新企业发展的

⊖ 吉姆·克拉克创办的硅图、网景、永健 3 家公司的市值均超过 10 亿美元，他在 1996 年 6 月《时代》周刊评选的 25 位全美最有影响力的人物中名列第一，其个人资产已超过 25 亿美元。——译者注

重要性作用。

他在硅谷所扮演的角色逐渐清晰起来：他是故事的创作者。他敢于编造新故事，并能够说服各类人物——工程师、风险投资家、职业经理人和银行家们在他的剧本里扮演他指定的角色。为了持续拥有讲故事的特权，他必须确保故事有一个圆满的结局。

在永健公司的创办过程中，克拉克所讲述的创业故事融入了他自身的经历。

1995 年年底，他身染疾病，治疗期间他亲身体验了美国医疗保健行业的官僚作风，病患需要填写很多表格并在医院里忍受长久的等待，这让他萌生出推动行业变革的念头。他提出了一个基于互联网的解决方案——创建一个集中存放个人病历和账单信息的系统，每个患者都将拥有一串密码和一份电子医疗记录，医生每次看诊时在线创建账单，这样医生和患者就不用再为填写表格和写病例烦扰。他画了一张刻画行业内 4 个主要相关利益者及其关系的图，并把自己要创办的公司画在图正中央的枢纽位置（见图 6-2）。用这张图，克拉克讲述了一个创业故事，他先是描述了美国人所处的医疗体系的低效率，以及改变这个局面所孕育的巨大商机，然后告诉人们他要创办一家叫作 Healtheon 的公司来改变局面、推动变革，并为投资人带来巨大回报。凭借这个引人入胜的故事，克拉克陆续筹集到数百万美元的资金并建了永健公司，这家公司后来被WebMD 公司收购（Lewis，2000）。

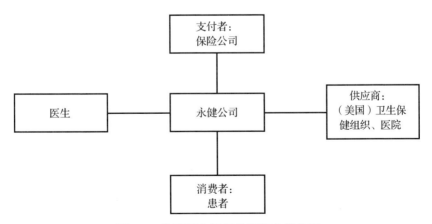

图 6-2 位于行业枢纽位置的永健公司

创业故事应包含 3 方面的内容，如表 6-3 所示（Shaw et al.，1998）。首先，描述特定行业的发展局面、社会的发展现状、所涉及的各方关系以及所面临的挑战和商业机会，为创业故事搭建舞台布景。创业故事应该事关某个人或者某个群体，他们的遭遇应该是创业故事的听众所关心的。

表 6-3　创业故事应包含的 3 方面内容

1. 舞台布景：完整清晰地描述当前形势、参与者和存在的商业机会。要记得"世界上所有的生命都在微妙的平衡中生存"⊖，而听众会关注所处的环境
2. 引入戏剧性冲突：用一个突发事件或一个未被满足的需求来打破上述平衡。描述遭遇的挑战和面临的机会，说明有必要提出一个可以成功地构建新平衡的商业计划
3. 解决冲突：展示一个连贯一致的商业计划，描述新创企业将如何克服障碍，执行计划并走向成功

其次，创业故事应描述上述背景中所面临的挑战，说明通过采取行动做出改变、应对挑战的必要性，并说明潜在的关键障碍和可能遇到的困难，借此引入戏剧性冲突。最后，创业故事要阐明自己为克服障碍所制订的商业计划，包括如何获得必要的资源，如何确保所提出的解决方案能够得到执行并最终取得成功（Ibarra & Lineback，2005）。

让我们以全球能源危机为背景感受一下创业故事的重要性。能源是工业文明的生命线，是改善世界贫困人口的生存状况的必要前提。可是，当前的能源开发和利用方式，给区域以及全球环境和人类发展进程带来了严重破坏。因此，开发一种新的、更高效的能源利用系统及相关能源，已经成为一项世界性挑战。人们设想的解决方案是通过开发并利用新能源技术，以可承受的经济成本利用太阳能。具体做法之一是建立一套太阳能转换系统，利用该系统产生的氢气生产燃料电池。这个世界性挑战的背后孕育着巨大的商业机会，高科技企业可以以此为背景讲述一个伟大的创业故事，并获得巨大的商业回报。

好的创业故事应该鲜活生动，不仅要揭示企业当前所处困境，还要提出能够改善局面的新颖的解决方案。只有让听众感同身受，才能获得他们的认同，提高他们的参与度。创业者要去讲述那些会给人留下强烈冲击的创业经历，要尽力让听众印象深刻，以吸引投资者为创业筹集资源。

相比于理性陈述，故事能更有力地表达创业者的意图和灵感。因此，虽然可以借助幻灯片来展示要点，但一定要将重点放在故事讲述上。可以用事实传

⊖ 动画片《狮子王》中的经典台词 "Everything you see exists together in a delicate balance"。——译者注

递信息，但是要借助故事才能表达意图。创业者要用事实为商业计划提供依据，借助故事来彰显创业目标和企业存在的意义（Gargiulo，2002）。

> **黑人娱乐电视台：成功源自一个故事**
>
> 1980 年，罗伯特·约翰逊（Robert Johnson）提出一项创新计划，并为此约见了几位投资者，向他们讲述了自己的创业故事：为黑人观众定制一档与他们的价值观相契合，能和他们的经历产生共鸣的电视节目。凭借这个故事，罗伯特获得了巨大的财务资源和很多有线电视频道资源。结果，黑人娱乐电视台（Black Entertainment Television，BET）得以在美国成功创立（详见 www.bet.com）。

精彩的故事讲述能让人难以忘怀。我们可能会忘记细节要点，却很难忘记一个伟大的创业故事（Heath & Heath，2007），难以忘记故事里那些创业者为理想、为希望，而与现实和挑战展开激烈斗争的画面（McKee，2003）。下面是一个创业者讲述的故事。

"我和我父亲十分亲近。2009 年，父亲的充血性心力衰竭发作到医院就诊。那天的午夜时分，我父亲在等候做进一步检查时不幸逝世。不完善的检测手段让我父亲失去了及时救治的机会。后来我发现有一种新的血液检测方法已经获得专利授权，但由于迟迟未能获得美国食品药品监督管理局（Food and Drug Administration，FDA）的生产许可，其原本的发明人已经放弃该专利权。我们早期的测试表明：这是一项低成本的检测技术，其检测效果良好，是一种有效的辅助治疗手段。

"为完成 FDA 的认证过程，我们所创办的 Heartease 公司现在亟须筹集 100万美元的资金。我们可以提供关于这项检测技术的测试效果数据及相关证明材料。创业团队非常希望能获得您的认可与资金支持，也许今后您的双亲也能因此获益。"

总之，就像一本好书或一部好电影，创业故事始于一个"煽动人心的事件"，朝着一个美好的结局发展。在同事和合作伙伴的帮助下，创业者有能力将挑战和障碍转化为新机遇并最终取得成功。

6.3 拟订商业计划书

一旦创业团队选定一个既有吸引力又有可行性的商业机会，他们通常会着手拟订一份详细的商业计划书。**商业计划书**（Business Plan）是详细描述企业的机会、产品、环境、战略、团队、所需资源、财务收益等创业相关事项的文件。表 6-4 展示了商业计划书的主要内容。我们在 6.5 节会详细介绍这些内容。

表 6-4　商业计划书的主要内容

• 执行摘要	• 创业团队：能力、认同感
• 机会描述：机会质量及增长潜力	• 财务计划：会计假设、现金流、利润
• 企业愿景：使命陈述、发展目标、核心理念	• 所需资源：财务资源、有形资源、人力资源
• 产品与服务：价值主张、商业模式	• 不确定性和风险
• 环境描述：行业竞争态势、发展时机、监管环境	• 财务收益：投资回报
• 策略：进入策略、营销策略、运营策略、市场分析	• 产出：投资人和创业者的现金收入
• 组织设计：组织结构、文化建设、人才激励	

商业计划书有多种用途，其中最重要的用途包括吸引人才和筹集创业资源。拟订商业计划书没有特定的方法，甚至对于新创企业是否需要撰写商业计划书还存在争议。实际上，有许多大获成功的企业根本就没有正式的商业计划书，筹集资金、吸引人才和合作伙伴，可能一个内容详尽的幻灯片就够用了（Brinckmann et al.，2010）。不管怎样，撰写商业计划书迫使创业者条分缕析地展示其商业构想，这将有助于创业者敲定关键细节。

创业团队要花费数周或数月的时间，经过不断调整和修改，让商业计划书逐渐成形。商业计划书为新创企业描绘了一幅发展蓝图，它帮助创业团队成员明晰行动计划并理解行动背后的逻辑。在共同拟订商业计划书的过程中，团队成员可以对目标达成一致的看法。对企业的管理人员和普通雇员来说，商业计划书可以帮助他们评判这家企业是否有发展前景，以及是否值得为企业供职。

新创企业在进行外部融资时，绝大多数投资人会要求审阅企业的商业计划书。因此，在商业计划书中描述财务计划背后的设想与理念，将对各方有益。商业计划书的正文通常不超过 20 页，在正文之外需要提供各种证明材料。

我们接触的每份商业计划书中都至少存在一两个大的漏洞。表 6-5 列出了商业计划书中的 10 个常见漏洞，创业者可以参照该表审视自己的商业计划书，查找缺陷并提出改进办法。

表 6-5　商业计划书中的 10 个常见漏洞

1. 缺乏解决问题的方案或技术	6. 对收入和利润的驱动因素的描述不充分
2. 商业模式和价值主张不清晰或不完整	7. 对业绩评价标准的描述较少甚至缺失
3. 竞争分析和市场计划不完整	8. 缺乏重点突出且令人信服的使命陈述
4. 对不确定性和风险的描述不足	9. 太多主观假设，如"我们将获得 1% 的市场份额"
5. 创业团队存在严重的能力缺陷	10. 对客户需求和痛点的认知不足

　　制订商业计划书是创办新企业的一项重要工作。许多企业的商业计划书从开始起草到最终完成，要历经数月和不断完善。换句话说，商业计划书没必要一开始就以正式且完整的形式呈现。事实上，在那些需要不断更新技术密集型解决方案的快速变化的行业中，保持灵活性是成功的关键，刻板地按照计划行事反倒有害无益（Gruber，2007）。因此，创业团队应该适时更新商业计划。

　　商业计划书可以帮助团队成员充分了解市场、客户及其相互关系。

　　要想制订一个好的商业计划书，要从深入了解市场开始，要去了解和追寻一个现存的或即将发展成为的大市场，要谋划如何开发出因包含难以复制的知识产权，而能够抵御竞争的产品，要为进入市场制订一个高收益 - 成本比的营销方案。如果创业者曾经为拟进入的市场开发过产品，其经验对制订商业计划书将大有助益。

　　杰伊·卡普兰（Jay Kaplan）在制订商业计划书时充分利用了自己以往的职场经验。创业前，卡普兰曾先后在美国国防部（Department of Defense，DoD）的多个安全部门供职，包括应急事件处理部门和红队（Red Team）。卡普兰发现，没有哪家私营企业拥有像 DoD 那样的网络安全技术，于是他从国防部离职到了硅谷。在那里，他与人联合创办了一家网络安全技术公司 Synack[⊖]。这家公司借鉴了 DoD 的"红队"任务模式，以众包形式雇用全球各地的研究人员（一群协助反击恶意攻击的白帽黑客）来帮助客户抵抗攻击，为客户构建起强有力的虚拟资产防御系统。他利用自己在华盛顿工作时所建立的安全专家网络，为新创企业的红队任务培养了一支一流的工程师队伍，他还从所供职的 DoD 相关

　　⊖　2013 年，卡普兰和 Synack 公司首席技术官马克·库尔，以及另一名国家安全局特工共同成立了该公司。

部门中吸引了经验丰富的市场销售人员。此后，Synack 公司凭借"西部国家安全局"的美誉，吸引了众多讨厌公共部门的官僚主义文化的优秀人才。

很多像卡普兰这样的企业家，利用他们此前职业生涯中所积累的知识、客户圈子、专家网络等资源，制订伟大的产品创新方案和大获成功的市场营销计划。

如图 6-3 所示，商业计划书可以用来协调新创企业中各方的利益。商业计划书阐述了人员、资源和机会等与某项业务之间的关系，该业务能让所有参与者，包括员工、投资者、供应商及合作伙伴从中获益（Sahlman，1999）。请参阅本书 2.5 节有关新创企业中各参与方的利益关系的详细讨论。

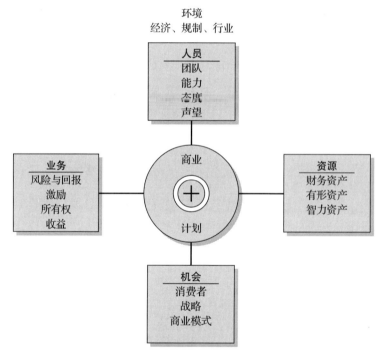

图 6-3　作为一种协调工具的商业计划书

完成商业计划书的撰写后，创业团队还要准备一份执行摘要，从 6 个方面凝练出商业计划书的精华部分（见表 6-6）。许多新创企业将执行摘要视作商业计划书的简化版，借助它帮助读者快速建立一个有关创业者打算如何运作企业的清晰认识。因此，一份好的执行摘要，应该能够吸引读者的注意力，激发其想象力，令他们希望了解更多。

表 6-6 执行摘要包含的 6 个方面内容

1. 商业构想，包括拟解决的问题和所提出的解决方案
2. 市场分析、客户分析、行业分析
3. 市场营销策略和销售计划
4. 组织体系设计，包括重要职能设置和战略联盟
5. 财务规划，包括 3 年以上的简要财务预测
6. 融资历史和曾投资的项目

切记：执行摘要的作用是吸引读者阅读完整版的商业计划书或约见创业者进行深度沟通，因此其篇幅不应超过 3 页。实际上，多数专业投资人会要求创业者以电子邮件形式提交执行摘要。

6.4 电梯演讲

创业者通常会获得向潜在投资者或合伙人陈述自己的商业构想的机会。6.2 节我们讨论了一个引人注目的创业故事的重要作用，而创业故事的缩略版通常被称作**电梯演讲**（Elevator Pitch），意指创业者可能有机会与投资人同乘电梯，因此要准备一个可以在两分钟内讲完的创业故事的缩减版本。电梯内或其他类似场合的偶然会见，是创业者兜售自己的商业构想的大好机会。例如，小巴尼特·赫尔茨伯格（Barnett Helzberg Jr.）曾在纽约广场酒店（Plaza Hotel）里，用一个电梯演讲将 143 家钻石连锁店卖给了投资人沃伦·巴菲特（Wreden，2002）。可见，一个精心准备的简短的创业故事可以成为获得投资的敲门砖。

电梯演讲的目标是获得对方的初步认可，以争取到详细讲述创业故事的机会，进而获得投资并吸引到合伙人或战略伙伴。在这种场合下，创业者没有时间介绍细节，必须迅速传达最重要的信息，要用一个缩略版的创业故事让听众充分地了解创业者所谋划的事业，为进一步沟通创造机会。

电梯演讲从自我介绍开始，然后概述创业者要捕捉的商业机会，以及新创企业的潜在收益。吸引听众注意力的最好做法，就是用互利互惠的承诺打动对方，为后续的合作洽谈打下基础。创业者可以从一个引人入胜的问题开始讲述，如："爱彼迎公司帮助人们出租闲置房屋，那么谁能帮助人们把闲置汽车租出去？"

电梯演讲应该传达企业愿景，因为伟大的企业愿景可以让创业故事更具感染力。例如，基因泰克公司的企业愿景为："我们研发并制造生物药，用来缓解或治愈心血管疾病、肺炎和癌症。"

有一些演讲技巧可以帮助创业者将创业故事讲述得令人难忘。第一个技巧是使用听众能够理解的语言，并且聚焦于一个简单的信息。第二个技巧是尽量使用直观的图形或例子，而非模棱两可或者抽象的词语。第三个技巧是先充分揭示现有解决方案的种种不足，以此激发起听众的兴趣和好奇心，再说明新创企业所提出的新颖解决方案，这样往往更能引起听众的情感共鸣。第四个技巧是，创业者要对商业构想充满激情，要体现出对现实问题的深刻关切，和对改善现状的解决方案的高度热忱（Heath & Heath，2007）。

> ▣ 财捷集团的电梯演讲
>
> 　　在财捷集团创立期间，创始人斯科特·库克这样描述他的公司："家庭主妇们要支付账单，而支付账单令人烦恼，最好能有一个计算机程序软件帮助她们快捷地完成账单支付。然而，已有的程序软件不仅运行慢而且很难用。我们的解决方案是开发一个运行速度快且很容易上手的软件，用户无须说明书指导就能使用。付账单的人们需要的正是我们开发的财务软件 Quicken！"

6.5　商业计划书的目录及内容注释

为完成商业计划书撰写，创业者必须在头脑中澄清创业的若干关键问题。有一些方法可以帮助创业者结构化地展示其商业构想，包括使用参考文献、结构图和模板等。制订商业计划书的核心议题是澄清：为将一个创意变成真正的创业机会，必须回答哪些问题，以及影响创业成功的关键因素是什么。以下就是一份典型的商业计划书的各个部分所要回答的问题。

执行摘要

执行摘要是商业计划书中最重要的部分，这是许多投资者决定是否有必要与新创企业进一步接触的依据。执行摘要应包含商业计划书中各部分内容中的基本观点和主要依据，包括企业愿景和使命陈述。企业愿景和使命陈述应该力求简洁地传达企业正在追寻一个令人信服的机会。

- 为什么我们要解决的问题很重要？客户为什么会愿意为我们所提出的解决方案买单？
- 我们计划如何解决客户面临的问题或满足他们的需求？
- 为什么我们创办的企业能够解决该问题？我们有何独特能力？
- 我们的商业计划的经济前景如何？为什么这会是一个令人兴奋的增长机会？
- 团队成员有哪些？我们有哪些重要的合作伙伴？

Ⅰ　机会和市场分析

投资者青睐那些通过解决重要问题来追逐重大机遇的创业活动。商业计划书应基于对客户需求的深刻理解，并明确阐述现存问题或痛点为何对客户很重要。商业计划书要清晰说明所选择的细分市场，并让投资者相信新创企业有能力满足目标市场的需要。

- 我们要解决什么问题？谁是我们的目标客户？我们选择哪个细分市场？
- 目标市场的总体规模能有多大？预计其增长速度如何？
- 当前的市场环境是否有利于我们的创业活动？

具体可以参考第 2 ～ 4 章。

Ⅱ　解决方案和商业理念

许多产品创意缺乏说服力，或者过于"宏大"，或者过度依赖市场炒作，或者过于强调产品本身，以为仅凭借一些技术性说明就能让人相信其具有商业价值。商业计划书要均衡使用技术或专业术语以及日常用语。此外，商业计划书要详细阐明新创企业的价值主张和商业模式，以确保商业构想具有良好的经济效益。

- 我们将提供什么产品或服务？
- 我们的解决方案会给客户的日常生活带来哪些改变？我们为客户创造了何种价值？我们的价值主张为什么会吸引客户？
- 哪些客户会认可我们的产品并愿意为之买单？
- 我们的产品有何独特性？我们将如何保护这种独特性？
- 我们的盈利模式是什么？财务利润是否可观？

具体可以参考第 3、4、5、16 章。

Ⅲ　市场营销和产品销售

该部分应清楚描述企业打算如何将产品推销给目标客户。企业的客户沟通与开发策略，与产品开发策略同等重要。企业只有在产品开发的同时着手制定市场开发策略，才能提高创业的成功率。商业模式和定价策略也应延伸到销售策略。

- 哪些营销媒介最适合我们的目标客户？
- 哪些渠道类型最适合我们的产品（例如，直接销售或者间接销售）？
- 谁是具有购买力的消费决策制定者？谁会影响其购买决定？
- 预期的销售周期有多长？
- 是否有合作伙伴可以帮助我们提升广告宣传和销售能力？

具体可以参考第4、9章。

Ⅳ　产品研发与运营管理

至此，创业者已经选定了目标市场，也明确了如何获得收入。商业计划书应在该部分着重说明将如何研发产品，并将其打造为满足市场需要的商品，包括清楚介绍研发中涉及的全部关键技术（最好使用图表），并说明已制定长期产品研发目标来支持营业收入的持续增长。该部分内容在很大程度上决定了企业所需现金的数量和时间，因此是盈利模型的关键组成部分。

- 当前我们的产品研发处于哪个阶段？
- 实现产品交付需要哪些资源？分类做出具体说明（例如，工程师、工具、供应商、材料、合作伙伴和客户参与）。
- 产品研发过程的关键时间节点和里程碑事件是什么？
- 产品研发在各个阶段分别会遇到什么风险？
- 产品量产和交付的价值链是如何构成的？
- 我们的产品中是否包含专利、商业秘密或其他可以用来防御竞争的优势？
- 是否存在我们必须克服的监管障碍？

具体可以参考第5、8、13、14章。

Ⅴ　团队与组织

组建团队对企业创立和与外部组织开展交流至关重要。投资者和合作伙伴希望了解创业团队的成员们在新创企业中扮演什么角色，还需要补充哪些人才，进而决定自己将以什么方式为新创企业提供支持。

- 创始人和最早加盟的重要员工的背景如何？他们在新创企业中分别扮演什么角色？
- 团队成员对创业是否充满激情？他们拥有何种技能？他们为何要致力于把握这次创业机会？
- 为了充实团队，还需要招聘哪些关键人员？
- 预测每个职能部门所需的员工数是多少？
- 企业是否拥有可以为创业故事增添光彩的知名顾问或董事会成员？

具体可以参考第 10、12、20 章。

Ⅵ　风险

新创企业将面临 4 类风险：产品研发中的技术风险、与竞争相伴的市场风险、与团队有关的管理风险以及财务风险。与机会相伴的各类风险在商业计划书的前半部分基本均有提及。例如，在产品研发和市场营销部分应指出潜在的竞争威胁。商业计划书中风险部分的核心内容是，清晰说明新创企业在未来一两年将如何管理每类风险，指出有哪些需要化解的风险，从而让投资者相信创业者知道如何经营企业。投资者会愿意看到一些定量分析。

- 产品研发中的主要技术风险是什么？产品研发可能面临哪些外部约束？
- 我们将采取哪些措施来降低产品研发中的技术风险？
- 谁是我们的主要竞争对手？我们与竞争对手在市场定位上的主要差别是什么？
- 我们选择的目标市场是否很容易被大企业涉足？我们的产品有无替代品？
- 在目标客户选择、合作伙伴建立、产品策略制定方面，开展哪些活动将有助于消除或减轻竞争威胁？

具体可以参考第 3、4、7 章。

Ⅶ　财务规划和融资方案

尽管最后才考虑财务规划，但其影响却贯穿商业计划书的制订过程。在产品研发、市场营销和其他职能策略均得以成功执行的前提下，要靠财务筹划数据来吸引投资。创业者应通过将本企业的财务规划与同类企业进行比较，来说服投资人相信商业计划书的各项财务假定和结果均是可靠的。投资人希望了解需要筹集的资金额度，以及将达到哪些可衡量的里程碑。分阶段融资可以让投资者和创业者更好地管控创业相关风险。财务规划应提供一个时间表，综合呈现产品研发与市场推广的里程碑事件、计划中的一些融资事件，以及企业的现金流表现。

- 为达成市场开发和产品研发的阶段性目标，需要多少资金？
- 预计将在何时出现正的现金流？
- 如果一切顺利，业务的增长空间多大？
- 创业初始阶段和稳定阶段的预期财务利润率是多少？
- 哪些企业的利润率和增长速度与我们接近？
- 我们的关键财务假设是什么？

具体可以参考第 15 ～ 19 章。

附录 详细的财务规划

在商业计划书中，一般用附录展示更详细的财务预测和相关假设。财务预测及其相关假设是评判新创企业发展潜力和投资价值的基础。要确保读者看得懂财务规划中各项数据的计算方法。

- 提供未来 5 年的（预测）现金流量表、利润表和资产负债表（第一年按月编制，之后按季度或按年编制）。
- 说明进行财务估算时采用了哪些财务假定（如客户渗透率、产品定价和营运资本假定）。
- 该行业的消费者购买行为是否具有周期性？
- 业务的最大成本构成是什么（如工程开发成本、为达到监管要求而进行的试验支出、制造成本、营销成本）？
- 随着销量增长，产品研制和销售成本将如何变化？
- 财务测算中是否已经覆盖客户支持和服务的成本？

6.6 焦点案例：亚马逊公司

杰夫·贝佐斯于 1994 年创办了亚马逊公司。20 世纪 90 年代初，贝佐斯在研究后发现，有一些产品很适合在互联网上销售。他决定从互联网售书起步。传统书店只在众多可选书籍中选择一小部分进货，经大幅加价后再售出，以此支付门店和员工的成本。由于出版商几乎完全不知道哪些人购买过何种书籍，所以没办法开展更有效的营销活动。贝佐斯提出一个构想：建立一个互联网网站，在网站上低成本销售图书，让客户和出版商均可从中获利。

1995 年，贝佐斯将其商业构想撰写成一份商业计划书，他在其中详细描述了商业构想所涉及的人员、资源、机会、交易及其相互关系（见图 6-3）。然后，他聘请了一个团队帮助开发亚马逊网站。在图书销售取得成功后，亚马逊公司大幅扩展其经销的产品种类，先后于 2006 年推出云计算服务 AWS，于 2011 年推出广受好评的 Kindle Fire。亚马逊公司秉承"以客户为中心"的经营理念，从为最终产品撰写新闻稿开始，贯穿到整个产品发布周期的每一个环节。这种以客户为中心的产品发布方式，是亚马逊公司取得成功的重要原因之一。凭借这种理念，亚马逊公司已经成长为世界上最有价值的公司之一，2017 年其市值接近 4000 亿美元。

6.7　本章小结

创办新企业是一个学习的过程，有才华并受过良好教育的创业者们，可以通过学习来掌握相关技能。创业者需要了解的相关概念如下：

- 机会、愿景、价值主张和商业模式。
- 商业理念、可行性和创业故事。
- 财务规划、法律形式和商业计划书。
- 资源获取计划。
- 执行和启动过程。

创业者可以基于上述概念，讲述创业故事和撰写商业计划书，规划通往成功的行动路线图。创业者可以通过撰写商业计划书来提升思维能力，训练与他人沟通的能力，甚至来验证商业构想中的关键假说。

📖 技术创业原则 6

创业者可以通过学习来了解创办新企业的整个过程，并通过讲述创业故事和撰写商业计划书来展现其创业意图。

音像资料:

读者可以访问 http://techventures.stanford.edu 网站,浏览与本章内容有关的学术讨论。

商业计划书的作用 (Purpose of a Business Plan)	汤姆·拜尔斯	斯坦福大学
保持紧迫感 (Have a Sense of Urgency)	麦克·梅普尔斯	Floodgate 公司
从客户开始,逆向创新 (Work Backwards from the Customer)	迭戈·皮亚琴蒂尼	亚马逊公司

6.8 练习

(1)TerraPass 公司致力于减少温室气体排放以减缓全球变暖。为此,该公司为美国各地的温室气体减排和可再生能源项目提供资助。当高油耗汽车司机从 TerraPass 公司购买碳补偿时,就会获得一个可以贴在自己车上的贴纸,以此表明他们对环保事业进行了资助。请你为 TerraPass 公司的这项业务撰写一份概要(读者可以访问该公司官网 www.terrapass.com 以获得更多信息)。

(2)一家新创企业从事移动终端设备上的电子游戏研发和销售业务。该公司开发的游戏软件,可以帮助孩子们提高阅读、识字和数学运算能力。这家公司需募集 100 万美元的资金,用于在全国范围内推广其产品。请准备一个电梯演讲故事,以打动风险投资者为其投资。

(3)应用本章 6.3 节中给出的图表分析框架,对附录 A 的商业计划书进行评估。

(4)商业计划书的目标读者是哪些人?请说明你的理由,并应用图 6-3 提供的模型,解释新创企业应如何以商业计划书为一种协调工具,平衡主要利益相关者之间的关系。

(5)商业计划书中应包含哪些有关行业竞争态势的内容?你会使用哪些分析框架来解读行业竞争态势?

(6)商业计划书中应该包含哪些有关重要投资风险的内容?你认为商业计划书中对这些风险所持的态度是悲观或乐观,这一点是否很重要?

创业实战

1. 为你创办的企业草拟一份商业计划书的提纲。

2. 说明你打算如何撰写你的企业的商业计划书。

3. 提炼你对所发现的商业机会形成的商业构想，并撰写你的创业故事。

第 7 章

风险与收益

> 人生最大的荣耀不在于从不跌倒，
> 而在于每一次跌倒后都能爬起来。

奥利弗·哥德史密斯
（Oliver Goldsmith）

新创企业应如何管理不确定性和风险以谋求规模扩大及业务增长

新创企业在为解决问题而开发新的解决方案时，常常会面临结果的不确定性。在充满不确定性的市场中采取行动，肯定会面临进度延误或遭受损失的风险。尽最大可能减少和控制各类风险是企业家的一项艰巨任务。

新创企业希望：随着客户对其产品需求的增加，企业可以不断扩大销售规模，而随着需求和销售额的增长，其产品的单位生产成本会下降，从而实现规模经济。规模经济通过将固定成本分摊到数量众多的产品上，降低产品的单位成本。具有网络效应的行业通常会因此形成行业标准。

7.1　不确定性与风险

创业者希望捕捉重要的机会和实现远大的目标，这需要他们承担比供职于一家成熟企业或政府部门高得多的风险。将新产品引入新市场这件事的结果具有不确定性。如果一项行动引发的结果是必然的，我们就可以称这项行动具有**确定性**（Certain）。确定性事件是可靠的或有保证的。例如，我们抛出一块石头，它肯定会落在地上而不是浮在空中。

如果一项行动引发的结果是未知的或可变的，我们就称其具有**不确定性**（Uncertain）。**风险**（Risk）是指遭受某种损失（包括财务损失、实物损失或名誉损失等）的可能性，是用来测度未来可能发生的变化的一项指标。绝大多数人或者说几乎所有人都厌恶风险并希望规避风险。下面以抛硬币游戏为例展示人们对风险的厌恶。

> 📖 **抛硬币游戏**
>
> 　　你有两个选择：直接获得 50 美元，或者玩一个有 50% 的机会赢得 100 美元的抛硬币游戏。直接获得 50 美元这一选项的结果是确定的，而抛硬币游戏这一选项所对应的结果是不确定的。长期看，你多次抛硬币的预期收益也是 50 美元，但是只抛一次硬币，获胜概率 P 是 50%。显然，如果获胜概率 P 是 100%，你肯定会选择抛硬币游戏。如果获胜概率为 70%，你会选择抛硬币游戏吗？获胜概率多高时你才会选择抛硬币游戏呢？如果获胜概率 P = 70%，你才会选择抛硬币游戏，那么你是一位风险厌恶者；如果获胜概率 P = 40%，你就会选择抛硬币游戏，那么你是一位风险偏好者。当然，做出什么选择还会受到你的整体财富水平与 50 美元的损失相比较的结果，以及你从玩这个游戏中获得的乐趣大小的影响。这个游戏表明：绝大多数人，可能也包括你，都是厌恶风险的。

我们通常认为企业家是风险承担者。但是，大多数优秀企业家都在坚持不懈地管理风险（Gilbert & Eyring，2010）。知道哪些事情值得为之承担风险，是一种建立在经验和良好判断力之上的企业家才能（Davis & Meyer，2000）。我们通常假定，高风险的创业活动可以为创业者带来更高收益。创业者通常会发挥其企业家才能，采取一些有效措施来降低风险水平，防止企业滑入低谷。这就好比马戏团会为高空走钢丝的表演者放置一张结实的保护网。实际上，大多数成功的新创企业之所以能够创造价值，是因为创业者承担了可预测的风险，并且拥有降低风险水平或管理这些风险的核心能力。企业的生命力在于其对风险的管理，而非消除风险（Brown，2005）。

创业者很像一位投资经理，只会选择投资于特定机会，而不是投资于所有机会。创业者在进行风险分析时，需要预估一段时间后的潜在结果和可能发生的变化。风险是对将来可能出现的实际结果，与人们期望达到的目标之间的差距的度量，即对出现某种损失的可能性的度量。表7-1列出了4种可能的不确定性水平（Courtney，2001）。预期投资收益应与其不确定性水平相当。

表7-1   4种可能的不确定性水平

不确定性水平	风险等级	例子
1. 明确、唯一的结果	非常低	购买短期国库券
2. 存在有限种可能的结果	低	用手推车在奥运会期间销售体育用品
3. 未来可能出现一系列结果	中	面向新市场推出一种改进的产品
4. 有无限种可能的结果	高	建立一家新企业，致力于燃料电池的技术突破，并开发和销售一种革命性的新能源产品

在机会面前，创业者的行为方式很像金融投资者在股票市场中的做法（Sternberg et al.，1997）。他们预先设定一个可承受的风险水平，然后去寻找不超过这个风险水平的投资机会，并通过"低买高卖"赚钱。低价买入意味着要发现那些目前不受青睐或不被广泛认可的想法，高价卖出则意味着要利用这个想法创办一家成功的企业，通过经营企业获得财富，或者在合适的时候找一个买家，将企业的部分或全部权益售出以获得可观的收益。包括创业活动在内的所有投资都要遵循一个基本原则，即"只投资于自己熟悉的业务"。因此，赚取巨额财富的机会，只属于那些了解并愿意，且有能力承担与之相伴的巨大风险的极少数人。创业者知道创业面临风险，并在确信自己有能力管理或减轻

风险的情况下，敢于承担较大风险。

　　对大多数创业者来说，规避风险的最好方法是小规模起步，在实践中试错和摸索前行。创业者通过识别可能的投资机会，采取行动开展业务，然后根据所获得的市场反馈评估实践结果，如果结果令人满意，再继续前进。如果某个机会在下跌时的亏损有限，而在上涨时的潜在收益很高，则创业者最可能去承担此机会失败的风险（Sull，2004）。亨利·福特曾说："失败只是一个重新开始的机会，下一次，你会更加明智。"

　　成熟的创业者会根据重要性和可承受性给风险影响因素排序，将那些可能带来毁灭性影响的风险因素排在第 1 位，将具有战略性影响的风险因素排在第 2 位，将影响经营效果的风险因素排在第 3 位。他们会在商业计划书中指明各类风险因素间的相互依赖关系，指出计划中某些任务的失败或延迟将对其他任务产生何种影响。创业者在投入过多资源前，会首先依据风险识别和排序结果实施风险管理，以规避或减轻那些重大风险（Gilbert & Eyring，2010）。

　　人们在同等程度的损失和收益面前，所感受到的懊恼或愉悦程度是不同的。创业者应该确定自己的**"后悔"**（Regret）水平，即个人能够容忍的损失的量。仍以抛硬币游戏为例：如果你只能承受 200 美元的损失，即 200 美元是你的"后悔"水平，那么，如果你在第一轮就输掉了 50 美元，你会感到不安；如果你连玩 4 局且每一局都输掉 50 美元，你会感到"后悔"。"后悔"水平与个人拥有的财富多少、年龄和心理健康状况有关。创业者需要评估自己最多可以接受多大损失，据此设定自己在创业活动中愿意承受的代价或风险的底线，并限制他们的投资。如果一名创业者愿意放弃 7 万美元的年薪，拿出自己 4 万美元的储蓄投入创业活动，则 11 万美元是其"后悔"水平。

　　创业者能够承受的风险水平各不相同，不过，大多数创业者不会倾其所有地投入，而会留出一些钱，以确保即使创业失败也不会无家可归或食不果腹。如果创业者拥有足以供他东山再起的积蓄，那么他更容易成为一个风险承担者。

　　一家新创企业扣除风险后的企业价值 V 为：

$$V = U - \lambda R \tag{7-1}$$

　　式中，U 为收益，λ 为风险调整系数，通常大于 1，R 为后悔水平。λ 值越大，创业者的风险厌恶程度越高。λ 趋近于 1 时，代表风险偏好为中性；λ 趋近于 2 时，代表风险偏好为厌恶（Dembo & Freeman，2001）。如果创业者的后

悔水平 R 为 11 万美元，且 $\lambda = 2$，要使 $V > 0$，或者，令

$$U > \lambda R \qquad (7\text{-}2)$$

此时，收益 U 应大于 22 万美元。创业者可以应用情景和经济分析来估算企业的潜在收益 U。

为应对不确定性，创业者应采取"小步前进"策略，即分阶段投入、留有余地，根据前一阶段的结果，调整核心竞争力和战略部署，再进入下一阶段。以公式（7-2）中的 $\lambda = 2$ 的风险规避型创业者为例，他可以选择先进行 6 个月的创业活动，设定该阶段的后悔水平 R 为 5.5 万美元，则该阶段的收益 U 最少应为 11 万美元。基于这 6 个月的运营所获得的市场反馈，创业者可以通过调整业务策略来提升经营业绩，并基于新的收益 U 计算企业价值，以决定是否继续开展第二阶段的创业活动，或者中止创业。

当面对具有高度不确定性的创业环境时，企业需要提高其战略应对能力。情景规划（Scenario Planning）[一]是在不确定的环境中开展战略决策的有效分析工具。

风险反映了不确定性程度以及与结果相关的潜在损失，这些结果可能由单一行动或一系列行动所导致。风险由两个因素组成：不利结果发生的可能性以及损失程度。大多数新创企业的创业者及其投资者会预估创业活动的潜在损失程度，以及潜在损失发生的可能性。我们建议采用如下风险度量方法：

$$风险 = 潜在损失程度 \times 潜在损失发生的可能性 \qquad (7\text{-}3)$$

潜在损失程度 H 是创业团队感知到的潜在损失的大小，包括创业者放弃的工作收入（机会成本，OC）和创业者需投入的资本 I。于是：

$$风险 = (I + OC) \times UC \qquad (7\text{-}4)$$

UC 表示潜在损失发生的可能性，可以用产生预期不利结果或遭遇损失的概率来描述。如图 7-1 所示，创业团队通过预估潜在损失程度和潜在损失发生的可能性，以及计算出来的风险水平，做出是否继续创业项目的决策。高损失程度可能并不会阻止创业者选择具有潜在高收益的创业项目。是否继续创业，取决于团队成员感受到的潜在损失大小，以及损失发生的不确定性程度。当然，

[一] 情景规划最早作为一种军事规划方法出现在第二次世界大战之后不久。20 世纪 60 年代，曾供职于美国空军的赫尔曼·卡恩（Herman Kahn）将其提炼为一种商业预测工具，1970 年后该方法开始在企业界和学术界流行。该方法要求企业先设计几种未来可能发生的情形，再想象会有哪些出人意料的事发生。该方法支持开展充分客观的讨论，帮助企业在高度不确定的环境中进行高瞻远瞩的决策，使战略更具弹性。——译者注

潜在收益的估算会受到在计算中所做出的假设的影响。

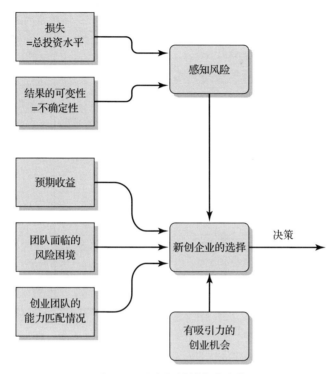

图 7-1 风险和新创企业决策

新创企业的创立和运营过程始终伴随着一定程度的不确定性。这是因为，新创企业为参与市场竞争，会推出新产品，采用新的生产工艺和流程，采用新的管理方法开展经营（Shepherd et al.，2000）。向市场推出新产品意味着市场需求和客户具有不确定性；采用新的生产工艺和流程，要求创业团队掌握相关知识；采用新的管理方法，可能会挑战创业团队所具备的能力基础。规章和法律条款的变化也是不确定性的来源。表 7-2 列出了不确定性的来源。

经营不善或者失败意味着巨大的、不容低估的风险。美国小企业管理局的数据显示，大约一半的小企业会在创立 4 年内被其他企业收购或退出市场。当然，被其他企业以不错的价格收购可能就是创业者设定的成功目标。所以，更准确的说法是，1/4 的新创企业将在创立 4 年内停止运营，只是不清楚这些企业的具体收益或损失情况怎样。

科技企业通常面临 4 种风险：技术风险、市场风险、财务风险和团队风险。创业团队应尽力确定这 4 种风险发生的可能性。企业通过实施战略风险管理、制定应对战略以规避和减轻风险损失。在风险中存活的关键是，积极开展风险评估和制定应对策略（Slywotzky & Drzik，2005）。

技术创业者更希望迅速融入市场并从实践中学习，不会因为存在不确定性而止步不前。当市场、生产和管理 3 方面的新颖性降低时，不确定性和相关风险水平也会随之降低；同时，当创业者所掌握的市场知识、所具备的流程管理能力提高时，不确定性也会降低。因此，新颖性基本等同于不确定性，同时，新颖性带来的不确定性会随时间推移而降低。不确定性和风险的管理过程如图 7-2 所示。

通常，可以通过获取信息来减少不确定性。本质上，信息是不确定性的对立面。获取信息和知识可以帮助组织提高适应性和运营绩效。创业者应持续做出决策，以应对环境不确定性和调整组织内部结构，反过来，环境和组织内部结构也影响着企业的经营绩效。创业团队可以从以往的决策中学习如何在未来做得更好。这种学习将帮助企业提升适应环境变化的能力。为有

表 7-2　不确定性的来源

1. 市场的不确定性	4. 规章和法规的不确定性
● 消费者	● 政府监管
● 市场规模与增长速度	● 联邦各州法律与当地条令
● 渠道	● 标准和行业规则
● 竞争者	
2. 组织和管理的不确定性	5. 财务的不确定性
● 能力	● 成本和资本可获得性
● 财务优势	● 预期的投资回报率
● 人才	
● 学习能力	
● 战略	
3. 产品与流程的不确定性	
● 成本	
● 技术	
● 原料	
● 供应商	
● 设计	

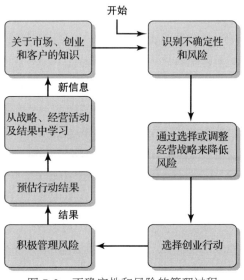

图 7-2　不确定性和风险的管理过程

效降低风险，企业应充分利用从经验中学习到的新知识，指导业务战略及其执行方式的调整。具体的调整内容包括为团队招募新人、创建新的战略联盟、降低成本或改善客户关系等。

2005 年，斯坦福大学的博士生凯万·莫哈杰（Keyvan Mohajer）决定将他在歌曲识别软件方面的研究成果商业化，他创办了猎曲奇兵公司（Soundhound）。莫哈杰的主要竞争对手是沙赞公司的软件。沙赞公司的软件只能识别录音，而莫哈杰的软件则可以识别歌词，无论这些歌词是唱的、说的、纸质的还是从录音中播放出来的。为了支持软件实现丰富功能，莫哈杰决定冒一点险，为其软件创建更复杂的界面，而不是像沙赞软件那样只有简单的单一按钮。然而，事实证明用户更喜欢沙赞软件的简单按钮。到 2012 年，沙赞公司宣称拥有 2.5 亿用户，而猎曲奇兵公司仅拥有 1 亿用户。如今，猎曲奇兵公司基本上已退出歌曲识别业务领域。莫哈杰的创业经历表明，对创业者而言，持有必胜的信念固然重要，但盲目乐观的心态会影响对相关风险的评估。

赛门铁克公司：风险和收益

1981 年，个人计算机软件业的先驱戈登·尤班克斯（Gordon Eubanks）与他人共同创立了 C&E 软件公司，希望通过开发和销售集成的数据库管理和文字处理软件获取收益。1983 年，硅谷凯鹏华盈公司的风险投资家约翰·多尔为尤班克斯的公司注入风险资金。当时的赛门铁克公司是一家人工智能软件公司，尽管拥有一项自然语言识别技术，但是它还是处于举步维艰的境地。多尔建议尤班克斯将 C&E 软件公司与赛门铁克公司合并，并将赛门铁克的技术整合到 C&E 公司开发的产品中去（见图 7-2）。尽管尤班克斯觉得这次技术整合是为了获得风险投资而做出的妥协，但是他还是被这项交易的潜在收益打动了——两家公司合并后，C&E 公司将持有高比例的股权，获得凯鹏华盈公司提供的额外现金投资，以及领导合并后企业的机会。1984 年年末，合并后的赛门铁克公司获得重生，成为一家拥有文字处理能力的自然语言数据库管理软件服务商。

虽然获得了额外的风险投资，但赛门铁克公司仍然无法仅凭单一产品持续生存。于是，1985 年，在赛门铁克数据库管理软件的第一个版本发布前几个月，尤班克斯聘请汤姆·拜尔斯寻找新的收入来源并开发多样化的产品线。拜尔斯认为，类似当时流行的 Lotus 1-2-3 电子表格的工具软件将拥有市场空间。赛门铁克公司采用了类似图书出版的策略来销售工具软件：赛门铁克公司向开发人员支付版税购买工具软件产品，并获得以开发者身份售卖这些软件的权利。同时，尤班克斯调整了赛门铁克公司的战略以应对与新业务相伴的风险和不确定性。

从 1987 年开始，尤班克斯持续推进公司的多元化进程。赛门铁克公司上市后，以区区 1000 万美元现金收购了 Breakthrough 软件公司，后者的项目管理软件 Timeline 使得赛门铁克公司的收入翻了一倍，及时化解了 Lotus 产品系列的销售额快速下降带来的威胁。

20 世纪 80 年代末，计算机软件行业出现了两个新变化：第一个变化是，随着越来越多的计算机接入互联网，计算机病毒扩散日益严重；第二个变化是，以 Macintosh 为代表的个人计算机中的图形用户界面（Graphical User Interface，GUI）技术迅速发展。尤班克斯对上述两个变化给予快速响应，通过实施几项重要的收购进行有效应对。

曾在赛门铁克公司的出版部门为拜尔斯工作的特德·施莱因（Ted Schlein）发现，杀毒软件具有巨大的潜在市场。于是，他推动公司发行了第一款商业杀毒软件 Symantec Antivirus for Macintosh（SAM），该产品面市后大获成功。在接下来的几年里，赛门铁克公司在杀毒软件领域进行了多次并购，包括并购 Peter Norton 计算机公司，逐步将网络安全软件开发发展成公司的核心业务。此外，尤班克斯还收购了两家基于 Macintosh 系统的软件开发公司，以获得它们在图形用户界面软件开发方面的经验。这些并购帮助赛门铁克公司做好了应对未来 10 年变化的准备。其后 10 年，赛门铁克公司推出的几乎所有软件都是面向 Windows 或 Macintosh 系统的。

最后，赛门铁克公司的营销体系和分销渠道建设，对软件产品线的顺利扩张提供了重要支撑。尤班克斯意识到，软件行业正在迅速走向成熟，大企业正在成为最重要的客户。他聘请了约翰·莱恩（John Laing）担任全球销售主管，鲍勃·戴克斯（Bob Dykes）担任首席财务官，这两人都曾供职于大型企业，拥有丰富的职场经验。在他们的领导下，赛门铁克公司建立了必要的流程和制度，为进入即将到来的快速增长做好了管理方面的准备。

1989 年，赛门铁克公司上市，此时公司拥有 264 名员工、4000 万美元的销售额、300 万美元的净收入，以及 15 款产品。20 世纪 90 年代，尤班克斯将公司的业务重心放在网络安全技术上。1999 年，尤班克斯辞去赛门铁克公司首席执行官一职，由来自 IBM 公司的约翰·汤普森（John Thompson）接任。汤普森延续了企业安全软件开发这一目标市场战略定位，并保留了整个产品线。2005 年，赛门铁克公司通过与 Veritas 软件公司合并，进一步延伸其业务领域，进入提高整体数据可用性这一领域，并成为全球最大的软件公司之一。2016 年，赛门铁克公司的收入超过 36 亿美元，拥有 1.1 万多名员工，业务遍及 35 个国家，市值超过 115 亿美元。像赛门铁克公司这样的行业领导者，无时无刻不在进行风险和收益管理。

企业可以采用投资组合理念，来管理因客户行为无法预测而引发的风险。企业应该保持客户投资组合的多样化，以确保企业能在可以承受的不确定性水平上获得期望的回报。与股票一样，客户也是一种风险资产，为获得客户所支付的成本，应该与客户可能带来的现金流价值相匹配。应引入"风险调整后的客户生命周期价值"这一具有变革性的理念（Dhar，2003）。

在局外人看来，创业成功似乎是一个偶然事件，创业者需要在正确的时间产生正确的创意。实际上，创业者是将诸多偶然性因素联系起来，在可靠的信息获取和精准盘算的基础上实现创业成功的。正如假日酒店的创始人凯蒙斯·威尔逊（Kemmons Wilson）所说："机会经常降临。当你用训练有素的耳朵去倾听，用眼睛去观察，用手去捕捉，用头脑去思考时，机会就会来敲你的门。"（Jakle et al.，1996）

回答表 7-3 中提出的 4 个问题，可以帮助新创企业评估潜在损失和预期收益。在一般情况下，创业者会期望预期收益远大于潜在损失。

表 7-3　评估潜在损失和预期收益需回答的 4 个问题

1. 描述最可能的情况，估计这种情况发生的概率，以及在这种情况下的期望收益
2. 描述最糟糕的情况，估计这种情况发生的概率，以及在这种情况下的期望收益
3. 描述最理想的情况，估计这种情况发生的概率，以及在这种情况下的期望收益
4. 确定创业团队及投资者能承受多少损失，包括他们的投资成本和机会成本

7.2 规模经济与范围经济

本节我们考察企业规模和业务范围所带来的战略影响。

企业规模（Scale of a Firm）是指企业经营活动的范围大小，可以用销售收入、销售数量等衡量规模的指标来描述。**规模经济**（Economies of Scale）是指，随着销售数量的增加，产品的单位成本将会降低。规模经济通常是通过分摊固定成本来实现的，即将租金、一般管理费用和其他管理费用分摊到更多的销售量 q 上。规模经济曲线如图 7-3 所示，单位成本随着产量增加而减少，在 q_m 点达到最小值。在通常情况下，当 $q > q_m$ 时，高产量导致的协调复杂性增加，反而导致单位成本增加。

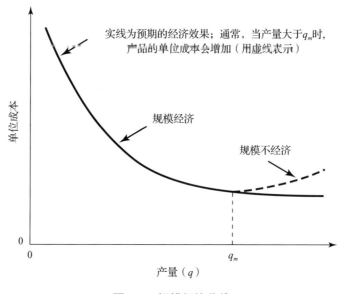

图 7-3 规模经济曲线

如果某个行业在制造、分销、服务或其他业务环节存在显著的规模经济性，则大企业（在某种程度上）要比小企业更具成本优势，于是，小型或新进入该行业的企业需要通过提升产品质量和差异性，而不是依靠低价来参与竞争。当小型或新进入该行业的企业规模逐渐扩大时，它们也可以通过降低单位成本与大企业在价格上展开竞争。

谷歌公司的竞争优势

谷歌公司的持续竞争优势与其搜索引擎的创新性密不可分。网络搜索引擎基于科学的算法，为用户提供零误差的搜索（Hardy，2003）。谷歌公司凭借其先进的搜索技术，为用户提供相对精确的搜索结果，从而吸引人们持续使用它。1998 年成立的谷歌公司仅用了 3 年时间，就在 2001 年实现了 1 亿美元的营业收入。2004 年，谷歌公司进行 IPO，筹集到 12 亿美元资金。到 2016 年，其收入超过 900 亿美元。谷歌公司的主要收入来源是互联网广告业务，即通过竞价排名方式进行广告拍卖，通过销售特定关键字的版权来收取费用。当用户输入该关键词时，付费者的相关广告会首先显示在页面上。凭借巨大的搜索量，谷歌公司从规模经济中获益颇丰。

另一个与规模相关的概念是**可扩展性**（Scalability），即一家企业能够在多少维度上拓展业务以提供更多服务。可扩展性有几种度量方法，包括年销售数量、销售收入和客户数量等。这些业务维度并非相互独立，某个维度上的规模扩张可能会影响其他维度。可扩展性强的新创企业要比可扩展性差的新创企业更具吸引力（Rose，2016）。

可扩展性取决于企业的能力。**能力**（Capacity）是企业采取行动或做事的能耐。任何企业在销售额增长时，都会伴随流程、资产、库存、现金和其他要素的扩张。例如，当企业规模扩大时，其营运资本会增加。**营运资本**（Working Capital）是指用于支持企业正常运营的资金，等于企业的流动资产减去流动负债。新创企业的营运资本来源包括长期和短期借款、出售固定资产所得、新资本注入和净收入。新创企业的扩张能力受到其获得的新资本和资产的数量的影响。

提高企业的可扩展性对创业成功至关重要。为了抢占先机或追赶竞争对手，企业必须设法预测需求的增长趋势并迅速采取行动，以保证自己有能力满足预期的需求。这样做意味着，企业要在需求获得实践验证之前就投放资源，因此可能带来风险。产品的总成本 TC 为：

$$TC = FC + VC \tag{7-5}$$

式中，FC 是不随产量变化的固定成本，VC 是随产量变化的可变成本，VC = $c×q$，c 为产品的单位可变成本，q 为产量。图 7-4 描绘了 3 种成本的关系，表 7-4 描述了 4 类企业的规模经济性、可扩展性、固定成本、可变成本对其主导战略与启动资金的影响。

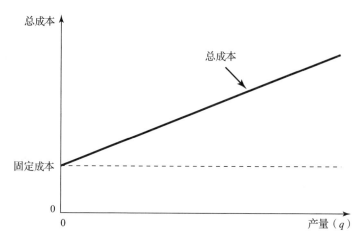

图 7-4　总成本是固定成本和可变成本的总和

表 7-4　4 类企业的规模经济性、可扩展性、固定成本和可变成本对其主导战略与启动资金的影响

企业类型	规模经济性	可扩展性	固定成本	可变成本	主导战略	启动资金
基于人才的企业 如：咨询企业	低	中	低	高	人才招聘	低
基于人才和知识资产的企业 如：整形外科、清洁技术企业	中	中	中	中	保证实物资产和人才供应	中
基于实物资产的企业 如：生物技术、半导体企业	高	低	高	从低到中	保证实物资产供应	高
基于大量信息和少量实物资产的企业 如：软件、影视企业	高	高	高	低	保证人才供应，创作软件或影视作品	高

基于人才的企业的优势在于只需较少启动资金，只要能够招募到新的人才，就能实现企业扩张；其劣势在于缺乏规模经济性。基于人才和知识资产的企业

的优势在于，只要能获得必要的资金，就能够实现扩张。基于实物资产的企业在扩张过程中，需要确保获得新的厂房和设备，为此需要获得资本注入。基于大量信息和少量实物资产的企业必须拥有足够的投资资金用来开展软件或电影制作，其优势在于可变成本低且具有较高的规模经济性。

业务范围（Scope of a Firm）是指企业所提供的产品的种类或者所使用的分销渠道（或两者兼而有之）的数量。当企业内的多个产品或业务部门共享制造设施、分销渠道和其他资源时，会获得节约，即产生**范围经济**（Economies of Scope）。例如，宝洁公司单个产品的广告和销售费用很低，这是因为其品牌覆盖的产品范围很广。例如，该公司的一次性尿布和纸巾业务可以共同分担某些原材料的采购成本，以及新产品和新工艺的开发成本，且由于两类产品采用相同的分销渠道，销售人员可以同时将两类产品推销给超市买家。资源共享使这两个业务部门都比竞争对手更具成本优势（Hill & Jones，2001）。

> 📖 **在线支付服务商 Stripe 公司：寻求范围经济**
>
> 　　Stripe 公司是一家在过去几年内经历了高速增长的金融科技公司。该公司开发了一个在线交易平台，让用户无须经受开设商业账户的烦琐，就能在网站上直接支付。初次交易者需要接受一个两天的等待期，这期间平台会对交易双方进行信用评估和记录。一旦双方通过评估，交易款项即刻被划转给收款人。2015 年 1 月，Stripe 公司推出了基于机器搜索的欺诈检测系统。开通 Stripe 平台交易账户的企业越多，平台评估新合作伙伴的信用风险的能力越强。2016 年，在《福布斯》公布的云计算 100 强企业中，Stripe 公司位列第 4 名。Stripe 公司对那些希望从电子商务的巨大范围经济中挖掘商机的Web 开发人员产生了强吸引力。

新创企业的战略制定必须考虑规模经济和范围经济。总部位于加州的美国财富前沿公司（Wealthfront）是一家领先的"机器人顾问"、自动化在线财富管理公司，其运作模式为：借助机器模型和技术，为经过调查问卷评估的用户，推荐与其风险偏好和风险承受能力匹配的资产投资组合。该公司的运作模式充分利用了规模经济。其用户可以随时调整各自的"风险系数",该系数决定了平台为用户提供投资服务的风险。当公司为用户的投资提供更好的回报时,用户会倾向于提高其风险系数。同时,用户的这种行为又促使公司进行更多的实验性投资,并最终改善公司提供的服务。

7.3　网络效应与收益递增

　　网络效应(Network Economies,也称作网络经济)是新创企业的重要竞争手段,它出现在互补品体系对产品需求具有决定性影响的行业中。网络效应表现为**收益递增**(Increasing Returns),即随着产品或服务的生产或消费数量的增加,产品或服务带来的边际效益随之增加(Van den Ende & Wijaberg,2003)。例如,推特的潜在用户数量和带来的收益取决于已有用户的数量。当只有少数人使用推特时,它的价值十分有限。随着越来越多的人使用推特,它提供的价值随之增加,从而吸引更多的人使用它。这个过程构成一个正反馈循环:越多人使用某产品或服务,产品或服务带给客户的价值越高,这进一步导致需求增加,有更多的人使用该产品或服务。网络效应显著的领域例如电话通信、航空、计算机、银行和自动取款机、互联网和社交网络等。网络效应意味着"规模越大,产品或服务的性能越好"。

　　图 7-5 展示了 Windows-Intel(Wintel)个人计算机的需求量不断增长的正

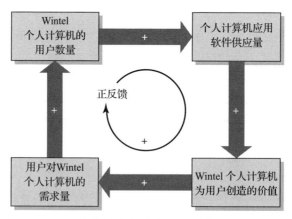

图 7-5　Wintel 个人计算机需求量不断增长的正反馈过程

反馈过程。随着 Wintel 个人计算机的用户数量增加，会吸引更多的应用软件（个人计算机的互补品）开发；随着越来越多的应用软件被开发出来，个人计算机对用户来说更具价值，于是用户对 Wintel 个人计算机的需求量也越来越大，导致 Wintel 个人计算机的用户数量不断增长。

"梅特卡夫定律"指出，一项产品或服务的网络价值约为：

$$网络价值 = kn^2 \tag{7-6}$$

公式（7-6）中，k 是一个由所在具体行业决定的常数，n 为网络中的用户数量。根据该模型，一项产品或服务的网络价值随着 n 的增大而快速增长。总体而言，网络效应呈现出一种不断自我强化的特质，如图 7-6 所示。

网络效应引发的收益递增现象表明：企业领先一步，就有可能步步领先，甚至"赢家通吃"，如图 7-7 所示。网络效应理论认为，随着销售量的增加，其产品逐渐成为行业标准，企业将借此获得越来越多的回报。如果一个产品、一家企业或一项技术——某一个参与市场竞争的因素——通过提供高质量产品或采取巧妙战略取得领先地位，则不断增加的回报将扩大其优势，从而可以帮助这个产品、这家企业或者这项技术继续锁定市场的领先地位。例如，eBay 是第一个在互联网上以类似拍卖的形式，连接个人买家和卖家的电子商务网站，其成长非常迅速。随着越来越多的稀有物品在 eBay 上拍卖，越来越

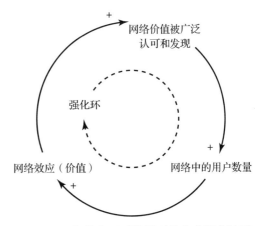

图 7-6　网络效应正反馈循环的自我强化特质

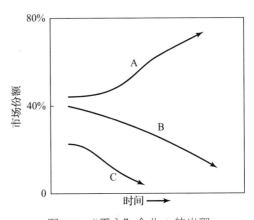

图 7-7　"霸主"企业 A 的出现

多的买家被吸引到该网站来竞拍商品，而不断增加的买家又进一步吸引了更多的卖家，最终帮助 eBay 占据市场主导地位。借助网络效应，eBay 的用户规模使其具备无可匹敌的竞争优势，致使雅虎等多个竞争对手挑战其霸主地位的努力均告失败。新创企业可以借助网络效应尽快取得市场份额，并建立"霸主"地位。

对新创企业而言，网络效应可能成为其推出新产品或新服务时将面对的巨大挑战。例如，依赖用户来生成内容的网站，在刚建立时会由于缺乏有价值的内容而难以获得首批用户。突破该困境的对策是专注于狭窄的利基市场，先在利基市场中获得市场份额，然后进入相邻的利基市场，借此不断强化其主导地位。脸书在刚创立时，以哈佛的在校学生为目标客户，后来扩展到其他大学，最后扩展到普通大众；Yelp 最初只在旧金山开展运营，后来扩展到其他城市。该策略被称作"保龄球策略"——打保龄球时，并不需要一下子就击倒全部 10 瓶，只要选准角度，打中第一个瓶子，其他的瓶子就会被"扫到"，最后可以击倒全部瓶子（Dixon，2011）。

新创企业获得市场份额的过程极具挑战且代价高昂。例如，PayPal 公司的创始人认为，他们所提供的服务的价值，会随着用户数量的增加而增加——这是一个与服务有关的收益递增的例子。于是，为了快速增加用户数量，PayPal 公司决定为新用户提供 10 美元奖励金，为推荐新用户加入的老用户也提供 10 美元奖励金。这种激励措施对 PayPal 公司实现市场扩张目标十分有效，但这意味着需要大量的资金支持。实际上，PayPal 公司差点因为资金问题而破产（Theil，2014）。

即使能够实现市场份额的快速扩大，也不意味着能够确保盈利。如果收入增长比成本增长快，则网络效应带来的结果最为理想。20 世纪 90 年代末，在线杂货商 Webvan 公司确立了成为美国在线杂货商领导企业的目标，为此，该公司着手仓储、卡车和物流系统等的建设，巨大的投资导致成本和库存激增。由于成本的上升速度超过收入的增长速度，最终使公司陷入破产。Webvan 公司的经验表明，市场份额的增长速度应与盈利水平以及企业维持运营的财务能力相匹配。

尽管梅特卡夫定律阐明了网络效应的基本思想，但它仍然只是对现实的模拟。实际上，网络中的每个节点（参与者）所贡献的价值是不同的，并且网络中的一些连接具有强关系属性，另一些则具有弱关系属性。客户既看重网络中节点的数量，也看重网络中的关键连接。图 7-8 展示了一个由 5 个节点和 8 条连线构成的网络。请注意，图中并非所有节点都能够连接到其他节点。

设想一家拥有 100 个分行的银行。大多数客户只会光顾自己所居住的地区或邻近地区的分行网点，不会去其他网点。也就是说，对许多客户而言，他们看重的是与本地分行、网上银行或电子账户的连接。因此，网络业务的设计者必须分析客户需求并基于客户需求开展业务，以满足客户需求。

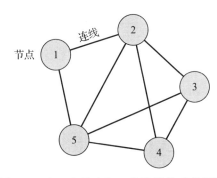

图 7-8　由 5 个节点和 8 条连线构成的网络

美国西南航空公司不设实体分支机构，也不借助旅游代理商拓展市场，而是使用电话和互联网与客户建立连接。公司极力鼓励客户使用互联网而不是电话与公司取得联系。与航空公司的做法不同，富国银行（Wells Fargo）认为实体分支机构对银行业来说十分必要，客户既重视实体节点（分支机构），也重视互联网渠道，因此，它在许多杂货店里设立自己的小微营业点。

一般来说，知识型产品呈现收益递增趋势。其前期开发成本很高，但之后的单位产品生产成本相对较低。知识型产品同样具有网络效应，即使用知识型产品的人越多，产品的价值就越高。

📖 脸书的网络效应

21 世纪初，众多社交网站都在竞争客户资源。2004 年，哈佛大学本科 2 年级学生马克·扎克伯格推出了脸书。该网站的初创目的是让同一班级的学生相互联系和共同学习。在推出后的一个月内，半数以上的哈佛本科生注册了该项服务。起初，只有哈佛的学生可以使用该项服务。逐渐地，该网站扩大了服务范围，将会员资格扩展到常春藤联盟的其他大学的学生，随后又向所有大学生和高中生开放。2006 年 9 月起，脸书对所有用户开放。

从那时起，脸书成为互联网上最受欢迎的社交网站。截至 2017 年，脸书拥有超过 18 亿的活跃用户——超过 WhatsApp（5 亿）、推特（3.1 亿）和 Instagram（2 亿）的总和。

7.4 风险与收益

通常，高收益会与高风险相伴。理性的创业者和风险投资家会要求蕴含高风险的项目带来更高的潜在年化收益，他们的决策会遵循图 7-9 的风险 – 收益模型。新创企业的预期收益率的计算公式为：

$$ER = R_f + R \qquad\qquad (7\text{-}7)$$

在公式（7-7）中，ER 为预期收益率，R_f 为无风险收益率（如国库券的利率），R 为风险溢价。投资者一般要求高风险的新创企业在 3 ～ 10 年间的预期年化收益率大于 30%，基于颠覆性产品或根本性创新的新创企业在 3 ～ 10 年间的预期年化收益率大于 40%（图 7-9 中的 a 点）。

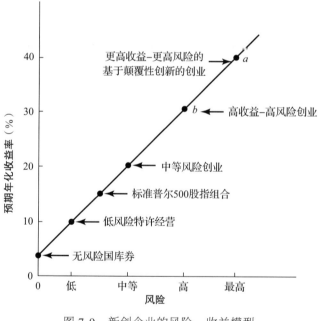

图 7-9　新创企业的风险 – 收益模型

2002 年，埃隆·马斯克与一群有太空旅行经验的团队前往莫斯科。马斯克打算购买一枚火箭并实现他在火星上建立微型实验温室的梦想，而当时俄罗斯的 ISC Kosmatros 公司正以 800 万美元的价格出售一枚火箭。但是，马斯克在计算后发现，一枚火箭的原材料成本仅占该价格的 3%，于是，他决定创办自己的太空公司：美国太空探索技术公司。2012 年，马斯克个人投资了 1 亿美元创办新公司，他持有该公司 2/3 的股份。2015 年 1 月，谷歌公司向该公司投资了 10 亿美元。目前，该公司市值为 100 亿美元，不过，马斯克的高风险创业投资是否会有回报，仍有待观察。

通常，要想承担中等风险并获得中等收益，企业可以通过开展渐进式创新来实现，无须开展颠覆性技术创新和引入颠覆性商业模式。技术上的适度改进加上商业模式的适度变革，能够带来有吸引力的风险收益项目（Treacy，2004）。

7.5　风险管控

新技术的出现、竞争环境的变化、监管制度的变革以及经济衰退，都可能让企业承受严重的风险。创业者需要开展风险管控，即预测潜在风险，并采取实际行动如制订应急计划，从而将潜在损失最小化等，让风险和回报脱钩（Slywotzky，2007）。战胜风险的前提是对客户有深刻了解，拥有独特的价值主张和有效的盈利模式。

面对新技术革命与产业变革的挑战，风险管控将帮助企业积极有效地应对风险。企业可以开展自查，找出产品、品牌和商业模式中潜在的风险因素。未能有效管控风险而导致失败的案例很多，如视频租赁商店百视达公司因风险管理不当而败给引入新商业模式的奈飞公司。2007 年苹果公司推出的 *iPhone* 手机，凭借出色的设计、简洁的界面以及摄像头等嵌入式技术，对那些对价格不太敏感的客户产生了巨大吸引力，导致摩托罗拉、诺基亚和黑莓等厂商的手机市场份额迅速萎缩。当丰田公司推出普锐斯（Prius）混合动力汽车时，其高能效技术和高科技品牌形象，让福特和通用汽车公司的传统的低能效产品相形见绌，两家公司的商业设计面临严峻挑战。

帮助新创企业开展风险决策的分析工具之一，是用于评估成功率的风险评估矩阵。该矩阵的横轴测度企业对新市场的熟悉程度，纵轴测度企业对新产品或新技术的熟悉程度以及所拥有的相关能力。如果矩阵的两个维度的熟悉程度均较低，那么企业将承受高风险。例如，让企业投资于陌生领域的技术项目或进入陌生市场，都是高风险的。因此，企业应考虑如何利用所掌握的知识和能力进入新领域（Day，2007）。

另一个风险决策分析工具是 RWW 产品概念评估法（即 Real-Win-Worth 方法）。应用该方法，首先，企业要进行真实性评估，即分析客户需求是否真实存在，创业所基于的新想法是否真的拥有潜在市场，产品是否真的能按预期生产出来。其次，企业要进行成功率评估，即分析企业是否能够击败竞争对手，是否能够"赢得"目标市场并建立可持续的竞争优势。最后，企业要进行价值性评估，即分析创业设想所产生的盈利能力。未能通过评估的创业设想意味着高风险，企业应该对其加以调整或直接放弃（Day，2007）。

新创企业能否取得成功，受到很多风险因素的影响。其中，创业者的管理素质和此前的行业经验、创业所基于的新技术的时效性等，是重要的风险因素。伟大的创业者始终坚持通过制订计划以适应不断变化的外部环境。

总之，无论在何种经济条件下，创新始终是新创企业取得成功的核心要素。创新可能发生在经济不景气和资源紧缺时期，也可能发生在经济状况良好和投资活跃时期。实际上，许多具有卓越创新能力的创业者是在经济不景气时期开始创业的（Graham，2008）。

7.6　焦点案例：Dropbox 公司

麻省理工学院的毕业生德鲁·休斯敦（Drew Houston）和阿拉什·费多斯基（Arash Ferdowski）在 2009 年创立了 Dropbox 公司，该公司提供照片、视频和文档的云存储服务。2009 年年底，苹果公司创始人史蒂夫·乔布斯会见了两位创始人并提出要收购他们的公司，在遭到两位创始人的拒绝后，乔布斯决定启动苹果公司自己的云存储项目 iCloud。

此时，Dropbox 公司正在推出"引荐朋友"计划来促进市场增长。根据该计划，当用户推荐其朋友使用 Dropbox 时，他自己的云存储空间就会增加。据休斯敦说，这项计划使 Dropbox 的注册用户数量增加了 60%。随着越来越多的用户加入 Dropbox，公司提供的云存储服务的价值也在增长，因为用户之间可以更便捷地通过 Dropbox 共享平台进行文件传输。Dropbox 公司借助网络效应实现了规模经济和收益的持续增长。同时，Dropbox 公司的创业团队根据需求不断扩充起云服务基础设施，有效地控制了用户规模递增的潜在风险。到 2016 年，Dropbox 公司已经拥有超过 5 亿的用户。

7.7　本章小结

技术和市场的不确定性导致新创企业易遭受风险损失。创业者的一项重要职责是开展风险管控，以规避和减少风险。在新创企业成长过程中，可能由于存在规模经济和范围经济，使得企业的单位生产成本降低。此外，那些有能力根据需求来扩张生产能力的企业更具吸引力。那些基于众多参与者所组成的网络开展业务的行业具有网络效应，其中的少数企业可以借助网络效应，成为所处行业中事实标准的制定者并实现收益递增。

> **技术创业原则 7**
>
> 创业者应致力于提高企业的可扩展性，同时，应积极开展风险管控，充分挖掘和利用规模经济、范围经济以及网络效应。

音像资料：

读者可以访问 http://techventures.stanford.edu 网站，浏览与本章内容有关的学术讨论。

大规模消费互联网的现状 （Realities of Consumer Internet at Scale）	约翰·莉莉	Greylock 公司
公平激励与风险承担 （Motivation through Equity and Risk Taking）	比尔·格罗斯	Idealab 孵化器公司
只解决真正的问题 （Solve Only Real Problem）	朱莉·卓	脸书公司

7.8　练习

（1）选择一家知名的或者你个人感兴趣的新创企业。利用表 7-2 中列出的不确定性来源，分析该企业近期面临的 3 个主要风险。找出一篇近期发表的有关该公司的文章，说明这篇文章中讨论了哪些风险。

（2）一名投资者被邀请为一家新创企业投资 1 万美元。预计该企业在 3 年后可为投资者带来 28 000 美元的投资回报，且该种情形的发生概率为 70%。你认为该投资者应该投资这家企业吗？说明你的理由。

（3）一位风险规避型的创业者的风险调整系数为 $\lambda=2$，新创企业将于第 2 年年末开始盈利。她的机会成本是 10 万美元，她还拿出 5 万美元的储蓄来创业。计算她在第 2 年或第 3 年可以接受的最低年回报率。

（4）验证图 7-9 中经验值的有效性。在你最喜欢的金融网站或报纸上查找如下数据：去年的无风险国库券收益率是多少，标准普尔 500 指数中去年的投资回报率是多少。找一家最近刚上市的新创企业，看看该企业去年（或自从 IPO 以来）的投资回报率是多少。

（5）对任何新创企业而言，第一笔收入或第一个客户订单都是其发展过程中的重要里程碑。请收集数据，了解互联网行业、生物技术行业和清洁技术行业内的新创企业，平均在创立后多久就获得了首笔收入。如果你是面向这 3 个行业的风险投资家，上述调查结果会如何影响你对这些企业的看法？你认为应如何管理这种时间风险？

（6）请描述脸书、推特或领英等社交网站或求职网站，是如何利用网络效应扩大市场份额的。

（7）本章 5.1 节讨论了企业的先行战略与跟随战略。如果身处具有网络效应和收益递增效应的市场，这对企业是否采取先行战略或跟随战略的决策有何影响？

创业实战

1. 描述你的企业面临的主要风险。你打算如何降低这些风险？
2. 你的企业是否有潜力实现规模经济和范围经济？你的企业的业务可扩展吗？
3. 描述你的企业在利用网络效应方面所具备的潜力。

第 8 章

创造力与产品研发

无径之林，常有情趣。

拜伦（Byron）

如何营造组织环境，为持续、及时地将新产品推向市场提供支持

过去 20 年间，技术的加速突破导致产品的生命周期越来越短。为适应这种快速变化的环境，企业必须建立一种能够激发新创意、新概念和新解决方案产生的创新性文化。如表 8-1 所示，企业创造力有 6 个来源。从产品创意、概念和解决方案，到产品设计和开发，再到实际产品，该过程塑造了新产品的具体特征。原型是新产品的模型，新创企业可以用原型探明客户的真实需求。情景是有关一系列未来可能发生的事件或结果的思维模型。成功的产品开发应符合

表 8-5 所列的 5 点要求。

表 8-1　企业创造力的 6 个来源

1. 掌握相关的学科和领域知识，对新事物具有敏锐的观察力
2. 具备把握机会之间的联系、重新定义问题、形成实用性构想、分析和评估潜在解决方案的能力
3. 擅长运用创造性思维和以新视角看待问题
4. 有采取行动的动力
5. 企业文化以机会为导向，乐于接受变化
6. 对于激励创造性和降低风险有着充分的了解

8.1　创造力与发明

创造力（Creativity）是一种运用想象力提出新想法、新策略、新商业模式或新解决方案的能力。创造性思维是大多数新创企业的核心能力，创业者总是努力吸引那些富有创造力的人才加入其团队。富有创造力的人总能透过现有解决方案、当前做法或已有产品，形成新的想法或提出解决问题的不同方法。这些创造性的想法是发明和创新的基础。因此，要开展创新，企业的首要任务是鼓励和激发创造力。本节介绍几种有效的激发创造力的方法。

表 8-1 展示了企业创造力的 6 个来源（Sternberg et al.，1997）。为了创造出新事物，创业团队需要了解相关学科和领域的知识和技能，前者（知识）可能涉及科学、工程或市场营销等领域的理论，后者（技能）可能涉及电路设计或市场分析方法等。

要做到富有创造力，就要具备把握机会之间的联系、重新定义问题、形成实用性构想、分析和评估各种潜在的解决方案的能力。富有创造力的人总是运用创造性思维，以新颖视角看待问题；他们具有一种内在的驱动力，让他们乐于尝试新事物和对变化秉持开放的态度；他们理解问题的产生背景，愿意为解决问题承担适度的风险；他们通常是敏锐的，拥有一种与生俱来的感知或理解事物之间的联系、想法和解决方案的能力。

图 8-1 展示了创造性思维的过程。首先，创业者要试图描述有待解决的问题；其次，他需要投入时间观察和开展研究，来验证自己对问题的理解；再次，他要对经由头脑风暴提出的想法和见解加以评估；最后，他要构建原型并向潜在客户展示。在此过程中，创业者可能不得不修改要解决的问题或拟迎接的挑

战，从而开启第 2 轮创造性思维过程。这个过程会不断循环迭代，直到创业者确信他构建的原型能够满足客户的核心需求为止。

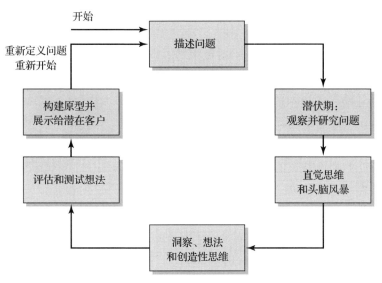

图 8-1 创造性思维过程

创造力通常涉及联想式思维——将看似无关的信息或想法联系起来，通过提出新组合来创造价值的能力。有 4 种触发联想式思维的关键行为：提问、观察、与不同的人交往以及进行实验（Furr & Dyer，2014）。

对一个寻求创新的小型创业团队来说，提升创造力令人望而生畏。对此，有一个方法会有所帮助：让团队成员参与角色扮演来逐步提升创造力。首先，请团队成员扮演 3 个学习者的角色：扮演人类学家的要观察人类行为，深度理解人们如何与产品、服务以及他人互动；扮演实验员的要努力将新想法开发成原型产品；扮演跨界嫁接能手的要去探索其他行业和竞争环境，从中学习和借鉴相关想法。其次，请团队成员扮演 3 个组织者角色：扮演跨越障碍者的，应该培养克服和战胜可能遇到的障碍的能力；扮演合作者的，要将不同的群体聚合到一起；扮演指挥家的，要召集团队成员并激励他们积极开展行动。最后，还要请团队成员扮演 4 个建筑师的角色：扮演体验建筑师的，要设计出超越一般功能的、能够带给客户令人信服的体验的产品；扮演布景设计师的，要去改造物理环境，为团队成员创造好的工作氛围；扮演护理人员的，要预测并关注客户的需求；扮演故事讲述者的，要对项目做出令人信服的概述（Kelley & Littman，2005）。

图 8-2 展示了创新引擎的作用机理，解释了创造力如何在各内外部因素的共同作用下得以提升。创新引擎的 3 个内部驱动因素是知识、想象力和态度。知识为想象力提供燃料，想象力则是将知识转化为新思想的催化剂，最后，态度将为这架创新引擎点火。创新引擎的 3 个外部驱动因素是资源、生存环境和文化。资源包括创业者社区中的各类资产，生存环境是指创业者所处的物理空间、约束条件、激励因子和团队动力，文化是指创业者社区中的集体认知、价值观和行为模式（Seelig，2012）。

图 8-2 创新引擎

创业者可以通过改善以上 6 个因素来促进创新，并通过重构问题、连接想法和挑战假设提升想象力（Seelig，2012）。例如，1954 年，经营儿童玩具商店的凯·祖福尔（Kay Zufall）希望开发新货源，她觉得当时在售的黏土模型过于坚硬，不适合孩子。刚好此时，她的姐夫发明了一种用来清洁墙纸的糊状混合物，这是一种柔软、容易塑形和切割的材料，祖福尔便尝试将这种糊状混合物作为玩具模型的介质。后来她和姐夫一起，将这种糊状混合物开发成一种安全的儿童彩泥，并将该系列产品命名为培乐多（Play Doh）（Sutton，2002）。

提升想象力的一个有效方法是召开头脑风暴会议。具体做法是：将不同的人聚集到一起，通过交谈和互动来催生新想法。在将不同团队成员的观点整合到一起的过程中，创造性的解决方案将会涌现（Harvey，2016）。召开头脑风暴会议通常涉及大量的规划、设计和执行工作。表 8-2 列出了几条高效召开头脑风暴会议的原则。

表 8-2 高效召开头脑风暴会议的原则

挑选合适的参与者	参与者应该背景多元、人数较少，可以不受公司内部政治影响地自由发言
设置合适的挑战	会议应聚焦主题，专注于面对一个明确界定的挑战
端正的态度	参与者应持有创造性心态，在会议总结环节之前不要对观点做评价
发挥同理心	应注重理解那些受到企业所面对的挑战影响的人

（续）

适当引导	以问题引导会议进程，这些问题可以是质疑假设的、考虑极端情况的、使用类比的，以及探索技术场景和发展趋势的
环境设施合理布置	要确保每个参与者都能专注和投入，让谈话保持新鲜和有活力
适当的延续性	确保会上提出的想法可以在随后的进程中被再度考察，如果认为合适，甚至会被实施

资料来源：Liedtka, J., & Ogilvie, T. (2011). Designing for Growth. Columbia Business School Publishing.

　　头脑风暴会议的效果高度依赖参与者的思维模式。为提高效率，参与者必须遵循表 8-3 所示的会议规则。创业者会下意识地立刻对所听到的创意做出评价，这会让他们过早、过快地过滤掉会议中提出的很多想法。应谨记：召开头脑风暴会议的目的是激发想象力，从而产生尽可能多的新想法，而不是对想法做出评价。那些以创意设计为核心能力的公司，如世界著名的产品设计公司 IDEO⊖，会在工作场所张贴表 8-3 所示的头脑风暴会议规则，提醒参与者不要忘记头脑风暴会议的目的。

表 8-3　头脑风暴会议规则

延迟评判	头脑风暴擅长产生创意，不要把创意产生和创意评估混为一谈
捕获所有想法	那些看起来不相关或"不够好"的想法，很可能成为其他创意的基础
鼓励大胆的想法	大胆的想法可能带来真知灼见
每次只有一人发言	在别人发言时，应认真倾听
善用他人想法	思考如何将别人的想法修改或扩展成一个新想法
直观表达	不要只用文字，尽量用图表和图片展示想法
数量第一	追求更多数量，而不是更优质量

资料来源：Seelig, Tina. inGenius: A Crash Course on Creativity. NewYork: HarperCollins Publishers, 2012.

　　创业者也可以采取行动来增强创新引擎中想象力之外的部分。例如，通过深度接触潜在客户，与他们对话，观察他们的消费行为，来拓展自己有关目标市场的知识。创业者还可以将所掌握的知识应用于不同的领域。例如，蒂娜·西利格（Tina Seelig）在斯坦福大学医学院取得神经科学博士学位后，决定

⊖　IDEO 是全球顶尖的设计咨询公司，以产品开发及创新见长。该公司成立于 1991 年，由三家设计公司合并而成，其中包括戴维·凯利（David Kelley）创立的戴维·凯利设计室。戴维·凯利是斯坦福大学教授、美国工程院院士，曾创立知名设计学院 D. School。——译者注

进入商界。西利格认为：虽然神经科学和管理学看起来非常不同，但她所掌握的神经科学领域的研究能力，在解决商界中的各种问题时一样有用；虽然她没有管理学学位，但她拥有高度相关的知识。研究表明，成员掌握虽然不同但相关的专业知识的创业团队，其整体绩效比所有成员均掌握同一目标市场的专业知识的团队更好（Franke et al.，2013）。

态度对于创造力提升十分重要。正确的态度是勇于尝试，怀有强烈的迎接挑战、解决问题的意愿。研究表明，人的思维能力是可塑的，那些乐于学习新知识的积极进取的人，拥有更出众的思维能力。

最后，生存环境对创造力提升具有重要影响。一些企业会着力营造有形的物理环境，让员工在色彩艳丽的开阔空间中工作，为员工配备可移动的家具、白板甚至游戏设备，以促进员工间的非正式互动，让员工能够更加便捷地分享新想法和催生新创意，为创造力提升创造良好的环境。

生存环境还包括无形的文化氛围。企业应该采用有助于激发创造力的工作流程，让团队成员充分参与新解决方案的开发过程。新创企业的领导者在营造企业文化方面具有格外重要的作用；那些给予员工更多自主权的企业，通常拥有更高水平的创造力（Zhang & Bartol，2010）。合作的文化氛围有利于创造力培养，在合作中，团队会以多元视角看待问题，更有可能实现创造性突破。与此同时，群体会成为严格的筛选者，可以降低团队产生十分糟糕的结果的可能性（Singh & Fleming，2010）。

新创企业的领导者将对企业文化施加直接影响，其影响方式包括制定规则、采取措施激励创新等。那些不在领导岗位的员工虽然无法直接对企业文化施加影响，却可以通过强化创新引擎的多个组成部分，间接影响企业文化。例如，员工可以通过更多地发挥其想象力，最终获得影响组织文化的机会。

表 8-4 给出了几个有关如何在创造性工作环境中管理和领导的观点。这些观点可能与传统的管理实践不一致（Sutton，2002），这很正常，管理创造性和研发活动与管理实施或执行活动存在相当大的差别：产生新想法、发明新产品主要依赖创造力，将新产品推向市场则需要借助常规流程（Freeman & Engel，2007）。小型的新创企业要努力兼顾这两种管理风格，并在企业成长过程中，逐步建立一种既支持高质量开展创造性活动，又能够高效率执行常规业务流程的企业文化。

表 8-4　传统管理实践与创造性管理实践的比较

传统管理实践	创造性管理实践
雇用那些能快速适应组织准则的人	雇用那些需要较长时间才能接受组织准则的人
雇用那些你喜欢或让你感觉舒服的人	雇用那些你可能不喜欢或让你感觉不舒服的人
雇用你需要的人	雇用你目前可能还不需要的人
利用工作面试招聘和筛选新员工	利用工作面试获得新想法
强调尊重同事意见和服从上司指示的重要性	强调无视和蔑视同事和上司意见的重要性
找到快乐的人，确保他们不会打破传统	找到快乐的人，鼓励他们去挑战权威
奖励成功，惩罚失败和懒惰	既奖励成功也鼓励失败，惩罚懒惰
谋划最有可能取得成功的事，并让每个人相信肯定能成功	谋划一些很可能失败的事，并让每个人相信肯定能成功
采纳合乎逻辑或符合实际情况的想法，并做好计划和采取行动	采纳不现实的想法，并做好计划和采取行动
接近那些支持我们的工作的人	远离那些只和你谈赚钱，让你分心或烦恼的人
最大限度地利用那些遇到过与你面对的问题一样的人所掌握的经验和知识	无视那些扬言曾遇到过与你面对的问题一样的人的建议
复制自己的企业以往的成功	忘记自己的企业过去的成功

资料来源：Courtesy of Sutton, Robert. Weird Ideas That Work. 2002. Simon and Schuster, New York City.

8.2　产品设计与开发

新创企业的早期任务之一是设计和开发新产品。创业团队希望开发出能够抢占竞争主导地位的新产品。新创企业的优势体现在，创业领导力在新产品开发的各个阶段都发挥着核心作用。同时，新创企业因其规模较小，所以可以迅速地采取行动，去整合对新产品开发有利的各种必要的专业能力（Burgelman，2002）。

近年来，产品的复杂性急剧提升，随着产品功能日益丰富，预测产品需求的难度呈指数级增长。此外，大多数市场都在快速发生变化，导致采用传统方法预测产品需求变化趋势的可行性日益降低。这要求创业者改变看问题的视角，出路不再是通过改善预测手段来提高预测的可靠性，而是不再以做出长期的精准预测为目标。既然无法精准预测，许多产品设计人员尝试在研发过程中让产品设计保持灵活性，从而尽可能降低更改设计带来的可变成本。这样，当团队成员对用户需求的理解发生改变时，项目负责人可以通过调整设计来适应需求变化（Thompke & Reinertsen，1998）。例如，设计人员可以在固定的硬件平台上，通过软件更新对产品进行持续改进。

新产品研发过程必然伴随着不确定性，对大多数创业者而言，不确定性是难以控制的。挑战在于：要在预先计划和动态学习之间找到恰当的平衡点。计划设定了规则，学习则赋予组织灵活性和适应能力。对大多数刚起步的新创企业而言，以开放姿态开展组织学习是必要的（DeMeyer et al.，2002）。

产品**设计**（Design）以具体的细节安排来体现新产品开发理念或概念。企业借助颜色、形状和质地等视觉设计属性，激发用户的兴趣，推动销售活动开展，向市场阐释新产品具备什么功能，以及怎样让它发挥最佳效用（Eisenman，2013）。在更一般的意义上，设计也是对新产品开发过程中所采用的概念、利用的信息及投入的人力的组织和管理。

在某种程度上，设计工作是在新颖的概念与既定的制度要求之间做出调和。例如，托马斯·爱迪生根据当时的制度和文化环境，无论是推出电灯照明的新概念，还是设计电力照明系统，都尽量与已有的基础设施匹配，尽量采用民众熟悉的功能设计和视觉形式。最终，他设计的电力照明系统迅速为民众所接受，替代了传统的煤气灯照明系统（Hargadon & Douglas，2001）。在新产品开发过程中，挑战始终存在，创新者既要采用用户熟悉的形式来展现新想法，又不甘心看着用户固守传统的做事方式。因此，创业者必须在新颖度和熟悉感、主动施加影响与被用户接受之间找到平衡（Anthony et al.，2016）。

📖 **托尼·法德尔：温度调节器的根本性创新**

托尼·法德尔（Tony Fadell）是一位典型的打破传统的思想家。他在供职于苹果公司时，提出小型便携式数字音乐播放器的开发概念，这一概念后来成就了 iPod。此后，他成为开发 iPhone 的关键人物，为苹果公司跃居全球市值最高企业做出了巨大贡献。法德尔总是从思考如何引入新概念，来让现有产品更容易使用或访问入手，进行新产品开发。从苹果公司离职后，法德尔发明了 Nest Learning 恒温器。当时，他在策划一个重大项目：在太浩湖（Lake Tahoe）畔建设一个节能的梦想家园。他希望建筑物的每个功能都能满足互联网和移动应用时代的需求。在为昂贵的环保节能供热通风与空调系统（Heating，

Ventilation and Air Conditioning，HVAC）选择一款可编程恒温器时，他发现，售价高昂的恒温器似乎十几年没有改观，功能少、不够智能，使用体验异常糟糕，于是，他打算自己设计智能恒温器。他设计的恒温器既可以手动控制，又可以通过互联网智能控制，使用十分方便且节能效果相当显著。他的发明颠覆了几十年来停滞不前的市场，他创办的 Nest Lab 公司将取代数以百万计的民用和办公用恒温器制造企业，其产品线已扩展到安全摄像头和烟雾探测器等领域。2014 年，Nest Lab 公司被谷歌公司以 32 亿美元收购。

　　表现优异、效果突出的新产品或新服务，源自可靠的、经得住考验的设计原则和方法（Brown，2008）。创新源自对用户有关产品功能和外观、包装物、营销形式、售后服务等的需求的深刻理解。图 8-3 展示了新产品的开发流程（Thompke & Von Hippel，2002），包括研究与开发、产品设计、原型构建和测试等环节。用户体验在某种程度上来自产品的外形与触感设计，比如 iPad 和 Tesla 跑车，它们都是极具艺术美感和创意的设计作品，但是优秀的产品不仅要在外观上吸引人，还要易于使用和理解。同时，用户总是希望新产品在某些方面表现特别突出。幸运的是，如果新产品是一项渐进性创新，则可以利用用户创新来提高开发效率（Nambisan，2002）。优秀的设计师不仅注重产品质量，还会在产品设计中融入人文关怀元素，如温情关怀、地位彰显以及社区价值等。

　　设计要兼顾审美与功能实现。一个漂亮的玻璃杯应该同时具备实用性和吸引力。同时，设计也是妥协和受限的过程。即使是因设计精

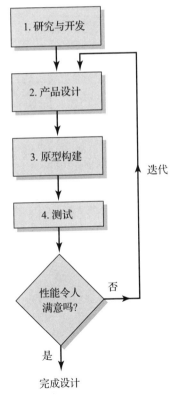

图 8-3　新产品的开发流程

美而广受赞誉的 Maglite 手电筒，也存在光束中间有暗纹的缺陷。

成功的产品开发应符合表 8-5 所示的 5 点要求：承诺、愿景、即兴创作、信息共享和协作（Lynn & Reilly，2002）。新创企业一般倡导合作性企业文化，因此，达到这 5 个要求并不难。产品开发团队（很可能包括新创企业的所有员工）应清楚了解产品的开发愿景，并开展有效的合作。

表 8-5 成功的产品开发的 5 点要求

1. 高级管理人员给予全力支持，为此做出承诺
2. 新产品有清晰可靠的愿景和明确的开发目标
3. 在开发原型时要为即兴创作和迭代改进过程留出空间
4. 信息公开，彼此共享
5. 团队成员间充分协作

资料来源：Lynn, Gary, and Richard Reilly. 2002. Blockbusters. New York: Harper Collins.

图 8-4 展示了新产品开发流程中产品设计环节的具体步骤（步骤 A～步骤 F 即图 8-3 中的步骤 2）。

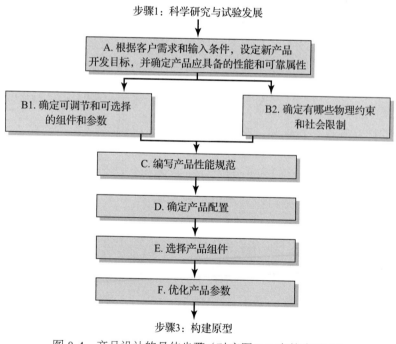

图 8-4 产品设计的具体步骤（对应图 8-3 中的步骤 2）

步骤 A 是设定新产品开发目标，确定产品应具备的性能和可靠属性。应尽可能让潜在用户参与新产品开发过程，听取他们的反馈意见（Ogawa & Piller，2006），用户的意见将传递市场所认可的好产品需拥有的特征（Lojacono & Zaccai，2004）。获取用户见解的方法包括观察法、访谈法和沉浸体验法（例如让自己变成用户）。

步骤 B 是确定可调节和可选择的组件和参数，并就产品规格达成一致看法。规格是对产品必须具有什么功能的精确描述。步骤 B 还要确定会遇到哪些物理约束和社会限制。然后，进入步骤 C，编写产品性能规范。接下来，是确定产品配置（步骤 D）和选择产品组件（步骤 E）。最后是优化产品参数（步骤 F），从而能用合理的成本可靠地实现最佳性能（Ullman，2003）。所谓**稳健产品**（Robust Product），是指产品对老化、变质、组件的微小变化和环境条件等相对不敏感。例如，维基百科为了在经常遭受黑客攻击的情况下保持稳定运行，采用了能随时间不断改进的设计（Dixon，2011）。

易用性（Usability）是测度用户在与产品发生交互时所获体验质量的指标。易用性由表 8-6 中所列的 5 个因素共同决定。大家比较熟悉的易用性较差的产品如 DVR 和 DVD 播放器。新产品需要能够经受"5 分钟测试"，即用户在几分钟内通过快速阅读使用说明书，就能熟悉操作产品。易用性极佳的信息技术产品有 iPhone、Snapchat 和来福车。

表 8-6　影响易用性的 5 个因素

1. 易于学习	学习产品操作需要花费多长时间
2. 使用效率	体验过一次后，用户可以多快完成必要的操作步骤
3. 难忘性	用户容易记住如何使用产品吗
4. 出错频率和严重程度	用户操作出错的频率有多高，一旦出错其后果有多严重
5. 满足感	用户喜欢使用该产品吗

许多产品系统采用模块化设计理念，即在特定体系结构中运用模块组合来支持功能实现。所谓**模块**（Module），是指产品系统中独立的、可互换的、可与其他模块组合成更大系统的单元。模块化设计产品的组件具有兼容性，不同组件可以相互组合与匹配，构成一个具备互操作性的系统。例如，总部位于纽约

的新创企业 LittleBits，生产风扇、传感器、电源和 Wi-Fi 接口等 60 多种微型电子模块。这些模块是磁化的，可以按不同的配置组合在一起，制成遥控器、乐器和智能家居设备等产品。更改个别组件不会让其他组件变得不可操作或使操作效率降低。模块化设计让产品设计更具可预测性。当然，这也会让竞争对手的模仿开发变得更容易。

实际上，我们使用的大多数产品都包含具有一定相互依赖度的模块。例如，汽车是由相互依赖的轮子、引擎、车身和控制装置等模块组成的产品。由适度相互依赖的模块所组成的产品更难被竞争对手仿制，并且可能比由完全独立的模块组成的产品拥有更好的性能（Fleming & Sorenson，2001）。

设计师既要开发出差异化程度足够高的新产品来吸引眼球，又要让新产品与现有产品有一定程度的相似，以确保新产品更容易被市场所接受。许多新设计是通过改变产品的组件、属性或集成方式实现的（Goldenberg et al.，2003）。设计人员不断探寻产品的哪些组成可以采用新的方式加以重新排列，哪些组成可以被删除或被复制。

随着时间的推移，在各种各样的尝试方案中，会有一种产品设计，其主要组成部分和基本核心概念在不同的产品模型之间没有实质性的变化，它可以赢得市场青睐，从而在产品市场中拥有很高的占有率，我们称之为**主导设计**（Dominant Design）。主导设计将嵌入到与其他系统的连接中。例如，微软公司的 Windows 操作系统被绝大多数个人计算机所采用，它规定了个人计算机的硬件接口形式以及可以搭载的软件程序。

产品平台（Product Platform）是由一系列的模块和接口组成的通用体系结构，基于该体系结构，设计人员可以高效地开发和创造一系列的衍生产品。例如，谷歌公司的 Android 操作系统和苹果公司的 iOS 操作系统，均致力于成为领先的智能手机应用软件运行平台。这种以建立平台来满足核心用户群体需求的企业，将平台设计成可以随时进行功能添加、替代或删除的类型，从而实现衍生发展。精心设计的平台会提供一个顺畅的跨代迁移路径，确保平台升级更替不会影响用户和分销商开展正常业务。例如，惠普公司既生产打印机，又销售配套的电子产品和软件，其所有型号的打印机均采用相似的配套电子产品和软件。

8.3 产品原型

如有可能，新创企业应该从构建产品原型开始其新产品开发过程。产品**原型**（Prototype）是拟推出的新产品或服务的粗略模型，在展示产品或服务的基本特征的同时，准备接受一系列的修改。原型可以是供交流研讨用的图片、草图、模型或图表，也可以是实物或数字化模型；原型可以借助画报或多媒体手段加以展示。

企业可以用原型来征求设计人员、用户和其他人群的意见，来识别或测试相关人群的产品诉求。新创企业不仅可以借助原型重新定义其产品，还可以借助原型重新定义其商业模式和战略。例如，按照企业创始人最初的认知，推特的原型只是为企业内部员工提供短消息服务的系统。然而，设计人员在实际使用中不断探索其运作机理，对原型做了相当大的改进，并最终将其推向市场。

> 📷 Instagram：从原型中获得的洞见
>
> 凯文·斯特罗姆（Kevin Systrom）和迈克尔·克里格（Michael Krieger）在开始创业时并没有想到要建立一个照片共享平台。他们的第一款产品是 Burbn，这款应用允许用户共享其当前的位置，如果愿意，还可以附上照片。这款应用并没有获得多少关注，但两位创始人注意到，上传照片这项功能比他们预期的更受欢迎。这个想法最终造就了 Instagram。2012 年该公司以 10 亿美元的价格卖给了脸书公司。

很多电影或戏剧创作人员使用草图、故事板和视频来介绍其作品。他们希望让相关人员了解其整体构思并参与协作改进。原型开发过程如图 8-5 所示。为得到一个令人满意的原型，需要按照该流程进行多次迭代。

采用计算机模拟等新技术可以让原型制作既快速又便宜。**快速原型开发**（Rapid Prototyping）是指快速开发出以供审查、修改和协作使用的原型产品。最初开发的原型产品可能很粗糙，它的作用是让设计团队对自己设计的产品有直观的认识，并对其加以改进。可视化的高质量计算机图形设计软件，对于创造新颖的原型设计大有帮助。例如，宝马公司的工程师们应用计算机模拟技术将汽车设计和碰撞测试结果可视化（Leonardi，2012）。创客空间或黑客空间是一个提供公共设施的社区，为入驻其中的成员提供共享的计算机、3D 打印机和机床等设备，成员可以在社区中进行原型产品开发及分享。

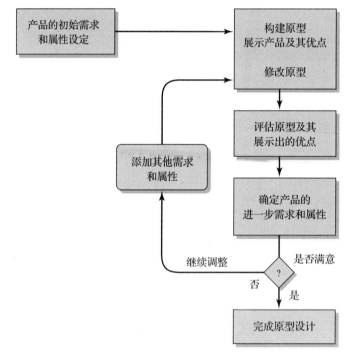

图 8-5　原型开发过程

世界著名产品设计公司 IDEO 公司认为：原型应该是"粗糙的、接受改变的、正确的"。在与英国佳乐公司（Gyrus）合作开发更好的鼻窦手术工具时，IDEO 公司的员工向用户展示了原型的作用。在一次研讨会上，参会的 10 名外科医生努力解释现有鼻窦手术工具的种种不便利。这时，一名 IDEO 项目经理随手拿起一个胶片盒、一支白板笔和一个晒衣夹，把它们粘在一起做成原型。这个实物模型让讨论得以顺畅进行，外科医生们根据原型把握产品特点并提出改进方案。原型就应该是这样的——粗糙且尚未完成——能够激发作为用户的外科医生们提出修改和修补意见，也有助于吸引外科医生们在手术中采用新产品。最终，

IDEO 和佳乐公司共同研发出一款每年在美国 30 多万例外科手术中采用的工具。

　　企业常常会使用快速原型设计来开发最小化可行产品（MVP），正如本书 2.2 节所描述的，MVP 是具备解决问题、满足需求和获得用户反馈所需的最小特性集的产品。开发 MVP 之后，就要着手开发最小化超赞产品——凭借其在功能、设计、社交或情感联系等方面的卓越表现，成为用户无法抗拒的产品（Furr & Dyer，2014）。

　　一般来说，设计人员最好同时将多个产品概念带入原型设计阶段，并通过随后的流程选出最佳设计（Dahan & Srinivasan，2000）。在新产品开发过程的早期，让产品概念保持开放，到后期再去固化，可以为更好地响应市场和技术变化提供灵活性。

　　借助现代技术手段，企业可以在互联网上展示所创建的静态和动态的虚拟原型，以供供应商、用户和设计人员对其进行审查和测试。与实物原型相比，虚拟原型的构建和测试成本大幅度降低。因此，借助互联网开发虚拟原型，可以对更多的产品概念加以探索，也可以同时测试更多的想法，有助于降低新产品开发过程中的不确定性。不过，设计人员应该了解，产品和服务的某些方面比较适合采用虚拟原型加以测试，有些方面则不适合。例如，可以用虚拟原型测试一款新牙刷的颜色设计，却很难测试牙刷使用者的口腔感觉。

　　对创新者来说，原型是一种让市场了解某项技术，并了解该项技术在特定市场中获得何种评价的机制。很早以前，人们曾经提出一个设想，即用机器人代替人执行危险环境中的作业任务。许多机器人公司尝试过制造能够在灾害区和其他危险环境下工作的机器人，却均以失败告终。iRobot 公司于 1997 年首次展示了第一款能爬楼梯的商用机器人 Urbie 的原型，借此向市场表明：iRobot 公司的产品已经突破同时代的机器人产品的许多重要技术局限。到 2016 年，iRobot 公司的收入超过 6.3 亿美元，其产品在全球超过 55 家主要零售连锁店中销售。Urbie 机器人曾被用于世贸中心废墟中的人员搜救，军方曾用它们探查极端危险的军事区域。用户版本的 Urbie 机器人 Roomba 可以完成清扫和地板吸尘等工作，已经售出超过 300 万台。

　　总之，大多数企业将产品的早期版本推向潜在目标市场，以获得市场反馈并从中学习，探索该如何继续开发和改进产品。为此，企业会将原型引入不同的细分市场，以开展一系列的市场试验。原型设计并非产品开发过程的高潮，而是开发过程的第一步，这一步骤的重要性低于其后的学习过程，以及掌握更充分信息后的改进环节。软件产品最适合快速原型设计，然后可以运用 A/B 测试法，针对潜在用户进行早期版本测试。

8.4 情景分析

基于行业背景构建相关可能事件的现实情景，可以帮助创业者规划未来。通过构建系列情景来比拟、刻画将要面对的复杂性和不确定性，对新创企业制定战略规划大有帮助。所谓**情景**（Scenario），是关于一系列可能事件或结果的设想，它描绘了不同因素在各种假设条件下如何相互作用，是对未来的一种生动刻画，有时也称作心智模型（Mental Model）。构建情景的目的，不是预测未来将要发生什么，而是鼓励思想开放、灵活应变，以及养成质疑传统智慧的习惯。

情景引导学习包含两个步骤：构建情景，以及使用情景内容开展学习（Fahey & Randall，1998）。情景的主要构成元素如图 8-6 所示。情景分析⊖试图回答对企业未来发展有着至关重要的影响的重大问题，并基于推动故事发展的逻辑线加以陈述。例如，创业者经常要就一项新技术是不是根本性或非线性创新，该项技术是否会对市场产生深远的影响做出判断。情景分析可以根据发展趋势的多样性，通过对相关问题的系统分析，设计出多种可能的未来前景。一般来说，使用 4～5 个场景就可以描绘出企业所面对的重大问题可能产生的所有结果。

图 8-7 以电动汽车市场增长为例给出了一个情景示例。关于电动汽车的未来发展前景，可以构建几个类似的可能情景，并利用这些情景来了解该市场中存在的商业机会。

⊖ "情景"一词最早出现于 1967 年 Kahn 和 Wiener 合著的《2000 年》一书，指的是对事物所有可能的未来发展态势的描述，包括对各种态势基本特征的定性和定量描述，以及对各种态势发生的可能性的描述。情景分析法（也被称作前景描述法或脚本法），在 20 世纪 60 年代末被荷兰皇家壳牌集团（Royal Dutch Shell）首先用于战略规划并获得成功。——译者注

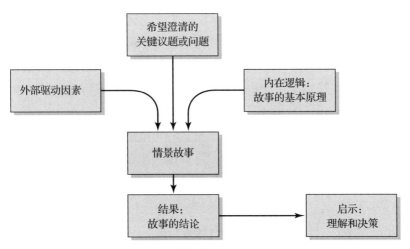

图 8-6　情景的主要构成元素

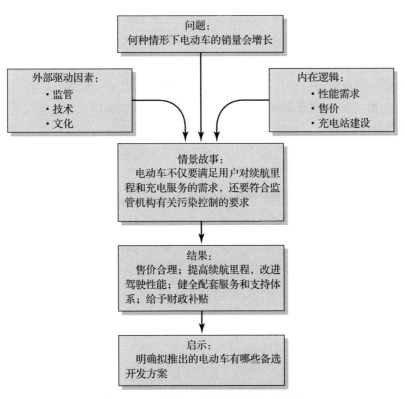

图 8-7　电动汽车发展情景的构成要素

创业者应该确保他们设计的情景是符合实际的展望，而非过度乐观的妄想，否则，前景设想就可能变成虚无缥缈的海市蜃楼。例如，几位未来学家在2001年为电力通信行业的未来设计了一个夸张且不合时宜的情景。这种乐观的、"涅槃"式的情景，无视监管和产能过剩的问题，引发了对该行业的过度投资和一场痛苦的衰退（Malik，2003）。

为避免产生这种后果，创业者应考察各种可能的情形，精心设计多个情景方案。例如，针对图8-7展示的情景，可以进一步细化考虑产能慢速增长和产能快速增长两种情形，以及监管环境有利和不利两种局面。

8.5 焦点案例：梯瓦制药工业有限公司

成立于1901年的以色列梯瓦制药工业有限公司（Teva Pharmaceutical Industries Limited，以下简称梯瓦制药公司）是全球著名的跨国制药企业，该公司致力于非专利药品、专利品牌药品和活性药物成分的研发、生产和推广，在以色列、北美、欧洲和南美等地都建立了工厂，其拳头产品包括治疗多发性硬化症和帕金森病的药物。2015年，公司的营业收入接近200亿美元。

过去40年间，梯瓦制药公司通过收购新兴制药企业成长为跨国公司。公司在研发药物的同时，还密切关注其他公司的研究成果，选择其中有前景的新产品进行投资。2016年，该公司以400多亿美元的价格收购了总部位于都柏林的阿特维斯制药公司（Actavis）。

梯瓦制药公司通过赞助"黑客马拉松"（Hackathon）来推动快速原型设计。在"黑客马拉松"比赛中，众多工程师和开发人员聚集在一起，致力于针对重大健康问题提出新颖的解决方案。通过持续创新以及使用预见未来发展方向的情景分析法，梯瓦制药公司在激烈的商业竞争中生存下来，并逐渐发展壮大。

8.6 本章小结

创造性思维是大多数新创企业拥有的一项核心能力。创业者应设计鼓励创新的组织结构，并采取激发和提升创造力的行动。企业基于创造力所开展的产品设计和开发活动，将产品创意、概念、解决方案等转化为新产品。

原型是产品或服务的模型。通过将原型展现给用户，让他们观察或试用，新创企业可以了解产品应该具有的形式和功能。企业可以采用情景分析法，来检验采取某种特定行动可能产生的结果。

> **技术创业原则 8**
>
> 知识的获取、分享和使用，是创业者建立学习型组织的有力工具，是设计创新型产品、保持高效增长的重要途径。

音像资料：

读者可以访问 http://techventures.stanford.edu 网站，浏览与本章内容有关的学术讨论。

通过激励和实验激发创造力 （Unlock Creativity with Motivation and Experimentation）	蒂娜·西利格	斯坦福大学
创意无处不在 （Ideas Come from Everywhere）	玛丽莎·梅耶	雅虎公司
产品开发流程：观察 （Product Development Process: Observation）	戴维·凯利	IDEO 公司

8.7　练习

（1）说明你打算如何应用图 8-2 所示的创新引擎来驱动企业的创新活动。

（2）在产品设计和开发过程中，最终用户扮演什么角色？用户总是知道自己想要什么吗？

（3）成立于 1988 年的凯普斯通涡轮公司（Capstone Turbine Corporation），是一家总部位于加州的燃气轮机制造商，从事微型燃气轮机发电，以及供热和制冷热电联产系统研发、装配和销售业务，其主要客户是发电站和混合动力汽车制造商（详见 www.capstoneturbine.com）。应用图 8-6 所示框架，描述该公司未来 5 年的发展前景。

（4）作为服务和内容分发平台，万维网的优势众所周知。请举例说明它对产品原型设计和产品开发活动的影响。

（5）有许多有助于激发快速产品设计和部署实施的软件开发方法（如敏捷软件开发法和极限编程法等）。请选择两种软件开发方法，对其加以比较，说明它们分别改善了产品设计与研发流程中的哪些环节。

（6）2014 年第 11 期《科学美国人》杂志刊登了一篇文章（详见 https://www.scientificamerican. com/article/pogue-5-most-embarrassing-soft-ware-bugs-in-history/），列举了有史以来软件开发惨败的若干案例。指出你对其中的哪个案例最感兴趣，并说明为什么低效的知识管理和不符合学习型组织要求的行为模式，会导致这样的结果。

创业实战

1. 审视你自己的创新优势和有待提升的方面，并与你的团队分享。
2. 围绕你们公司产品的稳健性和易用性展开讨论。
3. 围绕你提出的产品原型开发计划展开讨论。

第 9 章

市场营销与销售

为了创造客户，企业需要具有两个基本功能：营销和创新。营销和创新产生结果，其余的都是成本。

彼得·德鲁克（Peter Drucker）

什么是吸引、服务和留住客户的最佳方式

市场营销与销售对新创企业的成功至关重要，因为企业在成立之初是没有客户的。新创企业必须制订市场营销与销售计划，描述其产品的目标客户，确定产品定位，以及价格、产品、促销和渠道的组合，以吸引和满足客户。要想在目标市场中获得认可和接受，新创企业需要依次执行以下几个步骤。

- 描述所提供的产品。
- 描述目标客户。
- 确定营销目标。
- 开展市场调查，收集相关信息。
- 制订营销计划。
- 制订销售计划。
- 组建营销和销售团队，执行营销和销售计划。

9.1 市场营销

市场营销（Marketing）是企业为使自己提供的产品能够吸引、服务并留住客户而开展的一系列活动。为此，企业需要选择合适的媒体并采用适当的方法，将正确的信息传递给目标客户群体。营销职能部门的任务是帮助研发部门开发产品、确定产品发布的具体条款，并将产品承载的价值传递给客户。在理想情况下，营销活动融合了客户和产品开发人员的理念，帮助开发人员识别那些很重要却又难以表达的需求（Lassiter，2002）。

营销计划（Marketing Plan）是新创企业商业计划书的一个组成部分，以书面文件形式描述了企业为达成营销目标需要采取的具体行动步骤。

本书第 3 章讨论了企业的价值主张，以及如何针对识别出的目标客户创建商业模式，第 4 章和第 5 章讨论了有关战略及市场分析的相关议题。一旦明确了企业的价值主张、目标客户、商业模式以及战略，接下来，需要制定营销战略及营销计划。表 9-1 列示了营销计划包含的 6 项基本内容。

表 9-1　营销计划包含的 6 项基本内容

- 营销目标
- 目标客户细分
- 产品描述
- 市场研究和营销策略
- 营销组合方案
- 客户关系管理

营销计划的第 1 项内容是明确的营销目标陈述。第 2 项内容是描述识别出的一个或多个目标客户所在的细分市场。确定目标细分市场是为了精心选择合适的客户，并针对性地开展营销活动。第 3 项内容是有关产品、产品发布的具体条款、正式发行条件的描述。第 4 项内容是对产品及其提供的价值的说明，借此预测客户的反应，制定出能够吸引和留住客户的营销策略。第 5 项内容是描述由价格、产品、促销和渠道 4 个方面构成的营销组合方案。第 6 项内容是描述通过开展销售和客户服务活动，建立和维护客户关系的计划。

营销计划通过营销工作方案得到实施。营销计划描述了企业如何将产品推向市场，如何吸引、服务客户，以及如何留住满意的客户。图 9-1 概要描述了营销和销售活动的工作内容。通过开展营销和销售活动，新创企业向客户传达有关产品，及企业将如何出售产品和为客户提供服务的信息，客户在购买产品时，也会向企业反馈有关产品购买和使用的有用信息。

图 9-1　新创企业的市场营销与销售活动

营销和销售计划将从商业机会和商业模式中产生，如图 9-2 所示。

9.2　营销目标与目标客户群

营销目标陈述（Marketing Objectives Statement）是对营销活动主要目标的清晰描述，内容包括销售目标、市场份额、盈利能力、区域计划和客户获取目标等。目标应该是量化表达且有明确时间限制的，例如"第一年是营销计划实施的第一个阶段，即初始销售阶段，我们将在得克萨斯州和俄克拉何马州销售 1000 单位的产品"。

企业应该清楚了解客户是谁以及他们购买产品的原因，这一点十分重要。特定的市场或客户群体通常被称为目标客户群。所谓**细分市场**（Market Segment），由具有

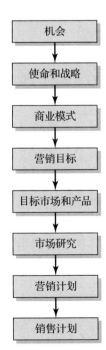

图 9-2　制订营销计划和销售计划

相似需求和意愿的客户群体组成，这些客户群体相互参照，并且可能处于相同的地理区间，有着相似的购买力和购买态度。而**市场细分**（Market Segmentation）是指根据客户不同的购买需求和消费习惯，将市场划分为多个细分市场，并针对各个细分市场制定不同的营销策略。例如，一个开展网络销售的企业，可以按照年龄段进行市场细分，因为不同年龄段的人群的消费偏好和消费额度有巨大的差异（Abate，2008）。

通常，新创企业会选择一个目标市场开始其初始营销活动，并使用地理特征变量、人口统计学变量、心理特征变量以及其他变量，详细描述该目标市场的客户特征（Winer & Dahr，2010）。地理特征变量包括客户所在的城市、地区和居住类型，如"城市居民"。人口统计学变量包括年龄、性别、收入、受教育程度、宗教信仰和社会阶层等。心理特征变量包括影响客户需求的因素，如生活方式和性格差异。好的市场细分，可以帮助企业识别出最值得追逐的客户群体，并明确企业应向这个群体销售何种产品（Yankelovich & Meer，2006）。

在选择最初的目标细分市场时，企业应该回答一系列的相关问题，具体包括以下几个。

1. 目标客户是否愿意为你的解决方案买单？

2. 你的销售团队是否可以很容易地接触到目标客户？

3. 现阶段你是否有让目标客户信服的购买理由？

4. 你是否能够向目标客户提供完整的解决方案？

5. 竞争对手是否无法为目标客户提供足够好的解决方案？

6. 来自该目标细分市场的反馈是否可以应用于其他细分市场，比如为其他细分市场的客户提供重要参考？

7. 目标细分市场是创业团队所关注的吗？

新创企业应该专注于那些对上述每个问题的答案都为"是"的目标细分市场，并围绕这样的市场开展后续的营销活动。

🔳 **InVision 科技公司：在正确的时间提供正确的产品**

成立于1990年的 InVision 科技公司使用计算机断层扫描技术探测爆炸

物，为机场设计和搭建电子行李筛选系统，其目标市场是美国机场的行李检查系统。该公司在 2001 年"9·11"事件前的销售额增长缓慢，在袭击发生前的 10 年时间里一共只卖出 250 台设备，但在袭击发生后的 2 年时间内卖出了 750 台设备。InVision 科技公司凭借其成功和掌握的专业知识，于 2004 年被通用电气公司以 9 亿美元的价格收购。

三星 Galaxy 手机的目标客户群可以描述为：希望拥有功能完备、使用尖端科技的无线通信设备的年轻人。有了明确的目标客户描述，新创企业就可以制订计划来吸引和留住目标客户。聚焦某一细分市场开展营销活动，使得新创企业可以缩小营销策略的覆盖范围，集中资源到目标细分市场中获取新客户。不过，有很多新创企业因在营销活动早期涉足过多细分市场，在尚未能建立足够的客户基础时就耗尽了资源。睿智的新创企业会在营销活动初始阶段排除一些潜在客户，以便专注于开发某个细分市场。之后，它们会以该细分市场为跳板，进入更多的细分市场（Aulet，2013）。

表 9-2 列出了企业应该审视的有关目标细分市场的 4 个关键问题。

表 9-2　关于目标细分市场的 4 个关键问题

- 是否存在这样一个目标细分市场，企业有能力进入该市场，且能够以客户愿意支付的价格为其提供明确的利益
- 客户是否认为企业为其提供的利益，要比其他解决方案或者备选方案更具优势
- 该目标细分市场的规模有多大，能以多快的速度增长
- 该目标细分市场是否能够作为进入其他细分市场的跳板

资料来源：Mullins, John. The New Business Road Test. Harlow, England: Prentice Hall, 2006.

🔳 Flexcar 公司：重新定义客户群

汽车共享是为那些既要短时用车，又不希望拥有汽车的人们提供的解决方案。该方案对于在城市中心区域活动的人们特别有吸引力。总的来说，在拥有汽车的成本日趋高涨、人口稠密的城市地区，人们越来越倾向于使用

而不拥有汽车。尼尔·彼得森（Neil Peterson）于 1999 年在西雅图创立了 Flexcar 公司，为上述人群提供共享汽车服务，然后，他将生意扩展到洛杉矶、旧金山、华盛顿特区和圣迭戈等城市。

在 Flexcar 公司的成长过程中，拥有或租赁一辆新车的平均成本已经涨到了每月 625 美元，而使用该公司提供的汽车共享服务的平均月花费不到 100 美元。Flexcar 公司最初以个人用户为目标客户，很快该公司发现，增长最快的需求并非来自个人，而是来自那些不想保留自有车队的中小型企业（Stringer，2003）。2007 年，Flexcar 公司与 Zipcar 公司合并（详见 www.zipcar.com）。2013 年，安飞士公司（Avis）以 5 亿美元的价格收购了 Zipcar 公司。

9.3　产品及其特征描述

通常，商业计划书要在开始部分，对企业提供的产品的特征及主要属性加以描述。如有可能，应绘制产品定位图。所谓**产品定位**（Positioning），是指为使产品在目标客户心目中占据一个独特位置，而开展的产品设计和树立产品形象的活动（Ries & Trout，2001）。借助产品定位，企业可以向客户传达企业所提供的产品可以为他们带来的价值和利益，并在一定程度上与其他产品加以区分。产品定位可以帮助企业在目标客户心目中树立起与众不同的形象。沃尔沃公司的产品定位是"安全"，联邦快递公司的产品定位是"隔夜快递"。产品定位图展示了一款产品区别于竞争对手产品的特点。图 9-3 是在线照片分享应用 Instagram 的产品定位图，该图展示出这款应用相对于其他同类应用的独有特点。营销工作的任务就是将这个定位清晰地传达给目标客户。

产品定位应关注那些能体现企业价值主张的关键属性。企业可以使用如图 9-4 所示的定位陈述模板来确定自己的产品定位。

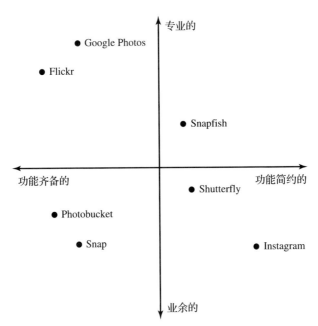

图 9-3　在线照片分享应用 Instagram 的产品定位图

定位陈述
- 谁是目标客户
- 它针对什么需求，解决什么问题
- 它是什么类型的产品
- 使用它会产生什么效益

（a）产品定位陈述的模板

区别
- 它与主要竞品的差别是什么
- 它的独特之处是什么

特斯拉汽车的定位陈述
- 为富有阶层的汽车爱好者提供一款产品
- 为他们提供一款环保的高端汽车
- 特斯拉汽车是一辆电动汽车
- 驾驶特斯拉汽车可以在不损害环境的情况下，获得前所未有的优异性能体验

（b）特斯拉汽车的定位陈述

区别
- 特斯拉汽车与奥迪（Audi）、宝马和雷克萨斯（Lexus）的轿车不同
- 特斯拉汽车有超长的续航时间、无与伦比的性能，不会产生直接碳排放

图 9-4　产品定位陈述的模板及举例

在确定产品定位之后，企业就要开始着手开发一款强大的产品了（Moore，2002）。企业借助**交付内容**（Product Offering），向客户传达其为客户创造的关键价值及其优势。独特销售主张是关于一种产品能够带给关键客户有别于其竞品的利益的陈述。例如，Instagram 的独特销售主张可以提炼为：我们为客户提供操作简便的照片编辑，以及与朋友和家人分享的工具。联邦快递的独特销售主张可以提炼为：我们保证能够隔夜送达您的包裹。

9.4 品牌资产

正如第 4 章所讨论的，新创企业需要建立如下竞争优势：低成本、高质量、卓越的客户关系和逐步提升的业绩。许多新创技术企业通过将产品特性与品牌相结合，在与竞争对手的竞争中脱颖而出。**品牌**（Brand）是企业名称、企业标识和符号的统称，用以标识其销售的产品，并在客户心中留下长期印象。世界知名品牌有很多，例如英特尔、飞利浦、索尼和三星等。

品牌资产（Brand Equity）是与企业的品牌名称和符号等相关联的资产，可以增加企业所提供的产品的价值。如表 9-3 所示，可以从 4 个维度描述企业的品牌资产（Aaker & Joachimsthaler，2000）。其中，品牌知名度是指客户对品牌的认可和了解程度，提高品牌知名度是树立企业品牌的第一步。品牌感知度是指客户对产品质量和产品生命力的感知程度。例如，客户认为 IBM 公司能够提供高质量的产品。品牌联想度是指客户通过个人和情感的联想而与品牌建立的联系。例如，许多苹果公司的客户与苹果公司的产品间建立起一种情感联系。品牌忠诚度是指客户与产品建立的联系，是客户对一个品牌的回购程度。2016 年，三星公司对其售出的 Galaxy Note 7 智能手机进行召回。此前，三星公司发现该款手机存在电池故障，偶尔会导致手机过热，在某些情况下还会引起火灾和爆炸。即使知晓了产品中存在的这种隐患，大多数三星手机用户依然选择三星品牌的智能手机。百度、佳能、脸书、通用电气、谷歌、英特尔、微软和思爱普等公司，都是拥有巨大品牌资产的科技企业。

表 9-3　品牌资产的 4 个维度

- 品牌知名度：客户对品牌的认可和了解程度
- 品牌感知度：客户对产品质量和产品生命力的感知程度
- 品牌联想度：客户与品牌建立的联系
- 品牌忠诚度：客户与产品建立的联系

品牌的价值承诺是产品差异化的核心要素。这种价值承诺与客户息息相关，客户忠诚将从良好的客户体验中产生。许多客户愿意花更多的钱来购买一些品牌商品，比如苹果产品，因为这些品牌可以给客户带来一种社群归属感。强大的品牌帮助客户对企业的产品形成良好预期。成功的企业品牌具有高度拓展性，能通过不同的解释吸引不同的客户群体，让拥有不同文化背景的人群均能接受，虽然不同人群对品牌内涵的理解很可能存在差异。

为了增加品牌资产，企业应以客户为中心，专注于为客户提供卓越的产品和服务。应注意，企业声誉与品牌资产有所差异，前者取决于企业在供应商、监管者、员工、媒体和当地社区的可信度与口碑，源自社区和利益相关者的好评（Ettenson & Knowles，2008），后者则取决于企业能否为客户提供好产品。当然，品牌资产和企业声誉对企业的成功都很重要。

耐克（Nike）、哈雷戴维森（Harley-Davidson）和宝马等品牌，已经逐渐成为一种象征（Holt，2003）。如果某个品牌讲述了一个引人入胜的故事，并与客户产生共鸣，它就会演变为一种象征。最容易引起共鸣的故事是对叛逆者的描述。借助这样的故事，哈雷戴维森成为那些渴望与众不同的叛逆者（如摩托车爱好者）的图腾。

因此，可以采用如下方法创建品牌：先识别出产品对目标客户而言十分重要的差异化优势，然后，对这一隐含属性进行描述和传播。例如，英特尔公司将卓越的质量视作自己产品的独特优势，然后通过连续的市场营销活动不断告知消费者：英特尔公司生产的集成电路具有可靠的高性能，是具有卓越品质的领先产品。

9.5　营销组合

表 9-4 展示了营销组合的 4 要素。**产品**（Product）是指能够满足客户需求的物品或服务。营销计划描述了让产品具有区分度的主要方法。例如，惠普公司旗下的照片分享服务软件 Shutterfly 凭借高效优质的印刷流程、运输方式和高质量的打印效果，与其他在线照片应用竞品区别开来；美捷步（后被亚马逊收购，成为亚马逊公司旗下的鞋类 B2C 网站）凭借宽容的退货政策和优质的客户服务凸显了自身优势；被称为"智能家居领域的苹果公司"的 Nest Labs 公司通过直观的用户界面和吸引人的设计，使其产品在市场中脱颖而出。

表 9-4 营销组合 4 要素（4P）

产品	价格	促销	渠道
品种	基本价格（标价）	公共关系	分销渠道
质量	折扣价格	广告	网点设置
式样	信贷条款	人员推销	库存
特征	付款期限	直接信息	订单派发
品牌商标			
包装			
服务措施			
退货政策			

　　营销组合中的**定价策略**（Pricing Policies）是根据客户类别和批量折扣计划来设定产品或服务的价格的一套方法。沃伦·巴菲特曾说过："你支付的是价格，得到的是价值。"亚马逊网站上销售的大部分图书都有 7 折优惠，并且满 49 美元的订单可以享受包邮服务。价格中包含很多可以灵活变动的因素，包括折扣率、优惠券、付款期限等，企业可以通过市场测试做出调整。企业应预估需求、成本以及竞争对手的价格，然后选择合适的定价方法来确定初始价格。有效定价需要收集并综合分析本企业的战略目标、成本结构、客户偏好、消费需求，以及竞争对手的定价和战略意图等信息（Nagle & Hogan，2006）。定价的基本原则可以是市场份额最大化，也可以是溢价最多，还可以是利润最大化。产品价格的下限是生产成本，上线是预估的客户可以从产品中获得的价值（见图 3-2）。在充分了解竞争对手的相关产品价格后，新创企业可以在测试组客户身上进行价格测试。

　　假设我们现在要给一款视频游戏控制器定价。预测该产品的总市场需求量为每年 10 000 台。竞争对手已将零售价定在 60 ～ 80 美元，且市场对我们的产品每年的需求函数为：

$$D = 10\ 000 - kP \tag{9-1}$$

　　在公式（9-1）中，D 为市场对我们的产品的总需求数量，k 为一个预估的敏感性系数，P 为产品的价格（单位为美元）。生产该产品的固定成本是 30 000 美元，可变成本是 10 美元 / 台。该产品与竞品在人机工程学和造型设计方面存在差别。那么，我们该如何在 60 ～ 80 美元的价格区间内给这款商品定价呢？如果营销目标为市场渗透率最大，那就应该选择最低定价，即 $P = 60$ 美元，借此为企业创造最大的市场销量。如果市场研究表明该市场对产品价格比较敏感，敏感性系数 $k = 90$，那么当价格设定为 60 美元时，需求为 4600 台。此时，毛利（= 收入 – 商品成本）为：

$$\text{GP} = R - (\text{VC} \times D) = (D \times P) - (\text{VC} \times D) = (P - \text{VC}) \times D \qquad (9\text{-}2)^{\ominus}$$

公式（9-2）中，GP 为毛利，R 为收入，VC 为可变成本。当 $P = 60$ 美元且 $k = 90$ 时，毛利是 230 千美元。当产品价格提高到 70 美元时，毛利会下降。使得毛利最大的价格，取决于预估的敏感性系数。若 $k = 80$，则该款产品的毛利如表 9-5 所示，即当 $k = 80$ 时，使得毛利最大的价格为 70 美元，此时的毛利为 264 千美元。需要注意的是，k 值大小应依据经验和相关研究预估，该值一般会随着时间而改变。

表 9-5 给定 k 值和 P 值情况下的毛利计算表

		价格		
		60 美元	70 美元	80 美元
敏感性系数 k 取值	90	230 千美元	222 千美元	196 千美元
	80	260 千美元	264 千美元	252 千美元

在许多行业中，客户偏好低价，供应商几乎没有定价权。高定价权，或者属于那些处于竞争不激烈的行业中的企业，例如，大学可以自行决定提高学费标准，医院可以自行决定提高收费标准；或者属于那些虚拟行业的垄断企业，如有线电视运营商。大多数成熟企业处于因供应商数量过多，而导致企业只能保持价格或降低价格的环境中。

企业正在越来越多地面临来自免费品的竞争，就像传统百科全书公司受到维基百科的免费服务的挑战一样。不过，免费品可以通过提高人们的消费认知和需求而孕育新行业。为了应对来自免费品的竞争，新创企业必须力争其产品能够为客户提供比免费品更多的价值（Eckhardt，2016）。

新创企业可以从图 9-5 所示的 3 种策略中选择定价策略。许多新创企业会采用的一种定价策略，是（右下角的）价值定价策略，这是因为，消费需求对价格变动比较敏感，而新创企业一般并不具备品牌资产。需求导向策略着眼于产品在不同价格水平上的需求，并试图估算出一个能提供良好市场份额和长期盈利能力的价格。拥有根本性创新产品的科技企业往往会采用溢价定价策略。

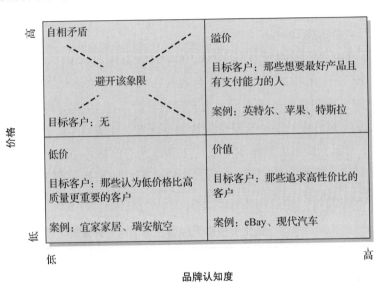

图 9-5 新创企业的 3 种定价策略

　　新技术企业通常提供新的、以价值为导向的产品。由于新产品往往不为大众熟知，所以难以定价。许多新产品还具有质量和性能不稳定的特点，因此，如果能为客户提供保修或实现特定性能的承诺，会有助于吸引客户购买新产品。另一种定价策略是按质量定价，即折价销售性能表现相对较差的产品（Bhargava，2003）。然而，当客户面对不熟悉的产品时，经常会将价格视作产品质量的信号，因此，新创企业要小心，不能将产品定价过低（Marn et al，2004）。

　　传统的促进销量增长的模式是，企业努力捕捉市场中涌现出来的新需求，通过开发和销售新产品来满足新需求并从中获利。随着客户规模越来越大，产品越来越受欢迎，企业逐渐有了利润。然后，企业将所获利润中的一部分用于投资能带来新收入来源的项目，将另一部分投入品牌建设，具体做法包括超高定价、精准促销和广告宣传等。

　　营销组合中的**促销**（Promotion），包括建立公共关系、开展广告宣传和人员推销等。选择广告宣传以及信息传播的媒介，是一项十分复杂的工作。广告是传递销售主张和产品定位，以期在客户头脑中形成独特的产品定位的一门艺术（Roman & Maas，2005）。新创企业最初进行信息发布的主要目的，是吸引客户购买其产品。国际知名彩妆企业露华浓公司（Revlon）的联合创始人查尔斯·雷夫森（Charles Revson）曾经说过："在我们的工厂里，我们生产的是口红。在我们的广告中，我们出售的是希望。"许多产品和服务也同样是在出售希望，比如减肥产品和相亲服务。相比之下，推特和脸书出售的是社交；Instagram 出售的是艺术表达；Smule[⊖]出售的是音乐链接。广告可以提高品牌知名度，创造价值，并提高新技术企业的收益（Ho et al., 2005）。

创业者可以利用各种媒体做广告，包括网站、社交网络、印刷出版物、广播和电视等。表 9-6 列出了一些常用的市场营销媒体。近年来，社交网络逐渐成为十分重要的促销手段。脸书已经拥有超 20 亿用户，占世界总人口的 1/4 之多。我们将在 9.6 节讨论社交媒体在市场营销中的作用。

社交网络可以帮助企业开展口碑营销。适合进行口碑营销的产品往往具有一些独特的、有吸引力的属性，比如宝马公司的 Mini Cooper 车型，或者一种新型的抗癌药物。此外，它们应该是高度可见的，例如时尚服饰往往会引起十几岁的女孩的兴趣。

表 9-6　常用的市场营销媒体

广播和播客
报纸
杂志
电视和视频
电子邮件
电话销售
商品目录
商业信息广告
网站
社交网络
博客和维基百科
演示文稿和演讲

口碑营销也被称作**病毒式营销**（Viral Marketing）。口碑营销的理念基于一个古老的现象：人们会把自己感兴趣的事情告诉别人。2014 年的 ALS 冰桶挑战赛就是一个非常成功的病毒式营销案例。参加挑战赛的选手会把一桶冰水倒在头上，活动主办方希望借此帮助公众增加对肌萎缩侧索硬化这种病的认识，并为研发治疗这种疾病的药品筹集资金。许多人在 YouTube 和脸书等社交媒体网站上发布了他们参与该活动的视频，并向他们的朋友发出邀请。2014 年 6 月 1 日～ 8 月 13 日期间，光是脸书上的视频观看量就达到 120 多万（Seelig，2015）。随着客户越来越多地通过商业免费订阅（如收听播客和音乐下载），而不是收听广播来获得流媒体内容服务，并使用过滤软件来屏蔽垃圾邮件，口碑营销将变得更加重要。

特斯拉跑车是一款全电动的高性能跑车，其续航能力超过 200 英里[⊜]，零售

⊖　Smule 是一家手机社交音乐产品开发商，开发了美国人气音乐平台。——编辑注
⊜　1 英里 ≈ 1609.34 米

价超过 10 万美元。特斯拉采用先预订后制造的模式，预订者需要支付 5000 美元订金，最初的预订者数量一度超过 1000 人，其中包括谷歌公司的两位联合创始人以及阿诺德·施瓦辛格（Arnold Schwarzenegger）⊖和马特·达蒙（Matt Damon）⊜等。特斯拉公司在传统媒体和流行的网络媒体上，广泛传播这些名人驾驶特斯拉跑车的照片，利用名人和科技大佬成功实施了口碑营销，制造了"轰动"效应，引起公众对特斯拉汽车的极大兴趣。

营销组合中的**渠道**（Place）是指产品的分销渠道以及门店的实际位置。分销渠道是将产品带给最终客户的必要环节。每个行业都有自己的分销体系，企业可以创造性地利用不同类型的渠道以发挥其各自优势。例如，出版商可以同时通过多个渠道销售一本书，包括进驻实体书店，直接销售给客户，以及进驻类似亚马逊的网上书店。美国的大多数手机制造商通过运营商进行销售，但也有一些制造商向客户直销。当厂商并行使用多种渠道时，由于各渠道和领域（地理区域或客户群体）间的营销目标存在分歧，可能引发渠道冲突（Brynjolfsson et al.，2009）。

创业者应该创造性地思考如何利用各种分销渠道。例如，总部位于印度的 Godrej 公司开发了一款供印度农村地区居民使用的冷藏设备。它们锁定了一个覆盖印度全部农村的分销渠道：邮局。通过该渠道，它们可以接触到广泛的客户群，即便是偏远地区也能覆盖。同时，通过该渠道，它们不仅实现了产品分销，还能为客户提供一种新颖的小额贷款服务（Fur & Dyer，2014）。

将互联网作为分销渠道，可以推动客户、零售商、分销商、制造商和服务商之间的关系转变。互联网帮助企业减少甚至取消中间商，直接与客户交易。不过，在推出电子商务和绕开传统分销渠道前，企业应该分析哪些产品适于采用电子分销渠道。例如，信息类产品非常适合电子分销渠道，而像宠物食品这样的大宗低利润商品可能更适合传统分销渠道。

● "Intel Inside®" 活动

20 世纪 80 年代末，英特尔公司决定将其广告宣传对象从计算机制造商转向计算机买家。以往，公司将广告宣传对象定为制造商的理由是，客户在

⊖ 美国好莱坞男演员、健美运动员、美国加州前州长、政治家，拥有美国和奥地利双重国籍。
⊜ 美国著名演员、编剧、制片人，曾主演过《心灵捕手》等。

选择个人计算机时，主要考虑制造商的品牌形象，如惠普、戴尔和 IBM 等，并不关心计算机内部的组件由谁提供。英特尔公司试图改变这种局面——于是，该公司将广告宣传对象调整为客户，希望借此树立公司及产品的品牌知名度，帮助客户建立对个人计算机内置微处理器的品牌偏好。

在决定将广告宣传对象调整为客户后，英特尔公司采取的第一步行动是设计一个新的广告语："内置 Intel 的计算机。"接下来，英特尔公司将一个漩涡环绕的 "Intel Inside®" 标识放在计算机上。然后，将其新款微处理器命名为奔腾（Pentium）。结果，英特尔公司在 20 世纪 90 年代成为个人计算机热潮的领导者，成功地为计算机组件树立了品牌。

互联网改变了企业的广告形式。随着脸书、谷歌等网站和应用程序成为重要的广告平台，互联网广告正在逐步取代报纸和杂志。基于互联网平台开展广告宣传的优势是：可以瞄准更小范围的人群，将更多注意力放在核心目标市场而非无关市场上。互联网广告让企业可以利用谷歌分析等工具追踪其广告传播效果，从而提高广告投放的有效性。

9.6 社交媒体与营销分析

我们生活的世界正在发生翻天覆地的变化：智能手机和平板电脑等移动设备日益普及，脸书和推特等社交网络应运而生，人们在访问网站和社交网络，使用呼叫中心以及智能连接设备的过程中，产生了海量数据，使得大数据分析成为决策的重要工具。

与这些变化相伴，新技术应用带来了诸多机会与挑战。传统的商业体系和金融交易系统遭到破坏，适应 21 世纪的新型商业模式正在迅速涌现。近年来，移动电子商务迅速崛起，无论是以 eBay 和 Square 为代表的新型支付平台，还是以谷歌、苹果和脸书为代表的新型消费平台，都为客户货比三家和购买商品提供了新方式。

新的技术经济范式赋予客户更大的力量，客户将更容易获得有关产品和定价的信息，能够从用过该产品的朋友和熟人那里获得信息；客户甚至拥有了团购和以租代买等诸多新的购买方式。与此同时，企业也提升了与现有客户或潜在客户打交道的能力，企业与现有客户或者潜在客户之间的互动变得更像是一种持续发展的关系，而非暂时的买卖关系。我们正在进入一个新时代，在这个时代，企业通过固定设备和移动设备，与现有客户及潜在客户建立起联系，采用客户选择的沟通方式（如电子邮件、推特、短信、电话、在线或面对面会议等），并根据客户的特定需求和兴趣直接与他们交流信息。

社交媒体和营销分析是这些变化的核心。社交媒体搭建了一个网络，承载着社区间的在线交互。这些社区在网络上运行，其成员可以通过个人计算机和移动设备访问社区，查看成员们发布在网络上的内容。人们在网络上表达观点、分享兴趣、讨论好恶，并围绕音乐、职业、服装、旅行、教育和体育等五花八门的数百万个话题，分享看法、交换意见。企业可以从不同的社交媒体网站上收集数据——这些数据提供的信息可以细致到个人层面——并加以分析，将所获数据与企业数据库中的数据合并，从而形成对现有客户和潜在客户的洞察力，进而制订出更具针对性的营销和销售计划。

富国银行的研究发现，随着企业日益将营销、销售、客户服务及支持等职能与电子商务加以整合，为营销分析工具开发商们创造了价值 500 亿美元的商机。借助营销分析工具，企业可以更有效地开展营销和销售工作，广告商和出版商可以聚焦目标市场，改善广告宣传效果，以产生最高的点击率和最大的在线购买量。营销分析工具还为竞价、搜索引擎优化和搜索引擎营销等提供了高价值的期望关键词集。

表 9-7 列示了基于社交媒体开展新型营销分析的代表性工具。这些工具将彻底改变营销和销售行为。销售过程的许多前端活动，包括识别潜在客户，唤起客户对品牌和产品的认知，提供产品信息，接近客户，促成成交等，都将在网络或移动设备上进行。营销职能正在发生改变，变得越来越强调通过对来自社交媒体的大量数据进行有效分析，从而在最合适的时间向感兴趣的现有客户和潜在客户传递产品信息。市场营销部门的工作重心正在从传统的营销活动（需求和潜在客户开发、价值主张开发、品牌推广）转移到营销分析工作。运行高效的企业会制订一个方案，将营销、销售、客户支持和服务等各方面职能整合到一起，使得企业不论是开展电子商务还是沿袭传统商务，都能在最大化满

足现有客户和潜在客户需求的同时，获得最高的投资回报。

表 9-7 基于社交媒体的新型营销分析工具及举例

● 提高营销计划效率的营销自动化[○]平台	● Act-On，HubSpot[○]，Marketo，Pardot
● 网站搜索关键词的有效性分析工具	● Clicky，Google Analytics，Spring Metrics
● 电子邮件营销工具	● Campaign Monitor，Responsys
● 客户体验分析工具	● Tealeaf（隶属于 IBM 公司）
● 提高销售效率的工具	● Salesforce，Oracle，SAP
● 重定向工具	● AdRoll[○]，Criteo[○]
● 激励客户提供信息的工具	● Needle
● 客户满意度测量工具	● Comscore[○]
● 社会监控分析工具	● Attensity，Salesforce（原为 Radian6）
● 文本分析工具	● Autonomy Teradata，SAS
● 社交媒体工具	● Feedly[○]，Sprinklr[○]，Sprout Social[○]
● 客户参与工具	● Moxie Software，Oracle（原为 RightNow[○]），Lithium[○]

○ 营销自动化是指，营销人员使用软件和网站服务，执行、管理、自动化处理重复营销任务，通过多种渠道提升营销效果。——译者注

○ HubSpot 公司提供了一个基于云计算的市场营销和销售的软件平台。该平台具有集成的应用程序，能够帮助企业吸引访问者访问企业网站，将访问者转化为潜在客户，并将潜在客户转化成客户，从而使客户满意并使客户成为企业业务发展的推动者。平台集成的应用包括社交媒体、搜索引擎优化、博客、网站内容管理、营销自动化、电子邮件、销售效率、客户关系管理以及分析和报告等。——译者注

○ 重定向是带动全球在线企业营收的主要因素之一，AdRoll 公司是该行业的领导者之一。广告重定向软件可以帮助企业将网站访问者转变为客户，软件可以极快速度实时中标，并自动确保系统迅速响应竞价。——译者注

○ Criteo 公司是在线效果类数字营销厂商，核心业务是重定向广告，其核心产品包括访客广告、流失客户广告、移动应用内效果型广告和 AD-X 移动广告跟踪分析产品等。——译者注

○ Comscore 公司是全球性互联网信息服务提供商，美国知名的互联网统计公司、互联网流量跟踪分析公司和市场调研公司，所开发的软件可以通过行为和调查分析的强大结合，让客户更好地了解、利用并受益于快速发展的全球网络和移动领域；公司可针对在线受众测评、电子商务、广告、搜索、视频和移动等领域提供解决方案。——译者注

○ Feedly 是一款第三方 RSS 阅读器，支持在线分享、划词搜索和划词翻译功能。——译者注

○ Sprinklr 公司是企业客户社交媒体管理平台，为客户提供社交媒体跨平台整合管理工具和服务，客户可以在这一个平台上同时管理多个社交媒体上的内容、广告，分析数据，开展营销活动，了解客户体验和开展销售。——译者注

○ Sprout Social 是一家为小企业提供社交媒体管理工具的公司。——译者注

○ RightNow 公司是云计算客户服务提供商，其客户服务云（Customer Service Cloud）能帮助客户通过呼叫中心、互联网和社交网络提供优秀的客户服务。2012 年被甲骨文公司收购。——译者注

○ 社交媒体营销软件开发商 Lithium Technologies，简称 Lithium，该公司为品牌厂商提供一个平台，让它们更易锁定社交网站的粉丝，与其互动并提供回报。——译者注

9.7 客户关系管理

企业与客户的关系的质量直接影响企业的内在价值。**客户关系管理**（Customer Relationship Management，CRM）是指企业与客户围绕营销、销售和服务等开展的一系列交互。这些交互包括：①经济要素交换；②作为交换对象的产品或服务；③交换发生的空间；④交换发生的情境（McKenzie，2001）。

为了确保与客户的交互富有成效，企业必须有效地管理客户关系，以此提升产品和服务对客户的吸引力，促进客户转化，促成销售以及留住客户。客户关系管理，需要企业与客户开展实时的简短对话，这些对话发生在客户与企业的关系空间中，如图9-6所示。对话的第一部分是通过为客户提供产品和服务而开展的经济要素交换；交换发生的空间，可以是展示厅等物理场所，也可以是商品展示网站等虚拟空间；交换发生的情境包括已知的有关客户的信息以及客户自然情况等。

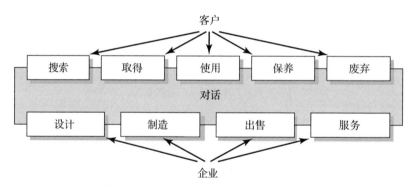

图 9-6 客户与企业的关系空间中的对话

构建客户关系管理系统的必要环节是建立客户数据库，以支持客户服务、客户忠诚度计划，以及各项奖励计划的制订和实施，为社区建设和开展一对一营销等各项客户关系管理活动奠定基础。对银行和零售企业来说，建立客户数据库比较容易，因为此类企业与其客户持续发生高频率的直接互动。但对那些无法与终端客户开展直接互动的企业来说，比如半导体和汽车制造商，建立客户数据库比较困难（Winer，2001）。

通过开展客户关系管理，可以帮助企业迅速获取客户数据，识别其中的有价值客户，并为其提供优质服务以提高客户忠诚度。在客户关系管理过程中，与客户的交流可以为企业提供新想法，从而成为企业设计新产品和服务的重要能力来源（Prahalad & Ramaswamy，2000）。可惜，太多企业的电话接听系统设计得过于复杂，阻碍了客户向企业寻求帮助，增加了客户与企业之间的距离感。

如果客户与企业员工能够做到充分交流，就表示客户关系管理系统运行良好。让客户和员工充分参与，可以同时为企业和客户带来更有效的产出（Fleming et al.，2005）。

Doordash 是一个食品配送应用程序，它引入客户关系管理以获得客户对其服务的信任。当客户通过该应用程序提交订单时，他们会看到一个实时更新的订单状态图，上面显示了订单的实时状态，同时，他们还会收到状态更新的信息提醒。客户可以通过短信或电话留言提出问题，客户服务代理会及时回复问题。对身处急剧变化——菜单选项、配送司机队伍、复杂的交通路网和居民区布局都在持续发生变化——的行业之中的 Doordash 而言，保持强大的客户关系管理十分重要。

图 9-7 描绘了客户关系管理和整个营销过程。客户关系管理对市场调研、客户挽留和确定营销组合等工作的开展具有重要的支持作用。

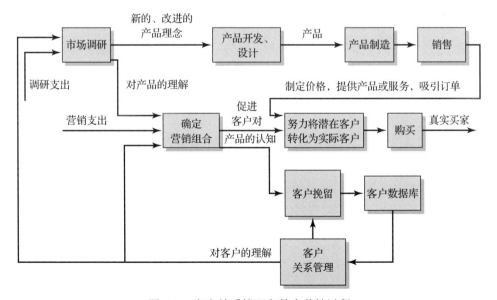

图 9-7　客户关系管理和整个营销过程

企业总是希望尽可能多地拥有回头客。对产品满意的客户不一定是回头客。满意度只是人们用语言表达出来的态度，忠诚度才是衡量客户实际行动的标准；客户调查只能探查客户的看法，却不能预测客户未来的行为。忠诚度不是用来探寻客户对产品的意见的（Klein，2003），而是用来衡量客户对产品或产品系列的实际承诺的。评价忠诚度要比评价满意度更难。凭借一个好的满意度测评体系，企业可以发现现有产品存在什么问题，而准确有效的忠诚度测评体系，则可以帮助企业制定营销策略以挽留有价值的客户。

▣ 赛富时公司：吸引客户

客户关系管理软件帮助企业整合各种与客户有关的活动。例如，总部设在旧金山的客户关系管理软件服务提供商赛富时公司推出的基于云计算的领先客户关系管理解决方案，可以帮助企业跟踪现有或潜在客户，开展销售工作，为客户提供服务以及实施配套管理。与赛富时公司同样驰名的另一个全球领先的客户关系管理软件供应商是美国的 SugarCRM 公司。

客户定制（Customization）也被称作一对一营销，是指根据客户的个性化需求，为其提供专门的设计版本。为开展客户定制，企业需要建设和利用客户关系管理系统，抽取每一位客户的特定需求和偏好信息。在开展客户定制的过程中，企业和客户将一起通过学习来了解客户需求。音乐文件等数字产品的供应商比较容易开展客户定制，同时，其他领域的制造商也可以通过提供定制化产品来满足客户的个性化需求。例如，Carbon 这家 3D 打印机研制公司，以实现生产过程的定制化为公司使命。Carbon 公司梦想开启一个世界，在那里，鞋店只需为每种尺寸和类型的鞋子提供一双展品，当客户试穿后决定购买时，鞋店只需实时打印出其所需的特定版本即可。

9.8 创新扩散

大多数新创企业的产品中都包含了新理念或新技术。客户会综合考虑新产品或新技术的优势、成本和风险，做出是否在某个特定时间点接受该创新产品的决定。我们用**创新扩散**（Diffusion of Innovations）描述创新在潜在接受者中传播的过程。这里的创新，包括新产品、新工艺流程以及新想法，它们被潜在接受者视作新颖的、提供了解决问题的新方法，而这些新方法也带来了某些不确定性，它们可能比已有的做事方式更好，也可能更差。创新扩散理论解释了创新的扩散机理，并为人们预测一项创新的扩散速度和扩散模式提供理论工具。

创新不一定都能实现快速传播。早在 1601 年，英国海军就已经了解了维生素 C 缺乏症这种比战争、意外事故和所有其他死因都更加致命的疾病，也知道通过在海员的饮食中加入柑橘类水果可以有效避免。然而，直到差不多 200 年后的 1795 年，英国海军才采纳了这种对抗维生素 C 缺乏症的方法（Rogers，2003）。可见，即使是最好的想法，也不一定很快就能获得采纳。

创新会以何种速度和模式扩散，主要取决于潜在接受者对创新的 5 个特征（见表 9-8）的感知程度。

表 9-8　创新的 5 个特征

1. 相对优势。相对优势是指相对于当前产品或解决方案，新产品具有的优势。它可能表现为为接受者带来更多的经济利益或者提供更好的性能
2. 兼容性。兼容性是指创新与潜在接受者的现有价值观、掌握的诀窍、拥有的经验和实践的契合度
3. 复杂性。复杂性是指潜在接受者认为创新难以理解或难以使用的程度。一项创新的感知复杂性程度越高，其被接受的速度越慢
4. 可试用性。可试用性是指潜在接受者在采用创新之前，能够体验或试验的程度。创新的可试用性越强，接受率越高
5. 可观察性。可观察性是指在潜在接受者群体中，接受创新的益处对其他人的可见程度。创新的可观察性越强，接受率越高

1939 年，黑白电视机问世；到 1950 年，有 10% 的美国家庭接受了这一创新；到 1960 年，90% 的美国家庭拥有电视。电视机之所以被迅速采用，是因为它与收音机相比，具有明显的相对优势——兼容性高、复杂性低、容易使用、可视性高。相比而言，个人计算机的普及过程相对缓慢。1982 年，个人计算机开始进入美国市场，但直到 2007 年，只有 2/3 的家庭拥有个人计算机。这是因为个人计算机的操作复杂性高、价格高昂，阻碍了客户对它的接受，而且，它

的相对优势对于许多潜在客户来说并不可见。

正如个人计算机这一案例所显示的，为了充分了解客户采用新产品的可能性，有必要将他们目前的"痛苦"，与企业开发的新产品、所提供的新解决方案带给客户的"痛苦"进行比较。例如，没有个人计算机和文字处理器，潜在客户可能因文档无法轻易修改、手工对账而感到痛苦；同时，接受个人计算机也会带来新的痛苦，包括需要支付高昂的价格，需要投入时间和精力阅读说明书，学习如何使用，排队等候提货，安装应用软件等。只有当客户感知到新产品带来的收益超过其带来的痛苦时，他们才会购买（Coburn，2006）。

在那些高速变化的技术领域，客户可能会因为觉得即将有更好的技术出现而选择等待。例如，许多人不购买等离子电视机，是因为他们觉得液晶电视机将很快问世。如果客户等待的时间足够长，他们会"跳过"某项技术，例如，

非洲和亚洲某些国家未经过固定电话使用阶段，就直接进入了移动电话时代（Economist，2006）。

创新的扩散过程曲线呈 S 形，如图 9-8 所示；创新接受者的分布服从正态分布，如图 9-9 所示。有 5 种类型的创新接受者，分别在曲线的不同阶段进入市场，关于这 5 类创新接受者的具体描述见表 9-9（Rogers，2003）。

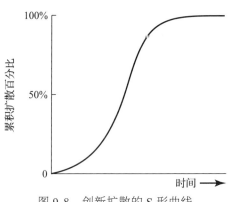

图 9-8   创新扩散的 S 形曲线

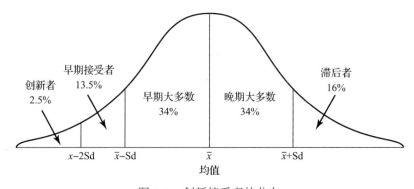

图 9-9   创新接受者的分布

注：Sd = 标准差。

表 9-9 创新接受者的 5 种类型

- 狂热的**创新者**（Innovators）：他们希望站在商业的前沿，渴望尝试新生事物。他们往往有能力应对复杂且不成熟的想法，他们拥有大量资金，有能力应对创新带来的不确定性并弥补其潜在损失
- 有远见的**早期接受者**（Early Adopters）：与创新者相比，他们与潜在接受者相处更为融洽。早期接受者具有最高的意见领袖的能力，可以为其他潜在接受者提供关于创新的信息和建议
- 务实的**早期大多数**（Early Majority）：他们对创新的接受率略高于平均水平。他们通常要经过深思熟虑和漫长的决策过程才接纳创新。此类人的数量占总人数的比例较大，与早期接受者和潜在接受者的联系也更充分。获得该部分人群的接受意味着创新进入迅速扩散阶段
- 保守的**晚期大多数**（Late Majority）：他们往往由于经济需要和同行压力而接受创新。他们在人口总数中所占比例与早期大多数一样大；他们往往拥有更少资源且更加保守，在接受创新前需要更多的证据来证明其价值
- 怀疑的**滞后者**（Laggards）：他们最后接受创新。他们往往与其他接受者隔绝，固守过去的经验和传统。他们对将有限资源用于冒险和创新持怀疑态度

9.9 跨越鸿沟

从吸引早期接受者到吸引早期大多数，实现两个阶段的跨越十分困难，因为早期大多数都是实用主义者，如图 9-10 所示。在接受创新的过程中，早期接受者和早期大多数之间的巨大差距被称为**鸿沟**（Chasm）（Moore，2014）。早期接受者或远见卓识者是独立的机会驱动型购买者，他们能很快意识到创新带来的好处。早期大多数则由实用主义者构成，他们墨守成规，坚持要看到经过证实的创新产生的结果。如果一个新产品不能跨越这两类具有不同接受标准的群体间的转化鸿沟，就会走向失败。

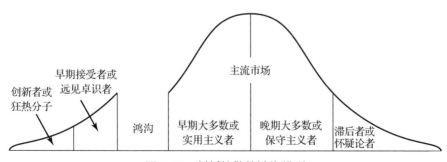

图 9-10 创新扩散的鸿沟模型

对新创企业而言，跨越鸿沟是一项极具挑战的任务。例如，早在 20 世纪

60 年代，第一部可视电话就已推出，然而直到 2003 年 Skype 出现后，这项技术才成为主流；此后，又花费了数年时间，这项技术才真正跨越鸿沟。又如，3D 技术诞生于 1953 年，但当时它带来的不便超过了它带来的好处，导致此项技术在 20 世纪 90 年代前一直停滞不前。直到 21 世纪初，随着 3D 电视的推出，厂商们再次致力于将此项技术推向应用，不过，迄今为止，3D 技术仍未跨越鸿沟。

相比之下，混合动力汽车跨越鸿沟的速度较快。1999 年，本田公司在美国市场投放了混合动力汽车，丰田公司紧随其后，于 2000 年推出了普锐斯并很快被狂热分子和远见卓识者接受。混合动力汽车越来越受欢迎，逐渐成为汽车市场在售的主流产品。

借助鸿沟模型和新产品的扩散特性，可以解释**扩散时间**（Diffusion Period），即一项创新从被总人口中 10% 的人接受，到被 90% 的人接受所需的时间。表 9-10 展示了一些有代表性的新产品的扩散时间。

许多技术产品的复杂性成为阻碍新产品跨越鸿沟的一个因素。复杂性导致这些产品难以操作和理解，潜在用户需要去学习如何使用它们并了解其工作原理。为帮助具有复杂性的新产品跨越鸿沟，企业需要为用户提供相关培训——这种培训可能是成本高昂且耗时持久的。

即使技术并不复杂，且采用了透明、直观的设计，新产品也可能面临学习的挑战。例如，虽然自行

表 9-10　一些有代表性的新产品的扩散时间（美国）

新产品	扩散时间（年）
电话	70
汽车	60
电力系统	40
个人计算机	30
手机	30
互联网接入	18
彩色电视机	16
DVD 播放器	15
心脏支架（用于缓解心脏充血）	8

车看起来很容易骑，但是对大多数成年人来说，学习骑自行车是困难的，他们可能要先经历摔倒才能学会。教一个成年人学骑自行车往往会带来充满挫折感的体验。太多创新者没有为用户提供完整的培训课程和帮助用户自主学习的文档，只是在网站上列出常见问题，然后鼓励用户自己阅读产品说明书。这根本没用！正是因为创新者总试图把指导和学习的成本转嫁给用户，才导致新产品

被延迟接受甚至遭到废弃。

提出好创意的创新者别无选择，只能扮演教育家。创新者必须了解，要想不被用户拒绝，就必须尽量平衡好产品的易用性和易学性。

妨碍新产品跨越鸿沟的另一个因素是配套基础设施建设。这是一个类似鸡蛋相生的问题：为了使用一款新产品，用户需要一个广泛覆盖的可用基础设施；可是，为少数用户构建基础设施缺乏规模经济，并不划算。例如，推广燃料电池汽车需要建设配套的氢燃料加注站，但是，如果没有售出足够多的燃料电池汽车，谁肯为建设氢燃料加注站出资？

再举一例：数码摄影技术在鸿沟期停滞了 11 年（1985 ～ 1995 年）。导致这种停滞的主要原因是缺乏数字图像处理软件和硬件——个人计算机和便宜的照片打印机。21 世纪初，上述问题均得到解决——数码相机被组装到日益普及的智能手机中，于是，数码摄影技术跨越鸿沟，成为主流。

还有一些产品，在跨越鸿沟时需要走出这样一个困境：这些产品的价值大小取决于拥有同类产品的人数（请查阅 7.3 节中关于网络效应的讨论）。例如，只有当很多人使用电子邮件和短信功能时，电子邮件和短信产品的价值才能得到体现。

吸引大量客户并跨越鸿沟的策略之一，是专注于一个狭窄的利基市场。通过将全部注意力和资源投入某个特定的细分市场，新创企业可能在此细分市场取得显著进展。等到企业在该细分市场吸引到足够多的客户时，企业可以再次将注意力和资源转移到另一个有能力控制的集中的细分市场。

杰弗里·摩尔（Geoffrey Moore）把这一策略比作一次军事入侵，即一支军队集中力量占领滩头阵地，然后，从这个滩头阵地出兵夺取越来越多的土地（Moore，2014）。亚马逊公司创始人杰夫·贝佐斯致力于将亚马逊网站建设成一家在线销售各种商品的零售商。一开始，贝佐斯只专注于图书销售，等到亚马逊占领了图书市场，再快速进入更多的细分市场（Thiel，2014）。

为了吸引和留住对跨越鸿沟至关重要的实用主义者们，企业必须提供一套完整的解决方案。实用主义者关心由质量、服务、易用性、可靠性和配套基础设施等组成的一整套解决方案。为提供这一整套解决方案，新创企业可能需要与合作伙伴缔结联盟（Moore，2014）。

一种产品一旦跨越鸿沟，就会像流行病一样蔓延开来。流行病扩散有 3 个特点：①具有传染性；②具有蝴蝶效应；③巨大改变不是逐渐发生的，而是瞬间发生的（Gladwell，2000）。存在一个**临界点**（Tipping Point），产品的采用率会在那一时刻激增，并达到某个临界数量或门槛值。这种流行病式的跨越现象往往发生在互联网上——在某个时刻，当足够多的人持有某种产品时，产品价值会显著提高，引起其使用量激增。1992 年，世界上第一条短信在英国移动通信网络公司沃达丰的网络上，通过计算机向手机发送成功，到 20 世纪 90 年代末，作为沃达丰公司的竞争对手的其他移动运营商允许用户跨网络发送短信，加之手机在年轻人中逐渐普及，短信应用数量迅速增长。到 2000 年，短信应用达到临界点。

当接受者收到一个有意义和蕴含情感的信息，且此信息牢牢地印在他的脑海里，促使他将这条信息传递给他人时，流行就开始了。有说服力的信息通常是由可信赖的代理人传达的，它促使购买者采取行动。因此，可信赖的代理人所传递的具有感染力的、令人难忘的、鼓舞人心的信息，可以帮助产品达到临界点，进而跨越鸿沟。

🔲 推特：抵达临界点

临界点"倾倒"现象⊖在社交网络应用软件的推广中极为显著。微博网站和移动应用推特在 2009 年经历了爆炸式增长，它在美国的用户数量增长到 1800 万，比 2008 年增长了 200%。截至 2016 年，推特的活跃用户超过 3.1 亿。推特公司借助有影响力的用户发布具有传染性的信息进行传播，让更多的人知道其网站。例如，《纽约时报》的许多专栏作家开始在推特上发表文章，将这些作家的部分读者吸引到推特上。

⊖　信息产品存在互联的内在需求，因为人们生产和使用它们的目的就是更好地收集和交流信息。这种需求的满足程度与网络的规模密切相关。随着网络的用户数量的增加，所有用户都能从网络中获得更大的价值，用户越多，访问的网络就会越有价值，而网络的价值越高，就会吸引越多用户，当网络的用户规模突破临界点，就会出现所谓的"赢家通吃"现象：网络赢家会吃掉绝大部分的市场份额，网络输家则因无法生存而被逐出市场。该现象被称作"倾倒"现象。——译者注

9.10 个人销售和销售团队

所有的业务都涉及**销售**（Selling），即通过交换机制，将产品从一个人或经济实体转移到另一个人或经济实体。销售活动的主要任务是识别客户需求，并使得产品或解决方案与这些需求匹配。许多科技企业将这个过程称作销售与业务发展。大多数企业会雇用一支销售团队与购买者进行联系。对小型新创企业而言，销售人员可能同时兼顾多种角色，比如除了承担销售职能外，他们还参与产品开发或市场规划。

新创企业应该制定销售战略和行动计划。为此，企业管理者必须明确目标客户，并招募、培训和组建一支销售团队，制定销售人员激励和补偿制度。企业管理者还需要管理销售人员和客户之间的互动。销售人员与客户的互动过程受买方需求和销售人员业务能力的影响。成功的销售人员与客户的互动可以为企业带来订单、利润和回头客。

销售科技产品难度较高，因为此类产品不具备如房子、西装等产品的有形性。客户购买科技产品需要更长的考虑时间，这时就需要销售人员为客户采取购买行动注入动力。这要求销售人员对产品有充分的了解，并且能够清楚地向客户传达产品的优势。

当客户是其他企业时（通常被称作 B2B），购买行动背后就可能存在多个决策者。科技产品或服务的最终用户只是这些决策者之一，但是，其他决策者，包括推荐购买某解决方案的人，如信息技术人员，以及实际谈判合同的人，如采购代理人，也会参与购买决策。多个决策者的参与，可能导致销售过程复杂并且拖延交易时间。从第一次与客户接触到最终完成销售交易中间所经历的时间被称作**销售周期**（Sales Cycle）。销售周期可以短至一天（如在谷歌网站上购买广告物品，或在 eBay 上拍卖物品），也可以长至几个月（如医院的放射科实验室评估和选购先进的核磁共振设备）。如果采购需求需要列入企业的年度预算，其决策过程会被延长。科技企业在制定商业模式和财务计划时，需要对销售周期做出估计。

管理销售过程的一种有效方法是：先捕获组织的某个职能部门，再利用最初的销售成果，接触并吸引组织的其他职能部门。例如，云存储服务供应商 Box 公司的创始人，在业务起步时，先是为斯坦福大学的睡眠诊所开设了一个服务账户，随着睡眠诊所依托 Box 的服务取得成功，整个大学最终都采用了

Box 的服务（Thiel & Masters，2014）。

新创企业中每个人都需承担以下责任：①识别并开发购买者；②提供创造性的解决方案；③通过达成销售获利。

在许多新创企业中，员工可以轻松履行前两项职责，却对第三项职责敬而远之。但是，如果不能达成实际销售过程，一家新创企业注定会失败（Eades，2004）。企业的最终目标是确定客户的需求（或者潜在的痛苦），创建满足该需求的解决方案，并将解决方案卖给客户。

产品或服务的销售流程如图 9-11 所示。首先，销售人员识别并确定目标市场，并与潜在客户接触。其次，销售人员明确客户的问题和需求，基于探知的需求，创造和提出解决方案，并将新解决方案相对于现有解决方案的优势清楚地表达出来。最后，销售人员征求订单，取得客户的积极响应和订单确认。这个过程与买衣服类似：销售人员先与你接触，确认你的需求。接下来，售货员给你展示一个或多个解决方案（备选方案）。然后，你试穿这些衣服，审视它们的尺

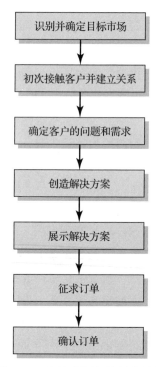

图 9-11　产品或服务的销售流程

寸和外观，销售人员会对每一个备选方案做出评论，并与你讨论。当你们二人对某一个解决方案达成一致时，销售人员就会要求你确认订单，如果你同意，销售人员会在收银机上下单。这个过程也与为政府机构或电子企业采购计算机类似。销售人员推销自己的产品，表达他们对客户的某些不满的关心，并提供关于产品或信息的一致性、权威性和稀缺性的证明。在一定程度上，销售取决于说服技巧。我们将在第 13 章的 13.2 节对此展开讨论。

新创企业通常会用自己的销售人员管理销售过程，同时，通过合同雇用销售代表来实际销售产品。表 9-11 对比展示了企业内部销售人员和企业外部的独立销售代表各自的优劣势。均衡发挥内部销售人员和外部独立销售代表的作用，对新创企业来说至关重要。

表 9-11 企业内部销售人员与企业外部的独立销售代表的优劣势比较

	优势	劣势
内部销售人员	● 充分了解企业的产品 ● 相对容易管理 ● 向企业提供来自客户的反馈 ● 支付薪金加提成	● 固定成本高 ● 地域分散不够 ● 招聘和培训需要花费时间和成本 ● 存在差旅费
独立销售代表	● 支付佣金 ● 招聘和培训成本较低 ● 地域分散 ● 已经与客户建立起关系 ● 固定成本低	● 为多家企业服务，难以专注 ● 难管理 ● 较少向企业提供来自客户的反馈 ● 对企业复杂产品的了解有限

　　以合适的速度和节奏建立销售团队也很重要。通常，企业要在新产品尚未做好问世的准备时，就开始着手提升销售团队的能力。新创企业在推出新产品时，应该派出一组销售人员，让他们尽可能充分地了解客户对产品的反应。然后，利用这些反馈信息完善产品和销售或营销策略，当销售量加速增长时，企业应扩大销售团队的规模（Leslie & Holloway，2006）。新创企业应将精力放在关注客户需求而非产品特性上。销售人员需要发现客户的需求（产品、服务和产品元素的组合），并为客户提供满足其需求的解决方案（Charan，2007）。

　　新兴的科技企业在起步阶段，可能会组建一个直接的销售团队来创造需求，并向主要的目标细分市场渗透。然后，随着企业进入快速增长阶段，再向其他细分市场和销售渠道过渡。清楚识别关键市场和目标客户，对新创企业而言十分重要（Waaser et al.，2004）。

　　由于市场中存在竞争以及客户缺乏对其产品和质量的了解，新创企业会遇到销售阻力。企业可以通过提供试用期、保修和服务合同等方法克服这些阻力。许多新创企业在制造出优质产品和制订可靠的营销计划方面做得很出色，却未能实现预期的销售额。

　　我们将在第 15 章中讨论国际市场营销与销售的相关问题。

9.11 焦点案例：Snap 公司

　　Snap 公司由埃文·斯皮格尔（Evan Spiegel）和博比·墨菲（Bobby Murphy）

于 2011 年成立，是一家社交媒体和可穿戴技术公司，旗下拥有著名的移动应用程序 Snapchat。斯皮格尔和墨菲在斯坦福大学读书时相识，2011 年夏天，他们推出了 Snapchat 的早期版本 Picaboo。经过几个月的努力，这款应用程序开始在高中生中流行起来。2012 年，Snapchat 的用户数达到 10 万，光速创投公司（Lightspeed Ventures）的杰里米·刘（Jeremy Liew）为 Snapchat 提供了种子基金。其后不久，脸书公司提出收购 Snap 公司。到 2016 年，Snapchat 已拥有 1.5 亿日均活跃用户。Snapchat 在千禧一代市场中格外受欢迎，30% 的美国千禧一代互联网用户会定期访问 Snapchat。

Snap 公司面向千禧一代用户群推出了有趣和创新的营销策略。2016 年，Snap 公司推出了一款具有拍照功能的太阳镜 Spectacles，这款眼镜限量供应，通过快闪的自动售货机销售。这一营销策略大获成功，眼镜很快被抢购一空，一些购得者甚至以更高价格转售。Snap 公司十分注意保护其品牌价值，对在其平台上展示的广告加以严格审查，以确保这些广告看起来与用户生成的内容具有相似性。

9.12 本章小结

所有新创企业都需要制订营销计划，用以吸引、服务和留住其产品的目标客户。新创企业在初创阶段往往没有客户，因此必须认真识别和筛选能够体现其产品价值的目标市场。市场调研可以为企业提供有关客户、分销渠道以及沟通方法等的信息。

新创企业通过开发产品定位陈述，制定价格、产品、促销和渠道的组合营销策略来吸引和满足客户需求。大多数新创企业都面临着跨越扩散过程中鸿沟的挑战，需要努力让自己的产品吸引到实用主义者以及持怀疑态度的潜在客户。

市场营销过程包括描述或实施以下内容或者要素。

- 产品供应。
- 目标客户。
- 市场营销目标。
- 市场调研。

- 市场营销计划。
- 销售计划。
- 市场营销与销售人员。

技术创业原则 9

完备的市场营销与销售计划，可以帮助新创企业有效识别目标客户，设定营销目标，销售产品和建立稳固的客户关系。

音像资料：

读者可以访问 http://techventures.stanford.edu 网站，浏览与本章内容有关的学术讨论。

通过包装营销产品 （Marketing by Surfacing the Product）	杰克·多西⊖	Square 公司和推特公司
新创企业营销 （Marketing a Startup）	唐娜·诺维茨基	Yiftee 公司⊖
围绕客户打造产品和开展营销 （Consumers Shape Marketing and Product）	蒂娜·韦尔斯	Buzz Marketing 公司

9.13　练习

（1）电视广告和互联网广告的费用存在巨大差异。谷歌公司的成功在很大程度上源于它成功地利用了这一巨大差异。请调查并比较：①电视广告费和互联网广告费；②人们看电视花费的时间与使用互联网花费的时间。你认为谷歌公司是如何利用这种差异的？预计还有哪些重要的社会趋势会持续驱动广告投放支出向新媒体转移？为什么？

（2）全球移动电话持有量呈现爆炸式的增长，这种通信设备几乎可以在任何地方使用，许多营销和广告公司在考虑如何利用这一无处不在的设备拓展业

⊖　杰克·多西是一位软件程序员，他作为联合创始人创办了推特公司，曾担任推特公司的 CEO 和全球著名移动支付公司 Square 的 CEO。他在 2008 年被《麻省理工科技创业》杂志评为 35 岁以下全球顶级的 35 位创新者之一。——译者注

⊖　Yiftee 是总部位于美国加州的一家地域性礼品中介服务平台，帮助人们用本地商家的产品和服务给好友送礼。唐娜·诺维茨基为其联合创始人。——译者注

务。请说明为何营销人员会将移动电话视作重要的营销平台。你预计移动广告业务将会面临哪些挑战？

（3）什么是病毒式营销？请提供一个使用病毒式营销推销其产品或服务的新创企业的案例，并说明为什么病毒式营销会在其产品或服务推销中发挥（或没能发挥）作用。

（4）脸书公司和推特公司是两家高速发展的社交网站公司，总部均设在美国，产品均覆盖全球。请你试着为这两家公司制作其产品定位图。

（5）Interbrand 咨询公司每年对全球百强品牌进行调查并排名。请查阅其最新发布的调查结果，选择榜单上的新上榜者，描述这家企业的市场营销目标和目标客户群体。

（6）强大的品牌以创新和广告宣传为基础。调查微软、三星和苹果的品牌价值，并描述这 3 个品牌具有如此强大的品牌影响力的原因。

（7）共享单车应用软件是一种新兴的软件产品。请描述共享单车服务企业需要面对的营销挑战（例如，在雇用、管理和激励司机方面遇到的挑战）。你认为以下两种情况会对共享单车服务有何影响：①与出租车服务企业之间的竞争；②来自无人驾驶的小型直升机和自动驾驶汽车等替代品的竞争。利用表 9-9 中给出的创新接受者的 5 种类型，描述当前市场对共享单车的接受程度处于哪个阶段，以及各类群体用了多长时间来接受共享单车。

（8）找出一家使用间接销售渠道开展销售活动的高科技企业。说明该企业采用了哪种销售，以及为什么它会选择间接销售渠道。

创业挑战

1. 描述你的企业的目标客户群体。
2. 使用图 9-4 提供的模板，设计你的企业的产品定位图。
3. 简要描述你的企业的产品的市场营销组合。
4. 你的企业将如何销售产品以及发展客户关系？
5. 调查你的企业所处的行业，确定该行业的产品销售周期。

创业的类型

> 最难的是下决心去做，剩下的只
> 不过是坚持。
>
> 阿梅莉亚·埃尔哈特（Amelia Earhart）

新创企业应选择何种法律形式，何为公司内创业

　　创业者需要综合考虑环境、人员、法律、税收、文化和社会规范等多种因素，确定新创企业应采取的组织与法律形式。本章我们讨论可供创业者选择的、支持其实现发展目标的组织与法律形式。新创企业的规模可能很小，比如大多数提供咨询服务的企业，也可能比较大，比如那些快速增长、具有较大影响力的企业。创业者在成立一家新企业时，必须做出一些关键的抉择。图 10-1

显示了在美国成立一家新企业需要做的准备工作。

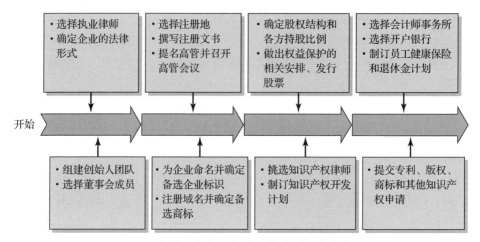

图 10 1　在羊国成立一家新企业需要做的准备工作

除了独立新创企业外，还有一种产生于大企业内部的企业，这种企业是已有企业的衍生品，同时又拥有实现自身发展所需的自主性。内创业是创业的一种重要形式，引领了很多重大创新。已有企业往往因能力不足或受限于既定的资源投放方向，而错失重要的新发展机遇，需要借助内创业来推动企业持续壮大，并不断焕发出新的活力。

10.1　企业的法律形式

成立一家新技术企业时，创业者需要选择一种有利于业务开展、节税以及实现资金筹集目标的法律形式。选择何种法律形式，部分取决于企业及其股东打算如何处理美国联邦税收。从税收角度，我们介绍两种法律形式的企业：**常规纳税企业**（Regular Taxable Corporations）和**流通类实体**（Flow-Through Entities），其具体特征如表 10-1 所示。

表 10-1　企业的法律形式

类型	纳税范围
1. 常规纳税企业 ● 股份制公司（C 类公司）	在按企业利润纳税的同时，还要按企业内部的利润分配纳税

（续）

类型	纳税范围
2. 流通类实体 ● 独资企业 ● 合伙企业 ● 小型股份制公司（S 类公司） ● 有限责任公司	所有损益由所有者自负，不单独向企业征税

企业（Corporation）是一种独立于所有者的法人实体。流通类实体有时也被称作传递类实体（Pass-Through Entity），是一种将全部收益和损失都直接传递给企业所有者的法律形式。常规纳税企业所获利润不仅要从企业角度征税，还要从企业所有者角度征税，这导致其全部利润分配（例如分红）将承受双重课税。

有 4 种类型的流通类实体企业形式，即：①独资企业；②合伙企业；③小型股份制公司；④有限责任公司（Limited Liability Company，LLC）。

表 10-2 总结了美国新创企业可以选择的 5 种法律形式所包含的关键要素。**独资企业**（Sole Proprietorship）通常由个人出资经营，归个人所有和控制，由所有者个人承担经营风险和享有全部经营收益，这是最简单的一种企业形式。**合伙企业**（Partnership）由两个或多个合伙人自愿联合组建并共同拥有企业，每个参与管理的合伙人都对企业经营负有责任。由于合伙企业的经营责任包罗万象，因此大多数创业者不会选择成立合伙企业，而是选择成立有限责任公司或股份制公司。

表 10-2　美国新创企业可以选择的 5 种法律形式所包含的关键要素

关键要素 ＼ 企业形式	独资企业	合伙企业	常规股份制公司	小型股份制公司	有限责任公司
1. 所有者的个人责任	无限	无限	有限	有限	有限
2. 纳税范围	所有者个人所得税	合伙人个人所得税	基于利润在企业和个人层面双重纳税	盈亏流入所有者收入计税	盈亏流入所有者收入计税
3. 业务存续期限	所有者终止	合伙人解散	持续经营	持续经营	不确定
4. 组建成本	非常低	较低	中等	中等	中等
5. 募集资金能力	较低	中等	较高	中等	中等

　　1975 年，微软公司以合伙企业的形式成立，比尔·盖茨（Bill Gates）和保罗·艾伦（Paul Allen）是平等的合作伙伴。他们获得的第一笔订单来自个人计算机领域的鼻祖 MITS 公司，微软为这家公司生产的 Altair 8800 个人计算机开发了 BASIC 程序语言。1981 年，微软公司被重组成为一家法人企业。

　　一般来说，许多企业在成立初期，都会选择独资企业或合伙企业的法律形式，但很快会重组为有限责任公司或股份制公司。独资企业或合伙企业所对应的无限责任，对所有者或合伙人而言风险过大，因此在企业经营取得初步进展后，仍保持这类法律形式显然是不明智的。大部分投资者出于规避任何超出投资额以外的责任的考虑，只会向股份制公司或有限责任公司投资。法人企业或有限责任公司的股东只需以其认缴的出资额为限，对公司承担有限责任。

　　公司的有限责任特征，源于公司是有别于所有者的自然人身份的法人的事实。当公司宣布破产并启动相关法律程序时，债权人只能对公司的资产提出债权主张，而不能对所有者的个人资产索要偿还。因此，即使新创企业是独资经营，也最好选择有限责任公司或股份制公司这两种法律形式。

　　许多小型企业之所以考虑采用有限责任公司或小型股份制公司的法律形式，是因为这两种形式的公司可以将创业初期的业务亏损额直接传递给所有者，所有者可以用这些损失抵消其他来源的收入。

　　有限责任公司是小企业最理想的所有权形式，采用这种形式，企业所有者只需担负有限责任，就能同时拥有独资或合伙企业的纳税优势。因为有限责任公司在企业生命的延续性、参与者责任的有限性以及纳税处理方面具有优势，所以这种形式对接受家族投资创办的家族企业来说格外具有吸引力。

　　美国的小型股份制公司也被称作 S 类公司，此类公司作为流通类实体而被课税。这是一种融合了合伙企业和股份制公司的优势的小公司。这种公司之所以被命名为 S 类公司，是因为它有资格根据美国国内税收法第 S 分章征税。S 类公司在享受合伙企业的联邦税收优惠的同时，只需承担有限责任，而且公司只需对股东的收入纳税，无须缴纳公司税，从而可以让公司所有者或股东保留可观的利润。注册为 S 类公司的公司必须满足包括所有者以及股本类型等的一些要求。有些创业者更倾向于先向美国国税局申请获取 S 类公司的资格，此后再转换为普通的股份制公司，而不是直接成立有限责任公司。与有限责任公司一样，小型股份制公司通常需要转为常规股份制公司，才能接受风险投资或者在公开市场中发行股票。与有限责任公司不同的是，小型股份制公司会限制投资人的数量，且可能无法接受外国投资者的投资。

随着公司的成长，将有限责任公司或小型股份制公司转为常规股份制公司（C 类公司）将会是更加明智的选择。C 类公司有很多优势，如承担有限责任，业务存续期无限，具备接受风险投资的能力，在出售时有更高的灵活性，能够以免税股本交换（Tax-Free Exchange of Stock）的形式被另一家公司收购或兼并等。从法律角度来看，一个公司是否可以转为 C 类公司，还要考虑如下因素：所有者和投资者的数量、募集资金的需求、公司的长期目标、财务、员工的医疗以及退休计划等。

如果新创公司希望筹集大量启动资金，并最终成长为拥有巨大体量的公司，那么从一开始就以 C 类公司的形式成立更为适合。如果新创公司打算从专业投资人和投资机构那里获得投资，也应选择 C 类公司的形式。C 类公司能够发行多种形式的股票，包括普通股和优先股。尤其需要注意的是，C 类公司的投资者可以购买可转换优先股，而可转换优先股是风险投资最常采用的工具。

股份制公司或有限责任公司的成立需要遵循各州的法定程序。形成公司的过程被称为注册成立（Incorporation）。在美国，注册成立的法定程序十分简单。例如，如果一个团队希望在加利福尼亚州注册公司，只需向州政府秘书长递交注册文书并支付手续费即可。注册文书会写明：公司名称，经营宗旨，注册人的姓名和住址，用于偿还因董事、雇员和高级管理人员代表公司而产生的某些损害费用的预备金，以及注册资本金。公司的所有权份数被称作股份，注册资本包括股份总数和股本类别（Bagley & Dauchy，2007）。

有限责任公司的组织章程（Articles of Organization）与注册章程（Articles of Incorporation）类似，包括公司名称、公司的经营持续时间及所有者的姓名与住址。经营协议（Operating Agreement）与公司章程类似，会列出所有者权益以及有限责任公司的经营方式。有限责任公司的所有者通常被称作"成员"（Members），他们的所有者权益即为利息（Interests）。这些术语与股份制公司中的股东和股份的含义相似。

通常，企业会在自己所在的州注册成立，但是也不排除一些企业因为法律原因或开展业务的难易程度，而选择在其他州注册成立。美国大部分获得风险投资支持的企业都是在特定的几个州内注册的，例如加利福尼亚州、纽约州和特拉华州。除了常驻加利福尼亚和纽约州的部分公司外，与其他州相比，这3个州拥有更加完善、稳定及透明的公司法——这极大地降低了投资者所承担的风险。也就是说，由于风险投资者及其法律顾问对于如何在这些州的法律约束下筹集资金更为熟悉，因而交易速度和效率会大大提升。

最后，某些州还有一类新兴的企业，这类企业被称作公益类公司或 B 类公司（Benefit Corporation）。B 类公司自愿满足目标、责任和透明度等多方面的标准，不仅要考虑到股东的权益，还会将实现社会和环境的正效益纳入自身发展目标，兼顾员工、公司所在社区以及环境等各方利益相关者的利益。B 类公司需要发布年度报告来详细陈述其在履行社会责任、承担环境义务方面的表现。B 类公司的上述独特性并不影响其纳税义务，B 类公司可以以 C 类公司或 S 类公司的身份依法纳税。

10.2 独立新创企业与公司内创企业

创业者可以采用不同的法律形式创立新企业。表 10-3 描述了新创企业的 5 种类型，每一类新创企业都有一系列相互区别的特征。

小企业（Small Business）一般是独资企业、合伙企业，或由少数人掌控的企业。例如咨询公司、便利店以及当地书店等。一般来说，小企业员工人数少于 30 人，年收入不超过 300 万美元。

表 10-3 新创企业的 5 种类型

类型	营业额增速	发展规模	特征	目标
1. 小企业	缓慢	小型	独资企业、家族企业	通过服务客户，为合作伙伴提供独立性和财富
2. 利基企业	缓慢～中速	小型～中型	利用有限的机会或市场	稳定增长并实现良好的收入
3. 高增长企业	快速	中型～大型	初始投资额度大，追求颠覆性创新	创造具有重大影响力的新业务
4. 非营利组织	缓慢	小型～中型	服务成员或社会需求	服务社会需求
5. 公司内创企业	中速～快速	大型	现有企业的独立单位	成立重要的新业务部门或单独的企业

利基企业（Niche Business）通过开发有限机会或深耕细分市场，谋求自主运营和慢速成长。该类企业的员工人数通常不超过 100 人，年营业额不超过 1000 万美元。在极少数情况下，利基企业也会成长为能产生重要影响的大型企业。

高增长企业（High-Growth Business）以创造具有重大影响力的新业务为目标，需要投入巨额的启动资金，希望通过将某种新技术或新方法推向商业化和引发颠覆性创新，来建立一类特殊的高增长业务。此类创业是本书关注的重点。

非营利组织（Nonprofit Organization）是为实现慈善目标和服务公众而成立的公司或会员制组织，全世界每年有上千家的非营利组织为满足一些重要的社会需求而成立，最著名的非营利组织就是国际红十字会。

第 5 种类型的新创企业被称作**公司内创企业**（Corporate New Venture，CNV），它是由现有公司以全资子公司或拆分公司的形式创建的。

独立新创企业（Independent Venture）是指不被已有公司所有或控制的新企业，表 10-3 中的前 4 种类型均属于独立新创企业。独立新创企业通常不受潜在机会选择的限制，却经常受到资源有限的限制。相比之下，公司内创企业的机会选择通常会被限制在与母公司一致的业务领域内，但会得到母公司海量资源的支持。

虽然独立新创企业和公司内创企业面临着相同的外部环境，但不同的能力和资源限制，导致它们会采取不同的战略。独立新创企业拥有更大的灵活性，所需资源比公司内创企业少，而且独立新创企业可以从更广泛的来源获取创意，而公司内创企业通常会受到母公司的指导与控制。因此，独立新创企业有着高灵活性、高适应性及高激励性的优点，而公司内创企业则具备从母公司那里获得有价值的人才和资源的优势。

表 10-4 展示了不同类型的新创企业在创新水平和雇用关系方面存在的差异。

表 10-4 不同类型的新创企业在创新水平和雇用关系方面存在的差异

雇用关系	创新水平	
	低	高
自主就业（Self-Employment）	独立承包商、小企业主	风险投资支持的分拆公司
依赖性就业（Dependent Employment）	普通雇员	独立新创企业和公司内创企业

本章主要讨论公司内创业及公司内创企业，不过，我们首先来了解一下非营利组织和社会责任型企业。

10.3　非营利组织和社会责任型企业

新创企业以创造财富为目标，通常意义上，财富是指金融财富。然而，在许多企业家那里，财富主要是指社会效益。患者的健康可以看作非营利医院的产品，而医院属于非营利组织还是营利组织，仅与税收征管者相关。非营利组织提供服务但不获利，其形式可以是会员制组织或慈善机构。非营利组织允许产生财政盈余，但不得将其分配给管理者、投资者或雇员。此外，非营利组织没有所有者，全部盈余都被用于实现组织的非营利使命。如今，非营利组织通常被称为非营利部门或非政府组织。据估计，每两个美国人中就有一个曾在非营利组织中当过志愿者。

非营利组织通常在社会领域开展业务，致力于解决或减少诸如饥荒、流离失所、环境污染、毒品滥用及家庭暴力等社会问题。它们还致力于提供市场供应不足的基本公共物品，例如教育、艺术和医疗保健等。非营利组织弥补了政府失灵，为新项目献计献策，是普通公民追求实现社会理想的有效载体。

"让每个儿童拥有一台笔记本电脑"（One Laptop per Child，OLPC）是一个非营利组织的目标，该组织旨在通过提供坚固耐用、低成本、低功耗的可上网的笔记本电脑，帮助世界上最贫困的儿童接受教育。他们开发的 XO 笔记本电脑，大小与课本差不多，重量比午餐盒还轻，已经分发给 42 个国家和地区的200 万名学生及老师。以 OLPC 为代表的一类企业，正是为响应社会需求而成立的非营利组织。

之所以成立非营利组织，是因为社会需求所孕育的机会的性质，以及为响应社会需求而开展的创新活动的效果，无法或不应以财务利润方式体现。通常，教堂、博物馆、剧院、社交俱乐部、行业协会、信用社和农民合作社等依靠志愿者或者成员运行的社会机构，都是非营利组织。

成立一个非营利组织需要执行表 6-1 所示的 5 个步骤。首先，要将组织愿景定义为创造社会价值而非经济价值，这正是许多非营利组织被称为"具有社会意识的服务组织"的原因。其次，创业团队必须愿意为新创企业的社会价值观及其伴随的风险和不确定性做出奉献。再次，在制订出商业计划后，需要确定执行计划所需的财务和人力资源。最后，至关重要的是，找到和吸引那些兴趣取向与新创的非营利组织的利益诉求相匹配的捐赠者，他们应该同时具备专业知识，并且愿意为管理决策提供独立判断。

满足美国《内部税收服务法》第 501（c）（3）条所列条件的组织称为慈善组织。此类组织致力于实现宗教、教育、科技、文学及慈善目标。捐赠者向这些组织捐赠可以免除税负，且可以免除遗产税。非慈善性的非营利组织主要是为了服务其成员而成立的，此类组织也享受免税政策，但捐赠者向此类组织捐款通常不可抵税。非营利组织通常会考虑开展相关业务来产生净盈余。但是，它们经常对收入过于乐观而低估成本（Foster & Bradach，2005）。

非营利组织的领导不仅需要具备一般企业领导者所应具备的大多数才能，还要能够坚守组织的社会责任。因此，本书讨论的战略和方法对非营利组织也很有帮助。例如，非营利组织既需要利用技术来提升运营效率和拓展业务范围，也需要考虑与互补组织缔结联盟、开展合作。例如，非营利组织"科技女性"（Women in Technology，WIT）与 IBM 公司合作，利用 IBM 公司的资源和专业知识，共同举办了针对女中学生的工程训练营（Austin et al.，2007）。

非营利组织同样面临独特的挑战。例如，非营利组织很难对它们的服务对象是谁达成一致意见。对国际红十字会来说，服务对象到底是医院、献血者还是捐款人呢？谁是组织所提供的服务的最终受益者呢？由于非营利组织不像普通企业那样需要应对市场竞争，因此，如何持续评估组织活动的有效性和效率十分重要（Bradley et al.，2003）。如果管理得当，非营利行业同样可以像营利行业一样，催生出大规模、高影响度的组织。例如，非营利组织为大多数国家提供了大量的医疗保健服务。

一种特殊形式的非营利组织是消费者联盟（Consumer Cooperative），其业务活动专属其会员。会员或组织所有者制定政策，选举董事，并经常可以获得现金股息。消费者联盟的例子包括信用社、住房合作社、食品合作社以及公共事业合作社等。1938 年，登山爱好者劳埃德（Lloyd）、玛丽·安德森（Mary Anderson）与太平洋西北地区的 23 名登山者共同成立了 Recreational Equipment Inc.（REI）。创业团队最初成立这个组织，是为了给成员提供功能性和耐用性兼备的户外装备、衣物和鞋类，以满足诸如远足、登山、野营、骑车以及其他运动的需求。经过 80 多年的发展，REI 已经成长为专业的户外装备供应商，在美国拥有超过 140 家零售店，通过网络（www.rei.com）、电话、邮件等直销形式，为超过 600 万名活跃会员提供服务。

社会责任型企业通常采用非营利组织的形式。正如第 4 章谈到的，关注所有利益相关者（包括整个社会）的诉求，对任何企业获得长期成功都有着至关重要的作用。社会责任型企业和其他企业的区别在于其独特的核心价值主张。普通企业旨在通过提供市场能够负担得起的新产品或新服务来创造经济利益，而社会责任型企业则注重为某些社会阶层或社会整体，创造大规模的、变革性价值。社会责任型企业了解财务现实，但并不以获得巨额财务利润为目标（Martin & Osberg，2007）。因此，社会责任型企业既可以采取非营利组织的形式，也可以采取营利组织的形式。

由拉里·布利连（Larry Brilliant）创立的 Google.org 基金会是互联网公司谷歌旗下的慈善组织，目前其关注焦点是种族平等、教育机会平等和残障问题。该组织的使命是消除全球贫困，资助新能源方案以及应对全球性危机，它每年投放的慈善投资和捐赠总额约 1 亿美元。该组织在谷歌公司上市期间获得了 300 万股股份，此后，谷歌公司每年都将年度利润的 1% 派发给该组织。

所谓**社会创业者**（Social Entrepreneur）是指在满足环境和经济价值的同时，为改进社会效益而采取行动、创建企业的个人或团队。他们关注客户的社会福利，也关注经济和环境的成本与收益，其目标是利用创新来促进社会和公共利益增长（Jackson & Nelson，2004）。

📖 社会创业者何塞·曼努埃尔·莫勒

何塞·曼努埃尔·莫勒（Jose Manuel Moller）创立了 Algramo 公司，借此与智利的压榨性食品垄断抗争。在智利，连锁超市占据了 70% 的市场，并凭借垄断地位让全国的食品价格居高不下。Algramo 公司致力于通过消除连锁超市所使用的昂贵营销和包装流程，来降低拉丁美洲贫困地区的食品价格——该公司从供应商处大批量购买大米、豆类和糖等必备食品，储存进公司自主研发的售卖机，并直接入驻小型便利店，以解决郊区很难买到廉价食物的问题。**Algramo** 公司自 2013 年开始营业，截至当年年底，其自动售货机已经入驻智利的 100 多家商店。截至 2015 年年底，该数字已经增长到 450 家。

社会创业者首先是创业者。因此，像所有创业者一样，他们会感知机会并孜孜不倦地追逐机会。他们大胆行动，不受现有资源的限制，投入持续创新、适应和学习的过程中（Dees et al.，2002）。社会创业者注重自己所建立的企业的可扩展性，希望企业能够不断壮大，而不是仅仅产生局部影响（Martin & Osberg，2007）。因此，他们特别关注科学技术的最新成果对于提升其工作成效的重要作用。

▣ 社会创业的关键成功因素

社会责任型企业应具有非营利组织的所有特征，同时，还要能够使人信服其能以更少的资源投入，实现更多的社会利益和创造更大的社会价值。因公司网站 Kiva.org 而广为人知的 **Kiva Microfunds** 是为发展中国家的小企业提供贷款的全球领导企业。该公司已经在数十个国家建立了在线银行平台，发展了一批意向出借人，并在发展中国家找到一系列可贷机遇。成立之初，该公司聘请擅长金融、电子商务以及社区构建的高端人才帮助其推广业务。后来，公司又说服了一些重要的企业家和商务人士加盟，这些人包括来自 **PayPal** 公司的普雷马拉尔·沙阿（Premal Shah），以及来自领英公司的里德·霍夫曼。最终，该公司成功获得了媒体和公众的支持。**Kiva** 公司是非营利新创公司中的成功典范，它在全球范围内创造了一个广阔市场。

在某些情况下，社会责任型创业者比普通创业者更有优势。社会责任型创业者以使命为导向，努力整合和利用各种资源。他们能够通过合理的商业计划书来吸引志愿者、客户、合伙人和投资人，进一步推进企业使命的实现。在现实中，社会责任型企业的成功意味着改善生活条件和建立健康社区，社会责任型创业者专注于创造社会价值（Dees et al.，2002）。

由理查德·福克斯（Richard Fox）和斯图尔特·康韦（Stuart Conway）于1998 年共同创立的非营利组织 Trees，Water & People（TWP）是社会责任型企业的典范，肩负着保护环境和维持社会安定的使命（请参阅 www.trees-waterpeople.org）。该组织的具体任务是，在中美洲的生态退化区域重新栽种速生树木。该组织从需求方视角看待过度砍伐森林这一问题，认为必须认清导致森林砍伐的根本原因，从减少薪材需求量入手解决森林砍伐问题。于是，该组织与俄勒冈州的 Aprovecho 研究中心合作，推出一种省油的燃烧炉具 Justa。这种炉具采用绝缘、弯头形燃烧室，相较于传统的明火燃烧方式，可节省50% ～ 60% 的木材。同时，Justa 这种新型的燃烧炉具还可以通过烟囱导出有毒烟雾，从而避免使用者因燃气中毒而危及生命。TWP 将这些燃烧炉具作为奖励送给萨尔瓦多的农民，以鼓励他们重新造林。凭借该机构的努力，节约能源、改善健康和植树造林几项目标得以同时实现。

10.4 公司内创企业

现有公司为开创重要的新业务而建立的新企业被称作公司内创企业，这个新企业成立的过程被称作**内创业**（Intrapreneurship）或**公司内创业**。围绕新业务组建新企业，需要创业领导团队的努力。公司内创业致力于通过探索以前未被开发的、利用企业现有资源和能力的机会，来开发新业务和促进公司振兴（Wolcott & Lippitz，2007）。公司内创业和公司内的产品开发项目的差异主要体现在以下两个方面：①二者的创新程度不同；②二者与公司已有活动、组织结构以及产品的相对独立性不同。表 10-5 总结了公司内创企业的特征。公司内创企业拥有相对较高的自治权、创新自由度和创业领导力，与正常的产品开发工作有所不同。

表 10-5　公司内创企业的特征

- 相对于公司现有产品，公司内创企业推出的产品的创新程度更高
- 组织结构或者完全独立于现有企业，或者实现半自治
- 有巨大的创新变革潜力
- 具有独特的创业领导力

表 10-6 总结了公司内创企业的优势和劣势。公司内创企业可以从母公司那里获得资金、人力资源、供应商网络、技术及品牌方面的支持，同时会在预算和管控方面受到母公司的制约。实际上，母公司可能并不拥有新企业所需的技术或人才。研究表明，母公司的资源优势并不一定有助于公司内创企业绩效的提升（Shrader & Simon，1997）。为使公司内创企业更加成功，必须给予其更高的自治权，使其脱离母公司的控制和限制。

表 10-6 公司内创企业的优势和劣势

优势	劣势
可以获得母公司稳定的资金支持	可能受制于母公司的预算约束
可以利用母公司的人才	需要接受多重内控和审核
在产品设计中可以获得供应商的协助	自主性不如独立新创企业强
重视市场规划	难以获得优秀创业型人才
可以分享母公司的品牌资产	对高风险 – 高收益项目的吸引力不如在独立新创企业中那样高
可以利用母公司的技术和工艺流程	被母公司的技术和工艺流程制约

如表 10-7 所示，独立新创企业和公司内创企业存在多方面差异。然而，造成两种企业成功的因素却几乎相同：机会、愿景、坚持、能力、资源、技术创新、战略及执行。公司内创企业的成功与母公司的成长和盈利能力密切相关（Phan et al.，2009），这种关系如图 10-2 所示，致力于内部创业的成熟企业需要具备创新意识，敢于先发制人，并能持续更新。

表 10-7 独立新创企业和公司内创企业的区别

	独立新创企业	公司内创企业
创业团队	行业顶尖	优先利用公司现有资源
范围	集全企业之力	研发团队管理企业运营
文化	有进取心，团队导向	大公司文化
创业承诺	在创立之初即有明确的商业计划	随着发展进程而逐步明朗
激励	股权（整个团队都可能获得）	多种形式：红利、职业发展
监管者	董事会	公司高层
监管时间	月度	设计评审
外部反馈	客户、新投资人	客户
财务目标	单位投资所取得的上市融资额或收购方投资额	投资回收期、投资的收益
计划变更	董事会快速响应	需经多层审批

图 10-2 公司内创企业模型

现有企业（例如惠普公司或英特尔公司）中的创业者首先要对潜在机遇加以描述，然后考虑捕捉机遇所需的资源、能够创造的价值以及具体计划。创业者需要对技术和客户有详尽的了解，才能制定出合理的战略。

图 10-3 描述了 4 种不同的公司内创业模式。在机会主义者模式（Opportunist Model）中，勇敢的"项目冠军"（Project Champions）要竭尽全力克服在公司内部开发新业务的障碍，自己"突围"。在促成者模式（Enabler Model）中，员工被赋予足够的资源用来开发新概念。在生产者模式（Producer Model）中，公司全权负责新企业的组织和服务支持，并至少在最初阶段设立特定业务部门，为内创业提供资源。在倡导者模式（Advocate Model）中，公司鼓励内创业，并为创业团队提供资源支持，赋予其组织自治权。各家公司应依据发展目标来选择具体的内创业模式，例如，谋求推动整个组织变革的公司，与仅仅希望在内部某些特定方面寻求变革的公司，会选择不同的内创业模式（Wolcott & Lippitz，2007）。

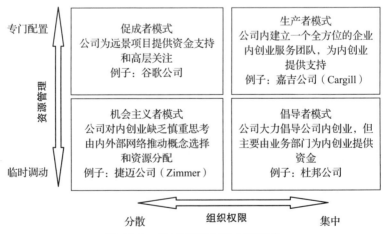

图 10-3 公司内创业的 4 种模式

资料来源：Wolcott, Robert, and Michael Lippitz. 2007. "The Four Models of Corporate Entrepreneurship." MIT Sloan Management Review 49(1):75-82.

　　传统观点认为，大公司内部的官僚主义和组织僵化，导致其在捕捉机会并将其转化为新业务方面存在能力缺陷。大公司会依据严格界定的战略规划进行管理，边界管控非常严苛。以往取得的成功导致大公司中的假设、流程、关系和价值评判标准日渐僵化，最终形成组织刚性。在现有公司内部很难克服这种刚性和能力缺失，出路是建立新的独立组织，如新的创业小组、子公司或公司内创企业。

　　通常，大公司普遍面临的挑战是，保护公司内创企业不受公司现有部门的挤压和控制，并努力摒弃母公司的商业模式（Govindarajan & Trimble，2005），尽力让内创企业保持相对独立性，令其可以自行组建创业团队和调整商业计划。同时，大公司通常拥有创新所需的资源、能力和知识，这会令独立创业者羡慕不已，因为他们必须努力拼搏才可能获得类似资源（Katila et al.，2008）。因此，真正的挑战在于如何取得一种整体平衡。表 10-8 概述了一些取得此类平衡的方法。大公司应该经过严苛的试错过程来制定战略，在现有优势的基础上发展，并在保持独立性的同时整合资源和能力（Garvin & Levesque，2006）。

表 10-8　取得平衡的方法

在严格管理、纪律严明与试错策略之间取得平衡
• 在领域深耕之前先缩小业务选择的范围
• 近距离观察客户小群体，明确其需求
• 使用原型测试有关产品、服务和商业模式的假设
• 使用非财务指标评判进展情况
• 知道何时、基于何种标准终止对新企业的投资
在经验发挥和发明创新之间取得平衡
• 任命乐于挑战传统的成功经理人作为新企业的领导者
• 雇用有经验的人组建新企业的监察部门
• 考虑到企业外部去获取所需的能力，而不是自行发展所有能力
• 迫使新老企业分担经营责任
在保持新企业的独立身份与整合新老企业资源、能力之间取得平衡
• 同时指定公司级主管和部门经理作为新企业的发起人
• 制定规则，在适当的时候将新企业的业务整合并入现有业务
• 通过创造性地处理好虚线汇报和实线汇报的关系，使正式监督与非正式支持相结合

苹果公司的内部创业

　　1985 年的苹果公司面临多项挑战，曾经风光无限的 Macintosh 计算机即将被 IBM 公司的全新个人计算机及其复制品超越。当时，Macintosh 计算机已经为苹果公司带来可观的利润，而此时的微软公司和英特尔公司正在迅速推出其个人计算机产品。苹果公司希望凭借图形用户界面技术超越其他公司，微软公司却适时引入了 Windows 系统。苹果公司面临的另一个困境是，Macintosh 平台的应用程序依赖于微软公司——虽然苹果公司也拥有少量应用程序开发团队，却无法脱离其他独立开发者的支持。

1986 年，苹果公司剥离了 Macintosh 的应用程序开发团队，将其组建为 Claris 公司，由比尔·坎贝尔（Bill Campbell）领导。坎贝尔直接瞄准微软公司，将其作为竞争对象，并迅速从苹果公司内部招聘到有才能的高管。苹果公司将应用软件业务和部分员工移交给 Claris 公司，并同意为 Claris 公司提供多达 2000 万美元的运营资金。作为回报，苹果公司将持有新企业 80% 的股份，并可以随时回购另外 20% 的股权。Claris 公司的企业文化是避免与苹果公司有任何联系。Claris 公司的所有员工都获得了公司的股票期权，薪水和福利都被削减到与硅谷普通新创企业相当的水平。无论成功还是失败，Claris 公司都将独自承担，不存在安全网。Claris 公司的策略是开发一套能够联合在一起使用的应用程序，与此形成鲜明对比的是，微软公司强调应用程序的功能性而非易用性。Claris 公司只用了短短 3 年的时间，就通过企业并购和自身发展，成长为销售额超过 9000 万美元的国际型公司。

然而，Claris 公司的野心反而导致了它的失败。坎贝尔和他的团队不满于苹果公司销售增长乏力的局面，相对而言，苹果公司更看重高利润率而非市场份额，而 Claris 公司已经完全占领了 Macintosh 计算机的市场。1990 年，在 Claris 公司准备上市的前夕，Claris 公司透露了一项有争议的发展战略：公司打算进入 Windows 应用市场。当苹果公司的高管察觉到这项战略时，他们显然是不高兴的，他们担心 Claris 公司会使 Windows 系统比 Macintosh 平台更具吸引力。令 Claris 公司沮丧的是，苹果公司最终决定行使其拥有的对 Claris 公司的股票回购权。回购后，苹果公司试图保留原有的管理团队，但几个月后，Claris 公司的管理团队就纷纷离职去创办新企业了。

将 Claris 公司的传奇和 iPod 项目做一个对比会很有趣，可以从中透视苹果公司的某些转变。当时，苹果公司焕发企业家精神，不仅推出了 iPod，还打造了一系列突破性消费产品，包括可用无线网络上网的 iPod Touch、便携媒体设备和家用网络产品（Sloan，2005）。2008 年，苹果公司推出的 iPhone 手机，冲击了手机市场。2010 年，苹果公司发布了第一款 iPad，它定义了一个新的产品类别：平板电脑。如今，苹果公司已经成功演变为一个公司内创业的聚合体，随时在重新定义业务边界和创造新业务。那么，苹果公司究竟从 Claris 公司的经验中学到了什么呢？

10.5　创新者的窘境

正如第 2 章和第 5 章所讨论的，颠覆性创新可以改变产业结构，并导致现有公司破产或倒闭。颠覆性创新从主流市场之外发现业务空间。老牌公司会倾听它们的现有客户的意见，这些客户倾向于跟随市场主流，他们通常不会在根本性创新产品推出之前就表达出对创新的渴望。最终，新出现的创新产品不断完善，并开始挑战市场主流产品。然而，到那个时候，老牌公司想要追赶上新创企业可能为时已晚——这是老牌公司普遍会遇到的第一个挑战。例如，当奈飞公司于 1997 年首次进入市场时，它并没有吸引多少百视达公司的客户。奈飞公司通过邮件邮寄影碟，而百视达的客户习惯到实体店租赁录影带。随着奈飞公司扩展产品范围并转向数字发行渠道，它吸引了越来越多百视达的客户，百视达公司虽然意识到局面的严峻性，却已经无力开发有竞争力的替代产品了（Christensen et al.，2015）。

所有成功的老牌公司普遍会遇到的另一个挑战是**自噬效应**（Cannibalization），即公司开发的新业务或引进的新产品，与公司原有的业务或产品相竞争的现象。当公司不想新产品蚕食原有产品时，它们往往会产生一种错觉，认为如果自己不去研发新产品的话，其他公司也不会去研发。由于存在自噬效应，当新机会出现时，行业的新进入者往往更加灵活，因为它们无须考虑已有的业务或产品（Burgelman et al.，2004）。

英特尔公司曾经很好地解决了自噬效应问题。1998 年，英特尔公司发布了赛扬（Celeron）处理器，这是已有的功能强大的奔腾系列处理器的替代品。相比于奔腾处理器，赛扬处理器的性能较差，却因成本低而迅速流行开来。结果，英特尔公司凭借赛扬处理器获得了进入细分市场的机会，同时对奔腾处理器及其后继产品几乎没有造成负面影响。

对许多大公司而言，对创新的追求通常要让位于对已有能力的有效开发、对现有客户需求的满足，以及对原有技术的持续改进。而持续创新一旦失败，就会威胁到公司的长期活力。例如，1990年的惠普公司市值90亿美元，到2000年增至1350亿美元。但是到了2005年，惠普公司市值已降至700亿美元。这在很大程度上是董事会意见不统一造成，最后，强调效率而非创新的一派占了上风而导致的（Thiel，2014）。

老牌公司可以通过推出自己的颠覆性新产品，以吸引新客户并带来新的营收增长（Jiang et al.，2011）。老牌公司可以提前应对新产品的威胁，而非坐等威胁出现。对老牌公司而言，为颠覆性创新投入资源非常重要。某些公司，如苹果公司与诺华公司（Novartis）已经学会了在发展现有业务的同时探索未来，并将其视作套期保值投资的一种方式（Bhardwaj et al.，2006）。

然而，开展颠覆性创新通常需要新的能力和资源，需要营建新的价值网络。不仅如此，开展颠覆性创新很可能会影响某些现有业务。因此，对老牌公司而言，建立独立的公司内创企业，或者有自主管理权、愿景、人事和激励机制的子公司，可能才是最佳选择。例如，苹果公司与诺华公司将它们的创新探索部门与传统部门拆分开来，让新部门拥有自己的流程、组织结构和文化，但新部门仍能被整合到已有的高级管理结构中（O'Reilly & Tushman，2004）。又如，当IBM公司发现微型计算机的发展机会时，就在佛罗里达州建立了一个独立的业务部门来研发并销售它们（Christensen & Raynor，2003）。

10.6 公司内部创业激励

成熟的公司应积极创办公司内创企业，以尝试新颖、新兴和开拓性的创新业务，并实现新的动态增长。为了寻求创新和业务拓展机会，公司需要识别并鼓励公司内创业者（Kacperczyk，2012）。所谓公司内创业者，是指那些能够担当创建新企业的领导职责的公司员工。在这方面堪称典范的谷歌公司有一项内部规定，即鼓励员工将20%的工作时间用于个人感兴趣的研发项目。2010年，谷歌公司的员工塞巴斯蒂安·特伦（Sebastian Thrun）开始投身于制造自动驾驶汽车，并基于相关探索，组建了以发现和推广"射月"计划为愿景的谷歌 X 公司。

公司内创企业要想有效开展创新活动，需要在母公司内拥有一位支持者（Greene et al.，1999），为内创企业提供帮助、宣传和保护。这位支持者应该是母公司的高管或领导者，他是对内创企业的发展充满信心，且能够始终如一地提供支持和敢于突破障碍的人（Howell et al.，2005）。他可以保证内创企业源源不断地获得母公司的支持与资源输入，并在内创企业逾越母公司的有关规定时，对其加以保护。支持者促进母公司的资源输送的过程如图 10-4 所示（Lord et al.，2002）。

图 10-4　支持者促进母公司的资源输送的过程

领导公司内创企业可能会遭遇失败，许多潜在的公司内创业者会因担心创业失败失去自己原有的地位，而尽量避免加入内创企业。为打消潜在的公司内创业者的个人顾虑，公司应制定一些激励措施鼓励员工内创业，可以采用的激励措施包括奖励、明确的管理支持、提供配套资源、组织结构设计、包容风险的企业文化建设、职位设计和激发员工内在创业动机等（Marvel et al.，2007）。其中，奖励可以是股权报酬、红利或达到预期目标后给予职位晋升。

数年前，维珍航空公司的一名雇员注意到伦敦希思罗机场的跑道边有一些空位。他花了几天时间取得了这些空位的处置权，并为维珍航空公司设计了一项在跑道边设立检票口的计划。结果，维珍航空公司成为希思罗机场中第一个为商务舱客户提供无须办理登机牌就可以登机的航空公司。作为对其努力的回报，公司给予了该雇员晋升（Hamel，2001）。

促进公司内创业的重要手段之一，是给予内创业者适当的奖励。在通常情况下，给予内创业者过高的经济回报会引起同事的不满，不满的理由是，内创业者是依赖公司内部资源，而非自己创造的资源开展创业的（Sathe，2003）。

表 10-9 列举了激励内创业行为的多种措施。公司应该让员工有余暇去探索尚待批准的项目，同时，由于创业者一般是勇于冒险并追求行动自由的人（Douglas & Shepherd，2002），因此，公司应该利用他们的这种偏好，通过授予其高度自主权和有效的经济奖励或者职位晋升，激励其创业行为。

表 10-9 公司激励内创业的措施

• 对员工提出新想法、追寻新机会的行为给予认可和支持 • 建设鼓励个人或团队主动提出新想法的企业文化	• 让员工有余暇去探索尚待批准的项目 • 赋予员工较大的自主权 • 以职位晋升、持股或奖金等方式激励公司内创业者

公司的管理者当然应该支持公司内创企业的创立和发展。例如，大公司可以制定每年成立 4 家新企业的目标，期望其中至少有一个新企业能够开创重要的新业务。为实现该目标，公司可将高管薪酬与其对新创企业的支持挂钩，也可以奖励高管人员母公司的部分股权。当高管人员拥有自己管理的企业的股权时，会更加有激情通过内创业来增加这些企业的长期价值（Zahra et al.，2000）。

成熟公司需要通过增加对内创企业的资源投入来把握创新机会。然而，更大型的成熟公司还需要认识到，内创企业必须克服几种与母公司有关的发展障碍：熟悉度（Familiarity）、成熟度（Maturity）及相似度（Propinquity）（Ahuja & Lampert，2001）。熟悉度表现为，内创企业倾向于采用母公司的常规流程处理日常事务和获取知识；成熟度表现为，内创企业偏爱一般的、已经发展成熟的知识，而非新颖的知识；相似度表现为，内创企业倾向于寻找与现有方案相似的方案。通过制定措施给员工和管理人员提供适当的激励，大公司可以创建成功而强大的内创企业。

10.7 创建和管理公司内创企业

曾经的行业巨头在进入成熟期，出现业绩下滑后，还能重新焕发生机吗？它们能否利用公司内创业提升业绩呢？许多研究指出，大公司转型是一件十分困难的事（Majumdar，1999）。一些结构性因素，例如大公司固有的复杂性、形式主义和组织僵化，既不利于它们重获高业绩，又不利于业务转型和重新定

位。大公司不仅组织结构僵化，而且随着时间的推移，它们的公司文化也变得
僵化和难以改变，做事方式已经固化。正如维萨国际组织（Visa）的创始人迪
伊·霍克（Dee Hock）所言："真正的问题从来都不是如何提出有创意的新想
法，而是如何摆脱旧思维。"

但是，大公司也并非总处于劣势地位。大公司不仅拥有丰富的知识积累和
智力资本，还拥有众多才华横溢、有创业倾向、有能力开发公司的智力资本
并开展创新活动的员工。吸收能力是公司利用外部知识进行创新的能力，因
此，大公司的内创企业可以同时利用内部和外部知识来获得回报。大公司能
否成功创新，取决于它利用现有知识储备，以及学习新技术的能力（Cohen &
Levinthal，1990）。

对现有公司来说，通过创办新企业尝试新的发展机会是一个明智的选择。
现有公司开发新业务的主要途径包括建立新的独立企业，分拆公司，将新业务
转移到公司已有的产品研发部门，授权开展小型开发项目等。图 10-5 展示了新
业务与现有业务的运营相关性、新业务对现有公司的战略重要性两个维度，归
纳了大公司追寻创业机会的 4 种途径及其适用性。运营相关性是指新业务与现
有的运营资源和能力的匹配程度；战略重要性是指新业务的长期运营，对母公
司的成功是否具有重要的意义。对于那些具有较高运营相关性与较高战略重要
性的机会，建立独立的内创企业是最佳选择（如图 10-5 中的第 I 象限）。最好
将公司内创企业看作洞察力的源泉，它不仅能为母公司指明战略方向，同时也
可以提供潜在的诱人回报（Burgelman & Valikungas，2005）。

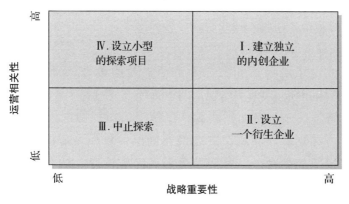

图 10-5　大公司追寻创业机会的 4 种途径及其适用性

对于那些具有较低运营相关性和较低战略重要性的机会（如图 10-5 中的第 Ⅲ 象限），在其战略重要性变得明确之前，公司最好对其加以拒绝，或者以一个小型项目的方式继续探索。

对于那些具有较低运营相关性和较高战略重要性的机会，可以设立一个衍生企业（如图 10-5 中的第 Ⅱ 象限）。**衍生企业**（Spin-off Unit）是指在现有公司内部建立，由母公司为其提供一些资源和能力，然后分拆出去独立经营的机构。通常，母公司持有衍生企业少于多数的股权。对于那些具有较高运营相关性和较低战略重要性的机会（如图 10-5 中的第 Ⅳ 象限），设立一个小型的探索项目是不错的选择。

思科公司曾经创办过一个名为 Andiamo Systems 的生产电开关设备的衍生企业。当时，思科公司贷给 Andiamo 公司 4200 万美元，并承诺继续提供多达 1.42 亿美元的贷款。创立之初，思科公司持有 Andiamo 公司 44% 的股权，到 2004 年，思科公司以 7.5 亿美元的价格从 300 名员工股东的手中买下了剩余 56% 的股权（Thurm，2002）。

公司内创企业管理不同于传统的内部研发项目管理。相较于传统的产品研发项目，公司内创企业风险更高，其内部成本管控应该更加灵活。实际上，为减少母公司的内部管控体系对内创企业的制约，许多公司选择在母公司外部选址设立内创企业及衍生企业。

公司内创企业管理也不同于公司的纯风险投资项目管理。公司的纯风险投资项目主要追求财务收益，而内创企业不仅能给母公司带来财务收益，还能带来战略回报。公司内创业应当遵循风险投资的基本原则，借鉴纯风险投资项目的决策和管理方法，同时，又必须以与纯风险投资无关的方式，平衡财务收益和战略回报的双重目标。

大公司可以通过寻找和资助新创意，为颠覆性的低成本发明创造机会（Wood & Hamel，2002）。表 10-10 描述了寻找、评估和资助内创企业的 3 步策略。首先，增加创新源，在整个公司范围内展开关于新机会的讨论。其次，建立工作流程，挑选最佳创意，并为之提供资助。最后，将预算控制权授予内创企业，并防范母公司内的管理者插手内创企业的预算控制。

表 10-10 寻找、评估和资助内创企业的 3 步策略

- 增加创新源：新想法通常是通过讨论产生并逐步加以完善的。参与讨论的人越多，得到的高质量创意也就越多
- 建立工作流程，评估收集到的创意：建立一个论坛来评价不同方案的价值，确保最有价值的方案能够得到资助
- 将预算控制权授予新企业：许多高管倾向于保护自己的部门，不愿意冒风险为新的、未经测试的企业消耗资源

为了从公司内创企业中获取最大价值，管理人员应当遵循表 10-11 中所列的一些管理原则，并谨记：监督公司内创企业的过程，不同于最大化现有业务部门收益的过程。

表 10-11 从公司内创企业中获取最大价值的管理原则

1. 让内创企业免受短期财务增长的压力
2. 认识到并非所有愿意参与内创企业运营的员工都足够适合
3. 不要期望内创企业会获得与公司现有核心业务相同的效益
4. 将内创企业视作投资组合而非项目
5. 做好学习的准备，因为新市场一定不同于现有市场
6. 设定里程碑，并实施分阶段管理
7. 尽早终止失败的内创业，并最大限度地吸取教训
8. 持续开展学习—转移机制的评估，以确保理念和教训得到共享

资料来源：McGrath, Rita Gunther, Thomas Keil, and Taina Tukiainen. 2006. " Extracting Value from Corporate Venturing." MIT Sloan Management Review 48(1): 50-56.

通过引领组织成员不断加深对组织利益本质的认识，公司内创业者可以获得成员对新创意的认可。为了使一项新创意被接纳，并成为公司正式战略的一个组成部分，必须将对新创意的信念和母公司的组织目标联系起来。大多数大公司倾向于将内创企业与公司核心业务区分开来，从而让内创企业专注于新机遇，并获取和协调必要的能力与资源（Albrinck et al.，2002）。

表 10-12 对比了母公司和内创企业的业务经营要素。在通常情况下，母公司拥有充足的资产、收入和健全的管理及奖惩机制，能够促进现有收入增长，维护公正并确保政策稳步实施。内创企业希望吸引母公司最优秀的人才，需要通过奖励创业者的创业精神和业绩，利用资产杠杆创造新的收入流。将内创企业从母公司中分拆出来，可以让内创企业迅速采取行动，灵活地抓住新机会。

表 10-12　母公司和内创企业的业务经营要素对比

要素	母公司	内创企业
资产	保护并利用现有资产	利用资产杠杆
收入和增长	促进现有收入增长	创造新的收入流
管理	确保政策稳步实施	果断、随机应变
奖惩	维护公正	奖励创业精神和业绩
人才和知识	留住人才、积累知识	吸引顶尖人才,并将最新知识从母公司传入内创企业

　　许多公司会实施一种投资组合策略,即持有数个公司内创企业(包括子公司或者衍生企业)的所有权。这些公司往往采用表 10-13 所示的成立公司内创企业的 5 个步骤,包括准备完整的商业计划书,以及确定最佳组织形式等(Albrinck et al.,2002)。在每个步骤中,母公司必须评估并确定下一步的最优选择。

表 10-13　成立公司内创企业的 5 个步骤

第 1 步:筛选并确定创业机会,确定企业愿景,确定创业支持者和创业团队人选
第 2 步:完善概念并评估其可行性,准备相关概念和愿景的陈述书,草拟商业计划书大纲以便接受审查和赢得支持
第 3 步:准备完整的商业计划书,确定新创企业的领导者
第 4 步:确定最佳组织形式(在公司内部设立新的创业部门、建立分支机构、成立子公司或设立内部项目)
第 5 步:利用从母公司转移过来的人才、资源和能力建立公司内创企业

　　在组织形式选择环节(表 10-13 中的第 4 步)中,应当尽可能充分地顾及母公司的需求和发展战略。例如,3M 公司通常将公司内创企业并入公司现有部门,或直接将其变成一个新部门。与之形成鲜明对比的是,巴诺公司的做法是将新的线上营业部门作为一家新公司分拆上市。

　　在理查德·布兰森的领导下,维珍集团在传媒、航空和音乐等多个行业创立了 200 多家新公司。新的商业创意基本来自维珍集团内部,员工有了好的创意就可以直接与布兰森联系。布兰森会组织员工聚会,让员工有机会直接向他展现自己的想法。曾有一位员工提议推出包括婚礼服装、酒席、航空旅行和酒店预订等的婚礼策划服务,后来该员工成了维珍新娘公司(Virgin Bride)的首席执行官。维珍集团长期致力于建立独立的公司内创企业(参见 www.virgin.com)。

　　Landmark 公司于 1981 年成立了内创企业 Weather Channel 公司(Batten,

2002）。在母公司有力的支持和承诺下，Weather Channel 公司成为业界顶尖的气象信息源公司。借助母公司的人才、知识、资源和能力，这家新公司与有线电视运营商达成了数笔交易并得以迅速发展。到 1996 年，Weather Channel 公司开启线上服务。尽管这一举动一开始备受争议，但是得益于 Landmark 公司的巨量资源和能力方面的支持，Weather Channel 公司最终大获成功。

现有公司具有这样的能力：它可以组织市场，并将一项创意转化为能够量产、销售并分发给客户的产品。创业者也需要具备一种能力，使其可以快速、有效地探索一项新技术，并实现从技术可行到满足客户需求的创造性跨越。只有同时拥有上述两种能力的企业才能有效应对市场变化带来的挑战。

很多时候，新创意是由先驱企业引入市场的。然后，在市场学习和模仿阶段，老牌公司会发现新创意，并充分利用自身生产、销售和支持新产品研发的能力，迅速将创新推进到商业化阶段。

盖丹特公司：礼来公司的成功衍生企业

20 世纪 90 年代早期，制药业巨头礼来公司（EliLilly and Company）成立了一系列专注于医疗设备研发的内创企业。到 1994 年，礼来公司已经成立了 4 家研发心血管疾病医疗设备的内创企业。1994 年 9 月，礼来公司将这些企业合并为盖丹特（Guidant）这家新公司，并完成 IPO。到 1995 年 9 月，礼来公司处置了对盖丹特的所有权，盖丹特自此成为一家独立的公司。盖丹特是一个从一组内创企业发展为行业领先企业的范例。2006 年，盖丹特年收入接近 40 亿美元，被波士顿科学公司（Boston Scientific）以 270 亿美元的价格收购。

图 10-6 以手机行业为例，描绘了行业在整个生命周期中所经历的各个阶段与其中的 8 种创新类型。在手机行业生命周期的第 1 阶段，出现颠覆性创新——贝尔发明了电话机。在第 2 阶段，确定并开发出该项颠覆性技术的关键性应用，即应用创新。在第 3 阶段，出现产品创新，产品的主导设计应运而生，市场开始增长。在第 4 阶段，随着产品用户数量逐渐增加，出现工艺创新。然后，市场进入成熟期，行业进入生命周期的第 5 阶段，出现了实验性创

新。进入成熟期后期的第 6 阶段，出现市场创新，客户关系得到改善。进入衰退期的第 7 阶段，开始出现商业模式创新。最终，进入第 8 阶段，行业关系瓦解并催生结构创新。表 10-14 简要描述了这 8 种创新类型的产生时期及主要特征（Moore，2004）。为了使现有公司重新焕发生机，领导者们必须根据行业所处的生命周期阶段，选择对应的创新类型。

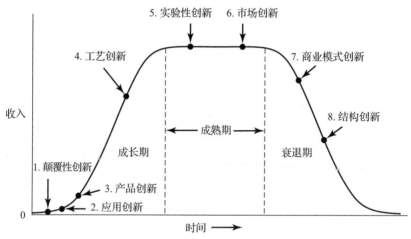

图 10-6　行业生命周期与 8 种创新类型

资料来源：Moore, Geoffrey A. 2004. "Darwin and the Demon: Innovating Within Established Enterprises." Harvard Business Review (July), pp. 86-92.

表 10-14　8 种创新类型的产生时期及主要特征

创新类型	产生时期	特征
1. 颠覆性创新	成长期极早期	技术飞跃
2. 应用创新	成长期较早期	技术应用催生了新市场：杀手级应用程序⊖
3. 产品创新	成长期早期	改进性能，主导设计出现
4. 工艺创新	成长期后期	更高效的工艺
5. 实验性创新	成熟期	改善客户体验
6. 市场创新	成熟期	改善客户关系
7. 商业模式创新	衰退期	重构价值主张和价值链
8. 结构创新	衰退期	应对行业的结构变革

　　许多评论家认为，颠覆性创新的出现会导致现有公司走向衰落。然而，这

⊖　杀手级应用程序是计算机领域的一个术语，它是一个应用程序，会有意或无意地诱导用户去购买这个程序运行的系统。——译者注

种趋势并不是普遍的，也不是无法避免的。如果企业事先做好准备，就能够对新技术挑战做出有效响应。经历过在动荡中创立、发展松散耦合或独自存在的分支部门，并拥有关键互补性资产的企业，将有很大的机会成功应对根本性创新带来的挑战（Hill & Rothaermel，2003）。

10.8　焦点案例：OpenAg 实验室

由凯莱布·哈珀（Caleb Harper）于 2015 年创立的 OpenAg 实验室，是麻省理工学院多媒体实验室旗下的一项计划，其全称为开放性农业倡议（Open Agriculture Initiative）。在目睹了福岛核泄漏的破坏之后，哈珀产生了创建实验室的想法。福岛的土地十分荒凉，采用传统的农业方法无法生产出安全且足够多的粮食。

OpenAg 实验室的使命是依托 OpenAg 食品计算机，为农业系统开发开源硬件和软件平台。OpenAg 食品计算机是一个带有传感器的气候控制箱，可以监测湿度、光线、pH 值和其他环境情况。用户可以在此平台上进行农作物试验，并创建一个可供其他用户借鉴的农作物种植开源数据库。哈珀希望任何人都可以利用该数据库在最极端的条件下种植粮食，从而为世界各地的人们生产出最好的粮食。

OpenAg 实验室是一家社会责任型企业，其目标是推动食品产业的可持续变化，而非关注经济收益。OpenAg 实验室设想中的未来，是让任何人可以在任何地方种植粮食。而由 OpenAg 支持研发的开源软件，将创建一个全面收录高质量作物产出所需条件的数据库。

10.9　本章小结

有 5 种类型的新创企业：小企业、利基企业、高增长企业、非营利组织及公司内创企业。

小企业和利基企业为社会发展做出了重要贡献，尤其是当它们逐渐发展壮大，并将使命转向全球时。高增长企业，包括进行根本性创新的新创企业，在促进增长、提供就业机会，以及提供有影响力的产品或服务方面功不可没。非营利组织是一种特殊类型的新创企业，是以满足重要的社会目标为使命的组织。

最后，公司内创企业有助于增强创造力与创新思维，将为现有的大公司注入新的发展活力。对许多公司而言，追求创新，并创造一家独立于现有组织体系的新企业，往往会使整个公司重新焕发生机。公司内创企业需要被赋予适当的灵活性、独立性以及资源支持，才能成功地开创新业务。

📖 **技术创业原则 10**

如果能够在机构独立性、资源和人员供给等方面取得适当平衡，大型成熟企业就可以抓住机遇，在内部催生出将产生重要影响且充满活力的新创企业。

音像资料：

读者可以访问 http://techventures.stanford.edu 网站，浏览与本章内容有关的学术讨论。

用到极致即成专家 （Extreme Users are the Experts）	迈克尔·塔布斯	斯托克顿市市长
对价值的深入思考 （Deep Thought about Values）	斯图尔特·巴特菲尔德⊖	Slack 公司⊜
"筑巢引凤" （Big Opportunities Draw Big Talent）	詹妮弗·帕尔卡	Code for America

10.10 练习

（1）调查一下你所在的国家或省份或地区去年一共成立了多少家新企业。尝试将你所收集的企业按照表 10-3 的类型分类，比较每种类型的新创企业数量。计算各种类型的新创企业数量的增长率，并尝试用广义的经济趋势来解释这些数据。

（2）斯坦福大学的社会创业课程与非营利组织"点亮世界基金会"（www.

⊖ 加拿大人，照片共享网站 Flickr 的联合创始人，曾任 Ludicorp 公司总裁。2005 年雅虎公司收购 Flickr 后，巴特菲尔德曾担任雅虎公司的产品管理总监。——译者注

⊜ Slack 公司成立于 2009 年，总部位于特拉华州。Slack 交流平台集成了聊天群组、大规模工具集成、文件整合、统一搜索等功能，整合了电子邮件、短信、谷歌浏览器、推特等 65 种工具和服务，从而将各种碎片化的企业沟通和协作集中到一起。2019 年 6 月 20 日，该公司在纽交所上市。——译者注

lutw.org）建立了合作关系，以"为墨西哥和印度等国的农村居民提供安全廉价的照明灯具"为使命，组织工程学院和商学院的学生设计一款能满足农村居民需求的台灯。尝试为你所在的大学编制一份与国际非营利组织合作开展社会创业的计划书概要。

（3）Zimmer 控股公司（以下简称 Zimmer 公司）的主营业务是整形外科产品的设计和销售。该公司于 2001 年 8 月，作为 Bristol-Meyers Squibb 公司的全资子公司和公司内创企业成立。成立时，其母公司的股东每持有 10 股 Bristol-Meyers Squibb 公司的股份，就会获得 1 股 Zimmer 公司的股份。研究 Zimmer 公司的创立过程，思考对 Bristol-Meyers Squibb 公司来说，创立 Zimmer 公司的决策是否正确。

（4）传统报刊业正在走向衰退，许多文章都在讨论报刊业应当如何重塑自身。各类报刊机构应当如何应对这一挑战呢？对报刊业公司而言，下一步的最佳应对策略是什么？请参考图 10-6 思考可能的策略选择。

（5）许多新创的清洁技术公司会依赖现有公司的资源支持和网络关系。请挑选一个新近成立，且有着公司内创业背景的清洁技术公司。分析母公司的投资是否影响了这家新创公司的运行机制设计。这家新创公司期望从母公司获得什么支持？母公司又期望通过投资新创公司收获什么？

（6）试着描述一个开展内部创业的公司（例如英特尔公司、SAP Ventures 公司、礼来公司、谷歌投资公司、Dow Corporate Venture Capital 公司或者 GE Equity 公司）的投资理念。它们是如何做到与母公司的战略方向保持一致的？

📖 创业实战

1. 利用表 10-3，描述你们团队建立的是哪种类型、何种法律形式的新创企业。

2. 浏览 State of Delaware 公司的网站（http://corp.delaware.gov/howto-form.shtml）并下载"如何成立公司"（How to Incorporate）系列表格。确定哪种类型最适合你们的企业，并填写相应表格（也可以使用其他州或国家的类似表格）。假设你们的企业是一家公司内创企业，请参照表 10-6 描述采用内创企业形式进行创业的优缺点。

第三部分

知识产权、
组织
和运营

TECHNOLOGY
VENTURES

FROM IDEA TO ENTERPRISE,
5TH EDITION

新创企业应谨慎地保护自己的知识产权。商业秘密、专利、商标和版权等无形资产，不仅可以为本企业提供长期的、可观的价值，还可以给潜在竞争对手设置进入壁垒。除了知识产权，企业文化也是一项重要的无形资产。企业可以通过建立注重合作、奖优罚劣的企业文化，并制订相应的员工薪酬计划来吸引优秀人才。为了保证创业活动拥有源源不断的动力，企业应提前做好关于资源获取和能力提升的规划，规划中不仅应包含有效的运营管理、顺畅的业务流程和生产作业方案，还应包含某些作业环节的外包方案、关键技术和资产的获取计划等，这样才能保证企业通过创业初期的发展考验。在新创企业经历了早期成长后，创业团队还要制订全球性运营计划以实现进一步增长。

第 11 章

知识产权

在观察的领域中，机遇只偏爱那
种有准备的头脑。

路易斯·巴斯德（Louis Pasteur）

新创企业应如何保护知识产权

新创企业应就如何建立和保护其知识产
权制订计划。将所拥有的商业秘密、专利、
商标和版权等无形资产加以合理组合，新创
企业就有了颇具价值的专有资产。对许多新
创技术企业而言，知识产权是其竞争优势的
重要来源。专利使用许可、大学以及科研机
构成果使用授权，不仅是新创技术企业的重
要技术来源，甚至会成为新创技术企业的潜
在收入来源。

11.1 知识产权及其保护

所谓资产，是指所有者拥有的有价值的东西，如土地、珠宝等。**知识产权**（Intellectual Property，IP）是个人或企业所拥有的、可以获得法律保护的具有价值的无形资产。企业所拥有的资产，包括（但不限于）有形资产与知识产权（无形资产）。两种资产有显著差异，其对比如表 11-1 所示。

表 11-1 有形资产与知识产权的比较

因素	有形资产	知识产权
使用排他性	独占性资产（不允许多个主体同时使用）	非独占性资产（无法禁止未经授权的主体使用）
资产贬值	使用会导致资产贬值，直到价值耗尽	使用不会导致资产贬值或价值耗尽
防侵权的方式	通常能够较大力度地保护所有权	保护所有权不仅困难，而且代价高昂

由于知识产权是企业在竞争中获胜的关键，所以知识产权管理是大多数新创企业最重要的战略议题之一。作为企业竞争优势和利润的重要源泉，知识资产缺乏独占性，这使其相对于有形财产，更加难以合法地拥有和保护。虽然可以在法律上做出明确界定——例如，法律规定，一本书的作者有权将其作品分享给他人，但他人无权将其作品复制和售卖——但是，在实践中却很难对知识产权的非法抄袭或者侵占行为加以辨识和举证。

既然仅凭法律手段无法有效地捍卫知识产权，企业就应该通过制定相应的策略来防范自己的知识产权被盗用（Anand & Galetovic，2004）。知识产权保护策略包括，通过持续创新压制对手和保持领先，同时（或者）向竞争对手开放专利授权以达成合作，并从中获利。

政府颁布知识产权法的目的是平衡两种相互冲突的利益：公众利益与个体利益。个体创新活动所产生的技术发明，以及音乐、文学等各种知识表达形式的创造和传播，可以为公众带来利益。因此，一方面，知识产权法授予创作者和发明人在一定期限内拥有垄断的专有控制权，保护其从创新活动的成果中获利，以激励其创新；另一方面，知识产权法要求在特定期限后，创作者和发明人应将其作品、成果公开披露，让公众可以以较小代价享用其价值。

如果某位员工在工作时间，为其供职的企业开发出一款不在该企业业务范围内的新产品，那么这款产品的知识产权应该授予谁？员工还是企业？如果这项新产品的最初设想是员工在非工作时间萌生的，其知识产权又该授予谁？为避免陷入类似的、复杂的知识产权归属问题所引发的各种争端，企业应该严格遵从财产法和有关道德习俗，熟知雇用协议中有关知识产权归属问题的各种限制。例如，大多数大学都要求研究生和教职员工签署一份文件，承诺他们使用学校资源或在学校赞助的项目中获得的任何发明或发现，其知识产权都归该大学所有。

显而易见，如果一家企业打算申请专利授权或采用某种专有性技术，那么，该企业及其员工不应在申请初期就向外界披露其技术细节。不过，或迟或早，企业会因投资人、合作伙伴或其他外界机构等的要求，不得不披露有关其专有资产的更多信息。有时，一家企业可以通过策略性的知识产权披露，吸引更多的合作者和新员工（Nelson，2016），并使其他企业减少研发投入，从而降低竞争的激烈程度（Pacheco-de-Almeida & Zemsky，2012）。

新创技术企业要经过多年努力，才能获得市场认可并实现盈利。通常，触发技术创业活动的正是某项知识产权，如一项专利技术。如果某位创业者所掌握的专有知识是新创企业知识产权中最重要的部分，投资者就会尽量挽留他，并通过与其签署雇用协议或者赠予股票期权等，激励他继续在新创企业中施展才能（Lowe，2001）。

知识产权价值高昂，侵犯他人的知识产权要付出巨大代价。据行业分析师估计，全球知识产权市场的年交易量高达 1800 亿美元。IBM 公司仅仅通过专利授权所获得的收益就占其总收入的 8%。

理查德·斯蒂姆（Richard Stim）于 2016 年出版的《专利、版权和商标》（*Patent，Copyright & Trademark*）一书对创业者具有重要的参考价值。创业者本人在知识产权方面的自我充实固然重要，但是在遇到知识产权问题时，及时寻求专业的法律援助依然是首选策略。从事此类业务的律师事务所，通常会为新创企业客户提供后收费的服务，即先提供法律服务，待新创企业获得第一笔投资后再收费，然后，帮助企业正常运行 3 ～ 6 个月，以换取一小部分（例如 1.0%）股权作为最终回报（Henderson et al.，2006）。要是被服务企业最终像美国艺电公司或谷歌公司一样大获成功，为其提供服务的律师也就能大赚一笔。

有多种保护知识产权的方式，其中最常用的是商业秘密、专利权、商标与企业名以及版权等，以下分别加以介绍。

11.2　商业秘密

　　商业秘密（Trade Secret）是指不为公众所知悉，具有商业价值，并经权利人采取相应保密措施的技术信息、经营信息等知识资产。这种资产能够给所有者带来商业竞争优势。商业秘密的具体形式多种多样，包括知识、方法、想法、配方、计算公式、经验诀窍等。理论上，商业秘密的生命期可以无限长，例如，可口可乐的配方被视为商业秘密已持续了一个多世纪。然而现实是，商业秘密会因泄露而失效。商业盗窃、企业内部人员违反保密规定，或者进行独立再开发或逆向工程，都会导致商业秘密的泄露和失效。商业秘密的保密程度高度依赖其知识产权属性和使用条件。如果某项商业秘密可以在仅为企业内部少数人知悉的情况下使用，则其保密程度高；如果它必须要在整个企业甚至外部人员知悉的情况下才能使用，则很难做到让该项商业秘密免受他人复制或模仿。

　　产品的生产工艺往往可以得到良好保护。例如，集成电路的制造方法容易获知，但最佳生产工艺却相当复杂。拥有最佳生产工艺的半导体企业，将其生产方法和生产流程当作商业秘密加以严格保护，以维持企业的竞争优势。不过，无论企业如何加强其商业秘密保护，都无法规避内部员工在掌握企业的生产方法和工艺流程等秘密后，脱离企业自立门户的风险。

　　企业不得不权衡保护商业秘密和允许信息在内部员工中共享这两个相互冲突的需求。对许多企业而言，生产工艺和流程是其竞争获胜的必要条件，只有让内部员工熟知和充分掌握它们，才能构建企业的竞争优势。企业必须清楚地告知员工：他们所使用或掌握的知识、方法、配方等属于企业的商业秘密，必须严格对外保密。

　　保密协议（Nondisclosure Agreement，NDA），也被称作保密披露协议（Confidential Disclosure Agreement，CDA），是一种保护某一利益团体的法律协议（Confidentiality Agreement，CA）。该协议通过签署法律契约，禁止参与方与任何第三方共享某些秘密信息，以达到保护商业秘密的目的。当两家企业为开展合作而需要分享彼此的技术成果时，就可以通过签署一份保密协议来约束对方不向外界透露共享的专有信息。

　　企业往往会在与员工签署的雇用协议中加入非竞争条款（Non-Compete Clause，NCC），以限制员工加入竞争对手企业，或创办与本企业存在竞争关系的企业，防止员工携带并使用本企业的技术成果、技术秘诀、渠道资源等为竞争对手企业服务。在美国，各州的非竞争条款的执行情况存在很大差异（Marx et al.，2015）。例如，在加州，非竞争条款通常只对股东有效。

11.3　专利权

美国第 16 任总统亚伯拉罕·林肯（Abraham Lincoln）认为，美国引入保护专利的法律体系是世界历史上的 3 件重大事件之一（Schwartz，2002）。**专利权**（Patent）是法律授予发明人的一种权利，规定在专利权有效期内和法律管辖区内，未经发明人允许，禁止他人制造、使用或出售专利产品。在美国，发明专利权一经授予，其使用期限为 20 年。一项发明专利是专利授予国为专利申请人持有的知识产权提供的法律保护。获得美国政府颁发的专利权，并不意味着获得其他国家的相应权利。专利权可以被授予新型的实用机器设备、制成品、生产工艺及其改进方案，以及化合物、食品、药品的新配方及生产工艺等。专利包括以下几种类型。

实用新型专利权（Utility Patent）是为保护新颖的、实用的、非显而易见的和足够具体明确的工艺流程、机器设备及制造工艺而授予的专有权利，有效期为 20 年（美国）。例如，安全剃须刀和航空旅客广泛使用的滚动行李箱都曾被授予实用新型专利权。

外观设计专利权（Design Patent）是为保护制成品的具有原创性、装饰性和非显而易见性的设计而授予的专有权利，有效期为 14 年（美国）。例如，苹果公司为 iPad 弧形边角的矩形屏幕设计申请了外观设计专利。

植物（新品种）专利权（Plant Patent）是为保护采用无性繁殖方法研发出的植物新品种而授予的专有权利，有效期为 20 年（美国）。

商业方法专利权（Business Method Patent）是为保护新的生产流程或工艺方法而授予的一种实用新型专利权。例如，亚马逊的"一键式"订购流程被授予商业方法专利权。在美国，此项专利曾被广泛使用，但在现行法律体系中，此项专利的适用范围被大幅削减。

一项发明只有在同时具备原创性和实用性时才能申请专利。专利旨在保护最新的、使用了最先进技术的、具有顶尖水准的重大突破，而不是保护现有成果在某种形式上的改变。该项要求可以排除那些创新性不显著的专利权，从而限制专利的总数量。在一些情况下，基于已有专利成果（产品或者工艺流程）的改进，也可以被授予专利权，但是所授予的专利权中不包含所涉及的基础专利的相关权利。

专利是一种具有个人财产属性的财产，可以出售或转让给他人，也可以作为抵押物进行抵押，还可以作为继承物赠予继承人。法律授予专利持有者制造、使用或出售该项发明，并获得特许权使用费或其他补偿的排他性权利。如果其他任何人未经授权擅自使用已经授予专利权的发明，专利持有者有权向法院对该侵权行为提起诉讼，要求侵权者做出经济赔偿，并要求法院发布禁止侵权者进一步侵权的禁令（Elias & Stim，2003）。

由于一项专利只保护专利申请中所陈述的内容，因此，在申请专利时，申请人应该尽可能简明而明确地描述其发明的内容，以及关于该项专利的排他性范围的主张。如果申请人想在多个国家或地区均享有排他性权利保护，那么他就要同时在这些国家或地区提交专利申请。

在美国，申请人可以通过申请临时专利来获得优先权。在申请临时专利时，申请人只需对其发明做出描述，无须填写正式专利授权申请所要求的其他详细信息。申请人向美国专利商标局提交相关法律文件后，其产品就可以合法地标注"专利申请中"（Patent Pending）字眼。临时专利的有效期为 12 个月，申请人必须在申请临时专利后的 12 个月内，提交正式的专利授权申请，然后履行标准的审查程序。

一旦被授予专利权，专利持有者就可以启动一系列的专利保护程序，包括发布通知，在相关产品或服务上进行标注，监控专利的使用情况，以及采用法律手段制止经确认或疑似的专利侵权行为等。专利授权将非持有者的无偿使用界定为非法行为，从而保障持有者的权利。不过，这项权利要靠专利持有者自行维护，如向侵权者发布通告，以及在必要时诉诸法律等。有时，模仿者可以巧妙地绕过专利，开发出新产品或研制出新工艺。

有些专利价值高昂。2011 年 8 月，谷歌公司以 125 亿美元的价格收购了当时处于亏损状态的摩托罗拉公司，谷歌公司看中的是摩托罗拉公司持有的、拥有巨大商业价值的移动通信专利。智能手机和平板电脑正逐渐成为用户连入互联网的首选终端设备，在云计算基础架构上运行的应用程序也展示出巨大的发展前景。如果不能适时汇入移动互联网和云计算带来的商业浪潮，对谷歌公司来说，就意味着巨大的、无法承受的风险。于是，通过收购摩托罗拉这家掌握移动计算技术的公司，谷歌公司获得了摩托罗拉公司拥有的一系列专利，并快速将业务延伸到高速发展的移动互联网和云计算相关领域。

事实证明，在那些核心技术与生物或化学有关的行业中，如医疗器械及制药业，专利制度往往可以为专利持有者提供更加有效的保护（Shane，2005）。一台笔记本电脑可能包含多家企业所拥有的 500 多项发明专利，一种药物却通常只覆盖一项单一专利。因此，制药企业通常可以凭借所拥有的知识产权稳占强势的市场地位。

在许多行业中，通过提交专利申请来谋求快速从创新中获利的企业数量，正在以前所未有的速度增长。20 世纪 80 年代，美国的几项法律条款修订和几个法院判决案例，加大了专利保护的力度。1985 年，宝丽来公司（Polaroid）起诉柯达公司（Kodak）侵犯其一次成像专利权，最终法院判决柯达公司支付给宝丽来公司 9 亿多美元的赔偿金，该案例强调了专利侵权诉讼案中的专利优先权。后来，依据美国法院裁定，三星公司因对苹果公司的数项专利构成侵权，分别于 2013 年和 2014 年向苹果公司赔偿了 2.9 亿美元和 1.2 亿美元。若干项法院判例扩展了专利权的保护范围，已经涵盖转基因生物、软件以及商业模式等。

表 11-2 显示了美国近年来专利授权数量的增长情况。仅 2015 年一年，美国专利和商标局就授予了约 32.6 万项专利。与此同时，越来越多的公司围绕专利和知识产权制定了自己的创新战略，例如，IBM 公司仅在 2016 年就被授予了超过 8000 项专利。

表 11-2 美国专利授权数量的增长情况

年份	1985	1995	2005	2015
专利授权数量（万）	7.72	11.38	15.77	32.60

资料来源：美国专利和商标局，2017。

以专利授权作为保护企业创新收益的手段，其代价高昂。首先，在美国，仅申请一项专利所花费的各项费用就高达 2 万美元，包括填写申请、经受审查、签发文件和支付律师费等。其次，使用专利授权维护权益的侵权诉讼也代价不菲。对专利侵权进行举证，需要提供涉嫌侵权产品或工艺的相关记录和分析材料。初出茅庐的创业者很可能不具备为所拥有的知识产权申请专利授权的相关知识，以及为维护权益而开展诉讼所需的全部资金。因此，创业者先要对是否以及何时适合申请专利做出判断。首先，创业者应该评估在自己所拥有的技术成果中，哪些是对企业的生死存亡具有至关重要影响的核心技术。在资金不足的情况下，无须为那些并非企业核心技术的发明成果申请专利。其次，创业者应该分析竞争对手是否会开发出本企业所拥有的专利技术的替代品。对于那些很容易就被仿造的技术，无须为其申请专利。再次，创业者应该考虑自己通过法律手段开展专利侵权诉讼的能力，包括支付高昂的诉讼费的能力。最后，创业者也要考虑是否可以采用比专利授权代价低，而又行之有效的手段来保护企业的知识产权，例如将其作为商业秘密加以保护。

　　睿智的创业者应该认识到，专利授权不仅可以用来对某项发明创造施以法律保护，还可以为创业者提供一个与其他企业谈判的重要筹码，成为创业者展现自身创新能力，以说服投资者投资的有力工具。表11-3概述了新创企业围绕开发和维护专利组合，制定和实施专利战略的主要步骤。

表 11-3　制定和实施专利战略的主要步骤

1. 明确开发专利组合的目的
2. 识别企业所拥有的知识产权，收集相关资料
3. 确定最适合申请专利的知识产权
4. 确定可以披露的发明内容，草拟专利申请表
5. 制定有关获取专利授权、保护知识产权和拓展专利保护范围的一系列规划

资料来源：Fenwick & West LLP, R.P. Patel.

11.4　商标与企业名

　　创办新企业时，创业者应该同时考虑为企业的名称、标识或徽标注册商标。**商标**（Trademark）是企业用来标识其产品或服务来源的标记，其构成要素包括任何独特的词组、名称、符号、口号、形状、声音或标识。一个好的注册商标是企业品牌不可或缺的部分。好的注册商标，应该让人一下子就联想到本企业而非任何其他企业。苹果公司和英特尔公司的注册商标是这方面的典范。

　　注册商标的持有者拥有其合法使用权。在美国，商标注册制度帮助持有者保护其产品或服务所对应的权利。只要证明其商业用途，注册商标就可以无限

期续签。2012 年，美国批准了 24.3 万个新注册商标，美国的注册商标总数约为 180 万个。

商标持有者有权提起法律诉讼来终止任何侵权使用行为，并索取侵权赔偿金。在当今竞争激烈的市场环境下，商标通常是新创企业最有价值的资产之一，注册商标所代表的商誉和消费者认知具有巨大的经济价值，因此新创企业应该舍得投入时间和金钱保护其合理注册的商标（Sandner & Block，2011）。

如果由于某种原因，一个注册商标失去其独特性并演变为一个类属名词，则持有该注册商标的企业可能失去其专有使用权。例如，阿司匹林、热水瓶、玻璃纸等，都曾是注册商标，后来演变为专有名词。可口可乐公司和施乐公司的注册商标也曾一度面临过类似境地，不过这两家公司最终成功地保护了自己的注册商标。

企业名通常是一家企业最重要的标识。新创企业在命名时，应尽量做到与企业生产的产品或提供的服务紧密相关且富有吸引力，甚至让人过目不忘。好的企业名能展现企业特色，赋予企业独特的声誉，并给消费者留下深刻印象。最好能通过企业名，告诉潜在消费者有关企业的产品或服务的信息。例如，脸书（Facebook）让人联想起虚拟世界中的一张张脸谱，领英（LinkedIn）则将无数个体联结成一张人脉网。有许多公司以其创始人的名字命名，如戴尔公司（Dell）和克雷格公司（Craigslist）；也有不少公司使用了有创意的名称，如推特公司（Twitter）和优步公司（Uber）；还有一些公司以所在的地理位置来命名，如硅谷银行（Silicon Valley Bank）和思科公司（Cisco Systems，以旧金山城市名 San Francisco 的后 5 个字母命名）。

加拿大软件公司 Ludicorp 是后来归入雅虎公司旗下的图片分享网站雅虎网络相册（Flickr）的开发商。2009 年，Ludicorp 软件公司的多位创始人离职并创办了 Tiny Speck 公司，并推出首款产品——Glitch 游戏软件，同时，为了支持公司运营，该公司还开发了一项供公司内部使用的云协同服务，该服务可以搜索会话文档。其后，鉴于 Glitch 游戏开发和发布的进程不顺利，Tiny Speck 公司决定停止 Glitch 相关业务，而将本来供公司内部使用的协同服务技术打造为一款产品并推向市场。他们把这项服务称为"所有对话和知识的可搜索日志"（Searchable Log of All Conversation & Knowledge），并使用这项服务的首字母的缩略词，将公司重命名为 Slack Technologies。

好的企业名可以传达企业愿景或文化中的某些独特元素。例如，Tinker Toys（意为"修补工玩具"，是美国一家著名玩具公司）这个名称可以激发人们的游戏兴趣。企业名还能发挥营销工具的作用，因为企业名往往是消费者能够很容易记住、拼写和谈论的东西。杰夫·贝佐斯以 Amazon[⊖]为其公司命名，是想向消费者传达其定位——并非经营某个特定产品（Leibovich，2002），而是要发展一个宏大的事业。

给企业命名时，最好找人来测试一下所选名字会给别人留下什么印象，以避免企业名中包含可能引起误解的负面信息，确保企业名不会在某些语境下产生令人尴尬的联想或不良寓意。例如，财捷集团因开发出家庭及个人财务管理软件 Quicken 而闻名世界，其创始人斯科特·库克在为公司命名时，没有采用 Instinct 这一名称，是因为这个词的发音可能让人联想起"it stinks（很臭）"（Taylor & Schroeder，2003），而改用了 Intuit。

为企业命名还要考虑名称的可读性，朗朗上口的名字令人难忘，因此更加富有力量。例如，开发出 Linux 软件的公司以 Red Hat 作为公司的名称，并设计了一顶红色帽子作为公司标识，给人留下了深刻的印象。英特尔公司、通用电气公司和微软公司等也都是最佳公司命名的典范。

美国的法律规定：企业名后必须以"Incorporated""Corporation"或"Company"作为后缀；除非满足附加条例，企业名通常不能包含"Insurance"（保险）或"Bank"（银行）之类的词汇（Bagley & Dauchy，2017）。

选出合适的名字后，创业者应该立即进行检索，以确保这个选定的名字此前没有被其他企业注册过，然后他就可以去州政府主管机构注册企业名了。如果企业打算将来开展跨国经营，那么最好是去美国商标注册局将企业名注册为商标。

创业者在为新企业命名后，接下来就要为企业网站和邮件地址选择域名了。创业者最好是在为企业命名的同时，就去检测希望采用的域名的可用性。当排除掉那些不可用的域名后，企业名和注册商标的选择范围也会缩小，最好是让网站域名与企业名一致，这将有助于加深公众对企业名的印象。谷歌公司和爱彼迎公司就是这方面的典范。

⊖　Amazon 的意思之一是古希腊神话中的亚马孙女战士。——译者注

11.5　版权

版权（Copyright）是赋予著作权人阻止他人印刷、复制或出版其原创作品的一项专有权利。美国现行版权法规定，版权的有效期是作者有生之年加上去世后的 70 年。版权保护无须申请，这项权利被自动地赋予作品。在美国版权局注册作品版权只需填写一个简单的表格，因此，获得版权保护几乎无须花费什么资源。

版权不仅保护作品，还延伸到作家、作曲家和艺术家。但是，版权只保护作品的表达而非其主题，即版权阻止他人对原创作品的复制或使用，但不阻止他人使用其主题。因此，软件程序、书籍和音乐等作品不允许被复制，但其创作主题、创作思想却允许他人采用。

版权提供的保护比较有限。例如，在软件领域，美国的法院系统已缩窄版权保护的范围。版权在防止他人抄袭程序的全部或核心部分方面是最有效的，但对于软件产品的功能方面（如底层算法、数据结构和多媒体技术协议等）的保护就很有限。版权也可以保护程序中如图形用户界面等别出心裁的设计。

11.6　专利授权与大学技术成果转移

专利授权（Licensing）是指在无须转移所有权的情况下，一家企业通过协议将知识产权转让给另一家企业的行为。**许可证**（License）是一家企业授予另一家企业合法使用自己所拥有的知识产权权利的法律文件，通常包含被授权人向授权人支付相应的特许权使用费用的条款。

许多企业拥有大量未被开发或正在开发的专利，可以将这些专利授权他人使用来为企业创造价值。例如，IBM 公司作为美国拥有专利最多的公司，持续向大量其他公司授予其持有的专利的使用许可证，IBM 每年获取的授权许可费超过 10 亿美元。但是，尽管大多数新创企业意识到知识产权是一种高价值、高活性的资产，却对自己持有的专利的潜在盈利能力缺乏了解。

新创企业可以以专利授权为核心，设计企业的商业模式。例如，通过授权让一款软件产品获得更多用户。实际上，微软公司的大部分收入来自 Office 办公软件和 Windows 操作系统的授权许可费，总部设在美国加州的上市公司杜比实验室有限公司（Dolby Laboratories Inc.）的大部分收入，也来自其面向电子产品制造商收取的授权许可费。众所周知的高技术水准，加上收费合理的技术授权策略，共同造就了杜比实验室的成功。

新创企业可以通过将所拥有的知识产权转让给其他企业，用于非竞争性的、补充性的开发，来获取现金流。专利授权的吸引力在于，企业可以通过专利授权来分散风险，实现市场扩张或渗透，获得许可费收入，以及借助他人力量来测试新产品和新市场等。专利授权的潜在风险在于，企业可能因授权而引发侵权行为，或者面临被授权企业不履行授权协议的局面。

当新创企业虽然拥有潜力巨大的技术成果，却缺乏市场开发并实现获利所需的资本时，可以通过授权其他企业使用自己的技术成果，来节约新产品推广的时间和成本。一般，授权方可以采用的具体做法是，同意放弃或减少向被授权方收取许可费，要求被授权方在产品上市后支付一定比例的销售收入，作为被授权使用技术的回报，并在技术授权条款中规定：授权方拥有被授权使用专利的使用权、分配权、修改权和再授权权利。

📖 **高通公司的专利池**

1985 年，电信行业的 7 名资深人士一起创立了高通公司（Qualcomm）。高通公司是一家半导体和电信设备制造企业，也是目前全球最大的通信设备上市公司。该公司声称其 236 亿美元收入中的大部分来自专利和设计作品授权。截至 2016 年，该公司已向 80 多个国家和地区的企业授予其专利和设计作品的使用权，仅在中国就授权了 1600 项专利。

在大多数情况下，基于大学研发的技术成果创办新企业，需要获得大学的授权许可。即使作为技术发明人的大学生或教授本人想要创业，以将自己的发明推向市场，也必须获得大学的授权许可，因为大学为其研发活动提供了实验室、人员薪资和其他研究资源，其知识产权归属大学。如果大学生或大学教授不想让自己的研究成果归大学所有，就不要使用大学提供的资源从事发明活动。

大学颁布知识产权授权许可，通常要收取一系列费用，包括预付费、年费、一定比例的相关产品收益和企业的部分股权。大学可以将所拥有的知识产权进行独家授权许可，即只向一家企业授予开发这项专利以及对其他企业授予知识产权的权利；也可以同时向多家企业颁布非排他性的授权许可。通常，大学会将两种授权方式组合使用，例如，在应用领域方面进行排他性授权，而在地理区域上进行非排他性授权。

获得大学的授权后，技术发明人可以获得大学提供的营销方法培训和知识产权方面的援助。此外，发明人还可以和大学分享该项专利所产生的收益。典型的收入分配方式是，扣除应缴的专利费和管理费后的剩余部分，在发明人（或团队）、发明人所在部门和大学之间平分。

11.7　焦点案例：苹果公司

苹果公司成立于 1976 年 4 月 1 日，注册于 1977 年年初。创办公司的最初目的是售卖苹果 I 型个人计算机套件，该产品由公司创始人史蒂夫·乔布斯和史蒂夫·沃兹尼亚克开发、设计，售价为 666.66 美元。苹果 II 型个人计算机套件于 1977 年 4 月上市，内置首款电子表格处理程序 VisiCalc。该款软硬件结合的产品实现了销售额的快速增长。到 1980 年 12 月，苹果公司以每股 22 美元的股价上市。2017 年，苹果公司成为全球市值最高的公司之一，其市值超过 6000 亿美元。

20 世纪 80 年代初期，苹果 II 型个人计算机的操作系统被其他公司克隆复制。苹果公司在 1982 年赢得了一场历史性的法律诉讼，当时法院裁定版权法可以用于保护嵌入计算机芯片的内置软件。随着时间的流逝，苹果公司精心设计了一项知识产权保护策略，用来保护其系列产品的外观设计专利、实用新型专利、商标、版权和商业秘密等。在 2012 年和 2013 年间，苹果公司又在移动设备领域与三星公司展开了另一场影响深远的法律诉讼。2016 年，诺基亚公司提起诉讼，指控苹果公司在 14 个区域市场（从得克萨斯州到日本）侵犯了诺基亚公司的 40 项专利。2017 年，苹果向高通公司发起赔偿额高达 10 亿美元的知识产权侵权法律诉讼。

11.8　本章小结

新创企业中的所有参与者都应知晓本企业有关获得、建立和保护知识产权的计划。商业秘密、专利、商标和版权的恰当组合，可以构成具有巨大经济价值的知识资产。对高增长的科技企业来说，知识产权能够助其建立竞争优势，企业还可以通过专利授权获得收入。另外，基于大学所拥有的技术成果进行技术创业的企业，需要首先获得大学的授权许可。表 11-4 列出了创业者应该避免的 10 个具有违法隐患的错误做法。

表 11-4 10 个具有违法隐患的错误做法

• 未对企业持有的知识产权申请法律保护	• 在未签订保密协议的情况下公开知识产权
• 拖延知识产权相关法律问题的处理	• 尚未从潜在竞争对手企业离职就开始创业
• 延迟启动知识产权管理程序	• 在商业计划书中做出过度承诺
• 赠送发起人股票时，未就知识产权归属问题签署相关协议	• 创办企业时未注册企业名
• 未能及时购入与企业业务有关的知识产权	• 未与员工签署《保密与非竞争协议》

 技术创业原则 11

将知识产权和企业名作为引领企业走向成功的竞争优势来源。

音像资料：

读者可以访问 http://techventures.stanford.edu 网站，浏览与本章内容有关的学术讨论。

知识产权保护 （Protecting Intellectual Property）	马丁·尼古拉斯	DLA Piper 欧华律师事务所
为何要开发专利组合 （Why Build a Patent Portfolio）	杰弗里·肖克斯	Schox Patent Group 肖克斯专利集团
律师在创业生态中的作用 （The Role of Lawyers in the Start-up Ecosystem）	戈登·戴维森	Fenwick & West[⊖] 泛伟律师事务所

11.9 练习

（1）3 个伙伴决定创办一家新公司来研制医用纳米技术设备。3 个人中，迈

⊖ 泛伟律师事务所成立于 1972 年，是硅谷老牌律师事务所，专注于为硅谷的高科技公司提供法律服务，英特尔、微软、谷歌、亚马逊、脸书、推特、优步、Dropbox 等公司均为其客户。——译者注

克尔·罗杰斯（Michael Rogers）曾在惠普公司供职 12 年，独立研发过一项有关纳米制造的技术并申请了专利。研究生史蒂夫·阿莱格罗（Steve Allegro）曾开发了一款用于制造纳米医疗设备的软件。阿莉西亚·西蒙斯（Alicia Simmons）目前仍为 Alletech 软件公司的首席财务官，具有丰富的管理经验。他们能否立即注册公司？如果使用罗杰斯的专利创办公司，会不会遇到一些问题？西蒙斯知道 Alletech 软件公司的几个制造方面的商业秘密，她可以在所创办的新公司中使用这些商业秘密吗？

（2）上述 3 位创业者正在为他们的新公司起名。他们提出两个备选方案：一个是 Advanced Nanoscience & Technology，另一个是 Nanoscience Applications，你觉得这两个名字怎么样？你能提出更好的方案吗？

（3）苹果公司和苹果唱片公司在音乐业务方面存在商标使用权争议。苹果公司销售音乐设备 iPod 并开展在线音乐商店业务，发展势头良好。苹果唱片公司则是由甲壳虫乐队于 1968 年成立的一家多媒体公司，旗下有 5 家子公司，分别为 Apple Records、Apple Electronics、Apple Films、Apple Publishing 和 Apple Retail。请简要描述双方会如何为自己做维权辩护，并说明商标保护对公司发展的重要性。

（4）举例说明具有隐含意义的企业名及其优缺点，例如，施乐公司（Xerox）、舒洁公司（Kleenex）和谷歌公司（Google）。

（5）梅奥诊所为其研发的新一代慢性鼻窦炎药品生产工艺申请了专利，由于该方法应用范围广泛，梅奥诊所所获的专利授权将限制他人未经授权出售治疗慢性鼻窦炎的真菌制剂。现在，梅奥诊所打算授权一家制药企业使用其专利。你觉得此项专利授权是否可以推动慢性鼻窦炎治疗药物研发方面的进步？

（6）2012 年，苹果公司和三星公司发起了一场旷日持久的专利战。请描述三星旗下的相关产品，并回答这些产品可能侵犯了苹果公司的哪些专利，以及三星公司是如何应对这场专利危机的。

📖 创业实战

1. 请列举你的公司所拥有的知识产权中最重要的组成部分。

2. 接下来，你将如何保护你的公司的知识产权？

第 12 章

新创企业组织

在人的一生中，重要的不是去哪里，而是谁与你同行。

查尔斯·舒尔茨（Charles Schulz）

创业者应如何组织和激励员工

发现商业机会并确认其具有吸引力后，创始人需要组建一个创业团队来制订创业计划，需要建立一个组织体系来执行创业计划。创业团队的重要特质是，其成员各自拥有不同的核心能力，并能以协作的方式发挥各自的能力特长。新创企业还应建立顾问委员会和董事会制度，为组织和团队的发展提供方向性指导。新创企业应在刚成立时就确定高层管理团队，他们必须有能力激励和吸引其他人加入企业并为企业效力。

伴随企业的成长，管理者应担负起保障企业顺畅运营的职责。高层管理者是企业的精神支柱，应具备较高的情绪智力。企业应着力营造组织文化，在团队成员间建立起友好的信任关系。管理者和创业团队成员应致力于建立良好的社会关系和人脉网络以促进合作。

知识资产和智力资本是企业潜在的财富来源。在整个企业范围内实现知识共享，能够提升企业的流程效率和核心竞争力，从而使企业更具创新性和竞争优势。大多数科技企业的建立和发展都离不开知识和知识产权，所以应格外重视知识管理。建立学习型组织有利于创造和分享新知识。

12.1　创业团队

新企业创立一般源于某个好的商业机会，先是一两个创业者意识到有一个好的商业机会，然后他们会产生创办企业的想法，接下来，他们会着手开发这个机会。要不了多久，团队的重要性就会凸显，团队能够让领导班子具备开发商业机会所需的各种必要的能力。所谓**团队**（Team），是指几个具有互补能力，拥有共同目标，共同承担责任和义务的人的组合。一个真正的团队并不只是成员的简单组合，而是成员间默契配合，共同对集体行为及后果负责。个体与团队的区别，就像独立参赛的网球运动员，与要靠所有队员全力配合才能取得比赛胜利的篮球队的区别。

创业团队（New Venture Team）由一群具备某一领域的专业知识和管理技能的人组成。在知识密集、变化剧烈的行业中，新创企业要想走向成功，就必须具备多元的互补能力，而这不是个人所能拥有的，因此创业团队的业绩表现会比单一创业者更好（Beckman et al., 2007）。团队的优势源自它将一群具有多样性特征、多元化技能、多领域知识和能力的人聚集到一起，他们每个人可能都是各自领域的专家（Fischer & Boynton, 2005）。团队成员间的某些相似之处对于促进团队沟通和确保快速决策很重要，而团队成员间的差异则给予该团队更多发挥创造力的空间。由技术人员和非技术人员组成的创业团队，在竞争性商业环境中的表现尤其出色（Eesley et al., 2014）。成员的多样化特征有利于推进科技企业的市场开发工作（Furr et al., 2012）。

创业者往往会从熟人中寻找团队成员（Hayter, 2016），但维诺德·科斯拉指出，创业者在组建团队时应着力构建多样化的"基因库"，应该分析团队欠缺哪些视角、技能、专业知识和经验，然后找到那些能够弥补这些欠缺的人才加入团队；创业者应该制定严格的特定职位用人标准，并找到能够胜任这些职位的最佳人选。通常情况下，最佳人选已经有了职位，新创企业可能需要从其他企业挖人。通过弥补能力缺陷和组建一流团队，新创企业将拥有更大的成功机会（Khosla，2012）。

通常情况下，创业团队需要制订商业计划，执行融资计划并带领企业参与市场竞争，因此，团队应该具备确定和传达愿景的能力，领导不断壮大的团队的能力，深刻理解技术、市场和竞争环境的能力，通过销售产品和建立合作伙伴关系执行创业设想的能力（Rose，2016）。不仅需要团队集体具备上述能力，还需要每个团队成员都能发挥各自的优势，为实现组织目标做出重要贡献。符合上述要求的团队成员的数量应控制在 2～6 人。亚马逊公司的创始人杰夫·贝佐斯甚至认为，团队成员数量应遵循"两个比萨规则"，即两个比萨就能满足整个团队成员的用餐需求，如果两个比萨不够，可能意味着团队的规模过大。

新创企业的创业团队中会有一两个核心成员的能力至关重要，其他成员是被他们的声望、经验和承诺吸引而加入团队的，我们一般将这样的核心成员称作**创始人**（Founder）。不过，有时也将创业团队的所有成员都称作创始人。创始人具备卓越创业者的所有特征：拥有激情和远见，愿意为理想付出承诺。他们深刻理解以信息为基础、以知识为驱动的服务密集型经济的长期影响，他们知道新创企业需要具备什么能力——要能迅速将产品推入市场，灵活应对环境变化和持续开展自我更新。他们拥有一定的行业和管理经验，也了解技能熟练且有工作积极性的人才对任何希望蓬勃发展的企业而言，都是至关重要的（Dencker & Gruber，2015）。

新创企业必须具备环境适应能力，为能够响应商业环境变化而随时做好应变准备，新创企业的组织设计应该能够为响应市场和客户状况的变化而做出相应调整，以接受组织变革的挑战。同时，由于新创企业的资源和能力有限，需要强大的团队来领导企业实施战略、结构、系统和资源等方面的重组，因此，创业团队必须具备平衡变革、效率、工作协调性和及时性等多方面需求的能力。团队中必须包括一个或多个能够获得外部资金来源的成员。新创企业的组织优势之一是成员会以积极的思维指引行动，而不是依循惯例做事（Pfeffer &

Sutton, 2000）。

团队的高效源自成员间的相互理解和良好协作。最理想的情况是，团队成员自始至终支持团队合作，接受组织交代的任何合理的创业任务（Shepherd & Krueger, 2002）。为提高团队效率，应鼓励每个团队成员积极提出建议，指出潜在的问题，尝试可能不会成功的事情并敢于承认错误，团队应该营造一个各种想法都会得到共享的和谐氛围，并定期召开会议交流各种想法。适当提问、相互信任和知识共享将促进创新（De Jong & Elfring, 2010）。高效团队应该持续探索能够创造重大价值的最佳潜在产品（Estrin, 2009）。表 12-1 列出了高效团队的几个特征。

表 12-1　高效团队的特征

● 所有团队成员共享领导权和团队任务所有权	● 经常对绩效进行反馈
	● 任务和工作的分工明确
● 团队成员在非正式气氛中持续开展沟通	● 协同攻关是常态
● 团队成员对任务和目标有共识	● 成员自行设定项目的阶段性目标
● 彼此聆听，求同存异	● 团队成员相互依赖，对彼此负责
● 大多数决定是通过协商做出的	● 团队成员有学习和分享的精神

🔲 迁徙的雁群

大雁会在冬天由北方向南方以 V 形队列迁徙飞行。每只鸟拍打翅膀的动作都会给紧随其后的同伴带来一股向上抬升的力量。以 V 形队列飞行的雁群的飞行举力要比每只雁单飞的举力多出至少 71%。同样，朝着共同方向行进的人们如果能够积极合作，就能更快地达成目标。

当一只大雁掉队时，它会感受到单独飞行的阻力并迅速回到队伍中，以充分利用团队的优势帮助自己快速轻松地飞行——团队就是要与其他同道而行的人开展合作。当领头的雁累了，它会飞到队尾的位置，另一只大雁便会飞到领头的位置，担任队伍的带领者。雁群中的大雁会轮流承担艰苦的领头雁的工作。有时候，后面的大雁会发出鸣叫声以鼓励在前面控制队伍飞行速度的领头雁。

资料来源：Muna, Farid A. & Ned Mansour, 2005.

创业者通常将全职员工视作团队成员，其实，也应该将企业的董事会和顾问委员会成员视作团队的重要组成。股份有限公司和有限责任公司均设有董事会。**董事会**（Board of Directors）是由公司的主要管理者和负责全面监督公司事务的外部成员组成的团体。董事会是依法设立的，其职责是代表股东的利益。同时，董事会也是公司的监督者，负责选拔和任命首席执行官和公司的其他管理人员。

董事会通常由公司的创始人以及一个或多个投资人组成。新创公司的董事会成员一般不超过 3 人，此后，随着其他投资人的加入，董事会的成员人数也会增加。例如，一个由 5 人组成的董事会可能包含 2 名公司内部高管、2 名投资人代表以及 1 名独立董事。董事会需要批准公司章程，任命公司的管理层，并向股东、投资人、银行及任何为公司提供金融支持的机构提供公司年报。董事会成员负有受托责任，这意味着他们有义务为公司及其股东谋求最大利益。

通常，新创公司与上市公司的董事会存在多方面差别，其主要表现如表 12-2 所示。新创公司的董事会成员通常具有深厚的行业背景和巨大的商业动机，拥有更加多元化的利益需求，且其投资兴趣和公司绩效间可能存在利益冲突。建议创业者们认真思考随着公司业务的发展壮大，应该如何调整董事会的构成。

表 12-2　新创公司和上市公司的董事会情况

	新创公司	上市公司
董事会作为内部治理机制	是	是
委托代理的对等程度	高	低
公司成熟度、整体不确定性、资源冗余度	低、高、低	高、低、高
董事会成员的财务激励	高	低
董事会成员对行业的了解	高	低
董事会成员利益的多元化和冲突性	高、高	低、低

资料来源：Garg, Sam. 2013. "Venture Boards: Distinctive Monitoring and Implications for Firm Performance." Academy of Management Review 28(1):90-108.

在选择董事时，应该注重候选人的专业知识和背景（Tuggle et al.，2010）。董事会成员应该或者拥有财富，或者拥有良好的历史业绩，或者拥有智慧，最好是三者都拥有（Rose，2016）。董事会成员应当具备所处行业所需的重要知识和能力。最重要的是，董事会应该包括那些试图揭露每一项重大决策的利弊的人。董事会成员应该为改善公司治理而努力，他们应该理解公司战略，并敦促创业团队和公司高管关注公司的创新战略。董事会成员应该利用其人脉资源，帮助公司发展新伙伴和缔结利益联盟（Beckman et al.，2014）。

通常，新创公司会以向董事会成员授予股票期权或限制性股票的形式为其提供报酬。如果新创公司获得成功，则凭借所持有的股票，董事会成员将在若干年后获得相当可观的物质回报。

在董事会中设立的顾问委员会，其成员一般具备良好的声誉和丰富的知识、技能，可以为公司的发展提供良好的建议和资源。顾问委员会是非受托机构，不参与公司的法律或官方行为，顾问们免于承担法律责任。顾问们为新创公司服务会获得经费支持，他们参加董事会的差旅费等费用由公司报销。顾问也可以被授予股票，但其薪酬标准和参与度通常都低于董事会成员。

好的董事会应该功能健全、运作顺畅，董事们可以在充满信任、尊重和坦率的气氛中，自由地挑战彼此的观点和看法。他们愿意担负起董事会职责，并为创造良好的治理业绩做出重大贡献。此外，好的董事会会建立评价制度，以评估成员们的集体和个人表现（Sonnenfeld，2002）。表 12-3 列出了有效的董事会及顾问委员会的 6 个目标（Finkelstein，2003）。

表 12-3　有效的董事会及顾问委员会的 6 个目标

1. 参与建设性的冲突，尤其是和公司首席执行官的冲突
2. 尽量避免破坏性的冲突
3. 成员们团结协作
4. 关注战略问题，而非组织的细枝末节问题
5. 在决策时考虑周全
6. 在组织遇到问题时，会扮演减震器而不是放大器的角色，会发挥稳定作用而不会反应过激

资料来源：Finkelstein, Sydney, and A. Mooney. 2003. "Not the Usual Suspects." Academy of Management Executive, 2:101-12. Wilson, Fred. "Being a Shock Absorber" AVC, 29 Aug. 2016, http://www.avc.com/2016/08/being-a-shock-absorber.

📖 Lending Club 公司的董事会

Lending Club 是一家总部位于纽约的新创企业，其主要业务是搭建平台、为消费者和小企业提供 P2P 直接贷款服务。该公司的贷款利率低于借款人从传统银行借款的利率。Lending Club 组建了一个董事会，其董事中包括多位资历较高的银行和金融业高管，包括摩根士丹利公司（Morgan Stanley）

的前董事长约翰·麦克（John Mack），比尔·克林顿（Bill Clinton）总统任期内的财政部部长劳伦斯·萨默斯（Lawrence Summers），VISA 的前主席及 Citi Markets and Banking 的首席财务官汉斯·莫里斯（Hans Morris），业界领先的风投机构凯鹏华盈的合伙人玛丽·米克（Mary Meeker）。董事会成员们不仅可以为 Lending Club 公司的重大决策提供建议，还提升了公司的信誉，为公司采用新模式直接面向小企业和消费者提供贷款服务增加合法性。

12.2　组织设计

组织设计（Organizational Design）的内容包括设置领导和管理职能，甄选、培训人力资源和建立激励制度，建立组织的共有价值观并开展组织文化建设，设计组织结构并塑造组织风格等。表 12-4 列出了组织的 9 个要素。其中后 4 个为组织设计的 4 个元素。

表 12-4　组织的 9 个要素

1. 使命与愿景	6. 人才
2. 目标	7. 领导和管理职能设置
3. 战略	8. 共有价值观和文化
4. 资源与能力	9. 组织结构与组织风格
5. 流程与过程	

人才（Talent）是指组织内的成员或雇员，通常称作员工。领导团队和经理人们负有与雇员开展有效沟通，并领导企业向着正确方向发展的职责。组织的共有价值观和文化是指，所有成员共同持有的、指导大家行动的理念和意义。组织结构是有关组织内各项职能与活动的正式安排。组织风格是组织成员间开展合作的方式，如权力导向型或团队导向型。组织设计的各要素应与企业的商业模式相匹配，以使企业有能力抓住机遇（George & Bock，2012）。

如何才能将一群人组织起来，以获得最高绩效并激发其创新活力？大多数成功的创新型组织会在内部建立一些不受权力中心约束，能够独立自主追寻机会的小组，这些小组的成员间相互自由交流，远离阶层制或官僚结构，以保持灵活行动的能力（Joyce et al.，2003）。组织中保持中等程度的分裂对创新最有利，过度统一和过度分裂的组织均对创新不利。最理想的组织设计方案，是让组织中的各个单元或团队开展竞争以激发不同的想法，同时确保各个单元或团队之间时刻保持相对自由和开放的沟通（Diamond，2000）。

　　能力基础观的组织战略要求为员工提供一个张弛有度、松紧结合的组织结构。要打破层级结构和官僚体制，代之以关系网络和灵活的程序，相应地，管理者的角色也要从控制者转变为关系维护者（Bartlett & Ghoshal，2002）。通常，我们将富有柔性、能够动态适应环境变化的组织称作**有机组织**（Organic Organizations）。

　　组织绩效是员工个体行动的结果。企业要想取得成功，员工必须协同一致地采取正确的行动。通常，企业从一个单一功能的团队开始起步，并在成长过程中逐步组建一系列跨职能的团队，发展成为由一系列内部关系构成的关系网络。**关系协调**（Relational Coordination）描述了组织内部成员的行为方式，以及他们对于彼此之间的关系的看法（Gittell，2003）。关系协调要以成员拥有共同目标、共享知识和相互尊重为基础，经常、及时地解决遇到的不协调问题。当成员之间彼此高度依赖，面对不确定性且任务具有时间约束时，他们对关系协调的需求会更加迫切，而这三个方面特征正是新创企业所共有的。

　　图 12-1 展示了一个创新型组织模型。其中，组织的核心目标是建立并保持可持续的竞争优势，为此需要开展三类支持性活动，即运营活动、产品创新活动和客户关系管理活动。借助互联网和企业内部网络，可以降低三类活动间的交互成本。在通常情况下，新创企业比现有企业或大企业更容易同时开展这三类活动，这可以帮助大多数新创企业迅速获得竞争优势。

　　新创企业通常从一个协作性架构开始，由 5 ～ 10 名成员组成

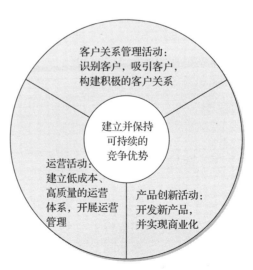

图 12-1　创新型组织模型

的团队负责全部运营活动，但基本上没有什么细分的职能部门。最好的**协作结构**（Collaborative Structure）能够实现自组织和自适应。**自组织结构**（Self-Organizing Organization）可以最大限度地利用成员的多样性及成员间关系网络的稳健性。组织成员的协作性努力加上成员间关系网络的自组织行为，可以为企业带来超额利益，我们通常将其称作协同效应。

> 📖 **派拓网络公司经验丰富的领导团队**
>
> 　　全球网络安全领导企业派拓网络公司（Palo Alto Networks）的创始人、管理团队和董事会成员所拥有的丰富经验，帮助该公司开发出了行业领先的网络安全产品，从而使派拓网络公司在与老牌公司的竞争中获得了可观的市场份额，并将公司规模扩大到可以进行 IPO 的水平。在派拓网络公司的发展历程中，组织设计一直是公司的战略重心。公司的创始人尼尔·祖克（Nir Zuk）曾任 Netscreen 公司（后被 Juniper Networks 公司收购）和 OneSecure 公司（派拓网络公司的竞争对手）的首席技术官；管理团队的其他成员或者曾就职于过去 15 年间全球著名的网络安全公司，或者是研发状态检测、基于硬件的安全性和入侵防御等相关技术的重要推动者。该公司的工程团队先后为 Check Point、NetScreen、McAfee、Juniper Networks 和思科等公司提供了高质量的网络和安全解决方案，取得了令人瞩目的优秀业绩。当派拓网络公司准备公开上市时，它聘请了马克·麦克劳克林（Mark McLaughlin）担任公司顾问，此人之前曾在全球领先的安全公司威瑞信担任总裁、首席执行官兼董事。

12.3 领导力

　　领导是通过帮助员工获取知识、能力、工具和方法，影响和激励员工共同努力以实现共同目标的过程。领导力对新创企业至关重要，它通常体现在新创企业的一两个领导者身上。新创企业的领导者就像一支能够演奏熟悉的曲目和新曲目的爵士乐队的主唱，他可以引领乐队成员集体创造和改编新曲目。领导者需要动员整个组织通过调整组织行为来适应不断变化的商业环境，这对企业的茁壮成长至关重要。应对变革挑战的途径是利用组织内各层级员工的集体智慧，把员工视作资源，鼓励他们通过共同学习来解决问题和应对挑战。

优秀的领导者对企业的未来充满信心，他们能够清晰表达并愿意广泛传播企业的愿景和价值观，他们坚信自己能够带领团队将其实现。他们能够对有关人才、战略和应对挑战等的问题做出正确判断（Tichy & Bennis，2007）。判断力是领导力的核心，良好的判断力是在发现问题、分析问题、听取团队建议等一系列实践过程中锻炼出来的。大多数领导者擅长分析问题、推动变革、制定战略和选择行动策略，然后带领团队去执行必要的行动。

如表 12-5 所示，新创企业的领导者在处理日常工作和开展有挑战性的工作时，会有不同的领导力表现（Heifetz & Laurie，2001）。对领导者而言，应对挑战并发挥员工的价值是其主要职能，培养和利用有才干的员工的潜质是其最重要的能力（Davidsson，2002）。当组织面临挑战时，领导者需要动员所有成员共同承担责任，并帮助团队成员学习和探索新的解决问题的方法。

表 12-5　处理日常工作和开展有挑战性的工作的领导力表现

领导者的角色	处理日常工作	开展有挑战性的工作
确定前进方向	定义问题，指出可能的解决方案	定义挑战和问题
让团队和个人更富责任感	明确界定每个成员的角色和责任	定义并探讨为应对变化，进行角色和责任调整的必要性
处理冲突	重新排序并减少冲突	接受有意义的冲突，并利用冲突探索新的方法和策略
建立行为规范和价值导向	强化行为规范和价值导向	重塑行为规范和价值导向
指导和培训员工	为现有成员提供技能培训、开展技能学习	指导并培训新员工

优秀的领导者会采取各种方式激励团队成员。例如，史蒂夫·乔布斯总是将注意力放在竞争对手身上，借此促使公司成员凝心聚力到共同的事业上来。他在担任苹果公司和皮克斯（Pixar）的首席执行官期间，先后将工作重心确立为击败 IBM 公司，然后是击败微软公司，再然后是击败迪士尼公司（直到后者收购了皮克斯），最后是击败谷歌公司（Sutton & Rao，2014）。

领导者在创办新企业时要融合个人的谦逊品质和强烈的职业意愿（Collins，2001）。他们拥有雄心壮志，但这种志向主要是追求组织的发展壮大而非个人的功成名就。他们希望借助团队成员的努力建立伟大的企业；他们谋求持续发展，尝试引入新方法来应对新挑战，同时制定明确的目标和采用成熟的方法来开展日常工作；他们掌握随形势变化而获得新的组织方法和技能的能力。领导者鼓励组织成员开展内部讨论，激励成员主动参与并理解企业所面临的问题，最终形成帮助企业维持竞争优势的、为组织成员所共享的战略。

如图 12-2 所示，有 4 种不同的领导风格（Northouse，2001）。领导风格体现在两个维度上：指令行为和支持行为。指令行为是指领导者通过给出指示，建立目标和评估方法，设定截止期限，定义团队成员职能，展示实现目标的过程，来帮助团队成员完成目标的领导行为，是从领导者到被领导者的单向沟通。支持行为是指领导者满足被领导者心理需求的领导行为，包括倾听、鼓励、表彰、表现信任、提升参与感、建立亲和关系和归属感等，是领导者与被领导者之间的双向或多向沟通。指令行为和支持行为的组合，产生了 4 种领导风格：指令型领导风格、指导型领导风格、支持型领导风格、授权型领导风格。

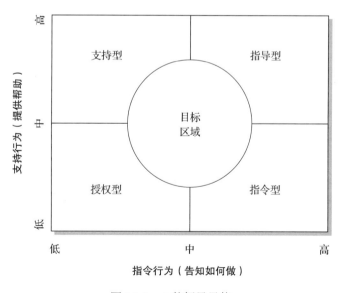

图 12-2　4 种领导风格

支持型领导者不是仅仅关注特定企业目标的达成，而是通过支持行为，在带动团队成员完成工作任务的同时，帮助团队成员学习技能；指令型领导者明确告知团队成员任务目标是什么以及如何实现目标，然后认真仔细地督促团队成员完成目标；指导型领导者专注于目标的实现，并为此激励团队成员；授权型领导者很少发号指示，而是给予团队成员自由度，经常激发团队成员信心。有效领导者的领导风格应该处于中心的目标区域，并根据工作和团队成员的实际需要做出动态调整。新创技术企业的领导者很可能在创业初期采用指导 – 支持型的领导风格。进入成长期后，领导者会灵活地运用 4 种领导风格。

领导者通常表现出表 12-6 所示的 7 种个性特征，他们被视作拥有权威、行事果断、做事专注、关心他人、乐于指导、善于沟通和成就驱动者（Collins & Lazier，1992）。领导者要为企业建立清晰、引人注目的愿景，以此激励团队成员达成卓越的绩效；领导者要积极行动，不能只说不做；他们要致力于及时获取新的能力和开发新产品，为企业提供可持续的竞争优势；他们更喜欢使用易于理解和执行的清晰概念，掌握信息和采取行动就是他们的目标；他们会设定高标准并不断追求成就，在实现目标和成就的过程中，他们善于与他人开展协作。

表 12-6　领导者的 7 种个性特征

- 拥有权威：言行一致
- 行事果断：基于有限的、不充分的信息采取行动
- 做事专注：确定优先目标并为之坚持
- 关心他人：建立人际关系和社会资本
- 乐于指导：向所有团队成员提供有效的反馈和指导
- 善于沟通：鼓励沟通，乐于交流
- 成就驱动：维持企业内的学习氛围和能量流动，保持乐观

资料来源：Collins, James, and William Lazier. 1992. Beyond Entrepreneurship. Upper Saddle River, N.J.: Prentice Hall.

教导他人是领导者的核心职能。实际上，领导者是通过教导来领导他人的，同时，教导也是传播企业价值观和文化的手段。领导意味着帮助他人了解实际情况以及需要采取何种应对措施，以便企业员工能够采取行动，使企业朝着既定方向发展。企业绩效是个体行为和行动的结果。企业要想成功，就要确保每个员工都在做"正确的事"，为此，企业需要拥有有效的领导者，他们要创造条件，帮助员工掌握做出正确决策所需的信息并获得必要的权限和激励。有效的领导，可

以让企业内各层级员工的行为相互协调和保持一致，从而发挥出企业的潜力。

领导者应拥有引领性的愿景，能够充满激情地向员工传播信念。这种传播信念的能力源自领导者的坦诚和信誉。领导者既有高度的自我意识，又对自己的信念和价值有着深刻的理解。领导者的 5 项职能是：挑战现状，激发共同愿景，让员工具备行动能力，以个人事例塑造楷模，以及激励员工采取行动。

领导者展现出的强大内在力量和所持有的坚定的价值观是员工的力量来源。领导者要避免自我膨胀，善于激励他人，并表现出谦虚的品质和非凡的能力。

如何才能成为一个伟大的领导者？一项研究指出：伟大领导者的关键特质是，具有应对逆境并从中汲取经验的能力（Bennis & Thomas，2002）。本尼斯（Bennis）和托马斯（Thomas）称这种逆境中的经历为"熔炉"，它们让领导者更加强大和自信。领导者之所以被称为领导者，不仅是由于他们具备的人格特质，更是因为他们在成为领导者的过程中所经历的事，他们从这些经历中学习和成长，在一次次历练中实现转变，不断提高应对挑战的能力。伟大的领导者还显示出强大的韧性和应变能力。未来总是充满不确定性，优秀的领导者可以凭借其核心价值观去应对企业面临的各种冲突（Collins，2006）。

领导者是企业的情感向导。**情绪智力**（Emotional Intelligence，EI）是领导者所展现的 4 种心理能力的综合体现，这 4 种心理能力为：自我认知能力、自我管理能力、社会认知能力和关系管理能力（见表 12-7）。

表 12-7　构成情绪智力的 4 种心理能力

• 自我认知能力：识别自己的情绪及其优劣势、对自己充满自信的能力	• 社会认知能力：具有同理心，能够识别组织思潮，理解合伙人和顾客需求的能力
• 自我管理能力：控制自己的情绪，保持诚信、韧性、乐观主义、行为正直的能力	• 关系管理能力：通过激励、影响力、催化、冲突管理和协作等开展关系管理的能力

根据戈尔曼（Goleman）及其同事的观点，具备上述 4 种能力的领导者拥有较高的情绪智力，会在管理团队时展现其效果。他们能够凭借较强的自我认知和自我管理能力，对自己充满信心，获取员工们的信任；他们能够凭借较强的社会认知和关系管理能力，赢得员工的忠诚度。他们善解人意，具有较强的社交能力，更善于处理人与人之间的纠纷，更容易发现不同情境的共同点和目标，更能够打动人，更有可能引导员工朝着预设的目标前进。

具有较高情绪智力的人倾向于：①表现真实；②乐观思考；③有效地表达

情绪；④在与人交往时灵活应对，随机应变。

　　领导者可以通过与员工保持沟通来产生共鸣，以增进团队情感。当团队产生共鸣时，他们会保持思想和行为的"同步"，领导者可以借助团队共鸣以及自己的情绪智力技能，激发团队的工作热情并化解冲突（Goleman et al.，2001）。优秀的团队会通过建立和管理社会情感认知来帮助成员产生共鸣。

12.4　企业管理

　　管理（Management）是指为让组织保持良好运作而开展一系列活动的过程，这些活动包括计划、预算、组织、人员配备和控制等。管理的重心是资源配置，强调通过资源配置支持企业开展日常工作，以确保企业的生产运营活动能够按照预定计划有效地开展。在新创企业中，管理与领导力同等重要，都有不可低估的价值。管理者担负着管理职责，他们努力工作，为实现企业战略而认真审慎地选择资源配置方案。目标明确的管理者之所以能够有效执行计划，是因为他们善于谨慎地利用时间和金钱等资源。

　　为了获取必要的信息和帮助，管理者会动用其人脉资源。管理者所拥有的非正式的人脉关系网是企业的社会资本的一部分。善于缔结商业网络和结交人脉资源的管理者拥有良好的职业前景，他们可以跨越企业边界，为企业拓展关系网络，支持企业运营（Cross & Prusak，2002）。

　　管理者善于根据并不充分的事实做出总结和概括，进而识别出现象背后的规律或模式。优秀的管理者具有节俭和诚实的美德，他们总是准备充分。确保员工能够坚决地贯彻落实企业的重大战略举措，并且持之以恒地专注于实施这些战略举措，这对企业在竞争中获胜极为关键。伟大的企业必须同时具有战略谋划的相关能力，以及确保战略执行的必要机制。保证企业能够持续地开展运营活动是企业竞争优势的重要组成，管理者正是为企业运营和绩效负责的人，他们监测企业绩效，做出行动反馈，参与决策制定，并动态整合企业资源。他们可以根据特定的环境变化速度，制订出 12 ~ 18 个月的资源配置滚动方案，让企业获得较好的业绩。

　　管理者通过描述期望的结果而不是选择路径来制定工作目标，他们让有才能的员工根据他们的期望找出达成预期目标的最优途径。大多数优秀的管理者通过为员工创造成功的机会来激励员工，他们会对员工所取得的成就、成长和进步以及员工表现出来的责任感，给予认可和做出表彰（Harzberg，2003）。管理者需要预先告知员工他们的工作范围和工作职责、能够获得的支持、将要承担的责任，以及如果他们取得好成绩将会获得的奖励等（Simons，2005）。

优秀的管理者可以将员工的才能转化为良好的工作绩效。他们让员工直接参与到对每位员工有着切实影响的决策的制定中来，向他们解释为何以这种方式制定决策，并说明决策牵引出来的变革会对员工提出什么新要求。优秀的管理者可以依据员工的表现向他们提供绩效反馈。当员工获得反馈并根据反馈意见做出改进时，企业就会从中获益。对面临诸多转型的新创企业的全体员工来说，坦诚接受反馈至关重要。当员工们开始思考自己的工作效果与管理层的预期是否一致或存在哪些差异时，员工的工作就会更好地与企业目标保持一致（Jackman & Strober，2003）。

成功的管理者擅长制定、履行和变更承诺。承诺是当前采取的、将对企业未来的行动方针产生影响的行动。从资本投资到人事决定再到公开声明，这一过程中有多种多样的管理承诺，其中的每一种都会对企业产生持久的影响。承诺可能会限制企业根据条件变化做出及时的反应。管理者可以通过学习，在承诺演变为变革的障碍前做出及时判断，并用鼓舞人心和激发斗志的新承诺替换旧承诺。制定承诺、更改承诺都是重要的管理职能（Sull & Spinosa，2005）。

新创企业的管理工作十分复杂。管理者要均衡把握 5 个方面的管理要素：反思、分析、动态情境、关系和变革（Gosling & Mintzberg，2003）。反思能够促进理解，分析能够产生更好的组织安排和工作绩效。对企业所在的动态情境的理解，可以促进企业区域性和全球性业务活动的开展。与其他企业的合作关系和良好的行业关系对企业发展至关重要。依据企业的绩效表现及时推动企业进行有益的变革，是管理者价值的重要体现。有效的管理者能够将上述 5 个方面的管理要素融合在一起，为企业成长和绩效改进奠定基础。

为提高商业决策的质量，管理者最好在就一项商业提案做出决策前，验证其有效性（Pfeffer & Sutton，2006）。而证明提案有效性的前提是，掌握能够证明该提案所涉及的行动或流程有效的证据（事实），并通过逻辑、推理，找出提案在适用性方面存在的差距。管理者可以通过开展试验项目、试点研究和小规模实验等，来获取有助于改善管理的相关事实和见解。

12.5 招聘及留住人才

新创企业要想通过人力资源开发来获取收益，首先要招聘到合适的人才。企业需要确定如何从众多申请者组成的人才库中筛选合适的人才，为此，需要清楚知道企业最急需的关键技能和人才特质是什么。光是持有"努力为企业找到好员工"这个理念远远不够，必须尽可能具体明确地描述出所需人才的特征。新创技术企业青睐那些专业技能突出、思维活跃、愿意并且有能力在新创企业中承担重要任务的人才。对新创企业而言，优秀员工应该具备的素质包括：灵活性、经验、技术知识和自发性的创造力，这意味着要去招聘"曾经打赢过锦标赛的优秀运动员"。成功的新创企业还在寻找那些能够相互信任、自由争论、共享信息并乐于公开表达自己想法的人。

在上述诸多人才特征中，一名新员工应具备的最重要素质也许可以概括为：熟练掌握当前所需技能，并具备获取未来所需技能的能力。因此，员工的自然学习能力对新创技术企业而言至关重要（McCall，1998）。大多数新创企业希望吸引那些具有延展性工作能力的新员工，它们认为这样的人才能使企业受益（Bechky & O'Mahony，2006）。延展性工作能力是指人们可以轻松地将现有能力延展为新创企业所需新能力的能力。具有延展性工作能力的人才，不仅能力极强，而且可以迅速学习和掌握新技能。

新创企业的生存和发展既依赖明星员工，也依赖良好的支持性员工（DeLong & Vijayaraghavan，2003）。明星员工可以为企业业绩做出重要贡献，有能力的、工作业绩稳定的执行者（支持性员工）则是企业发展的重要基石，他们帮助企业提高稳定性和弹性。同时，这些基层员工对企业也更加忠诚。

识别、吸引和留住最优秀的人才可能并不容易。新创企业在成长过程中，应该尽最大可能通过现有的团队成员和供应链伙伴去招募人才。根据所制定的人才标准，新创企业可以在众多候选者中不断缩小范围，找到最能满足企业需求的人选（Fernandez-Araoz，2005）。企业应将人才招聘看作企业的自我"销售"而不是人才的"购买"过程。换句话说，企业不应只注重筛选应聘者，还应努力激发和吸引潜在的雇员。为了确保招聘到的是合适的人才，新创企业通常会与应聘人员签订试用合同或者基于项目开展临时合作，又或招聘实习生。然后，经过一段时间的试用和相互了解，如果企业和试用人员或实习生能够取得相互认可，企业就可以将试用人员或实习生聘为全职员工。

加入新创企业的人才会努力而高效地工作，他们希望以新创企业为桥梁，进入就业市场并取得丰厚回报。他们专注于有助于成功的关键因素，尽量避免偏离既定目标。激励他们的是新创企业赋予他们的重大责任、参与感和获得巨大财务收益的可能性。事实上，他们的内心承诺与这些外部激励恰好一致，而潜在的结果也确实会令人鼓舞。对他们而言，个人成功很重要，而个人的成功取决于企业的成功。硅谷风险投资公司 Kleiner Perkins 的风险投资家约翰·多尔（John Doerr）说，当他审阅一份商业计划书时，"我总是先阅读创业团队成员的背景介绍。对我来说，最重要的是团队、团队、团队。别人可能认为最重要的是个人、个人、个人，但我对整个团队更感兴趣"（Fast Company，1997）。

吸引和留住核心员工的关键因素包括薪酬制度、工作设计、培训和关系网络等。薪酬制度包括基本工资、奖金、健康福利和股权。新创企业应为人才提供合理的工资和福利，但是由于新创企业的现金数量有限，因此，初创期的新创企业通常会要求员工牺牲一些经济利益，让企业可以将有限资源用于建立盈利能力。

新创企业应该了解，员工所追寻的职业发展目标不仅是提高薪酬。新创企业应该让员工对企业的发展前景充满希望，从而激发员工的工作热情，让他们为企业做出更多贡献，吸引他们长期供职于企业（Shah，2013）。同时，在我们所处的世界中，员工不会终身供职于一家企业已经成为常态。因此，新创企业应该了解员工的职业发展计划，并做出相应的人力资源开发规划（Lyons，2016）。

新创企业的所有权权益对大多数员工都很有吸引力。适度的股权多元化可以帮助企业吸引优秀人才，创造更多产出，实现高生产率和低员工流动率（Rosen et al.，2005）。**股票期权**（Stock Options）是指企业给予某些员工在一定期限内以一种事先约定的价格（执行价格）购买企业普通股的权利。当行使期权时的股票价格高于执行价格，产生价差收入时，期权持有者就可以行权并获得收益。股票期权的行权期限一般为数年。例如，一位新员工获得 10 000 股的股票期权，合同规定他可以在 4 年内以每股 1 美元的价格执行权利，相当于每年获得 2500 股的股票期权。股票期权通过赋予员工在未来以预定的价格购买企业股票的权利，激励他们努力提高企业的生产力和创新能力，从而提升企业的市场价值。

股票期权是企业用来吸引和留住人才，而采用的一种替代薪酬的非现金激励方式。新创企业因为资源有限，往往无法通过提供现金报酬来吸引优秀员工，需要通过提供股票期权来达成人才吸引目标。例如，星巴克公司在创业之初就决定，根据员工在财政年度内的基础薪酬，授予其股票期权——星巴克公司称之为"咖啡豆"期权计划（Bean Stock）。谷歌公司自创立以来，持续、广泛地推行股票期权激励，公司的成功创造了数以千计的百万富翁。

股票期权的另一种替代形式是发行**限制性股票**（Restricted Stock），也被称作"预留股票"，即按照预先确定的条件，授予激励对象一定数量的本企业股票，激励对象只有在工作年限或业绩目标符合股权激励计划规定的条件时，才可以出售限制性股票并从中获益。企业会在一段时间内（例如 1 年、2 年或者 3 年内）为激励对象保留购买权。新创企业通过发行限制性股票，并要求员工在一定时期内持有其股份等方式来提高持股水平，达到激励员工为企业创造价值的目的。例如，一位员工获得了以每股 2 美元的价格购买 10 000 股限制性股票的权利，他可以在 2 年后出售这些股票。如果 2 年后，企业的股票价格升至 10 美元每股，则他售出所持有的股票将获得 80 000 美元的收益。行权期前的股票价格涨跌不影响该员工的收益，但如果期权到期时股票价格低于 2 美元，则该期权就一文不值。2003 年，微软公司从授予员工股票期权改为发行限制性股票。

尽管薪酬是吸引和留住员工的重要手段，但人才激励不能仅仅依靠物质手段。很多（如果不是全部的话）新创技术企业通过组织设计与文化建设来吸引和留住人才，其具体手段包括设计有挑战性的工作，建立同侪氛围，基于特定任务能力筛选人才等。对新创技术企业而言，没有什么比留住关键技术人员更重要的事了，因为关键技术人员所掌握的知识往往是技术企业最宝贵的资产（Baron & Hannan，2002）。吸引和留住人才，还需要企业领导人做到对员工信守承诺、值得员工信赖。

表 12-8 展示的 6 项原则有助于新创企业留住员工和合作伙伴（Reichheld，2001）。相比于物质激励，顺畅的沟通、信任和尊重对于留住员工和合作伙伴更加重要。员工需要被高度尊重、关怀和诚信对待；企业对于价值理想的执着，也能获得员工和合作伙伴的忠诚。

表 12-8 留住员工和合作伙伴的 6 项原则

1. 理念宣传：传达并践行企业的愿景、目标和价值观
2. 合作共赢：让供应商和合作伙伴从合作中获利
3. 志同道合：只招聘那些与企业价值观一致的人
4. 充分授权：组建小团队执行大多数任务，赋予他们决策权；制定简单的决策规则，让小团队拥有充分的行动自主权
5. 多劳多得：如果员工业绩达到预期，则给予其高回报；奖励创造长期价值和盈利能力的行为；建立可靠、可行的薪酬、福利和期权激励制度
6. 认真聆听，坦率言说：建立坦诚的双向沟通机制，信任员工，也值得员工信任；明确告知员工其工作表现

资料来源：Reichheld, Frederick. 2001. "Lead for Loyalty." Harvard Business Review (July), pp. 76-84.

12.6 组织文化与社会资本

组织文化（Organizational Culture）是指组织成员共同持有的价值观、规范和仪式的集合，它们支配着组织成员之间以及组织成员与利益相关者之间的互动方式。组织通过故事和仪式强化成员共享的价值观和信仰。组织文化对组织成员的思考方式和行为方式能够产生强大的影响。例如，IBM 公司构建了强调智力活动自由的组织文化，孵化出令人叹为观止的丰硕创新成果（Isaacson，2014）。**组织价值观**（Organizational Values）指的是关于组织应追寻哪些目标以及应采用何种行为标准来实现这些目标的信念和理念。创新型企业的价值观是倡导协作、追求创造力和鼓励冒险精神（Jassawalla & Sashittal，2002）。

组织规范（Organizational Norms）是强加给组织成员的有关什么是恰当的行为的一系列准则和期望。组织规范是非正式的规则，包括员工之间的相处方式、工作时间的灵活性、着装要求、电子邮件等各种通信方式的使用习惯等。创新型企业中常见的组织规范包括诚实待人、彼此尊重、保留工作自主性和着装非正式等。**组织仪式**（Organizational Rituals）是将组织成员联系在一起的仪式、活动和惯例。其具体形式包括每周例会、野餐、欢乐时光、颁奖晚宴和员

工晋升仪式等。

> ### 📖 英特尔公司：持续创业
>
> 英特尔公司拥有全球个人计算机的半导体业界标准。该公司颁布了保持企业家精神的 3 条原则。首先，公司领导必须致力于解决复杂的问题，保持技术领先的唯一出路是持续探索前沿科技和深度掌握领域知识，公司应该不断推出新产品。其次，有效的管理者应该勇于改变规则。例如，借助"内置 Intel 芯片"这一打破行业旧有观念的品牌营销活动，帮助公司迈出与消费者直接接触的第一步。最后，管理者不要试图说服任何人承担某项工作或任务，而应该激发员工，让他们焕发尝试新事物的热情和激情（Barrett，2003）。

组织文化会对新创企业招聘新员工产生重要影响。如同客户总是会被优质产品吸引一样，优秀的员工也会被好的组织文化吸引。同时，组织内良好的创业文化氛围有助于引导员工更好地开展工作（Shah，2013）。

文化是通过群体体现的。群体是建立在共同的价值观、利益和社会互动模式之上的。让组织文化与其所处的商业环境相匹配，对打造企业竞争优势至关重要。大多数新创企业的创始人及其员工，以强烈的共同信念、价值观及彼此认同的行为规范为纽带，走到一起，并在长时间的并肩作战过程中强化了这种彼此认同。新创企业员工的团结意识很强，他们有着共同的目标，即让企业存活下来并取得早期成功。新创企业的创始人常常是好友或者前同事，他们在组织中营造出随和亲近的工作氛围，带动其他员工建立起高度的组织认同感和伙伴意识。苹果公司的早期员工称呼自己为"苹果公民"（Apple People）。一些新创企业经常出资举办具有仪式感的社交活动。

惠普公司内部培育了一种被称作"惠普之道"的文化（Packard，1995）。这种文化集中体现在一份有关以公平正义为导向的企业目标、价值观和行为规范的声明中。该公司向员工承诺将给予他们安全保障、满意的工作，与他们共享利润，并且践行了这种承诺。例如，在 1981 年的经济衰退期间，惠普公司并没有像很多其他公司一样裁减员工，只是同时削减了 10% 的员工工资和工作时间。

▣ Zappos 公司：享受工作

Zappos 公司以其组织文化闻名于世。该公司不仅为员工提供非常好的组织环境，也塑造了公司与客户的交互方式。该公司的 10 条核心价值观渗透到公司的各个部分。公司授权员工做他们认为正确的任何事情，客户也被给予在线零售企业从未给出的巨大信任。每位新员工入职后都必须花费 3 ～ 4 个星期去呼叫中心处理客户投诉，他们被授权采取各种必要措施以确保客户满意。公司的每位经理都要花费 10% ～ 20% 的工作时间开展团队建设活动。该公司的组织文化似乎起了作用：超过 75% 的销售额来自回头客。

随着新创企业的成长，当创始人离职，企业开始面临一些新挑战时，企业可能很难保持创业早期的上述具有社群特征的组织文化。20 世纪 90 年代，凭借几位创始人的拼命工作，雅虎公司创立并成为一家快速增长的公司。他们凭借组织文化快速成长，而他们的偏狭保守也成为该公司应对互联网行业快速变化的挑战的一个软肋（Mangalindan & Hoang，2001）。造就谷歌公司的成功的原因之一，是该公司强大的组织文化在其世界各地的网点中得到贯彻落实，保证了用户体验的一致性。为了在亚马逊公司中营造节俭的组织文化，杰夫·贝佐斯让所有员工在从家得宝商场（Home Depot）购买的板制办公桌上工作，以提醒人们牢记亚马逊公司的核心价值观（Horowitz，2014）。

信任（Trust）是组织文化中最强有力的一个元素（Covey，2006），是对个人或组织的可靠性或真实性的坚定信念。我们必须信任与我们一起工作的人，这一点十分重要。表 12-9 给出了信任的 7 条原则。组织是由许多我们信任的人组成的，新成员需要以行动来赢得我们的信任。信任意味着组织对其成员的工作、能力，以及完成组织目标和任务的承诺充满信心，而每个组织成员确实有能力实现自我更新、主动学习和快速适应。当组织成员失去了组织的信任，就会被重新分配工作，或者离开组织，或者被限制权限。在组织成员间建立联系可以促进彼此的信任，为了维持联系，成员间需要经常见面。最后，组织就像人一样，需要不断证明自己是值得信赖的，以得到成员的信任。

表 12-9　信任的 7 条原则

1. 信任不是盲目的：信任那些未经了解的人、未经长时间观察其行为的人、未曾与你为同一目标而努力的人，都是不明智的

2. 信任需要界限：在某些方面信任他人是明智的，但不一定在所有方面都信任他人

3. 维持信任需要学习：组织中的每个成员都必须具有自我更新、主动学习和快速适应的能力

4. 信任可能显得无情：一旦发现成员并不值得信任，成员会因辜负了组织的期望，而被组织认为不值得信任，该成员或者被重新分配任务，或者必须离开，或者被严格限制权限

5. 信任需要纽带：组织成员需要建立联系的纽带

6. 信任需要接触：组织成员需要经常见面，以维系彼此的信任和关系纽带

7. 信任必须去争取：组织期望得到成员的信任，就必须不断地证明自己是值得信赖的

资料来源：Henry, Jane. 2006. Creative Management and Development. London: Sage Publications.

　　良好沟通是健康的、充满互信的组织的重要基石。知道什么时候该说话，什么时候该保持沉默，是组织成员的一项重要技能。新创企业需要保持开放并不断激发创造力，才能持续成长和取得良好业绩。如果成员能够在避免冲突的情况下，谨慎地提出恰当的问题，则对营造开放性组织文化有利。而当其他成员情绪高涨和企业面临困难时，成员最好保持沉默。无论如何，企业的管理者必须鼓励成员表达想法和发表评论。无论规模大小以及组织设计风格如何，组织都必须努力保持持续不断的思想交流。打破沉默会让各种新想法源源不断地从组织的各个层面产生，这些想法可能会将组织绩效提升到一个新高度（Perlow & Williams，2003）。

　　针对成功企业的研究发现，成功企业会采用表 12-10 所示的 4 项原则开展组织文化建设。绩效导向的组织文化是企业成功的诱因（Joyce et al.，2003），英特尔公司、思科公司和通用电气公司等著名企业，均为凭借绩效导向的组织文化取得成功的范例。几乎任何高潜企业都需要关注绩效，都会明确定义企业的绩效标准，并建立一种不断强化绩效意识的组织文化。

表 12-10　绩效导向的组织文化建设的 4 项原则

1. 激励每位成员尽其所能

2. 当成员取得成就时，组织应给予其表彰和绩效奖金，并提升其绩效目标

3. 营造一个充满乐趣和挑战、努力即有回报的工作氛围

4. 确立明晰的价值观，并传播和践行该价值观

资料来源：Joyce, William, N. Nohria, and B. Roberson. 2003. What Really Works. New York: Harper Collins.

思科公司的公众声明

　　思科公司的组织文化要求组织各层级的所有员工均对公司的商业行为负责。我们的业务经营战略融合了发扬公司公民奉献精神的相关内容，包括致力于改善公司业务所及的全球社区的福祉，提升员工能力，不断提升外界对公司的整体信任度。

　　思科公司自成立以来就确立并且始终坚持的组织文化包括：开放互通、充分授权、信任和诚信——这些文化内核支持了公司的持续繁荣。践行这些价值理念是我们各项商业决策的首要目标，我们通过在业务活动中践行道德准则，开展慈善活动，参与社区建设和热心社会公益，以及提升员工的个人素质，来表达我们的价值理念。

　　资料来源：Cisco Systems Annual Report, 2003.

　　有效的组织设计和组织文化，以及良好的人才招聘和保留机制，可以帮助企业培育社会资本。社会资本是关系网络中人与人之间的活跃联系的累计效果（Coleman，1990），可以为关系网络中的个人和组织带来资源（Baker，2000），这些资源包括信息、观念、信任、金融资本、协作、社会结构和情感支持等。本书在第 1 章和第 4 章中也提到了社会资本。社会资本存在于关系网络之中，源自那些你所认识的、交往的人。如果能运用得当，社会资本可以像金融资本一样帮助企业提高生产效率。企业可以通过积极行动构建起社会资本，也可能因为行为不当而耗尽社会资本。社会资本与技术、土地、资本或企业的其他资产一样重要。

　　社会资本具有自我强化和不断累积的特点。一次成功的协作可以帮助企业与合作伙伴建立联系和相互信任，并成为企业开展其他任务协作的社会资本。为了获取社会资本，企业会向外界承诺将留住人才并给予人才内部晋升机会，会安排不同工作地点的团队定期见面，会带给人们一种共同的使命感，会信守做出的各项承诺，会让员工与供应商和客户同步获取相同的信息以保持透明度。与此同时，企业的社会资本也可能因为员工间的信任度下降、员工工作地点变动或员工各自独立工作等原因而耗尽（Prusak & Cohen，2001）。

社会资本有 3 个构成维度：①结构；②关系；③认知。结构维度注重企业建立的关系的整体格局；关系维度涉及企业中个人之间关系的本质；认知维度涉及同一个社会网络中员工的视角或认知的共享程度（Bolino et al.，2002）。社会资本之所以有价值，是因为它有助于协调工作，减少交易成本，并促进信息在员工间流动。换句话说，它提升了企业的协调能力和资源配置能力。

充分的知识共享可以提高组织内部成员间的信任度，帮助团队做出更好的决策。团队合作能够激发组织创造力，促进创造性协作，以及保持良好的精神面貌。信任是社会资本引擎的动力来源，而社会资本反过来又能产生更多信任。当组织成员说他们的组织充满"政治"气氛时，通常表明该组织的信任程度很低。拥有强大社会资本的组织是一个具有共同价值观和高度信任的成员共同体。此外，社会资本也可以扩展到组织外部，让组织所处的外部关系网络展现出成员价值取向趋同以及彼此信任的特征。

企业可以通过社会资本的开发和利用来提升组织绩效（Lee & Kim，2005）。创建一个适当的关系网络，可以激发组织的创造力从而提高产出质量和效率。通过建立关系网络，可以整合技术专家、设计师与客户的创造潜力，让他们开展协作以优化产品开发成果（Florida & Goodnight，2005）。社会资本可以为企业创造出更多获得外部资源的机会（Kalnins & Chung，2006），也可以弥补企业某类资本的缺乏（Packalen，2007）。对大多数技术企业而言，应该保持企业的关系网络是密集的，并且能够连接外部和内部的资源需求（Cross et al.，2005）。企业应该动态调整自己的社会资本，以适应不断变化的资源需求（Maurer & Ebers，2006）。

📖 IBM 公司的指导原则

路易斯·郭士纳（Louis Gerstner）于 1993 年 1 月加入 IBM 公司，他带领 IBM 公司重新回到其具有独特竞争优势的、为客户提供集成解决方案的新业务，从而带领蓝色巨人再获成功。在刚入职的几个月中，路易斯·郭士纳为公司制定了一套原则，包括（Gerstner，2002）：

- 我们是一家技术公司，对产品质量的承诺至关重要。

- 我们是一个创业型组织，应该尽可能减少官僚作风。
- 我们在思考和行动时应该充满紧迫感。
- 出色、敬业的员工是公司重新振兴的基础，尤其是当他们成为一个协作团队时。

路易斯·郭士纳如此描述 IBM 公司的组织文化："说到底，组织是在利用员工们所创造的集体能力来创造价值。"2002 年，当路易斯·郭士纳离开时，IBM 公司已经成为一家专注于践行其创业原则的强大的技术公司。

12.7 管理知识资产

资产是企业控制的或可以获取的未来收益的潜在来源。如第 1 章所述，知识是一种资产，是一种潜在的财富来源。知识的创造和管理能够带来技术的新应用和新产品，从而创造财富。**知识**（Knowledge）是对特定专业领域内的信息、事实、观点、真理和原则的认识和掌握。智力资本是企业中知识资产的总和，包括员工掌握的知识、管理流程的有效性、与客户及供应商的关系质量，以及员工间共享的技术知识等。智力资本的形式包括最佳实践、新想法、协同性、洞察力和突破性流程等。企业的智力资本（IC）是其人力资本（HC）、组织资本（OC）和社会资本（SC）的总和。

从产生新想法到推出新产品，知识的创造和利用是新产品开发过程的核心主题。实际上，整个新产品开发过程可以被视作在新产品中体现新知识的过程（Rothaermel & Deeds，2004）。

图 12-3 描绘了企业的知识创造和共享活动（Leonard-Barton，1995）。知识的价值在于共享、运用，而非占有。企业的知识创造与共享涉及 4 类活动，分别为：共享知识，并用所掌握的知识解决实际问题；在企业内部采用新流程和新工具；为建立知识库而进行试验和学习；从企业外部获得新知识。

通过知识创造和共享，企业可以提升员工的技能和能力，并将知识嵌入流程和管理系统，让知识在实践和应用中实现其价值。新创企业的战略方案与其掌握的知识资产和拥有的能力密切相关。如果一家企业不具备开发某一机会所需的知识，即该企业存在知识缺口，则填补知识缺口就成为该企业把握机会和争取成功的重要前提。

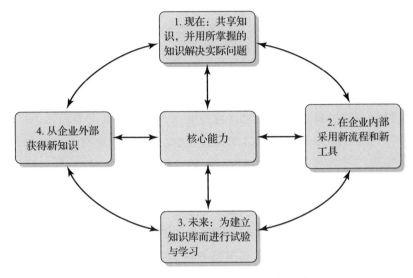

图 12-3　企业的知识创造与共享活动

一种知识分类方法将企业应掌握的知识分为 4 类：①认知知识（"知道是什么"），即熟练掌握领域的客观事实；②技能知识（"知道如何做"），即具备将知识应用于复杂的实际问题的能力；③对系统的理解和洞察（"知道为什么"），即深入了解事物之间的因果关系和规律；④成功所需的创造力（"关心为什么"），即意愿、动机和适应能力。

前 3 种形式的知识贮存于企业的管理体系、数据库或操作技术之中，第 4 种形式的知识通常蕴含在组织文化中（Quinn et al.，1996）。

另一种知识分类方法将知识划分为 2 类，即描述性知识和程序性知识。前者是描述客观事物的特点及关系的知识，此类知识与自然现象的认识有关，如科学发现，以及对诸如材料、波浪和自然界的属性或特性的实用见解。后者是一套关于操作步骤的知识，如软件开发流程等的技术操作过程和公式等。这两种形式的知识的持续增长及相互作用，推动了 20 世纪世界经济领域重大变革（Mokyr，2003）。

知识是创新和变革的源泉，它孕育了企业开展创新行动和创业活动的潜力。随着越来越多的信息流入企业，企业需要开发和掌握将信息转化为洞察力的方法（Ferguson et al.，2005）。知识在企业中通过多种途径的广泛应用，为新创企业创造了实实在在的财富。微软、英特尔和安进等大公司所掌握的，以发明专利、软件、营销程序和熟练员工等为表现形式的知识，占这些企业总资产的比例高达 70% ～ 90%。

新创企业的成长部分取决于企业知识库的增值。**知识管理**（Knowledge Management）是以提升企业的竞争优势为目的，而进行知识收集、组织和传播的实践过程。表 12-11 给出了新创企业知识管理过程的 4 个步骤。首先，需要识别并评估企业的知识管理现状，明确企业中知识是如何创建、存储和共享的。其次，需要确定有哪些类型的专业知识、能力和智力资本正在为企业创造价值，并审视这些智力资本是否具有独特性和价值创造能力。再次，制订计划，投资于智力资本的开发、利用和保护，防止泄露给竞争对手。最后，采取行动，促进知识创造和共享过程。一方面，知识是为数不多的可以通过共享来增加价值的资产；另一方面，新创企业必须谨慎考察以确定哪些知识可以共享，哪些知识应该保密。对科技企业来说，智力资本保护格外重要，因为知识产权通常是这类企业的最重要资产。

表 12-11　新创企业的知识管理过程

1. 角色：识别并评估企业的知识管理现状，明确企业中知识是如何创建、存储和共享的
2. 价值：确定有哪些类型的专业知识、能力和智力资本正在为企业创造价值，并审视这些智力资本是否具有独特性和价值创造能力
3. 计划：制订计划，投资于智力资本的开发、利用和保护，防止泄露给竞争对手
4. 促进：采取行动，促进知识创造和共享过程

新创企业的知识库中有一部分是关于竞争对手的信息，这些信息在企业应对竞争挑战时十分有用。**竞争情报**（Competitive Intelligence）是有关竞争对手的产品、服务、分销渠道、价格策略以及其他事实的保密数据。获得竞争情报的合法手段包括：收集竞争对手的企业报告，关注有关竞争对手的新闻报道和行业报告，访问竞争对手的企业网站，以及参观其贸易展位等。

知识值得投资，因为它能告诉企业如何做事和如何做得更好（Davenport & Prusak，1998）。新创企业的关键技能之一是将知识转化为产品和服务。通过

将知识嵌入企业的产品、程序、流程和实践，新创科技企业可以将新技术转化为商业价值。因其难以被竞争对手模仿，嵌入企业流程中的知识可能成为企业的可持续竞争优势。

12.8　学习型组织

在适应新挑战、新机遇的过程中，新创企业通过学习而成长壮大。学习型组织擅长创建、获取和共享新知识，并通过活动和行为来体现其掌握的新知识和新见解。科技企业创造和获得知识，并在员工间分享这些知识，进而，企业可以根据新知识调整其组织行为。学习型组织具有以下优势：善于系统地解决问题，善于尝试新方法，善于从经验和经历中学习，善于学习他人的经验和最佳实践，善于在组织中快速有效地传播知识。学习型组织是积极的、富有想象力和参与意识的，它总是努力地塑造自己的未来，而不是被动地做出反应。为此，它会调整自己以适应学习过程，并不断捕捉机会、发起变革和激发员工创新的渴望。学习型组织在面对未知时，会做出新假设并加以检验，从而创造出新的知识。于是，学习型组织可以持续创造新知识，并应用新知识创造新产品和推出新服务。

不能指导行动的信息就不是知识。信息只有通过反思、启发和学习等过程，被每个个体予以有效处理，才能变得有用。知识来自对所呈现的信息采取行动的能力。知识就是力量，它赋予组织不断改善自身的能力。要想充分发挥知识的作用，企业需要提供配套的支持性环境，即建立奖励跨越各种障碍、共享知识的组织文化。为此，企业需要建立合理的激励机制，鼓励员工开展协作和共享知识。企业可以通过开展知识管理获得很多收益，例如，企业可以通过鼓励思想的自由流动来促进创新，削减成本，留住优秀员工，形成可感知的竞争优势等。

新创企业做出的各项决策是其加工知识和开展组织学习的能力的体现（Minniti & Bygrave，2001）。当创业者要在收益不确定的备选方案中做出抉择时，他们通常会通过"干中学"来获取知识。随着时间的推移，他们会面临一个又一个选择，每一次，他们都会选择那些看起来最有前途的方案，舍弃那些可能导致失败的选项。因此，创业就是创业者从所经历的成功和失败中学习的过程。实际上，创业者也可以从设想失败及可能出现的问题中受益，然后反思可以从中学到什么（Bingham & Kahl，2014）。通用电气公司的前任首席执行官兼董事长杰克·韦尔奇（Jack Welch）这样描述学习过程："总之，我相信我们用无边界的组织文化创建了世界上最伟大的人才工厂——一个学习型组织。"（Welch，2002）

西门子公司作为一家跨国企业，开发了一个共享网络（ShareNet），让公司分布在 190 个国家和地区的 19 000 个技术专家可以随时联系，共同解决问题。曾有一位供职于南美分部的项目经理想知道在亚马孙热带雨林中铺设电缆的危险系数，以确定该为项目购买哪种保险。他在共享网络上征询答案，几个小时后，一位在塞内加尔遇到过类似情况的项目经理对其问题做出了回答。于是，这位南美的项目经理由于在电缆埋入地下前就获得了正确、有用的信息，而为公司节约了几百万美元的保险金（Tiwana & Bush，2005）。

职业经理人和创业者经常会误判他们的企业及其所处环境的状况。他们在树丛中忙碌，却看不见森林。其实，他们可以反思自己的行为所产生的影响，然后对自己的做法做出相应调整和修正。创业者所拥有的有利于知识创造和学习的最宝贵财富，是其探索并合理利用反馈信息的意志力（Mezias & Starbuck，2003）。

表 12-12 展示了创业者开展组织学习应遵循的 6 个步骤（Garvin，1993）。在创业的每个阶段，创业者都会遇到一系列需要面对的挑战和需要解决的问题。新创企业可以应用图 12-4 所示的方法来解决问题，并从成功和失败的经历中学习。

表 12-12　创业者开展组织学习的 6 个步骤

步骤	问题	结果或需要采取的行动
1. 识别问题或机会	我们想要改变什么	我们期望得到的结果
2. 分析问题或机会	问题的关键成因是什么	确定问题的关键成因
3. 形成可能的解决方案	我们应做出哪些积极的改变	列出可能的解决方案
4. 选择一个解决方案并制订行动计划	最好的解决方案是什么	制定筛选标准，选出最佳方案，并制订计划来完成它
5. 执行行动计划	我们应如何有效执行计划	监控计划执行过程
6. 评估结果并从中学习	结果和预期有何差距	确定问题是否已被解决，思考为什么所选方案是有效的

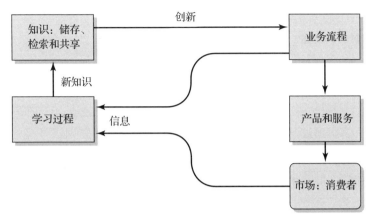

图 12-4 新创企业中的知识创造和学习过程

　　站在组织学习的视角，企业应将组织视作一个思维体系。要让组织具备根据反馈进行自我调节以适应环境变化的能力，为此，应该让组织持续参与一系列的复杂过程，包括预见、感知、展望以及面向学习的问题解决过程。对新创科技企业而言，采用上述方法对组织学习十分重要。

　　通过实施过程优化项目，可以帮助组织开展两类学习。其一为概念性学习，即通过运用统计学和其他科学方法来发展理论，从而更好地理解因果关系的过程；其二为操作性学习，即实践某一理论并观察其产生的积极结果的过程。通过概念性学习，组织成员将做到"知其所以然"，即理解问题产生的原因；通过操作性学习，组织成员将知道该如何做，即知道应如何应用某一理论并使之发挥作用。设计并实施能够同时支持概念性学习和操作性学习的过程优化项目，对组织非常有益（Lapre & Van Wassenhove，2002）。

　　要让学习过程在组织中得以全面展开，必须让知识在整个组织中得到广泛传播和迅速扩散。只有在被广泛共享而不是被少数人持有时，新知识才能带来最大影响。可以采用多种机制推进知识的广泛传播，包括书面报告、口头宣讲、可视化报告、知识库、人员轮换计划、教育、培训、正式和非正式关系网络等。需要在组织中营造出有利于学习的氛围，尽量为员工留出反思和分享的时间，尽可能消除知识流动障碍，只有这样，才能推进全员学习。既然消除学习障碍可以帮助组织获益，那么新创企业应将学习置于组织议程中的重要位置。

创立于 1999 年的 Genmab 公司致力于开发用于治疗各种威胁人类生命和导致慢性衰弱疾病的人类抗体。该公司由荷兰科学家莉萨·德雷克曼（Lisa Drakeman）创立，她当时正在另一家公司工作。她因未能获得美国风险投资家的投资，便在哥本哈根成立了公司，并将研究设施放在荷兰。该公司于 2000 年进行 IPO，到 2008 年，其市值已达到 25 亿美元，成为全球 20 大生物科技公司之一。这家公司通过学习创造了巨大的知识资产，这些知识资产又通过 IPO 转化为金融资产。

一个管理得当的学习型组织，即便身处迅速变化的市场中，也能通过不断重塑竞争优势来应对变革的挑战。学习型组织可以根据预算和进度需要做出灵活调整，并开发出新产品和新服务，以满足不断变化的市场需求（Brown & Eisenhardt，1998）。只有那些对变化反应最快、学习能力最强的组织，才能取得成功（Galor & Moav，2002）。

知识被储存在文档、数据库和人们的思想中。如图 12-4 所示，新知识是在学习过程中创造出来的（McElroy，2003），由员工所共享，并嵌入到组织的业务流程之中。创新贯穿于组织的整个业务流程，并最终在产品和服务中得以展现。组织的知识创造和学习过程，有助于创新和发现新机会（Lumpkin & Lichtenstein，2005）。

📖 基因泰克公司：从早期经验中学习

20 世纪 70 年代初期，生物技术产业刚刚兴起，罗纳德·凯普（Ronald Cape，拥有 MBA 博士学位的生物学家）、唐纳德·格拉泽（Donald Glaser，诺贝尔物理学奖获得者）、彼得·法利（Peter Farley，拥有 MBA 学位）、卡尔文·沃德（Calvin Ward，科学家）和摩西·阿莱菲（Moshe Alafi，风险资本家）创立了该行业首批公司之一的 Cetus 公司。由于诺贝尔奖得主的加盟，该公司一经成立便吸引了多位知名专家加入顾问委员会。可惜，该公司的员工和顾问都不知道生物技术公司应该是什么样子或应该做些什么。于是，Cetus 公司花了大把钱与许多家公司建立起伙伴关系，积极尝试各种应用领域。结果，Cetus 公司先后涉足从健康科学到农业，再到工业酒精生产工艺等五花八门的许多投资项目。20 世纪 80 年代初期，Cetus 公司认识到应该进行业务聚焦。随后，公司集中资源，将 70% 的研发支出用于医疗保健领域，并聘请了一位职业经理人来管理公司，同时积极与分析师和媒体接触。不幸的是，此时的 Cetus 公司已经失去了许多支持者和投资者。

由于 Cetus 公司的发展前景不明，几位董事会成员带着他们的经验离开公司并成立了自己的生物技术公司。他们确信业务聚焦才是最佳选择，并且只有这样才能取得投资者的支持。罗伯特·斯旺森（Robert Swanson）是硅谷著名风险投资机构凯鹏华盈公司的一位年轻的风险投资家，他熟悉 Cetus 公司的商业策略。1976 年，在 Cetus 公司成立 5 年后，斯旺森与时任加州大学旧金山分校的教授赫伯特·博伊尔（Herbert Boyer）接触，想利用其与斯坦福大学教授斯坦利·科恩（Stanley Cohen）已完成的研究成果，成立一家新的生物科技公司。开始，博伊尔只与斯旺森预定了一个 20 分钟的礼节性会谈，结果，会谈变成了 3 个小时的会议。最后，斯旺森用他的热情说服了博伊尔，当他们离开酒吧时，他们已经同意一起创立基因泰克公司（Genentech 意为"基因工程技术"）。

于是，斯旺森从凯鹏华盈公司离职，努力学习和钻研生物科技，成为身体力行、参与度极高的首席执行官。博伊尔也从加州大学旧金山分校请假参与创业。斯旺森和博伊尔打算建立一家在许多方面与传统制药公司不同的创意型公司。为了吸引博士后候选人离开学术界来加盟他们的新公司，他们为员工提供股票期权，并将公司的研发部建设得很像学术实验室：员工像科学家一样，拥有灵活的工作时间，可以任意穿着，还可以发表自己的研究成果。

1980 年，基因泰克公司成为第一家公开上市的生物技术公司，其每股定价为 35 美元，发行数百万股。交易开始后的半小时内，股票价格即飙升至每股 89 美元，并以 70 美元的收盘价结束了第一天的交易。基因泰克公司的股票发行打破了此前的许多项 IPO 纪录。2009 年，罗氏公司（Roche）以 468 亿美元的价格收购了基因泰克公司。

资料来源：Lax, Eric. 1985. "Banking on Biotech Business." New York Times (22 December); Teitelman, Robert. 1989. Gene Dreams. New York: Basic Books; Robbins-Roth, Cynthia. 2000.From Alchemy to IPO. Cambridge, Mass.: Perseus.

12.9　焦点案例：财捷集团

美国财税软件巨头财捷集团致力于开发理财与会计软件，这些软件可以帮助个人和小企业实现自动化的财务业务处理。财捷集团成立于 1983 年，并于 1993 年上市。2016 年，该公司的收入将近 50 亿美元。

财捷集团推行了一项在全公司范围内进行持续产品优化的计划。公司鼓励所有员工帮助公司寻找新机会，并为此开发了一个创意协作平台，让员工分享想法，争取支持和建议。该公司还培育了推崇精简验证的文化，通过提高员工的归属感和合作意愿，对可能有助于公司取得成功的假设和反馈进行快速验证。随着这种精简验证的经历增多，员工对失败的恐惧大幅减少。这些做法让财捷集团的年增长率保持稳定增长。

12.10　本章小结

新创企业的成长，依赖于具有互补能力且致力于共同目标的创业团队。创业团队包括董事会，以及协助监督和促进企业成长的顾问委员会。创业者应该通过组织设计来促进和协调团队成员的合作。企业的领导人负责激励团队成员，培养创新文化。随着企业的发展，管理者加入组织，他们负责推动企业的常规运营活动。企业应制订配套的薪酬方案，充分利用股票期权或限制性股票等吸引与留住人才。企业应谨慎管理其知识资产，并持续开展组织学习。

> 📖 技术创业原则 12
>
> 　　借助有效的领导、良好的组织计划、绩效导向的协作文化和完善的薪酬方案，可以让每个员工的言行与新创企业的目标和宗旨保持一致。

音像资料：

读者可以访问 http://techventures.stanford.edu 网站，浏览与本章内容有关的学术讨论。

视觉的缩放 （The Scaling of Vision）	谢丽尔·桑德伯格	脸书公司

（续）

在正确的位置着陆 （Landing the Right Position）	邦妮·西米	JetBlue Technology Ventures 风投公司[⊖]
对文化不懈关注 （Relentless Attention to Culture）	达尔梅什·沙阿	HubSpot[⊜]公司

12.11　练习

（1）找一家目前被公众热议的科技公司，调查了解：这家公司的创始人是哪些人？他们各自为公司带来了什么背景、能力和素质？公司下一步需要引入哪些人才，为什么？

（2）基因泰克公司具有独特的组织文化，它以严谨的科学作风、保守行业秘密和严格的规则而闻名。其首要经营原则为：优秀的科学家能做出好的研究成果，从而创造好的产品，然后产生好的公司。请从行为标准和仪式规范角度描述该公司的组织文化。

（3）Take-Two Interactive 公司主要从事各种娱乐和游戏软件的开发业务。该公司 1997 年的收入仅为 1900 万美元，到 2016 年已经增长为 14 亿美元。请描述这家拥有约 2900 名员工的公司的组织设计，并应用图 12-1 刻画其组织设计模型。

（4）红帽公司是 Linux 软件和服务的主要经销商。该公司在 2016 年拥有 7900 多名员工，年收入超过 20 亿美元。请使用 12.6 节介绍的相关概念来描述该公司的组织文化。

（5）组织风格往往是其创始人和管理层的映射。根据亚马逊公司的领导原则（详见 https://www.amazon.jobs/principles），你会如何描述或者形容其创始人和首席执行官杰夫·贝佐斯？他心目中的完美员工是和他相似的人，还是和他存在差异的人？这些相似或者不同体现在哪些方面？

（6）了解"谷歌公司的 10 项原则"（详见 www.google.com/corporate/tenthings.html）所反映的公司价值理念。其中的"不作恶"有何含义？这些宽泛的真理

　　⊖　美国的一家旅游风险投资公司，成立于 2016 年。——译者注
　　⊜　美国营销和销售软件产业中的领先企业，于 2005 年在美国特拉华州创立。——译者注

性陈述是如何转化为实际行动的？在该公司的组织设计和组织文化中又是如何体现的？

📖 创业实战

1. 描述你们公司的创业团队和组织设计。

2. 讨论你们公司的董事会和顾问委员会组建计划。请你为这两个机构提名几位候选人。

3. 说明你将采用哪些方法，管理你们公司的知识资产并开展组织学习。

Technology
Ventures ——————

第 13 章

获取与组织资源

采取行动可能遭遇风险和付出代价，但长期来看，安于现状的风险与成本更大。

约翰·F. 肯尼迪（John F. Kennedy）

创业者应如何有效获取并管理创业所需资源

为了获取所需资源，创业者需要在资源和人才市场上建立信誉和合法地位。影响力和说服力是帮助创业者获得稀缺资源的有力工具。

企业的运营活动既可以以特定地理空间的实体组织形态为载体，也可以依托虚拟组织平台进行。本章我们讨论加入特定地理区域中的产业集群的有利影响。创业者应制订计划，确定企业需要在内部保留哪些关键职能，以及应将哪些职能外包给能以更低成本做得更好的其他企业，以达成成本控制的目的。实施职能外包，要求新创企业具备有效管理供应链上合作伙伴所需的凝聚力和协调能力。我们将在第 18 章讨论金融资源的开发问题。

13.1　获取资源和能力

有一种观点认为：所谓创业，就是不受当前所掌控的资源的约束，而去追寻机会的过程（Stevenson et al.，1999）。这种观点强调创业者应该有能力根据机会的需要去发现和获取资源。当一个创业团队需要法律顾问或者电路设计师时，就可以去聘请他们。问题是，资源通常是稀缺的，吸引有才华的员工或者获得金融支持，既非轻而易举，又非确有保证。企业的竞争优势源自依据独特战略部署而进行的资源和能力整合。如果所涉及的资源和能力是稀缺的，那么新创企业必须对其加以保护。

新创企业的创始人希望通过取得关键组织和个人的支持，来获取所需的资源与能力。例如，他们希望客户、供应商和投资者帮助分担新创企业的部分风险，我们将在第 18 章对此展开进一步讨论。

可以用图 13-1 展示企业资源寻找过程中的可信度构建循环（Birley，2002）。创业者要说服图中的各方相信他发现的商业机会、构建的企业愿景以及讲述的创业故事，并让图中各方为他的创业活动投入资源。创业者首先要获得其中某一方的信任，才能启动这个循环。如果创业者能够吸引到一些人才加盟，就会有助于其获得供应商的合作；如果创业者能够吸引到一些客户购买其产品，就会有助于激发金融资本家（如银行家和投资者）的投资兴趣。创业者在逐步取得各方支持的过程中建立起自己的信誉，逐步彰显新创企业的合法性或可信度（Zimmerman & Zeitz，2002）。社会公众依据新创企业的合法性或可信度，做出是否愿意给予其支持的决定。那些运行有效、能够创造价值、被需要、团队有能力的企业，才有可能获得稀缺资源持有者的支持。新创企业的合法性和可信度越高，能够获得的资源就越多。

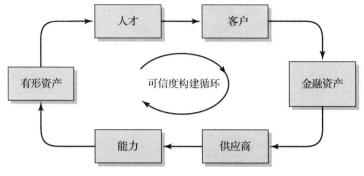

图 13-1 可信度构建循环

表 13-1 给出了新创企业构建合法性的一些努力方向，包括：进入有吸引力的、受人尊敬的行业，取得认证、证书，招揽知名的、受人尊敬的人才，获得专利、版权和商业秘密等。新创企业应该专注于那些最能提升合法性的活动，通过获取、构建和使用合法性，取得启动运营和顺利成长所必需的资源。获得和保持企业可信度或合法性，对任何企业的领导团队而言都是一项十分重要的任务。领导团队应该找出所处行业中有影响力的人，并且努力获得他们的认可和支持。有证据表明，获得可靠且信誉良好的风险投资家的支持，会提高新创企业的可信度（Hsu，2004）。总而言之，一个好的领导团队会制定有效的资源搜寻、获取和利用决策，来谋求有吸引力的机会（Wennekers et al.，2002）。

表 13-1 企业的合法性的来源

• 监管：赢得法律诉讼，取得认证、证书	• 人才：招揽知名的、受人尊敬的人才
• 社会：公允、社会认同、社交网络、企业形象	• 区位选择：加入产业集群，选择有利的地理位置，保持企业的可见性
• 行业：进入有吸引力的、受人尊敬的行业，采用公众认可的商业模式	• 知识产权：获得专利、版权和商业秘密

睿智的创业者应该尽量按照上市企业的标准管理自己的企业（Carl，2007），并以创建一家伟大企业为目标。为此，新创企业应雇用高素质的律师和会计师，招揽最优秀的员工和人才，包括声誉卓著的董事会成员和顾问委员会成员，要从创立之初就力争成为最佳企业。

拥有较高社交能力和情商的创业者，更有机会获得所需资源。凭借高水平的社会资本（如良好声誉和广泛的关系网络等），创业者有机会接触到对其成功有至关重要影响的人。一旦获得与此类人接触的机会，创业者的社交能力将影响其结果（Baron & Markman，2003）。

创业者可以请顾问来指导自己建立信誉和撰写创业故事（Chrisman et al.，2004），并将自己的创业故事讲给潜在合作伙伴和访客听，来吸引他们的关注，以求获得相关资源（Downing，2005）。

> 📖 **艾伦·列维为 Box 公司寻求资源**
>
> 艾伦·列维（Aaron Levie）于 2006 年 3 月成立了 Box 公司，该公司致力于为客户提供低成本的文档和其他内容的云存储服务，并支持在台式机、笔记本电脑和智能手机等多种设备上同步上传、更新和使用文档。最初，Box 公司以个人客户为服务对象，很快，列维意识到企业客户也需要 Box 公司的服务。不过，向企业客户兜售业务需要投入大量资金。于是，在 2006～2014 年，Box 公司先后从私人投资者、风险投资公司、私人股权公司和 Box 公司曾经的战略伙伴公司那里，总共筹集了超过 5 亿美元的资金。2015 年，Box 公司正式上市；截至 2017 年，其市值达到 20 亿美元。

13.2 影响与说服

影响与说服在创业者获取资源的过程中发挥了重要作用，它们是销售、获取资源、为收购和投资安排交易的过程的有机组成。说服技巧往往比正式的权力关系更能对他人行为产生影响，因此，创业团队最好能够拥有一位极具说服力的成员（Cialdini，2008）。

说服力是能够传授、学习和应用的（Cialdini，2008）。表 13-2 展示了说服他人的 6 项原则。

表 13-2　说服他人的 6 项原则

1. 喜欢
• 人们喜欢那些喜欢他们的人
• 发现彼此契合的方面，给予真诚的赞美，表达由衷的钦佩

（续）

2. 互利
● 你怎样对待别人，别人就会怎样对待你
● 给予他人你想要得到的
3. 社会认同
● 人们看重他们所信任的人的认可
● 获得值得信赖的领导的推荐和认可
4. 一致性
● 人们会恪守自己的承诺
● 请对方做出自愿的、公开的承诺
5. 权威性
● 人们高度认可专家的判断
● 展示你的专业性
6. 稀缺性
● 人们喜欢稀缺的物品
● 展示你独有的优势

资料来源：Cialdini, Robert. 2008. Influence: Science and Practice. Boston: Allyn and Bacon.

第 1 项原则是喜欢，人们喜欢取悦那些真心喜欢他们的人，他们喜欢与这样的人一起工作。因此，为了说服对方，创业团队应该去发现彼此的共同利益和纽带，并给予其真诚的赞美和称赞。

第 2 项原则是互利，人们会以行为表达自己希望从别人那里得到什么样的反馈。因此，主动为别人提供帮助或信息，可以促进彼此的相互交流。

第 3 项原则是社会认同，人们总是看重自己所信任的人的认可。

第 4 项原则是一致性，由于人们会坚守他们自愿、公开地给出的承诺或做出的声明，因此，创业团队应该请求对方做出公开的口头或书面承诺。

第 5 项原则是权威性，由于人们总是特别在意专家的意见，因此，创业团队应该尽量显示企业所具有的专业知识和能力。

第 6 项原则是稀缺性，由于人们总是想要稀缺的或独一无二的物品，因此，创业团队应该尽可能向对方解释和证明自己能给其带来的独特利益或独有的优势。

Celtel 公司：一种更好的方式

过去几十年，伴随移动电话的迅速普及，全球的大型电信公司纷纷加大基础设施投资。由于非洲政局不稳、民众贫困，这令企业家们不愿意到非洲投资电信基础设施。在 1998 年，一位在非洲电信公司供职多年、对当地经营有着丰富经验的顾问莫·易卜拉欣（Mo Ibrahim）将此视为机遇，他开始创业。

易卜拉欣创办的 Celtel 移动通信公司是一家移动电话服务提供商，这家公司根据非洲的实际情况，采取了特别有效的方法开展业务。易卜拉欣没有将经营局限在非洲的某个局部市场，而是将经营范围扩大到整个非洲，这样做不仅可以解决效率低下的问题，还赋予 Celtel 公司很高的社会知名度和政治影响力，让该公司可以更方便开展业务。就这样，易卜拉欣积极地利用影响力来实现自己的目标。在 2010 年，Celtel 公司被印度的最大移动运营商 Bharti Airtel 公司收购，并被更名为 Airtel 公司。

13.3 区位优势与产业集群

选址会对新创企业的发展产生持久影响。创业者在为自己的企业选址时，需要综合考虑客户、未来的员工、供应商、合作伙伴和竞争对手等因素。选址的重要性不仅在零售业和餐饮业中表现得十分明显，对所有类型的新创企业而言，这都是十分重要的一项决策。表 13-3 列出了企业选址的标准。例如，知识型企业应该选择在技能型员工和辅助人员供应充足的地方成立。交易成本是企业选址的一个重要影响因素。要让所有员工能负担得起住房费用，为了对现有的和未来的员工具有吸引力，企业最好选择开办在拥有良好教育资源、社会治安和交通设施的地方（Kulchina，2015）。

表 13-3　企业选址的标准

● 潜在员工和顾问的易获得性	● 交易成本
● 互补企业的易获得性	● 配套设施的易获得性
● 陆地和航空交通的便利性	● 市场接近度
● 教育、文化、娱乐等生活设施的质量	● 支持服务的易获得性
	● 房价的可承受性

区位优势建立在知识流通、关系，以及与机构建立联系的容易程度的基础

之上。众所周知的想法和技术随处可以获得且所有的竞争对手均可获知，因此这些想法和技术不能成为企业的竞争优势。而区位优势，例如由于靠近大学而得以方便地获取知识和开展研究，则可以成为一种独特优势（Audretsch et al.，2005）。因此，创业者应尽量利用本地的机会，积极尝试与强大的当地机构，如贸易协会、大学和专业协会等建立联系。同时，那些处于非知识集群中的企业，应确保其内部网络具有多样性和充满活力（Funk，2014）。

企业在地理空间上接近那些拥有关键要素的本地机构十分重要（Weterings & Boschma，2009）。所谓关键要素，包括客户、竞争对手、供应商和相关领域的其他企业，以及风险投资企业等。此外，有研究表明，在创始人寿命较长的地区创办的新企业往往可以获得更好的发展（Dahl & Sorenson，2012）。

在工业园区创办新企业，可以获益于园区内专业化的供应商、人力资源供给和知识扩散所带来的本地化成本节约（Best，2001）。新创企业为了获得新知识、要素供应和有用人才，在选址时会优先考虑这 3 类要素供应充足的地区，这导致一国内各个地区的创业活动表现存在显著差异。表 13-4 展示的是全球著名的科技类创业活动中心。

表 13-4　全球著名的科技类创业活动中心

美国西部：
博尔德、洛杉矶、波特兰、盐湖城、圣迭戈、旧金山、硅谷
美国东部和南部：
西雅图、亚特兰大、奥斯汀、波士顿、纽约、匹兹堡、罗利 – 达勒姆、华盛顿特区
亚洲：
班加罗尔、北京、上海、台北、新加坡市
欧洲及中东：
柏林、赫尔辛基、伦敦、特拉维夫
南美洲：
圣地亚哥

产业集群（Cluster）是指某一领域内相互关联的组织（包括制造商、供应商、行业协会、金融机构和大学等）在地理空间上的集中分布。好莱坞因为拥有众多电影制作企业和基础设施而成为全球瞩目的电影产业集群。如果一个新企业想进入电影业，就应该考虑将洛杉矶作为企业地址。

被称作"矽谷"（Silicon Wadi）的以色列高新技术产业集群是一个正在兴起的产业集群。以色列拥有世界上密度最高的新创企业，平均每 1844 个以色列人中就有一个人创办了企业。2008 年，以色列的人均风险投资额是美国的 2.5 倍、欧洲的 30 倍、中国的 80 倍和印度的 350 倍。以色列为技术创业提供了良好的环境：以色列拥有世界高水平大学、众多风险投资企业、许多大型企业的研发总部，以及对才华横溢的工程师们富有吸引力的环境（Senor & Singer，2009）。2015 年，373 家以色列新创企业共筹集到近 36 亿美元的资金，共有 69 家新创企业出售，售价总额为 54.1 亿美元（Korbet，2016）。

新创企业加入产业集群可以获得区位优势的一个原因是，集群可以为其提供竞争性或互补性资源及能力。集群内的新创企业更有机会获得所需的员工和基础设施（Iansiti & Levien，2004），从而有更好的产品创新绩效，以及更高的销售增长率和市场存活率。通常，发育良好的产业集群是新想法、好榜样、非正式论坛和人才的源泉（Gilbert et al.，2008）。

产业集群既能促进合作也能激励竞争，集群内的企业既彼此结盟，也相互通过人才争夺等形式开展竞争。集群能为新创企业提供大量的关键性人才、知识和供应商，使其更容易进入某一行业。集群内各自独立的企业和机构之间可以建立非正式的关系，如同一个稳健的组织，在效率和灵活性方面表现突出。

此外，集群能够通过多种机制驱动新企业的创立。首先，产业集群的进入壁垒比其他地区低。其次，产业集群中的从业人员更容易感知到本企业的产品和服务与其他企业的差距。最后，每一家新企业的创立，都会为他人创造市场机会。例如，一家新创企业推出新产品，对当地的互补品厂商而言则意味着商业机会。

拥有众多互补品厂商是新创企业成功的重要前提之一。在拥有旅游业集群的地区，例如纽约，不仅城市中的主要景点，而且市区内的酒店、餐馆、购物中心和交通体系等互补品的质量和供给效率，都会影响游客的旅游体验。产业集群内的成员相互依赖，一个企业的健康发展能够促进其他企业的成功。

加州旧金山附近的硅谷，是一个电子、生命科学、清洁技术和互联网企业的聚集地。在那里，创业者、风险投资家、律师、顾问、董事会成员、大学、研发中心和大量个体，共同组成一个生机勃勃的创新生态系统，在其中，人才和思想保持互通和持续流动，孕育着大量科技企业并让这些企业得以蓬勃发展。硅谷的创新生态系统是众多执着追求创新及其商业化的创业者、企业和机构之间协作的结果。硅谷欢迎改变，鼓励创新和与众不同（Florida，2002）。如

表 13-5 所示，硅谷具备有利于创新的产业集群的所有特征。

表 13-5 有利于创新的产业集群的特征

• 拥有大量高质量的人力资源	• 接纳全球化
• 本地大学开展高水平学术研究	• 拥有大量成功企业的示范
• 容易获得风险投资	• 适度监管和合理征税
• 存在典型消费者	• 拥有大量供应商和互补企业
• 法律完备	• 存在竞争者
• 基础设施完善	• 拥有大量顾问、律师和会计师

美国赛普拉斯半导体有限公司的创始人 T.J. 罗杰斯（T. J. Rogers）的观点体现了硅谷盛行的创新文化，他说："硅谷让我们与众不同。在这里，我们是真正的资本家，我们投资，随时可能撞墙、倒闭，没有什么安全网保护我们。每天都有数十家公司倒闭，这就是我们每天的日常生活。"（Malone，2002）

产业集群在动态演进和持续发展的过程中，不断提升自己的能力和资源基础，持续推动创新成果的商品化。产业集群的边界由行业的所有参与者共同定义，很可能跨越政治界限。区域的产业集群发展会进入一个良性循环，以更好的商业机会，吸引更多的风险投资和受过良好教育的人才，从而让更多的企业获得成功。集群内组织的自发活动，持续推动着集群地区的经营成本降低和竞争优势提升，这形成一个动态循环。

创业者在确定了城市或区域选址后，接下来就要去寻找一个合适的建筑物作为办公场所。这个建筑物必须能满足企业当前以及未来发展和扩张的需要。成熟的大企业有能力购买办公设施，对它们来说，购买比长期租赁更优。但对大多数新创企业而言，租赁才是最经济的选择，因为它们要将有限的资金优先用于新产品研发和营销活动。

最后，创业者要认真考察建筑物内的**空间布局**（Layout），通过调整空间的分隔形式，改善功能区划分与家具设计等，创建高效的办公场所。目前流行的做法是在办公场所设置更多公共空间，以没有隔墙的开放区取代个人办公室和实验室。之所以有如此潮流，部分是因为创新在某种程度上是一种社交活动或协作活动，让整个团队同处一个开放空间对创新活动有利。新创企业尤其需要团队成员间的密切协作，因此最好选择在没有隔墙的开放式办公环境中开始创业。研究表明，人与人之间的距离越远，沟通交流越少。例如，我们与坐在 6

英尺外的人交流的可能性是与坐在 60 英尺外的人交流的可能性的 5 倍（Allen，2000）。因此，企业应尽可能避免进驻被分割成独立空间的建筑设施，最好在办公场所的中心区域设一个咖啡吧或者放一个会议桌，为人们提供聚集在一起的公共娱乐区或活动区，以提高企业的灵活性和协作性。

13.4　垂直整合与外包

在通常情况下，新创企业由于资金和资源有限，无法自主提供企业运营所需的全部职能。这时，企业可以借助价值链模型，找出那些能为企业带来竞争优势的资源流向和业务活动。企业**价值链**（Value Chain）是企业将概念转化为客户所需的产出的一系列业务活动，如图 13-2 所示。新创企业需要确定价值链上的哪些活动必须由企业亲自完成，哪些活动可以外包给其他企业完成，然后集中有限的资源专注于那些必须亲自完成的活动，而将其他活动外包。**垂直整合**（Vertical Integration）指将企业的经营活动扩展到相邻的生产阶段（即为本企业提供投入物，或购买本企业的产出物）。

本章我们讨论企业价值链，以及企业的业务活动应该外包还是自留的话题。在第 14 章中，我们将围绕企业价值链讨论如何通过实施价值链管理获取竞争优势。

表 13-6 展示了新创企业在决定开展价值链上哪些环节的活动时需要考虑的 4 个问题（Barney，2002）。很多时候，为了控制价值链上的特定活动，企业需要扩展业务活动的范围，特别是当企业对表 13-6 中的 4 个问题都做出肯定回答时。

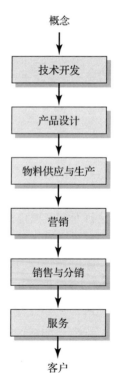

图 13-2　从概念到客户：企业价值链

表 13-6　新创企业决定开展价值链上哪些环节的活动时需要回答的 4 个问题

1. 价值性	该项活动是企业创造的价值的主要来源吗
2. 稀缺性	该项活动是否会使用到本企业能够控制，而竞争对手缺少的某种资源或能力
3. 易模仿性	竞争对手在模仿新创企业所拥有的稀缺资源或能力时，是否存在成本劣势
4. 组织使命	该项活动对达成企业使命是否至关重要？本企业是为了利用这种有价值的、稀缺的、难以模仿的资源或能力而创立的吗

大多数企业不得不应对超竞争的全球市场环境以及行业产能过剩的问题，为了赢得竞争，企业必须竭尽所能削减成本以实现盈利。通过**外包**（Outsourcing）将生产环节转移到企业外部或者劳动力更廉价的地方，是削减成本的有效途径。

一般来说，企业将某些业务活动外包，是为了获得成本优势，利用当地供应商的卓越能力以及实现规模经济（Weigelt & Sarkar，2012）。充分利用当地供应商的卓越供应能力和获得成本优势，对新创企业十分有利。例如，一家新创企业内部经营的自助餐厅很可能无法为员工提供低成本又精致的餐饮。有些企业仅仅因为在企业内部自行开展一项活动既便宜又便利，就决定自留该项活动，但是实际上，决定在企业内部自行开展价值链上某一环节活动的最好理由，应该是该项活动对企业发展至关重要。在通常情况下，企业不能将产品设计和营销活动外包，因为这两个环节的活动对大多数新创企业都至关重要。

在逐一审视表 13-6 中的 4 个问题后，一家个人计算机领域的新创企业可能会选择自行开展产品设计和营销活动，而将其他活动外包。一家从事食品包装业务的企业可能希望自行开展产品设计、生产和营销活动，而将技术开发、分销和服务活动外包（Aaker，2001）。

随着企业将越来越多的业务活动外包，差异化竞争的空间不断缩小。几乎所有的日常管理工作的附加值都较低，而且很容易被模仿，它并非达成组织使命的核心任务。因此，大多数新创企业会将日常管理工作外包，如薪酬管理、会计和其他行政职能。日益降低的通信成本和标准化的网络工具，使得外包业务的管理成本有所降低。例如，总部位于旧金山的 Gusto 公司开发了自动化平台，专门为中小企业提供薪资、福利、人力资源管理和监控服务等，让新创企业可以规避大量的日常管理工作。

网上有大量承接外包业务的自由职业者和外包服务供应商。不过，与普通的供应商关系管理不同，外包服务供应商对企业发展具有重要战略意义，其关系处理更加复杂。为了避免新创企业对外包服务供应商管理失败，企业应明确指定专人负责外包管理职能，并要求他们定期与外包服务供应商进行明晰的沟通，与外包服务供应商商定外包事务的里程碑（Rose，2016）。在大多数情况下，企业需要与重要的外包服务供应商签署合作协议。

与供应商和客户的交易成本是企业应支付的一种最重要的成本。交易活动耗时且容易出错，为了降低此类交易成本，企业应该采用技术手段，将与供应商的采购交易、与外包代理机构的购买交易自动化。总部设在旧金山的金融服务公司嘉信理财（Charles Schwab Corporation），是美国个人金融服务市场的领导者，该公司以互联网在线交易系统为业务集成的关键基础技术平台，以低成本为客户提供高度个性化的细分服务，做到了"品种齐全，价廉物美"。1994年以来，该公司每笔在线交易的佣金率每年递减9%。另一家因为客户和供应商提供低交易成本服务而著名的公司是美国的联邦快递公司（Spulker，2004）。

当新创企业考虑将一些业务活动外包时，应了解外包可能给企业带来的一些问题。例如，如果外包服务供应商未能按时、保质地交付服务，会给新创企业带来麻烦。表13-7汇总了促使新创企业优先考虑将业务活动内部化的原因。如果预测某项业务活动或细分职能的需求具有高度的不确定性，则最好在企业内部开展该项活动。如果只有很少数量的强大供应商可以提供某项活动的外包服务，则这些供应商很可能凭借其强大的议价能力，在成本和时间上让新创企业无法如愿。如果企业所拥有的技术具有价值性、独特性，则出于保密原因，企业应将与这些技术有关的活动内部化。

表 13-7　促使新创企业优先考虑将业务活动内部化的原因

决策的影响因素	企业决定自行在内部开展某项业务活动的理由
成本	在内部开展该业务活动的总成本更低
需求预测	该业务活动的需求具有高度不确定性
供应商数量	该业务活动的供应商数量很少，它们的议价能力强大
专利技术、非专利技术	该业务活动涉及的技术需要保密
创造价值	该业务活动所创造的价值是企业未来可持续竞争优势的来源

有时，企业会被引导将一些将来才能实现盈利的价值创造活动外包出去。然而，此类增值活动对企业获取可持续竞争优势至关重要，因此企业应该保留它们而不是外包出去（Brown，2005）。

1917 年，亨利·福特在底特律附近的胭脂河地区建立了一个一体化工厂。这家自力更生的工厂，能够制造从汽车车身用钢材、汽车发动机到挡风玻璃等所有零部件，甚至车内的木镶板都来自福特所拥有的森林。对福特而言，一体化让他可以控制汽车价值链上的所有活动。新创企业可负担不起这样的一体化整合，这样做不仅代价高昂，而且，将巨大的资金投放在单一业务领域也意味着高风险。在不断变化的经济环境中，丧失灵活性意味着风险。今天的福特汽车公司只负责车辆设计、组装和营销，将所有模块和零部件生产活动外包给一系列的供应商和合作伙伴。可以预见在不久的将来，汽车公司可能只需承担设计、工程和营销等核心业务，包括产品组装在内的其他一切活动都将交由模块供应商完成。

> ### 🔲 赛富时公司的外包服务模式
>
> 赛富时公司是一家应用服务提供商，使用"软件即服务"的模式提供服务。该公司通过 Web 浏览器在线"出租"软件（Clark，2003）。客户只需登录 Salesforce.com 网站，就可以管理自己的销售团队。赛富时公司允许软件开发人员在其网站上出租他们开发的软件。这种服务模式十分新颖，推行该服务模式的主要障碍是，大多数企业不希望将企业的敏感信息存储在企业之外的任何计算机中。那么，新创企业是否应该购买这种外包服务呢？

美国的网上杂货零售商 Webvan 公司的消亡，体现了一体化整合带来的挑战和后果。Webvan 公司成立于 1999 年，在线销售种类繁多的杂货和非杂货商品，并提供送货上门服务。经过几轮风险投资和 IPO 后，Webvan 公司开始在几个城市推出当日送货上门服务，并为此自建了配送中心。Webvan 公司希望通过构建一系列带有机械转盘和送货机器人的仓库来降低成本，但每个这样的仓库造价高达 3500 万美元。除此之外，公司还要为送货车队支付巨大的成本。高昂的成本，让 Webvan 公司的利润率低至 2%，难以实现盈利。终于，在花光了超过 12 亿美元的资金后，Webvan 公司于 2001 年 7 月宣布破产。Webvan 公司的失败源于其有缺陷的商业模式，这种商业模式需要大量投资，用于自建昂贵的分销和服务体系，其企业价值链如图 13-2 所示。

与 Webvan 公司形成鲜明对比的是英国的特易购公司（Tesco），该公司也提供在线杂货零售服务，但它实现了盈利。Tesco 公司利用互联网这种新渠道，为客户提供在线订购并到实体商店取货，或付费让公司邮寄到家的服务。Tesco 公司利用现有的实体商店作为客户提货点，Webvan 公司则自建新仓库和覆盖面宽广的配送体系。这两个案例表明，企业要实现盈利，最重要的是沿着企业价值链有选择地开展业务活动，以实现高效运营。

13.5　创新与虚拟组织

虚拟组织（Virtual Organization）是以信息技术为支撑的人机一体化组织，管理着借助信息技术手段保持联系的一系列合作伙伴和供应商，这些组织成员通过高度自律和高度价值取向实现组织目标，如提供资源或开发产品。搭建虚拟组织的企业所获得的价值，主要来自参与该组织的合作伙伴和外包服务供应商组成的网络。不过，这种价值并不稀缺，也很容易被模仿。

亚马逊公司现在不仅经营自己的在线商店，还经营着美国第二大零售商塔吉特百货的连锁店，以及全球最大的玩具及婴幼儿用品零售连锁店玩具反斗城。亚马逊公司实际上已经成为为传统零售巨头提供网络服务、物流和客户服务的外包服务供应商。Wix 是由一家以色列的新创企业开发的一款基于云的 Web 开发平台，可以帮助那些没有任何相关专业知识的企业实现在线创建 Flash 网站的愿望。用户只需用鼠标拖拽平台提供的工具，就能快速轻松地创建 HTML5 网站和移动网站。Wix 公司采用免费增值业务模式，向免费用户提供基本功能，付费用户则可以将所创建的网站链接到自己的域名，获得删除 Wix 广告、添加电子商务功能、购买额外数据存储空间和宽带等服务。

外包和虚拟组织使得新创企业得以汇聚资源来满足特定项目需求，实现既定目标，而无须为此建立永久性的组织。虚拟组织应用计算机和网络技术构建集成系统，帮助企业从应用服务提供商那里"租借"应用程序。

⬤ Accelerance 公司：一家外包公司

2015 年，全球 IT 外包市场规模高达 3150 亿美元，预计到 2022 年，其规模将增长到 4810 亿美元。抓住这一波机会，Accelerance 公司于 2001 年在加州创立，该公司整合硅谷的软件开发资源，与 50 家软件开发公司合作，在 30 个不同国家招募了将近 1500 个团队，为全球企业提供软件开发外包服务。

新创科技企业可以通过许可、结盟、租赁（订阅）等方式从创意市场获得新创意。富有柔性的动态组织知道最好的创意并不总产生于企业内部（Rigby & Zook，2002）。有越来越多的企业愿意将其创意和技术外包给他人，来为市场提供相应的服务。

建立虚拟组织会给企业带来一些挑战，企业会发现与合作伙伴、外包服务供应商建立互信、协作的关系并不容易，所构建的网络往往缺乏凝聚力，企业需要投入时间和资源以维持虚拟组织中各方的信任和协作关系（Kirkman et al.，2002）。

13.6 获取技术和知识

对许多企业而言，它们可以通过有效利用和管理外包来获取竞争优势。开放式架构的价值链本身就是一种强大的商业模式（Moore，2000）。利用其他企业的优势来满足特定需求，有助于提高效率。例如，一家企业提供的一款电子系统，可能集成了由英特尔公司生产的微处理器、美光半导体公司⊖（Micron）

⊖ 美光半导体公司是全球第三大内存芯片制造商和全球著名半导体存储器方案供应商。——译者注

生产的内存条和易安信公司[一](EMC)生产的存储器。

新创企业需要明确哪些活动是核心业务,哪些活动是辅助业务。如果一项业务的结果直接影响企业的竞争优势,那么这个业务就是核心任务,其他不构成直接影响的则都是辅助业务(Gottfredson et al.,2005)。一家企业所开展的核心业务与辅助业务的比例,能很好反映其为股东创造价值的效率。

过去几十年中,新创企业的资产基础发生了变化。关键资产不再是工厂和有形资产,而是科学认知、知识和技术等(Hill et al.,2002)。创业者会努力捕捉新技术涌现带来的新产品开发机遇。例如,伴随基因组学的突破,创业者预见到重要的新药开发机会。

新创企业还需要通过外部知识的获取和利用来重组其现有知识基础。外部知识获取的方式包括获得技术许可,通过外包获得技术成果,以及雇用知识渊博的员工等。

技术密集型新创企业通常希望它们开发或取得的技术成果,会成为适用于多行业的,能为无数产品提供研发基础的技术。例如,一家在超导体科技领域拥有强大能力和丰厚知识储备的新创企业,会致力于在电力行业和电子行业中寻求其拥有的技术的更广泛应用空间。

表 13-8 列举了成功的新兴基础技术具备的 7 个特征。这张表格十分有用,因为它适用于所有行业(Burgelman,2002)。例如,如果一种功能强大的新超导技术,能以较低的初始总成本为半导体制造商提供超导电性金属,且这种超导材料能以非常低的运营成本应用于集成电路,制成的集成电路可以与常规电路高度兼容,且具有很高的运行可靠性和可维护性,那么,可以预见,这是一项在电子行业有重大应用前景的、功能强大的新技术。

表 13-8　成功的新兴基础技术具备的 7 个特征

1. 功能表现:基本功能表现良好	5. 可靠性:可以有效满足客户需求、使用寿命长
2. 购置成本:初始总成本低	6. 可维护性:修复故障设备所需时间短、成本低
3. 易用性:使用便捷性高	7. 兼容性:与系统中其他设备的匹配程度高
4. 运营成本:提供每单位服务所需成本低	

[一] 易安信公司是美国一家信息存储资讯科技公司,主要业务为信息存储,以及产品、服务和解决方案管理。——译者注

📖 思科公司的收购方式

思科公司是最活跃的技术收购者之一。2017 年,思科公司拟以 37 亿美元收购 AppDynamics 公司⊖。从 1993 年到 2017 年,思科公司已经收购了近190 家高科技公司,其中的多次收购于 1999 年和 2000 年实施。在那段时期,很多创业者都在期待自己创办的企业能够被思科公司收购。虽然思科公司此后急剧减少了收购数量,但购买新兴技术仍是其增长战略的重要组成部分。

收购后的整合是一项繁重的工作,思科公司为此开发了一个文档化的模板,用于收购后的人员和技术整合。思科公司通常会在收购前花费几个月时间详细考察拟收购对象的各方面情况,然后才会做出收购决定。同时,思科公司制定了一些收购原则,包括:不进行恶意收购;通常只收购那些地理位置临近、目标市场一致的企业;被收购企业应该存续年限足够长,已经能够推出第一款产品,同时又应该足够年轻而不会固守自己的做事方式;那些对众多客户具有吸引力的企业值得收购;承诺收购后不裁员,将保留被收购企业的员工。实际上,在 20 世纪 90 年代后期,被思科公司收购的企业的员工离职率远低于 5%,且被收购企业中经常会有一些高级管理人员进入思科公司高层。

在技术方面,被收购企业的研发部门和产品部门会被并入思科公司的其他产品部门,并立即贴上思科品牌标签。被收购企业的任何非标准技术都会被消除,其员工可以立即获得思科公司的基础设施和核心应用程序的使用权。

上述做法,使得思科公司的大多数收购可以在 60 ～ 100 天内实现完全整合。

13.7 焦点案例:英伟达公司

1993 年,黄仁勋(Jen-Hsun Huang)、克里斯·马拉乔斯基(Chris Mala-

⊖ AppDynamics 是思科旗下的企业软件开发公司,为世界各地顶尖企业提供关键业务应用程序的监视服务。——译者注

chowsky）和柯蒂斯·普里姆（Curtis Priem）创立了英伟达公司[⊖]（NVIDIA）。其后 20 年，该公司成长为全球 GPU 领导厂商。GPU 即图形处理器，是一种专门在个人计算机、工作站、游戏机和一些移动设备（如平板电脑、智能手机等）上进行图像运算的微处理器。英伟达公司凭借其在可编程图形处理器方面的先进技术赢得巨大订单，包括 2000 年赢得的微软第一款 Microsoft Xbox 的订单。2016 年起，英伟达公司开始涉足虚拟现实（Virtual Reality，VR）业务，公司的 CEO 黄仁勋指出，VR 不仅仅是一种技术工具，它还意味着一个新平台。英伟达公司宣布与 NASA 合作开发火星的 VR 体验技术，并发布了供 VR 头盔制造商使用的新型 GPU。

在 1993 ～ 1994 年，由于无法生产自己的晶圆和电路，英伟达公司在制造方面苦苦挣扎。不过到 1994 年年底，英伟达公司与一家欧洲制造厂建立了战略合作伙伴关系，以低廉的价格外包其部分硬件制造业务，以此为基础，英伟达公司推出了首款主流处理器 NV1。凭借有利的战略合作伙伴关系和出色的设计，NV1 大获成功，帮助英伟达公司树立起领先科技公司的形象，并获得来自风险投资公司 Sequoia 的第一轮融资。

13.8 本章小结

成功的创业者善于发现和获取创办企业所需的资源。为了开展和开拓业务，他们需要获取资金、人才、知识资产和有形资产。为了支持业务发展，他们还要利用所获得的稀缺资源构建信誉和合法性。他们通常擅长讲述有说服力的创业故事，来展示他们的愿景和发展潜力。他们还要凭借说服技巧来及时获取所需资源。

创业者需要做出有关业务外包或者自留的计划，他们通常会保留产品设计和营销业务。他们借助先进的信息技术组建虚拟组织，与虚拟组织中聚集的合作伙伴和供应商开展沟通协作，并管理与这些合作伙伴和供应商之间的关系。

⊖ 英伟达公司（英文全称 NVIDIA Corporation，NASDAQ：NVDA）创立于 1993 年 1 月，总部设在美国加州的圣克拉拉，是一家以设计智核芯片组为主的无晶圆 IC 半导体公司，是全球图形技术和数字媒体处理器行业的领导厂商，在可编程图形处理器方面拥有先进的专业技术，在并行处理方面实现了诸多突破。——译者注

技术创业原则 13

有效的新创企业能够利用其说服技巧、信誉和区位优势获得所需资源，并建立部分职能外包、部分职能自留的协调运行的组织平台。

音像资料：

读者可以访问 http://techventures.stanford.edu 网站，浏览与本章内容有关的学术讨论。

外包 （Outsourcing）	杰夫·霍金斯[一]	Numenta 人工智能公司
领导者必须诚实 （Leaders Must Be Honest）	约翰·亨尼西	斯坦福大学
大企业的精干内核 （Being Small Inside of Big）	特雷莎·布里格斯	德勤律师事务所

13.9 练习

（1）2005 年，谷歌公司发布了谷歌地球（Google Earth）和谷歌地图（Google Map）两款应用程序接口，为所有 Web 开发人员提供了令人瞩目的图形化和可视化功能。[二] 2006 年，亚马逊公司发布了被称为 S3 的简单存储服务（Simple Storage Sevice），其本质上是一个全球存储区域网络，亚马逊公司将该业务定位为一项高度可扩展的、可靠的、低延迟、低成本的数据存储设备。2007 年，脸书公司通过其开发人员应用程序接口向第三方窗口部件开放了其社交网络。这 3 家公司的目标商业模式是什么？它们所提供的网络服务对新创企业的资源获取策略有何影响？新创企业的资源获取策略是否有助于这 3 家公司的商业模式取得成功？

（2）你认识的最具说服力的人是谁？请你应用表 13-2 来描述这个人是如何使用其合法性资源的。

[一] 杰夫·霍金斯是美国发明家、计算机科学家与神经科学家，他主导研发了 Palm 与 Treo，是 Palm 公司、Numenta 公司及 Handspring 公司的创办者。——译者注

[二] 谷歌地球和谷歌地图为 GIS 相关软件提供了卫星图片和高程数据等信息。——译者注

（3）最受美国科技公司欢迎的 4 个地区分别是波士顿、旧金山湾区、奥斯汀和西雅图。请你应用表 13-3，分别为一家骨科医疗设备公司和一家清洁技术公司，选择最具吸引力的创业城市。

（4）选择一家你所在地区（或者其他地区）的新创企业。回答以下问题：这家企业是否从属于某个产业集群？可供这家企业利用的当地资源或优势有哪些？这家企业为何选择在这个地区创办企业？

（5）目前全球出现了一种强势潮流，即许多信息技术领域的企业会将业务外包到另一个国家或大洲。企业采取这种策略的主要动机是什么？企业是如何加入这个潮流的？其理由是什么？新创企业开展业务外包会带来哪些风险？

创业实战

1. 在你的创业规划中，你打算如何吸引人才和获取资源？

2. 你打算在哪个地区或哪个城市创办企业？你计划如何应用互联网技术和电子商务？

3. 说明你打算将你的企业的哪些业务外包。

第 14 章

运营管理

领导力包括记住过去的错误，分析今天的成就，以及在构想未来可能遇到的问题时展现出丰富的想象力。

斯坦利·C. 艾琳（Stanley C. Allyn）

新创企业如何建立一套为客户开发、制造和传递产品的运营流程

企业价值链的每个环节都能让产品增值。新创企业通过价值链管理为客户研发和制造产品或提供服务，利用供应链运送、存储零部件和原材料，并追踪其动态，以便及时、有效地将产品或服务提供给客户。借助贯通整个价值链的信息流，企业可以对分布式任务加以协调。为实现高效运作，企业需

要制定并传递给员工关于效率和及时性的测度标准。

借助常见的通信技术，新创企业可以建立一个强大的虚拟组织，协同众多合作伙伴围绕同一项任务并依据共同的时间表开展协作，同时，快速有效地开展信息交流，随时了解伙伴间的相互依赖关系对执行公共计划的影响。现代信息技术让企业可以更好地管理相互关联的任务，做出更精准的预测，最终实现准时生产。

14.1 企业价值链

正如我们在第 13 章中所讨论的，企业必须将为客户提供产品、满足其需求作为发展目标。如图 14-1 所示，价值链是企业将投入物转换成客户认可的产出品而开展的系列活动，其每个环节都能让产品增值。信息伴随着价值链上各环节的活动持续发生流动，使得价值链的每个要素得以在价值链活动的开展中得到改善。

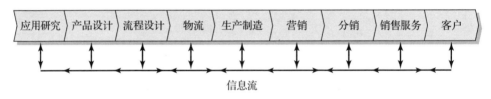

图 14-1　企业价值链与信息流

对一家新创企业而言，沿价值链各环节开展能力建设及价值链设计，有助于其获得强大的核心竞争力。同时，客户也通过表达其需求偏好，参与企业的价值创造过程。如表 14-1 所示，了解客户有助于企业更好地满足客户需求。

表 14-1　了解客户

● 消费偏好	● 购买行为
● 购买标准	● 功能需求
● 决策过程	

高度一体化的企业亲自开展价值链中的大部分环节（如果不是全部）的活动。虽然价值链上的每项活动都很重要，但不同活动的专有性和盈利性存在差

别。可以用经济增加值（Economic Value Added，EVA）指标来衡量价值链上各项活动对知识资产和战略资产增值的贡献大小。战略资产是指企业具有相对竞争优势的领域，一般存在于企业的物流、制造和分销等职能中；知识资产一般存在于企业的研发设计、营销和服务等职能中。新创企业应聚焦于 EVA 较高的价值链活动，将 EVA 较低的价值链活动外包出去。不过，处于快速变化的行业中的企业可能需要保留关键职能，以具有战略性的应变响应能力。

对价值链实施垂直整合，可以帮助企业聚焦于更具价值增值，因而使企业更具竞争力的价值链活动环节。例如，在很长一段时间里，英特尔公司除了作为主要的集成电路和电路板制造商之外，还通过获得个人计算机制造商发布的原始设备制造商（Original Equipment Manufacturer，OEM）授权，从事个人计算机组装业务。

ZARA 公司是欧洲的服装零售企业，在全球拥有 2100 多家门店，它自行开展成衣制造而非将其外包，借此来对不断变化的时尚需求做出快速响应。其他服装企业或许能够制造出更便宜的衣服，但是 ZARA 公司将快速为其门店提供潮流新品的能力，作为战略资产加以保留并持续提升。从门店获取的信息流（见图 14-1）被反馈给设计师，指导设计师不断更新产品设计，以适应客户不断变化的消费理念，满足客户的品位需求。在时尚界，时间是第一重要的竞争要素（Helft，2002）。ZARA 公司每隔两周就会向门店输送潮流新品，许多新品在几天之内就能到达门店。

物流系统（Logistics）是对零部件、原材料和设备等进行运输、存储和动态跟踪的组织体系。物流系统是企业竞争优势的基础，因为只有拥有快速、准确的物流的企业，才能在第一时间响应客户的需求。因此，企业应致力于通过改进跟踪效率、运输能力、搬运和交付速度等，来快速地服务客户并构建独特能力。

苹果公司是围绕物流系统构建竞争优势的典范。它将所有产品的制造环节外包给供应商和合作伙伴，并凭借超大的订单数量从供应商那里获得大量折扣。随着苹果公司的产品销量越来越大，其供应商即使只为苹果公司一家生产产品也可以获得规模经济优势，这让苹果公司能够以平价（而不是以高定制价格）定制零部件并从中获益。同时，较大销量也大幅降低了苹果公司的空运和陆运成本。

随着客户对服务及时性和定制化的需求日益增加，物流系统正在变得越来越复杂。产品（尤其是电子类产品）复杂性的提高以及供应链全球化分工程度的加深，也提升了物流系统的复杂性。一些企业正在引入按需定制（Built-to-Order，BTO）理念，它们在拿到客户订单后再开始构建生产系统，而不是基于预测到的需求开展生产，然后再去为库存创造需求。依据 BTO 理念，企业应该尽量避免在未取得采购订单的情况下开展生产。Modcloth 公司是依据 BTO 理念开展价值链管理的最佳典范。这家公司为客户提供定制服务并要求客户预先付费，然后再指示外包制造商按需为客户生产。2017 年，Modcloth 公司被沃尔玛的子公司 Jet.com 收购。

依据基于战略性考量而精心设计的跟踪或测度指标，与价值链上各环节的合作伙伴密切合作，开展价值创造活动的设计和管理，可以帮助企业提高物流系统的效率。Flexport 公司是硅谷的一家新创科技公司，该公司基于互联网提供现代化的货运代理，通过一个免费的在线平台，帮助客户对接承运人，轻松创建、管理和跟踪所有货物的物流状态并办理海关报税等业务，大大简化了跨国货运的操作流程，从而帮助客户节省供应链管理的时间和成本。对所有新创企业而言，价值链管理都是一项艰巨的任务。

沃尔玛公司的利润率不到 4%，许多连锁超市的利润率甚至还不到 2%。即使是微小的效率改善，也可以让整个供应链的效率倍增，从而为企业利润增加可观的价值。1980 年，沃尔玛公司率先采用了条形码技术并推动该技术成为行业主流；2007 年，沃尔玛公司要求其供应商在供应托盘上使用射频识别（Radio Frequency Identification，RFID）标签，该技术使用计算机芯片保存和传递商品信息；2012 年，沃尔玛公司开始在每件服装上使用 RFID 标签。就这样，沃尔玛公司对供应链的每个细节都进行精细化管理，以捕捉每一个可能的增量改进机会。

价值链上的中介机构的作用是帮助交易各方节约成本。雇用零售商销售产品会花掉 20% 的销售收入，那么，开展直销岂不是更便宜？可以利用互联网技术高效率地直接接触客户吗？

对所有新创企业而言，价值链响应速度至关重要。如果商品从设计出来到向客户交付所需时间过长，企业会因未能及时满足客户需求而遭受损失。加之很多产品本身的生命周期就很短，所以企业必须快速完成价值创造和传递活动。

例如，考虑到时尚服装的流行期很短，ZARA 公司努力在一周内设计和制造出一个新的服装款式。由于一部经典电影的生命周期较长，所以电影制片厂往往会花上一年时间制作一部新电影并将其引入市场。

> **电子墨水技术公司：平板电脑和电子阅读器价值链的参与者**
>
> 成立于 1997 年的电子墨水技术公司（E-Ink Holding）开发了电泳式电子纸（一种屏幕技术），其电子屏幕的黑白对比度比竞品高 50%。该公司拟将其专利授权给索尼、亚马逊和三星公司。这些公司将电子墨水技术运用在其平板电脑及阅读器产品上，为使用者提供更加轻松的阅读体验。

产品和服务沿着价值链自上而下生成，与此同时，信息沿着价值链进行双向流动。有关价值链各个环节的产品需求的信息自下而上传递，有关供应状况（如可用性、价格、制造时间等）的信息自上而下传递。

新创企业要想拥有持久的核心竞争力，就要持续开展所处行业和相关技术动态的评估工作，以此为依据，构建可以利用当前机遇的企业内部价值链，并聚焦于那些高附加值环节的活动来塑造自己的核心业务，借此不断提升和凸显其竞争优势。

14.2 流程与运营管理

企业**运营**（Operation）涉及沿企业内部价值链开展的一系列活动，**运营管理**（Operations Management）是对这些活动的监督、监测和协调。实施运营管理应基于产品的生产流程。**流程**（Process）是指从原材料投入到成品产出的一组资产形态转换和价值增值过程（Krajew-ski & Ritzman，2002），是创造出最终产品并向顾客传递价值的一系列运作、措施、行动、任务或职能等。广义的产品既包括有形商品，也包括无形的服务，也可以是二者的结合（Melnyk & Swink，2002）。对一家工厂而言，流程是将原材料转化为成品的过程；对一家保险公司而言，流程是将客户信息转化为保险协议的过程。借助业务流程，企业内部价值链上各环节的活动得以开展，并创造出蕴含独特价值的产品或服务。

如图 14-2 所示，企业的业务流程应与其战略部署和员工能力保持一致，为此，企业应该持续开展战略调整、流程改进、团队建设，以确保三者保持平衡且能够满足客户需求，保证业务发展符合企业愿景所指引的方向。企业的业务发展理念应该是能够使用清晰的愿景和目的陈述加以阐释的。例如，维基百科的愿景是：让世界上的每个人都可以自由分享所有的知识。

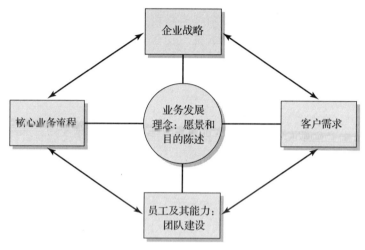

图 14-2　业务发展方向

一般来说，企业最好通过确定一组简单的规则来管理其流程。例如，Zipcar 公司的竞争优势在于，它并没有建立交车中心和使用复杂的调度系统（Eisenhardt & Sull，2015），也没有雇用员工为客户提供洗车、车辆检查和加油服务，而是构建了一个通过简单引导让客户自助完成全过程的汽车租赁系统。

人类工程学（Ergonomics）是一门科学，通过协调人与机械设施及环境的关系，使体力工作更容易完成，让体力工作者的压力更小。例如，赫尔曼·米勒（Herman Miller）公司设计的 Aeron 椅子，被誉为人类工程学的典范。该产品采用了悬挂系统提供合适的支撑和最大的舒适度。

好的流程可以为客户和利益相关者创造价值。在很大程度上，业务成功与否和企业流程效率有很大关系。因此，企业应该致力于开展卓越流程设计实践。图 14-3 展示了一个简单的、局部自动化的通用业务流程。

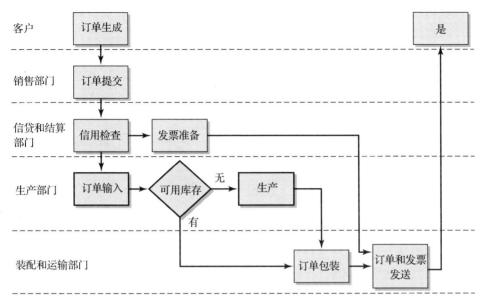

图 14-3　通用业务流程

📖 **优步公司的运营团队**

　　优步公司的业务上线后，经过一年时间的实践，公司的数据分析团队发现谷歌所提供的预计到达时间（Estimated Time of Arrival，ETA）总是不够精准。优步的用户可以从应用中给自己通讯录的联系人发送短信，短信会自动附带一段实时地图链接。联系人可以从短信的链接页面中看到该用户的实时位置和预计抵达时间。曼哈顿市的数据表明，短信链接中的等待时间有时要比实际到达时间多 3.5 倍。于是，优步公司组建了多学科交叉的研发团队，成员中包括数学家、火箭科学家以及核物理学家，他们开发了比谷歌的预测分析能力更强的 ETA 软件。借助该软件，优步公司将核心业务内部化，并大幅改善了服务。

　　运营管理的任务包括流程设计、质量控制、产能建设和基础设施运营。新创企业应制订运营管理计划并指派一位创业团队成员负责运营管理。无论是生产产品还是提供服务，企业都需要设计和控制生产流程，以实现效率提高、吞吐量提高、产能提高、库存管理优化、资本支出战略管理优化，以及生产率提高等目标。独特的运营管理能力可以成为企业竞争优势的一部分。

实现高投资回报率的企业，往往是那些将卓越运营（始终如一地为客户创造卓越绩效）与企业持续高速发展紧密结合的企业。对现代企业而言，卓越的运营管理必不可少，运营管理能力差的企业会遭到投资者的无情抛弃（Lucier & Dyer，2003）。如图 14-4 所示，高效运营可以帮助企业实现规模经济、降低单位成本，从而降低产品售价，进而提升产品吸引力，推动销量增长和财务资源的增加。丰富的财务资源使得企业可以加大对营销和运营的投资力度，并捕获更多客户，进一步提升规模经济性，让企业进入非常强大的正向循环。

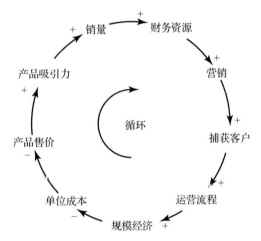

图 14-4　企业通过赢得客户实现持续增长

高效的运作流程可以实现规模经济，并形成自我强化的正向循环。

为兼顾工人安全和环境管理目标，新创企业的运营管理目标应该包含以下几个方面的内容。**质量**（Quality）是衡量产品优劣的标准，通常包括性能和可靠性。**性能**（Performance）是产品达到或超过某些操作特性的程度。**可靠性**（Reliability）是衡量产品在失效前能运行多长时间的指标。**响应速度**（On-Time Speed）是衡量工期、准时交付和产品开发速度的指标。**柔性**（Flexibility）是衡量企业对客户的需求迅速做出反应的能力的指标。

许多企业采用六西格玛的质量标准，通过设计和监控流程，将可能的失误和瑕疵减少到最低限度，从而使企业达成以低成本制造低瑕疵产品的目标（Pyzdek & Keller，2014）。六西格玛是一个统计术语，用于衡量流程偏离理想状态的程度。质量达到六西格玛标准意味着，每生产百万个产品只允许不超过 3.4 个产品有瑕疵。六西格玛质量管理是一个定义良好且结构化的过程，具有明确的任务和里程碑节点设定，因此具有高度的可重复性。

包装、操作手册的清晰度或易用性等带给客户的产品使用体验，可能会影响客户对企业形成的印象以及向他人推荐产品的意愿。很多顾客认为消费是一种体验，而不是单一的购买事件（LaSalle & Britton，2003）。大多数产品或服务都同时包含客观价值（例如性能）和主观价值（例如体验）。一根普通的蜡烛售价仅为 1 美元，而一款形状和气味能够给客户提供更丰富体验的蜡烛，其售价可以达到 5 ～ 10 美元。因此，对许多产品而言，其价值与客户的使用体验、购买及交付过程有关。产品设计者需要通过优化设计来改善客户体验，以激发客户的购买积极性。

供应链管理（Supply-Chain Management）是对原材料流通、供应执行、资源流动及为满足客户需求而开展的相关信息沟通等供应商活动，以及为满足成本、进度和质量等业务发展要求而建立的内部行政程序（如规章制度）等的管理。一些行业的自身特点决定了，身处其中的企业将以最大限度地减少满足客户需求变化所需的商品库存为目标。但是，竞争的加剧，对企业的产品供应快速响应需求变化的能力提出了更高要求，导致产品线销售情况未达预期的风险持续增加。供应商严格控制库存数量，可能带来因缺货而承受销售损失，并伤害与客户间的关系的后果。

采用前瞻性视角，以过程有效、节约安装时间、提高关键流程利用率为目标所创建的运营系统被称作**精益系统**（Lean Systems）。精益系统能够以较小的代价和时间损失，快速应对需求、供给以及进程的变化。精益系统通常采用**准时生产**（Just-in-Time，JIT）的生产组织模式，以减少不必要的库存和消除非增值环节的活动，其核心任务是通过客户订单来拉动整个运营系统的运作。例如，汽车底盘制造商在接到客户的汽车底盘订购合同后，才会启动相应的制造过程（Liker，2004）。

田口方法（Taguchi Method）是一种低成本、高效益的质量工程方法，它强调通过设计而非通过检验来提升产品质量。该方法提倡充分利用廉价的元件来设计和制造出高品质的产品，使用先进的试验技术来降低设计试验费用。其基本思想为：优质产品应该不受干扰因素的影响。为此，要通过设计来提升产品的稳健性，通过控制源头质量，来抵御大量的下游生产或客户使用中的不可控因素的干扰，这些不可控因素包括环境湿度、材料老化、制造误差、零件间的质量波动等。企业生产系统的设计对其整体成功至关重要（Ulrich & Eppinger，2015）。

很多企业都在力争以较低成本提供优质服务。以强大的服务器系统为支持，谷歌公司每天能够处理近 40 亿次的搜索。谷歌公司不设立服务器修复部门，如果某台服务器发生故障，就立即将其置换掉。这可以帮助谷歌公司节省资金，并确保兑现其正常运行时间占比 99.9% 的承诺（Barroso et al.，2003）。

新创企业谋求构建一种企业能力与市场机会间的互动机制，并以此为基础发展企业的独特能力。市场发出有关机会的信号，企业以推出新产品给予回应，并对企业的商业模式、产能和相关技能做出调整以对机会做出反应。企业应该一方面提升自身的核心竞争力，另一方面强化与价值网络中其他主体的能力互补。

吞吐率（Throughput Efficiency，TE）可以用公式（14-1）测量，其中 VA 代表增值时间，NVA 代表非增值时间。例如排队等候或系统停机时，企业并不创造价值，因此，NVA 越少，TE 越高。

$$TE = \frac{VA}{VA + NVA} \tag{14-1}$$

📖 改善手术室的运作

Intuitive Surgical 是美国一家生产机器人手术系统的公司，其最负盛名的产品是利用机械手远程完成前列腺和心脏搭桥手术的达·芬奇机器人辅助外科手术系统。该产品让外科医生得以在一个小切口内精准施行手术，小切口可以缩短患者的康复时间，因此提高了医疗系统的整体效率，并极大改善了医生和病人的手术体验。达·芬奇系统深得外科医生和客户的信任。该公司目前正在研发一个集成系统，该系统可以将超声波和其他诊断图像播放到同一个屏幕上，这样，外科医生只需专注于一张图像，点击一下即可获得所有手术相关信息，这将大大提高手术效率并改善实时手术体验。

14.3 价值网络

如图 14-5 所示，可以将业务流程定义为一系列线性递次展开的活动。为了让业务流程可视化，可以用图形来表达企业需要完成的一组相互关联的任务。

不同于包含一系列线性过程的价值链，可以将价值创造活动的组织体系视作一个**价值网络**（Value Web）。该网络没有中心，每个参与者均聚焦于特定的核心能力（Tapscott et al.，2000），彼此开放地交流和传递相关理念。价值网络通常以数字基础设施为基础，对分散在不同企业或工作组中的业务活动加以管理，并将参与价值创造活动的利益相关者抽象化地视作一个扩展组织，参与其中的利益相关者能力互补、相互合作，共同打造、维持和提高其创造价值的能力。长远看，一家企业的成功取决于该企业与利益相关者组建网络，以及建立和维持关系的能力，即组织的财富不是借助交易，而是借助关系协同获取的（Post，2002）。典型企业的价值网络如图 14-6 所示。

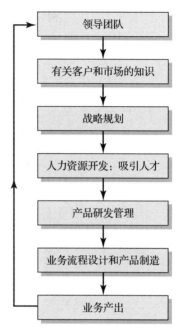

图 14-5　由一系列线性递次展开的活动组成的业务流程

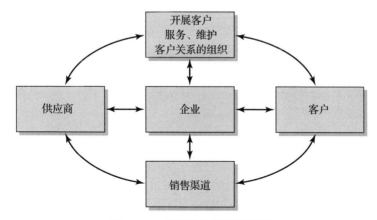

图 14-6　典型企业的价值网络

在由亚马逊公司组建和运营的价值网络中，包括了图书出版业的服务提供

商 Ingram 公司、塔吉特百货、全球最大的玩具及婴幼儿用品零售商玩具反斗城
公司等诸多参与者。亚马逊公司负责确定产品类别、制定价格以及确保交易达
成。与之类似，在由思科公司组建的为客户提供路由器和计算机的价值网络中
（如图 14-7 所示），思科公司除了制定客户关系管理目标，负责产品设计和销售
之外，还需要协调价值网络中的其他参与者完成大部分的制造、订单交付和为
客户提供现场服务。

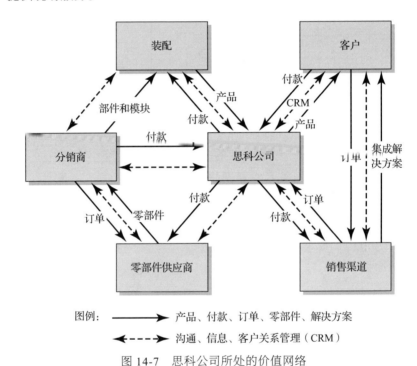

图 14-7 思科公司所处的价值网络

资料来源：Slywotzky, Adrian, and David Morrison. 2000.How Digital Is Your Business? New
York: Crown Business.

宜家是一家创立于瑞典的家居家具公司，它在全球 50 个国家和地区开设了
433 家门店。其运营管理策略为：为客户设计和制造价格低廉、种类繁多、设
计精美、坚固耐用的家具，并开设大型商店进行销售。其业务流程的起点是识
别消费者需要什么产品，并为该产品设定较低的目标价格。然后，选择要使用
的原材料以及承担装配任务的制造商——宜家公司从全球 55 个国家和地区的大
约 1800 家供应商那里采购原材料。接下来，宜家公司开展产品设计，并分配生

产任务。宜家公司将制成品用纸箱包装并运送到宜家自己的 33 个配送中心，再由这些配送中心送达各家门店。宜家公司的门店不设销售人员，且仅展售未组装的家具。客户选择好商品后，去仓储货架上找到选定商品的组配件，自己用购物车推送到结账柜台，交费后自行运输回家并完成组装。宜家公司组织了大量参与者与其共建价值网络，并协调各参与方共同完成产品设计、组配件加工和制造，为其低成本、高质量战略的实施奠定坚实基础。

过去，伴随企业成长的是资产增加；现在，伴随企业成长的是价值网络增强。精心组建的价值网络为企业提供了强大的增长动力，当然，企业也可能因为组建的价值网络过于复杂，而失去对参与者的控制。要发挥价值网络的作用、开展有效的运营管理，企业应该改变观念，将企业视作一个网络，而非垂直的等级体系，并将价值网络管理当作一项核心能力加以建设。

在竞争激烈的快节奏世界里，企业应通过与参与者协同开展产品、流程和性能设计获取竞争优势。通过产品设计，优化生产过程以及供应链的协调运行，是企业成功的关键。如果企业能够控制价值网络中参与者之间的相互依赖关系，则可以谋取最大利益（Hrebiniak，2013）。图 14-8 展示了产品、流程和供应链的协同运作体系（Fine et al.，2002）。

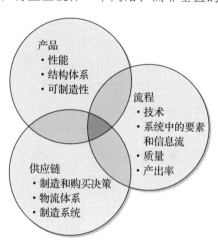

图 14-8　产品、流程、供应链的协同运作体系

14.4　数字技术与运营

新创企业通常利用网络和其他数字技术，让不同渠道、不同价值链环节、不同产品的相关活动实现同步（Sawhney & Zabin，2001）。与传统渠道相比，网络渠道大幅降低了交易成本，促使企业将一部分甚至全部业务，以及其作为供应商的相关职能转移到线上开展。

网络技术让所有访问者得以共享全部相同信息，由此，权力也从卖方转移给了买方，并让商业体系具备了 3 个重要功能：个性化、定制化和版本化（Luenberger，2006）。**个性化**（Personalization）是指借助软件程序确定客户的购买行为模式，预测其需求偏好及兴趣取向等，并据此为其推荐相应商品。例如，亚马逊公司为客户提供个性化的书籍和音乐推送。**定制化**（Customization）是指根据客户偏好为其提供定制产品。例如，个人基因检测技术公司 Counsyl 根据客户的基因信息，为其提供定制的健康风险检测方案。**版本化**（Versioning）是指为一个产品创建多个版本，并将不同版本以差异化的价格销售给不同的细分市场。例如，《纽约时报》的客户每个月可以免费阅读一定数量的文章，想阅读更多文章的客户需要付费。

个性化和定制化在提升产品差异化方面具有很大潜力。定制化有时可能是烦琐或者不完美的。定制化采用特定机制吸引客户积极参与产品设计过程，根据客户的需求偏好为其提供特定形式的产品，这种机制如果运用得当，可以发挥强大的作用。但是，相对于标准化，定制化存在一些缺陷，例如，可能导致资源浪费，生产工艺和技术的多样化需求会导致生产率下降，零部件更换需求的增加会带来额外的库存负担，会增加诊断和维修劣质品的难度等。

借助互联网，客户可以获取各种各样的信息，可以发现几乎无限多品类的商品、五花八门的创意、层出不穷的新概念以及无所不包的话题。例如，客户可以同时去 Kayak、Expedia、Travelocity 和 Orbitz 等多家网站比价，以搜索最便宜的机票。实际上，出行服务是依据大量消费行为研究和海量数据分析开发出来的信息密集型产品，为网络技术应用提供了最佳"试验田"。

有些客户喜欢到实体店去考察商品，然后回到互联网上购买商品。于是，就有了被称作"点击加砖块"的**混合渠道模型**（Hybrid Model）。混合渠道模型充分利用在线渠道和其他渠道的优势，帮助企业将其业务范围扩展到新的市场领域及全球。为了整合多种渠道，企业通常会组建渠道联盟来统筹不同的渠道商，使其各自发挥优势并分担相应的服务职能。

在线销售的优点是交易成本低、覆盖范围广、信息量大。电子商务让客户能够随时获得产品性能、价格等全部相关信息，因此削弱了许多行业中供应商的定价能力。企业必须具有竞争优势才能维持自身发展，而非常低的价格可能使其无法获利。

互联网企业有能力向市场提供宽泛的产品类别供客户选择。尤其是在利基市场中，互联网供应商的优势显著超过实体店。亚马逊公司和 iTunes 音乐商店充分利用了这一优势（Economist，2012），凭借 iTunes 音乐商店，苹果公司已成为世界上最大的数字音乐零售商。

杰夫·贝佐斯认为，亚马逊公司拥有庞大的网络基础设施，并在网络零售中积累了直接为客户提供物流服务的丰富经验，因此，亚马逊公司具备为其他企业，尤其是实体企业创造价值的能力。于是，亚马逊公司同时推出了面向个人、中小企业甚至大型企业的全方位零售服务。亚马逊公司与塔吉特和西尔斯·罗巴克等传统零售商合作，创建了"亚马逊商务"网站，为传统零售商提供在线销售服务、客户支持服务和订单履行服务等，在帮助传统零售商充分利用在线分销渠道的同时，增加了亚马逊公司的收入来源。

14.5　战略控制与运营

战略控制（Strategic Control）是企业用来监控业务活动、评估活动效率和绩效、采取纠正措施（如有必要）以改善绩效的过程，其目标是保持企业的运作效率、质量以及对客户需求的响应能力。

为了评估企业战略的有效性，人们开发了**平衡计分卡**（Balanced Scorecard）这种系统性的管理工具，该工具既可以用来指导战略制定，也可以为企业提供完整的绩效评估报告。平衡计分卡在传统的财务指标基础上，添加了与企业运营有关的 3 个维度的指标，帮助战略管理人员快速而全面地了解企业的整体绩效。借助平衡计分卡，可以将企业的战略目标逐层分解，转化为相互平衡的 4 个维度的具体考核指标。其中，内部流程维度的指标，衡量企业有哪些可以为客户增加价值且独具优势的关键内部流程，以及这些流程的运行状况如何。客户维度的指标，衡量企业如何以客户为导向开展战略谋划和运营管理，并借此增加企业的财务价值。财务维度的指标，衡量企业在为股东增加价值方面是否成功。学习和成长维度的指标，衡量企业是否根据战略目标构建了持续创新和长期发展所需的基础架构。平衡计分卡绩效考核体系的构成如图 14-9 所示（Kaplan & Norton，2004）。

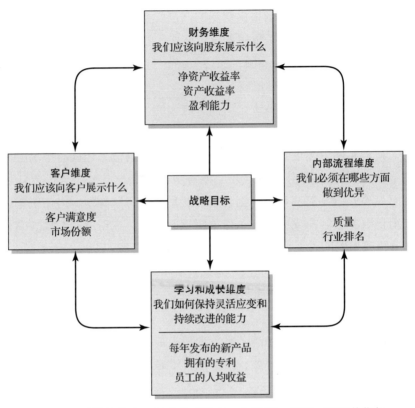

图 14-9 平衡计分卡：每个维度针对一个问题，构建一套评价指标

资料来源：Kaplan, Robert S., and David P. Norton. 2004. Strategy Maps. Boston: Harvard Business School Press.

为了建立有效的平衡计分卡，企业需要确定绩效的根本驱动因素并对其加以衡量。对可靠性、质量、客户满意度等进行客观评价具有很大的挑战性，不过，一旦做到，将为企业带来巨大回报。幸运的是，有很多用来跟踪和分析企业相关经营指标的工具，如基于谷歌浏览器的用户互动数据分析软件 Google Analytics、Chartbeat 公司提供的网站流量实时分析软件、网站检测软件 Kissmetrics（该软件用来检测来访用户注册率等）、用户行为分析软件 Mixpanel 和 Indicative 等。企业应定期更新平衡计分卡中各项指标的数据，分析其在一段时期内的变化，以评估引入战略管理对企业的商业模式、营销策略或产品系列产生了哪些影响（Rose，2016）。

📖 通用电气公司的数字仪表盘

通用电气公司的副董事长加里·罗杰斯（Gary Rogers）提出了创建数字仪表盘的想法。数字仪表盘能够在线显示不断更新的公司发展动态的各方面统计数据和考核指标（Tedeschi，2003），这让公司的数百名管理人员可以随时随地通过计算机、平板电脑和智能手机查阅公司的各项基本数据（Tedeschi，2003）。

新创企业应充分利用和开发各类图表和流程图工具，可视化地展示企业的运营情况。运营计划勾勒了企业未来将要开展的一系列活动，企业可以以图表形式制订各项计划，明确企业期望在近期和中期达成的所有重要里程碑事件的时间安排。甘特图（Gantt Chart）是描述任务序列和每个任务所需时间的一种工具，具体做法是：在网格上绘制阴影条，将已经完成的活动和计划开展的活动进行比较。通过时间线上某一项目或活动的实际进度与计划进度的比较，使用者可以展望一项尚未达到期限的计划的可能结局（Yakura，2002）。

企业无论规模大小，均可以使用甘特图来描述时间线和里程碑事件，帮助管理者设定目标并努力按时达到目标。在图 14-10 中，任务 B 代表原型设计，任务 C 代表原型测试。

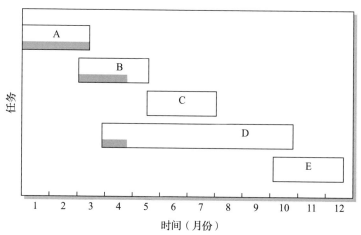

图 14-10　以甘特图刻画的 5 个任务（阴影条长度代表实际进度）

图 14-11 给出了一个使用里程碑图展现企业为达成预定目标所规划的路线图的示例，图中分别使用不同图形代表活动、结果和时间等。

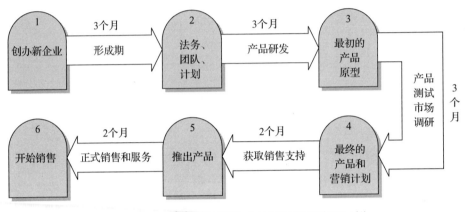

图 14-11 一家新创科技企业的里程碑路线图示例

14.6 焦点案例：三星公司

由李秉喆于 1938 年创立的韩国大型企业集团三星公司，在创立之初只是一家经营鱼类和其他食品的贸易公司。在取得一些初步成功之后，该公司开始涉足多个不同的领域，并于 20 世纪 60 年代转向电子设备制造领域。在 20 世纪 90 年代，三星公司发展成为一家生产先进存储芯片和液晶显示器的跨国公司。目前，三星公司已经成为世界上最大的科技公司之一，能够在手机、智能手表和平板电脑等市场上与苹果公司一竞高下。

在 1996 年，三星公司的价值链发生了根本性的转变。当时的三星公司董事长李健熙重新定义了三星公司的愿景，决定从为其他公司提供便宜的零件的制造商，转型为品牌设计商。以此为指导，三星公司开始整合其设计理念，赋予公司中的设计人员更高的地位和更多的权力，通过推出更多的创新产品逐步成为诸多垂直行业的市场领袖。目前，三星公司拥有 1600 多名设计师，在启动每一项新产品研发项目时，公司都会组织作家、工程师、设计师和营销人员等开展协同研究，以充分整合他们的经验，更好地理解客户需求。

14.7　本章小结

新创企业需要设计一套运营流程，为其创造、存储和向客户传递产品提供支持。新创企业需要与供应链上的合作伙伴建立关系，与合作伙伴一起，通过产品组装或制造等环节的活动为产品增加价值。业务流程帮助不提供实体产品的企业确定如何开发和交付服务或数字化产品。新创企业通过开展价值链管理，有效地向其客户提供最终产品或服务。新创企业需要有效实施零件和原材料等物流管理，不断提升关系管理能力，以实现与合作伙伴以及企业内部流程的最佳协调。

许多企业基于互联网建立了由多主体参与的一系列相关活动组成的价值网络。通过共享时间表、任务关联以及协同控制，企业可以管理价值网络并确保业务流程的高效、准时。

🔲 **技术创业原则 14**

设计和管理一个高效、准时的生产、物流和业务流程体系，可以成为新创企业可持续竞争优势的来源。

音像资料：

读者可以访问 http://techventures.stanford.edu 网站，浏览与本章内容有关的学术讨论。

避免重蹈戴尔公司早年覆辙 （Overcoming Some of the Early Mistakes of Dell）	迈克尔·戴尔	戴尔公司
拓展业务范围 （Develop Operating Range）	苏克辛得·辛格·卡西迪	Joyus 购物网站⊖
高效率和意外惊喜 （High Efficiency and Happy Accidents）	凯文·哈茨	Eventbrite 平台⊜

⊖　Joyus 是美国的视频购物网站，主要销售美容、时尚、家居和生活用品，通过与高端品牌合作，播放优质产品视频来提高访客到消费者的转化率。——译者注

⊜　EventBrite 是美国的一家在线活动策划服务平台，用户可以依托该平台在线创建活动并获得免费或收费门票的订票服务。该平台目前已在全球 170 个国家和地区开展业务。——译者注

14.8 练习

（1）选择一家企业，使用图 14-6 的格式，绘制这家企业的价值网络。

（2）总部位于新加坡的 Flex Ltd. 公司是一家全球性企业，拥有近 20 万名员工，为许多世界知名的电子产品供应商代工（详见 www.flex.com）。其核心竞争力是精益生产。请说明该公司是如何嵌入微软公司、爱立信公司、苹果公司的价值网络的。

（3）中国拥有许多世界一流的制造企业，这些企业的核心优势在于规模经济和成本优势。选择一家为欧洲电子产品企业提供组装服务的中国公司。分析在中国制造比在欧洲制造具有哪些突出优势。

（4）新技术的应用为塑料制品这样的成熟行业带来了新的活力。物流、供应链和调度软件已经帮助一些成熟的制造企业大幅提升了生产率。提供此类软件的公司有 Cleo、Cin7、3PL Warehouse Manager 和 Kintone 等。从这些公司中选择一家，描述其推出的提高生产率的应用软件的具体功能。

（5）约有 5% ～ 10% 的药品制成品因不符合质量要求而必须重新加工或丢弃。制药行业的通行做法是批量化地进行人工质量检测。现在，有一家新创企业推出了为制药企业设计新流程的业务，这家企业应该如何将其业务卖给制药企业？

（6）描述并比较以下 3 个领域的新创企业所面临的运营管理方面的挑战：①消费者 Web 服务企业；②苹果手机应用程序开发企业；③电子设备制造企业。

（7）描述并比较以下 3 个领域的新创企业所面临的运营管理方面的挑战：①新药研发企业；②医疗设备制造企业；③生物质燃料企业。

创业实战

1. 描述你创办的企业使用的关键业务流程。

2. 参照图 14-11，为你创办的企业绘制里程碑路线图。

3. 参照图 14-5 ～图 14-7，绘制你创办的企业所处的价值网络。

第 15 章

收购与全球化扩张

即使你就在正确的道路上，如果停滞不前，也将遭到淘汰。

威尔·罗杰斯（Will Rogers）

创业者如何通过收购和进入新区域市场实现有效扩张

创业者通常会通过收购现有企业，以及帮助被收购企业实现新增长和创造新价值来开发新业务。创业者也可以自己创办一家新企业，再通过收购其他企业来扩大所创办企业的规模。一系列的成功收购可以帮助一家企业成为业内强有力的领导者。但是，整合新收购企业与现有企业是一项巨大的挑战，尤其是当两家企业的文化存在较大差异时。

全球化拥有巨大的力量，为新创企业的

本章概要

15.1　收购及协同效应

15.2　作为增长策略的并购

15.3　全球运营

15.4　焦点案例：阿里巴巴公司

15.5　本章小结

长足发展提供了空间。大多数新创企业会在适当时候实施国际化发展战略，为此，需要制订相应计划。

15.1 收购及协同效应

收购（Acquisition）是指一家企业购买另一家企业。通常被收购方会失去独立性，而收购方则承担被收购方的所有资产和负债。收购是创业的一种形式，当一家已经成立的企业想要发展新业务，试图为企业注入更多的创业动力或增加新的产品线时，收购是一个有效途径。业务的经营历史会提供许多有价值的经验，因此购买现有业务可以降低进入新产品市场或新区域市场的风险。此外，购买另一家企业的业务对本企业的现有业务也有好处，这种好处具体表现在客户、员工、产品、设备和地理条件等多方面。当然，收购企业的潜在劣势也是显而易见的，如收购导致企业的资产减少或品牌贬值，购入企业的位置不佳、库存陈旧、客户或员工关系不佳以及盈利能力缺乏等。

收购一家企业的 3 个关键步骤是：①识别和筛选备选企业；②制定投标策略；③整合或接管被收购企业。

寻找和评估一个收购备选企业可能费时持久。大多数收购活动都以获得协同效应为预期，希望通过整合企业带来效率和效益的提升。假设你筛选出一家备选企业，你对它的估值为 V，并且该企业能够接受的收购出价也是 V。然后，你估计你和你的创业团队加入该企业后将为其带来新价值，使得该企业的价值变为 V_N。于是，我们可以用公式（15-1）计算协同效应（Syn）：

$$Syn = V_N - V \qquad\qquad (15\text{-}1)$$

所谓**协同效应**（Synergy），是指预期因收购而为收购方带来的价值增值。协同效应可能源自新创企业的创业团队为被收购方引入能力和资源，带来收入增加和成本降低。当新创企业的创业团队收购现有企业时，协同效应还源自创业团队取代被收购企业的管理团队而产生的附加价值。收购方团队将致力于让被收购方的产品创造出独特的、难以被竞争对手模仿的价值。因此，收购方总是试图寻找能生产高附加值和强稀缺性产品的被收购方，希望借助收购方团队的能力使其价值提高。

在找到一个好的收购目标后，收购方需要拟订融资方案并就交易条款展开协商。这是避免投标竞争和及时完成交易的有效途径。

有意谋求被其他企业收购的新创企业应该确定具体的潜在收购方。如果该新创企业是科技企业，则潜在收购方就可能包括谷歌、脸书和微软等。新创企业必须有能力让潜在收购方发现和认可自己所具备的战略优势。例如，新创企业的产品恰好在潜在收购方的产品路线图上，或者拥有潜在收购方认为特别有价值的客户群（Dixon，2011）。

📖 案例

微软收购领英

2016 年，微软完成了对领英的收购。达成这项交易的重要原因之一，是领英的用户群与微软的潜在用户高度重叠。例如，许多营销团队使用领英针对营销人员开发的销售导航（Sales Navigator）工具开展日常工作，而微软面向企业的营销团队开发了客户关系管理工具 Dynamics 套件，希望将其销售给领英的用户们。在发给员工的一封电子邮件中，领英的首席执行官杰夫·韦纳列举了两家公司计划用来整合其软件的一些方式：

- 在微软的 Outlook 和 Office 套件中整合领英的身份认证系统和网络。
- 在 Windows 通知中心中整合领英的通知功能。
- 让领英会员能够在 Word 中起草简历，更新其个人页面资料，并在领英网站上发现工作机会和进行求职应聘。
- 在微软产品中拓展赞助内容的覆盖面，从而将协助共享的范围扩展到微软的所有资产。

收购方经常采用的 3 种企业估值方法为：①账面价值（Book Value）法；②市销率（Price-to-Sales Ratio）法；③市盈率（Price-to-Earnings Ratio）法。**账面价值**是企业的净资产（所有者权益），它等于总资产减去无形资产（专利、商誉）和负债。市销率和市盈率体现了特定行业中企业间的相对收益情况。其中，对于处于成熟期的企业，通常使用市盈率法进行估值，而对于尚未盈利的高成长性企业，使用市销率法来估值则更为可靠。

以一家为伤残人士研制矫形设备的公司为例。财务顾问估算该公司净值为80万美元。在过去两年中，该公司的年销售收入保持在120万美元。公司拥有几项专利产品，但其市场机会尚未得到充分开发。因此，根据公司净值或账面价值设定其基础价值为80万美元。由于没有收入增长，财务顾问建议收购出价为其年销售收入的一半，即60万美元。在过去几年里，公司盈利一直稳定在每年10万美元。假设可比公司的市盈率为9倍，即公司的市价为盈利的9倍，则该公司的估值为90万美元。综合上述3种估值方法（按照账面价值法估算的80万美元，按照市销率法估算的60万美元，按照市盈率法估算的90万美元），收购方确定收购的目标价格为70万美元。之后，双方需要确定一个合适的交易结构。例如，可以先提议采用如下交易方案：收购方向被收购方支付20万美元的现金，将其余50万美元视作收购方从被收购方取得的贷款，在未来4年中按照最优惠利率偿还。最后达成的收购价格和交易结构将是双方多次谈判协商的结果。

虽然收购方意图获得协同效应，但是，由于会高估被收购企业的价值以及被收购方难以整合，收购行动最终往往会侵蚀被收购企业的价值。当收购方尝试接管被收购方时，要么会在与被收购方团队一起工作时遭遇合作障碍，要么会发现很难改变被收购方的既定组织文化。当两家企业经营的产品截然不同或在不同的地理位置上开展运营时，整合将会格外困难（Ellis et al.，2011）。买卖双方能否达成信任关系，也会成为成功收购的一项挑战（Graebner，2009）。

此外，收购方还可能因为收购而分散管理精力和资源，从而影响自身业绩。当收购方和被收购方处于相同的地理位置时，这种影响尤其显著（Mingo，2013）。

在收购前，新创企业应充分考虑被收购方所拥有的技术和客户的不确定性。如果不确定性很高，新创企业可以先尝试与对方建立战略联盟，这样做成本更低，且能够帮助新创企业规避财务风险。等到战略联盟取得一定成效后再进行收购，会更加稳妥（Dyer et al.，2004）。

1949年，厄尔·巴肯（Earl Bakken）和帕尔默·赫蒙德斯利（Palmer Hermundslie）在明尼苏达州创立了医疗设备维修企业美敦力公司。成立不久，公司就通过开展电子设备销售和维修业务取得了市场地位，还推出了一系列自定义设备。1957 年，美敦力公司研制出第一款可穿戴式心脏起搏器。3 年后，美敦力公司购买了第一个植入式心脏起搏器的专利权。其后，这家公司逐渐成长为全球领先的心脏起搏器制造商。美国以外的起搏器市场销售强劲，但竞争十分激烈。为了应对竞争，美敦力公司开始建立国际化销售网络，并于 1968 年通过收购加拿大的销售代理公司获得了对其国际业务的直接控制权。其后，美敦力公司开始收购该加拿大公司在美国的主要分销商，并建立起一支直销队伍向世界各地销售产品。

20 世纪 80 年代，美敦力公司通过收购进入新市场。其收购对象包括强生公司的心血管事业部，以及十几家其他医疗技术公司，包括一家冠状动脉成形术导管和导尿管制造商、一家离心血泵制造商，以及一家荷兰心脏起搏器制造商。到 1990 年，美敦力公司凭借内部发展和战略收购，成功地从一个产品单一的公司转变为一家拥有多元化产品的国际化医疗技术公司。美敦力公司在 2014 年收购了爱尔兰的 Covidien 公司后，将总部迁至爱尔兰。通过不断收购市场领头羊，美敦力公司保持了其在医疗技术行业的领导地位。

15.2　作为增长策略的并购

处于相对分散行业中的企业可以将收购和合并作为增长战略。**合并**（Merger）是指两家企业合并为一家企业，而收购是指一家企业购买另一家企业。合并和收购的区别在于两家企业中一方的控制程度，合并的结果可能是企业控制权的对半分割。与收购相比，合并要求双方开展更高程度的合作和整合。在大多数情况下，合并发生在两个规模相对对等的企业间，而收购方通常比被收购方规模更大、更成熟。许多合并失败源自两家企业的职能和活动未能实现充分整合。

在相对分散的行业中，数量众多的小企业被细分为专业化企业，为争夺市场份额而展开激烈竞争。市场有一种内在机制，以强大的力量推动着行业整合，使其逐渐演变为寡头垄断（Oligopoly）行业，其中的少数大企业凭借其市场份额之大，对价格和产量产生举足轻重的影响。科技、媒体和电信等行业的整合动机很强大，这些行业的固定成本很高，而为每个额外客户提供服务的新增成本很小，此类行业中的企业需要在巨大的规模下运营才能获利。例如，一家典型的芯片制造企业现在的经营成本在 120 亿～ 150 亿美元之间，而在 35 年前，经营成本只需 1 亿美元。芯片制造企业必须卖出更多的集成电路（芯片）产品，才能让如此大规模的投资获得回报，所以，内存芯片制造企业有强烈的并购动机。

寡头垄断并非总会给消费者带来不利影响。寡头垄断可以提高效率，使企业能够以更低的价格向消费者提供更好的产品，并形成行业标准，为消费者提供质量稳定的产品。同时，竞争能够阻止企业以远高于成本的价格销售商品，而寡头垄断却破坏行业竞争，让寡头企业能够以牺牲消费者利益和阻碍经济健康发展为代价获取巨额利润。

行业整合会让行业变得更有效率（Sheth & Sisodia，2002）。分散市场中的企业并购，可以产生规模经济与协同效应。身处成熟行业的新创企业，可以通过并购获得良好商机。新创企业可以集中资源并在利基市场中有效利用资源，然后在资源充足时，收购小型的竞争对手企业（Santos & Eisenhardt，2009）。

如果并购后的新企业能够制订完善的近期商业计划，包括设定关键盈利能力指标，则并购可以刺激企业增长。并购后的企业应重新部署非生产性资产，并集中精力优化两家企业联合开展的业务活动。例如，埃隆·马斯克和彼得·泰尔将他们的竞争对手企业并入 PayPal 公司，因为他们害怕即将到来的股市崩盘，他们希望与竞争对手企业开展合作和共享资源（Thiel，2014）。

大多数研究表明，约 2/3 的企业并购并未产生规模经济或协同效应。为从并购中获得收益，企业需要对并购后的组织加以妥善的整合。**横向合并**（Horizontal Merger）是指在相似市场上生产和销售相似产品的企业之间的合并。埃克森（Exxon）和美孚（Mobil）的合并就是横向合并的典型案例。**垂直合并**（Vertical Merger）是指位于价值链上不同环节的企业间的合并。

高朋公司（Groupon）成立于 2008 年，是一家提供每日在线交易的网站，为消费者提供可以在当地商号使用的折扣券。高朋公司在成立后，通过收购其他电子商务公司，规模快速扩大，为全球各地的消费者提供了一个巨大的在线交易市场。实际上，高朋公司在 2010 ～ 2016 年共收购了 36 家公司。2016 年 10 月，高朋公司收购了其主要竞争对手 LivingSocial 公司，后者的估值一度达到 60 亿美元。

表 15-1 中列举了 5 种不同类型的并购（Bower，2001）。第一类并购以削减相对成熟行业中的过剩产能和提高效率为目标，收购方试图关闭低效工厂从而降低成本，同时保留被收购方的技术和客户以实现规模经济。2002 年，惠普公司和康柏公司（Compaq）的并购就属于此种类型的并购。

表 15-1 5 种类型的并购

类型	削减过剩产能	地理扩张	产品或市场拓展	技术并购	行业整合
目标	削减过剩产能和提高效率	扩大公司的地理范围，实现规模经济和范围经济	延伸产品线或进入新市场	快速获取新技术和新能力	通过整合一个行业或渠道来获得垄断地位
示例	● 戴姆勒 – 奔驰汽车公司和克莱斯勒汽车公司 ● 惠普和康柏	● 美国美洲银行（Bank of America）和美国国家银行（Nations Bank） ● Waste Management 公司和多家本地公司	● 美国泰科国际有限公司（Tyco International Ltd.）和美国瑞侃 Raychem 公司 ● eBay 和 PayPal 公司	● 思科公司在 1993 ～ 2012 年间兼并了 159 家企业 ● 美敦力公司收购众多医疗器械公司	● 卫星广播公司 Sirius 和 XM 公司合并 ● 1995 年迪士尼公司收购 ABC 电视广播公司⊖
并购中的重要议题	并购后的公司应削减哪些过剩产能，以及如何快速达成目标	如何让两家公司的不同文化实现融合	如何让两家公司的文化和分销渠道实现融合	技术收购的估值可能过高，被收购方的领导者可能流失	可能无法实现整合，或者整合带来的价值较低

许多并购交易的发起方希望获得被收购方的客户，并减少市场中的过剩产能，然后，找出其中的最好客户并留住他们，同时捕获被收购方的客户作为自己的新客户（Selden & Colvin，2003）。

第二类并购是指一家区域性企业在全国范围内实现成功扩张，它希望借此拓展地理范围，并实现规模经济和范围经济。

第三类并购是为延伸企业的产品线或进入新市场而开展的并购。例如，为延伸企业的产品线，从而为客户提供更便捷的交易服务，eBay 收购了 PayPal

---

⊖ ABC 电视广播公司是美国最大的广播电视网。——译者注

公司。

第四类并购是为了通过收购企业快速获取新技术和新能力而开展的并购。例如，美国 Opsware 软件公司的主要业务是为企业客户提供服务器和网络设备的配置与管理服务，当该公司意识到自己缺少网络自动化能力时，它决定购买拥有该能力的 Rendition Networks 公司。完成收购后，Opsware 公司从思科公司获得了一份新交易合同，这项收购为其带来了即时的回报（Horowitz，2014）。

第五类并购，源自对未来行业融合的洞察。例如，迪士尼公司收购了 ABC 广播电视公司，希望借此整合内容和媒体渠道来获得垄断地位。通常，一家企业会通过某一类型的收购来恢复业务活力，并希望实现业绩激增（Vermeulen，2005）。

> **案例**
>
> ### 波士顿科学公司⊖与 Scimed 公司的成功整合
>
> 并购的最重要目标是实现两家企业的成功整合。总部位于马萨诸塞州的波士顿科学公司（Boston Scientific Corporation of Massachusetts）自 1992 年进行 IPO 以来，一直是微创医疗器械行业备受尊敬的先驱。该公司采取了积极的收购策略，与明尼阿波利斯的 Scimed 公司快速实现合并。Scimed 公司专门从事用于心血管疾病导管治疗的血管成形术产品研制，在欧洲和日本建立了一流的分销体系。经过几年的磨合，两家公司实现了充分整合。借助 Scimed 公司的产品、分销系统和管理团队，波士顿科学公司成为行业的领导者。

惠普和康柏的合并实际上是为了削减过剩产能而进行的技术收购。在这次并购中，收购方惠普公司获得了康柏公司的技术。惠普公司在很大程度上错失了个人计算机和互联网革命所带来的发展良机，它希望通过此次并购来提升公

⊖　波士顿科学公司是全球专注于微创伤介入治疗领域内最大的医疗器械公司，总部设在美国马萨诸塞州的纳提克市。

司的竞争力（Anders，2003）。

收购方和被收购方的行动准则见表 15-2。其中最关键的一步是任命一位整合经理，授权他在一段时期内全职负责两家企业的整合工作。整合工作应该从制定整合策略和整合计划开始，其目标是在短期内，即合约缔结后的 6 个星期内实现初步融合。整合工作的另一个重要步骤是组建一支团队来配合整合经理的工作，该团队要帮助整合经理在合并后的企业中建立各种社会关系并取得初步成效。表 15-3 列示了整合经理的 4 种角色，包括加快整合进程、建立联合团队、建立社会联系、推动整合成功（Aiello & Watkins，2000）。市场环境决定了特定时期内发生的合并和收购交易总量的多少。

表 15-2　收购方和被收购方的行动准则

收购方的行动准则
• 用高价值股票来支付
• 识别谁是被收购方的关键人物，争取请他在整合后的企业中留任
• 决定谁会被留下，并迅速与之建立联系
• 杜绝自大傲慢的行为
• 整合两家企业的组织文化和运营流程
• 任命一位整合经理或整合团队来领导整合工作

被收购方的行动准则
• 要求收购方使用现金而不是股票支付
• 被收购方的关键人物应答应在合并后的企业中短期留任
• 尽量不要签署非竞争协议，如果非签不可，要尽量缩短协议的有效期
• 向被收购方的员工和经理解释收购给他们带来的好处
• 告知员工谁将会留下，谁将会被辞退
• 组织结构重组时要尊重相关人员

表 15-3　整合经理的 4 种角色

| 1. 加快整合进程
• 推动决策和整合进程
• 控制节拍，为合并后的企业建立一个新的组织结构
2. 建立联合团队
• 领导整合团队
• 建立一个新的工作框架 | 3. 建立社会联系
• 诠释两家企业的组织文化
• 在两家企业积极现身
• 调动相关员工，使其克服障碍来协调并开展工作
4. 推动整合成功
• 识别和传递协同效应
• 展示短期收益
• 展示企业实现的效益 |

新创企业在被大企业收购后，新创企业领导者一般会继续在收购整合后的新企业中扮演重要角色。收购方的领导者本身事务繁忙，无暇为被收购方的普通员工提供有效的工作指导；同时，收购方领导者可能也不熟悉被收购方的业务，没有能力为被收购方做出正确的经营决策。因此在完成收购交易后，往往需要被收购方的领导者继续留任担任领导。被收购方的领导者可以通过关注员工的具体职业目标和发展规划，帮助员工解决在新岗位上、在新主管的指引下开展工作所遇到的问题，来提升自身的职业价值（Graebner，2004）。

企业并购既可能创造价值，也可能损毁价值。只有当并购具有战略价值，基于现实预期做出公允估值，管理层专注于执行并购计划时，并购才可能增加价值。在美国在线（AOL）和时代华纳（Time Warner）的合并案中，因为未能整合好两家公司，最终导致价值损毁（Klein，2003）。

15.3　全球运营

合并和收购都是企业进入新市场的途径。当企业希望进入他国开展业务时，经常会采用这种策略。当前正在风起云涌的新一轮全球化进程，其起点可以追溯到1989年柏林墙的倒塌，其后，1945年二战结束后确定的地域划分原则不再适用。如果柏林墙是冷战的象征，那么互联网就是全球化的象征。上一轮全球化进程以运输成本的下降为基础，这一轮全球化则以电信成本的全面下降为基础（Friedman，2005）。全球化（Globalization）是指全球市场、民族国家和技术的融合发展，全球化使得世界各地的个人和商业组织可以向世界上任何一个国家（地区）输出和销售其产品。伴随互联网技术发展和全球化进程加快，企业可以在任何时间、任何地点进行销售。全球化的特征是高速、现代化、迁移和距离感的消除。

一家新创企业，即使在初创时只打算维持本地化经营，也应该做好全球化发展的准备，并为此制订战略计划。一家新创的自动化设计企业可能在最初几年只考虑为美国市场服务，但它之后会考虑向国际市场扩张。图15-1展示了本书采用的全球化战略分类模型。

执行**本地化战略**（Local Strategy）或**地区化战略**（Regional Strategy）的企

业将全部资源集中投放在本地市场，希望借此获得在本地市场中的竞争优势。处于发展早期阶段的企业通常会选择它们非常熟悉的一个区域市场，并试图首先在这个区域市场中取得成功。这是因为，在它们熟悉的区域市场中，它们更容易了解其客户以及影响客户购买行为的主要驱动因素（Bhide，2008）。一家新技术企业可以从本地市场起步，根据当地市场的需求调整其营销手段，然后再以本地市场为起点走向全球市场。

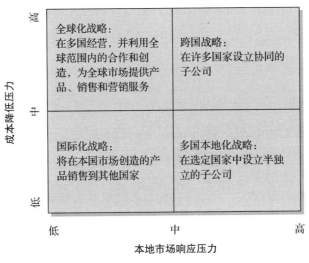

图 15-1　全球化战略分类模型

新创企业在起步阶段专注于本地市场的另一个原因是企业资源有限。如果想捕获餐馆、零售店等本地化商机，那么最好从创业者所在的区域开始创业。例如，星巴克最初从西雅图起家，在具备了比较完备的本地化运营能力后，才向美国的其他地区扩张。

执行**多国本地化战略**（Multidomestic Strategy）的企业会在资源允许的情况下，同时在多国开展业务。为此，企业要针对每个国家制定出适应该国实际情况的产品和营销策略。多国本地化战略不具有成本效益，但它使企业可在多国建立若干半独立的子公司。执行多国本地化战略的典型企业有诺基亚公司和索尼爱立信公司。

跨国战略（Transnational Strategy）可以在创造差异化产品的同时节约成本。执行该战略的企业依赖其在各个经营国所创造的产品供应流，形成以经验为基础的成本效益和区位效益，并在国家之间转移这种企业内部的特殊竞争力，同时关注多个当地市场的需求。执行跨国战略的典型企业有 ABB 公司和卡特彼勒公司（Caterpillar）。

执行**国际化战略**（International Strategy）的企业将全球视为统一的大市场，通过出口或签署许可协议，将产品和能力从国内市场转移到其他国家来创造价值。通过在全球范围开展经营，企业可以接触新的商业环境，学习到不同的方法，并见识到不同产品和创新行为。执行国际化战略的典型企业有微软公司和 IBM 公司。微软公司一直尝试在不同国家采用相同的商业模式。

 案例

Riverbed 科技公司的国际化战略

美国的 Riverbed 科技公司是全球广域网优化设备制造的领导企业。广域网优化设备问世后，在不到 10 年的时间里，其需求迅速增长，催生了一个价值数十亿美元的全球市场。由于多数大客户不愿意在不同国家使用不同的广域网优化设备网络，所以，Riverbed 科技公司在创立之初就不得不采取国际化战略。通过与许多国家的分销商和经销商开展合作，该公司得以迅速发展壮大。如今，Riverbed 科技公司在全球 30 多个国家都设有办事处。

执行**全球化战略**（Global Strategy）的企业强调面向全球市场开发并营销其产品或服务，利用不同国家的相对优势，将研究与开发、生产、营销等活动按照成本最低原则分散在少数几个最有利的地点来完成，但产品和其他功能则采取标准化和统一化以节约成本。执行全球化战略的典型企业有通用汽车公司、英特尔公司和惠普公司。对巴西、俄罗斯、印度和中国等高速增长的新兴经济体中的企业而言，实施全球化战略尤为重要。表 15-4 列示了 4 种全球化战略的优缺点（Hill & Jones，2001）。

表 15-4 4 种全球化战略的优缺点比较

	优点	缺点
● 多国本地化战略	掌握为当地市场定制产品的能力	不一定能降低成本和向他国学习
● 跨国战略	掌握降低成本及向他国学习的能力	独立子公司太多，难以管理
● 国际化战略	掌握响应本地市场需求的能力，将独特产品和能力转移到他国获利	对当地市场只能做出浅层回应，无法降低成本
● 全球化战略	掌握降低成本和向全球学习的能力	不能响应当地市场需求，协调难度大

案例

Crystal Lagoons 公司：全球化玩家

2007 年，智利生物化学家费尔南多·菲施曼（Fernando Fischmann）创建了 Crystal Lagoons 公司。该公司研发的技术能以低成本建造和维护大型海域、淡水或半咸水区域。该公司的第一个项目是在智利瓦尔帕莱索的圣阿方索德尔玛度假胜地建造一个潟湖，它被吉尼斯世界纪录认定为世界上最大的水晶潟湖——占地 8 公顷，包含 2.5 亿升来自太平洋的水。2012 年，Crystal Lagoons 公司在埃及的沙姆沙伊赫开发了一个 12.5 公顷的项目。该公司计划第 3 次打破其纪录，在迪拜酋长皇宫区美丹一区建造一个占地 40 公顷的巨型潟湖。

在通常情况下，新创企业要在进入全球市场前，先选择一种全球化战略，然后确定何时以及进入哪个国外市场。有关是否进入、进入时机以及进入成本等的考虑，将影响全球化战略的选择。一些行业本质上是区域化的，另一些行业本质上是国际化的或全球化的。比如，芯片制造是一个全球化行业，集成电路制造企业必须在初创时就制定其全球化战略。不过，许多企业会自然地经历从本地市场到区域市场再到全国市场的扩张过程。实现全球化发展的第一步是进入选定国家的市场，并为此在选定国家建立分销渠道和供应链。

许多行业都存在国际化发展的机会。例如，微软公司和英特尔公司将其产品销往世界各地，伦敦的《歌剧魅影》等热门剧目先是进入纽约市场，后来开展全球巡演。企业希望通过制定全球化战略，来降低成本、提高能力和满足当地需求，从而获得跨国或者全球化发展的商机，然而，实施这些战略可能需要巨大的资源投入。

思科公司通过实施国际化战略，实现了约 50% 的收入来自 150 个国家的海外市场。许多新创企业需要通过制定和实施全球化战略来获得独特能力或竞争优势。驱动新创企业进入全球市场的因素参见表 15-5。一家新创企业进入全球市场的速度，取决于竞争对手的行动、本企业掌握的技术实力，以及所拥有的关于目标海外市场的知识和洞察力（Oviatt & McDougall，2005）。

表 15-5　驱动新创企业进入全球市场的因素

• 获得廉价劳动力或者原材料	• 为产品找寻有吸引力的市场
• 绕过贸易壁垒	• 所处行业的市场机会在世界各地，竞争对手分布在世界各地
• 获得独特技能和向其他企业学习	
• 实现规模经济	• 拥有享誉世界的知名品牌

以往，新创企业在将产品推向全球前，会先在本地或国内市场取得充分发展，对产品进行充分的市场测试。由于新创企业获取国外市场信息和知识，以及管理国外经营活动的能力有限（Julien & Pamangalahy，2003），它们往往对开发国外市场只做有限投入。随着时间的推移，当企业打算追逐本地市场之外的国外市场中的商机时，就必须对两个市场的资源投入加以平衡（Kuemmerle，2005）。成功的创业者善于举一反三，将从一个市场中获得的教训转化为指导在下一个市场的行动的规则（Sull & Eisenhardt，2015），并根据不同环境的需要对行动规则加以适度调整（Bingham，2009）。

今天，成功的全球化新创企业通常会从一开始就培养国际化视野，建立强大的全球网络，开发能够满足全球市场需求的独特产品。在我们所处的时代，世界各地消费者的消费倾向日益趋同，这种趋势在汽车、服装、食品和饮料等日用消耗品，以及家用电器和电子产品等耐用消费品领域表现十分显著。全球化消费主义使得全球化品牌成为企业最重要的战略资产和很多业务成功的关键。苹果、丰田和辉瑞等均为全球化品牌。新创企业需要以各种方式为全球化做好准备。随着它们所处的行业正在日益全球化，新创企业必须制订其生产、监管和组织的全球化计划（Farrell，2004）。

最明智的做法是，新创企业从一开始就像全球化企业那样展现自己和采取行动，尽早制定知识产权保护战略，并在深层次上致力于国际业务的成功。领军风险投资公司 Andreessen Horowitz 公司的合伙人约翰·奥法雷尔（John O'farrell）建议新创企业制定独立的全球化战略，来确定全球运营的 5 个关键目标：进入区域市场的目标是什么？重点关注哪些国家，以及以什么顺序进入这些国家？打算销售什么产品？如何进入这些国家的市场？在各国市场采取何种运营模式？走出国门进入全球市场可以获得丰厚回报，但其前提是制订完备的计划并采取强大的战术行动，为实施战略部署提供支持（O'farrell，2011）。

表 15-6 展示了企业进入他国或地区市场的 5 种途径。其中，商品出口作为向他国市场销售产品的途径，其优点是实施简单，缺点是运输成本高。颁发许可证并收取许可费的途径，其优点是成本较低，且可以对被许可方的营销和生产活动实施一定程度的控制。特许经营是颁发许可证授权他人经营的一种形式，被许可方需要签署协议，承诺遵循许可方制定的经营规则和流程，该种途径的缺点是可能失去对产品质量的控制。

表 15-6　进入他国或地区市场的 5 种途径

模式	描述	优点	缺点
1. 商品出口	直接向他国市场销售产品	实施简单	运输成本高
2. 颁发许可证并收取许可费	授权其他企业利用本企业所掌握的知识和专利生产产品	可以较低成本进入他国市场，且可以对被许可方的营销和生产活动实施一定程度的控制	授权方对专利许可的控制力较弱
3. 特许经营	授权其他企业以本企业的品牌、名称或经营流程开展业务	可以较低成本进入他国市场	授权方难以控制产品质量
4. 建立合资企业	与进入国或地区的当地企业联合建立在当地注册的实体企业	获得合作伙伴所掌握的能力，与合作伙伴分担成本	控制力被削弱
5. 建立全资子公司	在他国注册全资子公司	直接控制全部经营活动	成本高

与外国企业建立合资企业，其优点是可以帮助企业获得合作伙伴掌握的能力，并与合作伙伴分担成本（Yu et al.，2011），缺点是企业的控制力可能被削弱。因此，双方必须协调彼此的目标，当合资双方企业的规模或实力相差悬殊时，还必须面对双方的议价能力不对等问题（Lu & Beamish，2006）。在他国建立全资子公司，优点是母公司掌握完全的控制权，缺点是要以高昂的代价换取控制力，同时，有些国家的法律禁止外国企业直接在该国建立全资子公司。

麦当劳公司（McDonald's）和希尔顿公司（Hilton Hotels）均通过在他国设立特许经营店作为进入新市场的常规手段，英特尔公司和惠普公司则通过在目标国建立全资子公司作为进入新市场的手段。富士施乐公司（Fuji-Xerox）是美国施乐公司（Xerox-USA）和日本富士胶卷公司（Fuji Photo Film）联合组建的合资公司。哈雷戴维森公司将所生产的摩托车中大约 29% 的份额直接出口给他国的经销商和分销商。

霍尼韦尔公司（Honeywell）是总部位于美国的《财富》100 强公司。该公司拥有庞大的国际业务，其业务领域涉及航空航天、环境控制、先进材料、运输系统以及制造加工业。霍尼韦尔公司的 13 万名员工中，超过一半居住在美国以外的国家或地区，公司 55% 的收入来自美国以外的国家或地区。

随着各国市场的逐步开放和各国政府放松管制，全球化正在波及越来越多的国家，同时，有关全球化的利弊影响成为一个有争议的话题。如图 15-2 所示，全球化对组织发展具有强大的影响力（Barkema et al.，2002）。众多新创企业需要考虑全球化对其所处行业的影响，并制定应对策略。要想在全球化进程中取得成功，创业者需要明确本企业的全球化发展目标，建立战略联盟，创建和管理全球供应链，并学习如何在不同文化和制度框架下建立信任型组织（Isenberg，2008）。

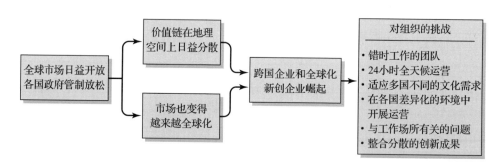

图 15-2　全球化的力量和后果

随着新创企业不断成长，它们需要建立国际合作关系，并与来自不同国家的、拥有差异化文化背景的人们开展合作。**文化智力**（Cultural Intelligence）

是指个体适应不同文化环境，并与来自不同文化背景的人产生有效互动的能力（Ang & Van Dyne，2015），它包含 3 个组成部分，即认知智力、生理智力和情感智力。为成功开展全球化运营，企业需要建立良好的文化关系和柔性的文化智力基础，团队成员必须学习如何应对不同国家、不同企业和不同的职业文化。

跨国企业（Metanational Company）应掌握的 3 项核心能力如下：

（1）率先发现并迅速掌握正在全球各地涌现的新知识。

（2）通过整合分散在全球各地的新知识来超越竞争对手。

（3）通过在全球范围内高效地组织生产、营销和交付活动，将创新成果转化为价值。

雀巢公司、IBM 公司和惠普公司等都是在以上 3 方面表现突出的典型案例。对跨国企业而言，最具挑战性的任务是迅速捕捉世界各地正在涌现的新知识和创新成果，并将其整合到企业的能力和产品中去（Doz et al.，2001）。

市场竞争就像一个三维的国际象棋游戏。企业可以在不被竞争对手立刻觉察的情况下，通过在某个市场采取行动来实现其在另一个市场的经营目标。当企业所处的不同市场之间存在这种战略上的相互依赖关系时，竞争局势就会变得格外复杂，企业不能仅凭常规的单一市场分析来指导决策，而是要通过复杂的分析过程来明晰竞争格局，预测它在一个市场的行动将如何影响另一个市场的竞争局面。

技术密集型行业中的领军企业往往具备支撑全球业务的核心能力。创新型企业致力于在全球范围内汲取知识和提升业务协同能力，不断构建和发掘新资产和新能力，努力实现规模经济和范围经济。随着企业日益成长壮大，创新型企业将逐步构建一个全球性的能力和资产网络（Tallman & Fladmoe-Lindquist，2002）。

IBM、惠普、思科或英特尔这样的真正的全球性公司，是作为独立的整合组织来运作的。这些企业综合考虑成本、技能和商业环境等因素，在世界各地进行项目配置和人员调配，它们是一个"遍布全球的企业组成的网络"，网络中的各个企业灵活集成、共同努力，组成了最佳的业务流程；网络中的各个企业并非基于合同开展交易，而是以相互合作和彼此信任为基础进行协作（Branscomb，2008），组成相互依赖的创新合作伙伴网络的。

15.4 焦点案例：阿里巴巴公司

1999 年，中国企业家马云创立了阿里巴巴公司。创立之初，该公司是一个连接中国制造商和外国买家的门户网站。经过数年发展，该公司已经成长为"东方的亚马逊公司"，2016 年该公司创造了近 160 亿美元的收入。

阿里巴巴公司积极地开展投资和收购，通过与众多电子商务公司达成合作，有力地推动了自身的成长。在众多收购事件中，格外引人关注的是 2005 年阿里巴巴收购雅虎中国，这次收购扩大了阿里巴巴公司在新闻、电子邮件和内容搜索领域的行业影响力。收购之后，阿里巴巴公司一直与美国雅虎公司保持着密切的联系。

目前，阿里巴巴公司已经成为一家全球性企业，其业务范围扩展到中国以外的众多国家和地区，拥有 7 种语言的门户网站，其客户遍布世界各地。2016 年，阿里巴巴斥资约 10 亿美元收购了新加坡电子商务公司 Lazada Group，尝试借此进军东南亚市场。除了积极实施收购战略，阿里巴巴公司还研发了一些有重要影响力的内部产品，比如 2004 年推出的支付宝（Alipay）。支付宝是一个在线支付平台，目前已成为中国在线支付领域的领军者。

15.5 本章小结

创办一家新创企业，可以从创业团队收购一家现有企业开始。或者，创业者可以先创立一个企业，再通过收购其他企业来壮大自己。大多数（不是全部）收购都以实现协同效应为目标，希望通过两家企业的合并来提升经营效率。通过实施收购，可以提高效率，实现地域扩张，拓展产品或市场并获得新技术。

> 📖 **技术创业原则 15**
>
> 所有新创技术企业都应该制定明确的收购战略和全球化战略。

大多数新创企业会首先制定本地化或国内发展战略，再制订向国际市场出口产品的计划。在企业成长壮大后，其国际化发展途径可能会从产品出口转向在他国建立全资子公司。

音像资料：
读者可以访问 http://techventures.stanford.edu 网站，浏览与本章内容有关的学术讨论。

首次收购的经验和教训 （Lessons Learned from First Acquisition）	杰夫·塞伯特	推特公司
被谷歌收购 （Getting Acquired by Google）	布雷特·克罗斯比	PeerStreet 房地产众筹平台
筑起收购壁垒 （Building Resistance to Acquisition）	休·马丁	威瑞森电信公司

15.6　练习

（1）收购方希望找到利润率较高，有着清晰发展轨迹和公平收购价格的公司进行收购。选择一个你感兴趣的行业，列出在该行业中选择收购对象的 5 项标准。

（2）假设你目前正在考虑收购一家软件公司。这家公司的业绩已经有好几年未提升，其年销售收入为 100 万美元，每年可提供 10 万美元的现金回报（税前，且包含所有者年薪）。作为收购方，你选择的基准折现率为 14%。假设收购后，你可以帮助该公司实现 2% 的销售收入和现金流年增长率。请计算你能接受的收购价格。

（3）比较以下几家公司的收购策略有哪些差异：苹果公司、谷歌公司、微软公司、甲骨文公司和美国高通公司。

（4）选择一家通过收购进入国际市场的科技公司，说明这家公司为此缔结了怎样的战略联盟，以及该公司与其联盟方之间的交易条款都有哪些。你认为这家公司的收购成功吗？实施收购为这家公司带来了哪些重要的挑战？

（5）采访一位不在公司总部所在国工作的技术主管。了解这家公司的营销、销售、运营、研发等各项管理活动是如何开展的，以及远离公司总部开展业务运营会带来哪些重要挑战。

（6）谷歌公司在其搜索业务刚进入中国时，决定根据中国政府的要求对部分内容进行审查，这让人感到意外。为什么有些人认为谷歌公司的这种做法是"有害的"？谷歌公司是如何回应这种担忧的？当企业将业务推向国际市场时，还会面临哪些挑战？

■□ 创业实战

1. 描述你创办的企业所采用的作为成长战略的收购和兼并方式。

2. 借鉴图 15-1 和表 15-6，描述你为自己的企业制定的全球化战略规划和具体实施方案。

第四部分

融资
引领
企业发展

TECHNOLOGY
VENTURES

FROM IDEA TO ENTERPRISE,
5TH EDITION

新创企业应该有一个清晰的收益模型和一条可行的盈利途径，同时，明确企业所创造的财富如何在所有者间进行分配也十分重要。一个全面的融资计划，应该建立在准确而可靠的基础假设，以及对企业发展和盈利能力的合理论证之上。可以根据融资计划追踪和检验投资资金的来源。完整的商业计划不仅需要呈现一个引人入胜的创业故事，更需要针对协议条款的谈判技巧。即使是在完成初始融资和企业上市后，创业团队仍然要充满热情地、遵守道德地执行商业计划，并根据形势的变化对其持续调整。

利润与收益

利润是所投入的劳动和资本乘以管理的结果。

你可以在市场中购买前两种要素，但最后一种要素只能由灵感激发。

无名氏

新创企业应如何获得收入及正现金流

新创企业需要确定自己的销售模式，以描述企业怎样从客户那里获得收入，然后，要根据销售模式确定企业的成本结构以及从销售收入中获利的途径。收入和利润来源揭示了企业为客户创造价值，以及客户帮助企业盈利的机制。许多新创企业想当然地认为销售收入必定包含利润，实际上，有销售收入并不能保证有利润。在通常情况下，进入无利可图的市场开

本章概要

16.1　收入模型

16.2　成本模型

16.3　盈利模型

16.4　收益增长管理

16.5　收获计划

16.6　市场退出与创业失败

16.7　焦点案例：腾讯公司

16.8　本章小结

展业务会特别艰难。

除非将占据市场主导地位确定为首要目标，否则，大多数企业都会谋求尽早获得正现金流。收益增长管理非常重要，因为不受控制的增长可能带来负现金流，从而产生持续从外部投资者处筹集新资金的需求。此外，企业还应该就如何通过业务成长为所有者赚取利益制订计划。创业者必须脚踏实地，对创业可能遭遇失败做好思想准备。

16.1　收入模型

企业的**收入**（Revenues）是销售收入减去退货、返利和折扣后的金额。企业用**收入模型**（Revenue Model）描述了企业产生收益的方式，表 16-1 列举了企业的 5 种收入模型。

表 16-1　企业的 5 种收入模型

1. 产品销售模型	4. 交易费模型
2. 订阅费模型	5. 会员收入模型
3. 广告费模型	

大多数企业采用**产品销售模型**（Product Sales Model），即通过向客户出售产品来创造收入。例如，联想公司向客户出售个人计算机，英特尔公司则将芯片出售给电子产品公司。

采用**订阅费模型**（Subscription Revenue Model）的企业向客户提供一定时间段内的内容访问资格或会员资格，并收取一定费用。信息资源类企业（如《经济学人》杂志社）和定期发送产品信息的服务商均采用此类收入模型。例如：美妆盒子公司（Birchbox）每月都会向客户寄送化妆品和其他美妆产品的样品；服装租赁网站 Rent the Runway 为客户提供名牌服装和配件预订服务，客户每月支付固定费用后可以从网站提供的名牌服装和配件中任选 3 款，并可以随时更换。一般来说，俱乐部、合作社或其他形式的会员制组织均采用订阅费模型。

广告费模型（Advertising Revenue Model）被网站和电视广播公司等媒体类企业采用，这些企业出售广告播放空间和时间，并根据播放次数和播放时长向发布广告的客户收费。一些媒体类企业通过吸引大量观众观看或听众收听其广告，来赚取高额收入。脸书公司和推特公司的大部分收入都是通过出售广告空间获得的。

采用**交易费模型**（Transaction Fee Revenue Model）的企业，通过为客户提供有偿交易撮合服务来获得收入。采用该模型的代表性企业如爱彼迎公司和eBay 公司。

采用**会员收入模型**（Affiliate Revenue Model）的企业，为其他企业推荐会员来收取介绍费，或从被服务企业的收入中按比例提成。房地产中介公司以及为亚马逊公司吸引会员的企业都采用了该模型。

《纽约时报》和《经济学人》等信息资源类传媒企业同时采用订阅费模型和广告费模型获利。一些新创企业甚至混合采用上述 5 种收入模型，例如：亚马逊网站同时采用产品销售模型、交易费模型和会员收入模型；谷歌公司通过刊登广告以及颁发技术许可并收取许可费的方式来获得收益。

> 🔲 **JBoss 公司：通过提供服务支持来获得收入**
>
> 　　美国佐治亚州亚特兰大市的 JBoss 公司有着不同寻常的使命和收益模型："JBoss 公司的使命是以专业开放源代码（简称开源）模式，颠覆企业应用中间件软件的创建、传播和支持方式。我们致力于提供创新的高质量技术和服务，并成为企业和软件供应商的安全选择。"JBoss 公司为企业提供免费的开源软件，并通过为开源软件提供专业服务和支持来获取收入。JBoss 公司凭借专业的开源软件和服务支持开创了一个有利可图的利基市场。2006 年，Jboss 公司被红帽公司收购（参见 http://www.jboss.com）。

脸书公司最初是一家没有切实可行的收入模型的社交网络公司。该公司采用的第一种收入模型是在其网站上发布广告，并借此持续获得了可观收入。随着越来越多的用户使用广告收入较低的移动设备浏览其网站，脸书公司需要考虑引入其他收入模型。一种可行的方案是使用搜索工具来挖掘脸书公司丰富的用户数据。脸书公司认为，作为一家社交网络巨头，引入搜索服务收费模型后，可以依据用户的脸书好友的喜好和兴趣进行口口相传，而非依靠算法进行内容推荐，从而为用户提供更加个性化的量身定制产品，未来很可能撼动谷歌公司的行业领袖地位。

由于大多数新创企业在发展早期尚未实现盈利,因此,它们会采用收入指标(如员工的人均创收)来追踪其业绩,设定类似"尽快实现员工人均创收超过 10 万美元"这样的业绩目标。大多数成熟的成长型企业的人均创收超过了 20 万美元,而科技类公司的人均创收有时能超过 40 万美元。

16.2 成本模型

成本动因(Cost Driver)是影响企业总成本的任何元素。通常,成本会随时间或产量而变化。企业总成本有 4 种基本类型的成本动因,分别是:固定成本、变动成本、半变动成本和非经常性成本。其中,固定成本不随产量发生变化,例如租金和管理层薪资。变动成本直接受产量的影响,与产量成比例变化,例如销售佣金(随销量而变化)和原材料成本(随产量而变化)。半变动成本也随产量变化,但并非直接受产量影响,因为其中还包含一些固定成本的元素。例如,一家商店可能需要保持最少数量的员工(固定成本),但是随着顾客数量增加,商店可能会雇用更多员工(变动成本)。最后,非经常性成本是很少发生或不定期发生的成本,例如设备和建筑物的购置费。为了实现利润最大化,创业者需要了解企业的成本结构和所包含的成本动因的类型。

16.3 盈利模型

利润(Profit)是销售收入扣除成本后的净回报。**盈利模型**(Profit Model)是企业借以从收入中获取利润的机制。谷歌公司的大部分利润是通过拍卖出现在搜索结果和合作网站中的文本广告而实现的;微软公司通过出售 Windows 和 Office 软件的特许使用权盈利;惠普公司和施乐公司的大部分利润来自碳粉盒销售。

图 16-1 展示了产品对客户的价值,

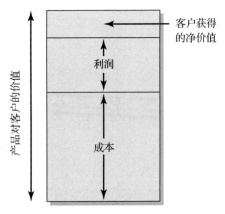

图 16-1 产品价值分配与企业利润

以及产品价值在客户与企业间的分配。为了保证盈利,企业需要努力降低成本,同时保持或增加产品对客户的价值。为了产生利润,企业需要检查其价值链上每个环节的活动,审视该活动的成本与其产生的价值是否匹配。

只有那些能够适应环境变化、保持竞争优势的企业才能获得利润。在 20 世纪 80 年代的个人计算机行业起飞时期,IBM 公司做了一个错误的判断,它认为利润会流向硬件和软件的品牌集成商,于是将开发操作系统的机会让给了微软公司。获得利润的关键是,掌握价值链中最重要的"增值"环节或别人难以企及的独特性,例如一个重要渠道的所有权、用户界面的控制权、独特地理位置上的零售运营权等。苹果公司凭借其掌控的 App Store 而处于竞争主导地位,任何想要将应用程序分发到 iOS 设备的开发人员,都必须入驻 App Store 并向苹果公司支付费用。

企业在成立初期,可能有等待业务增长的耐心,却没有等待盈利的耐心。当一家企业为获利而努力时,其实是在验证其做出的"客户会为有利可图的产品付费"的假设(Christensen & Raynor,2003)。

如图 16-2 所示,企业的收入和利润产生机制由其商业模式、战略、资源、能力、运营和流程驱动。

最有利于盈利的局面是:客户感知到的产品价值高,而产品的生产成本却很低。图 16-3 所示的价值网格可以帮助企业判断其获得巨额利润的潜力。低的生产成本使得产品单位价格所对应的客户感知价值较高。图 16-3 中的右上角区域是许多企业渴望进入的高利润区。

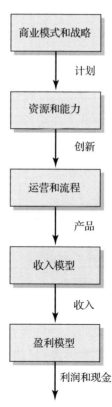

图 16-2 企业的收入和利润产生机制

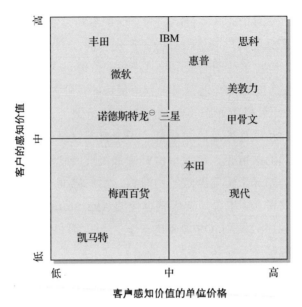

图 16-3 价值网格

大多数企业会在初创阶段投入时间和精力去了解客户需求，然后利用所获得的知识为客户创建更好的解决方案。如图 16-4 所示，企业在初创阶段会亏本经营，经过一段时间后才开始盈利，我们将从初创到开始盈利所经历的这段时间记作 T。T 当然越短越好，而亏损的峰值（NP）也是越小越好（Slywotzky，2002）。图 16-4 中所示的利润曲线通常被称为"曲棍球棒"预期。

对企业来说明智的做法是，在制定业务规划时，事先估计某个细分市场的潜在获利能力。企业如果进到一个长期无利可图的细分市场，即使占据了领导地位也

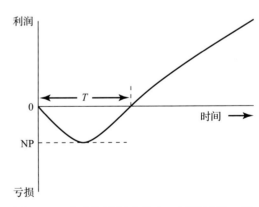

图 16-4 成功的新创企业在一开始亏损，经过一段时间（T）之后开始盈利，最大亏损点为 NP

㊀ 诺德斯特龙是美国高档连锁百货店。——译者注

毫无价值。

可以采用如下公式来衡量企业的盈利能力：

$$盈利能力 = \frac{利润}{X}$$

其中，自变量 X 应根据企业的发展目标和商业模式来确定。表 16-2 展示了可以选作 X 的指标。比较常用的利润度量指标是**利润率**（Profit Margin），即利润与收入的比值。

表 16-2　典型企业所采用的盈利能力度量标准

自变量 X	度量标准	典型企业
顾客数量	利润 / 顾客数量	吉列
员工数量	利润 / 员工数量	雅培
进店顾客数	利润 / 进店顾客数	沃尔格林（Walgreens）
产量	利润 / 产量	纽柯钢铁公司（Nucor Corporation）
收入	利润 / 收入	埃克森美孚

亚马逊公司的创始人杰夫·贝佐斯使用图 16-5 所示的 2×2 矩阵来描述利润率与销量的组合。他希望亚马逊公司能进入图中左下的第三象限区域，利润率虽然较低但产品销量大。进入该象限的企业必须有非常高的运作效率。亚马逊公司围绕效率来组织整个业务，最终实现了贝佐斯制定的利润率目标。

	低利润率	高利润率
低销量	避免落入该象限	宝马公司
高销量	亚马逊公司	苹果公司

图 16-5　利润率与销量的组合矩阵

资料来源：Garrett, Alexander. "What's Your Margin?" www.managementtoday.com (May 31). 2012.

企业采用高度关注客户需求、能为客户提供高价值的商业模式，更有机会获得高盈利。最具盈利能力的商业模式是为客户解决他们在购买过程中遇到的不便和耗时难题，这种商业模式之一是**用户基数模式**（Installed Base Profit Model），即供应商通过建立庞大的用户群，并吸引他们购买自己所提供的消耗性产品和升级产品来盈利。蓝围裙公司⊖就采用了该盈利模式，先是吸引众多客户订阅其服务，然后通过提供按周订购的半成品净菜配送服务实现获利。表 16-3 展示了 9 种盈利的商业模式（Slywotzky，2002）。一家新创企业需要明智地选择需要达成的盈利模式，并努力在竞争激烈的市场中建立其优势和弹性。

表 16-3 9 种盈利的商业模式

名称	特征描述	典型企业
1. 用户基数模式	建立庞大的客户群，向其销售消耗性产品和升级产品	多宝盒 蓝围裙
2. 创新保护模式	研发独特的创新产品，并利用专利和版权制度对其加以保护	默克 微软
3. 新业务模式	寻找未被满足的客户需求，并开创新业务	推特 移动支付公司 Square
4. 价值链专业化模式	专注于价值链上的一两个业务环节功能	纽柯 英特尔
5. 品牌模式	为产品打造有价值的品牌	谷歌、苹果
6. 畅销模式	专注于创造一系列明星产品	皮克斯 先灵葆雅（Schering-Plough）
7. 利润乘数模式	建立一个能以多种形式重复利用的产品系统	三星、维珍集团
8. 解决方案模式	从提供产品转向提供独特的整体解决方案	通用电气、IBM
9. 低成本模式	开发低成本产品，从而以低价格提供价值	瑞安航空 爱彼迎

管理者们都知道，有一些客户会比其他客户更加有利可图。对一些新创企业而言，这意味着企业的大部分利润来自 20% 的客户，而企业可能为一些低效客户支付了超过其购买的产品或服务所带来的收入的成本。因此，企业提高盈利的途径之一是，关注并留住那些有利可图的优质客户，放弃那些无利可图的客户。

在下面的利润公式（16-1）中：P 为销售价格，VC 为变动成本，Q 为产品销量，FC 为固定成本。降低固定或变动成本，提高产品销量或销售价格，都可以提高盈利能力。企业要想提高盈利能力，要么找到愿意支付更高价格或购买更多产品的客户群，要么努力降低成本。

⊖ 该公司为客户免费配送双人份的 3 顿正餐所需食材和配料。客户按周订购，每单的订单价格平均在 59.94 美元左右。客户收到被放入冷藏箱的食材后，按照附送的菜谱和说明，在半小时内即可完成"傻瓜式烹饪"。该公司的优势在于食材优质、价格便宜且可以帮客户节约时间。——译者注

$$利润 = (P - \text{VC}) \times Q - \text{FC} \qquad (16\text{-}1)$$

衡量企业盈利能力的另一个重要指标是现金流，即留存收益的总和减去企业计提的折旧准备金。如果不能实现正现金流，企业将用尽所有现金并走向倒闭。利润和现金流模型关注的是盈利模式的内在驱动机制。

亚马逊公司曾经通过大幅折扣和赠送来提高营业收入。但是，这种做法使其毛利（$P - \text{VC}$）较低，导致其盈利能力不稳定。为解决该矛盾，亚马逊公司一方面致力于提升运营效率，一方面不断增加其产品销量。

所有创业者都需要为其企业找到一个合适的盈利模式。如果无法实现盈利，或者需要经历漫长时期才能实现盈利，则终止创业可能才是明智的选择。我们将在 16.6 节中讨论终止创业的相关问题。

西麦斯是墨西哥的一家水泥公司，这家公司最初采用每天售出的混凝土量作为盈利能力的度量标准。后来，该公司意识到客户十分看重订单的准时、足量交付能力，于是，公司更新盈利能力度量标准，推动了公司盈利能力的提高。改变盈利模式，将推动新商业模式的创建（McGrath，2005）。

16.4　收益增长管理

新创企业通常会努力增加收入和利润以实现发展目标。大多数创业团队，尤其是新创技术企业的创业团队，会格外关注企业的业务成长。我们将创业团队对企业成长的承诺程度称作**创业强度**（Entrepreneurial Intensity）（Morris，1998）。

为企业成长做出承诺，意味着创业者愿意为此做出牺牲。业务高速增长需要大量资金投入，这可能需要创业者们让渡企业的多数股权以获得外部资本。低增长是指企业的年收入增长率低于 10%，高增长是指企业的年收入增长率超过 25%。许多高增长企业在创立后几年内每年以 50% 甚至更高的速度增长。那些谋求高增长的技术型创业者通常会采用团队型组织结构$^{\ominus}$，并深度投入创业活

$\ominus$　团队型组织以自我管理团队（Self-Managed Team，SMT）为基本构成单位。SMT 是以响应特定的客户需求为目的，掌握必要的资源和能力，在组织平台的支持下，实施自主管理的单元。团队型组织的基本特征是：工作团队做出大部分决策，选拔团队领导人，团队领导人是"负责人"而非"老板"；信息沟通是在人与人之间直接进行的，没有中间环节；团队将自主确定并承担相应的责任；由团队来确定并贯彻其培训计划的大部分内容。其优点是每个成员始终都了解团队的工作并为之负责，具有很强的适应性，能接受新的思想和新的工作方法。——译者注

动，愿意为实现高增长付出代价。表 16-4 列出了高增长新创企业的创业团队特征。为了实现企业的高速增长，这些创业者愿意把个人或家庭的利益放在一边，全力以赴投入创业活动。

表 16-4 高增长新创企业的创业团队特征

• 有强烈的创业热情	• 多采用团队型组织结构
• 愿意为高增长付出代价	• 专注于创新
• 愿意使用广泛的融资渠道	

业务成长需要现金来支付运营、资产和管理等费用。如果业务发展过快，会出现销售收入无法满足现金需求的情况，这时，企业就需要向投资者筹集更多现金。环保服装制造商巴塔哥尼亚公司在 20 世纪 80 年代就遇到了业务发展速度过快带来的一系列问题，但直到 20 世纪 90 年代初，公司领导者才意识到扩张过度，为了度过危机，公司首席执行官伊冯·乔纳德（Yvon Chouinard）被迫解雇了 20% 的员工，甚至通过向黑手党贷款来渡过难关。这段经历让乔纳德意识到，快速增长可能会摧毁一家企业（Paumgarten，2016）。

运营模式决定了企业的现金需求量，具体包括应付账款周期、对其他资产的需求以及对营运资本的需求（Churchill & Mullins，2001）。大多数处于成长期的企业，很难仅靠内部融资来保持高于 15% 的收入增长率。一些服务型企业的资本密集度较低，可能能够通过内部融资实现 20% ~ 30% 的收入增长率，但是很少有企业能够凭借内部融资实现每年 50% 或以上的增长速度。为实现高速增长，企业需要制订一个获得外部投资和利用其他资金来源的融资计划。

与生产型企业相比，服务型企业属于劳动力密集型企业而非资本密集型企业，因此其业务增长通常会带来成本提高而非产生规模效益。一些非常重视服务的企业，例如 IBM、星巴克和美国西南航空公司，已经成功地实现盈利能力与业务同步增长，而很多其他公司还没有做到这一点。服务型企业要想取得成功，就要制定并执行合适的经营策略，以较低的运营成本不断提升其客户忠诚度，从而获得竞争优势。

如图 16-6 所示，可以将企业的盈利能力视作收入增长率的函数。在 G_1 的低增长率下，企业可能无法满足客户需求，或者由于其他原因使其收益被竞争对手抢走；在 G_2 的高增长率下，企业可能因无法有效管理运营活动而只能实现

P_2 的盈利能力。当增长率为 G_m 时，企业的盈利能力达到最大值 P_m。新创企业应当尝试估算出实现最大盈利的增长率 G_m。

可以用资本收益率或净资产收益率（ROE）表征企业的盈利能力。我们将**有机增长**（Organic Growth）定义为依托现有资源和业务，无须依靠外部融资而由内部融资推动实现的自然增长，其增长率低于净资产收益率。

一般用可持续增长率，即销售额变化量与总销售额的比率（$\Delta S/S$）（Ross et al，2015）来计算有机增长率。其计算公式为：

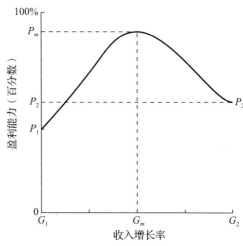

图 16-6　企业盈利能力与收入增长率的关系

$$\frac{\Delta S}{S} = \frac{\mathrm{PM}(1+L)}{T - \mathrm{PM}(1+L)} \tag{16-2}$$

式（16-2）中，PM 为销售利润率（企业利润除以销售额），L 为负债股权比率（企业的长期负债除以股东权益），T 为总资产销售比率（企业总资产除以销售额）。当一家新创企业没有负债（$L=0$）时，其可持续增长率计算公式为：

$$\frac{\Delta S}{S} = \frac{\mathrm{PM}}{T - \mathrm{PM}}$$

则当 PM = 0.10，T = 0.50 时，这家企业的可持续增长率为 25%。

$$\frac{\Delta S}{S} = \frac{0.10}{0.50 - 0.10} = 0.25$$

如果是一家资本密集型企业，且其 T = 1.00、PM = 0.10，则这家企业的可持续增长率约为 11%。

$$\frac{\Delta S}{S} = \frac{0.10}{1.00 - 0.10} \approx 0.11$$

如果这家资本密集型企业是负债经营，其负债股权比率 L = 0.80，则其可持续增长率约为 22%。

$$\frac{\Delta S}{S} = \frac{0.10 \times (1.00 + 0.80)}{1.00 - 0.10 \times (1.00 + 0.80)} = \frac{0.18}{1.00 - 0.18} \approx 0.22$$

新创企业应谨慎考虑自身的预期增长率和融资需求。假设一家绿色技术公司于 2012 年通过 IPO 筹集了 6800 万美元。该公司 2014 年的销售额为 1.3 亿美元，2017 年为 5.18 亿美元，销售额的年均增长率为 58.54%。同一时期，该公司的长期负债从 1.35 亿美元增加到 9.47 亿美元，其负债股本比率从 2014 年的 0.16 上升到 2017 年的 0.96。这意味着，这家公司通过增加负债（以及随之而来的风险）得以实现销售额的快速增长。

与资本密集型企业相比，服务型企业的资产较少，资本密集度较低，启动和扩张业务所需的资金也比较少，业务开展和成长需要增加员工数量，但几乎不需要负债。以印度外包公司印孚瑟斯（Infosys Ltd）为例，该公司几乎没有外债（$L = 0$），在 2012 ~ 2016 年，其销售收入从 70 亿美元增长到 101 亿美元，销售利润率为 0.44，总资产销售比率约为 1.01。可以计算出其可持续增长率约为 77%。

$$\frac{\Delta S}{S} = \frac{PM}{T - PM} = \frac{0.44}{1.01 - 0.44} \approx 0.77$$

为保证业务稳定增长并避免停滞不前，一家企业应学习如何扩大业务规模和扩展业务，延长业务扩张期的时间长度，以及比竞争者更快地积累和应用新知识进行产品开发及商业化。创业者应根据企业所掌握或正在开发的知识、学习能力、资产基础等制定发展规划。

企业的快速增长和高盈利能力会掩盖企业的一些潜在问题，如对资金、人力资源和其他资源的低效配置决策，领导力和管理能力的不足，缺乏长期规划以及过度自信等。

表 16-5 展示了促使新创企业追求高增长的一些动机，如吸引资本投资以扩大市场规模和增加产品线等。高增长企业会让员工充满自豪感，并有机会获得更多报酬。

表 16-5　促使新创企业追求高增长的动机

• 吸引资本投资以扩大市场规模和增加产品线	• 提高品牌影响力和美誉度
• 吸引有能力的团队成员	• 为股东和员工创造持续增长的盈利能力和经济回报
• 实现规模经济	

企业调动新资产、协调运营活动的能力取决于其组织和管理能力，高增长企业应该具备更高水平的组织和管理能力。对上市企业而言，保持可持续且可预测的财务增长非常重要，为此，企业要能够控制资产和人员规模的增长速度。不论何种企业，年均 15% 以上的员工数量增长会给管理带来巨大挑战。

大多数企业同时借助内部和外部融资支持其增长，并在借助外部融资打破增长壁垒的同时，逐步提高企业的核心竞争力。以全球网络安全行业的领导厂商 Palo Alto Networks 公司、全球领先的 CRM 软件服务提供商赛富时公司等为代表的一些企业，已经成功做到内部和外部融资的均衡增长，并实现每年不低于 30% 的收入增长。

大多数科技领先企业会成长为高增长企业。例如，2006 ~ 2016 年的 10 年间，苹果公司的收入实现了每年 31% 的增速，同期的利润增速达到每年 41%。

📖 微软公司的收入增长之路

1975 年，大学生比尔·盖茨和保罗·艾伦开始开发和销售个人计算机（PC）程序软件，很快，他们创办了微软公司。1981 年，计算机硬件行业巨头 IBM 公司进军 PC 机市场，委托微软公司为其开发 PC 机的操作系统软件。微软公司开发的 DOS 很快成为行业的主流操作系统。1986 年 3 月，微软公司通过 IPO 筹集了 6100 万美元。1992 年，微软公司发布了与 IBM 公司解除合作后推出的第一款操作系统软件 Windows。

凭借 Windows 系列操作系统软件所占据的市场主导地位，微软公司通过销售其他 PC 机应用软件大幅提高创收能力，持续为公司创造了可观的收入。即便是在开源软件供应商日益成为有力竞争对手的局面下，微软公司的 Office Suite 和 Explorer 等软件产品仍在世界各地的计算机中运行。2001 年年末，微软公司进入游戏机市场，推出游戏机硬件产品 Xbox 360 并赢得市场份额，与索尼公司的 PlayStation 3 和任天堂公司的 Wii 一起成为热门游戏机，帮助微软公司巩固了在计算机游戏行业中的地位，并为其创造更多收入。

多年来，微软公司一直致力于在保持其软件开发领域的核心竞争力的同时，不断拓展其收入来源，如近年来通过推出 Surface 平板电脑和云计算技术来支持收入增长。凭借这种努力，微软公司已经连续 30 年保持全球第一大软件公司的行业领导者地位。2016 年，微软公司的市值接近 5000 亿美元，收入为 853 亿美元。这一估值反映了过去 30 年来微软公司的持续盈利能力和收入增长态势。

如表 16-6 所示，企业收入增长的来源包括提高品牌知名度和国际市场扩张。激烈的市场竞争，导致很少有企业能够通过提高产品价格来实现收入增长。于是，推出有价值的新产品便成为实现收入增长的有效途径。苹果公司和谷歌公司的成功都得益于其持续推出独具特色的创新产品。

表 16-6　收入增长的来源

● 提高品牌知名度	● 收购其他企业
● 售卖知识产权	● 提高产品价格
● 国际市场扩张	● 推出有价值的新产品

如图 16-7 所示，一家企业的市场价值是 3 种驱动机制共同发挥作用的结果

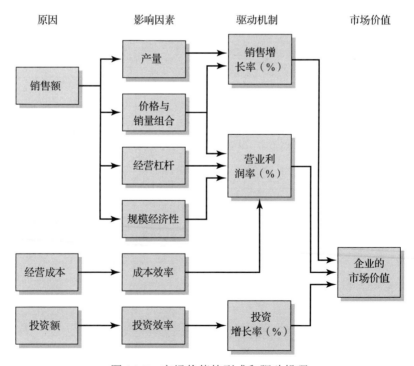

图 16-7　市场价值的形成和驱动机理

（Rappaport et al.，2001）。产量、价格与销量组合影响销售增长率，价格与销量组合、经营杠杆、规模经济性和成本效率影响营业利润率（税前营业利润除以营业收入），投资效率影响投资增长率。其中，经营杠杆是利润率的增长与新产品开发和产能扩张的预生产费用的比率。根据该图所示的形成和驱动机制，一家企业为提高市场价值，应该致力于提高投资效率并降低经营成本，以及通过提高产量和经营杠杆，改善规模经济性以及价格与销量组合，来提高销售增长率和营业利润率。

🖥 Clinkle 公司：市场价值是何时消失的

　　点对点支付已经成为现代社会的一项高产技术。移动支付公司 Clinkle，由斯坦福大学的卢卡斯·杜普兰（Lucas Duplan）于 2011 年创立，是最早采用点对点支付技术的公司之一。该公司拥有使用高频声音进行支付的方法专利。杜普兰利用图 16-7 所示模型，通过提高投资效率和成本效率等手段，提升公司的市场价值。最终，杜普兰获得了 2500 万美元的有史以来规模最大的种子轮融资。可惜，该公司直到 2014 年才发布其移动支付解决方案，那时 PayPal 公司旗下的移动支付子公司 Venmo、支付巨头 Square 旗下的 Cash App，以及苹果公司的 Apple Pay 等已经占领市场，移动支付市场已经接近饱和。

16.5　收获计划

　　投资者希望了解一家新创企业取得成功后的现金回报计划。**收获计划**（Harvest Plan）描述了所有者和投资者期望从投资中获得实际现金回报的方式和时间。专业投资者通常期望在 5 ～ 10 年内获得投资回报。当然，"收获"并不意味着企业所面临的挑战和所担负的责任的完结。

　　高增长的科技型企业在创立 4 ～ 10 年后将为投资者和所有者带来可观回报，总回报规模和收获期的长短取决于企业所处行业和所面临的市场条件。创始人和投资者都希望新创企业在度过初创期后会为其带来经济回报，这意味着新创企业需要采取一些措施，让现金从企业流向投资者和所有者。表 16-7 列出了新创企业可以选择的 5 种收获计划。出售一家新创企业对投资者和所有者而言很有吸引力。出售企业获得的收益通常包括现金、收购方企业的股份或二者的组合。

表 16-7　新创企业可以选择的 5 种收获计划

• 将新创企业卖给其他企业 • 通过 IPO 在公开市场中发售股票 • 向所有者和投资者分配现金股息	• 将新创企业卖给所有者和员工 • 以赠予或出售方式将新创企业传给家族继承人

年收入超过 2000 万美元的高增长企业可以在公开市场中通过 IPO 获得回报。投资者如果有耐心，就可以通过获得现金红利来获得回报。在极少数情况下，投资者可以将企业出售给经营者和员工，以实现价值变现。一些小型企业的所有者也会考虑将企业传给家族继承人。

具体选择何种收获计划，取决于创始人和投资者的偏好。风险资本家等专业投资者更希望获得高额的年度回报，通常会要求所投资的新创企业在创办第 5 年或第 6 年时实现 IPO。新创企业也有可能被出售给另一家规模较大的、能够为专业投资者提供其所需流动性的企业。

创业团队可能会制定**退出策略**（Exit Strategy），以谋划新创企业在一段时间后退出市场的相关事宜，并就此与投资者协商他们从新创企业中获得现金回报的方式。

企业退出的途径包括：通过制订员工持股计划（Employee Stock Ownership Plan，ESOP）将企业出售给所有者或员工。其具体做法如下：首先，在企业内部设立 ESOP，并为 ESOP 购买企业股票而借入的任何债务提供担保；其次，通过 ESOP 向银行贷款，并用所筹集的现金购买所有者的股票；再次，将购得的股份交给信托机构持有，企业每年向信托机构提供可抵税的收入款项，用于偿还贷款；最后，当贷款还清时，企业的股票被释放并分配给员工。ESOP 通过销售企业股票来让所有者获益，且可以享有某些税收优惠，所以 ESOP 对所有者和员工都具有吸引力。

对创业者或新创企业而言，收获是整个企业生命周期中最重要的一件事，这是所有者和投资者用来获取企业在整个存活期中所创造的巨大价值的途径。创始人需要制订收获计划，以实现退休意愿或获取多样化的资产组合；投资者需要获得回报，再将这些回报投资到其他领域或以其他方式获利。收获计划也许无法确定准确的收获时机，但的确可以帮助创业团队共同规划未来。

出售企业的最好时机是在取得重大成功的时候。为此，创业者要对企业进行实际估值，并听取董事会的意见。创业者选择出售企业的理由，通常是个人的、非经济的，例如对长时间从事高压工作感到倦怠。那些从家人和朋友处筹集创业资金的创业者，可能希望卸掉他们所肩负的巨大偿还压力等；那些将大部分个人财富与企业捆绑在一起的创业者，迫切需要通过出售所持有的企业股份来获取现金。

创业者出于对企业员工的命运，以及自己所提出的战略愿景能否贯彻和延续等考虑，在为自己的企业选择买家时，不仅会考虑售价，还会设定一些"软性"的筛选标准（例如经营战略一致性和组织契合度）。创业者很少以正式拍卖的方式出售企业，他们通常会与自认为合适的少数潜在买家进行非正式的协商（Graebner，2004）。

脸书公司的前身是 thefacebook.com 网站，该网站刚建立时，创始人马克·扎克伯格与其联合创始人爱德华多·萨维林（Eduardo Saverin）共同支付网站运营费用，并分别持有公司股权。在公司实现盈利前的 4 轮融资中，扎克伯格以越来越高的估值卖出越来越少的公司股份。截至 2017 年，他仍持有脸书公司 28% 的所有权。

🔳 成功收获的 Instagram 公司

Instagram 公司成立于 2010 年。当时，旧金山的网络开发人员凯文·斯特罗姆和迈克·克里格开发了一款名为 Burbn 的签到应用，该应用的功能类似于当时硅谷正火的 Foursquare，集签到、游戏、图片分享、社交媒体等功能于一身。凯文和迈克发现，竞争对手 Foursquare 已经获得了太多先发优势，而 Burbn 功能繁杂却无特色，很难取得成功。于是，他们决定将产品重新定位为专注于照片分享的移动端共享应用，两人筹集了 50 万美元的种子资金，在应用商店上线了改版后的应用，并引入照片编辑功能（如滤镜、移轴镜摄影、高清摄影、相框和旋转），公司随即发起 A 轮融资，估值达到了 2500 万美元。

此时，Instagram 公司将成为脸书公司的强劲竞争对手的迹象已经十分明显。当 Instagram 公司于 2012 年 4 月发布安卓系统版本时，该应用在不到 1

天的时间内的下载量就超过 100 万次。在完成另一轮融资后，公司的估值达到 5 亿美元，Instagram 应用仅用 3 个月时间，在 Google Play 网站上的获评就超过了 100 万次，成为历史上第 5 个在 Google Play 上获得超过 100 万评价的应用程序。

在发布安卓系统版本的同一个月，脸书公司提出以 10 亿美元现金加股票的价格收购当时只有 13 名员工的 Instagram 公司。这笔交易是在脸书公司进行 IPO 之前完成的，大约耗费了脸书公司账上 1/4 的现金。"看似经营火爆，实际上没有商业模式"，对一家尚未建立可持续收入来源的公司来说，这笔交易确实很划算。

16.6 市场退出与创业失败

相当多的新创企业会在创立后几年内倒闭。其中，有些企业因未能实现创业之初所确定的目标而选择放弃努力，有些企业则只是由于花光了现金而选择结束经营。大多数创业者和投资者认为，导致新创企业失败的主要原因是创业团队的管理能力不足、战略规划失误、资金不足以及市场状况不理想等（Zacharakis et al.，1999）。对大多数创业者而言，导致创业失败的主要原因是创业团队成员缺乏经验。

许多创业者从其经历的破产倒闭中学习，更新相关知识和理念（Shepherd，2003），加深对创业活动的了解，以避免重犯同样的错误。创业者常常过于自信，不切实际地高估自己所掌握的知识和技能，夸大对事件和人员的掌控能力，同时低估创业活动固有的风险。硅谷著名创业失败案例 Clinkle、Quirky 和 Better Place 等公司的创业者都曾经信心满满、过于乐观。

知道何时该终止或结束创业，与知道何时该创立一家企业同等重要。创业者在做出退出决策时，需要抗拒**沉没成本**（Sunk Cost）的干扰，应谨记：无论现在或将来采取何种行动，都无法改变此前投资于新创企业的资金和时间已经沉没且不可追回的事实。既然新创企业未能按计划发展，就应该如图 16-8 所示地重新规划，依据所掌握的信息重新审视终止或继续经营的决定。如果新创企业已经将现金耗尽，而市场的反馈并不理想，那么此时终止创业也许才是明智的。

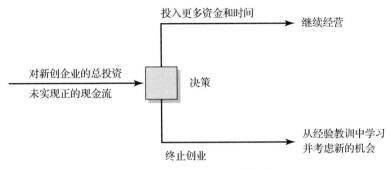

图 16-8　面对沉没成本困境的决策树

　　总部位于洛杉矶的 Vrideo 公司成立于 2014 年，作为一家 VR 视频公司，它希望通过建立沉浸式视频分发平台来吸引资金。该公司有一个良好的开端，募集到 200 万美元，并在所有主流 VR 头盔上安装了其软件的热门测试版。但不幸的是，其后成为 VR 领域巨头的几家公司在 Vrideo 公司成立不久后进入了市场：2014 年，脸书公司收购了 Oculus，索尼公司发布了代号为"莫菲斯计划"的 Playstation VR 项目。面对资金枯竭和 VR 领域巨头的实力碾压，Vrideo 公司于 2016 年 11 月正式宣布倒闭。

　　如果决定继续经营，创业者最好将下一阶段视作经营的转折点，并制订相应的干预计划，以提高所有参与者之间沟通、合作和相互尊重的水平（Kanter, 2003）。

　　如果决定终止创业，创业者最好能努力从失败中学习。理论上，创业失败并不代表创业者是失败的。创业者应该振作精神，从失败的创业经历中学习，然后继续前行。正所谓，每个出口都是新征程的入口。

　　创业者应该基于对沉没成本，以及企业复苏和成功潜力的理性认识，决定是否应投资更多的金钱和时间。创业者可以重新审视形势，并确定机会看起来是否仍足够好，是否值得投入更多的时间和金钱。

16.7　焦点案例：腾讯公司

　　总部位于中国的阿里巴巴公司和腾讯公司已经成为亚洲占据市场主导地位

的科技公司。腾讯公司成立于 1998 年，于 1999 年发布了广受欢迎的即时通信应用程序"QQ"。截至 2016 年夏季，QQ 的每月活跃用户接近 9 亿。腾讯公司还开发了移动端即时通信应用程序"微信"，该产品 2016 年的月活跃用户超过 8 亿。微信现在可以提供多种服务，包括在线支付和文件共享等。

腾讯公司成立后历时 3 年未曾盈利，只能靠风险投资为其提供运营资金。从成立之初起，腾讯公司就将其产品货币化，并获得快速发展。与许多西方的社交媒体公司（如脸书和谷歌）相比，腾讯公司的基础盈利模式并非广告收入模式，而是基于其建立的消息传递平台提供一系列免费服务，由此吸引用户付费购买其附加功能，如应用内的视频、游戏等。在中国，移动端应用更多凭借其捆绑的大量服务盈利，而在美国，移动端应用往往功能单一，其与中国移动端应用的盈利模式存在明显不同。

16.8　本章小结

一家新创企业需要确定收入模型，以明晰其获得并增加收入的方式。同时，获得收入并非最终目标，实现正现金流和盈利才是成功之关键。为此，新创企业要在发展早期制定出易于实施的成本和盈利模型。由于利润来自客户分享价值，因此，只有为客户提供优质体验和高价值，并努力成为此类价值的最佳创造者，才能确保企业获利。

为实现现金流增长，需要开展收入增长管理，让企业能够依靠内部资源实现自然增长。否则，新创企业就得不断向投资者和贷方寻求融资并为此让渡权益。有很多新创企业会在无法获得新的资金支持时结束经营。新创企业应该制订收获计划，以积极经营的成果和收入的合理增长，为全部所有者和投资者提供相应经济回报。

📖 技术创业原则 16

必须采用强有力的收入和盈利模型，新创企业才能实现强劲且可控的增长，并为所有者带来丰厚收益。

音像资料：
读者可以访问 http://techventures.stanford.edu 网站，浏览与本章内容有关的学术讨论。

影响长期经营绩效的早期关键决策 （Critical Early Decisions with Long-Lasting Results）	罗宾·李	纪源资本 （GGV Capital）
谷歌公司在桌面搜索竞争中获胜的原因 （Why Google Won Desktop Search）	钱智华 丹·罗森维格	Goodwater Capital 风投公司⊖ Chegg 公司
保持创业初心 （Being Real about Entrepreneurship）	Derek Belch 德里克·贝尔奇	STRIVR Labs 公司⊖

16.9　练习

（1）延续 14.1 节的企业价值链讨论，我们用图 16-1 展示了企业所创造的价值中利润和成本的划分。请进行扩展思考，指出图 16-1 中企业所创造的价值中所包含的应归属合作伙伴和供应商的那部分利润和成本。

（2）谷歌公司拥有复杂的收入模型以及相关的盈利模型。该公司拥有庞大的客户群和广告商，并将客户和零售商联系起来。简述谷歌公司的收入模型和盈利模型，并与推特公司的收入模型进行比较。查阅两家公司的近期季度报告，了解其内部不同业务部门之间的收益"分割"情形。

（3）汽车共享公司 Zipcar 为其会员提供短期车队使用的定制服务（参见 www.zipcar.com）。在上线这项服务之前，Zipcar 公司制订了一个定价方案：向会员收取 300 美元可返还的安全保证金和 300 美元的年费，会员用车时再缴纳每小时 1.5 美元和每英里 40 美分的用车费用。请为 Zipcar 公司设计另一种更加有利可图的定价方案。

（4）Skype 公司提供网络电话（VoIP）服务与 PC 间的通信服务，起初这一服务是免费的。请详细描述 Skype 公司的收入和盈利模型。请思考：微软公司在收购 Skype 公司后，是否会改变 Skype 业务的收入模型？

⊖　Goodwater Capital 风投公司由风险投资家钱智华创办，钱志华曾供职于全球顶级风险投资公司 Accel Partners 和 Kleiner Perkins。——译者注

⊖　STRIVR Labs 公司创立于 2015 年，总部位于加州，由斯坦福大学前足球运动员兼助理教练德里克·贝尔奇，与斯坦福大学虚拟人类互动实验室的领头专家杰里米·拜伦森（Jeremy Bailenson）联合创办。该公司采用专有软件开发培训计划，为职业橄榄球队和高校橄榄球队提供培训工具。——译者注

（5）赛富时公司是一家在线出售软件和相关服务的供应商，它向每家企业用户收取每月 60 美元（参见 www.salesforce.com）的费用。请描述其收入和盈利模型。

（6）选择一个你感兴趣的国家中最盈利的产业部门（盈利能力可以采用相对指标或绝对指标衡量）。回答以下问题：哪些原因导致该部门具有如此高的盈利能力？这种盈利能力是可持续的吗？还能够持续多久？

（7）比较三星、戴尔和索尼公司近年的年度利润表，计算这 3 家公司的毛利率（毛利除以营业收入），以及销售、管理及行政费用（SG&A）、研发费用（R&D）等占收入的比例。这些比率可以告诉我们有关这 3 家公司的战略和运营情况的哪些信息？

📖 创业实战

1. 描述你为自己创办的企业设计的收入模型。
2. 描述你为自己创办的企业设计的盈利模型。
3. 应用表 16-7，为你的创业活动制订收获计划。

财务计划

> 预算不仅是算术问题，它还会以
> 千百种方式，成为个人财富、阶级
> 关系和国家力量的根源。
>
> 威廉·E. 格拉德斯通
> (William E. Gladstone)

创业者应如何描述新创企业的财务状况

创业者需要制订财务计划来判定新创企业的未来经济潜力。这份财务计划要包含对新创企业发展潜力的分析，为此，创业者需要做出一系列关于销售收入和成本的假设。创业者不仅要充分利用可以获得的最佳信息以及自己的直觉，来计算企业的潜在盈利能力，还要预测企业未来的每月现金流，以确定创立后 2～3 年间所需的现金投资。然后，编制利润表和资产负债表，来展现企业的盈利能力和资金流动性。

通过对销售收入的估计，创业团队可以确定为了实现盈亏平衡需要售出的产品数量。此外，创业者还可以通过几种盈利能力指标的测算，向投资者展示企业将为他们带来的回报。经营良好的企业的销售收入会持续增长，并在发展早期就实现正现金流和创造利润。

17.1　制订财务计划

完备的商业计划不仅应包括一个令人信服的愿景和一套合理的商业理念及商业设计，还需要创业者将这套理念和设计用一个打动人的创业故事来展现，故事所讲述的商业模式还应该具有财务意义。商业模式描述了企业将为哪些客户创造何种价值，并借此获得收入和利润。为了给客户创造价值，新创企业需要制订财务计划，描述预期的销售收入、现金流、利润以及达成这些目标所需的投资。所有企业均以为客户创造价值，并为股东带来投资回报为目标。财务计划是预估现金流和投资回报的工具。

在制订财务计划时，创业者需要清楚说明他们采用的有关销售收入和成本的假设。例如，企业需要花费多长时间才能达到预期的销售收入目标并实现盈利？需要掌握或控制哪些资源？现金流的计算是基于一组假设做出的，我们将计算现金流时采用的有关最可能出现的结果的一组假设称作**基本情形**（Base Case），其对应的测算结果称作最可能结果；将采用的有关实际结果低于预期值的一组假设称作**悲观情形**（Pessimistic Case），其对应的测算结果称作悲观结果。所谓**现金流**（Cash Flow），是指一定时期内流入和流出一家企业的现金数量之差，它等于净利润减去现金红利再加上非现金支出（例如折旧）。相关的会计和财务术语表见本章末的表 17-10。

创业者的目标是做出一系列可靠的财务预测，包括损益情况预测。所谓**备考**（Pro Forma），是指在实际数据发生之前预先做出估计，是对财务结果的预测。财务预测的第一步是进行销售预测，其做法是：先做出有关单位客户销售额、客户数量和销售增长率的假设，再计算未来 2 ～ 3 年的预期销售收入，如表 17-1 所示。财务预测的第二步，是说明未来 2 ～ 3 年业务发展会发生哪些成本，并计算与第一步预测的销售收入相对应的各项预期成本。第三步，是预估未来 2 ～ 3 年，应收现金和应付现金会在何时发生，其金额是多少，并计算出预期销售收入和现金流。最后一步，是编制未来 2 ～ 3 年的资产负债表。新创企业的第一份资产负债表需要说明关于初始投资和所需资产的假设。

表 17-1　财务预测的 4 个步骤

1. 销售预测
- 时间范围：2 ～ 3 年
- 做出有关单位客户销售收入、客户数量和销售增长率的假设
- 计算预期销售收入

2. 成本预测
- 针对特定时间范围内企业开展业务所涉及的成本，做出相关假设
- 结合第一步的销售预测，计算预期成本

3. 销售收入和现金流预测
- 针对特定时期内的应收现金和应付现金的发生时点，做出相关假设
- 基于预期销售收入和预期成本，计算每月的预期销售收入和现金流

4. 编制资产负债表
- 预估初始投资和所需资产
- 基于第三步的销售收入和现金流计算结果，编制资产负债表

现金流、资产、资产负债表和销售收入预测相互关联。在会计处理中，按其本质将其分别列入不同的会计科目，并换算成货币单位制成财务报表。一个基本的会计公式为：

$$资产 = 负债 + 所有者权益$$

其中，资产是指企业所拥有的物品的价值，负债是指企业应付给其他人或机构的金额。所有者权益对应企业的资产净值（账面价值），计算公式如下：

$$所有者权益 = 资产 - 负债$$

所有者权益（Equity）是指企业的所有股权，通常被划分为普通股或优先股。如图 17-1 所示，资产与收入相关，负债与支出相关。资产用于创造收入，而负债对应的是支出，诸如支付租金、付款或偿还贷款等。账面价值是指企业的净资产，通常又被称为会计价值。市场价值等于企业的股票价格乘以已发行股票的数量。需要注意的是，

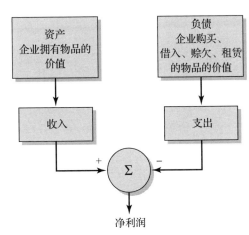

图 17-1　资产创造收入，负债产生支出

账面价值并不等于市场价值，市场价值是以企业的增长潜力为基础实现的感知价值。

财务计划对于评估新创企业的商业模式至关重要。基于合理假设做出的可靠的财务预测，有助于评估一家企业的财务可行性。财务计划的质量取决于所采用的假设的质量。预测模型十分容易出现偏差，原因之一是，预测严重依赖使用者所选用的假设（Riggs，2004）。

新创企业应选择对企业业务的现金流影响最大的两三个参数，对其进行敏感性分析。例如分析销售增长率和新客户获取率这两个参数，测算当销售增长率和新客户获取率发生变化时，销售收入会发生何种变化。敏感性分析有助于企业聚焦关键参数并改善决策质量。

17.2 销售预测

新创企业通常以月度为单位进行未来 2 ～ 3 年的销售预测。销售预测是新创企业编制财务计划时最薄弱的环节，因为新创企业并没有开展实际销售，只能在有限信息的基础上做出假设。

本章我们虚构一家名为 e-Travel 的新创企业，该公司向读者直销旅游电子指南。读者可以将电子指南下载到平板电脑或其他设备上阅读。由于读者只在有需求时才会订购旅游指南，因此，旅游指南（手册）的经销模式通常为拉动式，而不会像普通图书的出版商一样，采用先印刷图书再去找买家的推动式。对旅行者来说，用平板电脑阅读和搜索信息要比携带并翻阅几本厚书更方便。例如，只要输入"丹佛比萨餐厅"这样的关键词，他们就可以快速检索到所需信息。

现在，这家新创企业想要编制其财务计划。第一步，进行销售预测。e-Travel 公司已经建立了一个由旅游指南作者组成的网络。这些作者与公司签订协议，负责提供全球 500 多个城市、地区和休闲娱乐场所的电子旅游指南，这些作者会按照公司规定的统一格式编写指南，以方便读者进行关键词查询。

e-Travel 公司预计可以在正式运营后的第 3 个月售出 1200 本指南。每本指南的定价为 15 美元，读者可以在网上订购并使用信用卡支付。根据市场调查，预期基本情形下的销售增长率为每月 10%，悲观情形下的销售增长率为每月 1%。根据预期的销售增长率，未来 3 年内的销售收入预测结果如表 17-2 所示。

表 17-2 基于基本情形销售增长率（每月 10%）的销售预测

第 1 年

月份	1	2	3	4	5	6	7	8	9	10	11	12	合计
销售量	0	0	1 200	1 320	1 452	1 597	1 757	1 933	2 126	2 339	2 573	2 830	19 127
单价（美元）	15	15	15	15	15	15	15	15	15	15	15	15	
销售收入（美元）	0	0	18 000	19 800	21 780	23 955	26 355	28 995	31 890	35 085	38 595	42 450	286 905

第 2 年

月份	1	2	3	4	5	6	7	8	9	10	11	12	合计
销售量	3 113	3 424	3 766	4 143	4 557	5 013	5 514	6 065	6 672	7 339	8 073	8 880	66 559
单价（美元）	15	15	15	15	15	15	15	15	15	15	15	15	
销售收入（美元）	46 695	51 360	56 490	62 145	68 355	75 195	82 710	90 975	100 080	110 085	121 095	133 200	998 385

第 3 年

月份	1	2	3	4	5	6	7	8	9	10	11	12	合计
销售量	9 768	10 745	11 820	13 002	14 302	15 732	17 305	19 036	20 940	23 034	25 337	27 871	208 892
单价（美元）	15	15	15	15	15	15	15	15	15	15	15	15	
销售收入（美元）	146 520	161 175	177 300	195 030	214 530	235 980	259 575	285 540	314 100	345 510	380 055	418 065	3 133 380

按照每月增长 10% 的基本情形，第 3 年的销售收入将超过 300 万美元。表中用粗体椭圆框标注了关键数据。

17.3 成本预测

为了估算预期成本，新创企业的创业团队需要考虑其购置有形资产所需投资和支付员工工资等所需费用。e-Travel 公司的初始投资包括租用办公室，购置计算机和办公家具等有形资产，以及支付业务运营所需的工资、营销费、通信费等。此外，公司需要激励旅游电子指南的作者们持续进行信息更新，为此，公司需要在每月 15 日将上月售出指南所获净利润的 12% 作为版权费支付给作者们。表 17-3 展示了 e-Travel 公司的成本预测结果。每家新创企业都需要以类似的精确度进行成本估算。

表 17-3 e-Travel 公司的成本预测结果

- 作者版权费：每个月的 15 日，将上一个月销售指南所得净利润的 12% 支付给作者
- 信用卡手续费：按销售收入的 1% 向信用卡服务商支付手续费，在销售过程中以电子方式支付
- 办公室租金：每月 1 500 美元
- 购置有形资产（计算机、家具等）：每年 48 000 美元，这些资产的使用寿命为 4 年
- 折旧（美元 / 月）：

第 1 年	第 2 年	第 3 年
1 000	2 000	3 000

■ 工资（美元 / 月）

	第 1 年	第 2 年	第 3 年
总经理	6 000	8 000	10 000
行政经理	3 500	5 500	6 000
合 计	9 500	13 500	16 000

■ 社会保障和其他福利：工资总额的 15%
■ 营销费（美元 / 月）

第 1 年	第 2 年	第 3 年
2 000	2 500	3 000

■ 公共设施、补贴、差旅、通信费（美元 / 月）

第 1 年	第 2 年	第 3 年
2 000	3 000	4 000

（续）

■ 利息支出：每月 1 000 美元（贷款 10 万美元，年利率 12%；按月付息；5 年后偿还本金）
■ 所得税：税前收入的 30%

17.4　利润表

利润表反映了一家企业在一段时期内的经营效果。利润表中数据的计算方法如图 17-2 所示（Maher et al.，2011）。通常将费用分为 4 类：销售和营销费、管理费、研发费和折旧，也可以采用其他的分类方式进行分类。

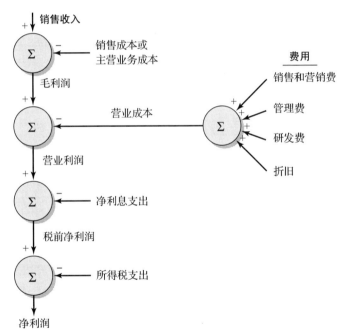

图 17-2　利润表中数据的计算方法

e-Travel 公司的利润表反映了该公司未来 3 年的预期业绩。其销售收入、成本以及利润和亏损按月计算。编制利润表的目的是显示将产生多少利润或者亏损。e-Travel 公司采取在线销售方式，因此不产生商品销售费用。其利润表如表 17-4 所示。（在基本情形下）该公司从第 5 个月开始盈利，第一年的利润为 19 954 美元。

表 17-4　e-Travel 公司的利润表

（单位：美元）

第 1 年	1	2	3	4	5	6	7	8	9	10	11	12	合计
月份													
销售收入	0	0	18 000	19 800	21 780	23 955	26 355	28 995	31 890	35 085	38 595	42 450	286 905
支出：													
作者版权费	0	0	2 160	2 376	2 614	2 875	3 163	3 479	3 827	4 210	4 631	5 094	34 429
信用卡手续费	0	0	180	198	218	240	264	290	319	351	386	425	2 871
营销费	2 000	2 000	2 000	2 000	2 000	2 000	2 000	2 000	2 000	2 000	2 000	2 000	24 000
折旧	1 000	1 000	1 000	1 000	1 000	1 000	1 000	1 000	1 000	1 000	1 000	1 000	12 000
利息	1 000	1 000	1 000	1 000	1 000	1 000	1 000	1 000	1 000	1 000	1 000	1 000	12 000
办公室租金	1 500	1 500	1 500	1 500	1 500	1 500	1 500	1 500	1 500	1 500	1 500	1 500	18 000
工资	9 500	9 500	9 500	9 500	9 500	9 500	9 500	9 500	9 500	9 500	9 500	9 500	114 000
社会保障福利其他福利	1 425	1 425	1 425	1 425	1 425	1 425	1 425	1 425	1 425	1 425	1 425	1 425	17 100
公共设施、补贴、差旅、通信费	2 000	2 000	2 000	2 000	2 000	2 000	2 000	2 000	2 000	2 000	2 000	2 000	24 000
税前收入	(18 425)	(18 425)	(2 765)	(1 199)	523	2 415	4 503	6 801	9 319	12 099	15 153	18 506	28 505
所得税	(5 528)	(5 528)	(830)	(360)	157	725	1 351	2 040	2 796	3 630	4 546	5 552	8 551
净利润	(12 897)	(12 897)	(1 935)	(839)	366	1 690	3 152	4 761	6 523	8 469	10 607	12 954	(19 954)

第 2 年	1	2	3	4	5	6	7	8	9	10	11	12	合计
月份													
销售收入	46 695	51 360	56 490	62 145	68 355	75 195	82 71C	90 975	100 080	110 085	121 095	133 200	998 385
支出：													
作者版权费	5 603	6 163	6 779	7 457	8 203	9 023	9 92=	10 917	12 010	13 210	14 531	15 984	119 805
信用卡手续费	467	514	565	621	684	752	82=	910	1 001	1 101	1 211	1 332	9 985
营销费	2 500	2 500	2 500	2 500	2 500	2 500	2 50C	2 500	2 500	2 500	2 500	2 500	30 000
折旧	2 000	2 000	2 000	2 000	2 000	2 000	2 00C	2 000	2 000	2 000	2 000	2 000	24 000

	1	2	3	4	5	6	7	8	9	10	11	12	合计
利息	1 000	1 000	1 000	1 000	1 000	1 000	1 000	1 000	1 000	1 000	1 000	1 000	12 000
办公室租金	1 500	1 500	1 500	1 500	1 500	1 500	1 500	1 500	1 500	1 500	1 500	1 500	18 000
工资	13 500	13 500	13 500	13 500	13 500	13 500	13 500	13 500	13 500	13 500	13 500	13 500	162 000
社会保障和其他福利	2 025	2 025	2 025	2 025	2 025	2 025	2 025	2 025	2 025	2 025	2 025	2 025	24 300
公共设施、补贴、差旅、通信费	3 000	3 000	3 000	3 000	3 000	3 000	3 000	3 000	3 000	3 000	3 000	3 000	36 000
税前收入	15 100	19 158	23 621	28 542	33 943	39 895	46 433	53 623	61 544	70 249	79 828	90 359	562 295
所得税	4 530	5 747	7 086	8 563	10 183	11 969	13 930	16 087	18 463	21 075	23 948	27 108	168 689
净利润	10 570	13 411	16 535	19 979	23 760	27 926	32 503	37 536	43 081	49 174	55 880	63 251	393 606

第 3 年

月份	1	2	3	4	5	6	7	8	9	10	11	12	合计
销售收入	146 520	161 175	177 300	195 030	214 530	235 980	259 575	285 540	314 100	345 510	380 055	418 065	3 133 380
支出：													
作者版权费	17 582	19 341	21 276	23 404	25 744	28 318	31 149	34 265	37 692	41 461	45 607	50 168	376 007
信用卡手续费	1 465	1 612	1 773	1 950	2 145	2 360	2 596	2 855	3 141	3 455	3 801	4 181	31 334
营销费	3 000	3 000	3 000	3 000	3 000	3 000	3 000	3 000	3 000	3 000	3 000	3 000	36 000
折旧	3 000	3 000	3 000	3 000	3 000	3 000	3 000	3 000	3 000	3 000	3 000	3 000	36 000
利息	1 000	1 000	1 000	1 000	1 000	1 000	1 000	1 000	1 000	1 000	1 000	1 000	12 000
办公室租金	1 500	1 500	1 500	1 500	1 500	1 500	1 500	1 500	1 500	1 500	1 500	1 500	18 000
工资	16 000	16 000	16 000	16 000	16 000	16 000	16 000	16 000	16 000	16 000	16 000	16 000	192 000
社会保障和其他福利	2 400	2 400	2 400	2 400	2 400	2 400	2 400	2 400	2 400	2 400	2 400	2 400	28 800
公共设施、补贴、差旅、通信费	4 000	4 000	4 000	4 000	4 000	4 000	4 000	4 000	4 000	4 000	4 000	4 000	48 000
税前收入	96 573	109 322	123 351	138 776	155 741	174 402	194 930	217 520	242 367	269 694	299 747	332 816	2 355 239
所得税	28 972	32 797	37 005	41 633	46 722	52 321	58 479	65 256	72 710	80 908	89 924	99 845	706 572
净利润	67 601	76 525	86 346	97 143	109 019	122 081	136 451	152 264	169 657	188 786	209 823	232 971	1 648 667

17.5 现金流量表

现金流量表展现企业现金流入和流出的实际情况，包括企业实际收到和使用现金的具体时间。拥有正现金流的企业，可以在无须新增债务或股本的情况下继续运营。如果现金流量表显示一家企业在某一时期的预计现金流为负，则该企业就有必要计划注入新的资本。我们将现金流量定义为留存收益的总和减去企业计提的折旧（Maher et al., 2011）。

一家成长中的企业需要现金来支持运营。企业的现金流动过程如图 17-3 所示。企业要在每月月底计算手头持有的现金量。

$$TC(N+1) = (CF - 支出) + TC(N)$$

其中，$TC(N+1)$ 表示第 $(N+1)$ 月月底的现金量，$TC(N)$ 表示第 (N) 月月底的现金量，CF 即为该月的现金流量。

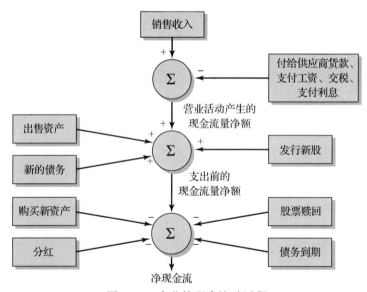

图 17-3　企业的现金流动过程

在基本情形下，e-Travel 公司的现金流量表见表 17-5。假设公司的创始人投资 14 万美元现金，并以其个人资产作担保向银行贷款 10 万美元。如表 17-5 所示，期初投资的 24 万美元将用于支付运营费、购置计算机和设备等长期资产。可以将 24 万美元的初始投资视作股权投资，其中贷款是由两位创始人个人担保获得的。根据每月销售增长率 10% 的假设，公司的现金流很快就会变为正值。

（单位：美元）

表 17-5 e-Travel 公司的现金流量表

第 1 年

月份	1	2	3	4	5	6	7	8	9	10	11	12	合计
经营活动													
净利润（亏损）	(12 897)	(12 897)	(1 935)	(839)	366	1 690	3 152	4 761	6 523	8 469	10 607	12 954	19 954
加：折旧	1 000	1 000	1 000	1 000	1 000	1 000	1 000	1 000	1 000	1 000	1 000	1 000	12 000
加：应付版权费			2 160	216	238	261	288	316	348	383	421	463	5 094
营运现金流	(11 897)	(11 897)	1 225	377	1 604	2 951	4 440	6 077	7 871	9 852	12 028	14 417	37 048
投资活动													
购买长期资产	(48 000)												(48 000)
融资活动													
银行贷款	100 000												100 000
个人现金注入	140 000												140 000
现金增加（减少）	180 103	(11 897)	1 225	377	1 604	2 951	4 440	6 077	7 871	9 852	12 028	14 417	229 048
期初现金余额	0	180 103	168 206	169 431	169 808	171 412	174 363	178 803	184 880	192 751	202 603	214 631	0
期末现金余额	180 103	168 206	169 431	169 808	171 412	174 363	178 803	184 880	192 751	202 603	214 631	229 048	229 048

第 2 年

月份	1	2	3	4	5	6	7	8	9	10	11	12	合计
经营活动													
净利润	10 570	13 411	16 535	19 979	23 760	27 926	32 503	37 536	43 081	49 174	55 880	63 251	393 606
加：折旧	2 000	2 000	2 000	2 000	2 000	2 000	2 000	2 000	2 000	2 000	2 000	2 000	24 000
加：应付版权费	509	560	616	678	746	820	902	992	1 093	1 200	1 321	1 453	10 890
营运现金流	13 079	15 971	19 151	22 657	26 506	30 746	35 405	40 528	46 174	52 374	59 201	66 704	428 496
投资活动													
购买长期资产	(48 000)												(48 000)
现金增加（减少）	(34 921)	15 971	19 151	22 657	26 506	30 746	35 405	40 528	46 174	52 374	59 201	66 704	380 496
期初现金余额	229 048	194 127	210 098	229 249	251 906	278 412	309 158	344 563	385 091	431 265	483 639	542 840	229 048
期末现金余额	194 127	210 098	229 249	251 906	278 412	309 158	344 563	385 091	431 265	483 639	542 840	609 544	609 544

397

第 3 年

月份	1	2	3	4	5	6	7	8	9	10	11	12	合计
经营活动													
净利润	67 601	76 525	86 346	97 143	109 019	122 081	136 451	152 264	169 657	188 786	209 823	232 971	1 648 667
加：折旧	3 000	3 000	3 000	3 000	3 000	3 000	3 000	3 000	3 000	3 000	3 000	3 000	36 000
加：应付版权费	1 598	1 759	1 935	2 128	2 340	2 574	2 831	3 116	3 427	3 769	4 146	4 561	34 184
营运现金流	72 199	81 284	91 281	102 271	114 359	127 655	142 282	158 380	176 084	195 555	216 969	240 532	1 718 851
投资活动													
购买长期资产	(48 000)												(48 000)
现金增加（减少）	24 199	81 284	91 281	102 271	114 359	127 655	142 282	158 380	176 084	195 555	216 969	240 532	1 670 851
期初现金余额	609 544	633 743	715 027	806 308	908 579	1 022 938	1 150 593	1 292 875	1 451 255	1 627 339	1 822 894	2 039 863	609 544
期末现金余额	633 743	715 027	806 308	908 579	1 022 938	1 150 593	1 292 875	14 51 255	1 627 339	1 822 894	2 039 863	2 280 395	2 280 395

17.6 资产负债表

新创企业自创立之日起，应该在每年年底编制资产负债表。资产负债表通过显示资产、负债和所有者权益来描述企业的经营状况（Maher et al，2011）。资产负债表的格式如图 17-4 所示。

ABC公司资产负债表，202×年12月31日

总资产=总负债+所有者权益

图 17-4 资产负债表的格式

表 17-6 为 e-Travel 公司的资产负债表。资产负债表显示了这家公司的现金、设备和累计折旧等。该公司的负债为贷款偿还和应付作者的版权费。公司的所有者权益总额包括 14 万美元的创始人现金注入和留存收益。表 17-6 展示了第 1 年的第 1 个月月末、第 1 年年末、第 2 年年末和第 3 年年末的资产负债情况。该公司在基本情形下的资产负债表表明其具有充足的财务实力。

表 17-6　e-Travel 公司的资产负债表　（单位：美元）

第 1 年的第 1 个月月末		第 1 年年末	
资产		资产	
现金	180 103	现金	229 048
设备和家具	48 000	设备和家具	48 000
累计折旧	(1 000)	累计折旧	(12 000)
总资产	227 103		265 048
负债		负债	
应付贷款	100 000	应付版权费	5 094
		应付贷款	100 000
所有者权益		所有者权益	
实收资本	140 000	实收资本	140 000
留存收益（赤字）	(12 897)	留存收益	19 954
所有者权益总额	127 103	所有者权益总额	159 954
所有者权益与负债总额	227 103	所有者权益与负债总额	265 048

（续）

第 2 年年末		第 3 年年末	
资产		资产	
现金	609 544	现金	2 280 395
设备和家具	96 000	设备和家具	144 000
累计折旧	(36 000)	累计折旧	(72 000)
总资产	669 544	总资产	2 352 395
负债		负债	
应付版权费	15 984	应付版权费	50 168
应付贷款	100 000	应付贷款	100 000
所有者权益		所有者权益	
实收资本	140 000	实收资本	140 000
留存收益	413 560	留存收益	2 062 227
所有者权益总额	553 560	所有者权益总额	2 202 227
所有者权益与负债总额	669 544	所有者权益与负债总额	2 352 395

17.7 增长率悲观情形下的相关测算

任何新创企业都需要全面考虑各种可能发生的情况，并为最坏的情况做好准备。对 e-Travel 公司来说，最悲观的情形是销售收入仅以每月 1% 的速度增长。悲观情形下的各项财务预测如表 17-7 所示。其中，表 17-7A 为前 3 年的销售预测。在悲观情形下，第 3 年的销售收入预估为 284 010 美元，而在基本情形下，第 3 年的销售收入预估则为 3 133 380 美元。表 17-7B 为悲观情形下的利润表。请注意，在悲观情形下，该公司 3 年预测期中的各年均未实现盈利。

表 17-7C 为悲观情形下 e-Travel 公司的现金流量表。请注意，该公司第 3 年第 1 个月月末的现金余额变为负值，表明该公司需在第 3 年第 1 个月注入现金才能继续运营。

表 17-7A　增长率悲观情形下（月度销售增长率为 1%）的销售预测

第 1 年	
	全年总计
销售单位	12 550
单价（美元）	15
销售收入（美元）	188 250
第 2 年	
	全年总计
销售单位	16 804
单价（美元）	15
销售收入（美元）	252 060
第 3 年	
	全年总计
销售单位	18 934
单价（美元）	15
销售收入（美元）	284 010

表 17-7B　增长率悲观情形下（月度销售增长率为 1%）的利润表

（单位：美元）

第 1 年	全年总计	第 2 年	全年总计	第 3 年	全年总计
销售收入	188 250	销售收入	252 060	销售收入	284 010
支出:		支出:		支出:	
作者版权费	22 590	作者版权费	30 246	作者版权费	34 079
信用卡手续费	1 883	信用卡手续费	2 521	信用卡手续费	2 840
营销费	24 000	营销费	30 000	营销费	36 000
折旧	12 000	折旧	24 000	折旧	36 000
利息	12 000	利息	12 000	利息	12 000
办公室租金	18 000	办公室租金	18 000	办公室租金	18 000
工资	114 000	工资	162 000	工资	192 000
社会保障和其他福利	17 100	社会保障和其他福利	24 300	社会保障和其他福利	28 800
公共设施、补贴、差旅、通信费	24 000	公共设施、补贴、差旅、通信费	36 000	公共设施、补贴、差旅、通信费	48 000
税前利润（亏损）	(57 323)	税前利润（亏损）	(87 007)	税前利润（亏损）	(123 709)
所得税（抵免）	0	所得税（抵免）	0	所得税	0
净利润（亏损）	(57 323)	净利润（亏损）	(87 007)	净利润（亏损）	(123 709)

表 17-7C 增长率悲观情形下（月度销售增长率为 1%）的现金流量表

（单位：美元）

第 1 年

月份	1	2	3	4	5	6	7	8	9	10	11	12	合计
经营活动													
净利润（亏损）	(18 425)	(18 425)	(2 765)	(2 609)	(2 452)	(2 295)	(2 138)	(1 982)	(1 812)	(1 643)	(1 473)	(1 304)	(57 323)
加：折旧	1 000	1 000	1 000	1 000	1 000	1 000	1 000	1 000	1 000	1 000	1 000	1 000	12 000
加：应付版权费	2 160	22	21	22	21	22	23	24	23	24			2 362
营运现金流	(15 265)	(17 403)	(1 744)	(1 587)	(1 431)	(1 273)	(1 115)	(958)	(789)	(619)	(473)	(304)	(42 961)
投资活动													
购买长期资产	(48 000)												(48 000)
融资活动													
银行贷款	100 000												100 000
个人投资	140 000												140 000
现金增加（减少）	174 575	(17 425)	395	(1 587)	(1 431)	(1 273)	(1 117)	(960)	(789)	(619)	(450)	(280)	149 039
期初现金余额	0	174 575	157 150	157 545	155 958	154 527	153 254	152 137	151 177	150 388	149 769	149 319	149 039
期末现金余额	174 575	157 150	157 545	155 958	154 527	153 254	152 137	151 177	150 388	149 769	149 319	149 039	149 039

第 2 年

月份	1	2	3	4	5	6	7	8	9	10	11	12	合计
经营活动													
净利润（亏损）	(8 234)	(8 064)	(7 895)	(7 712)	(7 529)	(7 346)	(7 164)	(6 981)	(6 798)	(6 615)	(6 432)	(6 237)	(87 007)
加：折旧	2 000	2 000	2 000	2 000	2 000	2 000	2 000	2 000	2 000	2 000	2 000	2 000	24 000
加：应付版权费	23	23	24	25	25	25	26	25	25	25	25	27	298
营运现金流	(6 211)	(6 041)	(5 871)	(5 687)	(5 504)	(5 321)	(5 138)	(4 956)	(4 773)	(4 590)	(4 407)	(4 210)	(62 709)
投资活动													
购买长期资产	(48 000)												(48 000)
现金增加（减少）	(54 211)	(6 041)	(5 871)	(5 687)	(5 504)	(5 321)	(5 138)	(4 956)	(4 773)	(4 590)	(4 407)	(4 210)	(110 709)
期初现金余额	149 039	94 828	88 787	82 916	77 229	71 725	66 404	61 266	56 310	51 537	46 947	42 540	149 039
期末现金余额	94 828	88 787	82 916	77 229	71 725	66 404	61 266	56 310	51 537	46 947	42 540	38 330	38 330

第 3 年

月份	1	2	3	4	5	6	7	8	9	10	11	12	合计
经营活动													
净利润	(11 416)	(11 220)	(11 024)	(10 829)	(10 633)	(10 424)	(10 216)	(10 007)	(9 799)	(9 589)	(9 380)	(9 172)	(123 709)
加：折旧	3 000	3 000	3 000	3 000	3 000	3 000	3 000	3 000	3 000	3 000	3 000	3 000	36 000
加：应付版权费	27	27	27	27	27	29	29	29	29	28	29	29	337
营运现金流	(8 389)	(8 193)	(7 997)	(7 802)	(7 606)	(7 395)	(7 187)	(6 978)	(6 770)	(6 561)	(6 351)	(6 143)	(87 372)
投资活动													
购买长期资产	(48 000)												(48 000)
现金增加（减少）	(56 389)	(8 193)	(7 997)	(7 802)	(7 606)	(7 395)	(7 187)	(6 978)	(6 770)	(6 561)	(6 351)	(6 143)	(135 372)
期初现金余额	38 330	(18 059)	(26 252)	(34 249)	(42 051)	(49 657)	(57 052)	(64 239)	(71 217)	(77 987)	(84 548)	(90 899)	38 330
期末现金余额	(18 059)	(26 252)	(34 249)	(42 051)	(49 657)	(57 052)	(64 239)	(71 217)	(77 987)	(84 548)	(90 899)	(97 042)	(97 042)

在悲观情形下，e-Travel 公司要想实现盈利，前两年的月度销售增长率就要超过 4%。修改电子表格中的月度销售增长率，可以测算出相对应的盈利（亏损）情况。

17.8　盈亏平衡分析

在制订财务计划的最初阶段，知道何时可以实现盈利十分有用。**盈亏平衡**（Breakeven）是指企业的总销售收入等于总成本。总销售收入（R）为：

$$R = Q \times P$$

其中，Q 为产品售出数量，P 为产品单价。总成本（TC）为：

$$TC = FC + VC$$

其中，FC 为总固定成本，VC 为可变成本总和。盈亏平衡意味着当企业售出某一数量的产品时，企业既不盈利也不亏损，该销售量（Q）即为盈亏平衡产量。如果实际销量超过 Q，则企业可以获得利润。

在基本情形下，e-Travel 公司第 1 年的固定成本为 221 100 美元，可变成本为销售收入的 13%，其中版权费和信用卡手续费分别占销售收入的 12% 和 1%。为了确定其在基本情形下的盈亏平衡产量 Q，列出计算式：

$$R = TC$$
$$R = 221\,100 + (0.13 \times R)$$

即：

$$0.87R = 221\,100$$

因此，

$$0.87\,(Q \times 15) = 221\,100$$

即：

$$Q = 16\,943\,（册）$$

因此，当售出差不多 17 000 册旅游电子指南后，e-Travel 公司开始盈利。

17.9　盈利能力测算

投资者对新创企业为其投资带来的年回报率感兴趣。**资本回报率**（Return

on Invested Capital，ROIC）是指每年获得的净利润与总投资资本的比率，也称**投资回报率**（Return on Investment，ROI）。2013 年，3M 公司和 IBM 公司的投资回报率分别为 20% 和 32%。新创企业的投资回报率计算公式为：

$$ROI = \frac{净利润}{总投资}$$

企业创造的净利润将按照股权比例分配给投资者。在企业成长的某些阶段，不会真的向投资者提供现金回报。企业会将净利润作为留存收益，并将留存的现金收益作为投资资本，加入投资者的原始股权投资，共同构成投资者的所有者权益（Riggs，2004）。

净利润占所有者权益的比例被称作净资产收益率（Return on Equity，ROE），其计算公式为：

$$ROE = \frac{净利润}{所有者权益}$$

可以根据表 17-4 和表 17-6 计算出 e-Travel 公司创立后第 2 年的净资产收益率为：

$$ROE = \frac{393\ 606}{553\ 560} \times 100\% \approx 71.1\%$$

企业在进行现金分红或其股票在公开市场定价时，需要计算投资者（所有者）的回报。假设投资者所持有的 e-Travel 公司的股权在第 3 年年底能以 72 万美元的价格出售，则投资者集团所实现的资本回报倍数（M）为：

$$M = \frac{720\ 000}{240\ 000} = 3.0$$

由于（1.442）$^3 \approx 3.0$，采用复利计算，投资者在 3 年内的年化收益率为 44.2%。即年度投资回报率（ROI）为：

$$ROI = 44.2\%$$

请注意，由于这家公司所获得的 240 000 美元初始投资，分别来自两位创始人的现金注入和他们个人担保所获的银行贷款，所以应将其视作创始人的股权投资。

表 17-8 总结了创业者应了解的 10 条核心会计原则。本章末的表 17-10 也列示了一些财务术语和比率的定义。

表 17-8 创业者应了解的 10 条核心会计原则

1. 财务报表的基本算式是：资产 = 负债 + 所有者权益
2. 资产负债表反映了某一时点的财务状况，利润表报告了一个时期的财务绩效
3. 利润表详细说明了当期留存收益的变动情况
4. 会计纠纷几乎均由估值和时间安排引起
5. 财务预测的 5 个关键原则为：真实性（应计）、稳健性、一致性、重要性和历史成本
6. 由于估值需要判断，财务报表必然只是估计
7. 账面价值一般不等于市场价值，尤其是对长期资产和所有者权益而言
8. 现金是所有企业的生命线
9. 比率是从财务报表中获取信息的关键工具
10. 一家企业的内部融资能力取决于其净资产收益率

资料来源：Riggs, Henry. Understanding the Financial Score. 2006. San Rafael, CA: Morgan and Claypool.

17.10　焦点案例：DeepMind 公司

DeepMind 是由戴密斯·哈萨比斯（Demis Hassabis）、沙恩·来格（Shane Legg）和穆斯塔法·苏莱曼（Mustafa Suleyman）于 2010 年在英国创建的一家人工智能企业。2014 年，Alphabet 公司用 4 亿美元收购了 DeepMind 公司。2016 年，DeepMind 公司开发的 AlphaGo 计算机程序击败了世界最佳围棋选手之一李世石（Lee Sedol），让这家公司获得全球的广泛关注。教会计算机下围棋要比教会计算机下国际象棋更难，因为围棋每走一步都有大量的可能性。DeepMind 公司采用了多层人工神经网络这种被称作深度学习的机器学习算法，帮助计算机程序做出决策。

当 Alphabet 公司收购 DeepMind 时，它还只是一家不知名的英国新创企业，还没有明确的盈利模式。虽然 AlphaGo 这样的项目并没有为 Alphabet 公司带来可观的收入，但该公司发现了在数据中心管理中部署 DeepMind 功能的价值。Alphabet 公司数据中心的用电量堪比一座小城市，这给 Alphabet 公司带来高昂的能源和环境成本。目前，DeepMind 公司开发的人工智能系统已被用于控制这些数据中心的空调机组，从而有效提高了能源使用效率。据报道，DeepMind 公司的这项技术可以使 Alphabet 公司数据中心的能源效率提高 40%。

17.11　本章小结

创业团队通过编制财务计划来确定新创企业的经济潜力，并向潜在投资者

展示其投资价值。编制财务计划需要做出基础假设，并依据基础假设预测关键的业务数据。在财务计划中需要列示利润表和现金流量表，以及依据这两张财务报表编制的资产负债表。新创企业在成立后第 1 年或第 2 年的财务报表一般采用月度数据，其后的第 2 或第 3 年可以采用季度数据。此外，计算盈亏平衡点的产销量非常有必要。经营良好的新创企业可以保持销售额的持续增长，并在创立早期实现正的现金流和利润。

> **⊞ 技术创业原则 17**
>
> 基于准确和可靠的基础假设编制完备的财务计划，可以证明一家新创企业的增长潜力和盈利能力。

音像资料：
读者可以访问 http://techventures.stanford.edu 网站，浏览与本章内容有关的学术讨论。

指数级增长 （Exponential Growth）	彼得·泰尔⊖ 马克斯·列夫钦	帕兰提尔公司 Affirm 公司⊜
确保价格公平 （Ensuring Fair Prices）	里亚·布斯克	美国跑腿服务 TaskRabbit 网站
不肯为盈利等候 （No Patience for Profitability）	托马斯·普雷斯科特	艾利科技公司⊜ （Align Technology）

17.12 练习

（1）描述利润表、资产负债表和现金流量表之间的关系。对一家新创企业

⊖ 彼得·泰尔于 1998 年作为联合创始人创立了 PayPal 公司并担任 CEO。2002 年 PayPal 以 15 亿美元出售给 eBay 公司后，他成为硅谷投资人，其投资的公司包括脸书、Asana、Quora、领英、Yelp、Yammer 等。他于 2004 年创立了大数据公司帕兰提尔，从事国防安全与全球金融领域的数据分析，并先后创办 Founders Fund、Clarium Capital、Valar Ventures、Mithril Capital Management 等 4 家基金公司。他也是畅销书《从 0 到 1》的作者。——译者注

⊜ 该公司由 PayPal 联合创始人兼前 CTO 马克斯·列夫钦于 2012 年创办，总部位于美国旧金山，主营"预支付"的金融服务公司。——译者注

⊜ 艾利科技公司成立于 1997 年，总部位于美国加州圣克拉拉市，该公司从事牙齿整形设备的设计、制造和销售。——译者注

而言，你认为哪一张财务报表最重要？为什么？

（2）表 16-1 给出了收入模型示例。请从中选择 3 个收入模型，说明每个模型在进行销售预测时可能面临的挑战。

（3）维世科（Viscotech）公司计划进入光电系统领域，并致力于开发自动化光学检测和检验设备，这种设备可以检测生产组件和模块的缺陷。该公司的相关财务预测结果见表 17-9。公司计划募集 100 万美元的股权投资和 50 万美元的 5 年期贷款作为初始投资。请计算这家公司每年年底持有的现金量以及每年的净资产收益率和投资回报率。

表 17-9 维世科公司的相关财务预测数据 （单位：千美元）

	第 1 年	第 2 年	第 3 年	第 4 年	第 5 年
收入	1 500	3 400	5 900	10 600	15 400
税后收入	（500）	（100）	200	400	600
折旧	250	300	350	400	400
平均股东权益	1 000	700	600	800	1 400
长期负债	500	450	300	200	100

（4）一家新创公司的初始投资为 80 000 美元。这家公司的月度销售额为 40 000 美元，每月的运营成本为 36 000 美元。在最初的 4 个月里，该公司需要每月购买价值 30 000 美元的设备。请计算这家公司在创办第 12 个月月末的投资回报率，并判断这家公司每月月末持有的现金余额是否为正。如果需要注入新资金，则应该在什么时候注资？

（5）一家软件公司的固定成本为 800 000 美元，产品的单位可变成本为 12 美元。当每件产品的售价为 50 美元时，计算其盈亏平衡时的产品销量（Q）。如果该公司一年可销售 50 000 件产品，则该公司在该年可获得多少利润（税率为 20%）？

（6）一家名为 Sensor International 的新创公司正在制订一种网络安全新设备的生产计划。生产、营销和分销一包设备（共 6 个传感器）的成本是 14 美分，销售给经销商的价格是每包 68 美分。其一次性投入固定成本 121 000 美元。请计算该公司在收支平衡时所需实现的产品销量。

（7）假设本章（6）小题中的 Sensor International 公司在第 1 年售出了 300 000 包产品，第 2 年售出了 400 000 包产品。如果投资者最初投资是 100 000

美元，请计算该公司第 1 年和第 2 年的投资回报率（税率为 20%）。

（8）假设本章（6）小题中的 Sensor International 公司的固定成本降至 30 000 美元，并且该公司通过调研了解到每年只能售出 60 包产品，则该公司应如何给产品定价才能确保销量为 60 包时实现盈利？

> 📖 **创业实战**
>
> 1. 请为你创办的企业做出开展财务预测的基础假设，并草拟一份利润表。
> 2. 你创办的企业需要多长时间才能实现盈亏平衡和正现金流？
> 3. 为实现正现金流，你创办的企业需要累计获得多少现金流入？

表 17-10　会计和财务术语

资产：企业所拥有的物品的价值

资产周转率：销售收入与净资产的比值，净资产包括厂房、设备、存货和营运资金

资产负债表：汇总特定时点的资产、负债和所有者权益的财务报表

账面价值：企业的净资产，等于总资产减去无形资产（专利、商誉）和负债

现金流：等于净利润减去现金红利再加上非现金支出（例如折旧）

折旧：对有形的长期资产在其使用年限内的成本分配。折旧是对资产因损耗而减少的价值的补偿

折现率：根据货币的时间价值对未来收益或现金流贴现的比率

股息：企业向所有者分配的净利润的一部分

每股收益：净收益与流通在外股票数量的比率

股权：等于企业的净资产（账面价值）

财务报表：总结企业财务状况的报告，通常包括资产负债表、利润表和现金流量表

利润表：汇总收入和支出的财务报表

负债：企业应付给其他人或单位的金额

净利润：当期总收入减去当期的总支出

备考：在实际数据发生之前做出估计

留存收益：代表所有者对未以股息形式支付的收益的索取权

已动用资本回报率（ROCE）：息税前利润与已用资本的比率

资本回报率（ROIC）/ 投资回报率（ROI）：净利润与总投资的比率

收入回报率：净利润与收入的比率

净资产收益率（ROE）：净利润与所有者权益的比率

收入：扣除所有退货、返利和折扣后的销售额

现金流量表：总结一段时间内运营、投资和融资活动的现金影响的报表

营运资本：流动资产减去流动负债

第 18 章

资金来源

*追随你的愿景，而非金钱，金钱
最终将跟随你。*

谢家华

创业者们应如何为建立和发展新创企业筹集资金

本章介绍资金的获取方式。创业者可以通过审查他们使用第 17 章中详细展示的方法所做出的财务预测来估计创业所需资金。通过审查财务预测数据和现金流量表，可以清楚地知道创业活动将在何时需要多少资金。本章讨论如何创建一个投资产品，使其既能满足创业需求，又能创造潜在投资者所需的有吸引力的回报。

新创企业的主要资金来源包括创业者

自投资金、朋友和家人的适度投资、政府资助、自筹和众筹，以及从商业银行或其他金融机构进行债务融资。

大多数期望发展成为较大规模的高增长企业的新创企业，需要经验丰富的投资者（例如天使投资人和风险投资公司）所提供的外部资金。通常，在企业的整个生命周期中需要进行多轮融资。创业者需要根据企业在各发展阶段的估值，以及自己愿意在所有权方面做出的牺牲程度，确定应给予投资者多少股份来换取其投资。

拥有可证明的价值的新创企业，可以通过 IPO、二次发行，或者将企业出售给专门从事成长型股权或私募股权投资的企业，来筹集额外的发展资金。此时，早期投资者和企业员工通常可以获得股权或二级市场又或并购交易所创造的部分或全部价值。

18.1　新创企业融资

如第 17 章所述，新创企业的财务预测可以帮助创业者估计企业前两三年的现金流量。根据现金流量表，创业者可以确定企业的融资需求。有些新创企业几乎可以马上实现正的现金流，并且创业者自己就能为创业提供必要的启动资金。不过，在大多数情况下，新创企业需要大量融资，而大多数高科技企业往往需要几年时间才能实现正的现金流。

新创企业需要资金来购买计算机和生产设备等固定资产，需要资金来维持运营并建立客户基础。**营运资本**（Working Capital）是指用于支持企业正常运营的资金，它等于流动资产减去流动负债。投资所带来的资金是新创企业购买资产和提供营运资本所必需的，随着企业的成长，对资金的需求通常也会增加。为企业选择合适的资金来源，与选择团队成员和企业选址同等重要，这一决定将影响企业未来的发展。

对创业者而言，寻找所需资金是一项艰巨而耗时的任务，筹款可能需要 3 ～ 12 个月的时间。因此，对大多数创业者而言，先去争取一些客户，再去找寻投资人也许更加明智。要找到合适的投资者，创业者不仅要提出好的价值主张，还要付出等待时间。在找寻投资者的过程中，创业者需要不断地讲述企业的创业故事并回答数不清的问题。可以想象，披露专有信息会令创业者感到不安，因为在此期间确实存在将企业的重要信息泄漏给竞争对手的可能，尽管这种风险通常会被高估。

许多投资者耗时长久审查了新创企业的商业计划并与创业团队进行了交流后，最终却没有投资。创业者必须做好谈判失败的思想准备，即使某位投资者表现出很大兴趣，创业者也应该继续找寻其他投资者。尽管创业者们渴求尽早结束寻找投资的艰难过程，但继续找寻投资者可以节省出谈判失败耽误的时间，也能提高创业者的谈判地位。

新创企业可以获得投资资金，关键是先要知道会在哪里得到。创业者必须在筹集资金之前做好功课，了解在企业不同的发展阶段哪些资金来源最为适合，然后掌握应该如何运作这些资金，这对于取得创业成功至关重要。

通常，创业者并不知道需要获得多少投资，他们往往希望在企业实现正现金流之前由投资者提供所有的必需资金。但是，大多数投资者希望根据发展里程碑来分阶段投资，他们往往对最初的财务预测持谨慎态度，开倾向于接受较为悲观的预测或趋势预估，会在计算中充分考虑不确定性的影响，而创业者们则通常显露出比较乐观的本性。

图 18-1 是一家新创企业的典型现金流量图。图中的示例企业在前 20 个月的资金消耗率为每月 10 万美元，该企业从第 21 个月开始产生正现金流，并在第 35 个月实现累计现金流的盈亏平衡，为支持企业持续运营直到实现正的现金流，至少需要 200 万美元的投资。

潜在的不确定性导致有关结果的预估存在较大偏差。分阶段地向新创企业投入发展资金，有助于投资者逐步建立起对这家企业的投资信心，但是，投资者的分阶段投资策略需要创业者多次筹集资金，这可能会分散创业者的精力并增加筹资风险。

通常，投资者和创业者拥有

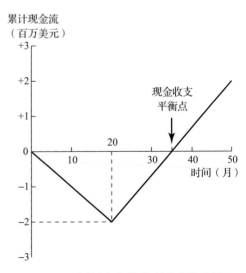

图 18-1   新创企业的典型现金流量图

不对称的信息。投资者可能掌握更多有关市场的信息，而创业者可能掌握更多的有关产品或技术的信息。投资者可能很难合理预估新创企业的知识产权价值，评估创业团队的能力对投资者也是一种挑战。此外，由于资本市场的发展趋势很难评估，投资者会根据市场行情的变化，采用不同的估值倍数对被投资企业进行估值。上述因素均会导致投资者和创业者对价值和风险持有不同的观点（Gompers & Lerner，2002）。

为确保能够获得风险投资，创业者应在谈判阶段降低表 18-1 中前 4 个因素的影响，为此，投资者和创业者需要围绕风险、目标、知识产权以及领导团队的价值等展开全面讨论。必须让投资者建立起信心，相信创业者能够在动荡的市场中妥善地管理新创企业。双方都应认识到，创业者会将融资资金集中投入到新创企业的发展中，而投资者也将拥有多样化的投资组合。创业者的目标是找到会对表 18-1 中所列的 5 个因素进行考察的投资者，并最终使他们调整看法并形成与自己尽可能接近的观点。那些与创业者看法比较一致的投资者，可以被称为利益一致的投资者，他们将更有可能对不断变化的创业需求做出良好的反应。找到具备创业团队所需的行业、运营以及团队建设等方面专业知识的、利益一致的投资者，是成功募集资金的第一步，也是关键一步。

表 18-1　导致投资者和创业者存在分歧的 5 个因素

1. 预期结果的不确定性	4. 行业和金融市场的发展趋势
2. 信息不对称	5. 创业者将财富集中投入新创企业，而投资者则拥有多元的投资组合
3. 对无形的知识产权的估值	

18.2　作为实物期权的创业投资

投资者为在未来获得现金回报而进行资本投资。专业的投资者通常将机会视作一种**期权**（Option），即一种在将来某个日期以预定价格购买资产的权利，持有人享有权利但不承担相应的义务。对新创企业的投资可以被视作一种收益存在不确定性的、对机会的投资。所谓投资，就是在承受许多风险的同时去创造在未来很有吸引力的机会。在新创企业发展的早期阶段，投资最好分阶段进行，并且应同时探索多种业务途径，以保持较大的选择空间。等到不确定性降低到投资者可容忍的水平，且企业内部对把握某个比较可靠的盈利机会达成了广泛的共识，再将资源充分地投入这个机会。持有期权意味着投资者可以选择当即或者以后再做出投资决策，也可以选择继续下一步投资或者停止投资以止损。

在金融领域，期权是指在未来某个日期以预定价格购买某项资产的权利。**实物期权**（Real Option）是指在未来某个日期投资或购买新创企业股票等实物资产的权利。通常，对新创企业投资的价值主要体现为其实物期权的价值。

我们引入一个简化的风险投资数学模型。智力资本（知识）既可以转化为创造或增加现金流量的经济资本，也可以转化为开发和利用新机会的战略资本。我们认为，经济资本是一系列现金流的内在价值（IV），而战略资本对应着期权价值（OV）。于是，可以大体认为，投资于新创企业的投资价值（V）为：

$$V = IV + OV$$

净现值（Net Present Value，NPV）是以适当的基准折现率（r），将企业未来的一系列现金流量折现到期初并求和所得到的价值。一家新创企业的内在价值等于采用基准折现率（r）计算得到的企业净现值（NPV），这相当于该新创企业的期望收益。

一家新创企业在未来若干年中的系列现金流的净现值为：

$$NPV = \sum_{n=0}^{N} \frac{C_n}{(1+r)^n} \tag{18-1}$$

公式（18-1）中，$n = 0,1,2,\cdots,N$，代表各个年度。

例如，一家新创企业创立前两年的净现值的计算结果为：

$$NPV = -100\,000 + \frac{65\,000}{(1+r)} + \frac{35\,000}{(1+r)^2}$$

式中，这家新创企业采用的基准折现率 $r = 0.40$。其初始现金流量为负，即在 $n = 0$ 时需要投资 100 000 美元。其 NPV 计算过程和结果如下：

$$NPV \approx -100\,000 + 65\,000 \times 0.714 + 35\,000 \times 0.510$$
$$= -100\,000 + 64\,260$$
$$= -35\,740\,（美元）$$

此例中，该企业的内在价值（IV）等于其 NPV，而企业的投资价值可能还包括通常大于 NPV 的期权价值（OV）。之所以存在期权价值，是因为投资者不负有必须买进或卖出的义务，却拥有是否以及何时投资的选择权。此例中，投资者可以在新创企业经营两年后再决定是否要对其投资。投资者可以利用这两年时间，收集有关该企业经营情况的更多信息并考察其业绩表现。如果前两年企业的业绩表现良好，则投资者可以"行使"期权追加投资；如果前两年业绩不佳，则投资者可以选择不再追加投资（也称为让期权"到期"）以帮助该企业止损。通过使用这种"可选择性"来优化多项风险投资组合中的资本配置，投资者可以提高收益并降低投资组合的整体风险。

可以应用针对不同种类期权所开发的数学模型对期权价值进行建模和估算。总体上，期权价值由 4 个基本因素决定，并随着这 4 个基本因素中的一个或多个的增加而增加。这 4 个基本因素依次为：①权利期间，即期权剩余的有效时间，或期权成交日至期权到期日之间的时间间隔。在其他条件不变的情况下，权利期间越长，期权价值越高；反之，期权价值越低。这是因为，较长的权利期间，允许被投资企业在投资者做出是否行权的决定之前，有更多的时间实现价值增值。②投资期内被投资企业价值的不确定性（价值波动性）。价值波动性越高，意味着被投资企业价值增值的可能性越大，从而期权价值越高。③所采用的反映货币时间价值的基准折现率。基准折现率越高，期权价值越高。④被投资企业当前股价与行权价格的比值。比值越大，产生的潜在投资收益越大，因此期权价值也越高。表 18-2 列出了这 4 个影响期权价值的基本因素。

表 18-2　影响期权价值的 4 个基本因素

1. 持有期权的投资人的权利期间越长，期权价值越高	3. 采用的基准折现率越高，期权价值越高
2. 被投资企业价值的不确定性（价值波动性）越大，期权价值越高	4. 被投资企业的当前股价与行权价格的比值越大，期权价值越高

尽管在实践中有时会引起争议，但可以使用 Black-Scholes 公式（Boer，2002）计算期权价值。http://www.mystockoptions.com/black-scholes.cfm 网站上提供了应用该公式计算期权价值的计算器。另一种期权价值计算模型是采用决策树构建的二项式模型（Copeland & Tufano，2004）。

仍然使用前面投资于一家新创企业的案例。投资者为该企业投入 100 000 美元的初始投资，可以在 2 年后做出是否执行第 2 轮投资的决策。该案例中，权利期间（T）为 2 年，比较长；而该企业的价值的不确定性（标准差）较高，采用的基准折现率（0.40）也比较高。如果第一次投资时，这家企业的股价设定为 10 美元的较低价格，而协定的行权价格为 5 美元，则该项期权的价值就很高。如果某投资者估计投资于该企业的期权价值为 5 万美元，则投资的总价值为：

$$V= IV + OV = -35\ 740 + 50\ 000 = 14\ 260（美元）$$

> ### 📖 Oculus VR 公司的早期估值
>
> 　　2012 年 6 月，帕尔默·拉基（Palmer Luckey）创立了从事虚拟现实设备研制的 Oculus 公司。帕尔默当时的想法是通过制造一种新型的头戴式显示装置，为游戏玩家提供比现有的显示类产品更有效、更便宜的游戏装置。2012年 8 月 1 日，该公司发布了一项名为 Kickstarter 的众筹活动，为进一步研发该产品募集资金。众筹活动开始后不到 36 小时，就筹集到 100 万美元的资金，其最终总筹资额接近 250 万美元。2014 年 3 月，Oculus 公司筹集了近1 亿美元的资金。2014 年 7 月，Oculus 公司刚刚发布其样品，马克·扎克伯格就宣布脸书公司将以 20 亿美元的价格收购该公司。

　　从纯粹的财务角度看，考虑到投资者拥有在未来采取行动的选择机会，投资于某些风险较高的决策具有可行性。同时，投资者一旦发现某项期权将无法创造未来的价值，就应该放弃行权。有时候，创业者会继续经营前景不被看好的新创企业，部分原因是创业团队已经建立起一种集体信念，他们在面对来自外部的普遍质疑和艰难的经营现状时，依旧相信他们创办的企业必将成功（Carr，2002）。与此类似，投资者有时也会被高昂的沉没成本影响，做出对新创企业未来投资的非理性决策。

18.3　资金的来源和类型

　　如图 18-2 所示，创建一家成功的企业需要经历 4 个阶段。第一轮融资是在新创企业成立（初创期）后的种子期注入的初始资金，通常被称作**种子资金**

（Seed Capital）。种子期的资金需求通常比较少，其资金来源包括创始人及其家

人和朋友。进入成长期，大多数科技企业需要大量资金，因此，该阶段的融资对象转为专业的或经验丰富的投资者。企业进入收获期，可以通过 IPO、二次发行、私募股权收购或企业收购等方式，为投资者、创始人及其团队成员带来新增资本及财务回报。

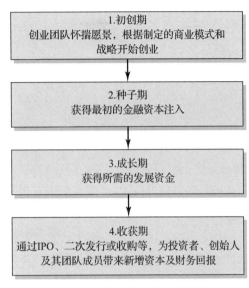

图 18-2　成功创业的 4 个阶段

表 18-3 列举了新创企业可能的融资来源。有两类融资资本：权益资本和债务资本。**权益资本**（Equity Capital）来自投资者通过购买企业股票进行的所有权投资，投资者将获得法定的对企业资产和收益的所有权，其作为股份持有人被称作股东；**债务资本**（Debt Capital）是指企业借入的资金，例如银行贷款，该笔资金必须在规定的时间内偿还本金和利息。提供债务资本的投资者通常不会获得新创企业任何实质性的所有权权益。

表 18-3　新创企业可能的融资来源

● 创始人	● 银行
● 亲朋好友	● 租赁公司
● 众筹	● 成熟企业
● 小企业投资公司	● 公开股票发行
● 小企业创新研究资助基金（美国）	● 政府补贴与信用贷款
● 富人（天使投资人）	● 客户预付款
● 风险投资家	● 养老基金
	● 保险公司

通常，新创企业只有在市场中经营一段时期，凭借不断增长的营业收入和应收账款等证明自身的发展业绩后，才能获得债务资本。在某些情况下，美国的小企业管理局等政府机构可以为新创企业提供贷款或者贷款担保。

新创企业的股权融资通常来自创始人及其朋友和家人提供的资金。实际

上，其他股权投资者和资金出借方可能期望创业团队在创业过程中投入大量的自有资金，以证明创业者对创业成功有着坚定的信念（Ogden et al.，2003）。一项衡量新创企业资金质量的实用指标是创业者为新创企业投入的财富的比例（Prasad et al.，2001）。

家人和朋友的投资是种子资金的最佳来源，它可以帮助新创企业成长到具备吸引私人投资者或风险投资机构的规模。尽管家人和朋友通常是由于与某位或多位创始人关系亲近而愿意出资的，但是他们仍然应该索取和审查新创企业的全部财务文件。此外，他们应该有能力承受投资带来的损失，也能承受一定的风险。有远见的创业者会在向亲朋筹资前加以深思熟虑，因为一旦创业失败，将对其与出资的亲朋好友之间的长期关系带来潜在影响。与在范围有限的亲朋好友圈子中融资不同，广受欢迎的众筹将吸引那些与创始人没有直接关系的人参与投资，他们并非因熟人关系，而是因为认定创业构想是有吸引力的机会而愿意投资。

创业者也可以寻找那些有经验的投资者，他们愿意对非常有前途的、高增长的新创企业进行股权投资。对新创企业进行投资以换取企业股权的有钱人通常被称为**天使投资人**（Angels）。据估计，天使投资人每年在美国投资了超过 7 万家企业。**风险投资家**（Venture Capitalists）是供职于投资基金公司的职业经理人，又称风险资本家。美国的风险投资家每年投资超过 7000 家企业。天使投资人用自己的钱投资，而风险投资家则主要用别人的钱投资。当经济环境向好时，这两类投资主体的投资数量均会有所增加。天使投资人和风险投资家近年来的投资总额大致相同。

成熟企业也会对新创企业直接投资。有时，成熟企业会与新创企业签署合作研发协议，为新创企业提供资金，支持其研发新技术。许多科技企业拥有自己的风险投资团队，通过向新创企业直接投资来取得新创企业的部分所有权。表 18-4 详细对比了新创企业募集发展资金的多种融资渠道。

表 18-4 新创企业募集发展资金的融资渠道比较

融资渠道	金额	优点	缺点
1. 个人（天使投资人）	10 000 ~ 1 000 000 美元；为新创企业提供低等到中等水平的专业知识指导	新创企业的股权被轻微稀释；谈判和尽职调查要求最低，因而进展快速	对资本密集型企业而言，其资金支持力度弱；投资者可能缺乏远见；投资者可能无法为新创企业提供好建议

（续）

融资渠道	金额	优点	缺点
2. 风险投资企业	250 000 ～ 25 000 000 美元；为新创企业提供高水平的专业知识指导	风险投资企业拥有大量可用资金；可以为新创企业提供雇用协助和其他服务；能够帮助新创企业快速提高声望和信誉	风险投资企业要求获得高比例的新创企业所有权；期望在新创企业的重大决策中发挥重要作用；可能在组建执行领导团队时表现过于积极
3. 成熟企业	5 000 000 ～ 50 000 000 美元；为创业者提供中等至高水平的专业知识指导	新创企业会有中等程度的股权稀释；成熟企业可以为新创企业提供分销和生产改进的协助	成熟企业可能成为新创企业的竞争对手；可能使新创企业的知识产权面临风险

最后，新创企业可以通过在股票市场上进行 IPO 来获得金融资本。不过，只有那些最有资历和经验最丰富的创业团队才有机会在创业初期进行 IPO。

图 18-3 直观地展示了一家新创企业简化的整个融资过程。种子轮融资可以通过向亲朋好友筹资来实现。天使投资人可以为种子轮或 A 轮融资提供资金，风险投资企业通常会在 A、B、C 轮融资时提供资金。最后，如果新创企业实现了充分的增长，则投资银行通常会协助其进行 IPO 或大型私募融资。我们将在后续小节中详细介绍这些不同的融资方式。

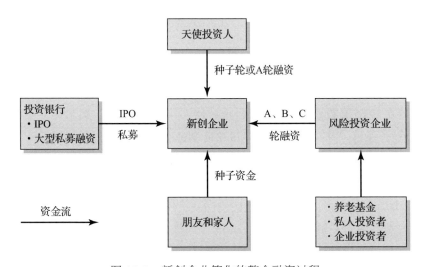

图 18-3　新创企业简化的整个融资过程

18.4 自筹与众筹

依靠创业团队及其家人和朋友提供的少量资金创办企业的融资方式通常被称为**自筹资金**（Bootstrap Financing）。自筹资金创业意味着要靠创业团队成员自己的资金来创办企业。对许多对启动资金数量要求不高的企业而言，通常最好的初始资金募集方式是吸引创业者熟悉的投资者为其出资。专业的投资者每年只会为很少的新创企业提供资金支持，他们主要投资于那些具有较高潜在回报率的创业机会，此类创业项目通常拥有显著的竞争优势、完善的商业模式和高可信度的创始人。

自筹资金创业的新企业的起步规模一般较小，它们要在未来的发展过程中逐步积累经验和专业知识。因此，以自筹资金开始创业的创业者会瞄准一个特定的机会，从一个范围适度的业务起步，并努力寻找快速实现收支平衡和正现金流的途径。他们会采取措施尽量减少开支，并采取各种方式来增加现金流，如向客户收取预付款，延迟向供应商付款，与其他企业共用员工、资产或营业空间等（Winborg & Landström，2001）。

有很多类型的业务适合以自筹资金创业的方式获取创业机会。很难获得实际数字，但是据估计，有75%的新创企业通过自筹资金创业并自负盈亏，这些企业以低成本开展运营，找寻被竞争对手忽视的细分市场，并逐步建立自己的业务基石。如果投资者和资金出借方不愿意为其提供所需资金，则创业者通常要为其业务活动提供大部分资金。

这些在初创时无人关注的新创企业最终也有可能获得巨大成功。皮埃尔·奥米迪亚（Pierre Omidyar）在获得风险投资公司的投资之前，有两年时间使用自筹资金支撑着eBay公司的运营。1995年的劳动节，奥米迪亚上线了后来发展成为eBay的拍卖网站——Auction Web，当时他仍是一名供职于一家软件公司的全职员工。作为一名经验丰富的软件开发人员，奥米迪亚对与互联网有关的商机十分感兴趣，他的创业愿景是通过拍卖网站，为买卖双方提供一个"完美的市场"（Cohen，2002）。他只用了几天时间，就以个人网页的形式创建了一个拍卖网站，并最终选择eBay.com作为该网站的首选域名。

整个1995年秋季，Auction Web主持了数千场拍卖。奥米迪亚的互联网服务提供商开始向他收取网站服务费，于是，Auction Web也开始向用户按交易金额收取小额中介服务费。自 1996 年 2 月开始，Auction Web 开始盈利。到同年 4 月，Auction Web 的销售额达到 5000 美元；到同 6 月，收入翻了一番，达到 10 000 美元。奥米迪亚随即决定辞职，并邀请朋友杰夫·斯科尔（Jeff Skoll）加入其创业团队。1996 年年底，他们将办公室从奥米迪亚的住房搬到加州坎贝尔市的办公楼里。当年 10 月，Auction Web 以区区 4 名员工主持了 28 000 次拍卖，可想而知 Auction Web 有多么重视节俭开支和控制成本。到 1997 年 1 月，Auction Web 网站已主持了 20 万次拍卖交易，预计全年收入将超过 400 万美元。1997 年年初，奥米迪亚和斯科尔制订了一份正式的商业计划，并开始寻找他们的第一批外部投资者。到 1997 年 6 月，风险投资公司标杆资本（Benchmark Capital）以 500 万美元的价格收购了 Auction Web 21.5% 的股份，并将公司正式更名为 eBay。

　　自筹资金的优点是，即使创业者犯了一些小错误，创业活动也可以继续。很多创业者会低估为克服消费者惰性和保守性所需花费的时间和营销成本，尤其是在推出未经市场检验的新产品时。那些对自己所面对的不确定的市场环境不够了解，或者缺乏应对投资者施压的经验的创业者，通常会推迟向外部投资者筹资，即使他们能以某种方式让投资者忽略其有限的资历和经验。

　　自筹资金创业通常需要遵循以下 5 条原则：①小规模起步，逐步探索市场；②向消费者学习，调整价值主张；③调整收入和利润模式；④将成本降至最低；⑤一旦新创企业的业务开始增长，就要尽力扩大企业规模，同时保持成本曲线低于收入曲线。通常，通过自筹资金创业的新创企业会形成潜移默化的节俭和财务自律的文化。一些调查表明，在实践中，过多的资金支持可能不利于新创企业的发展（Hvide & Møen，2010）。因此，风险投资家盖伊·川崎（Guy Kawasaki）建议创业者："即使拥有 1000 万美元的银行存款，也应通过自筹资金创业。"自筹资金创业的优缺点如表 18-5 所示。

表 18-5　自筹资金创业的优缺点

优点	缺点
● 灵活性较大 ● 创始人拥有企业的所有权 ● 创始人拥有运营的控制权 ● 寻找投资者花费的时间较少	● 无法满足成长阶段的大量资金需求 ● 缺乏未来的资金保障 ● 无法获得专业投资人的建议

越来越多的创业者们在创业早期采用众筹的方式融资。**众筹**（Crowd-funding）是指聚合起一群人，通过每个人贡献少量资金来为企业筹集资金。作为对这些人出资的回报，新创企业会给予他们一些优惠待遇，如赠予企业生产的产品，有时候还会给予他们企业的少量股权。通常，众筹能否成功取决于创业者的社交网络和企业的产品质量（Mollick，2014）。

不同国家或地区对众筹创业的所有权的法律规定有所差异。美国于2012年颁布的《乔布斯法案》（Jumpstart Our Business Startups Act）为新创企业提供了能够募集更高金额且更便利的众筹募资机会，该法案规定，通过美国证券交易委员会注册的众筹平台发行证券的美国企业享有一定豁免权，即投资者无须获得官方认证，新创企业可以接受不超过2000名投资者的投资，可以在12个月内出售多达100万美元的证券。不过，该法案的附加条款多且复杂，可能导致一些试图通过众筹融资的新创企业无法适用法案的豁免规定。

📖 西贝尔系统公司的创立

汤姆·西贝尔（Tom Siebel）在伊利诺伊大学取得工商管理硕士和计算机科学的双硕士学位后，于1983年加入了甲骨文公司。1992年，西贝尔从甲骨文公司离职，并与帕特·豪斯（Pat House）创立了西贝尔公司（Siebel System）。在开始的18个月时间里，两位创始人都不拿薪水，但拥有股权。西贝尔说："我们创业不是为了赚钱，也不是为了上市。我们不是为了创造财富，而是要进行一项尝试，我们希望建立一家令人难以置信的高品质公司。"（Malone，2002）2005年，西贝尔公司被甲骨文公司以60亿美元的价格收购。

以AngelList和Kickstarter为代表的一些众筹网站同时也是论坛，它们将个人投资者与寻求资金的企业聚集在一起。这些网站发展迅速，例如，AngelList网站上的注册企业数从2010年的1500家迅速增长为2017年的超过120万家（详见www.angel.co）。Kickstarter网站上的项目筹资额也从2010年的2800万美元增加到2017年的29亿美元（详见www.kickstarter.com）。

18.5　债务融资和资助

已经实现一定销量和现金流的新创企业，可以考虑通过发行短期或长期债券进行融资。利用债务获得额外资产可以为企业提供财务杠杆，从而提高新创企业的净资产收益率。只要企业有稳定的收入且大于借入资金应支付的利息，财务杠杆就可以发挥作用。如果企业的收入低于借入资金的利息成本，则会降低净资产收益率，企业运营就可能受到威胁。因此，大多数新创企业在实现稳定增长前都会避免使用财务杠杆。

对盈利的企业而言，债务融资不仅简单易行，而且通常要比股权融资的成本更低。大多数盈利的企业只要愿意支付足够高的利息就可以借到资金，债务融资的好处是无须将企业的所有权或控制权交给出借人，除非不能按要求支付利息和本金。此外，在美国和其他一些国家，利息享有税收减免，从而可以缩减债务融资的实际成本。但是，债务融资会使企业面临另一种风险：如果企业没有足够的利润来偿还债务，则企业会面临生存危机。

在签订一笔贷款合同时，出借方首先要考虑的是借入方企业的资产和现金流量情况。新创企业只拥有极为有限的现金流量且未来收益难以估测，因此很难获得贷款。不过，在美国，新创企业有时可以获得由小企业管理局等政府机构担保的银行贷款。虽然联邦机构不为中小企业提供贷款，发贷方仍然是银行等金融机构，但是联邦机构通常可以为大约 75% 的贷款额度提供担保，并承担向银行和纳税人筹资所负担保责任带来的损失。2016 年，美国小企业管理局为近 694 000 个借款企业提供了融资担保，帮助小企业获得贷款总额达 289 亿美元。

资产抵押借款也适用于新创企业。企业可以使用流动资产（例如应收账款）或固定资产（例如设备或不动产）作为抵押物来借款。此外，新创企业也可以通过融资租赁获得资金，采用融资租赁方式募集资金，企业需要放弃建筑物或设备等资产的所有权，由第三方的出租人为其融资购买所需的设备，然后由供货商直接将设备交付给企业使用。当然，企业也可以直接通过将自有设备或不动产出租来进行融资。

最后，许多新创企业会利用所拥有的信贷额度获得短期借款，并为此支付借入资金使用权所对应的费用。例如，信用卡就是一种常见但成本高昂的信贷来源。

通过债务融资获得的资金需要在一段时间后偿还，而一些符合资助资格的新创企业，可以获得政府或机构提供的无须偿还的资助，获得这种资助的新创企业的创业者不需要放弃企业的股权。有许多为创立早期的企业或小企业提供无偿资金援助的政府机构。例如，美国的小型企业创新研究（Small Business Innovation Research，SBIR）计划是由美国小企业管理局实施的一项计划，旨在帮助那些准备将实验室的研究成果转化为可以在市场上销售的现实产品的小企业。包括国防部在内的美国多个政府机构通过该计划向小企业提供资金援助。这里的"小企业"的定义是：美国人持有的、拥有员工少于 500 人的从事营利性活动的组织。类似的援助计划还有小企业技术转让（Small Business Technology Transfer，STTR）计划，STTR 旨在为小企业与美国的非营利性研究机构（例如高校）之间的合作牵线搭桥。SBIR 和 STTR 每年为小企业提供的总资助额可达 20 亿美元，这两项计划的具体信息可以从美国小企业管理局官网（www.sba.gov）获得。不过，此类援助计划往往因其行政流程、监管规定和战略限制等，让一些新创企业望而却步。

总部设在美国的非营利机构 VentureWell 建立了一项名为 E-Team 的资助和培训计划，帮助大学生创业者将产品或技术从构思阶段，转化为样品或基于技术创新成果提出的引人注目的商业模式。E-Team 计划的资助规模从 1000 美元到 20 000 美元不等，资助期为 12 ～ 18 个月。该计划的详细信息可以从 VentureWell 的官网（www.venturewell.org）中获得。在美国，还有很多此类来自政府或者非政府机构的创业资助计划，例如，美国国防高级研究计划局（Defense Advanced Research Projects Agency，DARPA）作为美国国防部所属的一个行政机构，发布了支持研发用于军事用途的高新科技的计划，美国各州和地方政府机构以及私人慈善基金会也提供了各种类似的资助。

高增长型的新创企业往往以创新性研究成果（如来自高校的科研成果）为创业基础，因此，此类企业的创业者应该去争取联邦政府或者州政府等相关部门的研究经费支持。虽然此类资助通常限定资金必须用于研发，但这对人工智能、能源、纳米技术、医学和交通运输等领域的新创企业而言十分重要，因为在这些领域，突破技术难题是新创企业所面临的主要创业风险。

18.6　天使投资人

天使投资人通常是十分富有且经验丰富的企业家，他们将自己的钱投资于新创企业以换取新创企业的股权。"天使"一词源于纽约百老汇（Broadway），特指富人出资资助一些具有社会意义的演出的公益行为。[⊖]天使投资人与新创企业拥有共同愿景，他们为新创企业注资的同时，很可能还会提供建议、社会关系网络以及其他方面的支持。天使投资人通常对新创企业所进入的行业有个人经验和兴趣。

天使投资是一种迅速兴起的新型商业融资方式，对那些自筹资金能力不足且资本规模太小，因而无法吸引到风险投资的新创企业而言，天使投资通常是理想的融资方式。例如，杰夫·贝佐斯先是向家人和朋友筹集资金创办了亚马逊公司，然后，他开始转向寻求天使投资人的资助，他先后从十几个天使投资人那里吸引了 120 万美元的资金。2015 年，美国的天使投资人共资助了 7 万多家新创企业，总投资额高达 246 亿美元。

天使投资人之所以投资，主要是因为他们对某个行业领域有所了解，且被该行业领域中涌现的机遇、追逐新机遇的兴奋感以及潜在回报所吸引。他们通常乐于与创业者们一起工作，一般不对新创企业何时兑现预期的财务回报加以限制。天使投资人会为所投资的企业提供可信赖的建议和指导，会帮助创业者创建和完善其商业模式，寻找顶尖人才，建立业务流程，在市场中检验他们的创意，结识客户以及吸引更多资金等。天使投资人往往倾向于在本国范围内进行投资，并且仅限于投资那些仍处于发展早期的企业。大部分获得天使投资的新创企业经由投资人信任的商业伙伴或天使投资机构向天使投资人推荐，同时，那些活跃于社交媒体上的新创企业更有机会获得天使投资（Wu et al.，2015）。表 18-6 总结了天使投资的典型特征。

⊖　对那些充满理想的演员来说，这些赞助者就像天使一样从天而降，使他们的美好理想变为现实。后来，天使投资被引申为一种对高风险、高收益的新兴企业的早期投资，而将这些进行投资的富人类比为投资于天使剧场新作品的人。——译者注

表 18-6 天使投资的典型特征

• 投资对象仅限于投资人了解且拥有经验的行业中的企业	• 被投资企业的创业者具有吸引人的品质，如正直、可塑性强等
• 被投资企业应处于投资人可以便捷到达的物理距离内	• 被投资企业所从事的业务具有良好的市场和发展潜力
• 被投资企业多经由投资人信任的商业伙伴推荐	• 被投资企业的创业者希望获得 5 万～ 100 万美元的投资，并愿意为此出让 10%～ 40% 的所有权

　　天使投资人可能对创业者有帮助，但也可能因为过于专横而对创业活动产生负面影响。选择合适的天使投资人并与之保持良好的关系，对创业者而言十分重要，为此，创业者应仔细考察潜在天使投资人的资质、能力和"文化适应性"。

　　在一些地区，天使投资人们聚集起来组建了天使投资人团体。这些团体会合力筛选合适的投资机会。例如，美国的天使投资人联盟（Band of Angels）每月在硅谷聚会，听取希望获得天使投资的新创企业的业务汇报（读者可以访问www.bandangels.com 了解具体的信息）。在世界各地的许多城市中也成立了天使投资人团体，其中一部分团体以虚拟社区的形式存在和运作。

　　1976 年，史蒂夫·沃兹尼亚克和史蒂夫·乔布斯在乔布斯的卧室里开发出Apple I 个人计算机并制作出样品。为了创办公司，乔布斯卖掉了他的大众汽车，沃兹尼亚克卖掉了他的惠普计算器，一共获得了 1300 美元的现金。他们就用这笔资金以及当地电子元器件供应商给予的信贷，建立起自己的第一条生产线。后来，乔布斯遇到了迈克·马尔库拉（Mike Markkula），他曾是英特尔公司的市场部经理，也是一位富裕的天使投资人。迈克为乔布斯提供了 91 000美元的天使资金，并亲自为乔布斯的公司提供了 250 000 美元的银行贷款担保。乔布斯、沃兹尼亚克和马尔库拉分别持有苹果计算机公司 1/3 的股份（Young，1988）。1977 年，天使投资人马尔库拉成为苹果公司的董事长。

　　1998 年，谷歌公司的创始人谢尔盖·布林和拉里·佩奇与太阳计算机系统公司（Sun Microsystems）的联合创始人安迪·贝希托尔斯海姆（Andy Bechtolsheim）取得联系，安迪花了 15 分钟听了两个人的创业计划，然后，他为谷歌公司开出一张 100 000 美元的支票。其后，又有几位天使投资人为谷歌公司提供创业资金，到 1999 年，知名风险投资公司凯鹏华盈和红杉资本也对谷歌公司进行了投资。

以 Y-Combinator 和 Techstars 为代表的创业孵化器在某种程度上也可以扮演天使投资人的角色。此类机构为新创企业提供种子基金、创业建议，并帮助新创企业建立关系网络。作为交换，新创企业需要让孵化器以平均水平持有其部分股份。比较常见的做法是，新创企业会向专业投资者发行可转换债券。**可转换债券**（Convertible Note）是一种设计精巧的混合型证券，兼有债券和股票的双重特征，持有这种债券的投资者可以按照发行时约定的价格将债券转换为被投资企业的普通股票。[○]对新创企业而言，可转换债券的利率低于不可转换债券，因此发行可转换债券可以降低筹资成本；对投资者而言，可转换债券提供了股权转换的潜在升值空间，同时避免了债权支付存在的现金流贬值风险。

18.7　风险投资

风险投资（Venture Capital）是新创企业从专业投资公司（被称作风险投资公司）那里获得投资资金的融资方式。为了向新创企业投资，风险投资公司会筹资构建一个被称作风险投资基金的资金池，资金池中的资金来自各种类型的个人投资者和机构投资者。风险投资公司可能会陆续创建多个风险投资基金，并对规模庞大、数量众多的基金群实施管理。在美国，每年都有成千上万个具有较高潜在投资回报的新创企业，从一个或多个风险投资基金那里获得资金支持。表 18-7 列出了 2006 ～ 2016 年美国的新创企业通过风险投资和 IPO 募集资金的情况。仅在 2016 年，美国的风险投资公司就向新创企业投资了近 700 亿美元。美国的风险投资交易额约占全球风险投资交易总量的 50%，读者可以从美国国家风险投资协会的官网（www.nvca.org）获得美国全部风险投资公司列表。

表 18-7　2006 ～ 2016 年美国的新创企业通过风险投资和 IPO 募集资金的情况

年份	风险资本交易数量 （次）	风险资本投资额 （十亿美元）	IPO 数量 （次）	IPO 发行额 （十亿美元）
2006	3 301	29.08	59	3.45

[○]　如果投资者不想转换，则可以继续持有债券，直到偿还期满时收取本金和利息，或者在流通市场出售变现。——译者注

（续）

年份	风险资本交易数量 （次）	风险资本投资额 （十亿美元）	IPO 数量 （次）	IPO 发行额 （十亿美元）
2007	4 292	35.55	87	7.61
2008	4 707	37.16	10	0.63
2009	4 458	26.48	10	1.26
2010	5 411	31.18	42	3.69
2011	6 771	44.30	46	5.94
2012	7 987	40.63	60	21.46
2013	9 326	44.82	89	9.12
2014	10 550	68.86	122	10.57
2015	10 468	79.26	77	8.07
2016	8 136	69.11	39	2.93

　　每个风险投资基金均由一位或多位专业的基金经理（也被称作投资经理或风险投资人）进行管理。为使风险投资基金的投资组合多样化，基金经理会选择多家不同的新创企业进行投资。基金经理通常掌握丰富的知识和经验，可以对新创企业所面临的市场机会、产品与技术、商业模式、融资额度需求和企业管理等做出全面的专业化评估。基金经理的具体职责包括：选择具有良好发展前景的新创企业，并利用风险投资基金对其投资；对每个潜在的投资对象进行谨慎充分的评估筛选和尽职调查；谈判并完成合同"条款清单"中所列的各项投资条款；代表风险投资基金监督投资的整个进程，直至投资失败或为基金带来预期的财务回报。通常，基金经理会采取一些措施来分散独立投资的风险，例如从其他风险投资公司招聘一位或多位基金经理联合为某项金融交易投资。

　　如果认为自己创办的企业具有较高的增长潜力，创业者就可以向基金经理寻求资金支持。创业者们可能很快就会发现，提供风险投资的基金经理会成为积极参与其创业活动的合伙人，他们会加入新创企业的董事会（Pahnke et al.，2015）。许多创业者最初设定的目标是自主经营，因此，寻求风险投资意味着需要经受一段微妙的调整期。基金经理会负责被投资企业中的一项或多项关键职能，包括：①为企业提供资金；②为企业的业务发展提供专业知识；

③在企业创立初期，充当所有参与者的核心协调人；④向潜在客户、员工、合作者和未来投资人介绍企业情况。基金经理的非金融性贡献的重要性不容小觑（Bertoni et al.，2011）。获得风险投资支持的新创企业能够快速响应市场需求来开发产品，并且有更强的协同运作能力以及更加灵活应变的管理决策能力（Arthurs & Busenitz，2006；Hsu，2007）。

基金经理会在企业创立早期购买该企业的股票，然后帮助管理层出售股权来获得现金，从而推动新创企业逐渐成长为收入、盈利能力和现金流不断增长的企业，以获得可观的投资回报率。不同投资方式的风险和回报情况如图 18-4 所示，记住，基金经理是为了追求高回报而承受高风险的投资人。

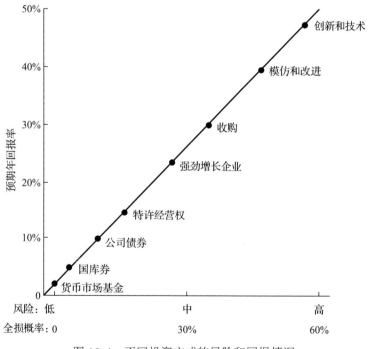

图 18-4　不同投资方式的风险和回报情况

基金经理的目标通常是每只基金的年回报率不低于 20%。为了实现该总体回报率，每只基金都会投资一定数量的新创企业，通常是 20～30 家或者更多。这些投资中很可能有一半会失败，剩余的大部分投资也只能产生低于预期回报率的业绩。在一只基金中，通常只有两三个企业能够实现 50%～100% 甚至更高的年收益率，凭借这少数几个高回报率的投资，差不多就可以平衡该基金的全部投资亏损。这种"大赢家"的成功投资通常会在 5 ～ 10 年内实现原始投资额 10 倍的回报。例如，如果一位基金经理通过某风险投资基金为一家新创企业投资 500 万美元，并期望所持有的该企业的股权价值在 5 ～ 10 年内达到 5000 万美元，如果该风险投资基金持有这家企业一半的股份，则这家企业的股票市值在 5 ～ 10 年后至少达到 1 亿美元，才能实现上述的期望投资回报。

基金经理会设定回收期限。基金经理一般会希望在 5 ～ 10 年内实现投资回报。比较常见的做法是，通过在公开市场进行 IPO 或被一家规模更大的老牌企业收购来获得投资回报。

工作日公司和亚马逊公司：多种方式筹集资金

当新创企业逐渐发展为大企业，可能需要更大量的资本投资。工作日公司（Workday）在筹得 2.5 亿美元的风险投资资金后，于 2012 年通过 IPO 获得了超过 6 亿美元的资金。亚马逊公司在筹得 800 万美元的风险投资资金后，于 1997 年通过 IPO 获得了 5400 万美元的资金。与工作日公司不同，亚马逊公司选择通过债务融资来筹集发展资金，其于 1999 年发行了 12.5 亿美元的债券来融资。

从基金经理和创业者的视角来看，能够吸引风险投资公司为之投资的企业具有表 18-8 所示的各项特征。在一个快速发展的行业中，由一支专业能力突出、经验丰富的团队领导的新创企业，对基金经理而言是很有吸引力的。那些拥有强大的知识产权地位，并且已经建立联合投资组合的企业在获得风险投资方面也具有优势（Hoenig and Henkel，2015）。

表 18-8　能够吸引风险投资公司为之投资的企业的特征

• 具备成为竞争者稀少的高增长行业中的领先企业的潜力 • 拥有一支高素质、敬业的管理团队和员工队伍 • 拥有强大的竞争力和可持续竞争优势 • 制定了可行的退出或收获策略 • 捕捉到绝佳的创业机遇	• 创业者自己为新创企业出资 • 了解竞争对手并制定了可靠的竞争策略 • 制订了完善的业务计划，规划了如何在几年内实现现金流由负变正 • 产品设计能力和销售潜力已经有所展现

　　有了好的风险投资基金的帮助，新创企业的创业团队就可以实现他们的梦想——拥有一家资本雄厚的企业，并且能够对行业产生重大影响。但同时，创业团队必须认识到，接受风险投资可能会付出高昂的代价，包括丧失所有权、失去控制权，甚至失去决定企业愿景的能力。

　　新创企业或已进入成长期的企业可以采用表 18-9 概述的 5 个步骤达成风险融资交易。这些步骤中的每一步都需要经历一段时间，完成整个过程可能需要 2 ~ 6 个月。考虑到当前技术市场的规模，可以说，市场缺乏的不是好创意，而是经验丰富、有胜任力、有责任心的创业者。投资人一直在努力寻找最佳的创业团队，希望为他们所带领的创业项目投资。

表 18-9　风险融资交易的 5 个步骤

1. 确定所需的现金流量及其用途
2. 找到合适的基金经理并向他们推荐自己的企业
3. 确定在本轮融资中需要规避的风险
- 团队风险：需要拥有优秀的人才
- 资本风险：为实现业绩里程碑目标，需要足够的资金
- 技术风险：需要验证科技成果可以转化为好的产品
- 市场风险：需要为客户提供非凡的消费体验
4. 就企业估值和所有权结构达成一致
5. 就交易条款及合同条款达成一致

　　大多数基金经理都在寻找能够盈利，并且能够在未来 5 ~ 10 年内每年至少获得一亿美元收入的新创企业。在筛选投资对象时，基金经理通常使用 4 类投资标准：①投资于基金经理所熟悉的市场领域和行业部门；②投资于初始投资需求符合投资基金规模的企业；③投资于创业进程及企业发展阶段适合风险投资的企业；④投资于每年的潜在财务回报率不低于 40% 的企业。除此之外，基金经理将对被投资企业管理团队以往的经营业绩进行严格的审查（Gompers & Sahlman，2002）。

　　传统的风险投资公司主要关注有吸引力的、具有高破坏性和高增长性的行业。20 世纪 80 年代，它们聚焦于计算机和生物技术领域；20 世纪 90 年代，它

们的投资重点转向通信和互联网相关领域。进入 21 世纪，风险投资公司的重点投资领域包括生物医学设备、基因组学、能源和移动计算技术等。2010 年以后的风险投资重点领域包括移动设备、企业软件、大数据、网络、医疗设备、人工智能和机器人技术等。通过投资新兴领域，基金经理希望在重要产业中培育卓越企业，并从中获得丰厚的回报。

有一些特殊的风险投资基金，专门为从事社会公益事业和致力于开发可持续资源或环保产品的企业投资。例如，硅谷社会风险基金（Silicon Valley Social Venture Fund，简称 SV2），专门资助旧金山湾区内从事推动社会变革的创新事业的企业（详见 www.sv2.org）。奥米迪亚网络公司（Omidyar Network）为那些尝试对社会产生积极影响的营利性企业提供资金支持（详见 www.omidyar.com）。

为了最大限度地降低风险，基金经理通常会分阶段为企业提供投资资金。企业各发展阶段的融资方式如表 18-10 所示。风险投资通常为处于第一和第二个阶段的企业，即处于创立发展期和快速增长期的企业提供资金支持，并重点投资于处于创立发展期的企业。针对这些企业，风险投资公司通常先投入 100 万～ 500 万美元，等到被投资企业取得一些阶段性成果（通常被称作里程碑）后，再对其追加一系列投资，使投资总额增加到 1000 万～ 2000 万美元甚至更多。如果有几家风险投资公司共同投资一家企业，则总投资额可能达到 5000 万～ 1 亿美元甚至更多。各融资阶段的里程碑示例如表 18-11 所示，例如，企业在 6 个月内提供产品样品就可能被列为一个里程碑。为了适应风险投资公司的要求，创业者应该为自己的企业设置一系列里程碑，然后将其融资活动与达到里程碑联系起来（Berkery，2008）。

表 18-10　企业各发展阶段的融资方式

1. 种子期或启动期：完成团队组建、制订发展计划、完成企业启动的各项事宜。企业这一阶段的金融资本来自天使投资人、朋友和家人

2. 创立发展期（A 轮融资）：产品开发和样品制造，企业起步发展。企业这一阶段的金融资本来自风险投资基金

3. 快速增长期（B 轮或 C 轮融资，如果需要，还可以有更多轮）：企业加速成长。企业这一阶段的金融资本来自风险投资公司和其他公司

4. 竞争期或成熟期（IPO）：进入成熟期的企业身处激烈竞争的环境之中。企业这一阶段的金融资本来自在公开市场发行股票

表 18-11　企业各融资阶段的里程碑

阶段	里程碑 = 预期成果
种子期	组建初始团队，制订并完善商业计划
A 轮融资	完成产品研发，吸引早期客户
B 轮融资	进行产品测试，并通过实现部分销售收入来验证客户对产品的认可度
C 轮融资	实现销量快速增长和业务的国际化扩张

当基金经理决定某项投资计划需要获得 50% 甚至更高的年回报率时，就要在新创企业中建立防护和控制机制。投资于创立发展期企业的风险投资，一般会在合同中条款列明由一家或多家风险投资公司共同投资 500 万～ 1500 万美元，换取新创企业 20% ～ 40% 的所有权。基金经理所获股权通常为优先股，相比于创业者自己以及其家人、朋友、员工和其他初始投资人所持有的普通股，优先股给予基金经理某些特定权利和优先选择权。当企业被出售或清算时，基金经理拥有资产的优先清偿权。此外，基金经理还会要求获得被投资企业中重大决策的投票权，例如决定是否出售企业或何时进行 IPO 的决策，他们通常要在董事会中拥有一个或多个席位。凭借这些合同条款，大多数风险投资的交易结构都对基金经理有利，如果企业的融资目标未能实现，创业者将处于不利地位。风险投资公司虽然要承担一定投资风险，却为自己换来可观的资金收益、丰富的行业知识、人力招聘和客户支持等方面的人脉资源，并掌握了公开发行股票的途径（Fitza et al.，2009）。

18.8　来自大企业的风险投资

英特尔公司、微软公司和思科公司等大企业也会为独立的新创企业投资（Chesbrough，2002）。**大企业的风险投资**（Corporate Venture Capital）是指在大企业内设立投资基金，用以对外部新创企业进行投资，进行风险投资的成熟企业通常被称作战略投资者，它们扮演了基金经理的角色。各家大企业可能为其风险投资项目设定不同的目标（Gaba & Meyer，2008）。有些企业希望通过风险投资来找寻那些能够与自身业务产生协同效应的新创企业；另一些企业则希望利用自己的行业知识投资于新创企业并帮助新创企业发展，并从中获得高额回报。大企业也常常将风险投资当作一种识别和监管潜在收购对象的手段。

　　大企业对外部企业进行风险投资，通常是为了促进本企业产品的销售和扩展本企业产品的市场空间。例如，英特尔公司以培育能够激发对本公司的半导体芯片业务需求的技术为目标，已经向 57 个国家或地区中的 1478 家企业投资了 118 亿美元。另一种大企业的风险投资策略是为那些对本企业的未来运营有价值的新创企业提供资金支持，美国应用材料公司（Applied Materials）和东电电子公司（Tokyo Electron Limited，TEL）对半导体材料企业的投资，就是这种投资策略的典型代表。图 18-5 总结了 4 类常见的大企业风险投资。

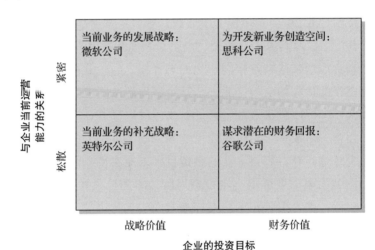

图 18-5　4 类常见的大企业风险投资

资料来源：Burgelman, Robert A., C. M. Christensen, and S. C. Wheelwright. Strategic Management of Technology and Innovation. 2004. Burr Ridge, IL.: McGraw-Hill Irwin.

　　从大企业那里获得风险投资，可以为新创企业带来多方面的收益。首先，来自大企业的融资成本比常规的风险投资更低；其次，大企业还会成为新创企业的良好合作伙伴，可以提升新创企业的信誉，并且一般会比基金经理要求更低的控制权。在某种程度上，获得大企业的风险投资最重要的好处是可以与之建立牢固的合作伙伴关系，从而在战略高度上将大企业的综合实力与新创企业的创新活动结合起来。对那些需要专业的互补性资产或在高度不确定的环境中运营的新创企业而言，获得大企业的风险投资对其发展尤其有利（Park and Steensma，2012）。从以往的经验看，获得大企业的风险投资的新创企业，其创新产出率要高于那些仅获得风投支持的同行（Alvarez-Garrido and Dushnitsky，2016）。

不过，创业者在吸引大企业的风险投资时也要保持谨慎。投资者进行风险投资通常是为了了解潜在的竞争对手，其利益诉求可能与新创企业并不一致。此外，与大企业达成风险投资协议可能需要更长的时间，大企业可能要求获得新创企业的某些特殊权利，它们可能会阻挠新创企业与其竞争对手开展合作，甚至阻止新创企业终止创业。为了克服这些潜在的不利因素，对创业者而言，最明智的做法是让本企业的众多投资者中有一位处于中心地位的独立投资者（Hallen et al.，2014）。

18.9 企业估值

企业估值（Valuation Process）是指投资者（例如天使投资人或基金经理）为新创企业评定货币价值的过程。一家新创企业的预测现金流量充满了不确定性，因此，潜在投资者一般不会将预计现金流量作为企业估值的可靠依据。即使能够估计出新创企业未来的潜在现金流量，投资者也需要确定估计新创企业股权的公允单位价值的方法。理论上，企业的价值等于现在及以后支付的全部股息或现金分红所对应的净现值（NPV）。但是，新创企业缺少可以用来预测未来现金流量的历史经营业绩。同时，短期动荡和社会变革也会影响企业价值的评估。因此，采用净现值法估计新创企业的价值存在不可克服的困难，天使投资人和基金经理很少使用这种方法。

现金流量折现法是一种计算未来现金流量的折现值的方法。该方法将未来各期的现金流量转换为当前的价值，从而得出一系列未来现金流的净现值。对那些有历史经营业绩从而可以预测其未来现金流的企业，净现值法是在众多备选投资项目中择优给予投资时采用的常规方法。理解什么是净现值十分重要，这是了解不同的新创企业估值方法存在的差异的重要基础。

下面，我们将采用现金流量折现法为一家新创企业估值。ABC 公司的预计现金流量如表 18-12 所示，由于该公司尚未投入运营，表中的预测数据存在很大的不确定性。假设要在第一年初对该公司投资，则投资者应该要求拥有其多少股权呢？计算结果取决于投资者所使用的折现率（r），净现值的计算公式请参见公式（18-1）。

折现率（Discount Rate）是由于货币具有时间价值，而对未来收益或现金流进行折现时采用的比率。对一家新创企业而言，折现率是其资金成本率；对投资者而言，折现率是其期望的投资回报率。因此，在融资谈判中，作为资金需求方的新创企业可能提议采用15%的折现率，而投资者则要求新创企业采用35%或更高的折现率。为了计算净现值，首先要估算未来若干年中企业经营的现金流量。但是，随着时间推移，预测所获数据的可靠性逐渐降低，因此，对创业一两年后的现金流进行预测是不合理的。对那些尚未产生任何可靠现金流量的企业，投资者不能依靠现金流量折现法对其进行估值。

基金经理和天使投资人通常希望在第5～10年通过IPO、收购或买断股权等方式获得对新创企业的投资回报。实践中，IPO或收购很可能需要6年甚至更久才能够实现。可以根据表18-12中ABC公司的现金流预测数据，使用基金经理和天使投资人更偏爱的方法确定该公司在第5年的估值。

表18-12　ABC公司的预计现金流和利润　（单位：千美元）

年份	1	2	3	4	5	6
销售收入	0	1 000	2 500	5 000	8 000	10 000
利润	-600	-10	400	650	1 000	1 200
净现金流	-1 100	0	500	1 200	1 500	1 800

新创企业估值法（New Venture Valuation Rule）中使用的参数包括：第 N 年（目标年份）的预期销售收入、利润和现金流，以及其后5年内的预期销售收入年均增长率（G）。假设投资者在第一年初的投资额为 I，投资者期望在 N 年内每年的投资收益增长率为 G，则 N 年后的累计收益是其原始投资额 I 的 $(1+G)^N$ 倍。因此，

$$CR = (1+G)^N \times I = M \times I \tag{18-2}$$

其中，CR是资本回报，M 是投资乘数。如果投资者在A轮融资投入110万美元，并且其后5年内的预期收益年均增长率 G 为45%，则

$$M = (1+0.45)^5 \approx 6.41$$

因此，

$$CR = M \times I = 6.41 \times 110 \approx 7.05 \text{（百万美元）}$$

投资者要求的所有权占比（PO）为

$$PO = \frac{CR}{MV} \times 100\%$$

这里的 MV 是第 N 年新创企业的预期市场价值。

可以用参照企业的市价盈利比率（Price-to-Earnings），简称市盈率（PE）来估算新创企业第 N 年的预期市场价值。假设新创企业在第 5 年实现了预期收益。那么，

$$MV = PE \times EN \tag{18-3}$$

其中，EN 是新创企业第 N 年的利润。本例中 ABC 公司在第 5 年的利润 EN = 1 000 000 美元（见表 18-12）。我们可以采用行业的平均市盈率以及未来几年中参照企业的预期利润增长率来计算参照公司的市盈率。本例中，我们预计第 5 年后的几年中的利润增长率为 20%。通过考察行业数据，我们估计适用的市盈率为 16。因此，

$$MV = 16 \times 1\ 000\ 000 = 16\ 000\ 000 \text{（美元）}$$

于是，投资者要求的所有权占比为

$$PO = \frac{CR}{MV} \times 100\% = \frac{7.05}{16.00} \times 100\% \approx 44.1\%$$

也可以根据采用行业数据计算出的参照公司的市销率（PS）来计算 ABC 公司的市值。假设参照公司的市销率为 2.3，且 ABC 公司在第 5 年的销售收入为 8 000 000 美金（见表 18-12），则 ABC 公司在第 5 年的预期市值为

$$MV = PS \times S = 2.3 \times 8\ 000\ 000 = 18\ 400\ 000 \text{（美元）}$$

于是，投资者要求的所有权占比为

$$PO = \frac{CR}{MV} \times 100\% = \frac{7.05}{18.40} \times 100\% \approx 38.3\%$$

根据上述计算结果，投资者可以合理预期应在 A 轮融资中取得新创企业 20% ~ 40% 的股权。由于销售收入和利润的预测数据具有不确定性，因此，企业的估值大小取决于其在短时间内获得巨大成功的潜力。为了简化，ABC 案例中假设该公司在 5 年间只经过一轮融资。实际上，投资者很可能采取更加合理的分阶段投资策略，通过分阶段投资，初始投资者可以累计获得 40% ~ 50% 的 ABC 公司所有权。

硅图公司的创始人兼前首席执行官吉姆·克拉克邀请伊利诺伊大学的Mosiac 网络浏览器的合作开发者马克·安德烈森（Marc Andreesen）共同创办了网景公司。作为天使投资人，克拉克于 1994 年 5 月向网景公司投资 300万美元。在公司成立后，这位令人钦佩的企业家，以 640 万美元（每股 2.25美元）投资换取公司 15% 股权的条件，获得顶级风险投资公司凯鹏华盈的风险投资。网景公司在投入运营的前 6 个月里，销售额就猛增至 1600 万美元（Lewis，2000）。在 IPO 前，克拉克本人拥有公司 30% 的股份，安德烈森拥有 12.3% 的股份。仅仅用了 17 个月，创始人投入的种子资金就实现了 37.3 的投资乘数（M），而风险投资公司凯鹏华盈在短短 13 个月内就获得了 12.4 倍于首轮投资的收入。网景公司是互联网繁荣时期第一家备受瞩目的企业，并且获得了巨额收益。相比之下，优步公司等许多更晚成立的私营公司得以更持久地保持私营公司的身份，并以越来越高的估值获得越来越多的融资，如表 18-13所示。

表 18-13　优步公司在 4 个发展阶段的估值

阶段	年份	融资额	估值
种子期	2010	150 万美元	400 万美元
A 轮融资	2011	1 100 万美元	6 000 万美元
C 轮融资	2013	2.58 亿美元	35 亿美元
F 轮融资	2015	11 亿美元	510 亿美元

一家企业可以通过发行股票筹得一笔投资（INV）。将企业**投资前估值**（Pre-Money Value）记为 PREMV，即风险投资者或其他投资者在投资前给予企业的估价，将企业**投资后估值**（Post-Money Value）记作 POSMV，即风险投资者或其他投资者在投资后给予企业的估价。则：

$$投资前估值 = 投资后估值 - 股票发行所获投资额$$

即

$$PREMV = POSMV - INV$$

这家企业出售给投资者的股权比例为

$$\frac{INV}{POSMV} \times 100\%$$

　　假设有一家 EZY 公司，经历了表 18-14 所示的各轮融资。在 A 轮融资中，投资者以每股 90 美分的价格对该公司进行投资，购得该公司 40% 的股份。在 B 轮融资中，由于 EZY 公司未能实现其业绩里程碑，投资者要求将每股价格降至 50 美分。当一家公司的融资估值低于上一次融资估值时，被称作流血融资（Down Round）。结果，投资者持有的公司股份显著增加。如果一家公司实现或超出预设里程碑的业绩，则后续融资也可以"抬高定价"。当然，创业者也会积极寻求从其他投资者那里获得新的融资机会，以考察市场定价情况。

表 18-14　EZY 公司的各轮融资

阶段	投资者	每股价格（美元）	FFF* 持有的股份	投资者持有的股份
种子轮融资	创业者及其朋友和家人	0.10	100.0%	—
A 轮融资	风险投资团队	0.90	60.0%	40.0%
B 轮融资	风险投资团队	0.50	34.0%	66.0%

注：FFF* 代表创业者及其朋友和家人。

　　领英公司所经历的各轮融资如表 18-15 所示。

表 18-15　领英公司的各轮融资

	时间	投资额（百万美元）	企业估值（百万美元）
A 轮融资	2003 年 11 月	5	15
B 轮融资	2004 年 10 月	10	N/A
C 轮融资	2007 年 1 月	13	N/A
D 轮融资	2008 年 6 月	53	约 1 000
E 轮融资	2008 年 10 月	23	约 1 000
首次公开募股	2011 年 5 月	202	4 250

资料来源：各网站和文件。

　　对那些尚未实现收支平衡的新创企业而言，阶段性融资的时机是企业首席执行官和首席财务官需要考虑的重要问题。新创企业需要通过早期融资获得的现金来补充负现金流量。我们用净**资金消耗率**（Burn Rate）表示每月的现金流入量与现金流出量之差。如果一家企业在银行拥有 80 万美元现金，每月的净资金消耗率为 10 万美元，则除非能够降低其净资金消耗率，否则该企业将在 8 个月后耗尽现金。与之相对的是总资金消耗率，总资金消耗率只考虑现金流出量，不考虑现金流入量。

　　有些企业未能合理利用资金，对此，一条好的应对法则是保持足够低的资金消耗率，让每个阶段获得的融资可以维持企业 12～24 个月的运营。当资金无法维持运营时，企业可以选择进行新一轮融资，当然，融资中应该尽可能避免股权被稀释。

> ◉ 美国移动娱乐公司 Amp'd Mobile 的破产
>
> 　　由彼得·阿德顿（Peter Adderton）于 2005 年创立的美国移动娱乐公司 Amp'd Mobile，是一家位于加州洛杉矶市的移动虚拟网络运营商。作为一家以年轻人和初入职场人士为用户的移动通信服务供应商，该公司希望利用 3G 无线互联网等新兴技术，让手机具备传递多媒体内容和支持高级网络社交的功能。公司在成立后 2 年间，进行了 5 轮融资，共筹集到 3.6 亿美元资金。不幸的是，该公司仅获得 175 000 位用户，不足以产生足以覆盖公司运营成本的销售收入。一些人认为 Amp'd Mobile 公司由于未能对用户进行适当的信用检查，导致很大一部分用户拒绝付费。由于公司的净资金消耗率无法降低，Amp'd Mobile 公司于 2007 年申请破产保护。

18.10　首次公开募股

　　企业首次公开发行股票被称为**首次公开募股**（以下简称 IPO）。新发行的股票以现金收购方式被出售给有兴趣的投资者。在美国，IPO 是向公众出售企业的部分股权，要向美国证券交易委员会提交文件，并将企业股票在纳斯达克（NASDAQ）或纽约证券交易所（NYSE）等证券交易所挂牌上市。股票发售由被称为投资银行的金融中介机构管理，投资银行将为企业发售股票提供专业的帮助。投资银行提供的服务内容包括制订发行方案、定价和承销新股票等。适合进行 IPO 的企业应具备的条件如表 18-16 所示。

表 18-16 适合进行 IPO 的企业应具备的条件

• 市值超过 2 亿美元 • 销售收入超过 1 亿美元	• 利润率高于 14% • 资本回报率高于 14%

新创企业进行 IPO 可能基于 3 种动机：①筹集新资金；②满足流动性需求；③提升企业形象或扩大品牌影响。对于第一种动机，许多高增长型企业需要超过 1 亿美元的巨额资金注入，公开发行股票可以满足这一大额融资的需求。对于第二种动机，IPO 可以将企业的所有权转换为现金，因此可以提高企业资产的流动性。对于第三种动机，IPO 可以将新创企业变为公众企业，从而帮助其建立品牌声誉。

IPO 的缺点包括：①发行成本高；②需要接受信息披露和经营审查；③承受短期压力；④大股东可能失去控制权。表 18-17 中列举了 IPO 的优点和缺点。额度低于 5000 万美元的小规模股票，其发行成本可能会超过总发行额的 15%。大多数 IPO 总发行额均超过 5000 万美元，其发行总成本可能高达总发行额的 10%。对小型新创企业而言，准备发行文件的时间负担也很沉重。此外，信息披露要求和严格的审查程序给新创企业带来沉重的负担。同时，在企业上市后，任何小失误都可能导致企业的股价波动，会给企业带来短期压力。与更长远的业绩压力相比，一些刚上市的企业面临着难以承受的季度收益增长压力。市值低于 5 亿美元的企业在上市后，通常会面临交易量稀少且缺乏流动性的问题。

表 18-17 IPO 的优缺点

优点	缺点
• 可以通过后续增发募集新资金 • 流动性提高：可以将股权转化为现金，为投资者和创业者带来收获机会 • 知名度提高：可以帮助企业建立品牌和声誉	• 需要支付巨额发行成本并付出长时间的努力 • 需要接受信息披露和经营审查 • 面临短期经营压力 • 大股东可能失去控制权

在美国进行 IPO 的程序参见表 18-18。IPO 的时机选择至关重要，不同时期，IPO 的市场环境变化非常大。1998～2000 年以及 2006～2007 年间的市场环境对 IPO 非常有利，而 2001～2003 年以及 2008～2009 年间则非常不利。有关 2006～2016 年的 IPO 市场数据，请参见表 18-7。

表 18-18　在美国进行 IPO 的程序

1. 考察股市状况和 IPO 的潜力。考虑《萨班斯法案》(Sarbanes-Oxley) 的合规成本
2. 到访几家投资银行，并选择其中两三家。选择一家具有 IPO 经验的律师事务所
3. 召开组织会议，制定筹备上市的日程表
4. 起草注册声明并进行尽职调查。确定成为公众企业的发行主体，包括董事会和委员会的成员构成，应确保符合信息披露和内部控制要求
5. 完成并印制注册声明，提交给证券交易委员会。取得纳斯达克或其他证券交易所的许可。取得证券交易委员会的初步意见
6. 根据初步意见修改注册声明，提交注册声明的第一次修正文案。向证券交易委员会提交意见回函
7. 管理层为"路演"准备演示文稿，确定路演路线
8. 从证券交易委员会获得第二轮修改意见。提交注册声明的第二次修正文案。处理证券交易委员会提出的意见，印制初步的招股说明书，开展市场推广工作
9. 针对潜在的大投资者进行"路演"
10. 解决证券交易委员会提出的最终问题。提交注册声明的最终修订文案，请求证券交易委员会宣布其注册声明生效。制定发行价格并开始出售股票

📖 引发社交媒体热议的 IPO

自 1999 年互联网泡沫以来，2012 年的脸书公司成为硅谷获得最多热度的 IPO 公司。该年度，脸书公司拥有的每月活跃用户超过 9 亿，但它已经拒绝了谷歌和微软等公司的收购邀约。当年 5 月 18 日，脸书公司进行 IPO，发行价为每股 38 美元。由于纳斯达克交易所出现技术故障，加之遭到监管不当行为指控，脸书公司股票的当日收盘价为 38.23 美元，仅比其开盘价上涨 0.6%。在接下来的几个月中，脸书公司的股价继续下跌并停滞不前。2013 年，脸书公司的广告收入比预期增加了 50%，这让公司的股价重回发行价。到 2017 年，脸书公司的股价超过了每股 135 美元。

确定适当的发行价是牵头投资银行在 IPO 时必须进行的最重要决策。发行价定得过高或过低，会让发行企业面临潜在的成本。如果发行价过高，可能导致发行失败或发行要求被驳回；如果发行价低于真实的市场价格，则发行企业的股东就要承受机会损失。

IPO 的营销过程包括路演环节。参与路演的主要是承销商和企业的高级管

理人员，其形式为：在大城市里举办推介会，与共同基金经理进行一对一会谈，向潜在投资者（机构投资者）推销企业的股票。

亚马逊公司成立于 1994 年 7 月，并于 1995 年 7 月正式开展业务。截至 1997 年 3 月 31 日，该公司当年第一季度的销售收入达到 1600 万美元，但仍处于亏损状态。杰夫·贝佐斯希望通过将公司变为公众公司来募集更多资金，并提高公司知名度和获得公众认知。为进行 IPO，该公司最终从贝佐斯、天使投资人和凯鹏华盈投资公司处累计募集到资金约 900 万美元。1997 年 2 月，亚马逊公司选择德意志摩根建富银行（Deutsche Morgan Grenfell，DMG）作为协助其上市的投资银行，并开始准备向美国证券交易委员会提交必要的材料。亚马逊公司 IPO 共出售 300 万股股票，每股发行价 18 美元。IPO 前，亚马逊公司的每股收益约为 1.8 美元。因此，该公司以 10 倍市销率上市。1997 ~ 2002 年间，亚马逊公司的销售收入从 1.48 亿美元增长到 15 亿美元，但仍未能实现盈利。

如果一家企业打算利用有利的市场环境进行 IPO，那么最好尽早进行相关准备。在开始撰写招股说明书时，企业就应该已经符合全部的监管要求了，包括审计过的财务报表、完善的管理团队、可持续的竞争优势和独立的董事会。一些企业还会为 IPO 采取"信誉提升"措施，包括聘请知名高管和董事等，期望以此提高企业的股价（Chen et al.，2008）。那些拥有更大规模、更多样化的合作伙伴和投资组合的企业也可以通过 IPO 获利（Hoehn-Weiss & Karim，2014）。

招股说明书或股票发售文件是提交证券交易委员会审批的信息的一部分。招股说明书中所呈现的内容必须有条理、易于阅读和理解，这样企业才更有可能获得证券交易委员会的批准。招股说明书中最常见的部分包括：招股说明书摘要、企业概括及业务描述、风险因素、所得款项的用途、股息政策、资本化情况、股权稀释情况、管理层、所有者和财务报表等。

领英公司于 2011 年进行 IPO 的招股说明书封面如图 18-6A 所示，招股说明书的目录如图 18-6B 所示，招股说明书摘要页、发行和合并财务数据摘要分别参见图 18-6C、图 18-6D 和图 18-6E。领英公司共发行了超过 780 万股股票，筹集资金总额为 3.528 亿美元。

招股说明书

7 840 000 股

A 类普通股

领英公司发行 4 827 804 股 A 类普通股，股东内部抛售 3 012 196 股 A 类普通股。我们将不会从出售股票的股东处获得任何收益。这是我们的 IPO，目前本公司的 A 类普通股不存在于任何公开市场。

此次发行后，我们将有两类官方普通股，即 A 类普通股和 B 类普通股。除投票权和转换权存在差异外，A 类普通股和 B 类普通股的持有人拥有同等权利。A 类普通股享有每股 1 票的权利，B 类普通股享有每股 10 票的权利，并可以随时转换为 A 类普通股。此次发行后，已发行的 B 类普通股将享本次发行后大约 99.1% 的投票权，公司联合创始人兼董事会主席里德·霍夫曼持有的 B 类普通股将享有的股票权占已发行股票投票权的约 21.7%。

我们的 A 类普通股已经在纽约交易所申请挂牌，股票代码为"LNKD"。

投资我们的 A 类普通股存在风险，具体说明请参见第 13 页开始的"风险要素"部分。

股票发行价：每股 45 美元

	发行价格	承销折扣和佣金	领英的收益	销售股东的收益
每股（美元）	45.00	3.15	41.85	41.85
总计（美元）	352 800 000	24 696 000	202 043 597	126 060 403

我们给予承销商最多额外购买 1 176 000 股 A 类普通股的权利，以满足超额配售的需要。

证券交易委员会和州证券监管机构尚未就是否批准此次证券发行做出决议，也未证实本招股说明书的真实性或完整性。任何与此相反的表述都是违法行为。

承销商预计在 2011 年 5 月 24 日将 A 类普通股面向购买者发售。

摩根士丹利	美根美林	摩根大通
艾伦投资银行	瑞银投资银行	

2011 年 5 月 18 日

图 18-6A

目录

您只能信赖本招股说明书以及我们向美国证券交易委员会提交的公开招股书补充文件中的信息。我们、售股股东或承销商均未授权任何人向您提供其他信息，也未授权任何人发布与本招股说明书及向美国证券交易委员会提交的公开招股书补充文件不同的信息。我们和售股股东仅在法律允许的范围内出售和寻求 A 类普通股的买方。无论本招股说明书的送达日或 A 类普通股的出售日如何，本招股说明书中所含信息仅在其发布之日确保准确。

2011 年 6 月 12 日（本招股说明书发布后第 25 天）之前（包括 6 月 12 日当天），所有参与本次证券交易的经销商，无论是否参与本次发行，都可能需要提交招股说明书。除了承销商需要提交招股说明书外，经销商还有义务就其未售出的配发或认购情况提交说明。

对于美国境外的投资者：我们、售股股东和任何承销商均未允许在美国之外的其他行政管辖区域内，做任何有关发行、持有、分发本招股说明书的行为。请您务必警惕并遵守与本次发行以及本招股说明书对在美国境外发行有关的限制。

图 18-6B

招股说明书摘要

以下摘要重点介绍了本招股说明书各部分所包含的信息，但并未涵盖您在做出投资决定时所需考虑的全部信息。在投资我们的 A 类普通股之前，您应该仔细阅读完整的招股说明书，包括我们的合并财务报表、招股说明书中的相关说明、"风险因素"和"管理层对财务状况和经营业绩的讨论和分析"标题下列出的信息。

领英公司

我们是全球最大的职场社交平台，在超过 200 个国家和地区中拥有超过一亿的用户。通过我们的专有平台，用户可以在线创建、管理并分享他们的职业身份，建立并加入他们的职场社交网络，参与共享知识和见解，寻找商业机会等，从而使他们工作更有效率，职业生涯更加成功。

我们相信，我们聚焦职场领域，提供了覆盖最广泛、信息最精确、用户最易加入的社交网络。我们相信，通过促成大量人才与机会的匹配和结合，我们正在为全球职场人士、企业和专业机构创造巨大的价值。我们相信，对于应用我们的平台的职场人士、企业和专业机构，这个平台的力量和潜力，以及我们已经和未来将提供的潜在专业信息数据的效用，才刚刚被发现，还有待挖掘。

我们的平台具有综合功能，可以为用户提供包括应用程序和工具在内的解决方案，从而帮助用户搜索信息，建立联系和进行业务沟通，获得有吸引力的业务机会，加入行业团队和研究机构以及共享信息。我们的平台的核心运作机制是：除非用户本人选择拒绝公开，否则其创建的职业档案可以被其他用户和连入网络的任何人查看。我们相信，我们的平台能让用户更有效地参与竞争，更快速地做出更好的决策，并在职业发展中发挥出全部潜力。

我们的业务战略的基石是用户至上。我们为用户提供的服务大多数是免费的，我们认为这是持续拥有足够多用户的最佳方法。只有产生有益的网络效应，才能使我们的服务更有效、参与度更高，并为所有用户带来价值。

我们为各种规模的企业和专业机构提供解决方案，帮助它们从我们的全球网络中发现所需人才；帮助它们的员工工作得更有效率，职业生涯更加成功；帮助它们建立品牌知名度，促进其产品和服务营销。我们所提供的解决方案适用于各类企业和专业机构，包括大型企业、中小型企业、教育机构、政府部门、非营利性组织和其他类型的组织等。目前，我们可以为企业和专业机构提供的产品包括人员招聘解决方案、营销解决方案和高级订阅服务。我们的人员招聘解决方案，不仅为积极的主动求职者提供独特的渠道，也为消极的被动跳槽者提供机会，从而改变人才招聘市场的局面。我们的营销解决方案帮助企业接触到大量有影响力和资金的职场人士，让这些职场人士得以与相关产品和服务建立联系。

我们通过线下市场推广和线上出售我们的人员招聘解决方案和营销解决方案，从企业及专业机构那里获取收益。我们还从那些订购增值服务的个人用户，或者代表某些企业或专业机构的用户那里获取收益。我们致力于确保我们提供的人员招聘解决方案、营销解决方案和高级订阅服务，既能为用户提供高价值的参考，又能通过连接全球职场人士来创造就业机会。

我们相信，这种收入策略可以使用户与我们的网络运营目标保持一致，并且能支持我们实现长期的可持续的销售收入以及收益增长的财务目标。

随着网络规模的扩大以及产品线的扩展，我们已经取得显著的业务增长。从 2009 年到 2010 年，我们的净收入增长了 102%，达到 1.23 亿美元；净利润增长了 487%，达到 1940 万美元，调整后的税息折旧及摊销前利润（EBITDA）增长了 227%，达到 3330 万美元。截至 2010 年 3 月 31 日，2010 年第一季度的净收入增长了 110%，达到 4920 万美元；净利润增长了 14%，达到 30 万美元，调整后的 EBITDA 增长了 46%，达到 420 万美元。有关调整后的 EBITDA 的定义，以及如何将调整后 EBITDA 与净收入（亏损）对账，请参见下面的"调整后的 EBITDA"。

一、我们的使命

我们的使命是将全球的职场人士联系在一起，帮助他们工作得更有效率，职业生涯更加成功。用户利益至上是我们的理念。我们相信，将用户需求放在首位是实现我们的使命，并为所有利益相关

图　18-6C

446

者创造长期价值的最有效、最终也是最有利可图的方式。我们将继续专注于探寻那些我们认为有利于用户的最佳利益的机会。立足长远的发展定位，将使我们有能力在行业尚未被开发的领域进行投资、创新和拓展活动，以不断践行完善我们的专有平台并获取广泛数据的价值主张。

我们提供的解决方案将帮助职场人士取得更高水平的绩效和职业成就，帮助企业和专业机构寻找并联系到全球最优秀的人才。

二、我们的愿景

我们的愿景是为全球每一位职场人士创造经济机会。这一愿景不仅适用于我们的每位员工，也适用于每位领英用户，他们每个人都为他人创造经济机会的能力。我们相信，这就是我们构建的社交网络的最基本的功能。

三、我们的机遇

我们相信，通过促成大量人才与机会的匹配和结合，我们正在改变人们的工作方式。我们的目标是提供一个全球化的平台，为每个职场人士建立一张职业图表，包含他所拥有的经验、技能、他与同事以及业务伙伴的联系等相关职业数据。

我们主要为用户提供以下价值：

- **帮助用户提高其职业身份可见度。** 我们的平台支持用户建立、管理和控制其在线个人职业档案，以此重塑用户展现其职业身份的方式。用户的职业身份数据均可以在线搜索、查看和获取，用户可以自行决定是否允许他人分享其身份数据。通过将精确的用户公开信息与先进的搜索引擎优化技术相结合，我们可以帮助用户将其职业档案在搜索结果列表中置顶，以提高用户职业身份的可见度。

- **提高用户建立和参与职业社交网络的能力。** 我们帮助用户建立自己的职业社交网络，在具有直接或间接联系的用户的职业档案之间建立起关联，从而构建一个版图不断扩张的职场地图。借助我们的平台，用户可以与其信任并重视的其他用户开展互动，也可以结识其并不认识，但是被其职业网络中的其他人认识并信任的人。通过获得丰富的最新用户职业档案和职业地图数据，用户可以更好地利用其已有的和新建立的人际关系。

- **帮助用户获得知识、见解和机遇。** 我们相信，我们是提供全面丰富的实时新闻、观点和其他专业知识的可靠来源。我们的专有平台可以为用户提供解决方案，使他们能够搜索并获得由职场人士、企业和专业机构所创造的见解和机遇。我们根据每位用户的职业档案和职业地图中的个性化信息，为其提供最感兴趣的相关信息和机遇，帮助他们工作得更有效率，职业生涯更加成功。不仅个人用户，企业和专业机构也可以从我们提供的解决方案中获得许多好处。我们可以帮助他们吸引新的人才，更加全面地了解并留住员工，与其员工及其他专业人士开展互动等。我们主要为企业和专业机构提供以下价值：

- **匹配人才与机会。** 通过创建全球最大的线上职业社交网络，我们帮助企业和专业机构得以与全球范围的专业人才库大规模对接。我们提供众多人员招聘解决方案，包括人才自动匹配、职位发布、人员聘用和候选人培训、申请程序简化和信息验证等功能，帮助企业和专业机构利用平台的洞察力，建立获取主动型和被动型人才的渠道。我们相信，我们的解决方案比传统的人员招聘方式（例如聘请第三方人力资源公司来确认和筛选申请者）更节约成本，也更有效率。

- **提供高效营销渠道。** 我们提供专业的营销解决方案，帮助企业和专业机构塑造、提升和维护其企业形象，提升其品牌知名度。我们的营销方案以及自助服务平台，帮助企业和专业机构开展B2B营销，面向生产者和面向大众消费者开展营销。营销人员可以应用我们的方案为企业塑造线上品牌和企业形象，发布企业的商业出版物和附属品，开展具有高度针对性的营销活动并获得丰富的客户数据。所有这些都是成规模且节约成本的，对资源有限的中小型企业和专业机构来说，这一点格外具有吸引力。我们的专有平台旨在利用病毒式扩散、社交媒体、口碑营销和用户创造的丰富数据，有效地将用户、企业和专业机构与相关产品及服务联系起来。

图 18-6C （续）

- **发布定向广告**。我们的用户是网络上最有影响力、最富有和拥有较高教育程度的专业人士。根据尼尔森公司（Nielsen）于 2010 年 12 月发布的数据，与其他知名商业网站相比，浏览我们网站的美国人中，决策制定者、拥有较高的平均家庭收入、拥有大学生和研究生身份的访客比例更高。我们的营销方案帮助广告商基于用户的个人档案信息，包括用户头衔、职位、所供职的企业名称和规模、所在行业和地理位置等，找到目标受众。我们还为广告商提供详细的广告发布结果分析报告，帮助其广告预算实现最高回报。
- **提高员工的生产率**。我们是在线职业社交网络的中央枢纽，是企业和专业机构及其员工共享知识及专业见解，从而提高生产率的平台。例如，企业和专业机构的员工用户可以通过加入小组来共享信息、文章、链接、对话和观点；从事销售工作的用户可以通过获得信息来识别潜在客户和决策者，然后通过共同联系人获得某位其他用户的推荐，来加速其销售进程。这样做不仅可以提高销售工作效率，还可以逐步消除打推销电话的麻烦。

四、我们的竞争优势

我们相信，以下优势可以为我们获得潜在机遇提供竞争优势：

- **专注于为职场人士提供服务**。我们聚焦于职场人士，并为此构建了全球最大的在线职场社交网络，拥有超过一亿的用户。作为可靠的个人职业档案信息数据库提供商，以及为职场人士提供应用程序和工具的供应商，我们已经建立了强大的品牌。我们开发的应用程序和工具，可以帮助用户更有效地在线展示其职业身份，更高效地建立并参与其职业社交网络，拥有支持其取得更高工作效率和职业成就的洞察力。
- **庞大且不断增长的全球用户数量**。依靠平台的口碑效应和网络效应，我们的用户数量持续快速增长，几乎每秒都有新用户。起步阶段，我们用了接近 500 天的时间积累起最初的 100 万用户，进入 2010 年下半年，我们平均每 10 天增加 100 万新用户。在 2008～2010 年，我们的用户数量以 76% 的复合年增长率增长。截至 2011 年 1 月，我们超过 50% 的用户来自美国以外的国家和地区，其中包括 2010 年《财富》500 强排行榜上的所有企业的高级管理人员。
- **可以引发强大网络效应的商业模式**。基于庞大的用户基础、持续高速增长的用户数量、使用我们平台的企业和专业机构的数量、用户创造的丰富且准确的信息的数量，我们不断提升为平台参与者创造价值的能力。庞大的用户基础为用户建立职业联系提供了更多机会，也为企业和专业机构识别和吸引人才提供了更多机会。同时，日益增加的企业和专业机构用户，也增强了各方从网络中获得职业见解和机遇的机会。我们相信，我们所构建的社交网络的广度和深度是难以被复制的，这可以为我们带来显著的竞争优势。
- **强大且可靠的职业数据来源**。我们建立的专有平台，可以处理、过滤并对不断增加的用户信息进行索引，包括更新用户的职业档案、联系方式、活动和推荐信息。由于用户选择分享的职业信息越多，其从社交网络中获得的价值就越大，所以用户都更愿意分享准确且详细的职业信息。我们利用平台上的流量数据为用户提供相关性更高的信息检索，帮助他们提高工作效率。我们的平台为用户提供了便于操作的界面，用户可以勾选自己希望与哪些人分享哪些内容。我们始终清晰了解如何利用这些信息，让用户、企业和专业机构从中受益。
- **庞大的用户基础**。有成千上万的企业和专业机构使用我们的人员招聘和营销解决方案。2010 年，有大约 3900 家企业采用了我们的人员招聘解决方案。截至 2011 年 3 月 31 日，我们的人员招聘解决方案被近 4800 家企业采用，其中包括 73 家世界 100 强企业。我们的客户还包括许多中小型企业，它们利用我们的平台来扩展其有限的招聘资源。2010 年，我们的营销解决方案被超过 33 000 家企业客户采用。庞大的用户基础不仅为我们提供了多样性，也为新用户提供了市场验证。
- **专有技术平台**。我们凭借专有的软件应用程序和技术完成大规模的实时数据分析与计算，为开发和提供解决方案给予强大的技术支持。通过对大量结构化和非结构化数据进行分类和查询，我们可以为用户提供个性化的相关信息。例如，我们的一个关键的个性化推荐功能每天通常需要处理超过 75TB 的数据，2010 年，我们的网站执行了近 20 亿人次的搜索。

图 18-6C （续）

本次发行

A 类普通股

   我们发行   4 827 804 股

   售股股东发行   3 012 196 股

   总计   7 840 000 股

本次发行后流通的 A 类普通股   7 840 000 股

本次发行后流通的 B 类普通股   86 658 627 股

本次发行后流通的 A 类和 B 类普通股总计   94 498 627 股

我们提供的超额配售权   176 000 股

募集资金的用途   我们计划将本次发行所得净收益用于营运资金和一般企业用途,包括进一步扩大产品开发和现场销售组织,以及用于资本支出。此外,我们可能会将本次发行所得的部分收益用于收购互补性业务、技术或其他资产。我们不会收到售股股东出售股份所得的任何收益。详情请参见第 35 页"收益的使用"部分内容。

风险因素   请参阅第 13 页开始的"风险因素"和本招股说明书中包含的其他信息,了解您在决定投资我们的 A 类普通股前应仔细考虑的因素。

纽约证交所股票代码   "LNKD"

截至 2011 年 3 月 31 日,本次发行后的流通 A 类与 B 类普通股的合计数量为未发行的 A 类普通股和 89 670 823 股 B 类普通股(包括可转换优先股)的流通量,但不包括:

- 截至 2011 年 3 月 31 日,根据我们修订和重编的 2003 年股权激励计划,所授予的可以以每股 5.86 美元的加权平均价格行权的 16 221 375 股 B 类普通股。
- 2011 年 3 月 31 日后,根据我们修订和重编的 2003 年股权激励计划,所授予的可以以每股 22.59 美元的价格行权的 1 559 080 股 B 类普通股。
- 根据 2011 年制订的股权激励计划,将在本次发行完成后生效的、为日后发放或发行预留的 13 659 553 股,其中包括:
  - 根据 2011 年制订的股权激励计划,为日后发放或发行预留的 2 000 000 股 A 类普通股。
  - 根据修订和重编的 2003 年股权激励计划,为日后发放或发行预留的 11 659 553 股 B 类普通股(2011 年 3 月 31 日后,在原预留股数基础上产生两项变动:授权执行 1 559 080 股 B 类普通股的期权,调增预留股数 13 000 000 股),在 2011 年股权激励计划生效后,这些股权将被添加到我们的 A 类普通股股权份额中,并根据 2011 年股权激励计划予以保留。
- 根据 2011 年员工持股计划,为日后发放预留的 3 500 000 股 A 类普通股,将在本次发行完成后生效。

除非另做声明,本招股说明书中的信息(除历史财务报表外)均假定:

- 将我们的普通股重新划分为同等数量的 B 类普通股和授权的 A 类普通股。
- 将于本次发行完成后提交的修订和重编的公司注册证书已经生效。
- 本次发行完成前,所有流通的优先股自动转化为总计 45 647 201 股 B 类普通股。
- 承销商不得行使超额配售选择权。

图 18-6D

合并财务数据摘要

下表是我们公司的合并财务数据总况。您应阅读该财务数据总况表，例如"管理层对财务状况和经营业绩的讨论和分析"、合并财务报表及相关说明，这些都在本招股说明书的其他部分有所说明。

我们根据本招股说明书其他部分中包含的经审计的合并财务报表，得出了截至 2008 年、2009 年和 2010 年 12 月 31 日的合并经营报表，以及截至 2009 年和 2010 年 12 月 31 日的合并资产负债表。截至 2010 年 3 月 31 日和 2011 年 3 月 31 日的 3 个月未经审计的合并经营报表数据，以及截至 2011 年 3 月 31 日的未经审计的合并资产负债表数据，均来自本招股说明书其他部分中的未经审计的合并财务报表。

我们基于与经审计的合并财务报表相同的基本原则，编制了未经审计的财务报表，并且，我们认为，所有对公允地呈现财务报表中内容有必要的调整（仅包括正常倾斜调整）都包含在内。我们的历史业绩不一定代表未来业绩，我们的中期业绩也不一定代表整个财政年度的预期业绩。

	年末 12 月 31 日			3 个月末 3 月 31 日	
	2008	2009	2010	2010	2011
合并经营报表数据	（单位：千美元，除每股数据外）				
净收入	78 773	120 127	243 099	44 716	93 932
成本和费用					
收入成本（不包括下面单独显示的折旧和摊销）	18 589	25 857	44 826	8 305	16 783
销售和营销	16 986	26 847	58 978	10 454	29 361
产品开发	29 366	39 444	65 104	12 141	24 735
管理费用	12 976	19 480	35 064	6 672	13 614
折旧和摊销	6 365	11 854	19 551	3 940	8 159
总成本和费用	84 282	123 482	223 523	41 512	92 652
经营收入（亏损）	(5 509)	(3 355)	19 576	3 204	1 280
其他净收入（亏损）	1 277	230	(610)	(346)	449
税前收入（亏损）	(4 232)	(3 125)	18 966	2 858	1 729
所得税准备金（收益）	290	848	3 581	1 043	(349)
净利润（亏损）	(4 522)	(3 973)	15 385	1 815	2 078
分配给普通股股东的净利润（亏损）	(4 522)	(3 973)	3 429	—	—
分配给普通股股东的每股净利润（亏损）					
基础	(0.11)	(0.10)	0.08	0.00	0.00
稀释	(0.11)	(0.10)	0.07	0.00	0.00
加权平均股数计算普通股每股净收益（亏损）					
基础	42 389	41 184	42 446	41 966	43 726
稀释	42 389	41 184	46 459	44 228	51 459
归属于普通股的每股估计净收益[1]（未审计）					
基础			0.17		0.02
稀释			0.17		0.02
加权平均股数计算普通股每股估计净收益					
基础			88 091		89 373
稀释			92 104		97 106
其他财务和经营数据					
调整后的 EBITDA[2]	5 461	14 651	47 959	9 078	13 282
注册会员数（期末）	32 307	55 111	90 437	64 177	101 528

图 18-6E

450

上表中：

（1）在计算每股估计净收益时，假设在本次发行完成之前，将所有流通的优先股和普通股分别转换为 88 955 943 股和 89 670 823 股 B 类普通股（截止日期分别为 2010 年 12 月 31 日和 2011 年 3 月 31 日）。

（2）我们将调整后的税息折旧及摊销前利润（EBITDA）定义为净收入（或者净亏损），加上所得税准备金（收益）、其他净收入（亏损）、折旧和摊销以及股权激励。请参见下文"EBITDA"以了解更多信息，这是根据一般公认会计原则（GAAP）计算并呈现的最直接可比的财务指标。

上述合并营运数据报表中包含的股票补偿如下：

	年末 12 月 31 日			3 个月末 3 月 31 日	
	2008 年	2009 年	2010 年	2010 年	2011 年
	（单位：千美元）				
收入成本	298	370	439	89	183
销售和营销	513	657	1 225	250	1 098
产品开发	1 214	2 346	3 248	690	1 603
管理费用	2 580	2 779	3 920	905	959
股权激励总额	4 605	6 152	8 832	1 934	3 843

	截至 12 月 31 日			截至 2011 年 3 月 31 日	
	2009 年	2010 年	实际值	估计值[1]	调整后的估计值[2]
	（单位：千美元）				
合并资产负债表数据					
现金和现金等价物	89 979	92 951	106 060	106 060	304 304
净固定资产	25 730	56 743	65 782	65 782	65 782
营运资本	71 885	66 734	64 629	64 629	262 873
总资产	148 559	238 188	265 332	265 332	463 576
可赎回可转换优先股	87 981	87 981	87 981	—	—
可转换优先股	15 413	15 846	15 846	—	—
所有者权益总计	9 082	36 249	46 530	134 511	332 755

表中：

（1）估计值这一列反映了在本次发行前，所有流通的优先股和普通股自动转化为 89 670 823 股 B 类普通股。

（2）调整后估计值这一列反映了：①在本次发行完成前，所有流通的优先股和普通股自动转换为 89 670 823 股 B 类普通股；②本招股说明书中提及出售的 4 827 804 股 A 类普通股，扣除本公司应付的承销折扣和佣金以及预估的发行费用后，以每股 45.00 美元的首次公开发行价出售。

图 18-6E（续）

18.11 焦点案例：特斯拉公司

特斯拉公司是一家总部位于美国加州的设计、生产和销售电动汽车的公司。特斯拉公司开发出 3 种车型供客户选择，分别是全尺寸豪华轿车 Model S、豪华运动型多用途汽车（SUV）Model X 以及紧凑型豪华轿车 Model 3。2015 年，特斯拉公司宣布将推出一个全新的子品牌 Tesla Energy 与两种用途的电池：家用的 Powerwall 电池和商用的 Powerpack 电池，希望借此将特斯拉的电池技术推广至家庭和商业应用。为了使其技术获得更广泛的应用，特斯拉的超级工厂正在大幅提升其电池生产能力。公司的首席执行官埃隆·马斯克认为，特斯拉将成为引领人类向可持续能源过渡的领导者。

特斯拉公司是利用多种资金来源为其早期成长提供资本的典型例子。自 2003 年成立以来，该公司通过 5 轮融资筹集了近 2 亿美元。作为 PayPal 公司的联合创始人，马斯克将大部分个人资金投入了特斯拉公司。一些富人和许多风险投资公司也纷纷向特斯拉公司注资，如谷歌的联合创始人谢尔盖·布林和拉里·佩奇等。2009 年，德国的戴姆勒公司向特斯拉追加投资 5 千万美元。2010 年，特斯拉公司从美国能源部获得了 4.65 亿美元的贷款。同年，特斯拉公司以 16 亿美元的估值在纳斯达克公开股票市场上市（股票代码 TSLA）并筹得 2.26 亿美元。2015 年，特斯拉公司的销售收入超过 40 亿美元。2017 年，公司的市值超过了 400 亿美元。

18.12 本章小结

新创企业的领导者会制订一系列财务计划，估计所需的现金投资量以及何时需要注入现金投资，然后根据估计结果去寻找投资资金。在首轮或者种子轮融资阶段，创业者的主要资金来源是个人出资和亲朋好友的投资。其后各轮融资阶段，大多数新创技术企业需要来自他人的大量投资，如被称为天使投资人的富人或基金经理代表的专业投资机构的投资。

根据每个阶段的业绩里程碑来进行多阶段融资，可能是融资的最佳方法。实物期权是一种在未来某个日期购买某项资产的权利。投资者通常使用具有里程碑意义的阶段性投资来行使期权，以最大化其回报。对那些具有高增长潜力的企业而言，反映企业发展潜力的投资估值是吸引风险投资的主要因素。

运用风险投资估值方法可以确定新创企业的价值，并确定企业所有权的分割协议。随着预期收入增长和盈利的实现，新创企业及其投资者可能希望出售其所持有的股份期权。新创企业可以通过 IPO 或者被大企业收购，让投资者、创业者和员工们合作创造的价值得以变现。

> 📖 技术创业原则 18
>
> 　　对发展中的新创企业而言，存在多种多样的投资资金来源，创业者需要对各种资金来源加以谨慎比较和管理。

音像资料：
读者可以访问 http://techventures.stanford.edu 网站，浏览与本章内容有关的学术讨论。

不出售公司的理由 （Reasons Not to Sell）	杰夫·多纳克	美国著名商户点评网站 Yelp
自主创业 （Start on Your Own）	马克·苏斯特尔	Upfront 风险投资公司
史蒂夫·乔布斯的 IPO 故事 （A Steve Jobs IPO Story）	埃德·卡特姆	皮克斯

18.13　练习

（1）我们在第 17 章的练习（3）中介绍了维世科公司的情况。假设贷款年利率为 10%，请试着确定：如果天使投资团队在该公司创办后的第 1 年年初投资了 100 万美元，则天使投资团队应获得多少比例的所有权？如果该公司未从银行获得 50 万美元的贷款，需要通过股权融资获得总额 150 万美元的资金，则天使投资团队 150 万美元的投资应获得多少比例的所有权？

（2）一家具有高增长潜力的新创技术公司需要筹集 1000 万美元的启动资

金。根据预测，该公司在第 5 年可以实现销售收入 8000 万美元，并实现利润 1000 万美元。风险投资公司预计，在进行 IPO 前的 5 年内，该公司每年的年回报率为 50%。请你计算这家新创公司的估值。风险投资公司会期望获得多少份额的所有权？试对该公司的估值和收益率进行敏感性分析。

（3）一家筹建中的新公司 DGI 的相关预测数据如表 18-19 所示，表中包含了在基本情形和悲观情形下所做的预测。该公司希望在创办后的第 5 年实现盈利。目前，这家公司正在寻求投资，希望在第 1 年年初获得 100 万美元的初始投资，在第 2 年年末获得 100 万美元的投资来支持业务扩张。假设 DGI 公司所处行业的市盈率为 15，请你站在风险投资顾问的视角，帮助 DGI 公司起草一份投资要约。

表 18-19　在基本情形和悲观情形下 DGI 公司的销售收入和净利润预测

（单位：百万美元）

年份	1	2	3	4	5
基本情形下的销售收入	0.84	2.82	5.44	8.35	11.55
基本情形下的净利润	0.18	1.25	2.67	4.17	5.86
悲观情形下的销售收入	0.42	1.41	2.72	4.18	5.78
悲观情形下的净利润	(0.11)	0.26	0.77	1.25	1.81

（4）一家处于发展早期的新创软件公司的首席执行官正在向风险投资公司寻求 500 万美元的投资资金。这笔投资在第 5 年的合理预期净收入可以按 20 倍的市盈率估值。此外，这家公司在第 5 年的销售收入预计为 2500 万美元。假设没有因后续融资造成的股权稀释，风险投资公司的预期回报率为 50%，则风险投资公司会要求持有该公司多少份额的股权？如果在风险投资公司注资购买股权前，该公司已经发行了 100 万股流通股，那么风险投资公司为持有股权支付的每股价格是多少？

（5）假设有一家纳米技术领域的新创公司想要寻求第 2 轮融资。这家公司今年的销售收入为 200 万美元，预计明年的销售收入为 300 万美元，净利润为 20 万美元。假设未来 5 年，这家公司的净利润可以以每年 25% 的速度增长。如果这家公司最终从多位新投资者处共筹集到 100 万美元的资金，则应给予这些投资者多少股份？

（6）分别站在投资者和创业者的立场，阐述采取阶段性融资策略可以达成何种目的和带来哪些价值。

（7）来自政府或非营利机构的资助对于哪些类型的企业以及在何种情形下，可以被视作非常有吸引力的资金来源？在哪些情况下不应使用这种资金来源？

🔲 创业实战

1. 你创办的企业将通过哪种资金来源进行融资？

2. 你为什么选择上述资金来源进行融资？

3. 你创办的企业需要多少启动资金？你的企业的融资目的是什么？

4. 为了获得资金，你计划出让多少比例的股权给外部投资者？

Technology
——————— Ventures

第 19 章

交易展示与谈判

人们了解所有东西的价格，却不
清楚任何东西的价值。

奥斯卡·王尔德（Oscar Wilde）

新创企业应如何描述企业愿景和创业故事并与投资者谈判

新企业的缔造者需要对外界描述和展示
企业的发展前景。通过向他人讲述所创办的
企业将如何为重大的、悬而未决的问题提供
创新性的解决方案，来帮助企业建立信誉和
获取信任，从而吸引投资。

创业者要整合创业故事、企业愿景、商
业计划、商业模式等，以展示自己采用的
商业模式将如何在合理的时间内盈利。投
资者们不仅对好的财务回报感兴趣，还希
望确认自己是在与值得信赖、有能力的创

业者开展合作。附录 A 提供了一个商业模式示例,读者也可以到各章"音像资料"中提供的网站上获取其他商业计划、商业模式和展示幻灯片示例的链接。

与投资者谈判是创业过程中的一项重要任务。创业者可以通过谈判巩固与投资者的关系,当然,如果谈判不愉快,也有可能毁掉与投资者的合作机会。通过谈判达成的最终协议条款,应该让投资者和创业者的预期回报与其承担的风险相匹配。

19.1 商业计划展示

创业团队需要向投资者、有意加盟的员工、合作伙伴和供应商等,口头展示其企业愿景、创业故事和商业计划,需要通过举办介绍会来说服各方与之开展合作,为其提供支持或者参与新企业的创建。有效说服是一个谈判和学习的过程它可以促使各方达成并分享共同的事业愿景。以往,人们认为说服是一个简单的过程:只要陈述自己的立场或计划、概述支持性的论据,就可以让对方采取自己所期望的行动或达成交易。如今,大多数投资者和合作方都希望与创业团队进行对话,创业团队也希望通过对话介绍其创办的企业,听取投资者的反馈和其他关于解决方案的建议。说服是一个妥协的过程,是创业者与投资者和其他参与者建立关系的过程。

新创企业必须能够向潜在的投资者和客户推销自己。推销本来就很困难,尤其是当推销的内容是需要大额投资的大型项目,而且需要等待多年后才可能获得回报时,潜在利益相关方自然希望规避风险,推销当然会格外艰难。如果项目发起人与潜在利益相关方未建立可信任的长期关系,后者当然更不愿意承担风险。

要想有效地说服对方,首先,创业者要让自己具有可信度;其次,要让自己的商业计划与听众有一致的目标;再次,要提供可靠的论据支持自己的计划;最后,要与潜在的投资者或合作伙伴建立起良好的关系。表 19-1 总结了帮助创业者做到有效说服的 4 步法则(Conger,1998)。建议读者回顾 13.2 节中有关影响力和说服力的相关内容。

表 19-1 做到有效说服的 4 步法则

1. 在投资者、合作伙伴、客户和人才面前建立可信度
2. 让企业目标与投资者或合作伙伴的目标一致，应重点说明企业的独有优势
3. 为自己的商业计划提供坚实可靠、有吸引力的证据
4. 与投资者或合作伙伴建立起良好的关系

信誉和信任要通过长期接触才能建立。因此，获得信任的有效途径是与投资者熟悉的人们开展合作。如果做不到这一点，创业者就要有非常有说服力的历史业绩和背景资料（Hallen，2008）。实践中，由于商业计划通常会随着时间而改变，因此，创业者不应该仅仅推销商业计划，应该确保推销的是他们自己（Dixon，2011）。

企业愿景、创业故事和商业计划必须能够强烈地吸引潜在投资者或合作伙伴。首先，新创企业的预期收益，应该与投资者或合作伙伴的目标相匹配。其次，要提供可靠且有吸引力的证据来支持所提出的商业计划，如果能采用生动的事例或案例，就会让商业计划变得鲜活，从而有助于说服投资者或合作伙伴。最后，与投资者或合作伙伴建立良好的关系十分重要，为此，创业者要充分展示他们对商业计划的热情，以及他们为实现商业计划所做出的承诺。

高水平的演讲是有效的"推销"手段，可以捕获听众的注意力，让他们对创业者提出的问题做出回应。表 19-2 展示了宣传推销的 4 个要点。

表 19-2 宣传推销的 4 个要点

1. 找出让客户感到不快的、有待解决的问题
2. 有许多客户对这个问题感到不快，愿意为解决这个问题花钱
3. 针对这个问题，新创企业提出了一个可行的解决方案并且可以从中获利
4. 创业团队在制订有效商业计划并推动实施方面有经验，并且未来会做得更好

在向投资者和其他利益相关者做介绍时，逐一回答表 19-3 中列出的 9 个问题，会对创业者大有帮助。当然，还有其他值得介绍的方面，但这 9 个问题基本上是商业计划展示的必要组成部分。此外，最好在正式展示前，在值得信任并可以提供建议的同事或朋友面前预演一下。

表 19-3　商业计划展示时需要回答的 9 个问题

1. 我们针对哪些有待解决的问题，提供何种产品
2. 该产品的独特优势是什么
3. 我们的目标客户是谁
4. 我们将如何分销和出售该产品
5. 预计第一年和第二年会有多少人购买该产品
6. 设计和制作该产品的成本是多少
7. 该产品的销售价格是多少
8. 预计何时可以达到盈亏平衡
9. 创业团队的核心成员有哪些？他们具备什么资质

　　包括商业关系在内的几乎所有的持久关系均以信任为基础。展示是与潜在投资者和合作伙伴建立融洽关系及信任的一种途径。信任、信心和关系的建立需要时间。在介绍企业发展目标时，要尽量引起听众的共鸣：一旦创业成功，将会带来哪些改变？会让人们过上更好的生活或用上新产品吗？

　　一个成功的项目推介通常遵循 10 / 20 / 30 规则，即：10 页幻灯片、20 分钟介绍、30 号字的文本。大多数面向投资者或合作伙伴的展示，应该基于 10 页左右的幻灯片，在 20 分钟内演示完，每页幻灯片都应该使用字号不小于 30 的文本，以便让听众保持兴趣，并迫使展示者聚焦关键内容（Kawasaki，2004）。表 19-4 提供了一个 10 页幻灯片的展示内容示例。创业营销专家盖伊·川崎在其个人网站上开设了幻灯片展示的相关课程。

表 19-4　一个 10 页幻灯片的展示内容示例

1. 企业名称、展示者的姓名和联系方式
2. 领导团队及其拥有的经验
3. 问题描述：将满足的需求和目标市场
4. 解决方案：产品及其主要优势
5. 商业模式和盈利能力
6. 竞争态势和应对策略
7. 技术和相关工艺
8. 营销和销售计划
9. 财务预测摘要
10. 当前进展、未来里程碑和资金需求

　　在展示中，展示者应该传达出问题的紧迫感和解决方案的有效性。优秀的展示者会强调解决方案和商业模式的独特优势。

展示内容的质量会对听众产生影响，而内容的创造性、创新性和可靠性则是展示质量的重要保证，可以让投资者或创业团队新成员产生成为这个创造性合作的参与者的激情。听众会捕捉展示者展示出来的，关于其解决方案将带来巨变或跨越式发展的激情和证据。此外，展示的目标是吸引听众成为创造性合作的参与者，因此，展示者应致力于将自己塑造为具有创造力的人物，要让听众将自己视作可信赖的创业合作伙伴（Elsbach，2003）。

19.2 关键议题

我们在第 6 章讨论了如何制订商业计划，在第 19.1 节介绍了如何展示商业计划。创业者在将商业计划呈现给潜在投资者后，潜在投资者可能会提出批评和建议，要求创业者调整其商业计划或商业模式中的部分内容，提出要对产品方案做出改进以使其更具吸引力。为客户提供"必须拥有"的产品要比为客户提供"最好拥有"的产品难得多。服用维生素对人们维护健康有好处，而当一个人头痛时，就"必须"服用阿司匹林或布洛芬。所以，项目发起者需要问自己：我们的产品是针对客户问题的完整解决方案还是仅仅是解决方案的组成部分？

投资者希望了解：创业者会全身心地投入该新创企业吗？市场空间是否足够大，可以为我们的投资带来高回报？我们能识别并降低风险吗？我们是否有办法让我们的投资获得回报？

书面形式的商业计划和对商业计划的口头陈述的内容应该一致。使用过时或不正确的数据会让投资者产生疑虑，未经证实的假设也会损害商业计划的可信度。例如，商业计划中对竞争者的评价是客观的吗？热情固然重要，事前准备也相当关键（Chen et al.，2009）。

如图 19-1 所示，可以将商业计划及其背后的创业故事视作一个拱门的基石。围绕商业计划和创业故事、商业模式和竞争策略以及领导力和资源所涉及的全部组成要素的有机结合，构成一个有吸引力的商机。

如果在做展示时，新创企业已经拥有一些付费客户，这将有助于验证其提出的商业计划的可行性。如果这家企业即将盈利，那就更好了。投资者需要找到投资的理由，他们想看到预订单、订货意向书或客户清单，以此验证新创企业的价值主张对其客户具有吸引力。

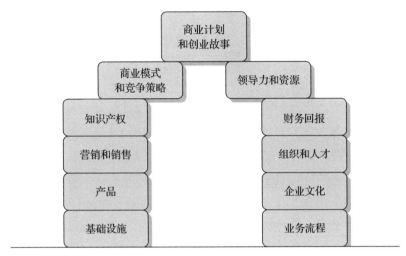

图 19-1　商业计划与新创业的整体状态

1968 年，戈登·摩尔（Gordon Moore）和罗伯特·诺伊斯（Robert Noyce）发现硅晶体管和集成电路研制是一个好商机，于是，他们从飞兆半导体公司（Fairchild Semiconductor）离职，创建了英特尔公司，并招募了安迪·格鲁夫（Andy Grove）和其他几位同事加盟，这些人成为英特尔公司的早期员工。摩尔和诺伊斯均为各自领域的领军人物，他们认识旧金山的风险投资家亚瑟·罗克（Arthur Rock）。一天，他们问罗克能否帮他们筹集 300 万美元来创办英特尔公司。结果当天晚上，罗克就兑现了 300 万美元投资的承诺。摩尔和诺伊斯凭借他们的名气很快能为创业筹集到大笔资金，不过大多数创业者没有这么幸运。

如果一家新创企业的领导人没有可靠的背景和已经建立的长期关系网络，他们必须更加努力地寻找投资者。他们必须让投资者相信，为他们创办的企业投资，是开拓重要机遇的稀缺性机会。

19.3　谈判和缔结合作关系

在听取商业计划演示和开展后续讨论后，投资者或合作伙伴对新创企业的未来有了一定信心，但仍对所涉足的风险持有与创业团队不同的预期。因此，投资者和创业团队可能就企业估值和协议的一些条款持有不同观点。一个好的交易可以在兼顾新创企业与投资者的利益的同时，尽可能满足新创企业的需要。协议的定价和相关条款必须要对双方的未来关系做出平衡。如果可能，新创企业最好为自己谋划几个备选的交易方案，有了更好的选择，新创企业就可以随时拒绝掉亏本的协议。新创企业应该了解自己的利益所在，清楚如果一桩交易无法达成，自己还能有哪些选择。价格、控制权和所有权比例通常是交易谈判的关键争议点。

在对投资协议的条款做出承诺之前，投资者通常会对商业计划书中提供的事实和数据进行核实，为此，他们需要对创业团队的背景、市场数据和商业计划的关键要素进行审查，该过程被称作**尽职调查**（Due Diligence）。

通过学习，人们可以掌握达成一项公正协议的技能。大多数创业者只拥有有限的与投资者开展谈判的经验。可以将**谈判**（Negotiation）视作持有不同偏好而又相互依存的各方之间的决策过程。以一位经理与一位员工就是否为这位员工加薪的谈判为例，经理和员工对结果有着不同的偏好，却又彼此相互依赖。员工希望加薪，经理希望员工实现更好的绩效。

最好的谈判应该是在不损害双方关系的前提下达成一个有效、明智的协议。所谓有效的或者明智的协议，能够兼顾双方的合法利益、公平地解决冲突、保持持久的合作关系（Fisher & Ury，1991）。交易双方应该寻求共识，避免站在敌对立场上。

可以依据表 19-5 展示的 4 项原则开展谈判，这 4 项原则将有助于达成对各方均有利的协议。谈判中，各方应尽可能避免先入为主、固执己见，每个人都应致力于达成公正协议。应充分讨论各方的利益和目标，避免僵化，并提出几个有助于提高各方利益的可行的解决方案。最后，根据可测量的结果选出最优的解决方案。

表 19-5　谈判的 4 项原则

1. 摒除主观立场，专注于描述问题（任务或协议）
   目标：确保所有参与者都能够致力于解决问题
2. 关注当事人的利益诉求，而不是各自的本来立场
   目标：确保各方都能说出自己的诉求和有关目标
3. 提出多个可以促进各方利益的备选方案或可行选择
   目标：提出几个实际的解决方案
4. 基于客观公正原则达成最终协议
   目标：提出实际的、可测量的决策标准

资料来源：Fisher, Robert, and W. Ury. Getting to Yes. 1991. New York: Penguin.

谈判往往会陷入僵局，此时，最好尝试着重新规划谈判的内容和顺序。参与谈判的一方或多方可以着手开展广泛搜寻，以确定在摆到桌面的协议之外，是否还有其他有助于设计更有利的合作结构的协议条款。例如，可以尝试通过引入新的当事人和条款来让各方满意（Lax & Sebenius，2003）。

投资者倾向于根据投资回报额和获得回报的时间来确定谈判目标，创业者则会依据企业成长、责任、成就和投资回报等设定谈判目标。双方均应尽力制订一个备选方案，为交易提供调整的空间。最终，双方会选择能够公平地满足各方诉求的方案。所达成的协议应该包含可测量的结果，规定好如果未能兑现协议目标，应如何调整企业所有权或其他条款。此外，应该让一次投资协议的达成，成为投资者和创业者之间开展长期合作的良好开端（Ertel，2004）。

在任何谈判中，各方都有两个互相排斥的选项：要么是接受交易，要么是判定不成交更好。通常，如果创业者选择"最好不成交"，就意味着他需要继续寻找潜在投资者并与之开展谈判。因此，创业者等于是在接受交易和寻找其他潜在投资者之间进行权衡。投资者也会权衡接受或拒绝一笔交易的利弊得失。如果接受交易比拒绝交易更符合投资者的利益诉求，则投资者会接受该交易。因此，创业者在谈判中所面临的挑战是理解并影响投资者对交易的看法，让他们从自身利益出发，做出创业者所期望的选择（Sebenius，2001）。

投资者在投资时会考虑 4 种形式的风险：①市场风险（客户对创业者提出的解决方案的需求有多迫切？新创企业找到迫切需要其解决方案的客户有多大难度？）；②技术风险（新技术或新产品是否处于展现差异化优势的最佳时机？是否具备足够的差异化程度？其竞争优势是不是不会受到潜在竞争者的威胁？）；③管理风险（创业者是否拥有推动新创企业发展所需的技能和领导力？）；④金融风险（新创企业是否具备实现盈利所需的单位经济效益和长期融资方法？）。投资者需要了解如果他们现在就为新创企业提供投资，可以帮助新创企业降低或者规避上述的哪些风险。

投资者和创业者在企业估值和所有权划分方式上存在分歧，通常是因为双方对新创企业的未来风险做出了不同的预估。因此，协议中最好包含一些或有条款，即视相应措施或事件的结果而定的条款。尽管这种情况很少发生，但在合同中使用或有条款，能让各方押注未来而非争议未来。包含或有条款的协议，可以采用如下测量指标或里程碑：在约定期限内实现销售收入或产品发货，并根据实际结果确定股权分配比例。例如，如果阶段性目标实现，则投资者同意创业者一方持有 70% 股权，投资者持有 30% 股权的分割方案；如果阶段性目标未能实现，则投资者要求增加其股权持有比例为 60%，创业者一方持有 40% 股权。投资者和创业者可能会对未来事件的相关风险（如市场态势或产品发货日期）做出不同预估。一旦出现分歧，可能就需要起草一份双方都认为符合自己最大利益，并允许各方分担风险的或有条款。

最常用于企业扩张期以达成所有权分割共识的一种方式是提供认股权证，即将所有权与实际业绩挂钩。认股权证是一种购买额外普通股的长期期权，通常以名义价格买入。例如，如果新创企业在某一特定日期未能达到某一业绩水平，则投资者会收到一份认股权证，规定其将获得约定数量的额外股份（Smith et al.，2011）。

所有权稀释问题会让谈判变得更加复杂。投资者有时会希望增加反稀释条款，以保护自己不受股权比例稀释的影响。反稀释条款通常在下一轮融资出现低估值时被触发。被称作**投资条款清单**（Term Sheet）的投资协议中的所有条款，均应提交新创企业的律师审核。投资条款清单是来自资金提供者的非约束性要约，它列出了一笔投资金额以及投资者期望创业者如何使用这笔钱的条件。创业者必须了解，投资条款清单只是一个要约，创业者可以在最终起草正式法律文件并接受资金前，反驳该要约并就所有条款与投资者进行协商。关于此类问题，《创业商法指南》（*The Entrepreneur's Guide to Business Law*）是一本很好的参考书（Bagley & Dauchy，2011）。

19.4　投资条款清单

投资条款清单中包含了多条投资交易条款，而投资交易条款对创业者至关重要。表 19-6 列出了需要在交易条款中解决的一些问题。显然，投资者和创业者之间需要信任和诚信。愿意支付最高价格的投资者不一定是创业者最希望与之达成交易的人；一个不愿意出太多钱的投资者也许才是推动新创企业发展得更好的合作伙伴。在通常情况下，创始人需要经营企业一段时间后才能兑现（授予）投资者的股权。

表 19-6　需要在交易条款中解决的问题

- 投资者占企业所有权的比例
- 资金注入的时间点
- 投资者对企业的控制权
- 创业者兑现股权的时间
- 企业发起 IPO 和挂牌上市的权利
- 企业授予投资者的证券类型（通常为优先股）
- 为未来员工保留的股权（股票期权池）
- 反稀释条款
- 如果投资分多次注入（分期付款），那么每次注资的里程碑是什么
- 股票期权计划

专业投资者一般希望获得**优先股**（Preferred Stock），因为优先股拥有在普通股之前获得分红（如果有可分配的红利）和清偿的权利。达成投资交易涉及诸多谈判条款，因此，新创企业需要聘请律师来审查所有交易条款，或者代表新创企业进行交易谈判。

投资交易的协议条款应该为企业未来获得更多资本预留空间。事实上，有许多协议让新创企业以后很难再以有吸引力的价格筹集资金。通常，协议以一切都按照计划进行为假设——但是这其实是一个不太可能实现的假设。新创企业应该在商业计划中写明获得新注资的合理方法，应防范再次注资时，当前签署的投资交易协议中有关投资者保护的条款会变成障碍。

交易条款应包含有关潜在回报的兑现方式，以及投资者和新创企业之间风险分担的有关规定。创业者最好能降低投资者以投资换取股权的价格，让投资者与新创企业一起分担新创企业的未来风险。投资者会谋求对其投资的保护，新创企业在寻求资本注入的同时，需要保留在未来争取新资本注入的权利。如果投资者要求签署过度保护条款，则创业者可以要求投资者降低其以投资换取的股权的价格。如果可能的话，投资者应该为所有权支付更少的金额，并与新创企业分担风险。

19.5　焦点案例：世可公司

2013 年，杰里米·阿莱尔（Jeremy Allaire）和肖恩·内维尔（Sean Neville）

创办了世可互联网金融公司（Circle Internet Financial），该公司分别在都柏林和波士顿设立总部。在成立之初，该公司坚信加密货币技术和人工智能将改变全球零售银行的业务运作方式。2015 年年底在美国、2016 年在欧洲，该公司克服了一系列来自监管和银行业的障碍，推出了一款免费的社交支付应用软件，帮助客户实现跨币种和跨地域的支付，该项服务采用了区块链技术支持。

2016 年，该公司为世可（中国）筹集资金，希望将其开放的货币链接带给中国消费者。在 2015 年年底主流产品发布前，尽管已经通过 3 轮风险投资和战略融资共筹集到超过 8000 万美元的资金，该公司却一直对自己的野心讳莫如深。2013 年，该公司的创始人从吉姆·布雷耶（Jim Breyer）、General Catalyst 公司和阿塞尔合伙公司（Accel Partners）那里筹得 900 万美元。这笔投资似乎风险很高，因为该公司对投资人承诺将引入比特币，帮助人们在全球范围内以低成本安全地转移资金，而这在当时被认为可能是非法的。

阿莱尔之所以能够在业务可能非法的情况下，克服融资障碍，筹集到大量资金，很大程度上是因为他之前成功地创立了多个上市的全球化互联网公司。他此前创办的公司的许多投资者也成为世可公司的投资者。目前，世可公司认为，自己正处在社交信息、全球支付和以软件应用程序及手机服务形式提供的新型零售银行账户的交叉点上。

19.6　本章小结

新创企业通常会通过演讲来展示其取得成功的潜力。通过展示商业计划，创业者可以帮助潜在投资者、新员工或合作伙伴了解其创业项目，并评估创业团队成员的能力。

随着投资者对新创企业产生兴趣，有关企业估值和进度里程碑的谈判就开始了。谈判是新创企业与投资者建立关系和加强长期合作的重要途径，是新创企业发展历程中的重要事项。创业者将持续处于谈判状态，直到最终签署正式协议、注入启动资金。谈判将围绕产品方案、创业团队、业务流程、商业模式、财务回报和所有权分配等展开。

技术创业原则 19

展示一个引人注目的商业计划，并与投资者开展有技巧的谈判，这对所有新创企业而言都是至关重要的。

音像资料：
读者可以访问 http://techventures.stanford.edu 网站，浏览与本章内容有关的学术讨论。

投资技巧 （Tips for a Good Pitch）	海蒂·罗伊森	德丰杰风险投资公司⊖ （Draper Fisher Jurvetson）
做出良好投资 （Make a Great Pitch）	盖伊·川崎⊖	车库科技风险投资公司 （Garage Technology Ventures）
成为最佳的创业故事讲述者 （Tell the Story Better Than Anybody Else）	特里斯坦·沃克	个人护理公司 （Walker and Company）

19.7　练习

（1）美国的 Clean Tech Open 组织商业计划大赛，给创业者们提供展示其商业计划的机会。访问网站 www.cleantechopen.org，查阅大赛获胜者的相关介绍，挑选一家你感兴趣的公司，为该公司制作一份商业计划简报。

（2）作为一家新创技术公司的 CEO，你和你的团队为公司估值 1000 万美元（投资前估值）。你们找到一家有意向投资的风险投资公司，该公司对你们公司的估值为 600 万美元。预计你们公司明年可以实现销售收入 600 万美元，且可以实现盈利。请制订一个令双方都能接受的合理的折衷估值的谈判方案。

（3）什么是投资条款清单？如果你是一位创业者，你最希望投资条款清单中包含哪些条款？如果你是一位投资者，你最希望投资条款清单中包含哪些条款？为什么让双方均对最终交易结果感到满意这一点十分重要？

（4）投资者在对一家新创企业估值时会考虑哪些关键的价值参数？投资者

⊖　德丰杰风险投资公司创立于 1985 年，总部位于美国加州，是全球互联网领域最著名的风险投资机构之一，该公司在全球 30 多个城市设有办事处，并拥有超过 35 亿美元的投资资金。——译者注

⊖　盖伊·川崎是车库科技风险投资公司的执行董事，曾任苹果公司首席宣传官。——译者注

和创业者会在哪些价值参数上出现分歧？

（5）投资者可以提出哪些交易条款，以确保不论新创企业经营情况好坏，投资者均可以获得来自企业的回报？创业者可以提出哪些交易条款，以确保不论新创企业经营情况好坏，企业均可以获得来自投资者的支持？

创业实战

1. 介绍你将如何为你的企业做"电梯演讲"（参见第 6.4 节）。

2. 请列出你向投资者做展示用的提纲。

3. 草拟一份投资条款清单，概述你所创办的企业的融资需求，说明你打算出售多少比例的企业股权（股权数量或者其占总股权的比例），以及你认为重要的其他协议条款。

第 20 章

带领新创企业走向成功

说得好不如做得好。

本杰明·富兰克林

创业者应如何根据企业发展需要动态调整和实施创业计划

如果说为新创企业制订创业计划是重要的，那么，成功执行创业计划可谓至关重要。创业计划的执行，关乎将战略与现实连接起来的行为能力，需要通过调整既定目标以及人们的观念和行为，来达成预期结果。借助执行力，可以将一个创业构想转变为一项伟大的事业。

新创企业将经历起步阶段、成长阶段和成熟阶段。不同的发展阶段需要不同的管理技能和组织安排。新创企业应制订计划，确保在各个发展阶段都有合适的人员担任合适的职责。

如同我们每个人所组成的组织也要不断开展学习以适应各种变化。通过组织部署，去识别和应对企业所面对的各种挑战，可以帮助新创企业不断提高其应变能力。应变能力是一种最重要的可持续优势。为了取得长期成功，一家企业需要为采取各种行动确定道德准绳。

20.1 执行力

执行力（Execution）是联结创业计划与现实，确保企业中人员的行动能够贯彻战略意图并最终实现预期成果的能力。通常，成功企业与竞争对手的区别就在于执行计划的能力存在差异。

本质上，执行是将一个创业构想转变为一项新业务的过程。例如，一家新创企业可能很快就会发现：其开发的产品原型存在缺陷，或者销售渠道并不如最初想象得那样有吸引力。每一家新创企业在取得硕果前都会遇到麻烦，需要在遭遇挫折后重新反思最初设定的创业愿景，并制订新的任务执行计划，需要锲而不舍地采取后续行动。

创业团队要在承认小错误的同时，执着于长期发展战略。例如，赛勒斯·菲尔德（Cyrus Field）曾 4 次尝试铺设横跨大西洋、连接美国和英国的海底电缆。经过 9 年的努力，直到 1866 年，他使用"伟大的东方人"号汽船成功实现了铺设横越大西洋的海底电缆的计划。这个传奇故事是托马斯·爱迪生的一句格言的生动写照："天才就是 1% 的灵感加上 99% 的汗水。"Instagram 公司在被脸书公司收购后，更新了服务条款。新的服务条款声明：Instagram 公司有权将用户的照片出售给第三方，而无须告知用户和为用户提供补偿。这一举动招致隐私保护主义者、用户、国家地理学会以及许多名人的批评。于是，Instagram 公司迅速发表了一份声明，撤回了这些有争议的条款，随后又重申其对用户免费开放智能手机应用程序的承诺。虽然这起事件导致 Instagram 公司的部分用户流失到其他照片共享平台，但是因为 Instagram 公司能够及时弥补事件所造成的负面影响，最终，其平台流量继续以惊人的速度增长。

执行力决定了企业能否贯彻落实其创业计划。计划执行是采取行动、改善业绩、明晰责任从而决定企业最终绩效的过程。即便拥有可靠的商业模式和创业计划，只有在确保其模式和计划得以执行的情况下，一家企业才能取得良好业绩。

　　计划实施的第一步是团队成员围绕预定目标和行动策略形成一个一致的行动路线图，以帮助团队成员了解需要采取哪些行动。接下来，团队成员应就如何执行该路线图开展讨论，以明晰哪些成员应该在何时执行什么任务。团队成员应该展开讨论，制定出短期目标，明确各项任务的优先级，然后将任务指派给个人，还要制定与业绩表现挂钩的奖励和表彰制度。未能按时实现路线图的节点目标，可能意味着企业要为此支付高昂的代价，因此，团队应事先确定切合实际的截止期限。总而言之，新创企业的成功源自其众多团队成员的执行力，而非某一位无所不能的创业者的决策能力。表 20-1 中列示的 6 个问题可以帮助创业团队高效、可靠地执行任务。

表 20-1　关于任务执行的 6 个问题

1. Why：为什么该目标需要优先实现	4. Who：团队成员以及负责人是谁
2. What：团队成员需要采取什么行动？行动的预期结果是什么	5. When：任务应该在何时达成
3. How：这些行动应如何实现	6. Where：任务的执行地在哪里

　　新创企业的团队成员应具备广泛的能力基础，以确保每个人可以负责多项任务。在必要时，企业可以雇用外部人员来执行某项特定的或者困难的任务。团队需要执行的各项任务是根据企业战略设定的，先将其描绘为团队应在哪个特定时间达成何种具体目标，再将其指派给特定的团队成员。任务布置和执行的重要前提是，成员能够对主要任务所需投入的工作量和时间进行切实的评估。运营计划包括 3 个构成要素，即任务、里程碑和目标。创业团队需要就任务和目标做出权衡，以确保运营计划切合实际。形成一份具体的书面运营计划，有助于新创企业高效运作，同时，对进展情况及运营计划进行审查，也有助于创业团队的高效执行。高效执行的基础是设定了明确的任务优先级，持有合理的假设，以及对行动效果持续监控（Mankins & Steele，2005）。

　　计划执行是一项艰苦的工作。负责计划执行的人首先必须设定目标和截止日期。设定目标的一项重要内容是明确各项具体任务的优先次序，即将各项具体任务区分为"必须做""应该做"和"最好做"3 类，并尽可能将"必须做"的任务优先列入日程。以可测量的方式描述任务目标，并且制成"必须做"的具体任务清单及其截止日期列表，将十分有助于推进任务的执行。

通过促进企业文化在企业内部的广泛理解和充分共享，有助于推进员工执行任务。在企业内部营造强大的文化氛围并多采用非正式指令，将帮助员工掌控自己的行为，从而更好地执行任务。新创企业应在人力资源招聘、培训、激励等各环节采取措施，让员工为自己的行为负责（Chatman & Cha，2003）。

新创企业的首要发展目标之一是创造并不断增加销售收入。因此，新创企业的早期发展目标中的关键指标是商业指数（BI），即销售收入占总支出与所投入资产之和的比例。

$$BI = \frac{销售收入}{总支出 + 资产}$$

为了提高商业指数，新创企业需要确保销售收入的增速超过为此投入的总支出和资产的增速。

随着新创企业进入成长期，衡量企业执行力的有效指标变成销售人员占全体员工的比例。在成功的技术企业中，每位员工至少可以贡献 200 000 美元的销售收入。例如取得了突出业绩的新创企业 NetApp[⊖]，其每位员工贡献了 500 000 美元的销售收入（详见 www.netapp.com）。

在新创企业向成长期迈进的过程中，往往需要获得运营管理方面的帮助。新创企业可以向供应商和客户寻求帮助，它们往往拥有可供新创企业挖掘和利用的各类能力。大型供应商企业通常也很希望新创企业取得成功，愿意在新创企业遇到棘手问题时施以援手。

伟大的企业在执行方面都会表现卓越。它们总是致力于为客户提供满足其期望的产品，它们授权一线客户代表及时响应不同客户的各种需求。但是，几乎所有竞争优势都会很快被模仿，因此，新创企业最好在执行力上超越竞争对手，应该尽量少许诺、多做事，比竞争对手更快地开展产品迭代和修复错误。通过不断改进流程、培训员工、摒除低效，企业可以获得卓越的运营执行能力（Joyce et al.，2003）。

以下几种做法可能导致执行不力，如：①经常变动战略规划；②协同性差，不能在正确的时间将正确的产品提供给正确的客户（Hrebiniak，2013）。企业经常会因一系列的错误行为而损害企业利益（Mittelstaedt，2005）。如果迟迟未能发现错误并采取纠正措施，则可能给企业带来毁灭性的伤害。正如供职于

⊖　该企业为混合云数据管理领域的权威企业。——译者注

硅谷著名的科技创业孵化器 Y-Combinator 公司的成功投资者保罗·格雷厄姆所指出的，"扼杀新创企业"的常见错误做法包括：人力资源招聘不力，选择了错误的平台，产品过早面世，投入资金过多，以及未能集中资源专注于解决特定客户的问题（Graham，2006）。

表 20-2 展示了吉姆·柯林斯于 2001 年提出的伟大企业的 7 个标准。如果一家新创企业能够很好地满足该表中的多条标准，就有很大的机会获得成功。

表 20-2　伟大企业的 7 个标准

1. 领导力：创业者及其团队有创办企业的远大雄心，拥有坚强的意志和决心，渴望持续收获硕果，并保持个人谦逊
2. 人才：选择合适的人，并将他们放在合适的位置；制定走向成功的路线图，并将其传达给所有人
3. 成功：对企业将在长期内获胜抱有坚定的信念，能够直面现实、尊重事实、回应真实世界
4. 组织原则：围绕激情、能力和经济动机，为企业制定核心原则
5. 文化：建立一种人人对结果负责的纪律文化；保持对目标的专注
6. 技术：采用能够加速企业发展进程的技术
7. 动力机制：通过鼓励内部创业，缓慢而持续地为长期稳定发展建立动力机制

资料来源：Collins, James. Good to Great. 2001. New York: Harper Collins.

📖 通用电气公司的创新变革领导力

曾任通用电气公司首席执行官的杰克·韦尔奇可能是 1985～2000 年美国最著名的公司高管。他提倡和推行了与执行力有关的准则和方法，如向员工授权的"群策群力"（Work-out）法和坚持不懈改进生产工序的"弹头火车"（Bullet-Train Speed）方法。韦尔奇之所以广受拥戴，关键在于他对企业发展的关键问题发表了直白而有力的言论。他坚持认为，通用电气公司所从事的每项业务必须做到市场排名第 1 或者第 2。虽然通用电气公司是一家规模巨大的企业，但是时至今日，公司内部依然保持着创业活动的氛围。通用电气公司完全符合吉姆·柯林斯提出的伟大企业应具备的 7 个标准。

总之，如果一家企业在其业务发展的各个阶段均能做到为客户提供超出其预期的价值回报，我们就可以说这家企业执行良好。执行良好的企业会以一个被普遍认同的愿景和一个易被理解的长期战略为核心，组织其运营过程。它们

持续地投资于提出新创意、开发新产品和招揽新人才（McFarland，2008）。

20.2 企业发展的各个阶段

如图 20-1 所示，一家新创企业的成长过程会遵循 S 曲线，并依次经历 5 个典型的发展阶段：起步期、成长期、快速增长期、增速放缓期、成熟期。处于起步期的企业正在组建其架构，正在积累必要的资源和推出产品。进入成长期后，企业的销售收入开始增长，通常可以实现盈利，管理层开始考虑如何增加产品供应品类、为新类型的客户提供服务以及进入更多的区域市场，如图 20-2 所示。由于新创企业通常缺乏实现这些新目标的经验，因此企业在该阶段需要应对高风险（Roberts，2003）。

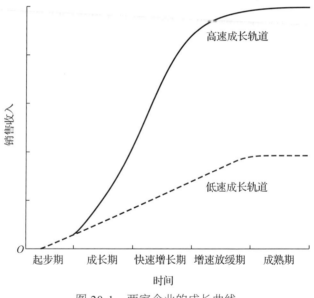

图 20-1　两家企业的成长曲线

在经历了快速增长期后，企业将进入增速放缓阶段，并最终进入成熟阶段。图 20-1 显示了经历高速成长轨道和低速成长轨道的两家企业的成长曲线。一般来说，高速成长企业的年增长率可以达到 50% 甚至更高，而低速成长企业的年增长率只有 10% 甚至更低。

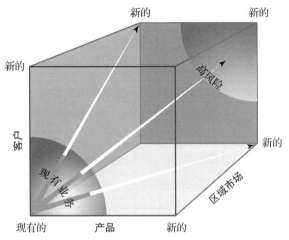

图 20-2　新创企业的增长战略选择

资料来源：Roberts, Michael. 2003. "Managing the Growing Venture." Harvard Business School Note 9-803-137.

对新创技术企业而言，要在起步期开发出产品，并向投资者展现其成功的潜力，以实现分阶段融资，因此，企业会在该阶段停留较长时间。它们必须不断证明其可信度，才能赢得投资者的信任。新创企业的首席执行官和领导层必须制定出既充分创新又脚踏实地的战略，做到投资者和员工利益的有机结合（Kleiner，2003）。

企业从起步期进入到成长期，可能会面临巨大的压力和挑战，因为适合刚成立的较小规模企业的管理经验不再有效，经理人和员工会变得沮丧并质疑领导层。进入快速增长期的企业时刻面临瞬息万变的环境挑战，很容易陷入混乱：新产品发布和营销计划总在变化，新员工陆续加入，决策速度跟不上需要，要融入新资本来支持高速增长，加班成为常态，员工日益陷入倦怠。在该阶段，企业创始人可能会被专业的管理人员替代而离开企业。

那些处于低速成长轨道的企业，其员工可以享受更多的悠闲时光，企业也只需应对较少的竞争对手，但是，那也意味着企业只有有限的盈利能力和较少的融资机会。

当新创企业进入成长期，需要融入更多的资金和资源、引进更多员工，因此，企业需要建立更加规范的运营流程和开展日益正式的沟通。处于成长期的企业需要更高的管理技能以及预算、会计核算和采购能力，需要逐渐将权力和任务下放，通过增加中层管理人员来执行诸如采购、履约和销售等任务。等到企业进入"增速放缓期"，为了维持销售收入，企业需要投入新的创新项目和提升创新变革领导力。表 20-3 列示了企业发展的各个阶段及其发展目标。

表 20-3　企业发展的各个阶段及其发展目标

起步期	设计、制造和销售，利用机会 开发产品并将其投放市场 打造核心业务 注重创造能力 多采用非正式方式沟通
成长期	注重运营效率 完善和强化商业模式 引入新流程 为提升质量和改善客户服务进行投资 沟通逐渐变得正式 重视领导层的指示
快速增长期	增加销售收入、扩大市场份额 扩展产品线 建立起科层制的组织结构 开始向分散型组织转变 重视任务和责任的下放
增速放缓期	企业合并与革新 需要较强领导力 需要新的发展思路和方案 需要加强流动资产管理 重视组织协同与变革
成熟期	投入新一轮创新 形成深厚的历史文化底蕴 进行全员培训，以谋求新的发展机遇 强调内外部合作与革新

随着业务的不断增长，创业团队会变得异常忙碌。快速增长给他们带来了巨大的压力。通常，在企业创立后的第 3 年或第 4 年，因为业务发展远远超过生产设施和管理体系所承载的能力，企业会陷入管理困境。此时，企业往往会遭遇质量下降、交货延误、客户不能按时付款等管理问题。企业的领导团队需要思考：该阶段对企业的业务提出了哪些需求？团队应做出哪些拓展或者改变，以满足这些需求（Ferguson et al.，2016）？随着企业发展对专业化的管理团队提出更高需求，创始人（一般即首席执行官）很可能会卸任和离开企业（Boeker

& Karichalil，2002）。

　　印象笔记公司是一家成功地从成长期过渡到快速增长期的典型企业。该公司的创始人斯捷潘·帕奇科夫（Stepan Pachikov）于 1992 年从莫斯科迁居到了硅谷，为 Apple Newton 以及其他触屏设备开发手写字迹的识别软件。他于 2008 年 6 月发布了印象笔记软件的公开测试版，吸引了人们的广泛关注。为了支持企业的运营和发展，帕奇科夫聘请连续创业者菲尔·利宾（Phil Libin）担任他们合作创立的公司的首席执行官。到 2010 年，利宾帮助公司共筹集到 2000 万美元的资金，2011 年 7 月，印象笔记的用户达到 1100 万。截至 2014 年，印象笔记公司的年销售收入为 1.2 亿美元，公司估值为 10 亿美元。

　　进入快速增长期的企业应该设立一位首席财务官来管理企业财务，包括企业的营运现金流、资本支出以及增量营运资金等。把握好资本投入的时机与形式选择，可以为提升企业盈利能力带来益处。

　　进入快速增长期，企业将面临更加激烈的竞争。如图 20-3 所示，大多数创新型产品都会经历技术驱动的竞争（Hirsh et al，2003）。例如，随着太阳能电池板和混合动力发动机等领域的技术进步，客户希望以更低的生命周期成本获得更好的性能，能够对此需求做出最快反应的企业将持续获得成功。

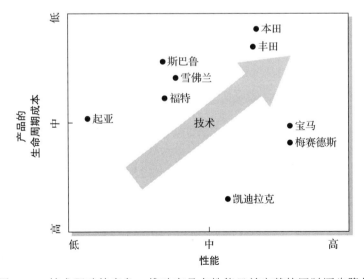

图 20-3　技术驱动的竞争，推动产品在性能日益完善的同时逐步降低
　　　　　生命周期成本（以汽车企业为例）

当企业进入快速增长期后，建立科层制的组织结构会比较合适，这种组织结构将有助于化解大型组织带来的复杂性问题。在科层制组织中，员工可以预先设定自己的职业阶梯，能够快速了解整个管理体系并融入其中的某个部门。科层制结构以权力和地位作为一种奖励手段，特别适合作为大型企业管理的体系架构。领导者在发挥大企业科层制度的优越性的同时，应努力保持小企业在充分授权、团队合作和共同领导方面的优势（Levitt，2003）。

为了更好地理解企业在跨越各个成长阶段时的管理转变，我们用音乐演出做一个类比。起步期和成长期的企业，就像一支只有不到 20 个成员的爵士乐队在即兴演奏会上的精彩演出。乐队成员彼此了解，可以流畅自如地交替扮演领导者，有些演奏者甚至可以交替演奏几种乐器。当企业发展壮大到拥有 50 名以上的员工时，它就变成了一支由分别演奏弦乐器、管乐器和打击乐器的成员组成的管弦乐队，需要由一位被称作乐队指挥的人来协调领导，每名演奏者在演奏时都必须遵照发给他的乐谱，并且要遵循演出前制定的每首乐曲的演奏策略。

企业发展速度的变化也可能挑战其管理体系和组织结构。在 1995 ～ 2000 年，思科公司主要通过换取思科公司股票的方式收购小型公司，使得公司的年销售收入以超过 50% 的速度增长。1999 ～ 2000 年年底，该公司的员工数量从 22 000 名增加到 44 000 名，翻了一番。2001 年，思科公司停止收购，此前的快速增长也突然结束，公司首次经历销售收入下降。此时，严重的经济衰退让电信企业们意识到它们已经为过度建设投入巨资，从思科公司订购了过多的设备。到 2001 年夏季，思科公司的销售额比 6 个月前下降了 1/3。2003 年，思科公司裁员 8500 人。此后，思科公司做出调整，将公司的座右铭从过去的"更快、更多销售额"改为"更慢、更好、更加有利可图"（Thurm，2003）。

📖 谷歌公司的社交网络平台 Orkut 的失败故事

2004 年，谷歌公司悄然启动了社交网络平台 Orkut。供职于谷歌公司的土耳其裔软件工程师 Orkut Büyükkökten，此前曾开发了一款名为 InCircle 的服务，他在该项目的基础上开发出 Orkut。后来，InCircle 的母公司 Affinity Engines 公司以 InCircle 和 Orkut 两款软件犯了 9 个相同的错误为证据，向谷歌公司提起盗窃代码诉讼。尽管一经推出就引来争议，Orkut 平台还是成为 2008 年印度和巴西访问量最大的网站之一。但是，在大多数国家和地区，Orkut 平台很快就被脸书、YouTube 和 Blogger 超越。2014 年，谷歌公司（再一次悄然地）宣布 Orkut 平台将被关闭。

每个行业都会经历低谷和衰退。经历过行业衰退的新创企业，要么做出相应调整以实现自我革新并走向成功，要么陷入混乱、走向失败。成立于 2000 年的 Shazam 公司，开发出一款名为"音乐雷达"（Shazam Encore）的听音识曲软件。该公司对外公布了一个电话号码，用户只需打通该电话并播放一首歌，软件就能够识别歌曲的名称并发送短信告知用户。公司在 2003～2008 年的年利润基本持平，笨拙的用户界面设计和微不可见的销售收入阻碍了这家企业的成功之路。直到 2008 年 7 月，苹果应用商店推出，一切才开始发生改变：Shazam 公司在苹果应用商店推出了一款简洁明了的应用程序，用户只需点击一下按钮就能识别音乐。自那时起，Shazam 公司开始与广告公司合作，并在应用程序中增设了识别商业广告的功能。伴随着这些改变，Shazam 公司的利润、资金和用户数量均显著增加。

对企业而言，应对经济衰退与应对快速增长同样具有挑战性。在经济衰退时，客户支付账单的速度变慢，供应商也变得实力不足，这导致企业的新增资本来源枯竭。如果可能的话，新创企业应该重新制定积极的议程，采取业务革新和紧缩战略，同时要尽量避免反应过度，以度过经济低迷阶段。经济衰退是企业清理失误、回归经济现实和重建核心业务的机会。与传统观点不同，处于经济低迷期的、在竞争中获胜的企业，不应该实施多元化战略，而应该聚焦于发展核心业务和推动战略变革，要立足长远，努力赢得员工、供应商和客户忠诚（Rigby，2001）。仍以思科公司为例，在经历了几年的缓慢增长后，在 2011 年，该公司选择放弃几个为终端客户提供服务的业务，回归其核心的交换机和路由器业务，专注于为数据中心提供解决方案。通过专注于核心业务和战略革新，企业可以度过经济低迷期的发展困境，在成功管控住成本的同时，为经济再次回暖做好准备。在经济衰退期，如果企业拥有充裕的资源，则开展收购可能是为未来发展奠定基础的一项明智之举。

> ### 🔘 新创企业对首席执行官的要求
>
> 兰迪·科米萨尔（Randy Komisar）不仅是全球最大风险投资基金凯鹏华盈公司的合伙人，还是一位商业畅销书作者。他认为，一家新创企业在不同的发展阶段需要不同类型的CEO。他以名犬做类比：第一位首席执行官应该是"寻猎物犬"，他能够适应企业于创建之初提出的愿景，组建核心团队与产品组合，并为企业发展持续募集必要的资源。第二位首席执行官应该是"警犬"，他能够寻得线索，帮助企业找到合适的市场和有利可图的客户。第三位首席执行官应该是"哈士奇"，他应该具备高水平的执行力，能够稳步地推动企业向前发展。

高管继任是新创企业在经历各个成长阶段时遇到的另一个组织挑战。伴随着企业的成长，必然会发生首席执行官的更替，特别是在快速增长期或增速放缓期（Boeker & Wiltbank，2005）。处于不同发展阶段的企业，需要拥有不同能力的领导者，董事会和投资者会持续考察当前领导者是否具有带领企业进入下一发展阶段所需的管理技能。

创始人通常无法超越和改变创业阶段的行为模式，因此很难成为快速增长企业的有效管理者。帮助创始人在创业初期取得成功的那些习惯和技能，会削弱他们领导大型企业的能力。创始人倾向于全身心投入创业初期的管理细节和具体任务，这些也正是创始人应该亲力亲为的。随着企业的成长，创始人需要学习如何与企业一道成长，需要发展其社会关系、社交网络以及战略能力，并将管理方法从以任务为导向转变为多方协调，借此掌握管理一个更大、更复杂的企业的能力（Hamm，2002）。不过，只有不到40%的创始人CEO能够通过第二轮风险资本融资，在快速增长企业中，创始人失去领导权的概率非常高（Bailey，2003）。

如果创始人持有的企业股权的比例非常大，则他们更有可能继续担任企业的管理者（Boeker & Karichalil，2002）。当企业创始人捕捉到可靠的发展机遇、所创办的企业开始迅速成长时，他们往往需要面临一个两难抉择：一方面，企业有机会通过外部融资获得必要的资金支持、加速成长，从而提高企业的货币估值；另一方面，创始人往往会发现，作为获得外部融资的代价，他们不得不将企业的控制权和决策权转交给投资者集团。如果创始人想赚大钱，可能就需要放弃控制权；如果创始人想保留控制权，通常就要考虑选择只需较少投资的缓慢增长道路。大多数创始人 CEO 最初都希望既能获得财富又能保留控制权。当必须要在金钱和权力之间做出选择时，创始人不得不思考成功对自己到底意味着什么（Wasserman，2012）。

成功的高管继任可以带来卓越的组织绩效（Dycket al.，2002）。每家新创企业都需要制订接班人计划。表 20-4 列示了企业高管职位得以有效传承的 4 个要点，即顺序、及时、移交技巧和沟通。企业领导权的成功传递与组织绩效之间存在正相关关系。如果在位者和继任者能够就权力移交的时间和技巧达成共识，则移交就会比较顺畅。

表 20-4　高管继任 4 要点（以接力赛作为类比）

1. 顺序	确保继任者具备在下一阶段领导组织所需的技能和经验。企业处于起步阶段的高管应具备较强的创业能力，而成长阶段的高管应具备良好的组织能力
2. 及时	确保领导权接力棒能够及时、迅速地从现任者传递给继任者
3. 移交技巧	要像接力赛一样，让所有人预见到接力棒将被传递出去，持棒选手在交出接力棒后将轻松卸去压力
4. 沟通	现任者和继任者之间应和谐配合、清晰沟通

20.3　适应性企业

任何商业计划都无法在与现实碰撞后依旧维持最初设定。市场环境和竞争局势的动态变化，要求每一家企业都做出相应改变。创业者必须思考企业成立之初所做出的假设是否与当前的现实相符。

成功的创业者对其客户和产品有着深刻的了解，他们非常清楚在特定的历史时期，对他们的客户而言什么才是最为重要的。他们能够从经验中学习并进行快速调整。

Flexcar（www.zipcar.com）是一家为汽车用户提供分时度假解决方案的公司，由尼尔·彼得森（Neil Peterson）在西雅图创立。彼得森认为，相对于自己购车，用户应该更喜欢租用分时度假公司提供的汽车，这在欧洲是很普遍的做法。但是，彼得森却发现住在西雅图的人们更喜欢拥有自己的汽车。于是，他很快做出调整，将营销活动的目标受众锁定为大学和企业，对大学和企业而言，Flexcar 公司的商业模式和销售策略应该更有意义（Thomas，2003）。2007 年，

Flexcar 公司与 Zipcar 公司合并。

对处于快速增长期的企业的领导者而言，一项最重大的任务就是调动企业的资源去适应新的发展机遇和竞争挑战。领导团队要在一个不断变化的时期，通过一个不断更新的过程来重塑其战略，这个过程被称作战略学习（Pietersen，2002）。变革能力是适应性企业的领导者的一项关键能力。变革领导者不会因遭遇严峻挑战而停滞不前，他们会不断吸取新的教训，并继续前进。阿道司·赫胥黎（Aldous Huxley）曾说过："经验并非来自人们经历的事，而是来自人们做过的事。"**战略学习**（Strategic Learning）是一个周而复始的适应性学习过程，它包括 4 个阶段，即：学习、专注、调整和执行。如果运用得当，则这种适应性学习和执行过程，可能成为企业的可持续竞争优势之一。企业的战略决定了它将如何应对挑战。因此，领导团队需要将企业的资源集中在把握动态变化的商业世界中的最佳机会上。

学习型组织（Learning Organization）始终致力于捕获、生成和共享知识，并依据可用的新知识调整策略和采取行动。**适应性企业**（Adaptive Enterprise）是一个学习型组织，它可以根据市场条件的变化，改变其发展战略或商业模式。曾联合创办著名软件公司 Borland 和 Lightsurf 的菲利普·康（Philippe Kahn）将适应性与即兴创作进行类比（Malone，2002），他说："我不知道什么是创业者，但对我而言，创业者与一般管理者的区别，就好像爵士乐手和古典音乐家之间的区别。我认为可以将供职于大企业的人们类比为古典音乐家，而创业者就像爵士乐手，总是在小乐队里开展即兴创作。"

在一个由 10 ～ 20 名具有共同的价值观和努力目标的人组成的新创企业中，非正式的流程对于制定新战略已经足够。随着新创企业不断成长，它需要变革其战略以适应市场竞争的需要。适应能力成为企业必须具备的一种能力。领导团队需要从经验中学习、调整战略并推动实施。学习如何应对变化、非连续性和不确定性，并做出及时的调整，是新创企业的领导者应掌握的一项技能（Buchanan，2004）。

有效的风险管理对于取得创业成功至关重要。在实施新举措之前，应该对可能与新举措伴生的风险因素加以评估，这将有助于领导者做出相应调整以规避或减轻风险。例如，亚马逊公司的领导者杰夫·贝佐斯总在审视所管理的企业可能会出什么问题，并考虑如何才能减轻其不利影响。表 20-5 列示了成功与失败的 CEO 的一些个人特质。

表 20-5　成功与失败的 CEO 的个人特质

可能导致失败的个人特质	可能带来成功的个人特质
1. 骄傲自大	1. 谦逊、心胸开阔
2. 总是给出过于自信的答案	2. 脚踏实地、乐于学习，总是给出富有挑战性的答案
3. 低估主要的障碍和风险	3. 仔细审查所有潜在和不利的后果与风险
4. 沿袭过去行之有效的方法	4. 质疑每个决定，寻求更明智的变化以及学习的机会

资料来源：Finkelstein, Sydney, and A. Mooney. "Not the Usual Suspects." Academy of Management Executive, 2:101-12. 2003.

　　第 12.8 节所描述的学习型组织会实施如图 20-4 所示的战略学习过程。战略学习过程的目标是通过一轮又一轮的学习来产生新的策略。战略学习过程的第一步是通过对竞争态势、行业动态以及企业的优劣势进行分析（参阅第 4.4 节），不断深入地了解所面临的问题和可能采取的应对措施。第二步是重新定义企业的愿景、任务、战略及商业模式，并将需要采取的策略与企业的实际情况进行对比，明确企业在绩效、资源和能力方面存在的差距。第三步是调整企业的组织结构、业务流程、人员结构、企业文化和资源等，为实现新战略奠定基础，并调整商业计划。第四步是执行调整后的商业计划，以改善企业的实际绩效。如果调整后的实际绩效合乎预期，则保持；否则，启动新一轮的战略学习过程。企业将借助重复进行的战略学习过程，持续开展组织学习和动态实施战略调整。

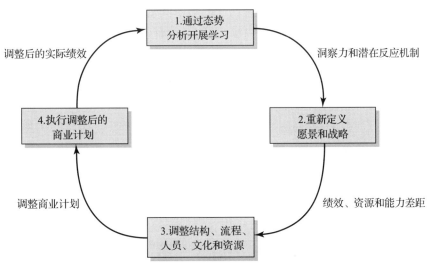

图 20-4　学习型组织的战略学习过程

资料来源：Pietersen, Willie. Reinventing Strategy. 2002. New York: Wiley & Sons.

在有效的组织学习过程中，必然伴随着对若干关键问题的持续关注。这些关键问题包括：谁是企业的竞争对手？企业的核心能力是什么？企业拥有哪些资源？企业的盈利能力如何？过度自信的创业者往往会因为在前期投入了过多的资源，而阻碍其持续开展组织学习和动态实施战略调整的意愿。创业团队最好将持续开展组织学习、不断获得新知识、动态实施战略调整作为发展理念（Simon & Houghton，2003）。

企业通常会在完成特定任务后，进行"事后分析"。所谓特定任务，包括产品开发失败、产品发布受挫、季度销售收入未达预期等。事后分析可以帮助企业确定带来问题或者导致损失的原因并做出相应调整。很少有企业在取得成功后进行事后分析。但是，通过分析促成成功的关键影响因素并确认相关的内外部因素所发挥的作用，企业可以学到更多。事后分析可以帮助一家企业避免陷入过度自信（Gino & Pisano，2011）。

大多数组织都面临着不可预测的挑战，要应对此类挑战，组织需要拥有强大的创造力和想象力。**韧性**（Resilience）是组织从挫折中快速恢复的能力，是一种可以习得并加以提高的技能。富有韧性的组织会通过开展组织学习和接受现实，凭借一整套坚定不移的、积极的价值理念和强大的适应能力开展行动（Coutu，2002）。它们对自身的竞争地位有着清晰、真实的现实感受，希望通过突破挑战来获得意义。富有韧性的组织的领导者会适应环境的需要，帮助组织建立起新的、改进的未来愿景，使其价值体系饱含崇高的使命感并激发有意义的行动。富有韧性的组织会利用现有资源创造出支持未来发展所需的能力——一种充满创造性的、能够应时所需提出解决方案的能力。那些幸存下来的新创企业均将"即兴创作"能力视作一项核心技能（Coutu，2002）。富有韧性的组织具有读取潜在问题的微弱信号并做出反应的能力。经过深思熟虑后采取行动是应对变化和对信息做出反应的最佳方式（Coutu，2003）。可以邀请外部人员协助测试企业及其流程的弹性，以识别企业在应变方面的薄弱环节和可能遇到的威胁。

在21世纪头十年早期，IBM公司的硬件业务的市场份额逐步下降，其软件业务的增速也慢于许多竞争对手。许多人对IBM公司能否延续其在信息技术业务领域的领导角色产生怀疑。在首席执行官彭明盛（Sam Palmissano）的领导下，IBM公司剥离了包括PC制造在内的非核心业务，并投入巨资开展利润率更高的软件和云计算业务。IBM 公司实施了多项重要收购，例如收购普华永道会计师事务所的咨询部门，包括 Cognos 公司[⊖]、Netezza 公司[⊜]和 SPSS 公司[⊜]在内的多家大型分析公司，以及 Filenet 和 Rational Software 等核心系统软件公司。此后，IBM 公司继续发展壮大，在彭明盛任期内，IBM 公司的股价上涨了 73%。

📖 Amyris 公司：适应新兴产业

　　Amyris 是一家具有较高适应能力的公司。2003 年，时任加州大学伯克利分校教授的杰伊·凯斯林（Jay Keasling）博士创建了 Amyris 公司。2004年，该公司从盖茨基金会获得 4300 万美元的资助，用于从细菌中提取成分制造抗疟药物青蒿素。盖茨基金会的资助条款规定，Amyris 公司将以非营利的成本价出售该药物。

　　到 2005 年，Amyris 公司已经成功实现以微生物为原料制造青蒿素。目前，该公司既有充足的研发经费，又有合成生物方法学领域的丰富经验。它成为一家走在工程微生物学领域最前沿的高效化学工厂。

　　2006 年，新任首席执行官约翰·梅洛（John Melo）领导下的 Amyris 公司发现了一个新商机。随着化石燃料价格的不断上涨，生物燃料越来越被视作满足世界能源需求的另一种潜在解决方案。Amyris 公司认为，凭借其在工程微生物学领域所拥有的独特能力，完全可以在生物燃料行业占据领导地位。于是，Amyris 公司开始进入以甘蔗为原料开发生物燃料的业务领域，并于 2010 年进行 IPO，为新业务发展募集到 8500 万美元的资金。为了实现规模扩张这一艰巨任务，约翰·梅洛带领 Amyris 公司继续响应市场需求，于

⊖　Cognos 公司成立于 1969 年，总部位于加拿大渥太华，是面向企业的商业智能和绩效计划软件的全球领导者。2007 年 11 月被 IBM 公司以 50 亿美元现金收购。——译者注

⊜　Netezza 公司成立于 2000 年，是专攻高效能资料仓储软硬体整合装置市场的科技公司，提供资料仓储、商业智慧、预测性分析与业务永续规划等领域的相关软体解决方案。公司总部设在美国马萨诸塞州，在英国、日本、中国与德国等共 12 个国家设有 19 个分支机构。该公司于 2010 年 9 月被 IBM 公司以总金额 17 亿美元收购。——译者注

⊜　SPSS 是世界上最早的统计分析软件，由美国斯坦福大学的 3 位研究生于 1968 年研发成功，同时成立了 SPSS 公司，并于 1975 年成立法人组织、在芝加哥组建了 SPSS 总部。2009 年 7 月 28 日，被 IBM 公司以 12 亿美元现金收购。——译者注

2012年将业务领域延伸到化妆品和香水等第三产业中去。

总之，该公司持续、有效地响应市场需求，拓展其业务领域进入新行业，以此推动公司不断取得成功。

创业者应该从创业之初就着手建立一个适应性企业和学习型组织。企业的竞争优势在很大程度上来自其不断变革和重塑自身的能力。创业者应通过建立和重建共同愿景、开展组织学习以及伴随企业发展进程不断调整团队构成等，来实现建设适应性企业和学习型组织的目标（Jain，2016）。面对复杂、非线性、不可预测的市场环境，创业者需要学习和掌握应对持续挑战的能力。图20-4所示的迭代和适应过程，对身处动态经济体系中的企业来说是一个可持续的优势。

20.4　商业伦理

生活中充满了艰难的道德挑战。伦理体系是有关人类良好行为的一套道德准则，它为人们以社会可接受的方式开展活动提供了依据。道德准则关乎人类行为的善恶判断，是所谓"好"的行为的标准。例如，一个被普遍认可的道德准则是"不说谎"。但是，道德准则是可以解释的，于是就有了所谓"善意的谎言"的说法。

伦理体系要求人们做合乎道德准则的正确的事。除了伦理体系，一个社会还会制定法律来指导人们的行动。例如，法律规定行贿和接受回扣是非法的。法律条款需要解释，例如，向协助销售的人支付酬金可能是合法的，而行贿则是非法的。

无论是营利性组织还是非营利性组织，新创企业要想取得成功，就要战胜其竞争对手。激烈的市场竞争会给创业者施压，可能驱使其采取不道德行为（Mishinaet al.，2010）。创业者可能认为，要求企业在不牺牲客户利益或者损失利润的情况下与对手竞争，这并不公平。例如，大众汽车公司为增加销量和利润，故意在柴油车中安装排放作弊软件，后来遭到起诉；Valeant制药公司因实施收购小型药店然后抬升其药品价格的核心策略，被芒格称为"极不道德"。

这些事例表明，当竞争压力战胜道德原则时，企业很可能采用不合乎道德准则的做法。

既然各领域的法律体系总是不够健全，伦理问题很可能会超出现有法律的范围，人们对此并不会感到意外。做正确的事是一个虽然定义不明确却十分有用的准则。有一个共同的道德准则就是说实话。根据这一准则，商人们会试图提供有关其产品或服务的完整而真实的信息。说实话是诚信的关键组成，而诚信又是企业信誉的基础。企业会发现，诚信至少是符合其自身利益的。幸运的是，在通常情况下，良好的道德操守和自身利益是一致的，因此，大多数企业希望建立和保持良好的信誉（Arnoldet al.，2012）。

诚信（Integrity）即真实、坦诚和可信，指人们的言语、行动、性格与行为具有内在一致性。企业文化中包含的让所有利益相关者都能从经营中实现互惠互利的道德准则，是企业诚信的基础（Kaptein & Wempe，2002）。创业领导者的一项重要任务就是建立一种企业伦理文化（McCoy，2007）。

企业在制定例如盈利能力等明确的商业目标的同时，必须将这些目标置于企业伦理文化的从属位置。不能为了短期利益牺牲企业的信誉。企业通过其道德指针指明发展方向，而企业的道德指针的核心是首席执行官的诚信品质。

即使人们拥有伟大的价值观，仍然可能犯错。实践个人价值观需要有与之相配的能力和品格。严重的不道德行为往往始于一个小小的失误。当企业高管或员工在这个小小失误的基础上采取进一步行动，或者试图采取行动掩盖该失误时，就会引发更多的不道德行为（McCoy，2007）。表 20-6 展示了企业和个人在道德决策方面面临的诸多障碍。

表 20-6　道德决策的障碍

自满：相信"不道德行为不可能在我们这儿发生"
自我欺骗：我们根据自己的意愿评判自己的行为，他人则根据我们的行为评判我们
合理化：为自己道德上的失误寻找理由和借口
生存心态：说服自己"道德上的犯错是为生存所迫和不得已"

资料来源：McCoy, Bowen H. 2007. Living into Leadership. Stanford, CA: Stanford University Press.

当个体成为创业领导者，不惜一切代价取胜的压力将变得越来越大（Harris et al.，2009）。成为一个好的创业团队伙伴，可能会被要求走捷径。我们知道，正如 2002 年的安然案件所展示的，真相的缺乏和诚信的崩溃可能导致可怕的后果。罗伯特·布赖斯（Robert Bryce）和 M. 艾文斯（M. Ivins）写道：

"安然公司的失败根源在于其领导层的个人道德缺失、商业伦理失陷和财务腐败。无论是公司财务造假问题还是个人的婚姻忠诚问题，高居安然公司总部 50 层的高管们都无法向证券交易委员会、雇员或其配偶说出真相。这种不道德渗透到他们做的每件事中，并且像野火一样蔓延到整个公司。"

安然公司所面临的挑战不仅限于这一家公司。安然公司的兴衰，是建立在其金融部门与参与交易的投资银行家之间的合作关系基础上的。大通银行的一位银行家在 1998 年写道："安然公司热衷于做此类交易，因为他们能够向股票分析师隐瞒其长期债务。"（McLean & Elkind，2003）华尔街的投资银行家们将他们创新的结构性融资安排称为"技术"。在投资银行业，许多人奉行的道德准则是："你能达成交易吗？如果能，并且你不太可能被起诉或入狱，那么这就是一笔好交易。"

📖 MiniScribe 公司的"烹饪书"计划

MiniScribe 公司是科罗拉多州朗蒙特市的一家磁盘驱动器制造商，当 IBM 公司决定取消几笔大的采购订单时，这家公司发现自己陷入了困境。如果未能实现预定的销售目标，首席执行官就会纠缠和威逼公司高管们，让他们无论采取什么措施都要完成季度销售目标。于是，公司高管们开始伪造账簿，包括将原始库存计为成品、制造虚假库存以及严重夸大实际发货量等。

随着销售收入和利润持续下降，MiniScribe 公司的高管们面临的压力越来越大。有一次，高管们租了一个私人仓库，利用周末时间，让员工及其配偶将砖块装在磁盘驱动器的装运箱中，然后将它们邮寄给伪造的顾客"BW"。为了实施这个砖块运输计划，他们还创建了一个名为"烹饪书"的定制计算机程序，价值超过 400 万美元的"非常硬的"磁盘通过"烹饪书"完成了发货。

当欺诈事件曝光后，MiniScribe 公司的股价暴跌，投资者们损失了数亿美元，但在此之前，提出"烹饪书"计划的同一批高管，以内幕交易的方式，以可观的利润出售了大部分股票。事发后，该公司的首席执行官和首席财务官入狱服刑。可见，不道德的行为往往导致严重的后果。

幸运的是，有许多工具可以帮助人们遵守道德准则。McLemore（2003）建议，在做困难决策之前，人们应该问自己两个问题：①这件事是否如此令人起疑，以至于你会为之失眠？②如果明天的报纸报道你的行为，你能承受吗？欧内斯特·海明威（Ernest Hemingway）在他的小说《死在午后》中写道："道德的行为让你事后感觉愉快，不道德的行为让你事后感到难过。"遇到棘手问题时，认真思考并与他人交流，有助于人们做出符合道德准则的决定（Gunia et al.，2012）。

表 20-7 中列了一些帮助人们在困难情况下坚守道德准则的工具。有利于个人坚守道德准则的一种做法是制订一份"个人商业计划"，记录下个人参与的各种活动和介入的各种关系的相对重要性，并设定下一年的目标。对那些偏离该计划的行动要做出认真的评估，同时应该找寻几位能够为自己提供决策支持和指导的道德顾问。如果有人让你做不道德的行为，McLemore 建议，明智的做法是向对方说"这样做让我感到不舒服"，然后拒绝。当然，这样做会让你冒着失去职位的风险，但是，至少你可以重复这句话来避免他人对你的价值判断施加影响。

表 20-7　帮助人们在困难情况下坚守道德准则的工具

• 积极参与各种活动，与不同的人保持交往，将有助于缓解压力和采取周围人普遍认为可接受的行为方式做事 • 组建一个"个人董事会"，请你敬仰的、拥有令人钦佩的价值观的人们来担任董事。在遇到难以决策的事时，你可以向他们寻求建议 • 将你 6 个月～1 年的工资存起来作为储备金，它可以帮你免于加入不道德的企业，并给你留出寻找其他机会的时间	• 阅读一本以道德为主题的书，如西奥迪尼（Cialdini）的作品，增强你抵御负面影响和说教的能力 • 想象一下：如果你的行为在《华尔街日报》的头版曝光，你会不会改变自己的决策？ • 写下你的个人核心价值观。当你遇到困难决策时，可以以之为有用参考，提醒自己什么才是你生命中最重要的 • 做决定前先休息一下。如果感到有压力，请求获准离开房间，去整理一下自己的想法

对企业而言，重要的是应该建立一个"信条"，让所有员工都明晰企业所奉行的价值标准。例如，强生公司要求所有入职员工必须阅读、接受并签署公司信条，其中包含了每个人都必须遵循的一套清晰的行为准则。当出现道德争议事件时，采用公开透明的方法，对于维持信任和促进道德建设至关重要（McCoy，2007）。

一个有道德意识的人会自问："我想成为什么样的人？是工人，还是公民？"（Gardner，2006）当环境诱使我们降低标准时，我们会遭遇生活的困境。那些坚守对个人诚信的坚定信念的人，更愿意选择辞职，或者为做了他认为正确的事而被解雇。

⬛ 英特尔公司建设有道德的企业的方式

企业家应该为公司规划一套道德规范，作为公司诚信和声誉的基础。保持诚信对任何企业的长期成功均至关重要。英特尔公司的前 CEO 克雷格·巴雷特（Craig Barrett）倡导推行"3M"理念，来帮助领导者在做出决策时能够遵守诚信和道德规范。所谓 3M，是指经理（Manager）、媒体（Media）和母亲（Mother）3 位支持者，领导者应该乐于与他们分享自己的决定。只有这 3 位支持者都同意的决定，才是领导者应该坚持选择的行动方案。

资料来源：Barrett，2003.

20.5 焦点案例：奈飞公司

奈飞公司成立于 1997 年，其总部位于加利福尼亚州的洛斯加托斯市，该公司以邮件形式为客户寄送 DVD 并按需提供流媒体服务。该公司目前拥有近 9000 万会员，以及大量的电影、电视节目和原创内容的版权资产。虽然电视行业曾对奈飞公司进入内容领域持怀疑态度，但奈飞公司的原创作品在 2016 年获得了 54 项艾美奖提名，而 2013 年该数字为 14 项。奈飞公司的竞争对手包括：亚马逊公司，美国的卫星传送数字电视服务商 Dish Network 公司，美国的有线电视、宽带网络及 IP 电话服务供应商 Comcast 公司，以及美国为个人计算机、电视、手机和平板电脑提供线上视频服务的 Hulu 公司。

起初，奈飞公司的主要竞争对手是百视达公司（DVD 租赁连锁运营商）。当通过邮件租赁 DVD 和通过流媒体租赁 DVD 这两大趋势逐渐凸显时，奈飞公司很快顺应趋势做出了调整，而百视达公司却迟于反应，并最终破产。百视达公司曾经有机会以 5000 万美元的价格收购奈飞公司，却没有采取任何行动。

随着流媒体市场的竞争日益激烈，奈飞公司尝试获取和部署新技术。2013 年，该公司宣布为那些能够在云技术方面做出改进的架构师和开发人员提供 100 000 美元的奖金。奈飞公司迅速融入数据业务，十分强调大数据所蕴含的重要战略意义，投入大量资源去聘请行业领先的数据科学家。

20.6　本章小结

执行一个富有创造性的、内容明确的商业计划，对新创企业取得成功至关重要。良好的执行源自企业的战略目标与员工的努力之间的逻辑一致性。要想将创业概念转变为成功的现实，需要制定明确的目标、设定截止日期、团队相互合作，以及致力于为实现预期结果而做出努力。应选择合适的人并让他做合适的事，应帮助员工明确其努力的方向和需要达成的目标，以及实现目标应采取的方法，只有这样，才能建立一个伟大的企业。有了合适的人才和良好的战略，新创企业就能够成功地执行计划。

一家企业将会经历起步期、成长期和快速增长期、增速放缓期和成熟期等各个发展阶段。管理处于不同发展阶段的企业，需要不同的技能和组织设计。新创企业在成长过程中，需要拥有才华横溢、多才多艺的诸多人才。

在成长过程中，新创企业会不断面临挑战和变化。创业者应在创立之初就着手建立一个能够应对这些挑战的、适应性强的企业。适应变化的能力可能是企业最主要的可持续竞争优势。此外，一家企业需要在困难时期依旧恪守其道德准则。

📖 技术创业原则 20

持续且合乎道德地执行计划，并使企业具有适应不断变化的环境条件的能力，可以助力新创企业取得长期成功。

音像资料：

读者可以访问 http://techventures.stanford.edu 网站，浏览与本章内容有关的学术讨论。

创造价值的义务 （Obligation to Create Value）	蒂姆·奥莱利	奥莱利传媒 （O'Reilly Media）
企业伦理 （Company Ethics）	卡伦·理查德森	E.piphany 公司
深入群众 （Reaching the Masses）	马特·罗杰斯	Nest Labs 公司

20.7 练习

（1）2003 年 5 月，波士顿的 Zipcar 公司为了支持公司实现盈利目标（www.zipcar.com），决定开展外部融资。有意愿注资的投资者们要求更换公司的首席执行官和董事会。请从执行力和成功的视角，审视 Zipcar 公司为应对投资者要求所采取的做法。

（2）在软件业蓬勃发展的时期，整个行业都在强调应采用必要的手段打败竞争对手。正如马克·扎克伯格所说，"快速行动，打破常规"。选择一家在软件业处于领先地位的公司，描述该公司是如何在竞争中脱颖而出的。

（3）你新创办的公司正在向石油和天然气公司销售一套价格高昂的软件系统。每笔订单的交易金额至少为 100 000 美元。你们公司计划下周向公司的最佳客户之一交付一套系统。但是，公司的 CTO 刚刚告诉你，他们发现存在一个重大的软件错误，需要花费 2 ~ 3 周的时间才能完成修复。你本来指望本月能完成这笔交易，以获得现金来支付工资和所有拖欠的账单。于是，你的 CFO 建议你立即发货，然后再指派一个团队去修正软件错误。你的 CTO 则建议先修正错误然后再发货。你该如何决策？

（4）苏富比（Sotheby's）和佳士得（Christie's）是全球最大的两家奢侈品拍卖行。在 20 世纪 90 年代后期的繁荣时期，两家公司的业务都持续增长。2000 年，这两家公司均被指控操纵定价。1890 年通过的《谢尔曼反托拉斯法案》，旨在限制信托和垄断的权力。1995 年，上述两家公司宣布将对销售价格收取固定的、不可协商的浮动佣金。这是古老的价格操纵策略吗？你认为怎样的定价策略是合法的或者非法的?

（5）你们公司正面临着资金短缺的问题，目前正在竞标一份急需的商业合同。马上就要到竞标截止日期了，一家附近的竞争对手公司的员工来拜访你，说他可以将所供职公司报价的详细信息告诉你，作为回报，你要承诺他在竞标成功后的 6 个月内为他提供一个工作机会。你知道这家竞争对手公司即使失去这份合同也能幸存下来，而你的公司一旦失去这份合同就会倒闭。但是，如果雇用这个人，你就要辞退当前供职于相应岗位上的员工。那么，这个人的提议是不是你无法拒绝的?

（6）你们公司正在考虑为员工提供一项健康福利计划，有两个备选方案：其中一个涵盖的福利范围更完整，但价格也更高。你应该要求你的员工接受价格较低的方案吗？你是否应该向员工说明两个方案的各自优势？如果你这么做，预计大多数员工都会选择那个贵的方案，那么你该怎么办?

（7）你和你的 CEO 一起去参加一个重要的合作伙伴会议。会议结束后，你的 CEO 在向管理团队介绍会议结果时，做出了不符合事实的描述，希望以此推进公司的相关议程。你该对你这位 CEO 采取哪些处理措施？对其他团队成员又该采取哪些处理措施?

（8）选择一个发生在技术领域的白领（商业）犯罪的案例，描述该事件，并说明你认为应该如何规避此类犯罪行为。

📖 创业实战

1. 简要描述你们公司在获得所需资源后的商业计划执行情况。

2. 描述你们公司开展学习型组织建设的计划。

3. 你打算采用何种机制在你们公司中推行道德行为?

附录 A

示例　HomePro 公司的商业模式

HomePro

数字通信助理，助您掌握项目进展

　　阿隆·拉斯坎（Alon Raskin）（首席执行官）；本·索尔斯（Ben Sowers）（首席财务官）；马里奥·阿帕里西奥（Mario Aparicio）（首席技术官）；马歇尔·普加迪（Marshall Pudjiadi）（首席营销官）

商业机会

与其他项目管理配套软件及所面对的市场不同，HomePro 是一款数字通信助理软件，它可以帮助业主提高对住宅装修项目的控制能力，提高项目透明度，并使责任更明确；同时，它为工程承包商提供了解决现金流问题的反馈回路和快捷支付方式。总之，HomePro 可以改善项目效果，提高客户对项目的满意度，从而帮助承包商获得更多项目订单。

产品特性

HomePro 有 4 个主要的功能模块：数字助理、客户满意度实时反馈、支付处理和订单变更管理。

- 数字助理：数字助理包含一个多媒体通信仪表盘，其中聚合了现有的各种通信形式，如电子邮件和短信等。它可以生成显示预算与实际成本比较的进度报告，以及包括待办事项和里程碑跟踪的时间表，还可以为承包商及时发送自动更新的进度报告和每天待办事项提醒。
- 客户满意度实时反馈：这项功能可以根据客户的评论和建议，跟踪客户的满意度变化，为承包商提供动态反馈，帮助其改进项目管理以及开发潜在客户。该功能对承包商而言至关重要。
- 支付处理：这项功能可以帮助承包商直接接入支付软件 Venmo/PayPal 的应用编程接口，简化客户的付款过程。
- 订单变更管理：这项功能可以将数字签名和自动通知联系起来，帮助承包商快速识别问题并轻松地解决问题。

目标市场

客户画像

我们最初的主要客户是中小型住宅装修承包商，它们具有数字化转型意识和强烈的客户导向思维，迫切希望进入领域的领先行列。在地理位置上，我们瞄准那些科技达人聚集的区域，如旧金山湾区、纽约或洛杉矶。中小型住宅装修承包商通常只拥有不到 10 名员工，平均拥有资金 3 万～ 50 万美元。它们承包的项目的周期一般为 1 ～ 6 个月——短到足以获得持续的反馈，也长到足以看到积极的影响。我们的愿景是培养承包商对软件的忠诚度，让它们只要用过一次，就会在后续项目中继续使用我们的产品。最终，我们将拓展业务范围，为各种规模的承包商提供服务。

业主也是我们的产品的最终用户。我们的目标是构建一套功能强大，简单到承包商可以毫无阻碍地使用，且业主愿意接受和使用的技术产品。我们把业主视作分销渠道，他们可以帮我们捕获承包商。未来，我们打算与市场合作，建立一个认证系统，让业主对他们的承包商充满信心。

市场细分

- 总体市场规模：HomePro 以家居装修和改造项目市场为总体市场。根据 2013 年的数据，在美国，该行业每年大约有 1600 万个项目。如果每个项目平均带来 200 美元的收入，则该市场的总规模就是 32 亿美元。
- 细分服务市场：我们只关注上述市场中的中小型住宅装修承包商，则市场规模缩减为总规模的 2/3，约为 21.3 亿美元。
- 目标市场：第一年，HomePro 公司打算集中精力在旧金山湾区开展直销。旧金山湾区的中小型住宅装修市场规模约占全部细分服务市场的 2%，即约 4000 万美元。我们的目标是先在旧金山湾区获得市场份额并建立可信赖的品牌声誉，然后再扩展到其他城市并通过建立战略合作伙伴关系来开拓市场。

价值主张

客户痛点

承包商希望通过良好的工程质量口碑，让现有客户（业主）通过推荐为其引进其他潜在客户。大多数中小型住宅装修承包商都迫切希望拓展业务，但不知道如何有效营销自己和建立优质品牌。它们想为客户创造更好的体验，以获得良好的评论和建议，但目前难以做到。此外，承包商普遍面临现金流问题，它们往往要在客户付款前支付材料费。提前采购量的不稳定会加剧承包商的现金流问题。

对许多业主来说，住宅装修是一次情感体验。住宅装修项目费用昂贵，实际支出经常会超出预算，且在项目实施过程中经常会发生方案变更。业主和承包商之间常常缺乏充分沟通，导致彼此缺乏信任甚至发生纠纷。

解决方案

我们的解决方案是创建 HomePro 家居装修项目在线平台，以帮助业主和承包商建立信任并提高项目透明度。为此，我们聚焦客户痛点，提供支付处理、订单变更管理、客户满意度实时反馈、项目统计和数字助理等功能。

从短期看，支付处理功能支持自动支付，可以帮助承包商解决现金流问题，缩短支付周期并提高业主对其的信任度。我们的平台简化了支付过程，可以根据项目进度将工程款项分解为小额多次支付，让承包商更早得到报酬。订单变更管理功能可以防止项目延误并提高项目的透明度。当出现问题需要变更计划时，承包商能够即时通知业主，获得业主的电子签名。客户满意度实时反馈功能，可以为承包商提供监控和提升客户满意度的工具。项目统计功能可以让双方了解项目的真实进度。这一功能可以集成并展示预估费用和实际费用、重要节点状态、整体项目进度和顾客满意度等数据。数字助理功能每天更新待办事项提醒并将其推送给承包商和业主，可以大幅度提高项目透明度，提高业主对承包商的信任度。

HomePro 的长期影响是大幅提升承包商的品牌影响力，促使业主乐于推荐并帮助承包商开发潜在客户。HomePro 将成为一个认证系统，为具有较高客户满意度的承包商们颁发荣誉徽章。那些客户满意度很高的承包商，可以向其潜在客户展示它们的 HomePro 徽章。HomePro 会让业主安心，因为他们能够事先了解哪些承包商可以给予他们最佳的体验，还可以借助技术手段即时了解项目进度，获得他们急需的透明度。

差异化战略

公司的市场定位

HomePro 可以为从事住宅装修项目的承包商提供一个在线交流、支付管理和营销的平台，它可以改善业主体验，从而可以缓解承包商的现金流压力，并帮助承包商开发潜在客户。与传统的项目管理配套软件不同，我们的产品专注于提高住宅装修项目的透明度，提供高效沟通手段和简化付款流程。

竞品

HomePro 的主要竞品有几类，具体如下：

（1）**通用的项目管理和沟通软件**。承包商和业主每天都在使用此类软件，将这种软件视作满足其需求的"黑客"。此类软件具备拨打定期电话、发送短信和电子邮件、提供绘图纸笔、制作和生成 Excel 表格或 G-Docs 文档的功能。承包商和业主会使用这些功能与总公司或分包商沟通，落实日常管理工作并布置任务。

（2）**通用的营销和社交平台**。承包商和业主会借助目前流行的此类平台收集或者发表评论和建议。具有代表性的营销和社交平台包括脸书、推特、Yelp！、拼趣（Pinterest）、Snapchat、G+ 工作台、Angie's List 等。

（3）**专业项目管理和沟通平台**。此类平台，如 Houzz、Homeadvisor 和 Redbeacon 等，专门为住宅装修承包商提供市场交易媒介，并提供评论、建议和质量打分等功能。

路径：可持续的差异化发展

产品差异化

市场上已经有几个功能与 HomePro 类似，可以为住宅装修承包商提供通信解决方案的专业项目管理软件，其中值得关注的是 Joist、Buildertrend 和 Co-Contrust。这 3 个产品都是技术非常先进的项目管理配套软件系统，这些产品之所以未能得到承包商的认可和采用，是因为它们有着与我们不同的价值主张——它们试图同时满足承包商的许多需求。我们认为，应该通过专注于提供更好的通信、支付和营销平台，成为此类专业项目管理与沟通平台中最好的产品，只有这样，我们才能拥有竞争优势并在市场竞争中脱颖而出。我们认为，我们目前基本没有竞争对手，因为我们的目标客户是所谓的"非消费者"，它们不论是目前还是未来都无法获得大型软件供应商的关注和服务，这使我们有机会成为一个来自新市场的颠覆者。我们将为中小型承包商提供沟通、支付和营销方面的最好功能和配套服务，我们的产品将尽可能做到简单易用——我们并不想做一个复杂昂贵的项目管理配套软件系统或者这种系统的一个组成部分。最重要的是，我们将满足承包商的最大需求——快速获得工程报酬，获得潜在客户和更多的订单。

可持续的竞争优势

我们相信，我们将拥有"先行者"优势，因为我们正在解决一个此前未被妥善、专门解决的特定需求。但是，我们需要让承包商成为忠诚客户，确保它们不会转向持有类似价值主张的竞争对手。我们相信，在我们进入的领域，成为先行者将占据非常有利的地位，因为这种产品具有网络效应。通过建立一个能同时与承包商和业主产生良好共鸣的品牌，我们可以确保 HomePro 成为上述两类客户的首选产品。我们将建立一个基于客户满意度评级的认证系统，以进一步加强网络效应。

前面提到的大多数现有竞争对手都拥有宽泛的产品系列，这让它们无法与我们的精益产品竞争。此外，建立一个被人信任的品牌需要时间，因此，我们希望 HomePro 通过先发制人来阻击直接竞争对手。

市场进入

我们打算第一年先在旧金山湾区推出我们的产品，这将成为我们的"滩头阵地"。在该阶段，我们打算通过建立良好的声誉和可靠的成功业绩记录来验证我们的产品。该阶段的销售工作将完全由我们自己的执行团队负责。进入第二年，我们计划雇用一整支销售团队负责向承包商开展直销，希望以这种方式将公司的业务扩展到整个加州。我们还将发起一场营销活动，作为吸引业主购买我们产品的辅助手段，并推广 HomePro 品牌。这场营销活动中包括发起一个认证计划，根据承包商的客户忠诚度得分来为其颁发品牌荣誉徽章。公司运营第三年，我们将凭借在前两个阶段建立的良好业绩记录，与各种承包商市场平台和 Houzz 这样的网站建立战略伙伴关系。在第四年和第五年，我们将在美国各地缓慢扩张我们的业务。

销售渠道

我们的主要销售渠道是直销。在产品上市第一年，我们会依靠自己的执行团队开展直销，在形成一定的品牌吸引力后，我们将会雇用一个销售团队来执行旧金山湾区的市场扩张计划，以大幅提升直销量。

我们的另一个销售渠道是间接营销。我们打算同时瞄准承包商和业主。针对承包商，我们要通过直销建立品牌影响力，让承包商试用并取得其认可；针对业主，我们通过建立认证体系和给承包商颁发荣誉徽章，帮助业主选择和评估承包商，借助这些服务获得业主的认可。

渠道合作伙伴

未来，渠道合作伙伴将成为我们一个重要的销售渠道。我们打算引入收入共享计划来激励合作伙伴推介我们的平台。我们的意向战略合作伙伴是 Houzz、Homeadvisor 和 Redbeacon 等承包商交易网站。

财务计划

基本假设

承包商的支付意愿是，为每个项目每月支付约 30 美元的软件使用费；假设每个承包商平均每个月有 7 个在建项目，则每个月我们可以从每个承包商那里获得约 210 美元收入。我们参照了提供类似服务的项目管理配套软件的收费情况（参照其最低定价），如 BuilderTrend 和 Co-Builder，并开展了 35 次以上的业主和承包商访谈，然后做出如上假设。

我们计划在 3 年内逐步建立一支由 16 位销售代表组成的直销团队，从而为每 10～15 位客户配备一位销售代表（BuilderTrend 公司有 30 位直销代表，为平均每 10 位客户配备了一位销售代表）。在渠道合作伙伴的帮助下，新客户加入平台的速度会大大加快，假设最初 3 年中，平均每个月会新增 110 个客户（订单）。渠道合作伙伴将从每个客户（订单）获得 750 美元的提成。到第 3 年年末，总销售量将提高到每个月新增超过 250 个新客户（订单）。我们预期渠道合作伙伴将在 3 年后开始成为我们获取客户的主要来源。做出这一假设至关重要，因为如果我们想在扩大规模的同时降低客户获取成本，就不能继续扩大直销队伍，我们必须找到可以为我们提供渠道并能快速将我们与大量客户联系起来的合作伙伴。

第 4～5 年的销售增长率估计如下：假设我们在取得旧金山湾区和加州的市场主导地位后，继续开发新市场（纽约州、佛罗里达州、得克萨斯州），则公司的年销售量预计每年增长约 100%。

我们相信，中小型承包商承包的住宅装修项目的市场规模在我们启动运营后的第 6 年，可能增长 15%（现在每年有 1000 万个家装项目，增加 15% 即每年增加 150 万个项目，市场中约有 1.9 万个承包商，则平均每个承包商每年可以多承接约 80 个项目）。

预测

（1）**收入和盈利能力**。如果上述假设成立，则我们预计第 3 年的净利润可以占销售收入的 21%，我们将于该年开始盈利（更确切地说，我们将在开始运营后的第 23 个月开始盈利），到第 5 年，净利润占销售收入的比例将上升到 24%。这个利润率将可与 SaaS 公司媲美，这是令人满意的。我们预计到第 2 年年底，公司将雇用约 37 位员工，到第 5 年时员工数量会增加到约 140 人。大多数员工是销售、营销和运营（客户管理）人员。到第 5 年，我们预计将拥有约 17 000 个客户，从而可以在第 3 ~ 4 年以及第 4 ~ 5 年间实现约 100% 的销售收入增长。不过，必须指出，在此期间，公司的营业收入和营业成本均将以 100% 的速度增长，所以利润率的增速相应较慢。附录 A-7 的图表中给出了详细的预测说明。

（2）**单位经济效益**。HomePro 公司将每个签约服务的承包商作为一个收费对象。按照每个项目每月收费约 30 美元、平均每个承包商每月有 7 个项目来计算，每个承包商每个月会给公司带来 210 美元的收入，即每个承包商每年平均给公司带来 2520 美元的收入。我们会对使用期限超过 5 年的客户提供 10% 的折扣，因此，其客户终身价值（Customer Lifetime Value，CLV）为 9098 美元。如果保守地按照 2 年计算，则其 CLV 为 4165 美元。承包商缴纳的软件使用费，需要覆盖营销成本和销售成本。根据目前市场上销售人员和营销人员的月薪标准，加上要为每位客户支付给渠道合作伙伴 750 美元费用，每位承包商的客户获取成本（Customer Acquisition Cost，CAC）在第一年为 1083 美元，以后会逐年减少。

（3）**资金需求**。根据以上分析，为实现公司的规模扩大和收入增长目标，我们需要通过发行可转换债券来获得 200 万美元的种子资金，估计基准折现率为 20%，利率为 5%。我们计划在第 14 个月或第 2 年年初进行 A 轮融资，届时我们将以 500 万美元为融资目标，以满足扩大公司规模的需要。为了确保 A 轮融资达到预期效果，我们必须获得足够多的预期的工程项目订单。我们将向 A 轮投资者提供公司 25% 的股权。

附录 A-1　商业模式画布

商业机会	目标市场	价值主张

商业机会

- 提供数字通信助手：提高项目透明度、强化项目控制，明确责任
- 为承包商提供反馈渠道和快捷支付方式，解决其现金流问题
- 提升客户对项目的满意度，帮助承包商获得更多、更好的项目

客户画像

中小型住宅装修承包商（SMB），迫切需要订单，渴望在行业中占得先机，乐于接受数字化转型观念

总体市场规模（TAM）

　　每年1600万个住宅装修项目
　　每个项目收费200美元，市场空间为32亿美元/年

细分服务市场

聚焦中小型住宅装修承包商
SMB = TAM × 2/3
32亿美元 × 2/3 = 21.3亿美元

目标市场

旧金山湾区：占全部SME的2%
21.3亿美元 × 2% ≈ 4000万美元⊖

客户痛点

承包商

- 凭借良好的工程质量口碑获得客户推荐，开发潜在客户
- 解决现金流问题

业主

- 让住宅装修为业主带来美好的情感体验
- 造价高昂的装修工程，支出经常超出预算，进度总是延期
- 业主和承包商间缺乏沟通

差异化竞争战略	进入市场	财务计划

竞品

- 项目管理和通信软件
  - 谷歌文档、Excel
  - 电话、短信、电子邮件
  - 专业的项目管理套件
  - 营销和社交媒体
  - 脸书、Yelp!、Angie's List
  - Houzz、Homeadvisor

发展路径

- 项目管理和通信工具
  - 简单易用
  - 产品差异化
- 营销和社交平台
  - 潜在客户
  - 针对非消费者

销售渠道

- 直接销售
  - 第一年由公司内部执行团队负责旧金山湾区地区市场开发
  - 完成旧金山湾区地区扩张计划后聘请专业的销售团队
- 间接销售
  - 建立认证体系，为高客户满意度的承包商颁发荣誉徽章
  - 品牌影响力和认知度宣传

与战略合作伙伴结盟

　　与Houzz、Homeadvisor和Redbeacon等承包商交易平台缔结战略合作伙伴关系，共享收入

采用的假设

- 中小型承包商承接的家装项目的市场份额会增至15%

相关预测

- 到第5年获得17 000家承包商客户
- 第3～5年间的年销售收入增长率约为100%

资金需求

- 200万美元的种子资金
- 在第14个月或第2年年初进行A轮融资，获得500万美元（向投资者提供公司25%股权）

⊖　这里实际应为 4260 万美元，原书直接按近似 4000 万美元列示。——编辑注

商业模式　良性循环

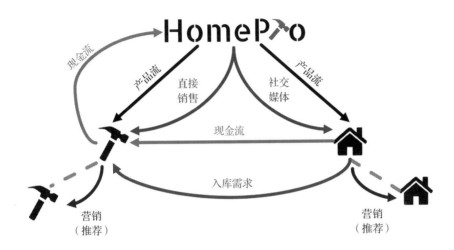

附录 A-2　产品细节

附录 A-3 时间轴

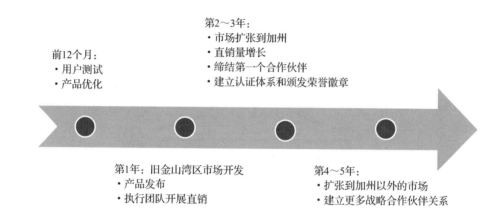

前12个月：
· 用户测试
· 产品优化

第2~3年：
· 市场扩张到加州
· 直销量增长
· 缔结第一个合作伙伴
· 建立认证体系和颁发荣誉徽章

第1年：旧金山湾区市场开发
· 产品发布
· 执行团队开展直销

第4~5年：
· 扩张到加州以外的市场
· 建立更多战略合作伙伴关系

附录 A-4 竞争分析

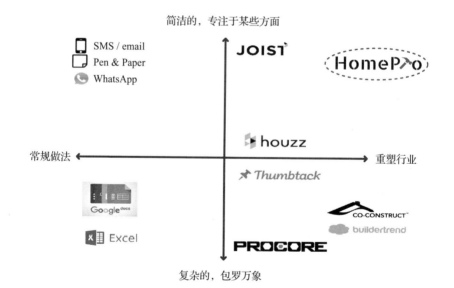

附录 A-5 产品线框图

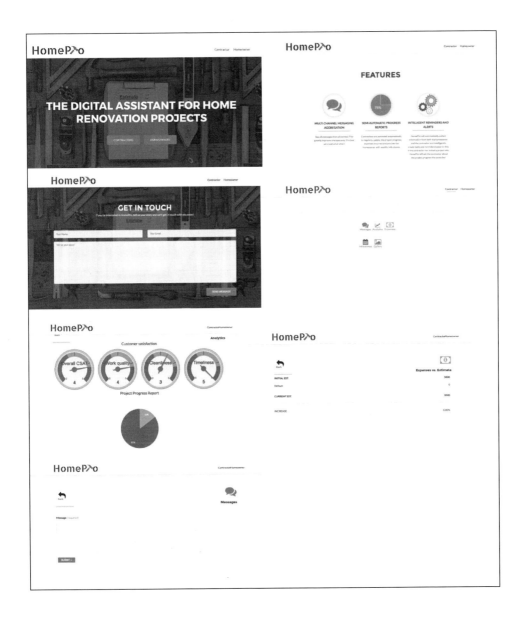

附录 A-6　财务假设

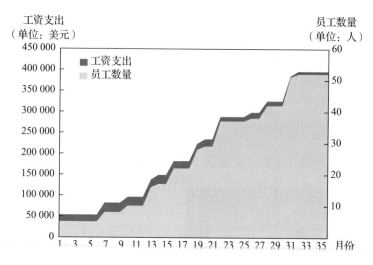

职能	年薪（美元）
销售代表	80 000
销售人员	120 000
工程师	130 000
运营管理人员	80 000
市场营销人员	80 000
人力资源和职业健康管理人员	90 000
管理人员	130 000

客户增长预测

时间	增长率	签约客户数量
第 1 年		36
第 2 年		2 707
第 3 年	86%	5 032
第 4 年	86%	9 357
第 5 年	81%	16 980

主营业务成本（销售商品成本）预测　（单位：美元）

	服务器平台成本	使用第三方提供的 API 的成本	客户 / 技术 支持成本	总计
第 1 年	20	15	25	60
第 2 年	1	14	20	35
第 3 年	1	13	18	32
第 4 年	1	13	17	31
第 5 年	1	13	16	30

附录 A-7 财务预测

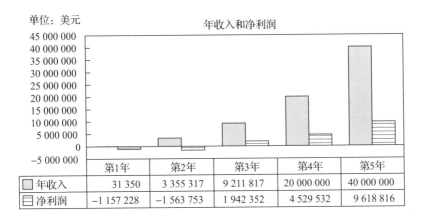

单位：美元
年收入和净利润

	第1年	第2年	第3年	第4年	第5年
年收入	31 350	3 355 317	9 211 817	20 000 000	40 000 000
净利润	−1 157 228	−1 563 753	1 942 352	4 529 532	9 618 816

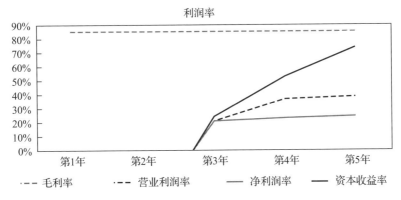

利润率

- - - 毛利率　　　- - - 营业利润率　　　—— 净利润率　　　—— 资本收益率

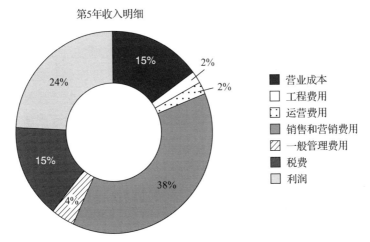

第5年收入明细

■ 营业成本
□ 工程费用
▨ 运营费用
▨ 销售和营销费用
▨ 一般管理费用
■ 税费
▨ 利润

附录 B

案例　Method 公司：富有企业家精神的创新、健康、环保和可持续的商业设计⊖

　　这是 2007 年的春天，Method 公司的联合创始人亚当·劳里（Adam Lowry）正在梅塞德斯的一家餐厅里安静地吃着墨西哥玉米卷。这家餐厅位于旧金山的商业街上，距离他公司的办公室只有一个街区。他开始在一张纸上勾勒自己的想法，以厘清困扰他的问题。作为一家以具有独特设计理念的环保家居产品而闻名的公司，Method 公司迫切希望开发出一种可生物降解的清洁布。劳里不打算直接从中国采购聚乳酸（PLA）布料，但是，与劳里交谈过的每一家美国 PLA 制造商都告诉他，它们不可能研制出他想要的干地板除尘布。困扰劳里的还有转基因问题。美国生产商未对原料进行筛选，无法确定所使用的玉米原料是否来自转基因生物（GMO）。然而，不管怎样，生物基和生物可降解材料不是比竞争对手使用的油基聚酯更好的替代品吗？然而，某些大型零售商不愿引进并销售未经认证的转基因产品。管理一家快速发展的新公司已经够难

　　⊖　本案例由工商管理学院副教授安德烈亚·拉森（Andrea Larson）编写，案例编写目的是为课堂讨论提供素材，而非用来说明一种管理情境下解决方案的有效或无效。本案例的版权由位于弗吉尼亚州夏洛茨维尔的弗吉尼亚大学达顿商学院基金会持有。如需订购其副本，请发送电子邮件至 Sales@dardenbusiness publishing.com。未经达顿商学院基金会许可，本出版物的任何部分不得被复制、存储在检索系统中，不得在电子表格中使用或以任何形式或方式（电子、机械、影印、记录或其他方式）传播。

的了，为什么在他们坚持要在环保领域做到尽善尽美的同时，其他人却甘心就此止步呢？反对的声音让劳里不得不认真思考，支持公司业务发展的环保理念到底意味着什么。他经常说，Method 公司的任务是改变商业运作的方式，但是公司发展的底线在哪里呢？

作为一家致力于追求环境保护和社会价值，因所有产品均采用健康、清洁的生产、使用和处置工艺而受到广泛宣传的热门新公司，Method 公司制定了严格的高标准。在相对较短的时间内，这家公司已经创造了一个将健康和环境问题纳入公司发展战略的卓越典范。从 1999 年萌生创业设想至今，Method 公司经历了爆炸性的增长。Method 公司用实际行动证明，它们可以让家用清洁剂从必须锁起来不让儿童接触到、必须隐藏在橱柜里的有毒物质，变成气味好闻、包装时尚、可生物降解、环境友好、可以自豪地展示在台面上的东西。2006年，美国《公司》(Inc.) 杂志将 Method 公司列为美国增长最快、最成功的 500家公司中的第 7 名。Method 公司在许多方面都成为新创公司中的佼佼者。

仅凭 30 万美元的启动资金，20 多岁的亚当·劳里和埃里克·瑞安（Eric Ryan）就通过赋予家用清洁剂这种最普通的产品以健康、环境和情感价值，在市值 170 亿美元的美国家用清洁剂行业中引起了一场小规模的"创造性破坏"。Method 公司有何差异化特征？劳里和瑞安在创业之初就坚持，把对生态和人类健康的关注纳入公司战略，肯定会带来好的商业机会。到 2007 年，Method 公司迅速发展成为拥有 45 名员工、年销售收入超过 5000 万美元的公司，不仅实现了盈利，其产品还进入美国、加拿大、澳大利亚和英国的知名分销渠道（药店、百货商店、超市和其他零售店）销售。客户们欣然接受了 Method 公司的产品，在网站上给公司提供实时反馈并给予公司好评，还为公司的未来发展提供建议。他们是高度忠诚的客户，他们的言行传达出采用这种商业模式的时机已经成熟的信号，他们甚至要求公司提供印有 Method 品牌标识的 T 恤。作为回应，公司制作了两款衬衫，一款印着"像母亲一样清洁得干干净净"，另一款只印刷"Method"，两款 T 恤的背面都印有公司的口号——"反对肮脏"。此外，公司还制作了棒球帽。

"反对肮脏"正是 Method 公司所宣扬的使命。该公司在网站上做出如下陈述："肮脏意味着许多家用产品采用了有毒的化学物质，意味着用不可回收的材料污染我们的土地，意味着用无辜的动物测试产品……这些东西很脏，我们反对。"在劳里和瑞安的领导下，Method 公司通过提供在价格、设计、健康和生态等方面吸引客户的高性能产品，撼动了庞大且一成不变的清洁剂市场。到2007 年，Method 公司从最初只提供喷雾清洁剂的小公司，到将产品线扩大为包括洗碗液、洗手液和浴皂在内的 125 个家用产品的大公司。AirCare 系列空气清新剂的外包装设计新颖，2006 年，公司扩大了该产品系列，2007 年又增加了 O-mop™ 系列产品。

所有产品研制都贯彻了 Method 公司的战略宗旨：它们必须是可生物降解的，不含压缩气体、气溶胶、磷酸盐或氯漂白剂，并且必须用最少的可回收材料包装。Method 公司利用其对人体健康和环境友好的产品配方、醒目的设计，以及由 50 家供应商组成的精益外包网络，在保持客户对品牌高度忠诚的同时，敏捷而快速地进入市场。

在美国，Method 公司通过几家全国性和区域性的杂货店销售其产品，包括在 2007 年缔结合作关系的美国第二大零售商塔吉特百货。通过塔吉特百货分布在 47 个州的 1400 家门店，Method 公司将其产品送达美国各地的客户手中。Method 公司还会定期与新的分销渠道商建立新合作，以支持其不断扩大在国际市场上的销售额。

巨人行业中的创新新贵

美国的肥皂和清洁产品市场似乎不太可能成为具有创新和环保意识的行业。该行业由若干家巨头控制，其中多家大公司在该行业的创建过程中扮演了不可或缺的角色。虽然该行业的终端市场看起来很分散，一家大型超市中通常会有40 多个品牌的清洁产品在售，但其市场份额却主要由庄臣（SC Johnson）、宝洁、联合利华和高露洁 - 棕榄（Colgate-Palmolve）等几家大公司占据。

从市场地位看，Method 公司 2006 年的总销售额约相当于宝洁公司洗涤剂销售额（3.176 亿美元）的 10%，而宝洁公司每年所有产品的总销售额超过10 亿美元。此外，由于零售商自营品牌、不断上涨的原材料价格以及不断变化的客户偏好，清洁用品厂商持续面临着成本压力。在 2000 ～ 2006 年实现盈利的清洁用品公司是通过削减成本和整合业务做到的。与此同时，Seventh Generation 等新创企业跃跃欲试，试图通过推出"天然"产品打入大众市场，不过，此类产品大多数会交由专门售卖健康食品的商店和连锁超市，例如全食超市（Whole Foods）售卖。对 Method 公司而言，要在这个由巨头主导的高度整合的市场中扎稳根基，似乎完全没有可能。可是，Method 公司的创始人劳里和瑞安却认为，竞争对手的大规模和高成本恰恰为他们提供了一个机会。

疯狂的 Method 公司

瑞安这样解释他的想法："你的房子或者你住的任何地方，是承载你的所有家庭经历的空间。"所以，"无论是你买的是家具还是厨房用具，这个空间里的每样物品上都有你投入的大量想法和情感。可是，用来维护这个如此重要的空间的商品往往是毫无新意、包装丑陋和有毒的，你需要把它们藏到别人看不到的地方"。为什么要让人们忍受这样的现状呢？

他们决定改变这种局面。如果他们能够创造出对人体健康和自然环境无害的产品，并且将其设计成颜色宜人、香味诱人的产品，他们就可以颠覆这个由巨头把持的行业。他们认为，应该采取一种重要而有意义的方式，让自己在竞争中脱颖而出。劳里和瑞安希望在提供一个有吸引力的替代方案的同时，减少公司的生态足迹，并对环境产生积极影响。"绿色产品将获得大多数人的认可，"劳里说，可是，"如果这件事不酷，也做不成。"

为了让"绿色"变得更酷，Method 公司采取了双管齐下的方法。首先，公司研发出与领先品牌一样好用的产品，同时将其对环境和健康的影响降至最低。自 20 世纪 50 年代以来，清洁产品制造商一直是环境破坏诉讼的目标，这是联邦政府颁布《联邦水污染控制法案》的部分原因——清洁产品制造商为了提高肥皂和洗涤剂的清洁能力，向产品中添加表面活性剂等化学品，引发了溪流起泡问题。除了表面活性剂，家用清洁剂中通常含有磷酸盐，这是一种用作水软化剂的化学物质，也是一种植物养分，它们为藻类提供了丰富的营养来源。藻类的快速繁殖导致其大爆发，它们耗尽了水中溶解的氧，导致水生生物缺乏养分，而且动物如果饮用被磷酸盐污染的水源，它们也会中毒。清洁产品中还含有另一种对环境有影响的化合物，即氯漂白剂，当这种化合物被释放到环境中时，可能会与其他物质发生反应并产生有毒化合物。Method 公司在其网站中指出：

"大多数家用清洁产品都存在一个主要问题：这些清洁产品的生物降解速度很慢，会导致环境中的毒素累积。毒素浓度越高，对人类、动物和植物的危害就越大。关键是要创造出能快速、安全地被生物降解为天然成分的产品。"

拥有斯坦福大学化学工程学位，以及研究"绿色"塑料和气候变化智囊团经验的劳里将这些问题视为机遇。

Method 公司希望以解决环境和健康"问题"作为参与行业竞争的基础，通过致力于降低清洁产品对人体健康的威胁和对环境的影响，来获得竞争优势并与行业巨头开展竞争，而这些规模更大的竞争对手正在努力应对日益增加的立法和公众形象压力。Method 公司的产品将以略高的价格销售，以补偿公司的高研发投入。"作为一名化学工程师，我知道我们必须设计出无毒和成分天然的产品，"劳里说，"这样做确实会带来更高成本。但是只要我们建立一个'顶级'品牌，高额利润将支持我们在产品研发和高质量配料方面的额外投资，高成本问题将迎刃而解。"

Method 公司对在位企业稳居控制地位的清洁产品行业发起攻击的第二个途径，是利用设计和品牌来吸引对产品雷同感到厌烦的客户。在一个经常上演两败俱伤的价格战的行业中，Method 公司觉得自己必须做到与众不同。公司的两位创始人认为，以往行业竞争高度集中在价格上，导致"厂商们无暇或者无力为香型或者有趣的包装设计进行投资"。劳里解释：

"我们的想法是彻底改变这一现实，推出绝对能与家庭情感联系起来的产品。我们想让这些产品更像'家居饰品'，我们相信这是一个真正重塑家用清洁产品，并最终彻底改变竞争格局的机会。"

他们打算利用消费者对家用清洁产品成分的不放心，采用与众不同的包装，宣传产品成分的环保、健康特征，开展"反对肮脏"的差异化营销。

Method 公司的产品一经面世，就采用了传递环保和健康设计理念的包装，这是其取得销售成功不可或缺的基础。Method 公司将其研发的用于厨房、淋浴器、浴缸和玻璃表面清洁的自制配方产品，装在放置于货架上的显眼的透明瓶子里。"这家商店的经理就喜欢这样的包装，"大卫·本尼特（David Bennett）说——他是旧金山湾区 Mollie Stones 杂货店的共同所有者，而该杂货店是 Method 公司的第一个零售客户，"Method 公司的产品看起来正是能满足我们的消费者需求的高档品，所以我们决定经销它。"

随着曾与普拉达（Prada）和阿玛尼（Armani）合作过的著名工业设计师卡里姆·拉希德（Karim Rashid）的加盟，设计继续作为 Method 公司保持产品吸引力的关键因素。拉希德负责让产品包装在延续对环境影响的关注的同时，更加富有时尚感。他的这种努力让易回收的 1 号和 2 号塑料（这是市政回收中心普遍接受的两类塑料）被广泛使用。Method 公司采用的方法似乎代表了年轻一代的整体性思维模式。这家小公司似乎开启了一扇通往未来的窗口，在那里，健康问题、环境问题和日益获得公众关注的"可持续发展问题"，将被视作商业战略和产品设计的重要内容。

抹布、拖把和 PLA 材料

从玉米、水稻、甜菜和其他淀粉基农作物中提取的 PLA，是一种相对较新的塑料材料。PLA 可以在大多数堆肥过程中的高温高湿条件下被生物降解。NatureWorks 是美国第一家以农场供应的玉米和玉米废料制成的碾磨材料为基础，生产 PLA 树脂颗粒的大型工厂。纤维制造商会将这种树脂颗粒加工成成捆的 PLA 材料；无纺布制造商会用这些 PLA 材料制成巨型无纺布卷；接下来，加工批发商会将巨型无纺布卷加工成一定形状，然后根据客户提出的规格要求进行包装。在 NatureWorks 公司刚开始运营时，PLA 材料的市场需求还很有限。直到 2004 ~ 2006 年，情况发生了迅速变化，到 2007 年，全球 PLA 树脂的加工速度已经无法满足需求。工厂将 PLA 加工成颗粒料形式，然后被熔化、挤压、纺丝，由供应链不同环节的各种转换机器进行处理，形成一个种类繁多的材料系列，并被加工成众多类别的产品。

作为无处不在的石油基塑料材料的替代品，PLA 使人们有可能摆脱石油基塑料材料。自第二次世界大战后合成塑料首次被大量开发以来，石油基塑料材料一直占据主导地位。PLA 已被证明是一种性能优异、成本低廉的原材料，非常适合在许多应用中作为聚对苯二甲酸乙二醇酯（PET）的替代品。PET 通常被称作涤纶树脂，是一种石油基聚合物，被广泛用于包装物、薄膜、纺织品和服装纤维。

行业竞争者售出的抹布和拖把均采用石油基非生物降解塑料材料制成，通常是涤纶树脂或聚丙烯。虽然超细纤维材料被迅速普及开来，但是刚开始，超细纤维及测量尼龙线、丝线等的纤度单位"旦"主要与女性袜子材料有关。其后，技术进步使得超细纤维可以被加工得非常细，它逐渐在服装业中得到普遍应用，也被用于制造更有效的擦拭和清洁产品。

超细纤维是指纤度单位小于 1 旦的纤维。旦是一种描述极细长的丝的重量单位，1旦意味着每9000米纱线重量为1克。到2006年，大多数销售清洁抹布的公司，均采用超细纤维材料制成了非常好用的清洁抹布，其中，有些公司使用玉米基材料，有些则使用石油基材料。与传统材料和制作工艺相比，超细纤维的材料结构使得纤维表面能够更有效地吸附灰尘。超细纤维抹布便于清洗且可以重复使用，比用后即抛的竞品更加耐用。

与Method公司的环保与可持续发展理念相一致，劳里希望能够使用生物基材料，特别是PLA无纺布，研发干地板除尘产品。他希望PLA最终成为公司的所有纤维制品的基础材料，包括一次性非织造布和可重复使用的编织超细纤维。即使顾客没有被"拖把既性感又时髦"的营销信息所吸引（广告语采用了公司一贯的俏皮风格），他们也会被符合人体工程学的O-mop拖把所吸引，这款拖把可以提供更有效的、基于生物技术的无毒地板清洁。

劳里知道，即使可以通过技术改进让产品生命周期延长，但大多数一次性抹布最终将被送进垃圾场填埋而不是用于堆肥。因此，Method公司支持加大市政回收和堆肥基础设施建设投入，以鼓励"从摇篮到摇篮"⊖的资源利用，或者至少提高人们对环境保护的意识并鼓励个体的相关行为。Method公司估计，每年有83 000吨由涤纶树脂或聚丙烯塑料制成的"擦拭"材料被填埋，足以装满9000辆拖车。公司推测，如果这些擦拭材料改由PLA材料制作，那么仅从减少石油原料使用的角度看，就已经是一个进步了。即使PLA纤维最终被填埋，且在填埋场达不到理想的堆肥温度和湿度水平，无法让这些纤维被快速彻底地分解的情况下，PLA材料也将在一两个月后被安全分解；而在相同条件下，填埋的石油基纤维将被保留数千年。

虽然生物基塑料材料的市场从2007年就已经开始飞速发展，但劳里还没能在美国找到一家能为其生产一种适合与O-mop拖把配套使用的白色无纺干地板除尘布的PLA制造商。他刚刚结束与名单上的最后一家候选PLA制造商的洽谈，结果还是不行。这些PLA制造商说，PLA材料太脆，制成的线不够结实，它们无法用机器加工，制造PLA无纺干地板除尘布在技术上根本不可行。

⊖　"从摇篮到摇篮"是一个越来越流行的术语，指产品从材料制造、使用、分解，到不会造成质量损失的再次使用的整个生命周期。有关这一概念的更多信息，请参阅美国著名建筑师威廉·麦克唐纳（William McDonough）和德国环境学家迈克尔·布朗嘉特（Michael Braungart）2002年出版的著作《从摇篮到摇篮：循环经济设计之探索》（Cradle-to-Cradle：Remaking the Way We Make Things）。

　　劳里只能拿起电话，跟一家他在中国认识的公司通了话——鉴于 Method 公司 90% 的原材料来自美国国内，从国外采购原材料并不是这家公司的寻常做法。虽然中国供应商通常会比美国供应商表现优异，但是，在美国国内采购原材料因为可以避免长距离运输带来的高运输成本而更加可取。一般来说，运输距离越远，消耗的化石燃料越多，这么做似乎与公司的可持续发展理念不一致。但是，劳里确信可以使用 PLA 树脂制成干地板除尘布，而中国制造商证实了他的判断。他下了订单，由一家中国台湾的纤维制造商制作成捆的 PLA 材料，运送给中国大陆的无纺布制造商，后者将按照 Method 公司的需求进行加工、切割和包装。劳里知道与中国供应商合作意味着高质量、可靠和供货及时，因此，也许 Method 公司使用的所有 PLA 材料都应该从中国采购。问题是，到世界的另一边去采购，是否仍然是"可持续的"？是否仍符合他和瑞安提出的可持续发展的公司运营原则？

　　Method 公司需要应对的另一个问题是：有些国家不允许销售任何转基因生物制品，这将导致 Method 公司的产品无法进入这些国家。PLA 是由农业材料（通常是玉米或玉米废料）制成的，农民将这些材料送到中心碾磨厂，在那里，原材料将被加工和分离出来，用来制造 PLA。公司无法对进入碾磨设施的玉米进行监测，因此不能保证 PLA 材料生产过程中使用的所有原材料都是非转基因的。如果劳里坚持使用 PLA 材料，就意味着某些大型和声誉良好的经销商将拒绝上架 Method 公司的产品。即便如此，劳里依旧认为，用 PLA 替代石油衍生品，并在转基因问题上暂时妥协，似乎更为可取。一家经销商宣称，除非 Method 公司停止使用转基因原材料，否则就拒绝经销其产品。在与这家经销商的令人万分沮丧的会谈结束后，劳里决定将自己的想法写成一篇短文，在帮助自己整理思路的同时，为 Method 网站起草一份价值观宣言。

思考题

1. Method 公司的两位创始人所发现的商机是什么？

2. Method 公司为何成功？它是如何取得成功的？

3. 劳里和瑞安是如何将环境友好和可持续发展理念融入其公司战略的？

4. Method 公司应该从中国采购 PLA 材料吗？为什么？

案例 Method 公司的产品：以可持续创新为创业战略[⊖]

引言

到 2010 年，Method 公司已经让其买家尝到了甜头。自 2000 年成立以来，这家私营公司提出了明确的使命：制造气味芬芳、高品质的、在其有效期内确保安全无害的家用清洁产品；这些产品将使用精美和环保的容器盛放。公司的联合创始人兼首席"绿色守卫者"亚当·劳里说：

"我们希望改变人们对待居家清洁的方式。人们对家的感受和关爱，与其使用的家用清洁产品及这些产品的设计之间存在脱节的问题。我们致力于提供对环境友好、对人体健康友好、外观炫酷、高效无毒的家用清洁产品，让它们从藏在柜中的物品变成摆在台面上的必备品。"

科学研究表明，与化学品暴露相关的健康问题和化学品监管得到越来越多的关注，越来越多知情的客户正在货架上寻找有效且对人体健康更无害的清洁产品。

尽管公司规模较小，但是凭借颠覆性创新，Method 公司的充满时尚感的清洁产品很快成为行业中贯彻可持续发展商业理念的典范。"我们希望成为观念领袖，我们想唤起变革。"公司的联合创始人和设计大师埃里克·瑞安说。事实上，Method 公司已经改变了一度死气沉沉的清洁产品市场，该市场曾充斥了大型厂商为争抢货架、微薄利润和市场份额的争斗。Method 公司于 2004 年推出 3 倍浓缩的洗涤剂，使得沃尔玛公司向所有洗涤剂供应商提出开发浓缩产品以节省包装和运输资源的要求。2006 年，Method 公司开始为其诸多产品申请由麦唐诺·布朗嘉化学设计公司（McDonough Braungart Design Chemistry, MBDC）授予的"从摇篮到摇篮"认证。取得了该认证，就意味着产品无毒，且在整个产品生命周期中使用的资源更少。2007 年，Method 公司成为共益企业的发起方之一（来自 http://www.bcorporation.net 网站，访问日期为 2010 年

⊖ 该案例是马克·迈耶（Mark Meier）在安德烈亚·拉森副教授指导下完成的。案例编写目的是为课堂讨论提供素材，而非用来说明一种管理情境下解决方案的有效或无效。本案例的版权由位于弗吉尼亚州夏洛茨维尔的弗吉尼亚大学达顿商学院基金会持有。如需订购其副本，请发送电子邮件至 Sales@dardenbusiness publishing.com。未经达顿商学院基金会的许可，本出版物的任何部分不得被复制、存储在检索系统中、不得在电子表格中使用或以任何形式或任何方式（电子、机械、影印、记录或其他方式）传播。

8 月 30 日），此类企业的主旨是以实现公共利益为企业目标，即将环境和社会目标纳入其企业章程，并且需要通过严格的可持续实践第三方认证。Method 公司还通过公共媒体和网站，表达其目标和价值理念，即通过具有环保和社会意识的产品全生命周期设计，践行保护健康、关爱儿童和宠物的价值理念，这是构成其企业文化和产品的不可或缺的一部分。

除了上述做法，Method 公司还想更进一步。"我们的商业理念是，不断推进公司产品创新，"劳里说[○]。Method 公司希望每年推出两种主要产品。2008 年，Method 公司进入洗涤剂市场，仅在美国，该市场规模就达到了数十亿美元。公司开发出一种八倍浓缩的单剂量胶囊洗涤剂，这种设计将进一步节省包装和产品材料，并大幅减少制造和运输过程的能源消耗。客户用一小粒胶囊洗涤剂就能洗涤一大堆衣服。这种洗涤剂方便、高效、清洁，可以避免每次洗衣时使用过量洗涤剂。

在该款产品的研发过程中，遇到了一个关键问题，单剂量设计什么都好，除了一件事：由于公司决定不使用明胶这种常用的使用动物衍生品制作的胶囊，而是采用植物凝胶来封装洗涤剂，导致封装物不能完全溶解于冷水，漂洗过程中洗衣机内可能会残留一些植物凝胶的外壳。Method 公司和公司的忠实客户能接受这款高浓缩、更环保的洗涤剂有残留物吗？要解决这个问题，Method 公司要么改用石油制品或明胶胶囊，而非植物胶囊，要么放弃单剂量胶囊这种设计理念及其相应的好处。劳里和他的团队都在思考该怎么办。

Method 公司的建立

劳里和瑞安在密歇根长大，是高中同学，两个人的家庭都拥有创业公司，是汽车业的重要供应商。劳里从斯坦福大学获得化学工程学士学位后，进入卡内基科学研究所（一家专注于创新和发现的学术机构）从事气候变化的政策研究。在此期间，他参与了研究全球气候变化的软件工具开发项目。大学毕业后的这段工作经历，让劳里形成了商业环保主义的独特视角，这种视角后来成为 Method 公司创业成功的重要基础。劳里的教育经历和工作磨炼，使他越来越相信商业是"地球上最有力的推动积极变革的力量"。但是，拥有这种力量的商

○ 2010 年 1 月 20 日，本案例的作者在旧金山采访了亚当·劳里。除非另作说明，后续的所有引文均来自这次采访。

业并非我们今天所认识的商业。他所说的商业是一种本质上截然不同的商业运行方式，是加以重新设计的商业[⊖]。

　　2006 年，瑞安被《时代》周刊评选为生态领袖之一，并获得了《名利场》（*Vanity Fair*）杂志的类似荣誉。瑞安就读于罗德岛大学，毕业后从事市场营销工作，后来曾为 Gap 公司和土星公司（Saturn）工作。1997 年，这两个高中老同学在飞机上相遇，意识到他们住在旧金山松树街的同一个街区。他们很快成为室友，一起管理一个住满了大学兄弟会兄弟的房子。日子一长，他们发现没有人喜欢打扫卫生。于是，两人花时间讨论了怎样打扫卫生才算"酷"，什么又是商业市场所缺乏的——至此，他们的创业构想得以成型。两人决定进入清洁产品研发领域，而这是一个典型的工作环境恶劣、充斥着危险的领域——这根本就不酷。

　　劳里和瑞安开始在他们的浴缸里面调配自己的清洁剂，这些清洁剂含有自然的、气味芳香、温和的和可再生的成分。最初获得的 30 万美元启动资金是用可转换债券向朋友和家人募得的。2001 年 2 月，他们将调配好的清洁剂装进一个啤酒罐里，到当地的一家杂货店里做第一次销售——在获得订单后，他们赶紧跑回家去浴缸里灌清洁剂。第二天，劳里和瑞安就聘请了一位新老板，这是一位创业型的首席执行官，拥有工商管理硕士学位和消费品包装业的多年从业经验。

　　两位创始人知道，为了给客户留下好印象，向客户展示很重要。劳里说：

　　"（我们希望）激发一场快乐、健康的家庭革命……我们希望采取让人愉悦的方式，因为在我们看来，太多的绿色运动采取说教的方式，没有做到鼓舞人心。这就是我们如此专注于让我们的产品不仅出色、环保，还要美观的原因之一。"[⊜]

　　他们向纽约的工业设计师卡里姆·拉希德抛出橄榄枝，拉希德富有美感的作品曾在博物馆展出，他接受了为 Method 公司进行产品设计的邀请。很快，他的设计就会出现在全国家庭的厨房台面上。靠着拉希德的名气和瑞安的主动

⊖　"Behind the Bottle，" http://www.methodhome.com/behind-the-bottle/（accessed August 24, 2010）.

⊜　Jacob Gordon, "Adam Lowry, the Man Behind the Method (Cleaning Products)," April 30, 2009, http://www.treehugger.com/files/2009/04/th-radio-adam-lowry.php (accessed August 24, 2010)

联系，Method 公司与塔吉特百货达成一项试点销售协议，塔吉特百货答应在芝加哥和旧金山周围的 200 家商店中试销该公司的产品。为了确保在供货方面不出问题，Method 公司找到一家制造商来扩大其生产规模。在试销过程中，Method 公司追求卓越和关注细节的承诺，给塔吉特百货留下了深刻印象，尤其是在发生容器泄漏事件后，劳里带领公司员工一起走遍塔吉特百货的所有门店，将泄漏的瓶子从货架上撤下来，并督促容器供应商很快解决了泄漏问题。

此后，以坚持承担社会责任和关注环境健康为核心价值理念的 Method 公司开始快速增长。塔吉特百货决定在其所有商店中销售 Method 公司的产品。Method 公司在 2001 年时，只拥有 16 美元现金、信用卡债务和对供应商的欠款，但到 2005 年就实现了盈利[一]。2006 年，Method 公司经历了快速增长，年底时公司拥有约 45 名员工、50 家供应商和销售商，并在英国站稳了脚跟。2007年，公司销售额达到 7100 万美元[二]。Method 公司的产品，从洗手液和厨房台面清洁剂，迅速扩展到沐浴露、地板清洁剂、洗碗皂和洗衣液等产品。这些产品由开市客、塔吉特、劳氏和全食等大型零售连锁店经销。到 2010 年，Method 公司创造了超过 1 亿美元的收入。Method 公司的前首席执行官在 2006 年总结了公司的成功之道："Method 公司必须推出具有巨大颠覆性的产品。它不能是一夜之间就可以被复制的，也不能轻易被竞争对手侵蚀市场份额。公司的产品必须拥有颠覆性的包装、成分和香味。"[三]

Method 公司继续尽可能多地使用天然成分或天然衍生成分。如果不得不使用化学合成成分，就必须对其生物降解性及对人类和环境的毒性进行测试，并且不允许使用动物做试验。动物伦理治疗协会（PETA）将 2006 年度人物奖授予了劳里和瑞安。这两位创始人于 2008 年出版了一本名为 *Squeaky Green：The Method Guide to Detoxing Your Home* 的书。与此同时，他们的公司通过提高效率，改用生物柴油卡车，在宾夕法尼亚州的 3 个奶牛场购买沼气肥料等做法，减少其碳足迹。这家公司也成为第一家采用 100% 消费后回收（Post-Consumer Recycled，PCR）定制瓶的公司，这种瓶子由 PET 制成，这种材料的回收编号（即树脂识别码）为 1 号。

[一] Rich Whittle, "How Two Friends Built a \$100 Million Company," *Inc.*, March 23, 2010.
[二] "No. 7 Method Products," *Inc.*, September 1, 2007.
[三] Stephanie Clifford, "Running Through the Legs of Goliath," *Inc.*, February 1, 2006.

　　尽管拥有创新能力强、增长速度快的良好公众形象，但是相对于竞争对手来说，Method 公司仍然是一家微不足道的小公司。同为共益公司的七世代公司（Seventh Generation）是一家老牌的绿色清洁剂生产商，其销售额与 Method 公司相当，2007 年其销售收入为 9300 万美元，2008 年其销售额超过 1.2 亿美元，传统的清洁产品制造商的规模可要比这大得多。世界上最大的清洁用品公司之一宝洁公司 2010 年 4 月的市值为 1800 亿美元，2009 年，保洁公司仅家庭护理业务部门就在 180 个国家实现了 373 亿美元的销售额。宝洁公司 2009 年销售的洗衣液产品中，包括该公司于 1946 年推出的第一款合成重型洗衣液——汰渍（Tide），其品牌价值为数十亿美元；Gain 是另一个价值达 10 亿美元的品牌；Ace 和 Dash 两个品牌，每一个都创造了超过 5 亿美元的销售额。简而言之，宝洁公司占据洗衣液市场的主导地位，光是洗衣液产品的销售额就是 Method 公司全部销售额的 30 多倍。

　　其他拥有广泛产品组合的巨头公司也在经营洗衣液业务。2009 年，既生产日化品也生产食品的厂商联合利华公司的总销售额约为 550 亿美元。以牙膏和洗碗液闻名的高露洁 – 棕榄公司的销售额为 150 亿美元。以氯漂白剂闻名的高乐氏公司（Clorox）的销售额为 55 亿美元。事实证明，这家公司在进军绿色清洁市场方面也特别在行。2008 年，该公司在美国推出了绿色工程系列产品，并迅速扩张到 14 个国家，该公司宣称，从 2008 年年中到 2009 年年中，该公司占据了 47% 的天然清洁剂市场，是其最大的竞争对手的两倍多。生产艾禾美（Arm & Hammer）牌小苏打的制造商切迟杜威公司（Church & Dwight，CHD），于 2009 年获得 25 亿美元的销售额，并在 Arm & Hammer Essentials 产品系列中向市场推出一系列由小苏打制作的绿色清洁剂和洗衣液。[⊖]

　　当 Method 公司研制自己的新型洗衣液时，它非常清楚自己的市场份额较小。正如瑞安在 2007 年告诉《公司》杂志的那样，"当你从巨人两腿间跑过时，

　　⊖　Unilever annual report, 2009；Colgate-Palmolive Company annual report, 2009；the Clorox Company, "Financial Overview," http://investors.thecloroxcompany.com/financials.cfm (accessed August 24, 2010)；The Clorox Company annual report, 2009；"Church & Dwight Reports 2009 Earnings per Share of $3.41," *Business Wire*, February 9, 2010.

你需要花很多时间思考应该如何行动，才不会被巨人踩到"。[⊖] Method 公司的首席设计师乔希·汉迪也提出了类似的观点：

"我们有时会犯错，因为我们忘记了自己有多渺小，'把自己当成世界上最大的绿色品牌'对 Method 公司来说是典型的错误思维。我们是世界上排名第35 的最小的清洁产品品牌。"

汉迪清楚地知道，Method 公司的工作环境必须为开放式创新所需的创造力提供支持。汉迪来到 Method 公司后，他积极鼓励人们打破规则来创新，例如，他带头在公司的家具上作画。其他员工也仿效他的做法，很快，曾经放满整齐划一的令人不舒服的白色家具的房间被装饰起来，他们称这是一个"回旋空间"。Method 公司认为，给予员工解释或表达意见的空间十分重要。这一宗旨被描述为"保持怪异、真实和与众不同"，正如瑞安所说：

"我们这里不造火箭，我们造肥皂。然而造肥皂很难做到与众不同，所以我们必须让思想保持流动。我们必须创造一个让人们乐于分享创意的环境，我们要竭尽所能让人们尽可能多地相互联系，我们必须在竞争中充分利用每个人的大脑。越是与众不同的想法，就越脆弱，越有可能被打垮，越难以走得长远。我们必须培养我们与众不同的能力，要对创意保持开放态度。这意味着我们要在文化建设中做出与制造产品同样多的努力。"

主攻配方，推行单剂量遭遇失败

2008 年年初，Method 公司决定开发一种改进的洗衣液，并将这个任务交给了"绿色厨师"（Green Chefs）团队，团队成员中包括被劳里称作"我见过的真正疯狂的科学家"的弗雷德·霍尔茨豪尔（Fred Holzhauer）。劳里给"绿色厨师"团队布置了开发更好的清洁剂的任务，他相信他们能完成这个任务。"我们要建立一个系统，"劳里解释说，"采用一种工作方式，并创建一个允许创新在我们想要的范围内发生的环境。"德拉蒙德·劳森（Drummond Lawson）、公司的"绿色巨人"（可持续发展总监）赞同这一观点。Method 公司的策略是雇用具有创造力的人，然后放手让他们做事。在引进霍尔茨豪尔这件事上，劳森评论说：

"他会获得机会在我们的实验室里做各种尝试，研制一些配方，获得一些原

⊖ Whittle, 2010.

型，直到我们可以把产品交到别人手里。然而，如果我们命令他去研制具备某些特点的配方，他就会感到无聊、退出任务和离开公司。采用命令的方式，你会得到你想要的配方，却得不到各种各样的机会。"[⊖]

Method 公司的绿色厨师们决定在成功研制 3 倍浓缩洗衣液的基础上再接再厉，进一步浓缩和减少产品中的水分，从而降低产品的体积、质量、包装、储存空间和运输成本。公司还希望将洗衣液制成胶囊以方便用户，并减少因计量不准确带来的洗衣液浪费。绿色厨师们列出了研发目标和所有可用的工具，包括传统的、粗糙的人工工具。他们最初将注意力放在获得正确的洗衣液配方上。正如霍尔茨豪尔所解释的：

"你要做的第一件事就是用传统方法研制新产品。你可以采用竞争对手们使用的那些讨厌的化合物来生产洗衣液，然后问自己：'我们能生产出来的可以带来最大收益和最佳性能的产品是什么？'等你制造出这种产品，你可以继续问自己：'使用这种材料的危害很大，我能够在多大程度上用绿色材料替换这个产品中使用的有害材料？'然后就是使用你希望采用的材料调制产品的琐碎过程。你会留下一些漏洞，其实，你也肯定会留下一些漏洞。"[⊖]

Method 公司与位于德国汉堡的环境保护促进机构合作，收集了一份安全、可生物降解的化学制品清单，作为其研制新产品的基本素材。霍尔茨豪尔必须确保各种成分之间不会发生不必要的化学反应，同时，还要填补漏洞以获得他想要的结果。Method 公司认为，产品的有效性是首要目标。如果产品清洁能力不够，则天然、无毒、美观将变得没有意义。除了清洁能力之外的其他限制因素，并没有阻碍公司的发展，反而迫使公司更加努力地开展创新。

劳里曾将产品研制过程中对多方面目标的权衡称作"设计不佳的一个征兆"。此外，劳里认为以下几点至关重要：

"……应确保你所做的事情除了环保之外，还有其他令人信服的理由。产品本身必须是了不起的，绿色只是其质量的一个组成。生态创业的整体理念应该

⊖　2010 年 1 月 20 日，本案例的作者在旧金山采访了德拉蒙德·劳森。除非另作说明，后续的所有引文均来自这次采访。

⊜　2010 年 1 月 20 日，本案例的作者在旧金山采访了弗雷德·霍尔茨豪尔。除非另作说明，后续的所有引文均来自这次采访。

成为企业家精神的一般标准。"[一]

就这样，绿色厨师们逐步推进其研发工作。他们去向他们社交圈子里的人们请教。霍尔茨豪尔说：

"这是协作和创新发挥作用的体现。你去询问你认识的、可信赖的制造洗衣液的人，你对他说：'嘿，我有一个提议，可以给你介绍一下吗？你们可以生产月桂硫酸钠，但是没有人能够生产 MIPA 盐，我要采用这种材料来研制新产品，我没法买到这种材料。不如你帮我做点实验室样本，怎么样？'这之后，你会（从对方那里）获得一种新的材料，并着手尝试研制。"

绿色厨师们继续通过他们的人际关系网来获得新材料，然后对其进行测试、改进。最终，他们获得了被称作"Smartclean"的配方，这种配方采用了天然成分，仍然具有与"令人讨厌的东西"一样有效的性能，浓度是原来的 8 倍。他们发现他们研发的洗衣液表现出非线性的效率提升：浓度增加一倍，而功效提升一倍以上。

出乎意料的是，他们已经进入了一个新的化学领域，很少有人使用过这种浓缩洗衣液。他们一直在测试这个配方，直到他们在分子水平上了解到底发生了什么（参见本案例的附件 2-1）。他们还意识到：效率的提升，意味着在产品生产中需要使用的材料更少，产品开始具备成本优势。[一]

然而，胶囊残留物问题依然存在。霍尔茨豪尔去和彩弹行业的人交谈，了解他们能够制作多大的用来盛放洗衣液的甘油或明胶胶囊。他希望做成适合拿在手里的尺寸，彩弹公司认为可以做到。霍尔茨豪尔对洗衣液进行了充分浓缩，一个胶囊里面盛放的洗衣液就足够一次洗涤。但是，洗衣液的作用很强，会溶解胶囊，除非胶囊做得足够厚，但是这样一来，胶囊就不能完全溶解于冷水，会有残留物。于是，霍尔茨豪尔改进了配方。他知道，如果使用石油基和动物源成分制作胶囊就可以解决这些问题，可是那会违反 Method 公司的可持续性和伦理原则。"我们试了又试，但是一直没有实现我们希望达成的目标。"霍尔茨豪尔说。

[一] Gordon Susanna Schick, "Interview with OppGreen 2009 Speaker, Adam Lowry, Chief Greenskeeper of Method", *Opportunity Green*, November 3, 2009.

[一] 2010 年 4 月 23 日，不包括特殊销售，Method 的洗涤剂在 Amazon.com 的售价约为 0.31 美元 / 包，与 Tide 和 Febreeze 的价格相同，而第七代的售价约为 0.27 美元 / 包，Gain 的售价为 0.19 美元 / 包。

在失败中学会生存：合作与容器

虽然绿色厨师们一直乐观地认为他们能找到洗衣液胶囊的解决方案，不过他们打算回到测试"Smartclean"洗衣液的洗涤效果上来。他们从市场上销售的婴儿尿疹软膏那里获得启发，想到了一个简单的做法：将洗衣液装进婴儿尿疹软膏采用的泵式分装容器中，顾客在洗衣时可以直接将洗衣液挤入洗衣机，而不是等待胶囊溶解。很快，这个解决方案获得了绿色厨师团队的认可：用一个泵，而不是制作洗衣液胶囊。霍尔茨豪尔与汉迪进行沟通，以进一步完善泵瓶方案。"如果你想到一个好主意，"霍尔茨豪尔说，"你走到汉迪的办公桌前说，'嘿，伙计。我需要一点帮助，你能帮我吗？'。他会说，'当然'。然后，他会问一些相关的问题，以确信这件事值得花时间去做，然后他就会去做。"汉迪开始研究霍尔茨豪尔的泵瓶创意，并将设计图纸贴在办公室外面，让全公司的员工都能看到并提供反馈。

从胶囊改成泵瓶后，霍尔茨豪尔再次回到实验室去完善配方。浓缩的洗衣液非常黏稠，必须加以调整才能适用于泵瓶。还必须让洗衣液均匀混合，以便每次挤出比例完全相同的成分。在采用胶囊方案时，一旦胶囊溶解，则所有成分最终都会混合，所以，开始分散得不均匀也没关系。虽然产品中使用的无毒和可再生成分占比已经达到 95%，但是霍尔茨豪尔还想继续调整配方。不过，Method 公司觉得产品已经可以面世了。霍尔茨豪尔为自己的作品申请了专利，并继续为产品面世进行配方优化。

既然新的洗衣液配方看起来可以用泵瓶作为容器，于是，Method 公司将工作重点调整为制作出所需的容器。最终，汉迪设计出一款泵结构，只需稍稍用力就能很容易地按压出洗衣液（见附件 2-2）。传统的洗衣液瓶子，用瓶盖作为计量工具，需要用两只手配合工作。但是在使用 Method 公司的洗衣液时，顾客可以一只手拿着洗衣篮或抱着孩子，用另一只手单手按压 4 下 Smartclean 洗衣液泵瓶即可。市面上常见的两倍浓缩洗衣液一瓶重达 7 磅甚至更多，而 Method 公司生产的可洗涤 50 次的满满一瓶 Smartclean 重量还不到 2 磅（其广告见附件 2-3）。

接下来的任务是大规模生产汉迪所设计的泵瓶。这项任务主要由包装工程和项目管理团队负责。合作是团队工作的关键。一位包装工程师说："我愿意把椅子转过来，帮忙做点贡献。"Method 公司的员工不是在小隔间里工作，而是在普通的长条桌上工作，这样，他们就可以听到彼此的谈话并加入讨论。项目经理认为创新比严格遵守程序更重要。包装工程师在公司内部被称作整形外科医生，他们发现，可以用一个座式引擎（泵的内部构件）来喷射洗衣液，但需要一个定制的顶盖来满足 Method 公司的美学和操作需求。他们联系了各种供应商，最后只有一家公司愿意按照顾客需要为其定制顶盖。Method 公司同意支付生产定制顶盖的费用。

Method 公司希望瓶身是透明的，好让顾客看得到里面的液体，还新设计了一个倾斜的吸入洗衣液的吸管。透明瓶身可以帮助顾客确保导管始终触及容器的底部，以吸取所有的洗衣液从而避免残留浪费。Method 公司选择了一家独立的加州塑料制造商，该制造商每年可生产近 2 亿个容器，并拥有用回收来的 2 号塑料（高密度聚乙烯，HDPE）制造容器的经验。在选择制作容器的材料时，Method 公司希望在保留透明瓶身的情况下，尽可能多地使用回收物。最后，公司决定使用 50% 的新制纯 HDPE 和 50% 回收来的 HDPE。

与此同时，Method 公司还在为洗衣液的产能保障投入精力。公司的运营部门开始与选定的制造商洽谈合作，这家制造商几乎是所有大型个人护理和清洁用品公司的供应商，其客户包括宝洁、联合利华等大公司。Method 公司的运营团队要确保工厂量产的 Smartclean 洗衣液的品质与实验室中的一致。实际上，在试生产阶段出现了新问题，也带来了新机遇。工厂生产出来的第一批产品被装瓶设备上的灰尘污染了，由于 Method 公司的 Smartclean 洗衣液清洁效能非常强大，以至于当产品流经生产系统时会清洁管道。尽管 Method 公司不得不舍弃这批产品，却在无意中进入了一个潜在市场：工业清洁剂市场。后来，这家制造商开始选择以 Smartclean 为其首选的工厂设备清洁剂。

最后，Method 公司还要引进新的压缩包装设备，以在瓶子上贴上公司独特的品牌标签。同时，这种设备需要做到，即使顾客拧开瓶盖去闻洗衣液的味道，也能保持泵的锁定状态。这种设计可以满足许多购买者想要闻一闻容器内容物的欲望。Method 公司与设备制造商合作研发这种设备，在达到预想效果后，Method 公司对新设备进行了投资。

可持续性的量化评价

Method 公司希望对其研发和生产 Smartclean 洗衣液所带来的环境影响做出评估。公司获得了"从摇篮到摇篮"的认证，Smartclean 洗衣液成为有史以来第一家获得该认证的洗衣液。Smartclean 洗衣液还因其无毒、可生物降解的配方，获得了美国环境保护署的环保项目设计的认可。

此外，Method 公司还想计算自己开发的洗衣液的碳排放总量。为此，它找到了硅谷的新创公司 Planet Metrics。这是一家于 2008 年创立的新公司，该公司在第一轮风险融资中获得了 230 万美元资金，十分渴望能与 Method 公司开展合作，希望借此建立自己的声誉，并测试其开发的快速碳建模软件。该软件可以测量产品在其整个生命周期中的 3 类核算范围下的碳排放量，从而为企业提供一种快速计算各种可持续性备选方案的投资回报的工具。《温室气体协议》[⊖]定义的企业碳排放的 3 种核算范围如下：

- 范围 1：企业活动产生的直接排放。
- 范围 2：企业活动消耗电力、热量或蒸汽所产生的间接排放。
- 范围 3：其他间接排放，例如所购买的原材料和燃料在提取和生产过程、使用非本企业拥有或控制的车辆进行运输等相关活动、范围 2 未涵盖的电力相关活动（如输电损耗）、外包活动、废物处理过程等所产生的其他间接排放[⊖]。

Planet Metrics 公司对 Method 公司开发的这款"从摇篮到家门"的洗衣液产品进行了 3 类核算范围下的碳排放分析：涉及所有的活动和材料，包括产品生产、销售准备、发货给零售商、顾客将洗衣液买回家、旧瓶子回收等，这些活动和过程都会产生碳排放。不过，由于公司使用的瓶子总体上用料更少，使得同等清洁效能下所需运输的质量更轻，消耗的能量更少。最后，仅考虑"从摇篮到家门"的碳排放，Method 公司洗衣液的碳排放比平均两倍浓缩洗衣液的碳排放少 35%，它还减少了 36% 的塑料用量、33% 的石油和能源消耗。而且，由于计量精准，顾客也可以减少洗衣液的浪费。

结论

回顾 Smartclean 洗衣液的开发历程，劳里认为其成功源自失败。Method 公司为内部员工及供应链上的合作伙伴提供了创造和合作的空间。当他们遇到障碍时，并没有停步，而是变得更有创造力。劳里说，洗衣液工厂的一些工人自愿加

⊖　《温室气体协议》由世界资源研究所和世界可持续发展工商理事会共同制定。——译者注

⊖　The Greenhouse Gas Protocol Initiative, "FAQ," 2010, http://www.ghgprotocol. orgicalculation-tools/ faq (accessed August 24, 2010).

班而不计报酬，因为他们相信自己是一项伟大事业的参与者：这是一场社会变革，而不仅仅是另一种利用人们的脏衣服赚钱的方式。劳里说："文化是唯一可持续的企业竞争优势。我们不认为创新本身是企业的竞争优势，创新能力才是！要具备创新能力，你必须建立一个与众不同的企业，在那里，你要建立一种能力并借由员工和组织文化加以体现，这种能力可以帮助员工提出最好的想法，并让这些想法有机会发芽和茁壮成长。要让每一次创新给予我们再次创新的可能。"

2010 年夏天，Smartclean 洗衣液成功上市。这家年轻的、快速发展的公司的下一个关注点是什么？公司及其创始人正在面临典型的增长挑战。随着 Method 公司从新创公司成长为中型公司，其创新产出能否得以维持？管理层的注意力应该如何在创新研发、产品生产和促进需求高速增长上加以分配？公司的终极目标应该是什么？只是无限期的发展吗？

附件 2-1：常规的洗衣液胶束

洗衣液通常由两部分组成：容易与油污结合的亲油基（尾端）和容易与水结合的亲水基（头部）。这种结构会让洗衣液分子在水中凝结成球形，称为胶束，其中亲水基（圆形的头部）朝外，而由类似脂肪的化学物质组成的亲油基（线形的尾端）朝里。

传统洗衣液的工作原理是：在洗涤时，要让加入洗衣机的洗衣液胶束溶解并散开，让洗衣液的尾端插入油污内部抓住污垢，然后让胶束与污垢凝结在一起，形成细小油滴与水组成的分散均匀、稳定的乳浊液，然后被水冲走。溶解和散开胶束需要搅拌和热能。

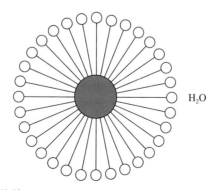

图片来源：案例作者绘制。

Method 公司的 Smartclean 洗衣液让亲油基的尾部朝外,进水后可以立即与污垢发生作用。这种反转胶束让洗衣液变得更有效:改善了清洁过程,减少了洗衣液浪费,而且因其更容易与污垢发生反应,所以搅动和加热所需的能量更少。这种反转胶束也可以减少洗衣液中的含水量,从而提高洗衣液的浓缩倍数,减少其质量和体积。

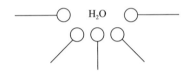

图片来源:案例作者绘制。

附件 2-2.洗衣液容器的工作原理

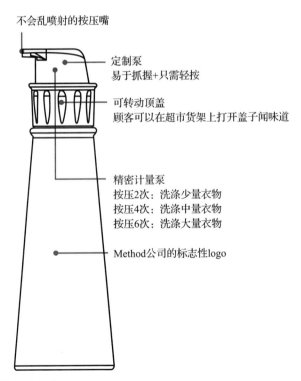

图片来源:Method 公司。

附件 2-3：Method 公司的洗衣液广告

　　上面这则广告强调在提供相同清洁效能的情况下，Method 洗衣液泵瓶尺寸小、易用、只需单手操作的特点。

Method 公司的创始人亚当·劳里和埃里克·瑞安的照片

照片来源：Method 公司。

案例　Biodiesel 公司[一]

约书亚·马克斯韦尔（Joshua Maxwell）关掉他的笔记本电脑，看向窗外。从管理研究生院大楼的二楼望出去，他可以看到许多汽车从附近的高速公路上驶来，停在附近的停车场上。

这是约书亚在加州大学戴维斯分校攻读全日制工商管理硕士学位的最后一个学期。他很快就要毕业并开启他人生的新篇章。虽然他有几份管理层的工作可以选择，但他不确定自己是否想走这样的传统路线。最近他遇到一个特别的就业机会，让他不得不停下来思考。

背景

上个学期，约书亚报名参加了理查德·C. 多尔夫（Richard C. Dorf）教授的"商业与可持续发展"课程。虽然该课程由管理研究生院开设，但面向整个大学开放。在这门课上，他认识了正在攻读农业经济学本科学位的汉娜·朗（Hannah Long），以及机械工程系的大四学生马修·哈蒙德（Matthew Hammond）。

这三人一起着手准备该课堂的一个小组项目，该项目最终演变成了一个巨大的商机。他们的合作始于一场关于新兴可再生能源行业面临的挑战和机遇的课堂讨论。

挑战

对能源的依赖是一个全球化的现实。能源为我们周围的机器和设备提供动力，让我们的生活更加方便和快捷。在我们的日常生活中，会接触到以不同形式存在的能源。我们在日常生活中最常见的两种能源形式是从石油中提炼的液体燃料和电力。电力主要来自石油、煤炭、天然气和核能等不可再生资源，使用这些资源会对环境造成不利影响。

日益增多的发达国家和发展中国家正在消耗越来越多的液体燃料从事运输、食品生产和贸易促进活动。本质上，燃料在所有这些活动中的作用是替代人类

〇　本案例由加州大学戴维斯分校管理研究生院的理查德·C. 多尔夫教授指导，由 MBA 学生本杰明·芬克罗完成，索尼娅·耶茨和保罗·杨为案例编写提供了帮助。

劳动。伴随汽油基液体燃料的广泛消费，人们建立起一个庞大得令人难以置信的全球基础设施和配套周边机构网络。仅仅石化燃料工业，就包括石油钻探、原油开采和储备、管道运输和海运以及加油站等诸多产业链环节。

目前人类对能源的利用方式是不可持续的。众所周知，这些能源的使用正在耗竭自然资源储备，损害人类健康，造成一些地区的人们流离失所，污染当地的空气和水源。石油钻探、提炼和运输会导致陆地和海洋原油渗漏；当汽油基液体燃料被用来驱动机器和汽车时，空气会被温室气体（如二氧化碳、一氧化碳、硫和一氧化二氮等）和颗粒物污染。

尽管存在这些弊端，但是当前的能源行业还在继续采用这些能源利用方式，这主要是因为人们已经为现有基础设施投入了大量资金。

约书亚的小团队从课堂讨论和其后的头脑风暴中清楚地认识到，需要应对的挑战是要找到一种替代燃料或替代技术，让人类可以在利用现有基础设施的同时，减轻汽油基液体燃料对环境的负面影响。全球人口激增和液体燃料人均消费量的高速增长，正在使应对这一挑战变得日益紧迫。

理念

马修从他的工程课程学习以及与其他工程师的交流中了解到，生物柴油这项新兴技术有可能为应对上述挑战提供解决方案。三人小组在进一步探讨了柴油替代品的环保效益和可行性后，认为生物柴油具有较大的商业潜力。

生物柴油是植物和动物制品，是传统柴油的替代品。尽管生物柴油的化学成分与汽油不同，但是所有 1996 年以后制造的柴油发动机无须进行任何改造，就可以通过生物柴油维持运转。他们之所以选择生物柴油这种生物质的替代品，是因为生物柴油可以在现有的基础设施和社会资源利用模式下投入使用⊖，这可以增加其被采用的可能性。"创业者必须让自己的想法能被既有的观念和行动模式所接受，这些观念和行动模式构成了创业所处的制度环境。同时，创业者要通过创新而与既有模式有所不同。"⊖生物柴油是一项有利于改善空气质量的创新，是兼具经济可行性与环境改善作用的、具有巨大潜力的商业构想。

⊖　M. Ahmad, *Practical Handbook on Biodiesel Production and Properties*, CRC Press. 2012.

⊖　A. Hargadon and Y. Douglas, "When Innovations Meet Institutions," *Administrative Science Quarterly*, 46(2001)：476.

生物柴油作为一种可再生能源，对可持续发展最大的贡献是，它比传统柴油的碳排放量低。所以，与传统柴油相比，生物柴油能够显著减少有害排放。此外，生物柴油的臭氧排放约为石油燃料的一半。如果考虑全生命周期的影响，则使用生物柴油的好处更多。如果以大豆为原料制造生物柴油，则大豆作物在生长过程中所吸收的二氧化碳量与燃烧生物柴油所排放的二氧化碳量基本可以抵消。这与使用石油燃料形成了鲜明对比，石油燃料无论在开发、精炼还是使用过程中，都会向大气排放二氧化碳。

生物柴油是可生物降解的，是一种有机燃料而非化石燃料，因此被视作可再生资源。生产生物柴油的原料是植物油或动物脂肪。植物油可以从大豆、油菜、向日葵和红花等不同种类的植物中提取，动物脂肪则直接来自猪油以及从餐馆回收的食用油中的油脂。植物油或动物脂肪与酒精和催化剂混合形成酯类，生成被定义为长链脂肪酸单烷基酯的生物柴油。

最后，生物柴油的大规模生产将对相关原料的经济价值产生巨大影响。例如，一项研究指出，如果未来 10 年人类对生物柴油的需求增加到 2 亿加仑，则相应数量的豆油需求会让农民的年均净收入增加 3 亿美元。一蒲式耳大豆⊖的价格将在未来 10 年内年均上涨 17 美分。⊜对农民来说，生物柴油似乎意味着相当可观的潜在经济利益。

但是，即使在这样的规模经济前景下，100% 纯生物柴油的批发价也不大可能比传统柴油便宜，因此生物柴油在成本竞争力上会输给传统柴油。除非出现了提高原油价格或导致柴油炼油厂减产的情况，否则，在目前的监管结构下，庞大的石油基柴油专用资产很可能会使柴油价格逐步下降。不过，生物柴油作为一种燃料添加剂，的确是一种具有成本竞争力的燃料替代品。有研究表明，将 1% 的生物柴油与传统柴油混合，"可以将石油基柴油的润滑性提高 65%"⊜，更不用说喷溅混合带来的硫减排和其他减排效益。随着监管机构对传统柴油用户施加越来越大的压力，生物柴油生产商能够通过适当涨价来抵消其较高的成本。100% 纯生物柴油的市场也将随着海洋工业、铁路、发电机甚至农业等专业市场的增长而增长。

⊖ 一蒲式耳大豆约重 27 千克。

⊜ G. Knothe and J. V. Gerpen, *The Biodiesel Handbook*, 2nd ed., AOCS Publishers, 2010.

⊜ "Biodiesel Carries New Weight in Premium Diesel Market," *Biodiesel Bulletin*, Sept. 2002. http://www.biodiesel.org/news/bulletin/2003/080403.pdf.

Biodiesel 公司

约书亚、汉娜和马修提交的小组项目方案相当吸引人,他们打算成立一家名为"Biodiesel"的公司。该新创企业将招募和发展一系列当地生产商合作社,并致力于开发新兴的生物柴油市场,其创业设想可以简要概括如下:

- 合作社成员负责种植原料作物,并收集高脂肪含量的作物残渣。
- 合作社成员分摊资本设备费,并从收集到的生物质中提取油料,再用这些油料生产生物柴油。
- Biodiesel 公司负责利用现有的石油基础设施,在当地分销生物柴油。

合作社模式的优势

合作社模式可以让小农户拥有大规模农业组织才具有的竞争优势。"今天,美国有 4000 多个农业合作社,每年的净收入近 20 亿美元,净营业额超过 890 亿美元。"⊖合作社的主要特征是:成员拥有和控制合作社的资产和运营;合作社通过自力更生和自助来筹集资源和开展运营。采用合作社模式是实施生物柴油这类新兴和颠覆性创新的理想选择。

Biodiesel 公司的计划是:

- 利用合作社的集体购买能力,获得必要的资本密集型设备,并实现规模经济。
- 提高谈判能力,以确保①稳定作物价格和生物柴油产量;②获得更多的优质订单。
- 为团结农村社区、保护农业经济做出贡献。

Biodiesel 公司一方面将从合作社的农民成员的利益出发,为其提供生物柴油销售议价和生产辅助等服务;另一方面,公司将致力于控制作物(即生物质原料)、合作社成员加工的油料以及生物柴油的价格和购销条款。⊖

思考题

1. 对约书亚、汉娜和马修来说,为了判断这是不是一个可行的商业机会,

———————
⊖ http://co-operatives.ucdavis.edu/Agricultural Co-operatives.htm.
⊖ "New Biodiesel Hub Sets Up in Portland," *Sustainable Business Oregon*, April 10, 2012.

他们应该考虑哪些关键因素？

2. 他们应该研究和了解哪些市场驱动因素？

3. 目前提出的经营策略存在哪些缺陷？

4. 如果他们决定继续完成其创业计划，则应采取哪种形式的融资？

6. 他们应该选择哪些类型的分销渠道？

7. 他们应该如何提高成功的机会？

8. 他们接下来的任务是什么？

案例　芭芭拉的选择[⊖]

前言

2018 年一个春天的夜晚，芭芭拉·阿尼森（Barbara Arneson）正在马里兰大学帕克分校的校园里散步。她经常在一天结束时来到校园，静静地沉思。今晚，她要考虑自己的职业选择和未来几年的人生道路。离毕业只有 5 天了，明天芭芭拉会去机场接她的父母来短暂旅行几天并参加她的毕业典礼。她希望能告知父母她的职业选择，然后在接下来的几天里放松一下。

芭芭拉在一年前获得了生物学的学士学位，很快就要获得马里兰大学的计算机科学硕士学位，然后，她打算进入高科技行业开始她的职业生涯。令芭芭拉感到幸运的是，强大的高科技经济以及生物信息学这一新领域的投资增长，让她拥有许多的职业选择。生物信息学将软件和互联网技术应用于生命科学领域，进行遗传信息的识别和使用。芭芭拉的个人目标是从产品开发做起，最终进入管理层，也许有一天她会创办自己的公司。作为一个过渡，她认为她可能会在几年后回到研究生院攻读 MBA。

就在这个美丽的夜晚，芭芭拉必须在两份诱人的工作机会中做出选择。

⊖ 本案例由斯坦福大学的讲师和助教编写和修订。案例编写目的是为课堂讨论提供素材，而非用来说明一种管理情境下解决方案的有效或无效。该案例源自经验，而非基于某个特定的人的经历。本案例的版权于 2018 由小利兰·斯坦福大学和斯坦福技术创业项目（STVP）的董事会所有。未经 STVP 许可，本案例的任何部分不得被复制、存储在检索系统中，不得在电子表格中使用或以任何形式或任何方式（电子、机械、影印、记录或其他方式）传播。

芭芭拉的困境

芭芭拉参加了多家高科技公司的面试，最终，生物基因系统公司（BioGene Systems, Inc.）和互联网基因公司（Interweb Genetics Corp.）这两家成为她的首选。她本来希望至少能收到其中一家公司的邀请，结果，两家公司都向她发出了邀请。现在她将面临一个艰难的决定。

生物基因系统公司已经成立 7 年了，是一家非常成功且发展迅速的公司。这家公司的产品开发团队在所处技术领域获得高度关注，芭芭拉未来的报告对象拉莎·莫瓦尼（Rasha Motwani）在芭芭拉感兴趣的几个产品领域中拥有 10 多年的开发经验。芭芭拉喜欢拉莎，觉得可以从她身上学到很多东西。

互联网基因公司是在大约一年前由两位风险投资家投资创办的新公司。两位投资人都拥有向科技企业投资的成功经历。互联网基因公司的创业团队正致力于开发其第一款产品，该产品将在大约一年后推出。芭芭拉如果加盟该公司，会加入约由 10 名工程师组成的团队，该团队中的大多数成员都拥有正在开发的产品相关领域的丰富经验。技术团队的领导者是罗伯特·杰克逊（Robert Jackson），他是公司的创始人之一，只比芭芭拉大几岁，被誉为技术"梦想家"。

芭芭拉这几天一直尝试做出决定。她一边慢慢地走回宿舍，一边整理自己的想法。"好吧，我一直在努力根据我最看重的主要优先事项做决定，我最看重的是我将要参与的项目类型、将合作的人员的素质以及我的未来发展机会。虽然生物基因系统公司和互联网基因公司之间没有直接的可比性——两家公司都有潜在的优势和劣势——但事实上，我认为我对两家公司同样满意。对我来说，做这个决定就像抛硬币。或许，我应该通过比较薪酬报价来做决定。但是，既然两家公司提供的薪酬和福利很相似，这意味着我要分析一下两家公司的股票期权要约。"

股票期权套餐

并非所有公司都会给大学毕业生提供股票期权。但是，由于芭芭拉的学业表现优秀，加之生物信息学领域的就业市场火爆，两家公司给出的要约中都包含了股票期权套餐。

股票期权赋予个人在被称为"期限"的固定时间内，以一个被称为"行权价"的固定价格从公司购买一定数量股票的权利。期权将在期限结束时到期，获得股票期权的员工，可以在期限内全部或部分地"行权"（即购买公司股票）。发放股票期权的公司通常会为"行权"设定一些限制条件。对员工来说，持有期权不存在财务风险——如果股票价值低于行权价格，员工就不必在这时行权。

生物基因系统公司为芭芭拉提供 6000 股的期权，行权价为每股 16.00 美元。该公司已经于 2016 年 6 月上市，上市时的公司股票价格为每股 10 美元，目前股价约为 16 美元。招聘经理卡伦·赫什菲尔德（Karen Hershfield）在向芭芭拉提出这一要约时表示："我们的增长是高速、盈利的，我们预计公司还会延续这种增长。这个期权套餐应该会给你带来丰厚的回报。"

互联网基因公司以每股 0.50 美元的行权价为芭芭拉提供 1.2 万股的期权。因为该公司目前还是私人公司，该价格反映了该公司在接受风险投资时做出的有利定价决定。罗伯特·杰克逊在与芭芭拉讨论这个要约时说："创业的好处是，如果成功了，每个人都会变得富有。我们的商业计划表明，我们应该能够在 3 年或 4 年内进行 IPO，因为公司通常按照每股 10 ~ 15 美元的价格上市，到那时，你会发现你的期权价值可能接近 100 万美元！"

两家公司提供的股票期权的限制条款相似。授予率为每年 25%，期限为 4 年。这意味着在未来 4 年中，第一年的雇用期结束时，芭芭拉将可以随时行使 25% 的股权购置权利。工作 2 年后，她会再获得 25% 的行权权利，依此类推。如果她离开公司，可以在离开公司的 90 天内行使已被授予的期权，而未被授予的期权将被终止。期权的未行使部分将在入职后 10 年到期。

当芭芭拉发现自己对入职两家公司感到同样满意后，就对股票期权带来的巨大财务收益感到兴奋。她甚至开始做白日梦，设想自己可以用这笔意外之财做些什么——出国旅行一年，为父母买辆新车，支付 MBA 学费，无须担心攻读 MBA 学位的 2 年时间内没有工资，也无须为巨额贷款感到焦虑。既然她在创业课程中学到了很多财务分析知识，于是，她获取并分析了两家公司的财务数据（如附表 1 和附表 2 所示）。她还分析了这两家公司的机会和战略，认为两家公司都有实现其目标的良好前景。她研究了上市高科技公司的股票市场数据，了解到生物信息有关公司的市盈率平均为 25。互联网基因公司提供的股份要比生物基因系统公司多得多，但风险也更高。她知道很多新创企业都没能成功。

她回忆起 5 年前的那个秋天，她的父母在大一开学时把她送到了学校。明天，她会去机场接他们，到时她想与他们分享她的职业决定，让他们为她感到骄傲。

附表 1　生物基因系统公司的盈亏历史

	2014 财年	2015 财年	2016 财年	2017 财年	2018 财年
营业收入：	10.1	17.1	25.6	42.4	74.6
营业成本	4.0	6.8	10.2	17.0	29.8
毛利	6.1	10.3	15.4	25.4	44.8
费用：					
工程费用	1.2	2.1	3.1	5.1	9.0
营销费用	2.5	4.3	6.4	10.6	18.7
一般及行政费用	0.6	1.0	1.5	2.5	4.5
总费用	4.3	7.4	11.0	18.2	32.2
税前利润	1.7 ⊖	2.9	4.4	7.2	12.7 ⊜
应交税费	0.7	1.2	1.7	2.9	5.1
税后利润	1.0	1.7	2.6	4.3	7.6
EPS（每股收益）	0.06	0.08	0.12	0.19	0.33

　　注：1. 除 EPS 以美元为单位外，所有数据均以百万美元为单位。

　　　　2. 公司股票在纳斯达克交易。2018 年 5 月 31 日的收盘价为 16.25 美元。

　　　　3. 2018 财年结束于 2018 年 6 月 30 日。2018 财年的数据是根据股市分析师的估计，并综合考虑了管理层的意见得出的。

附表 2　互联网基因公司商业计划书中的盈亏预测

	2017 财年	2018 财年	2019 财年	2020 财年	2021 财年	2022 财年
营业收入	0.0	0.0	5.0	20.0	41.0	62.0
营业成本	0.0	0.0	2.0	8.0	16.4	24.8
工程费用	0.7	1.0	1.5	2.4	4.9	7.4
营销费用	0.3	0.5	1.3	5.0	10.3	15.5
一般及行政费用	0.1	0.2	0.3	1.2	2.5	3.7
总费用	1.1	1.7	3.1	8.6	17.7	26.6
税前利润	−1.1	−1.7	0.0 ⊜	3.4	7.0 ⊗	10.5 ⊕
应交税费	0.0	0.0	0.0	0.2	2.8	4.2
税后利润	−1.1	−1.7	0.0	3.2	4.2	6.3

　　注：1. 截至 2018 年 5 月 31 日，公司已发行 2370 万股。管理层的商业计划中无须额外的风险资本或其他融资。

　　　　2. 2018 财年结束于 2018 年 6 月 30 日。

　　　　3. 所有数据均以百万美元为单位。

　⊖　这里原书有误，实际应为 1.8。——译者注

　⊜　这里原书有误，实际应为 12.6。——译者注

　⊜　这里原书有误，实际应为 −0.1。——译者注

　⊗　这里原书有误，实际应为 6.9。——译者注

　⊕　这里原书有误，实际应为 10.6。——译者注

思考题

1. 生物基因系统公司目前发行了 2300 万股股票，市盈率为 49。假设未来 4 年公司每年的每股收益增长 50%，市盈率降至 25，这意味着 2022 年公司的估值为 9.62 亿美元。假设根据互联网基因公司的业务计划，其 2022 年的每股收益（税后利润）为 630 万美元，则截至 2022 年，互联网基因公司的估值是多少？

2. 假设未来 4 年两家公司的流通股均未发生变化，则芭芭拉所获股票在两家公司中的持股比例分别是多少？

3. 使用思考题 1 中两家公司 2022 年的估值，比较 4 年后其股票期权完全行权时的价格。假设芭芭拉在那之前一直工作，并且可以在同一天以无现金交易的方式出售她的期权，则哪家公司的股票期权会给她带来更大收益？在计算过程中，需要考虑股票期权的成本，并说明你所采用的所有关键假设。

4. 除了考虑所获薪酬，你认为芭芭拉在做决定时，还应考虑哪些因素？

案例　Gusto 公司：文化标尺[⊖]

这是 2015 年年初的一天，初创的 Gusto 公司的首席执行官乔希·里夫斯（Josh Reeves）在结束了一次全体员工会议后，会见了一名他不知道姓名的员工。这只是他要会见的第一名员工。自 2011 年 11 月该公司创办以来，乔希亲自面试每位应聘者，亲自发出了几乎每一份聘用函，他跟每位员工至少用一个小时时间分享他关于公司经营以及员工将在组织中扮演什么角色的看法。3 年之后，这种情况不得不改变。随着公司不断发展，规模不断扩大，乔希需要让其他人来扮演这个关键角色。结果就是，乔希失去了与每位员工建立联系的能力，失去了亲自与员工分享公司的核心经营理念（关心社会、思考长远和以解决重大问题为动力）的能力。

2011 年 11 月，乔希·里夫斯、爱德华·金（Edward Kim）和托莫·伦敦

⊖　本案例由 Gusto 公司的乔希·里夫斯和斯坦福大学的蒂娜·西利格编写和修订。案例编写目的是为课堂讨论提供素材，而非用来说明一种管理情境下解决方案的有效或无效。该案例源自经验，而非基于某个特定的人的经历。本案例的版权于 2018 年由小利兰·斯坦福大学和斯坦福技术创业项目（STVP）的董事会所有。未经 STVP 许可，本案例的任何部分不得被复制、存储在检索系统中，不得在电子表格中使用或以任何形式或任何方式（电子、机械、影印、记录或其他方式）传播。

（Tomer London）共同创立了 Gusto 公司。他们三人之所以能走到一起，是因为他们拥有共同的价值观，都对改变公司的经营方式充满热情。他们深切地感受到，当人们与拥有共同价值观和动力的团队成员一起，做他们喜欢的、擅长的、有影响力的事情时，工作会变得美妙。他们总结了以前的经营体会，为新公司设定了明确的目标，即建立一家经久不衰的公司，他们愿意用几十年时间来充分发挥其潜力。他们的一个核心观点是，组织文化和公司的产品应该是关乎"人"的。他们渴望建立一个符合他们所持有的价值观的组织。

他们带着这样的使命创办了 Gusto 公司：要创造一个人们通过工作而让生活变得更美好的组织。要让工作成为生活的场景，让工作成就生活。Gusto 公司将企业运营中的许多复杂且不必要的恼人部分（如工资单、医疗保险、人力资源合规性审核、养老金计划等）自动化，以便让雇主和员工能够专注于建立更牢固的相互关系。Gusto 公司的一个核心理念是，人本身不是资源，人际关系才是资源。Gusto 公司将帮助员工在工作中体会这些重要的时刻，例如，收到一份工作邀请，入职第一天的愉快工作，了解自己的团队，对自己所做的工作心怀感激等。

Gusto 公司的传统做法包括：允许员工穿着袜子或拖鞋在办公室工作；在全体员工会议上公开和共享公司的业务指标与财务数据；员工经常有机会与 CEO 交流，员工可以向 CEO 提出任何问题；设立特殊荣誉奖项，表彰那些遵从公司价值观的员工；请团队成员邀请自己的亲人、朋友来参加聚会；组织全体员工到童子军训练营休养，等等。对创始人来说最重要的是，公司不仅要实现其雄心勃勃的目标，还要让整个团队为实现这些目标而感到自豪。

Gusto 公司的核心价值观

每个员工都是主人翁	多走一公里
不追求短期最佳业绩	做正确的事
我们都是建设者	保持透明度

Gusto 公司的员工数量增长

以下是 Gusto 公司成立以来每年年初的员工统计数据：

- 2012 年，公司在加州帕洛阿尔托的一栋房子里办公，有 3 名员工。
- 2013 年，公司搬到加州旧金山地区的一个阁楼里办公，有 8 名员工。
- 2014 年，公司拥有了第一间正式的办公室，有 24 名员工。
- 2015 年，这年夏天，公司在科罗拉多州的丹佛市开设了一个办事处，有 85 名员工。
- 2016 年，公司设立了两个办事处，共有 280 名员工。
- 2017 年，公司的两个办事处共有 415 名员工。

思考题

1. 在快速发展过程中，Gusto 公司应如何保持其核心价值观和公司的组织文化？（提示：请考虑采用以下你可以掌控的因素，比如员工入职体验、组织结构、招聘策略、社区和培训计划、内部沟通、异地休假、办公空间的环境和布局、表彰和奖励、全体员工会议、薪酬结构等）

2. 你认为应该如何跟踪这些做法产生的影响，如何评估这些做法的有效性？

3. 需要做出哪些取舍？哪些做法可以缩减，哪些则不能缩减？

参考文献

Aaker, David. 2001. *Developing Business Strategies,* 6th ed. New York: John Wiley and Sons.

Aaker, David, and E. Joachimsthaler. 2000. *Brand Leadership.* New York: Free Press.

Abate, Tom. 2008. "Who Is Doing What with Technology?" *San Francisco Chronicle* (28 July).

Agarwal, Rajshree, M. B. Sarkar, and R. Echambadi. 2002. "The Conditioning Effect of Time on Firm Survival." *Academy of Management Journal* 5: 971-994.

Ahuja, Gautam, and C. M. Lampert. 2001. "Entrepreneurship in the Large Corporation." *Strategic Management Journal* 22: 521-543.

Aiello, Robert, and M. Watkins. 2000. "The Fine Art of Friendly Acquisition." *Harvard Business Review* (December), pp. 101-116.

Albrinck, Jill, J. Hornery, D. Kletter, and G. Neilson. 2002. "Adventures in Corporate Venturing." *Strategy and Business* 22: 119-129.

Allen, T. J. 2000. "Architecture and Communication Among Product Development Engineers." *Engineering Management Society. Proceedings of the 2000 IEEE* (pp. 153-158). IEEE.

Alvarez-Garrido, E., and G. Dushnitsky. 2016. "Are Entrepreneurial Ventures' Innovation Rates Sensitive to Investor Complementary Assets? Comparing Biotech Ventures Backed by Corporate and Independent VCs." *Strategic Management Journal* 5(37): 819-834.

Amit Jain. 2016. "Learning by Hiring and Change to Organizational Knowledge: Countering Obsolescence as Organizations Age." *Strategic Management Journal* 37(8): 1667-1687.

Anand, Bharat, and A. Galetovic. 2004. "How Market Smarts Can Protect Property Rights." *Harvard Business Review* (December), pp. 73-79.

Anders, George. 2003. *Perfect Enough.* New York: Penguin Putnam.

Ang, S., and L. Van Dyne 2015. *Handbook of Cultural Intelligence.* London: Routledge.

Ansari, Shahzad (Shaz), Raghu Garud, and Arun Kumaraswamy. 2016. "The Disruptor's Dilemma: TiVo and the U.S. Television Ecosystem." *Strategic Management Journal*

37(9): 1829-1853.

Anthony, C., A. J. Nelson, and M. Tripsas. 2016. "'Who Are You?··· I Really Wanna Know': Product Meaning and Competitive Positioning in the Nascent Synthesizer Industry." *Strategy Science* 1(3): 163-183.

Arnold, Denis G., Tom L. Beauchamp, and Norman L. Bowie. 2012. *Ethical Theory and Business*, 9th ed. New York: Pearson.

Arthurs, Jonathan, and Lowell Busenitz. 2006. "Dynamic Capabilities and Venture Performance: The Effects of Venture Capitalists." *Journal of Business Venturing* 21: 195-215.

Astebro, Thomas. 1998. "Basic Statistics on the Success Rate and Profits for Independent Inventors." *Entrepreneurship Theory and Practice* (Winter), pp. 41-48.

Audretsch, David, and Erik Lehmann. 2005. "Does the Knowledge Spillover Theory of Entrepreneurship Hold for Regions?" *Research Policy* 34: 1191-1202.

Audretsch, David, Erik Lehmann, and Susanne Warning. 2005. "University Spillovers and New Firm Location." *Research Policy* 34: 1113-1122.

Aulet, Bill. 2013. *Disciplined Entrepreneurship: 24 Steps to a Successful Startup.* Hoboken, NJ: John Wiley & Sons.

Austin, James, Roberto Gutierrez, Enrique Ogliastri, and Ezequiel Reficco. 2007. "Capitalizing on Convergence." *Stanford Social Innovation Review* (Winter), pp. 24-31.

Autio, Erkko, Linus Dahlander, and Lars Frederiksen. 2013. "Information Exposure, Opportunity Evaluation, and Entrepreneurial Action: An Investigation of an Online User Community." *Academy of Management Journal* 56(5): 1348-1371.

Baer, Markus. 2012. "Putting Creativity to Work: The Implementation of Creative Ideas in Organizations." *Academy of Management Journal* 55(5): 1102-1119.

Bagley, Constance, and Craig Dauchy. 2017. *The Entrepreneur's Guide to Business Law,* 5th ed. Cincinnati: South-Western College Pub.

Bailey, Jeff. 2003. "For Investors, Founders Are ShortTerm CEOs." *Wall Street Journal* (21 October), p. A24.

Baker, Wayne. 2000. *Achieving Success Through Social Capital.* San Francisco: Jossey-Bass.

Bakke, Dennis W. 2005. *Joy at Work.* Seattle: PVG Publishers.

Balachandra, R., M. Goldschmitt, and J. Friar. 2004. "The Evolution of Technology Generations," *IEEE Trans. on Engineering Management* (February), pp. 3-12.

Baldwin, Carliss, and Eric von Hippel. 2011. "Modeling a Paradigm Shift: From Producer Innovation to User and Open Collaborative." *Organization Science* (November/December) 22: 1399-1417.

Barkema, Harry, J. Baum, and E. Mannix. 2002. "Management Challenges in a New Time." *Academy of Management Journal* 5: 916-930.

Barney, Jay, and William Hesterly. 2014. *Strategic Management and Competitive Advantage: Concepts and Cases,* 5th ed. Upper Saddle River, NJ: Pearson.

Baron, James, and M. T. Hannan. 2002. "Organizational Blueprints for Success in High-Tech StartUps." *California Management Review* 3: 18-24.

Baron, Robert, and G. D. Markman. 2003. "Beyond Social Capital." *Journal of Business Venturing* 18: 41-60.

Barrett, Craig. 2003. Address at the AEA/Stanford Executive Institute, Stanford University, Palo Alto, CA (August 14).

Barrett, Craig. 2003. Oral history of Craig Barrett conducted by Daniel Morrow on 24 October 2002. Santa Clara, CA: Computerworld Honors Program International Archive.

Barroso, L. A., J. Dean, and U. Holzle. 2003. "Web Search for a Planet: The Google Cluster Architecture." *Micro, IEEE* 23(2): 22-28.

Bartlett, Christopher, and S. Ghoshal. 2002. "Building Competitive Advantage through People." *MIT Sloan Management Review* (Winter), pp. 34-41.

Baumol, William, Robert Litan, and Carl Schramm. 2007. *Good Capitalism, Bad Capitalism, and the Economics of Growth and Prosperity.* New Haven: Yale University Press.

Baumol, William. 2002. *The Free Market Innovation Machine.* Princeton, NJ: Princeton University Press.

Bechky, Beth, and S. O'Mahony. 2006. "Stretchwork: Managing the Career Progression Paradox in External Labor Markets." *Academy of Management Journal* 49(5): 918-941.

Beckman, C. M., C. B. Schoonhoven, R. M. Rottner, and S. J. Kim. 2014. Relational Pluralism in De Novo Organizations: Boards of Directors as Bridges or Barriers to Diverse Alliance Portfolios." *Academy of Management Journal* 57(2): 460-483.

Beckman, Christine, M. Diane Burton, and Charles O'Reilly. 2007. "Early Teams: The Impact of Team Demography on VC Financing and Going Public." *Journal of Business Venturing* 22: 147-173.

Bennis, W. G., and R. J. Thomas 2002. *Geeks & Geezers: How Era, Values, and Defining Moments Shape Leaders.* Boston: Harvard Business Press.

Berkery, Dermot. 2008. *Raising Venture Capital for the Serious Entrepreneur.* New York: McGraw-Hill.

Bernstein, Peter. 1996. *Against the Gods.* New York: Wiley & Sons.

Bertoni, Fabio, Massimo Colombo, and Luca Grilli. 2011. "Venture Capital Financing and the Growth of High-Tech Start-ups: Disentangling Treatment from Selection Effects." *Research Policy* (September) 40(7): 1028-1043.

Best, M. H. 2001. *The New Competitive Advantage: The Renewal of American Industry.* New York: Oxford University Press.

Bhardwaj, Gaurab, John Camillus, and David Hounshell. 2006. "Continual Corporate Entrepreneurial Search for Long-Term Growth." *Management Science* 52(2): 248-261.

Bhargava, Hement. 2003. "Contingency Pricing for Information Goods." *Journal of Management Information Systems* (Fall), pp. 115-138.

Bhidé, Amar. 2000. *The Origin and Evolution of New Business.* New York: Oxford University Press.

Bhidé, Amar. 2008. *The Venturesome Economy.* Princeton, NJ: Princeton University Press.

Bingham, C. B., and S. J. Kahl. 2013. "The Process of Schema Emergence: Assimilation, Deconstruction, Unitization and the Plurality of Analogies." *Academy of Management Journal* 56(1): 14-34.

Bingham, C. B., and S. Kahl. 2014. "Anticipatory Learning." *Strategic Entrepreneurship Journal* 8(2): 101-127.

Bingham, Christopher B. 2009. "Oscillating Improvisation: How Entrepreneurial Firms Create Success in Foreign Market Entries Over Time." *Strategy Entrepreneurship Journal* 3: 321-345.

Birley, Sue. 2002. "Universities, Academics, and Spinout Companies: Lessons from Imperial." *International Journal of Entrepreneurship Education* 1: 133-153.

Black, J. Stewart, and H. B. Gregersen. 2002. *Leading Strategic Change.* Upper Saddle River, NJ: Prentice Hall.

Blank, S., and B. Dorf. 2012. *The Startup Owner's Manual.* Pescadero, CA: K&S Ranch Publishers.

Blank, Steve. 2013. *The Lean LaunchPad Educators Teaching Handbook.* Pescadero, CA: K&S Ranch Publishers.

Bocker, Warren, and R. Karichalil. 2002. "Entrepreneurial Transitions." *Academy of Management Journal* 3: 818-826.

Boeker, Warren, and Robert Wiltbank. 2005. "New Venture Evolution and Managerial Capabilities." *Organization Science* 16(2): 123-133.

Boer, Peter. 2002. *The Real Options Solution.* New York: John Wiley & Sons.

Bolino, Mark, W. Turnley, and J. Bloodgood. 2002. "Citizenship Behavior and the Creation of Social Capital." *Academy of Management Review* 4: 505-522.

Bower, Joseph. 2001. "Not All M&As Are Alike and That Matters." *Harvard Business Review* (March), pp. 93-101.

Bradley, Bill, P. Jansen, and L. Silverman, 2003. "The Nonprofit Sector's $100 Billion Opportunity." *Harvard Business Review* (May), pp. 94-103.

Branscomb, Lewis M. 2008. "Research Alone Is Not Enough." *Science* (15 August), pp. 915-916.

Brinckmann, Jan, Dietmar Grichnik, and Diana Kapsa. 2010. "Should Entrepreneurs Plan or Just Storm the Castle? A Meta-Analysis on Contextual Factors Impacting the Business Planning—Performance Relationships in Small Firms." *Journal of Business Venturing* (January) 25: 24-40.

Brown, David. 2002. *Inventing Modern America.* Cambridge, MA: MIT Press.

Brown, John Seely, and Paul Duguid. 2001. "Creativity versus Structure: A Useful Tension." *MIT Sloan Management Review* (Summer), pp. 93-94.

Brown, Rex. 2005. *Rational Choice and Judgment.* New York: Wiley.

Brown, Shona, and K. M. Eisenhardt. 1998. *Competing on the Edge.* Boston: Harvard Business School Press.

Brown, Tim. 2008. "Design Thinking." *Harvard Business Review* (June), pp. 84-92.

Brown, Tim, and Roger Martin. 2015. "Design for Action." *Harvard Business Review* (September), pp. 56-64.

Bryce, Robert, and M. Ivins. 2002. *Pipe Dreams: Greed, Ego and the Death of Enron.* New York: Public Affairs-Perseus.

Brynjolfsson, Erik, Yu (Jeffrey) Hu, and Mohammad S. Rahman. 2009. "Battle of the Retail Channels: How Product Selection and Geography Drive Cross-Channel Competition." *Management Science* 55: 1755-1765.

Buchanan, Mark, 2004. "Power Laws and the New Science of Complexity Management." *Strategy and Business*, 34: 71-79.

Burgelman, Robert A. 2002. *Strategy as Destiny.* New York: Free Press.

Burgelman, Robert A., and L. Valikangas. 2005. "Managing Internal Corporate Venturing Cycles." *Sloan Management Review* (Summer), pp. 26-34.

Burgelman, Robert A., C. M. Christensen, and S. C. Wheelwright. 2008. *Strategic Management of Technology and Innovation.* Burr Ridge, IL: McGraw-Hill Irwin.

Carl, Fred. 2007. "The Best Advice I Ever Got." *Harvard Business Review* (November). https://hbr.org/2007/11/the-best-advice-i-evergot-fred-carl-jr-founder-and-ceo-viking-range

Carr, Austin, et al. 2013. "The World's Most Innovative Companies 2013." *Fast Company*

(February).

Carr, Geoffrey. 2008. "The Power and the Glory." *Economist* (19 June).

Carr, Nicholas. 2002. "Unreal Options." *Harvard Business Review* (December), p. 22.

Charan, Ram. 2007. *What the Customer Wants You to Know.* New York: Portfolio.

Chatman, Jennifer, and S. E. Cha. 2003. "Leading by Leveraging Culture." *California Management Review* (Summer), pp. 20-33.

Chatterji, Aaron. 2009. "Spawned with a Silver Spoon? Entrepreneurial Performance and Innovation in the Medical Device Industry." *Strategic Management Journal* 30: 185-206.

Chatterji, Aaron, and Kira Fabrizio. 2012. "How Do Product Users Influence Corporate Invention?" *Organization Science* (July/August) 23: 971-987.

Chen, G., D. C. Hambrick, and T. G. Pollock. 2008. Puttin' on the Ritz: Pre-IPO Enlistment of Prestigious Affiliates as Deadline-induced Remediation. *Academy of Management Journal* 51(5), 954-975.

Chen, X. P., X. Yao, and S. Kotha. 2009. Entrepreneur passion and Preparedness in Business Plan Presentations: A Persuasion Analysis of Venture Capitalists' Funding Decisions. *Academy of Management Journal* 52(1), 199-214.

Chesbrough, Henry. 2002. "Making Sense of Corporate Venture Capital." *Harvard Business Review* (March), pp. 90-99.

Choi, Young Rok, Moren Lévesque, and Dean Shepherd. 2008. "When Should Entrepreneurs Expedite or Delay Opportunity Exploitation?" *Journal of Business Venturing* 23: 333-355.

Chrisman, James J., Ed McMullan, and J. Hall. 2004. "The Influence of Guided Preparation on the Long-term Performance of New Ventures." *Journal of Business Venturing* (Fall), pp. 18-26.

Christensen, Clayton M., M. E. Raynor, and R. McDonald. 2015. "What Is Disruptive Innovation?" *Harvard Business Review* (December). https://hbr.org/2015/12/what-is-disruptive-innovation

Christensen, Clayton, and M. E. Raynor. 2003. *The Innovator's Solution.* Boston: Harvard Business School Press.

Christensen, Clayton. 2002. "The Rules of Innovation." *Technology Review* (June), pp. 21-28.

Churchill, Neil, and J. W. Mullins. 2001. "How Fast Can Your Company Afford to Grow?" *Harvard Business Review* (May), pp. 135-142.

Cialdini, Robert. 1993. *Influence.* New York: Morrow. Cialdini, Robert. 2008. *Influence: Science and Practice.*

Boston: Allyn and Bacon. Clark, Don. 2003b. "Renting Software Online." *Wall Street Journal* (3 June), p. B1.

Clayton M. Christensen, Michael E. Raynor, and Rory McDonald. 2015. "What Is Disruptive Innovation?" *Harvard Business Review* (December), pp. 44-53.

Coburn, Pip. 2006. *The Change Function.* New York: Portfolio.

Cohen, Adam. 2002. *The Perfect Store.* Boston: Little, Brown and Company.

Cohen, Wesley, and Dan Levinthal. 1990. "Absorptive Capacity: A New Perspective on Learning and Motivation." *Administrative Science Quarterly* 35: 128-153.

Coleman, James. 1990. *Foundations of Social Theory.* Cambridge, MA: Belknap Press.

Collins, James, and J. Porras. 1996. "Building Your Company's Vision." *Harvard Business Review* (September), pp. 65-77.

Collins, James, and William Lazier. 1992. *Beyond Entrepreneurship.* Upper Saddle River, NJ: Prentice Hall.

Collins, James. 2001. *Good to Great.* New York: Harper-Collins.

Collins, Jim. 2006. "Leadership Lessons from West Point. www.jimcollins.com (September).

Conger, Jay. 1998. "The Necessary Art of Persuasion." *Harvard Business Review* (May), pp. 85-95.

Copeland, Tom, and Peter Tufano, 2004. "A RealWorld Way to Manage Real Options." *Harvard Business Review* (March), pp. 90-99.

Courtney, Hugh. 2001. *20-20 Foresight.* Boston: Harvard Business School Press.

Coutu, Diane. 2002. "How Resilience Works." *Harvard Business Review* (May), pp. 46-55.

Coutu, Diane. 2003. "Sense and Reliability." *Harvard Business Review* (April), pp. 84-90.

Covey, Stephen. 2006. *The Speed of Trust.* New York: Free Press.

Cox Pahnke, Emily, Rory McDonald, Dan Wang, and Benjamin Hallen. 2015. "Exposed: Venture Capital, Competitor Ties, and Entrepreneurial Innovation." *Academy of Management Journal* 58(5): 1334-1360.

Crawford, Fred, and Ryan Matthews. 2001. *The Myth of Excellence.* New York: Crown Business.

Cross, R., J. Liedtka, and L. Weiss. 2005. "A Practical Guide to Social Networks." *Harvard Business Review*, 83: 124-132.

Cross, Rob, and L. Prusak. 2002. "The People Who Make Organizations Go—or Stop."

Harvard Business Review (June), pp. 105-112.

Dahan, Ely, and V. Srinivasan. 2000. "The Predictive Power of Internet-Based Product Concept Testing." *Journal of Product Innovation Management* 17: 99-109.

Dahl, Michael, and Olav Sorenson. 2012. "Home Sweet Home: Entrepreneurs' Location Choices and the Performance of Their Ventures." *Management Science* (June) 58: 1059-1071.

Dahle, Cheryl. 2005. "The Change Masters." *Fast Company* (January).

Davenport, T. H., and L. Prusak. (1998). *Working Knowledge: How Organizations Manage What They Know*. Boston: Harvard Business Press.

Davidsson, Per. 2002. "What Entrepreneurship Research Can Do for Business and Policy Practice." *International Journal of Entrepreneurship Education* 1: 5-24.

Davis, Jason, and Kathleen Eisenhardt. 2011. "Rotating Leadership and Collaborative Innovation: Recombination Processes in Symbiotic Relationships." *Administrative Science Quarterly* (June) 56: 159-201.

Davis, Stan, and Christopher Meyer. 2000. *Future Wealth*. Boston: Harvard Business School Press.

Day, George S. 2007. "Is It Real? Can We Win? Is It Worth Doing? Managing Risk and Reward in an Innovation Portfolio." *Harvard Business Review* (December). https://hbr.org/2007/12/is-it-real-can-we-win-is-it-worth-doing-managingrisk-and-reward-in-an-innovation-portfoliode Boer, Joop. 2012. "Trend 8: The Peer-to-Peer Economy." www.popupcity.net. (January 5).

De Jong, Bart, and Tom Elfring. 2010. "How Does Trust Affect the Performance of Ongoing Teams? The Mediating Role of Reflexivity, Monitoring, and Effort." *Academy of Management Journal* (June) 53(3): 535-549.

Dean, Thomas, and Jeffrey McMullen. 2007. "Toward a Theory of Sustainable Entrepreneurship: Reducing Environmental Degradation Through Entrepreneurial Action." *Journal of Business Venturing* 22: 50-76.

Dees, J. Gregory, J. Emerson, and P. Economy. 2002. *Strategic Tools for Social Entrepreneurs*. New York: John Wiley & Sons.

DeLong, Thomas, and V. Vijayaraghavan. 2003. "Let's Hear It for B Players." *Harvard Business Review* (June), pp. 96-102.

Dembo, R. S., and A. Freeman 2001. *Seeing Tomorrow: Rewriting the Rules of Risk*. John Wiley & Sons.

DeMeyer, Arnold, C. H. Loch, and M. T. Pich. 2002. "Managing Project Uncertainty."

MIT Sloan Management Review (Winter), pp. 60-67.

Demos, Nick, S. Chung, and M. Beck. 2002. "The New Strategy and Why It Is New." *Strategy and Business* 25: 15-19.

Dencker, John C., and Marc Gruber. 2015. "The Effects of Opportunities and Founder Experience on New Firm Performance." *Strategic Management Journal* 36(7): 1035-1052.

Dhar, Ravi. 2003. "Hedging Customers." *Harvard Business Review* (May), pp. 86-92.

Di Stefano, Giada, Alfonso Gambardella, and Gianmario Verona. 2012. "*Technology Push and Demand Pull Perspectives in Innovation Studies: Current Findings and Future Research Directions.*" *Research Policy* (October) 41(8): 1283-1295.

Diamandis, Peter. 2016. "Drones and Technology Convergence." *The Huffington Post* (February 28).

Diamond, Jared. 2000. "The Ideal Form of Organization." *Wall Street Journal* (12 December), p. A17.

Dixon, Chris. 2011. *Startups*. Leanpub. Available at: https://leanpub.com/startups.

Dixon, Chris. 2016. "Eleven Reasons to Be Excited about the Future of Technology." Medium.com. Available at:https://medium.com/@cdixon/eleven-reasons-to-be-excited-about-the-future-oftechnology-ef5f9b939cb2 #.x8ksmajcm

Dobrev, Stanislav, and William Barnett. 2005. "Organizational Roles and Transition to Entrepreneurship." *Academy of Management Journal* 48(3): 433-49.

Douglas, Evan, and Dean Shepherd. 2002. "Self Employment as a Career Choice." *Entrepreneurship, Theory and Practice* (Spring), pp. 81-89.

Douglas, Evan, and Dean Shepherd. 1999. "Entrepreneurship as a Utility Maximizing Response." *Journal of Business Venturing* 15: 231-251.

Downing, S. 2005. "The Social Construction of Entrepreneurship: Narrative and Dramatic Processes in the Co-Production of Organizations and Identities." *Entrepreneurship Theory and Practice* 29(2): 185-204.

Doz, Y. L., J. Santos, and P. J. Williamson. 2001. *From Global to Metanational: How Companies Win in the Knowledge Economy*. Boston: Harvard Business Press.

Drucker, P. (2014). *Innovation and Entrepreneurship*. London: Routledge.

Dushnitsky, Gary, and Michael Lenox. 2005. "When Do Incumbents Learn from Entrepreneurial Ventures? Corporate Venture Capital and Investing Firm Innovation Rates." *Research Policy* 34: 615-39.

Dyck, Bruno, et al. 2002. "Passing the Baton: The Importance of Sequence, Timing, Technique and Communication in Executive Succession." *Journal of Business*

Venturing 17: 143-162.

Dye, Renee. 2000. "The Buzz of Buzz." *Harvard Business Review* (November), pp. 139-46.

Dyer, Jeffrey, P. Kale, and H. Singh. 2004. "When to Ally and When to Acquire." *Harvard Business Review* (July), pp. 109-115.

Eades, Keith. 2004. *The New Solution Selling: The Revolutionary Sales Process That is Changing the Way People Sell.* New York: McGraw-Hill.

Earley, P. Christopher, and Elaine Mosakowski. 2004. "Cultural Intelligence." *Harvard Business Review* (October), pp. 139-146.

Eckhardt, Jonathan T. 2016. "Welcome Contributor or No Price Competitor? The Competitive Interaction of Free and Priced Technologies." *Strategic Management Journal* 37(4): 742-762.

Economist. 2006. "Behind the Bleeding Edge." (23 September), p. 16.

Economist. 2012. "Another Game of Thrones." (1 December) https://www.economist.com/news/21561361-google-apple-facebook-andamazon-are-each-others-throats-all-sorts-waysanother-game.

Edwards, Jim. 2012. "Check Out the Insane Lengths Zappos Customer Service Reps Will Go To." *Business Insider.* http://www.businessinsider.com/zappos-customer-service-crm-2012-1.

Eesley, C. E., and E. B. Roberts. 2012. "Are You Experienced or Are You Talented? When Does Innate Talent versus Experience Explain Entrepreneurial Performance?" *Strategic Entrepreneurship Journal* 6: 207-219.

Eesley, C. E., David H. Hsu, and E. B. Roberts. 2014. "The Contingent Effects of Top Management Teams on Venture Performance: Aligning Founding Team Composition with Innovation Strategy and Commercialization Environment." *Strategic Management Journal* 35(12): 1798-1817.

Eggers, J. P. 2014. "Competing Technologies and Industry Evolution: The Benefits of Making Mistakes in the Flat Panel Display Industry." *Strategic Management Journal* 35(2): 159-178.

Eisenhardt, Kathleen and D. N. Sull. 2015. *Simple Rules: How to Thrive in a Complex World.* New York: Houghton Mifflin Harcourt.

Eisenhardt, Kathleen, and D. N. Sull. 2015. *Simple Rules: How to Thrive in a Complex World.* Boston: Houghton Mifflin Harcourt.

Eisenman, Micki. 2013. "Understanding Aesthetic Innovation in the Context of Technological Evolution." *Academy of Management Review* 38(3): 332-351.

Eisenmann, T. 2012. "Business Model Analysis for Entrepreneurs." *Harvard Business School Entrepreneurial Management Case* (812-096).

Elias, Stephen, and R. Stim. 2003. *Patent, Copyright and Trademark,* 6th ed. Berkeley: Nolo Press.

Ellis, Kimberly, Taco Reus, Bruce Lamont, and Annette Ranft. 2011. "Transfer Effects in Large Acquisitions: How Size-Specific Experience Matters." *Academy of Management Journal* (December) 54(6): 1261-1276.

Elsbach, Kimberly. 2003. "How to Pitch a Brilliant Idea." *Harvard Business Review* (September), pp. 40-48.

Erikson, Truls. 2002. "Entrepreneurial Capital: The Emerging Venture's Most Important Asset and Competitive Advantage." *Journal of Business Venturing* 17: 275-290.

Ertel, Danny. 2004. "Getting Past Yes." *Harvard Business Review* (November), pp. 60-68.

Estrin, Judy. 2009. *Closing the Innovation Gap.* New York: McGraw-Hill.

Ettenson, Richard, and J. Knowles. 2008. "Don't Confuse Reputation with Brand." *MIT Sloan Management Review* (Winter), pp. 19-21.

Fahey, Liam, and R. M. Randall. 1998. *Learning from the Future.* New York: John Wiley & Sons.

Farrell, Diana. 2004. "Beyond Offshoring." *Harvard Business Review* (December), pp. 82-90.

Fast Company, 1997, "John Doerr's Startup Manual," (March), p. 82.

Ferguson, Amanda J., Lisa E. Cohen, M. Diane Burton, and Christine M. Beckman. 2016. "Misfit and Milestones: Structural Elaboration and Capability Reinforcement in the Evolution of Entrepreneurial Top Management Teams." *Academy of Management Journal* 59(4): 1430-1450.

Ferguson, Glover, S. Mathur, and B. Shah. 2005. "Evolving from Information to Insight." *Sloan Management Review* (Winter), pp. 51-58.

Fernandez-Araoz, Claudio. 2005. "Getting the Right People at the Top." *Sloan Management Review* (Summer), pp. 67-72.

Fine, Charles, et al. 2002. "Rapid Response Capability in Value Chain Design." *MIT Sloan Management Review* (Winter), pp. 69-75.

Finkelstein, Sydney. 2003. *Why Smart Executives Fail.* New York: Portfolio Penguin.

Fischer, Bill, and Andy Boynton. 2005. "Virtuoso Teams." *Harvard Business Review* (July), pp. 117-123.

Fisher, Robert, and W. Ury. 1991. *Getting to Yes.* New York: Penguin.

Fitza, M., S. F. Matusik, and E. Mosakowski. 2009. "Do VCs Matter? The Importance of

Owners on Performance Variance in Start-Up Firms." *Strategic Management Journal* 30(4): 387-404.

Fleming, John H., C. Coffman, and J. K. Harter. 2005. "Manage Your Human Sigma." *Harvard Business Review* (July), pp. 107-114.

Fleming, Lee, and Olar Sorenson. 2001. "The Dangers of Modularity." *Harvard Business Review* (September), pp. 20-21.

Florida, Richard. 2002. *The Rise of the Creative Class.* New York: Basic Books.

Florida, Richard, and J. Goodnight. 2005. "Managing for Creativity." *Harvard Business Review* (July), pp. 125-132.

Florin, Juan. 2005. "Is Venture Capital Worth It?" *Journal of Business Venturing* 20:113-35.

Folta, Timothy B., Frédéric Delmar, and Karl Wennberg. 2010. "Hybrid Entrepreneurship." *Management Science* 56: 253-269.

Foster, Rchard, and Sarah Kaplan. 2012. "Creative Destruction Whips through Corporate America." *Innosight* (1 February), n pag Innosight com

Foster, William, and J. Bradach. 2005. "Should NonProfits Seek Profits?" *Harvard Business Review* (February), pp. 92-100.

Fox, Justin. 2014. "Why Twitter's Mission Statement Matters." *Harvard Business Review* (November 13). Available at: https://hbr.org/2014/11/whytwitters-mission-statement-matters.

Franke, N., F. Schirg, and K. Reinsberger. 2016. "The Frequency of End-User Innovation: A ReEstimation of Extant Findings." *Research Policy* 45(8): 1684-1689.

Freeman, John, and Jerome Engel. 2007. "Models of Innovation: Startups and Mature Corporations." *California Management Review* 50(1): 94-119.

Friedman, Thomas. 2005. *The World Is Flat: A Brief History of the Twenty-First Century.* New York: Farrar, Straus and Giroux.

Friedman, Thomas. 2008. *Hot, Flat, and Crowded.* New York: Farrar, Straus, and Giroux.

Funk, Russell J. 2014. "Making the Most of Where You Are: Geography, Networks, and Innovation in Organizations." *Academy of Management Journal* 57(1): 193-222.

Furr, N. R., and J. Dyer. 2014. *The Innovator's Method: Bringing the Lean Startup Into Your Organization.* Boston: Harvard Business Press.

Furr, N. R., Fabrice Cavarretta, and Sam Garg. 2012. "Who Changes Course? The Role of Domain Knowledge and Novel Framing in Making Technology Changes." *Strategy Entrepreneurship Journal* 6: 236-256.

Gaba, Vibha, and Alan D. Meyer. 2008. "Crossing the Organizational Species Barrier:

How Venture Capital Practices Infiltrated the Information Technology Sector." *Academy of Management Journal* 51(5): 976-998.

Galor, Oden, and O. Moav. 2002. "National Selection and the Origin of Economic Growth." *Quarterly Journal of Economics* (November), pp. 1133-1191.

Gardner, Howard. 2006. *Five Minds for the Future.* Boston: Harvard Business School Press.

Garg, Sam 2013 "Venture Boards: Distinctive Monitoring and Implications for Firm Performance." *Academy of Management Review* 28(1): 90-108.

Gargiulo, Terrence, 2002. *Making Stories.* Westport, CT: Quorum.

Garrett, Alexander. 2012. "What's Your Margin?" www.managementtoday.com (May 31).

Garrett, E. M. 1992. "Branson the Bold." *Success* (November), p. 22.

Garud, R., H. A. Schildt, and T. K. Lant. 2014. "Entrepreneurial Storytelling, Future Expectations, and the Paradox of Legitimacy." *Organization Science* 25(5): 1479-1492.

Garvin, David. 1993. "Building a Learning Organization." *Harvard Business Review* (July), pp. 78-91.

Garvin, David, and Lynee Levesque. 2006. "Meeting the Challenge of Corporate Entrepreneurship." *Harvard Business Review* (October), pp. 102-112.

Gatewood, Elizabeth. 2001. "Busting the Stereotype." *Kelley School Business Magazine* (Summer), pp. 14-15.

Gawer, Annabelle, and M. A. Cusumano. 2008. "How Companies Become Platform Leaders." *MIT Sloan Management Review* (Winter), pp. 28-35.

George, Gerald, and Adam J. Bock. 2012. *Models of Opportunity: How Entrepreneurs Design Firms to Achieve the Unexpected.* New York: Cambridge University Press.

Gerstner, Louis. 2002. *Who Says Elephants Can't Dance?* New York: Harper-Collins.

Gilbert, Brett, Patricia McDougall, and David Audretsch. 2008. "Clusters, Knowledge Spillovers and New Venture Performance: An Empirical Examination." *Journal of Business Venturing* 23: 405-422.

Gilbert, C. G., and M. J. Eyring. 2010. "Beating the Odds When You Launch a New Venture." *Harvard Business Review* 88(5): 92-98.

Gino, Francesca, and Gary P. Pisano. 2011. "Why Leaders Don't Learn from Success." *Harvard Business Review* 89(4): 68-74.

Gittell, Jody H. 2003. *The Southwest Airlines Way.* New York: McGraw-Hill.

Gladwell, Malcolm. 2000. *The Tipping Point.* Boston: Little, Brown.

Goldenberg, Jacob, Roni Horowitz, Amnon Levav, and David Mazursky. 2003. "Finding Your Innovation Sweet Spot." *Harvard Business Review* (March), pp. 120-129.

Goleman, Daniel, R. Boyatzis, and A. McKee. 2001. "Primal Leadership: The Hidden Driver of Great Performance." *Harvard Business Review* (December), pp. 44-51.

Gompers, Paul, and J. Lerner. 2001. *The Money of Invention.* Boston: Harvard Business School Press.

Gompers, Paul, and W. A. Sahlman. 2002. *Entrepreneurial Finance.* New York: John Wiley & Sons.

Gosling, Jonathan, and H. Mintzberg. 2003. "The Five Minds of a Manager." *Harvard Business Review* (November), pp. 54-63.

Gottfredson, Mark, R. Puryear, and S. Phillips. 2005. "Strategic Sourcing." *Harvard Business Review* (February), pp. 135-139.

Govindarajan, Vijay, and Chris Trimble. 2005. "Building Breakthrough Businesses Within Established Organizations." *Harvard Business Review* (May), pp. 58-68.

Graebner, M. E. 2004. "Momentum and Serendipity: How Acquired Leaders Create Value in the Integration of Technology Firms." *Strategic Management Journal* 25(8-9). 751-777.

Graebner, M. E. 2009. "Caveat Venditor: Trust Asymmetries in Acquisitions of Entrepreneurial Firms." *Academy of Management Journal* 52(3): 435-472.

Graham, Paul. 2005. "How to Start a Startup" www.paulgraham.com (March).

Graham, Paul. 2006. "Want to Start a Startup?" www.paulgraham.com (October).

Graham, Paul. 2008. www.paulgraham.com blog (October).

Grant, Adam. 2016. *Originals: How Non-Conformists Move the World.* USA: Penguin Group.

Greene, Patricia, C. G. Brush, and M. M. Hart. 1999. "The Corporate Venture Champion." *Entrepreneurship Theory and Practice* (Spring), pp. 103-122.

Grégoire, Denis A., and Dean A. Shepherd. 2012. "Technology-Market Combinations and the Identification of Entrepreneurial Opportunities: An Investigation of the Opportunity-Individual Nexus." *Academy of Management Journal* 55(4): 753-785.

Gruber, Marc. 2007. "Uncovering the Value of Planning in New Venture Creation: A Process and Contingency Perspective." *Journal of Business Venturing* 22: 782-807.

Gunia, Brian, Long Want, Li Huang, Jiunwen Want, and J. Keith Murnighan. 2012. "Contemplation and Conservation: Subtle Influences on Moral Decision Making." *Academy of Management Journal* (February), 55(1): 13-22.

Hagel III, John. 2016. "We Need to Expand Our Definition of Entrepreneurship." *Harvard Business Review* (September). Available online: https://hbr.org/2016/09/we-need-toexpand-our-definition-of-entrepreneurship.

Haibin Yang, Yanfeng Zheng, and Xia Zhao. 2013. "Exploration or Exploitation? Small

Firms' Alliance Strategies with Large Firms." *Strategic Management Journal* 35(1): 146-157.

Hall, Bronwyn, and Nathan Rosenberg. 2010. *Handbook of the Economics of Innovation* vol. 1. Amsterdam: North Holland.

Hallen, B. L. 2008. "The Causes and Consequences of the Initial Network Positions of New Organizations: From Whom Do Entrepreneurs Receive Investments?" *Administrative Science Quarterly* 53(4): 685-718.

Hallen, B. L., R. Katila, and J. D. Rosenberger. 2014. "How Do Social Defenses Work? A Resource Dependence Lens on Technology Ventures, Venture Capital Investors, and Corporate Relationships." *Academy of Management Journal* 57(4): 1078-1101.

Hallen, Benjamin, and Kathleen Eisenhardt. 2012. "Catalyzing Strategies and Efficient Tie Formation: How Entrepreneurial Firms Obtain Investment Ties." *Academy of Management Journal* (February), 55(1): 35-70.

Hamel, Gary. 2000. *Leading the Revolution.* Boston: Harvard Business School Press.

Hamel, Gary. 2001. "Revolution versus Evolution: You Need Both." *Harvard Business Review* (May), pp. 150-156.

Hamm, John. 2002. "Why Entrepreneurs Don't Scale." *Harvard Business Review* (December), pp. 110-115.

Hardy, Quentin. 2003. "All Eyes on Google." *Forbes* (26 May), pp. 100-110.

Hargadon, Andrew, and Y. Douglas. 2001. "When Innovations Meet Institutions." *Administrative Science Quarterly* 46 (September): 476-501.

Harris, Jared, Harry Sapienza, and Norman Bowie. 2009. "Ethics and Entrepreneurship." *Journal of Business Venturing* 24: 407-418.

Harvey, Sarah. 2016. "Creative Synthesis: Exploring the Process of Extraordinary Group Creativity." *Academy of Management Review* 39(3): 324-343.

Harzberg, Friderick. 2003. "How Do You Motivate Employees?" *Harvard Business Review* (January), pp. 87-92.

Hayter, C. S. 2016. "Constraining Entrepreneurial Development: A Knowledge-Based View of Social Networks Among Academic Entrepreneurs." *Research Policy* 45(2): 475-490.

Hayward, Mathew, Dean Shepherd, and Dale Griffin. 2006. "A Hubris Theory of Entrepreneurship." *Management Science* 52(2):160-72.

Heath, Chip, and Dan Heath. 2007. *Made to Stick.* New York: Random House.

Heifetz, Ronald, and D. Laurie. 2001. "The Work of Leadership." *Harvard Business Review* (December), pp. 131-140.

Helft, Miguel. 2002. "Fashion Fast Forward." *Business 2.0* (May), pp. 61-66.

Henderson, James, Benoit Leleux, and Ian White. 2006. "Service-for-Equity Arrangements: Untangling Motives and Conflicts." *Journal of Business Venturing* 21: 886-909.

Henderson, R. M., and K. B. Clark. 1990. "Architectural Innovation: The Reconfiguration of Existing Product Technologies and the Failure of Established Firms." *Administrative Science Quarterly* 35(1): 9-30.

Hill, Charles, and F. Rothaermel. 2003. "The Performance of Incumbent Firms in the Face of Radical Technological Innovation." *Academy of Management Review* 28: 257-274.

Hill, Charles, and Gareth R. Jones. 2001. *Strategic Management,* 5th ed. Boston: Houghton Mifflin.

Hillman, A. J., M. C. Withers, and B. J. Collins. 2009. "Resource Dependence Theory: A Review." *Journal of Management* 35(6): 1404-1427.

Hirsh, Evan, S. Hedlund, and M. Schweizer. 2003. "Reality Is Perception—The Truth about Car Brands." *Strategy and Business* (Fall): 20-25.

Hitt, Michael, R. D. Ireland, S. Camp, and D. Sexton. 2002. *Strategic Entrepreneurship.* Malden, MA: Blackwell.

Hitt, Michael A., R. D. Ireland, S. M. Camp, and D. L. Sexton. 2001. "Entrepreneurial Strategies for Wealth Creation." *Strategic Management Journal* 22: 479-491.

Hmieleski, Keith M., and Robert A. Baron. 2009. "Entrepreneurs' Optimism and New Venture Performance: A Social Cognitive Perspective." *Academy of Management Journal* 52(3): 473-488.

Ho, Yew Kee, H. T. Keh, and J. M. Ong. 2005. "The Effects of R&D and Advertising on Firm Value." *IEEE Transactions on Engineering Management* (February), pp. 3-14.

Hoehn-Weiss, Manuela N., and Samina Karim. 2014. "Unpacking Functional Alliance Portfolios: How Signals of Viability Affect Young Firms' Outcomes." *Strategic Management Journal* 35(9): 1364-1385.

Hoenig, D., and J. Henkel. 2015. "Quality Signals? The Role of Patents, Alliances, and Team Experience in Venture Capital Financing." *Research Policy* 44(5): 1049-1064.

Holt, Douglas. 2003. "What Becomes an Icon Most?" *Harvard Business Review* (March), pp. 43-49.

Hoover, Gary. 2001. *Hoover's Vision.* New York: Texere.

Horowitz, Ben. 2014. *The Hard Thing About Hard Things: Building a Business When There Are No Easy Answers.* New York: Harper Business.

Howell Jane M., Christine M. Shea, and Christopher A. Higgins. 2005. "Champions of

Product Innovations: Defining, Developing, and Validating a Measure of Champion Behavior." *Journal of Business Venturing* 20(5): 641-661.

Hrebiniak, Lawrence G. 2013. *Making Strategy Work,* 2nd ed. Upper Saddle River, NJ: Pearson.

Hsu, David. 2004. "What Do Entrepreneurs Pay for Venture Capital Affiliation?" *Journal of Finance* (August), pp. 1805-1836.

Hsu, David, Edward Roberts, and Charles Eesley. 2007. "Entrepreneurs from Technology-Based Universities: Evidence from MIT." *Research Policy* 36: 768-788.

Hughes, Jonathan, and Jeff Weiss. 2007. "Simple Rules for Making Alliances Work." *Harvard Business Review* (November), pp. 122-131.

Hvide, Hans K., and Jarle Møen. 2010. "Lean and Hungry or Fat and Content? Entrepreneurs' Wealth and Start-up Performance." *Management Science* 56(8): 1242-1258.

Iansiti, Marco, and Roy Levien. 2004. "Strategy as Ecology." *Harvard Business Review* (March), pp. 68-78.

Ibarra, Hermina, and Kent Lineback. 2005. "What's Your Story?" *Harvard Business Review* (January), pp. 65-71.

Isaacson, Walter. 2014. *The Innovators: How a Group of Hackers, Geniuses, and Geeks Created the Digital Revolution.* New York: Simon & Schuster.

Isenberg, Daniel. 2008. "The Global Entrepreneur." *Harvard Business Review* (December).

Jackman, Jay, and M. H. Strober. 2003. "Fear of Feedback." *Harvard Business Review* (April), pp. 101-107.

Jackson, Ira, and J. Nelson. 2004. *Profits with Principles.* New York: Doubleday.

Jakle, John A., K. A. Sculle, and J. S. Rogers. 1996. *The Motel in America.* Baltimore: Johns Hopkins University Press.

Jassawalla, Avan, and H. C. Sashittal. 2002. "Cultures that Support Product Innovation Processes." *Academy of Management Executive* (August), pp. 42-54.

Jiang, Lin, Justin Tan, and Marie Thursby. 2011. "Incumbent Firm Invention in Emerging Fields: Evidence from the Semiconductor Industry." *Strategy Management Journal* 32: 55-75.

Johnson, Mark, Claytom Christensen, and Henning Kagermann. 2008. "Reinventing Your Business Model." *Harvard Business Review* (December), 57-68.

Joyce, William, N. Nohria, and B. Roberson. 2003. *What Really Works.* New York: Harper-Collins.

Julien, Pierre Andre, and C. Pamangalahy. 2003. "Competitive Strategy and Performance of Exporting SMEs." *Entrepreneurship Theory and Practice* (Spring): 227-245.

Kacperczyk, Aleksandra. 2012. "Opportunity Structures in Established Firms: Entrepreneurship versus Intrapreneurship in Mutual Funds." *Administrative Science Quarterly* (September) 57: 484-521.

Kalnins, Arturs, and Wilbur Chung. 2006. "Social Capital, Geography, and Survival: Gujarti Immigrant Entrepreneurs in the U.S. Lodging Industry." *Management Science* 52(2): 233-247.

Kane, Tim. 2010. "The Importance of Startups in Job Creation and Job Destruction." Kauffman Foundation Research Series: Firm Formation and Economic Growth (July).

Kanter, Rosabeth Moss. 2003. "Leadership and the Psychology of Turnarounds." *Harvard Business Review* (June), pp. 58-67.

Kaplan, Robert S., and David P. Norton. 2004. *Strategy Maps.* Boston: Harvard Business School Press.

Kaptein, Muel, and J. Wempe. 2002. *The Balanced Company.* New York: Oxford University Press.

Katila, Riitta, Jeff Rosenberger, and Kathy Eisenhardt. 2008. "Swimming with Sharks: Technology Ventures, Defense Mechanisms, and Corporate Relationships." *Administrative Science Quarterly* 53(2): 295-332.

Kawasaki, Guy. 2004. *The Art of the Start.* New York: Penguin.

Keeley, L., H. Walters, R. Pikkel, and B. Quinn. 2013. *Ten Types of Innovation: The Discipline of Building Breakthroughs.* New York: John Wiley & Sons.

Kelley, Donna, Slavica Singer, and Mike Herrington. 2016. *2015-2016 Global Report.* Global Entrepreneurship Monitor.

Kelley, T. 2001. *The Art of Innovation: Lessons in Creativity from IDEO, America's Leading Design Firm.* New York: Doubleday.

Kelley, T., and Jonathan Littman. 2005. *The Ten Faces of Innovation: IDEO's Strategies for Defeating the Devil's Advocate and Driving Creativity throughout Your Organization.* New York: Doubleday.

Khosla, V. 2012. *Gene Pool Engineering for Entrepreneurs.* http://www.khoslaimpact. com/wp-content/ uploads/2012/03/Gene_Pool_Engineering_1_31_2012.pdf.

Kirkman, Bradley, et al. 2002. "Five Challenges to Virtual Team Success." *Academy of Management Executive* 3: 67-79.

Kirkpatrick, David. 2003. "Brainstorm 2003." *Fortune* (27 October), pp. 187-190.

Klein, Alec. 2003. *Stealing Time.* New York: Simon and Schuster.

Klein, Mark, and A. Einstein. 2003. "The Myth of Customer Satisfaction." *Strategy and*

Business 30:8-9.

Kleiner, Art. 2003. "Making Patient Capital Pay Off." *Strategy and Business* (Fall): 26-30.

Klepper, S. 1997. "Industry Life Cycles." *Industrial and Corporate Change* 6(1): 145-182.

Komisar, Randy. 2000. *The Monk and the Riddle.* Boston: Harvard Business School Press.

Korbet, Rinat. 2016. "Annual Report 2015: Startups and Venture Capital in Israel." Available at:http:// www. geektime.com/2016/01/11/annualreport-2015-startups-and-venture-capital-in-israel/

Krajewski, Lee, and L. Ritzman. 2002. *Operations Management,* 6th ed. Upper Saddle River, NJ: Prentice Hall.

Krueger, Richard, and Mary Anne Casey. 2008. *Focus Groups: A Practical Guide for Applied Research.* Thousand Oaks, CA: SAGE Publications.

Krupp, Fred, and M. Horn. 2008. *Earth: The Sequel.* New York: Norton.

Kuemmerle, Walter. 2002. "A Test for the Fainthearted." *Harvard Business Review* (May), pp. 4-8.

Kuemmerle, Walter. 2005. "The Entrepreneur's Path to Global Expansion." *Sloan Management Review* (Winter), pp. 42-49.

Kulchina, Elena. 2015. "Personal Preferences, Entrepreneurs' Location Choices, and Firm Performance." *Management Science* 62(6): 1814-1829.

Landes, Nate. 2012. "Top Ten Personal Finance Startups" *Consumer* (February 2).

Lapre, Michael, and L. N. Van Wassenhove. 2002. "Learning across Lines." *Harvard Business Review* (October), pp. 107-111.

LaSalle, Diana, and T. A. Britton. 2003. *Priceless.* Boston: Harvard Business School Press.

Lassiter, Joseph B., III. 2002. "Entrepreneurial Marketing: Learning from High-Potential Ventures." *Harvard Business School Case 9-803-036.* Cambridge, MA: Harvard Business School Press.

Lavie, Dovev, Pamela R. Haunschild, and Poonam Khanna. 2012. "Organizational Differences, Relational Mechanisms, and Alliance Performance." *Strategic Management Journal* 33(13): 1453-1479.

Lawrence, Thomas B., E. A. Morse, and S. W. Fowler. 2005. "Managing Your Portfolio of Connections." *Sloan Management Review* (Winter), pp. 59-65.

Lax, David A., and J. K. Sebenius. 2003. "3-D Negotiation: Playing the Whole Game." *Harvard Business Review* (November), pp. 65-74.

Lee, Lena, Poh Kam Wong, Maw Der Foo, and Aegean Leung. 2011. "Entrepreneurial Intentions: The Influence of Organizational and Individual Factors." *Journal of*

Business Venturing 26(1): 124-136.

Lee-Woolfe, and Yoke Har. 2014. "How Old Are Silicon Valley's Top Founders? Here's the Data." *Harvard Business Review* (April 3). Available at: https://hbr.org/2014/04/how-old-are-siliconvalleys-top-founders-heres-the-data.

Leibovich, Mark. 2002. *The New Imperialists.* Paramus, NJ: Prentice Hall.

Leonard-Barton, Dorothy. 1995. *Wellsprings of Knowledge.* Boston: Harvard Business School Press.

Leonardi, P. M. 2012. *Car Crashes Without Cars: Lessons about Simulation Technology and Organizational Change from Automotive Design.* Cambridge, MA: MIT Press.

Leslie, Mark, and Charles Holloway. 2006. "The Sales Learning Curve." *Harvard Business Review* (JulyAugust). https://hbr.org/2006/07/the-sales-learningcurve

Lévesque, Moren, and Dean A. Shepherd. 2004. "Entrepreneurs' Choice of Entry Strategy in Emerging and Developed Markets." *Journal of Business Venturing* 19:29-54.

Lévesque, Moren, Dean Shepherd, and Evon Douglas. 2002. "Employment or Self-Employment: A Dynamic Utility-Maximizing Model." *Journal of Business Venturing* 17: 189-210.

Lévesque, Moren, Maria Minniti, and Dean Shepherd. 2009. "Entrepreneurs' Decisions on Timing of Entry: Learning from Participation and from the Experiences of Others." *Entrepreneurship: Theory & Practice* 33(2): 547-570.

Levitt, Harold. 2003. "Why Hierarchies Thrive." *Harvard Business Review* (March), pp. 96-102.

Lewis, Michael. 2000. *The New, New Thing.* New York: Norton.

Liker, J. K. 2004. *The Toyota Way.* New York: McGraw-Hill.

Lojacono, Gabriella, and G. Zaccai. 2004. "The Evolution of the Design-Inspired Enterprise." *Sloan Management Review* (Spring), pp. 75-79.

Lord, Michael, S. W. Mandel, and J. D. Wager. 2002. "Spinning Out a Star." *Harvard Business Review* (June), pp. 115-121.

Lounsbury, Michael, and M. Glynn. 2001. "Cultural Entrepreneurship: Stories, Legitimacy and the Acquisition of Resources." *Strategic Management Journal* 22: 545-564.

Lowe, R. A. (2001). The Role and Experience of Startups in Commercializing University Inventions: Startup Licensees at the University of California. In *Entrepreneurial Inputs and Outcomes: New Studies of Entrepreneurship in the United States* (pp. 189-222). Bingley, England: Emerald Group Publishing Limited.

Lu, Jane, and Paul Beamish. 2006. "Partnering Strategies and Performance of SMEs'

International Joint Ventures." *Journal of Business Venturing* 21: 461-486.

Lucier, Chuck, and J. Dyer. 2003. "Creating Chaos for Fun and Profit." *Strategy and Business* 30: 14-20.

Luenberger, David. 2006. *Information Science.* Princeton, NJ: Princeton University Press.

Lumpkin, G. T., and B. B. Lichtenstein. 2005. "The Role of Organizational Learning in the Opportunity Recognition Process." *Entrepreneurship Theory and Practice* (July), pp. 451-472.

Lynn, Gary, and Richard Reilly. 2002. *Blockbusters.* New York: Harper-Collins.

Lyons, Dan. 2016. *Disrupted: My Misadventure in the Start-Up Bubble.* New York: Hachette Books.

Magretta, Joan. (2002). "Why Business Models Matter." *Harvard Business Review* (May), 86-92.

Maher, Michael, C. P. Stickney, and R. L. Weil. 2011. *Managerial Accounting,* 11th ed. Cincinnati: Southwestern.

Majumdar, Sumit. 1999. "Sluggish Giants, Sticky Cultures and Dynamic Capability Transformation." *Journal of Business Venturing* 15: 59-78.

Malik, Om. 2003. *Broadbandits.* Hoboken, NJ: John Wiley & Sons.

Malone, Michael. 2002. *Betting It All: The Entrepreneurs of Technology.* New York: John Wiley & Sons.

Mangalindan, Mylene, and S. L. Hwang. 2001. "Insular Culture Helped Yahoo! Grow, But Has Now Hurt It in the Long Run." *Wall Street Journal* (9 March), p. A1.

Mankins, Michael, and R. Steele. 2005. "Turning Strategy into Great Performance." *Harvard Business Review* (July), pp. 65-72.

Markides, Constantinos, and Paul Geroski. 2005. *Fast Second: How Smart Companies Bypass Radical Innovation to Enter and Dominate New Markets.* San Francisco: Josey-Bass.

Markman, Gideon, D. Balkin, and R. A. Baron. 2002. "Inventors and New Venture Formation." *Entrepreneurship Theory and Practice* (Winter): 149-165.

Marn, Michael, Eric Roegner, and Craig Zawada. 2004. *The Price Advantage.* New York: John Wiley & Sons.

Martin, Roger L. 2002. "The Virtue Matrix." *Harvard Business Review* (March), pp. 69-75.

Martin, Roger, and Sally Osberg. 2007. "Social Entrepreneurship: The Case for Definition." *Stanford Social Innovation Review* (Spring), pp. 28-39.

Marvel, Matthew, Abbie Griffin, John Hebda, and Bruce Vojak. 2007. "Examining the Technical Corporate Entrepreneurs' Motivation: Voices from the Field." *Entrepreneurship*

Theory and Practice (September), pp. 753-768.

Marx, M., J. Singh, and L. Fleming. 2015. "Regional Disadvantage? Employee Non-Compete Agreements and Brain Drain." *Research Policy* 44(2): 394-404.

Maurer, Indre, and Mark Ebers. 2006. "Dynamics of Social Capital and Their Performance Implications: Lessons from Biotechnology Start-ups." *Administrative Science Quarterly* 51: 262-292.

McCall, Morgan. 1998. *High Flyers.* Boston: Harvard Business School Press.

McCoy, Bowen H. 2007. *Living into Leadership.* Stanford: Stanford University Press.

McElroy, Mark. 2003. *The New Knowledge Management.* Boston: Elsevier.

McFarland, Keith. 2008. *The Breakthrough Company.* New York: Crown.

McGrath, James, F. Kroeger, M. Traem, and J. Rocken Haeuser. 2001. *The Value Growers.* New York: McGraw-Hill.

McGrath, Rita G. 2005. "Market Busting: Strategies for Exceptional Business Growth." *Harvard Business Review* (March), pp. 81-89.

McGrath, Rita Gunther, Thomas Keil, and Taina Tukiainen. 2006. "Extracting Value from Corporate Venturing." *MIT Sloan Management Review* 48(1): 50-56.

McKee, Robert. 2003. "Storytelling That Moves People." *Harvard Business Review* (June), pp. 51-55.

McKenzie, Ray. 2001. *The Relationship-Based Enterprise.* New York: McGraw-Hill.

McKim, Robert (1973). *Experiences in Visual Thinking.* Pacific Grove, CA: Brooks/Cole.

McLean, Bethany, and P. Elkind. 2003. *The Smartest Guys in the Room.* New York: Portfolio.

McLemore, Clinton. 2003. *Street-Smart Ethics.* Louisville, Ky.: Westminster John Knox Press.

McMullen, Jeffrey, and Dean Shepard. 2002. "Regulatory Focus and Entrepreneurial Intention." Presentation at the Academy of Management Meeting (August).

McQuivey, James. 2013. *Digital Disruption: Unleashing the Next Wave of Innovation.* Las Vegas, NV: Amazon Publishing.

Melnyk, Steven, and M. Swink. 2002. *Value-Driven Operations Management.* New York: McGraw-Hill.

Mezias, John, and W. H. Starbuck. 2003. "What Do Managers Know, Anyway?" *Harvard Business Review* (May), pp. 16-17.

Miles, Morgan, and J. Covin. 2002. "Exploring the Practice of Corporate Venturing." *Entrepreneurship, Theory and Practice* (Spring), pp. 21-40.

Mingo, Santiago. 2013. "The Impact of Acquisitions on the Performance of Existing Organizational Units in the Acquiring Firm: The Case of an Agribusiness Company." *Management Science* 59(12): 2687-2701.

Minniti, Maria, and W. Bygrave. 2001. "A Dynamic Model of Entrepreneurial Learning." *Entrepreneurship Theory and Practice* (Spring), pp. 5-16.

Mintzberg, Henry, B. Ahlstrand, and J. Lampel. 1998. *Strategy Safari.* New York: Free Press.

Mishina, Y., B. J. Dykes, E. S. Block, and T. G. Pollock. 2010. "Why 'Good' Firms Do Bad Things: The Effects of High Aspirations, High Expectations, and Prominence on the Incidence of Corporate Illegality." *Academy of Management Journal* 53(4): 701-722.

Mittelstaedt, Robert. 2005. *Will Your Next Mistake Be Fatal?* Upper Saddle River, NJ: Pearson.

Moghaddam, K., D. A. Bosse, and M. Provance. 2016. "Strategic Alliances of Entrepreneurial Firms: Value Enhancing Then Value Destroying." *Strategic Entrepreneurship Journal* 10(2): 153-168.

Mokyr, Joel. 2003. *The Gifts of Athena—Historical Origins of the Knowledge Economy.* Princeton, NJ: Princeton University Press.

Mollick, E. 2014. The Dynamics of Crowdfunding: An Exploratory Study. *Journal of Business Venturing* 29(1): 1-16.

Moore, Geoffrey A. 2004. "Darwin and the Demon: Innovating Within Established Enterprises." *Harvard Business Review* (July), pp. 86-92.

Moore, Geoffrey. 2014. *Crossing the Chasm, 3rd Edition: Marketing and Selling Disruptive Products to Mainstream Customers.* New York: Harper-Collins.

Morris, M. H. 1998. *Entrepreneurial Intensity: Sustainable Advantages for Individuals, Organizations, and Societies.* Westport, CT: Greenwood Publishing Group.

Mullins, John. 2006. *The New Business Road Test.* Harlow, England: Prentice Hall.

Mullins, John, and Randy Komisar. 2009. *Getting to Plan B: Breaking Through to a Better Business Model.* Boston: Harvard Business School Press.

Murray, F., and S. O'Mahony 2007. Exploring the Foundations of Cumulative Innovation: Implications for Organization Science. *Organization Science* 18(6), 1006-1021.

Nagle, Thomas, and John Hogan. 2006. *The Strategy and Tactics of Pricing.* Upper Saddle River, NJ: Prentice Hall.

Nambisan, Satish. 2002. "Designing Virtual Customer Environments for New Product Development." *Academy of Management Review* 27(3): 392-413.

National Venture Capital Association (NVCA). 2016. *2016 National Venture Capital Association Yearbook*. New York: Thomson Reuters.

Navis, Chad, and O. Volkan Ozbek. 2016. "The Right People in the Wrong Places: The Paradox of Entrepreneurial Entry and Successful Opportunity Realization." *Academy of Management Review* 41(1): 109-129.

Nelson, A. J. 2014. "From the Ivory Tower to the Startup Garage: How Organizational Context Shapes Commercialization Processes." *Research Policy* 43(7): 1144-1156.

Nelson, A. J. 2015. *The Sound of Innovation: Stanford and the Computer Music Revolution*. Cambridge, MA: MIT Press.

Nelson, A. J. 2016. "How to Share 'Really Good Secret': Managing Sharing/Secrecy Tensions around Scientific Knowledge Disclosure." *Organization Science* 27(2), 265-285.

Nelson, A. J., and J. Irwin. 2014. "'Defining What We Do—All Over Again': Occupational Identity, Technological Change, and the Librarian/InternetSearch Relationship." *Academy of Management Journal* 57(3), 892-928.

Nikolaus Franke, Marion K. Poetz, and Martin Schreier. 2013. "Integrating Problem Solvers from Analogous Markets in New Product Ideation." *Management Science* 60(4): 1063-1081.

Norman, P. M. (2001). "Are Your Secrets Safe? Knowledge Protection in Strategic Alliances." *Business Horizons*, 44(6), 51-60.

Northouse, Peter G. 2001. *Leadership,* 2nd ed. Thousand Oaks, CA: Sage.

O'Farrell, John. 2011. "Building the Global Startup." www.fastcompany.com (June 11).

Ogawa, Susumu, and Frank Piller. 2006. "Reducing the Risks of New Product Development." *MIT Sloan Management Review* 47(2): 65-71.

Ogden, Joseph, F. Jen, and P. O'Connor. 2003. *Advanced Corporate Finance*. Upper Saddle River, NJ: Prentice Hall.

Ogle, Sean. 2012. "7 Reasons Most People Should Build Business, Not Startups." *www.forbes.com*(September).

Onyemah, V., M. R. Pesquera, and A. Ali. 2013. "What Entrepreneurs Get Wrong." *Harvard Business Review* 91(5): 74-79.

O'Reilly, Charles, and M. L. Tushman. 2004. "The Ambidextrous Organization." *Harvard Business Review* (April), pp. 22-30.

Osterwalder, A., and Y. Pigneur. 2010. *Business Model Generation: A Handbook for Visionaries, Game Changers, and Challengers*. New York: John Wiley & Sons.

Oviatt, Benjamin, and Patricia McDougall. 2005. "Defining International Entrepreneurship and Modeling the Speed of Internationalization." *Entrepreneurship Theory and Practice* (September), pp. 537-553.

Ozcan, Pinar, and Kathleen M. Eisenhardt. 2009. "Origin of Alliance Portfolios: Entrepreneurs, Network Strategies, and Firm Performance." *Academy of Management Journal* 52(2): 246-279.

Pacheco-de-Almeida, G., and P. B. Zemsky 2012. Some Like It Free: Innovators' Strategic Use of Disclosure to Slow Down Competition. *Strategic Management Journal*, 33(7), 773-793.

Packalen, Kelley. 2007. "Complementing Capital: The Role of Status, Demographic Features, and Social Capital in Founding Teams' Abilities to Obtain Resources." *Entrepreneurship Theory and Practice* (November), pp. 873-891.

Packard, David. 1995. *The HP Way.* New York: Harper-Collins.

Pahnke, E. C., R. Katila, and K. M. Eisenhardt. 2015. "Who Takes You to the Dance? How Partners' Institutional Logics Influence Innovation in Young Firms." *Administrative Science Quarterly* 60(4): 596-633.

Paik, Y. (2014). "Serial Entrepreneurs and Venture Survival: Evidence from US Venture-CapitalFinanced Semiconductor Firms." *Strategic Entrepreneurship Journal*, 8(3), 254-268.

Park, Haemin Dennis, and H. Kevin Steensma. 2012. "When Does Corporate Venture Capital Add Value for New Ventures?" *Strategy Management Journal* 33: 1-22.

Paumgarten, Nick. 2016. "Patagonia's Philosopher King." *The New Yorker* (19 September).

Perlow, Leslie, G. Okhuysen, and N. P. Repenning. 2002. "The Speed Trap." *Academy of Management Journal* 5: 931-955.

Perlow, Leslie, and S. Williams. 2003. "Is Silence Killing Your Company?" *Harvard Business Review* (May), pp. 52-58.

Pfeffer, J., and R. Sutton. 2006. "Evidence-Based Management." *Harvard Business Review* (January), pp. 51-60.

Pfeffer, J. 2014. "How to Make a Fortune Without 'Doing' Anything: The Uber, Airbnb Story." *Fortune* (23 November). Available at: http://fortune.com/2014/11/24/uber-airbnb-sharing-economyfallacy/

Pfeffer, Jeffrey, and R. Sutton. 2000. *The KnowingDoing Gap.* Boston: Harvard Business School Press.

Phan, Phillip, Mike Wright, Deniz Ucbasaran, and Wee-Liang Tan. 2009. "Corporate Entrepreneurship: Current Research and Future Directions." *Journal of Business Venturing* 24(3): 197-205.

Phelps, Corey. 2010. "A Longitudinal Study of the Influence of Alliance Network Structure and Composition on Firm Exploratory Innovation." *Academy of Management Journal* (August) 53(4): 890-913.

Pietersen, Willie. 2002. *Reinventing Strategy.* New York: John Wiley & Sons.

Porter, Michael E. 2008. "The Five Competitive Forces that Shape Strategy." *Harvard Business Review* (January), pp. 25-40.

Porter, Michael. 1996. "What Is Strategy?" *Harvard Business Review* (November/December), pp. 61-78.

Porter, Michael. 2001. "Strategy and the Internet." *Harvard Business Review* (March), pp. 63-78.

Post, James, L. E. Preston, and S. Sachs. 2002. "Managing the Extended Enterprise." *California Management Review* (Fall), pp. 6-20.

Prahalad, C. K. 2005. *The Fortune at the Bottom of the Pyramid.* Upper Saddle River, NJ: Pearson.

Prahalad, C. K., and A. Hammond. 2002. "Serving the World's Poor, Profitably." *Harvard Business Review* (September), pp. 48-57.

Prahalad, C. K., and V. Ramaswamy. 2000. "Co-opting Customer Competence." *Harvard Business Review* (January), pp. 79-87.

Prasad, Dev, G. Vozikis, and G. Bruton. 2001. "Commitment Signals in the Interaction between Business Angels and Entrepreneurs." *Entrepreneurial Inputs and Outcomes* 13: 45-69.

Prusak, Laurence, and D. Cohen. 2001. "How to Invest in Social Capital." *Harvard Business Review* (June), pp. 86-94.

Pyzdek, Thomas, and Paul Keller. 2014. *The Six Sigma Handbook.* New York: McGraw-Hill.

Quinn, J. B., P. Anderson, and S. Finkelstein. 1996. "Leveraging Intellect." *The Academy of Management Executive* 10(3): 7-27.

Rappaport, Alfred, Michael J. Mauboussin, and Peter L. Bernstein. 2001. *Expectations Investing.* Boston: Harvard Business School Press.

Reeves, Marin, and Mike Deimler. 2011. "Adaptability: The New Competitive Advantage." *Harvard Business Review* (July-August), 135-141.

Reichheld, Frederick. 2001. "Lead for Loyalty." *Harvard Business Review* (July), pp. 76-84.

Ridgway, Nicole. 2003. "Something to Sneeze at." *Forbes* (21 July), pp. 102-104.

Ries, Al, and Jack Trout. 2001. *Positioning: The Battle for Your Mind.* New York: McGraw-Hill.

Ries, Eric. 2011. *The Lean Startup.* New York: Crown Business.

Rigby, Darrell. 2001. "Moving Upward in a Downturn." *Harvard Business Review* (June), pp. 99-105.

Rigby, Darrell, and C. Zook. 2002. "Open Market Innovation." *Harvard Business Review* (October), pp. 80-89.

Riggs, Henry. 2004. *Financial and Economic Analysis for Engineering and Technology Management,* 2nd ed. Hoboken, NJ: John Wiley & Sons.

Roberts, Michael. 2003. "Managing the Growing Venture." *Harvard Business School Note 9-803-137.*

Rogers, Everett. 2003. *Diffusion of Innovations,* 5th ed. New York: Free Press.

Roman, Kenneth, and Jane Maas. 2005. *How to Advertise,* 3rd ed. New York: Thomas Dunne.

Rose, David S. 2016. *The Startup Checklist: 25 Steps to a Scalable, High-Growth Business.* Hoboken, NJ: John Wiley & Sons.

Rosen, Corey, J. Case, and M. Staubus. 2005. "Every Employee an Owner. Really." *Harvard Business Review* (June), pp. 122-130.

Ross, Stephen, R. Westerfield, J. Jaffe, and B. Jordan. 2015. *Corporate Finance.* New York: McGrawHill Irwin.

Rothaermel, Frank, and D. Deeds. 2004. "Exploration and Exploitation Alliances in Biotechnology." *Strategic Management Journal* (Winter): 100-121.

Rothaermel, Frank, and David Deeds. 2006. "Alliance Type, Alliance Experience and Alliance Management Capability in High-Technology Ventures." *Journal of Business Venturing* 21: 429-460.

Russo, Michael. 2010. *Companies on a Mission: Entrepreneurial Strategies for Growing Sustainability, Responsibility, and Profitability.* Stanford: Stanford University Press.

Sachs, Jeffrey. 2008. *Common Wealth.* New York: Penguin Press.

Sahlman, William. 1999. *The Entrepreneurial Venture.* Boston: Harvard Business School Press.

Sanchez, José, Tania Carballo, and Andrea Gutiérrez. 2011. "The Entrepreneur from a Cognitive Approach." *Psicothema* 23(3): 433-438.

Sandner, Philipp G., and Joern Block. 2011. "The Market Value of R&D, Patents, and Trademarks." *Research Policy* 40(7): 969-985.

Santos, Filipe, and Kathy Eisenhardt. 2009. "Constructing Markets and Shaping Boundaries: Entrepreneurial Action in Nascent Markets." *Academy of Management Journal* 52: 643-671.

Sarasvathy, S. D., N. Dew, S. R. Velamuri, and S. Venkataraman. 2003. "Three Views of Entrepreneurial Opportunity." In *Handbook of Entrepreneurship Research* (pp. 141-160). New York: Springer US. Sarasvathy, Saras D., and Sankaran Venkataraman. 2011. "Entrepreneurship as Method: Open Questions for an Entrepreneurial Future." *Entrepreneurship: Theory & Practice* 35(1): 113-135.

Sathe, Vijay. 2003. *Corporate Entrepreneurship.* New York: Cambridge University Press.

Sawhney, Mohan, and J. Zabin. 2001. *The Seven Steps to Nirvana.* New York: McGraw-Hill.

Schlanger, Danielle. 2012. "How Southwest Keeps Making Money in a Brutal Airline Industry." *Business Insider* (13 June). http://www.businessinsider.com/case-study-how-southwest-staysprofitable-2012-6

Schramm, Carl. 2004. "Building Entrepreneurial Economies." *Foreign Affairs* (July), pp. 104-115.

Schultz, Howard. 1997. *Pour Your Heart Into It: How Starbucks Built a Company One Cup at a Time.* New York: Hyperion.

Schumpeter, Joseph. 1984. *Capitalism, Socialism and Democracy.* New York: Harper Torchbooks.

Schwartz, Evan. 2002. *The Last Lone Inventor.* New York: Harper-Collins.

Sebenius, James. 2001. "Six Habits of Merely Effective Negotiators." *Harvard Business Review* (April), pp. 87-95.

Seelig, Tina. 2012. *inGenius: A Crash Course on Creativity.* NewYork: HarperCollins Publishers.

Seelig, Tina. 2015. *Insight Out: Get Ideas Out of Your Head and Into the World.* New York: Harper Collins Publishers.

Selden, Larry, and G. Colvin. 2003. "What Customers Want." *Fortune* (7 July), pp. 122-125.

Senor, D., and S. Singer. 2009. *Start-Up Nation: The Story of Israel's Economic Miracle.* Toronto: McClelland & Stewart.

Shah, Dharmesh. 2013. "The HubSpot Culture Code: Creating a Company We Love." www.blog. hubspot.com (March 20).

Shah, Sonali K. 2003. *Innovation & Product Development within User Communities: Findings from Open Source Software and Consumer Sporting Goods.* PhD thesis, Massachusetts Institute of Technology, Boston, MA, May 2003.

Shah, Sonali K., and Mary Tripsas. 2007. "The Accidental Entrepreneur: The Emergent & Collective Process of User Entrepreneurship." *Strategic Entrepreneurship Journal* 1(1): 123-140.

Shane, S. 2001. "Technological Opportunities and New Firm Creation." *Management Science* 47(2): 205-220.

Shane, Scott A. 2005. *Finding Fertile Ground.* Upper Saddle River, NJ: Pearson.

Shane, Scott, and S. Venkataraman. 2000. "The Promise of Entrepreneurship as a Field of Research." *Academy of Management Review* 25(1): 217-26.

Shaw, Gordon, R. Brown, and P. Bromiley. 1998. "Strategic Stories: How 3M Is Rewriting Business Planning." *Harvard Business Review* (May), pp. 41-50.

Shepherd, Dean. 2003. "Learning from Business Failure." *Academy of Management Review* 2: 318-328.

Shepherd, Dean, Evan Douglas, and Mark Shanley. 2000. "New Venture Survival." *Journal of Business Venturing* 15: 393-410.

Shepherd, Dean, and Mark Shanley. 1998. *New Venture Strategy.* Thousand Oaks, CA: Sage Publications.

Shepherd, Dean, and N. F. Krueger. 2002. "An Intentions-Based Model of Entrepreneurial Teams." *Entrepreneurship Theory and Practice* (Winter), pp. 167-185.

Sheth, Jagdish, and R. Sisodia. 2002. *The Rule of Three.* New York: Free Press.

Shrader, Rodney, and Mark Simon. 1997. "Corporate versus Independent New Ventures." *Journal of Business Venturing* 12: 47-66.

Simon, Mark, and S. M. Houghton. 2003. "The Relationship between Overconfidence and the Introduction of Risky Products." *Academy of Management Journal* 2: 139-149.

Simons, Robert. 2005. "Designing High-Performance Jobs." *Harvard Business Review* (July), pp. 55-62.

Sine, Wesley, Heather Haveman, and Pamela Tolbert. 2005. "Risky Business? Entrepreneurship in the New Independent-Power Sector." *Administrative Science Quarterly* 50: 200-232.

Singh, Jasjit, and Lee Fleming. 2010. "Lone Inventors as Sources of Breakthroughs: Myth or Reality?" *Management Science* 56: 41-56.

Slywotzky, Adrian. 2002. *The Art of Profitability.* New York: Warner Books.

Slywotzky, Adrian. 2007. *The Upside.* New York: Crown.

Slywotzky, Adrian, and J. Drzik. 2005. "Countering the Biggest Risk of All." *Harvard Business Review* (April), pp. 78-88.

Smith, Janet, R. L. Smith, Richard Bliss. 2011. *Entrepreneurial Finance: Strategy, Valuation, and Deal Structure.* Stanford, CA: Stanford University Press.

Sonnenfeld, Jeffrey. 2002. "What Makes Boards Great." *Harvard Business Review* (September), pp. 106-112.

Sørensen, Jesper. 2007. "Bureaucracy and Entrepreneurship: Workplace Effects on Entrepreneurial Entry." *Administrative Science Quarterly* 52: 387-412.

Sørensen, Jesper B., and Magali A. Fassiotto. 2011. "Organizations as Fonts of Entrepreneurship." *Organization Science* 22(5): 1322-1331.

Spulker, Daniel. 2004. *Management Strategy.* Burr Ridge, IL: McGraw-Hill.

Sternberg, Robert, L. A. O'Hara, and T. I. Lubart. 1997. "Creativity as Investment." *California Management Review* (Fall), pp. 8-21.

Stevenson, Howard, et al. 1999. *New Business Ventures and the Entrepreneur,* 5th ed. Burr Ridge, IL: McGraw-Hill Irwin.

Stim, Richard. 2016. *Patent, Copyright & Trademark: An Intellectual Property Desk Reference,* 14th ed. Berkeley, CA: Nolo.

Stringer, Kortney. 2003. "How Do You Change Consumer Behavior?" *Wall Street Journal* (17 March), p. R6.

Stuart, Toby, and Waverly Ding. 2006. "When Do Scientists Become Entrepreneurs? The Social Structural Antecedents of Commercial Activity in the Academic Life Sciences." *American Journal of Sociology* 112(1): 97-144.

Sull, D. 2004. "Disciplined Entrepreneurship." *MIT Sloan Management Review* (Fall), pp. 71-77.

Sull, D., and C. Spinosa 2005. Using Commitments to Manage across Units. *MIT Sloan Management Review,* 47(1), 73.

Sull, D., and K. M. Eisenhardt. 2015. *Simple Rules: How to Thrive in a Complex World.* New York: Houghton Mifflin Harcourt.

Sutton, Robert. 2002. *Weird Ideas That Work.* New York: Free Press.

Sutton, Robert I., and Huggy Rao. 2014. *Scaling Up Excellence: Getting to More Without Settling for Less.* New York: Crown Business.

Szulanski, Gabriel, and S. Winter. 2002. "Getting It Right the Second Time." *Harvard Business Review* (January), pp. 62-69.

Tallman, Stephen, and K. Fladmoe-Lindquist. 2002. "Internationalization, Globalization, and Capability Strategy." *California Management Review* (Fall), pp. 110-134.

Tapscott, Don, and A. D. Williams. 2008. *Wikinomics.* New York: Portfolio.

Tapscott, Don, D. Ticoll, and A. Lowy. 2000. *Digital Capital.* Boston: Harvard Business

School Press.

Taylor, Suzanne, and K. Schroeder. 2003. *Inside Intuit.* Boston: Harvard Business School Press.

Tedeschi, Bob. 2003. "End of the Paper Chase." *Business 2.0* (March), p. 64.

Tedlow, Richard S. 2001. *Giants of Enterprise.* New York: Harper-Collins.

Teitelman, Robert. 1989. *Gene Dreams.* New York: Basic Books.

Thiel, Peter. 2014. *Zero to One: Notes on Startups, or How to Build the Future.* New York: Crown Business.

Thiel, Peter, and Blake Masters. 2014. *Zero to One: Notes on Startups. Or How to Build the Future.* New York: Crown Business.

Thompke, Stefan, and D. Reinertsen. 1998. "Agile Product Development." *California Management Review* (Fall), pp. 8-28.

Thompke, Stefan, and Eric von Hippel. 2002. "Customers as Innovators." *Harvard Business Review* (April), pp. 74-81.

Thurik, A. R., E. Stam, and D. B. Audretsch 2013. The Rise of the Entrepreneurial Economy and the Future of Dynamic Capitalism. *Technovation*, 33(8), 302-310.

Thurm, Scott. 2002. "Cisco Details the Financing for Its Start-Up." *Wall Street Journal* (12 March), p. A3.

Thurm, Scott. 2003. "A Go-Go Giant of the Internet Age, Cisco Is Learning to Go Slow." *Wall Street Journal* (7 May), p. A1.

Thursby, Jerry G., and Marie C. Thursby. 2004. "Are Faculty Critical? Their Role in University-Industry Licensing." *Contemporary Economic Policy* 22: 162-178.

Tichy, Noel, and Warren Bennis. 2007. *Judgment.* New York: Portfolio.

Tiwana, Amrit, and A. A. Bush. 2005. "Continuance in Expertise-Sharing Networks." *IEEE Transactions on Engineering Management* (February), pp. 85-100.

Treacy, Michael. 2004. "Innovation as a Last Resort." *Harvard Business Review* (July), pp. 29-30.

Tuggle, Christoper, Karen Schnatterly, and Richard Johnson. 2010. "Attention Patterns in the Boardroom: How Board Composition Processes Affect Discussion of Entrepreneurial Issues." *Academy of Management Journal* (June) 53(3): 550-571.

U.S. Patent and Trademark Office. 2013. www.uspto.gov.

Ullman, David. 2003. *The Mechanical Design Process.* New York: McGraw-Hill.

Ulrich, Karl, and S. Eppinger. 2015. *Product Design and Development,* 5th ed. New York: McGraw-Hill.

Van den Ende, Jan, and N. Wijaberg. 2003. "The Organization of Innovation and Market

Dynamics." *IEEE Transactions on Engineering Management* (August), pp. 374-382.

Van Praag, Miriam. 2006. *Successful Entrepreneurship: Confronting Economic Theory with Empirical Practice.* Cheltenham, England: Edward Elgar.

Vermeulen, Freek. 2005. "How Acquisitions Can Revitalize Companies." *Sloan Management Review* (Summer), pp. 45-51.

von Hippel, Eric, and Georg von Krogh. 2016. "Identifying Viable 'Need-Solution Pairs': Problem Solving Without Problem Formulation." *Organization Science* 27(1): 207-221.

Waaser, Ernest et al. 2004. "How You Slice It: Smarter Segmentation for Your Sales Force." *Harvard Business Review* (March), pp. 105-110.

Wang, T., and P. Bansal. 2012. "Social Responsibility in New Ventures: Profiting from a Long-Term Orientation." *Strategic Management Journal* 33: 1135-1153.

Wasserman, N. 2012. *The Founder's Dilemmas: Anticipating and Avoiding the Pitfalls that Can Sink a Startup.* Princeton, NJ: Princeton University Press.

Weigelt, C., and M. B. Sarkar. 2012. "Performance Implications of Outsourcing for Technological Innovations: Managing the Efficiency and Adaptability Trade-Off. *Strategic Management Journal* 33(2): 189-216.

Welch, Jack. 2002. *Jack: Straight from the Gut.* New York: Warner.

Wennekers, Sander, L. M. Uhlaner, and R. Thurik. 2002. "Entrepreneurship and Its Conditions." *International Journal of Entrepreneurship Education* 1: 25-64.

West, Joel, and S. O'Mahony. 2008. "The Role of Participation Architecture in Growing Sponsored Open Source Communities." *Industry and Innovation* 15(2): 145-168.

Weterings, Anet, and Ron Boschma. 2009. "Does Spatial Proximity to Customers Matter for Innovative Performance? Evidence from the Dutch Software Sector." *Research Policy* (June) 38(5): 746-755.

Winborg, Joakim, and Hans Landström. 2001. "Financial Bootstrapping in Small Businesses: Examining Small Business Managers' Resource Acquisition Behaviors." *Journal of Business Venturing* 16: 235-254.

Winer, Russell. 2001. "A Framework for Customer Relationship Management." *California Management Review* (Summer), pp. 89-104.

Winer, Russell, and Ravi Dhar. 2010. *Marketing Management.* Upper Saddle River, NJ: Pearson.

Wolcott, Robert, and Michael Lippitz. 2007. "The Four Models of Corporate Entrepreneurship." *MIT Sloan Management Review* 49(1): 75-82.

Wood, Robert C., and G. Hamel. 2002. "The World Bank's Innovation Market." *Harvard*

Business Review (November), pp. 104-112.

Wreden, Nick. 2002. "How to Make Your Case in 30 Seconds or Less." *Harvard Management Communication Letter* (January).

Wright, Randall. 2008. "How to Get the Most from University Relationships." *MIT Sloan Management Review* 49(3): 75-80.

Wu, Andy, Fujie Jin, and Lorin Hitt. 2015. "Social Is the New Financial: How Startups' Social Media Activities Influence Funding Outcomes." Harvard Business School Working Paper, July 2015.

Yakura, Elaine. 2002. "Charting Time: Timelines as Temporal Boundary Objects." *Academy of Management Journal* 5: 956-970.

Yankelovich, Daniel, and David Meer. 2006. "Rediscovering Market Segmentation." *Harvard Business Review* (February), pp. 122-131.

Yeganegi, S., A. O. Laplume, P. Dass,and C. L. Huynh. 2016. "Where Do Spinouts Come From? The Role of Technology Relatedness and Institutional Context." *Research Policy* 45(5): 1103-1112.

York, Jeffrey G., and S. Venkataraman. 2010. "The Entrepreneur-Environment Nexus: Uncertainty, Innovation, and Allocation." *Journal of Business Venturing* 25(5): 449-463.

Young, Jeffrey S. 1988. *Steve Jobs—The Journey Is the Reward*. Glenview, IL: Scott-Foresman.

Yu, Jifeng, Brett Anitra Gilbert, and Benjamin M. Oviatt. 2011. "Effects of Alliances, Time, and Network Cohesion on the Initiation of Foreign Sales by New Ventures." *Strategy Management Journal* 32: 424-446.

Zacharakis, Andrew, G. D. Meyer, and J. DeCastro. 1999. "Differing Perceptions of New Venture Failure." *Journal of Small Business Management* (July), pp. 1-14.

Zahra, Shaker, D. O. Neubaum, and M. Huse. 2000. "Entrepreneurship in Medium Size Companies." *Journal of Management* 5: 947-976.

Zhang, X., and K. M. Bartol 2010. Linking Empowering Leadership and Employee Creativity: The Influence of Psychological Empowerment, Intrinsic Motivation, and Creative Process Engagement. *Academy of Management Journal* 53(1): 107-128.

Zimmerman, Monica, and G. J. Zeitz. 2002. "Beyond Survival: Achieving New Venture Growth by Building Legitimacy." *Academy of Management Review* 3: 414-431.

Zott, Christopher, and Raphael Amit. 2007. "Business Model Design and the Performance of Entrepreneurial Firms." *Organization Science* 18(2): 181-199.

术语表

Acquisition　收购　一家企业购买另一家企业。通常被收购方会失去独立性，而收购方则承担被收购方的所有资产和负债。

Adaptive Enterprise　适应性企业　可以根据市场条件的变化，改变其发展战略或商业模式的企业。

Advertising Revenue Model　广告费模型　以网站和电视广播公司为代表的媒体类企业，通过出售广告播放空间和时间，并根据播放次数和播放时长向发布广告的客户收费。

Affiliate Revenue Model　会员收入模型　通过为其他企业推荐会员来收取介绍费，或从被服务企业的收入中按比例提成。

Alliance　战略联盟　请见"合伙企业"（Partnership）。

Angels　天使投资人　对新创企业进行投资以换取企业股权的有钱人，通常是有经验的企业家。

Architectural Innovation　架构创新　在保持核心设计理念不变的前提下，改变产品各个组件间的组合方式，即模块集成的结构——该结构规定了组件之间的协同运作方式。

Balanced Scorecard　平衡计分卡　一种战略制定的指导工具，可以为企业提供完整的绩效评估报告。

Barriers to Entry　进入壁垒　企业在进入某一行业或市场时将会遭遇的阻碍。

Base Case　基本情形　计算现金流时采用的有关最可能出现的结果的一组假设。

Board of Directors　董事会　由企业的主要高级管理人员和负责全面监督企业事务的外部成员组成的团体。

Book Value　账面价值　指企业的净资产（所有者权益），等于总资产减去无形资产（专利、商誉）和负债。

Bootstrap Financing　自筹资金　依靠创业团队及其家人和朋友提供的少量资金创办企业的融资方式。

Brand　品牌　企业名称、企业标识和符号的统称，用以标识企业所销售的产品，并在客户心中留下长期印象。

Brand Equity　品牌资产　与企业的品牌名称和符号等相关联的资产，可以增加企业所提供的产品的价值。

Breakeven　盈亏平衡　企业的总销售收入等于总成本。

Burn Rate 资金消耗率 企业每月的现金流入量与现金流出量之差。

Business Design 商业设计 新创企业关于经营发展的一整套设计方案，包含客户选择、产品供应、自营及外包的业务以及获取利润的方式等。

Business Method Patent 商业方法专利权 为保护新的生产流程或工艺方法而授予的一种实用新型专利权。

Business Model 商业模式 新创企业关于如何为利益相关者创造价值所做出的一套有计划的构想，是商业设计的结果。

Business Plan 商业计划书 详细描述企业的机会、产品、环境、战略、团队、所需资源、财务回报及预期收益等创业相关事项的文件。

Cannibalization 自噬效应 企业开发的新业务或引进的新产品与企业原有的业务或产品相竞争的现象。

Capacity 能力 企业采取行动或做事的能耐。

Cash Flow 现金流 一定时期内流入和流出一家企业的现金数量之差。

Certain 确定性 当一项行动引发的结果是必然的，就称其具有确定性。

Challenge 挑战 激发人们对某项悬而未决的艰巨任务做出反应并做出创建和经营一家企业的承诺的召唤。

Chasm 鸿沟 在新产品采纳过程中，早期接受者和早期大多数之间的巨大差距。

Cluster 产业集群 某一领域内相互关联的组织（包括制造商、供应商、行业协会、金融机构和大学等）在地理空间上的集中分布。

Collaborative Structure 协作结构 由来自少数基本职能部门的人组成的、通常包括 5 ~ 10 名成员的负责全部运营活动的团队。

Competitive Intelligence 竞争情报 有关竞争对手的产品、服务、分销渠道、价格策略以及其他事实的保密数据。

Complement 互补产品 为彼此提供功能或客户体验方面的改善的产品。

Complementor 互补企业 销售一家企业产品的互补产品的企业。

Convergence 融合 曾被相互分隔或区分看待的技术或产业的结合或合并的过程。

Convertible Note 可转换债券 债券的一种，持有这种债券的投资者可以按照发行时约定的价格将其转换为企业的普通股票。

Copyright 版权 赋予著作权人阻止他人印刷、复制或出版其原创作品的一项专有权利。在美国，版权的有效期是作者有生之年加上去世后的 70 年。

Corporate New Venture，CNV 公司内创企业 为启动和创建重要的新业务部门，由现有公司以全资子公司或拆分公司的形式所创办的企业。

Corporate Venture Capital 大企业的风险投资 在大企业内设立投资基金，用以对外部的新创企业进行投资。

Corporation 企业 独立于所有者的一种法人实体，可以脱离所有者身份而作为一个独立的实体开展活动。所有者团体被授予该法人实体的特许经营权。

Cost Driver **成本动因** 影响企业总成本的任何因素，包括：固定成本、变动成本、半变动成本和非经常性成本。

Creative Destruction **创造性破坏** 由创新活动引发的新创企业的诞生、新型产业结构的生成，以及现有经济结构的解体。

Creativity **创造力** 运用想象力提出新想法、新策略、新商业模式或新解决方案的能力。

Crowdfunding **众筹** 聚合起一群人，通过每个人贡献少量资金来为企业筹集资金。

Customer Relationship Management，CRM **客户关系管理** 企业与客户间围绕营销、销售和服务等开展的一系列交互。这些交互包括：经济要素交换、作为交换对象的产品或服务、交换发生的空间以及交换发生的情境。

Customization **客户定制（定制化）** 根据客户的个性化需求，为其提供专门的设计版本。

Debt Capital **债务资本** 企业借入的资金，该笔资金必须在规定的时间内偿还本金和利息。

Design **设计** 为了以具体的细节安排来体现新产品开发理念或概念而开展的活动。

Design Patent **外观设计专利权** 为保护制成品的具有原创性、装饰性和非显而易见性的设计而授予的权利，在美国，其有效期为14年。

Diffusion of Innovations **创新扩散** 创新在潜在采用者中传播的过程。

Diffusion Period **扩散时间** 一项创新从被总人口中10%的人接受，到被90%的人接受所需的时间。

Discount Rate **折现率** 由于货币具有时间价值，而对未来收益或现金流进行折现时采用的比率。

Disruptive Innovation **颠覆性创新** 在引入新组件的同时采用新架构来创造新产品的创新。

Dominant Design **主导设计** 一种设计，其主要组成部分和基本核心概念在不同的产品模型之间没有实质性的变化，且在产品市场中的占有率很高。

Due Diligence **尽职调查** 在对投资协议的条款做出承诺前，投资者收集证据以核实商业计划书中提供的事实和数据的过程。

Dynamic Capitalism **动态资本主义** 财富创造的过程具有动态特征，这期间伴随着新的、有创造力的企业的不断创立和成长，以及已有的大型企业的日渐衰落和退出。

Dynamic Disequilibrium **动态不均衡** 经济体系中的各种因素持续发生变化。

Economic Capital **经济资本** 经济价值以及相应的生活标准。

Economic System **经济体系** 商品和服务的生产与分配的系统。

Economics **经济学** 关于商品和服务的生产、分配与消费的学科。

Economies of Scale **规模经济** 随着销售数量的增加，产品的单位成本将会降低。

Economies of Scope 范围经济 通过多种产品或业务部门共享制造设施、分销渠道和其他资源而获得的节约。

Elevator Pitch 电梯演讲 创业故事的缩减版本，创业者借以与投资者进行有效沟通，向投资者证明他们了解自己的业务。

Emergent Industries 新兴行业 因为新产品或新服务的推出而形成的行业。

Emotional Intelligence，EI 情绪智力 领导者所展现的自我认知能力、自我管理能力、社会认知能力以及关系管理能力 4 种心理能力的综合体现。

Entrepreneur 企业家 能够发现问题、寻求解决方案、挖掘潜在需求并从挑战中发现机会的人。

Entrepreneurial Capital 创业资本 创业能力与创业承诺的结合。

Entrepreneurial Commitment 创业承诺 为将企业带入发展轨道并取得经营成果，创业者愿意付出的时间和精力。

Entrepreneurial Competence 创业能力 识别机会的能力，以及获取和管理所需资源以抓住机会的能力。

Entrepreneurial Intensity 创业强度 创业团队对企业成长的承诺程度。

Entrepreneurship 创业 具备积极进取特质的企业家对以前从未被开发的机会的识别和利用。

Equity 所有者权益 企业的所有股权，通常被划分为普通股或优先股。

Equity Capital 权益资本 投资者通过购买企业股票实现对企业所有权的投资。

Ergonomics 人类工程学 通过协调人与机械设施及环境的关系，使体力工作更容易完成，让体力工作者的压力更小的一门科学。

Execution 执行力 联结创业计划与现实，确保企业中人员的行动能够贯彻战略意图并最终实现预期成果的能力。

Exit Strategy 退出策略 新创企业在一段时间后退出市场的相关事宜，以及创业者或投资者从新创企业中获得现金回报的方式。

Financial Capital 金融资本 货币、债券、证券和土地等金融资产。

First-Mover Advantage 先发优势 第一个进入市场的企业可以获得好处。

Five Forces Model 五力模型 一种行业竞争态势分析的常用工具。所谓 5 种力量，分别为：新进入者的威胁、替代品的威胁、客户的议价能力、供应商的议价能力、现有竞争对手的威胁。

Flexibility 柔性 衡量企业对客户的需求迅速做出反应的能力的指标。

Flow-Through Entities 流通类实体 此类企业的所有利润都归所有者所有，所有损益均由管理者自负，政府不单独向企业征税。

Follower Strategy 跟随战略 在先行者进入市场后再进入市场，并试图改进先行者的做法。

Founder 创始人 负责创办新企业的人，通常指新创企业的创业团队中的所有成员。

Global Strategy 全球化战略 增长战略的一种，指企业面向全球市场开发并营销其产品或服务。

Globalization　**全球化**　全球市场、民族国家和技术的融合发展，它使得世界各地的个人和商业组织可以向世界上任何一个国家（地区）输出和销售其产品。

Growing Industries　**成长行业**　具有中等程度的稳定性、竞争激烈程度以及不确定性，且收入处于适度增长阶段的产业。

Harvest Plan　**收获计划**　描述了所有者和投资者期望从投资中获得实际现金回报的方式和时间。

High-Growth Business　**高增长企业**　企业以创造具有重大影响力的新业务为目标，通过投入巨额启动资金实现高增长。

Horizontal Merger　**横向合并**　在相似市场上生产和销售相似产品的企业之间的合并。

Human Capital，HC　**人力资本**　组织中员工所拥有的技能、所掌握的知识和所具备的创造力。

Hybrid Model　**混合渠道模型**　指企业充分利用在线渠道和其他渠道的优势，将业务范围扩展到新的市场领域及全球。

Increasing Returns　**收益递增**　随着产品或劳务的生产或消费数量的增加，产品或者劳务带来的边际效益随之增加。

Incremental Innovation　**渐进性创新**　对现有做法进行创造性扩展，从而制造出比现有产品更快、更好或更便宜的新产品。

Independent Venture　**独立新创企业**　不被已有公司所有或控制的新企业，对潜在机会的选择通常不受限制，但经常受到资源有限的限制。

Industry　**行业**　由一群生产同类因而可以相互替代的产品，并为相同客户提供服务的企业组成。

Initial Public Offering，IPO　**首次公开募股**　企业首次公开发行股票。

Innovation　**创新**　推出可以在市场中产生经济或社会价值的新组合，是新技术的商业化。

Installed Base Profit Model　**用户基数模式**　供应商通过建立庞大的用户群，并吸引他们购买自己所提供的消耗性商品来盈利，这是最具盈利能力的一种商业模式。

Integrity　**诚信**　即真实、坦诚和可信，指人们的言语、行动、性格与行为具有内在一致性。

Intellectual Capital，IC　**智力资本**　企业拥有的知识性资产的总和，包括人力资本、组织资本和社会资本。

Intellectual Property，IP　**知识产权**　个人或企业所拥有的、可以获得法律保护的具有价值的无形财产。

International Strategy　**国际化战略**　企业将全球视为统一的大市场，通过出口或签署许可协议，将产品和能力从国内市场转移到其他国家来创造价值。

Intrapreneurship　**内创业**　公司内创企业成立的过程。

Just-in-Time，JIT　**准时生产**　一种致力于减少不必要的库存和消除非增值环节活动的管理方法，其基本思想是："只在需要的时候、按需要的数量生产所需的产品。"

Knowledge 知识 对特定专业领域内的信息、事实、观点、真理和原则的认识和掌握。

Knowledge Management 知识管理 以提升企业的竞争优势为目的，而进行知识收集、组织和传播的实践过程。

Layout 空间布局 通过调整空间的分隔形式、改善功能区划分与家具设计等，创建高效的办公场所。

Leadership 领导力 创建组织并推动组织变革的能力，其衡量标准是创业团队是否拥有根据环境变化而获得所需的新技能的能力。

Lean Startup 精益创业 一种基于快速产品周期的业务开发方法，十分注重假设驱动实验和适应性学习。

Lean Systems 精益系统 采用前瞻性视角，以过程有效、节约安装时间、提高关键流程利用率为目标所创建的运营系统。

Learning Organization 学习型组织 始终致力于捕获、生成和共享知识，并依据可用的新知识调整策略和采取行动的企业。

License 许可证 一家企业授予另一家企业合法使用自己所拥有的知识产权权利的法律文件。

Licensing 专利授权 在无须转移所有权的情况下，一家企业通过协议将知识产权转让给另一家企业的行为。

Local Strategy 本地化战略 企业将全部资源集中投放在本地市场，希望借此获得在本地市场中的竞争优势。

Logistics 物流系统 对零部件、原材料和设备等进行运输、存储和动态跟踪的组织体系，通常基于电子网络构建，如内部供应链网络。

Loyalty 忠诚度 用来描述客户对企业的产品或产品线的承诺程度的概念。

Management 管理 为让组织保持良好运作而开展的一系列活动的过程，这些活动包括计划、预算、组织、人员配备和控制等。

Market Segment 细分市场 由具有相似需求和意愿的客户群体组成，这些客户群体相互参照，并且可能处于相同的地理区间，有着相似的购买力和购买态度。

Market Segmentation 市场细分 根据客户的购买需求和消费习惯，将市场划分为多个细分市场。

Marketing 市场营销 企业为使自己提供的产品能够吸引、服务并留住客户而开展的一系列活动。为此，企业需要选择合适的媒体并采用适当的方法，将正确的信息传递给目标客户群体。

Marketing Objectives Statement 营销目标陈述 对营销活动主要目标的清晰描述。

Marketing Plan 营销计划 新创企业商业计划书的一个组成部分，以书面文件形式描述了企业为达成营销目标需要采取的具体行动步骤。

Mature Industries 成熟行业 高度稳定但竞争激烈、收入增长速度放缓的行业。

Merger 合并 两家企业合并为一家企业。

Metanational Company 跨国企业 拥有以下3种核心能力的公司：①率先发

现并迅速掌握全球各地涌现的新知识；②通过整合分散在全球各地的新知识来超越竞争对手；③通过在全球范围内高效地组织生产、营销和交付活动，将创新成果转化为价值。

Minimum Viable Product，MVP 最小化可行产品 具备解决问题、满足需求和获得用户反馈所需的最小特性集的产品。

Modular Innovation 组件创新 在不改变组件组合方式的情况下，改变产品组件的创新。

Module 模块 产品系统中的独立、可互换的，可与其他模块组合成更大系统的单元。

Multidomestic Strategy 多国本地化战略 企业在资源允许的情况下，同时在多国开展业务。

Natural Capital 自然资本 人类社会和经济系统中，可被直接、间接或潜在利用的自然资源，例如矿物、燃料、能源、生物产出或污染吸收能力等。

Negotiation 谈判 持有不同偏好而又相互依存的各方之间的决策过程。

Net Present Value，NPV 净现值 以适当的基准折现率（r）将企业未来的一系列现金流量折现到期初并求和所得到的价值。

Network Economies 网络效应（网络经济） 一种产品的互补品体系对其需求具有决定性的影响。

New Venture Team 创业团队 由一群具备某一领域的专业知识和管理技能的人组成。

New Venture Valuation Rule 新创企业估值法 利用目标年份的预计销售收入、利润和现金流，以及其后 5 年的预期销售收入年均增长率，计算一家新创企业的价值的方法。

Niche Business 利基企业 企业通过开发有限机会或深耕细分市场，谋求自主运营和慢速成长。

Nonprofit Organization 非营利组织 为实现慈善目标和服务公众而成立的企业或会员制组织。

Oligopoly 寡头垄断 由少数卖方主导市场的行业状态。

On-Time Speed 响应速度 衡量工期、准时交付和产品开发速度的指标。

Open Source Innovation 开源创新 多家公司和个人基于共同的目标、遵从共同的社区治理规则来开展合作创新。

Operation 运营 沿企业内部价值链开展的一系列活动。

Operations Management 运营管理 对企业沿内部价值链开展的一系列活动实施监督、监测和协调。实施运营管理应基于产品和服务的生产流程。

Opportunity 机会 是环境中出现的有可能孕育成功、创造成就的有利时机。

Opportunity Cost 机会成本 为从事某一个行动而放弃的其他行动可能带来的最大收益，是采取该行动的代价。

Option 期权 在将来某个日期以预定价格购买资产的权利。

Organic Growth 有机增长 依托现有资源和业务，无须依靠外部融资而由内部融资推动实现的自然增长。

Organic Organizations 有机组织 富有柔性、能够动态适应环境变化的组织。

Organizational Capital，OC 组织资本 组织中支持人力资本发挥作用的硬件、软件、数据库、专利、组织学习能力、文化特质和管理方法等，是组织有效运作的基础。

Organizational Culture 组织文化 组织成员共同持有的价值观、规范和仪式的集合，支配着组织成员之间以及组织成员与利益相关者之间的互动方式。

Organizational Design 组织设计 包括设置领导和管理职能，甄选、培训人力资源和建立激励制度，建立组织的共有价值观并开展组织文化建设，设计组织结构并塑造组织风格等。

Organizational Norms 组织规范 强加给组织成员的、有关什么是恰当的行为的一系列准则和期望。

Organizational Rituals 组织仪式 将组织成员联系在一起的仪式、活动和惯例。

Organizational Values 组织价值观 关于组织应追求何种目标以及应采取何种行为标准来实现这些目标的信念和理念，包括企业家精神、创造力、诚实和开放等。

Outsourcing 外包 企业将生产环节转移到企业外部或者劳动力更廉价的地方。

Partnership 合伙企业 由两个或多个合伙人自愿联合组建并共同拥有企业，每个参与管理的合伙人都对企业经营负有责任。合伙人相互合作以实现那些难以单独完成的目标。有两种形式的合伙企业：普通合伙企业和有限合伙企业。

Patent 专利权 法律授予发明人的一种权利，规定在专利权有效期内和法律管辖区内，未经发明人允许，禁止他人制造、使用或出售专利产品。美国政府授予发明人 20 年的发明或工艺的专有权。获得美国政府颁发的专利权，并不意味着获得其他国家的相应权利。

Price-to-earnings Ratio 市盈率 企业的股票价格与其收益的比率。

Performance 性能 产品达到或超过某些操作特性的程度。

Personalization 个性化 根据客户偏好和兴趣为其推荐相应商品。

Pessimistic Case 悲观情形 计算现金流时所采用的关于实际结果低于预期值的一组假设。

Pivot 转型 根据所获得的知识，对新创企业的商业模式的一个或多个方面做出实质性改变。

Place 渠道 产品的分销渠道以及门店的实际位置。

Plant Patent 植物（新品种）专利权 为保护采用无性繁殖方法研发出的植物新品种而授予的专利权，美国颁发的植物新品种专利权的有效期为 20 年。

Positioning 产品定位 设计产品和形象以在目标客户心中占有独特地位的行为。

Post-money Value 投资后估值 风险投资者或其他投资者在投资后给予企业的估价。

Pre-money Value 投资前估值 风险投资者或其他投资者在投资前给予企业的

估价。

Preferred Stock 优先股 企业发行的、持有人拥有在普通股之前获得分红（如果有可分配的红利）和清偿的权利的股票。

Pricing Policies 定价策略 根据客户类别和批量折扣计划来设定产品或服务的价格的一套方法。

Pro Forma 备考 在实际数据发生之前预先做出估计，是对财务结果的预测。

Process 流程 从接受一个或多个输入，对其进行转换并为其增加价值，到最终产生一个或多个输出，所涉及的全部活动的总和。

Product 产品 能够满足客户需求的物品或服务。

Product Offering 交付内容 企业用以向客户传达其为客户创造的关键价值以及优势的有形或无形的提供物。

Product Platform 产品平台 由一系列的模块和接口组成的通用体系结构，基于该体系结构，设计人员可以高效地开发和创造一系列的衍生产品。

Product Sales Model 产品销售模型 通过向客户出售产品来创造收入。

Productivity 生产率 总投入（例如劳动者的工作时长和消耗的能源）带来的商品和服务的产出数量。

Profit 利润 销售收入扣除成本后的净回报。

Profit Margin 利润率 利润与销售收入的比值。

Profit Model 盈利模式 企业借以从收入中获取利润的机制。

Promotion 促销 通过建立公共关系、开展广告宣传和人员推销等方法来传达产品信息，从而吸引客户。

Prototype 原型 拟推出的新产品或服务的粗略模型，在展示产品或服务的基本特征的同时，准备接受一系列的修改。

Quality 质量 衡量产品优劣的标准，通常包括性能和可靠性。

Radical Innovation 根本性创新 基于激进的创新成果开创新业务并谋求商业化发展。

Rapid Prototyping 快速原型开发 快速开发以供审查、修改和协作使用的原型产品。

Real Option 实物期权 在未来某个日期投资或购买新创企业股票等实物资产的权利。

Regional Strategy 地区化战略 参见本地化战略（Local Strategy）。

Regret 后悔 个人能够容忍的损失的量。

Regular Taxable Corporation 常规纳税企业 按照法人企业报告的利润对其进行征税。

Relational Coordination 关系协调 描述了组织内部成员的行为方式，以及他们对于彼此之间的关系的看法。

Reliability 可靠性 衡量产品在失效前能运行多长时间的指标。

Resilience 韧性 组织从挫折中快速恢复的能力，是一种可以习得并加以提高的技能。

Restricted Stock 限制性股票 企业以

员工的名义发行并为其保留购买权，允许其在一定期限后出售股票获利。

Return on Capital　**资本收益率**　企业的利润与总投资资本的比率。

Return on Equity　**净资产收益率**　企业的净利润与所有者权益的比率。

Return on Invested Capital　**资本回报率**　净利润与总投资资本的比率。

Revenue Model　**收入模型**　描述了企业产生收益的方式。

Revenues　**收入**　企业的销售收入减去退货、返利和折扣后的金额。

Risk　**风险**　遭受某种损失（包括财务损失、实物损失或名誉损失等）的可能性，是用来测度未来可能发生的变化的一项指标。

Robust Product　**稳健产品**　对老化、劣化、组件变化和环境条件相对不敏感的产品。

Sales Cycle　**销售周期**　从第一次与客户接触到最终完成销售交易中间所经历的时间。

Scalability　**可扩展性**　一家企业能够在多少维度上拓展业务以提供更多服务。

Scale of a Firm　**企业规模**　企业经营活动的范围大小，可以用销售收入、销售数量等衡量规模的指标来描述。

Scenario　**情景**　关于一系列可能事件或结果的设想，是对未来的一种生动刻画，有时也称作心智模型。

Scope of a Firm　**业务范围**　企业所提供的产品的种类或者所使用的分销渠道（或两者兼而有之）的数量。

Seed Capital　**种子资金**　在新创企业成立后注入的初始资金。

Self-Organizing Organization　**自组织结构**　能够最大限度利用成员的多样性及成员关系网络的稳健壮性的组织结构。

Selling　**销售**　通过交换机制，将产品从一个人或经济实体转移到另一个人或经济实体。

Small Business　**小企业**　由少数人掌控的企业，其员工人数一般少于30人，一般为独资企业、合伙企业。

Social Capital，SC　**社会资本**　组织与其供应商、盟友、合作伙伴以及客户的关系质量，是通过组织成员及组织所拥有的社会网络获得的可用资源。

Social Entrepreneur　**社会创业者**　在满足环境和经济价值的同时，为改进社会效益而采取行动、创建企业的个人或团队。

Sole Proprietorship　**独资企业**　由个人出资经营，归个人所有和控制，由所有者个人承担经营风险和享有全部经营收益的企业。

Sources of Innovation　**创新的来源**　创新可能源自现有企业、研究型实验室和大学、独立发明者、"领先用户"以及开放的技术社区。

Spin-off Unit　**衍生企业**　在现有企业内部建立，由现有企业为其提供一些资源和能力，然后分拆出去独立经营的组织。

Stock Options　**股票期权**　企业给予某些员工在一定期限内以一种事先约定的价格（执行价格）购买企业普通股的权

利。当行使期权时的股票价格高于执行
价格、产生价差收入时，期权持有者就
可以行权并获得收益。

Strategic Control 战略控制 企业用来
监控业务活动、评估活动效率和绩效、
采取纠正措施（如有必要）以改善绩效
的过程。

Strategic Learning 战略学习 由学习、
专注、调整和执行4个阶段构成的周而
复始的适应性学习过程。

Strategy 战略 企业为实现其使命和目
标而采取的行动计划或路线图。

**Subscription Revenue Model 订阅费
模型** 通过向客户提供一定时间段内的
内容访问资格或会员资格来收取费用。

Sunk Cost 沉没成本 不会对任何当前
或将来决策产生影响的已经发生的历史
成本。

**Supply-Chain Management 供应链管
理** 企业对原材料流通、供应执行、资
源流动及为满足客户需求而开展的相
关信息沟通等供应商活动，以及为满足
成本、进度和质量等业务发展要求而建
立的内部行政程序（如规章制度）等的
管理。

Switching Costs 转换成本 客户从现
有企业的产品转换到新进入者的产品所
需支付的成本。

Synergy 协同效应 预期因收购而为收
购方带来的价值增值。

Talent 人才 组织内的成员或雇员，通
常称作员工。

Team 团队 几个具有互补能力、拥有
共同目标、共同承担责任和义务的人的
组合。

Technology 技术 可以应用于工业和
商业目的的设备、人工制品、工艺、工
具、方法和材料。

Term Sheet 投资条款清单 来自资金
提供者的非约束性要约，它列出了一笔
投资金额以及投资者期望创业者如何使
用这笔钱的条件。

Throughput Efficiency 吞吐率 增值
时间除以增值时间与非增值时间之和所
得到的比率，该指标可用于指引企业减
少经营活动中的非增值时间。

Tipping Point 临界点 产品的采用率激
增，并达到某一临界数量或门槛值的
时刻。

Trade Secret 商业秘密 不为公众所知
悉，具有商业价值，并经权利人采取相
应保密措施的技术信息、经营信息等的
知识资产。

Trademark 商标 企业用来标识产品或
服务来源的标记，其构成要素包括设计
独特的词组、名称、符号、口号、形
状、声音或标识。

**Transaction Fee Revenue Model 交易
费模型** 通过为客户提供有偿交易撮合
服务来获得收入。

Transnational Strategy 跨国战略 企
业将其在各个经营国创造的产品供应
流，形成以经验为基础的成本效益和区
位效益，并在各个经营国之间转移这种
企业内部的特殊竞争力。

Triple Bottom Line 三重底线 研发产
品或开展业务时应综合考虑经济资本、
自然资本和社会资本等3个因素。

Trust 信任 对个人或组织的可靠性或真实性的坚定信念。

Uncertain 不确定性 如果一项行动引发的结果是未知的或可变的，我们就称其具有不确定性。

Unique Selling Proposition 独特销售主张 关于一家企业为客户提供的与竞争对手不同的价值的陈述，是对企业价值主张的精练概述，通常用作口号。

Usability 易用性 用来测度用户在与产品发生交互时所获体验质量的指标。

Utility Patent 实用新型专利权 为保护新颖、实用、非显而易见的和足够具体明确的工艺流程、机器设备及制造工艺而授予的专有权利，美国授予的实用新型专利权的有效期为20年。

Valuation Process 企业估值 投资者（例如天使投资人或基金经理）为新创企业评定货币价值的过程。

Value Chain 价值链 企业将投入转化为客户所需的产出的一系列业务活动。

Value Proposition 价值主张 明确阐述了企业为谁服务，为客户带去什么价值。

Value Web 价值网络 参与价值创造活动的利益相关者构成了一个扩展组织，他们能力互补、相互合作，共同打造、维持和提高其创造价值的能力。

Venture Capital 风险投资 新创企业从专业投资公司（被称作风险投资公司）那里获得投资资金的融资方式。

Venture Capitalists 风险投资家，风险资本家 供职于投资基金公司的职业经理人。

Versioning 版本化 为一个产品创建多个版本，并将不同版本以差异化的价格销售给不同的细分市场。

Vertical Integration 垂直整合 将企业的经营活动扩展到相邻的生产阶段（即为本企业提供投入物，或购买本企业的产出物）。

Vertical Merger 垂直合并 位于价值链上不同环节的企业间的合并。

Viral Marketing 口碑营销（病毒式营销） 通过口口传播来建立产品的公众认知。

Virtual Organization 虚拟组织 管理着借助互联网、传真和电话等信息技术手段保持联系的一系列合作伙伴和供应商来实现提供资源或开发产品的组织目标。

Vision 企业愿景 对企业发展前景的一个明确的、前瞻的目的性声明。

Working Capital 营运资本 用于支持企业正常运营的资金，等于企业的流动资产减去流动负债。

技术创业走向成功的 20 条原则

原则 1

创业者应该以为所有参与者（投资者、客户、供应商、员工和他们自己）创造财富和促进经济繁荣为目的，运用智力资本与创业资本的有机结合，来创办新企业。

原则 2

有能力的创业者，应该懂得如何识别、选择、描述和展示那些有可能造就伟大企业的机会。

原则 3

创业者应借助愿景、使命、价值主张和商业模式，引导新创企业走向成功。

原则 4

新创企业应通过战略谋划，清晰刻画企业的发展路线，明确企业将以何种方式在履行社会责任的同时实现发展目标，并获得可持续的竞争优势。

原则 5

创新战略应以创造力、发明和技术为基础，并依托价值网开展有效运营，从而面向客户实现新产品和新服务的商业化。

原则 6

创业者可以通过学习来了解创办新企业的整个过程，并通过讲述创业故事和撰写商业计划书来展现其创业意图。

原则 7

创业者应致力于提高企业的可扩展性，同时，应积极开展风险管控，充分挖掘和利用规模经济、范围经济以及网络效应。

原则 8

知识的获取、分享和使用，是创业者建立学习型组织的有力工具，是设计创新型产品、保持高效增长的重要途径。

原则 9

完备的市场营销与销售计划，可以帮助新创企业有效识别目标客户，设定营销目标，销售产品和建立稳固的客户关系。

原则 10

如果能够在机构独立性、资源和人员供给等方面取得适当平衡，大型成熟企业就可以抓住机遇，在内部催生出将产生重要影响且充满活力的新创企业。

原则 11

将知识产权和企业名作为引领企业走向成功的竞争优势来源。

原则 12

借助有效的领导、良好的组织计划、绩效导向的协作文化和完善的薪酬方案，可以让每个员工的言行与新创企业的目标和宗旨保持一致。

原则 13

有效的新创企业能够利用其说服技巧、信誉和区位优势获得所需资源，并建立部分职能外包、部分职能自留的协调运行的组织平台。

原则 14

设计和管理一个高效、准时的生产、物流和业务流程体系，可以成为新创企业可持续竞争优势的来源。

原则 15

所有新创技术企业都应该制定明确的收购战略和全球化战略。

原则 16

必须采用强有力的收入和盈利模型，新创企业才能实现强劲且可控的增长，并为所有者带来丰厚收益。

原则 17

基于准确和可靠的基础假设编制完备的财务计划，可以证明一家新创企业的增长潜力和盈利能力。

原则 18

对发展中的新创企业而言，存在多种多样的投资资金来源，创业者需要对各种资金来源加以谨慎比较和管理。

原则 19

展示一个引人注目的商业计划，并与投资者开展有技巧的谈判，这对所有新创企业而言都是至关重要的。

原则 20

持续且合乎道德地执行计划，并使企业具有适应不断变化的环境条件的能力，可以助力新创企业取得长期成功。

本书融合了全球相关领域顶尖学者的最具价值的创业及技术管理理论，并以崭新的方式展示了创业的全过程。同时，本书还采用大量案例、练习和分析框架，为主题展现提供了一种行动导向的方法。本书注重理论与实践的有机结合，让读者在两个方面均可受益。

本书全面整合相关概念和应用方法，为读者区分创意和真正的商业机会、为企业家创办新企业和推进科技企业发展，提供了必需的认识与分析工具。

《技术创业》一书为完善创意构想、创办一家实现全球商业发展的成功企业提供了最佳指南。

——Instagram 公司联合创始人兼 CEO，凯文·斯特罗姆（Kevin Systrom）

创业者的首选读物！

——硅谷创业教父、《创业成功范式》作者，史蒂夫·布兰克（Steve Blank）

本书特点：

- 创业原则和章节概览：本书探讨和界定了 20 条基本的创业原则，并在每章开头提出将要讨论的关键创业议题以及各章内容概要。

- 实例和练习：本书采用大量前沿技术企业及新创企业的实际事例，对相关概念加以说明，并在各章末提供若干练习题，帮助读者学习应用和加深理解各章的核心概念。在各章结尾，本书设立了一个独具特色的"创业实战"模块，其内容和主题按章推进，依次引导读者完成新企业创办所需面对的各项任务。

- 焦点案例：本书在每章结尾，通过介绍一家典型的创业成功企业的案例，回应本章的一些关键学习内容。

- 商业模式：本书为读者提供了商业模式开发、设计的全套方法和工具指导。附录 A 提供了一个完整的商业模式设计方案示例，并在教科书网站上提供了更多商业计划书和商业模式范例。
- 案例和音像资料：本书的附录 B 中包含了 5 个完整的案例，其内容覆盖与创业有关的多个议题。本书还结合各章内容，提供了一系列创业相关主题和情境的案例及音像资料链接。

创业者手册

书号	书名	定价	作者
978-7-111-40530-6	创业者手册：教你如何构建伟大的企业	89.00	（美）史蒂夫·布兰克 鲍勃·多夫
978-7-111-48369-4	我是这样拿到风投的：和创业大师学写商业计划书（原书第2版）	39.00	（美）安德鲁·查克阿拉基斯 史蒂芬·史宾纳利 杰弗里·蒂蒙斯
978-7-111-57234-3	内创业革命	49.00	蔺雷 吴家喜
978-7-111-57613-6	有序创业24步法：创新型创业成功的方法论	79.00	（美）比尔·奥莱特
978-7-111-53706-9	新内容创业：我这样打造爆款IP	39.00	南立新 曲琳
978-7-111-51100-7	硅谷生态圈：创新的雨林法则	45.00	（美）维克多 W. 黄 格雷格·霍洛维茨
978-7-111-55037-2	设计思维玩转创业	49.00	杜绍基
978-7-111-58697-5	如何成为下一个Facebook：从Idea到IPO，认清创业中的机会与陷阱	59.00	（美）汤姆·陶利
978-7-111-55613-8	如何测试商业模式:创业者与管理者在启动精益创业前应该做什么	45.00	（美）约翰·马林斯
978-7-111-57888-8	创业财税口袋书	35.00	孟峰
978-7-111-47422-7	教训：互联网创业必须避免的八大误区	39.00	腾讯科技频道
978-7-111-55231-4	创业园：创业生态系统构建指南	40.00	（美）布拉德·菲尔德
978-7-111-52689-6	创业成功范式：硅谷创业教父的忠告	69.00	（美）史蒂夫·布兰克

精益思想丛书

ISBN	书名	作者
978-7-111-49467-6	改变世界的机器：精益生产之道	詹姆斯 P. 沃麦克 等
978-7-111-51071-0	精益思想（白金版）	詹姆斯 P. 沃麦克 等
978-7-111-54695-5	精益服务解决方案：公司与顾客共创价值与财富（白金版）	詹姆斯 P. 沃寿克 等
7-111-20316-X	精益之道	约翰·德鲁 等
978-7-111-55756-2	六西格玛管理法：世界顶级企业追求卓越之道（原书第2版）	彼得 S. 潘迪 等
978-7-111-51070-3	金矿：精益管理 挖掘利润（珍藏版）	迈克尔·伯乐 等
978-7-111-51073-4	金矿Ⅱ:精益管理者的成长（珍藏版）	迈克尔·伯乐 等
978-7-111-50340-8	金矿Ⅲ：精益领导者的软实力	迈克尔·伯乐 等
978-7-111-51269-1	丰田生产的会计思维	田中正知
978-7-111-52372-7	丰田模式：精益制造的14项管理原则（珍藏版）	杰弗瑞·莱克
978-7-111-54563-7	学习型管理：培养领导团队的A3管理方法（珍藏版）	约翰·舒克 等
978-7-111-55404-2	学习观察：通过价值流图创造价值、消除浪费（珍藏版）	迈克·鲁斯 等
978-7-111-54395-4	现场改善：低成本管理方法的常识（原书第2版）（珍藏版）	今井正明
978-7-111-55938-2	改善（珍藏版）	今井正明
978-7-111-54933-8	大野耐一的现场管理（白金版）	大野耐一
978-7-111-53100-5	丰田模式（实践手册篇）：实施丰田4P的实践指南	杰弗瑞·莱克 等
978-7-111-53034-3	丰田人才精益模式	杰弗瑞·莱克 等
978-7-111-52808-1	丰田文化：复制丰田DNA的核心关键（珍藏版)	杰弗瑞·莱克 等
978-7-111-53172-2	精益工具箱（原书第4版）	约翰·比切诺等
978-7-111-32490-4	丰田套路：转变我们对领导力与管理的认知	迈克·鲁斯
978-7-111-58573-2	精益医院：世界最佳医院管理实践（原书第3版）	马克·格雷班
978-7-111-46607-9	精益医疗实践：用价值流创建患者期待的服务体验	朱迪·沃思 等